V&R

D1674024

Studien zur
Wissenschafts-, Sozial- und Bildungsgeschichte
der Mathematik

Herausgegeben von

Michael Otte, Bielefeld
Ivo Schneider, München
Hans-Georg Steiner, Bielefeld

Band 8

Hans Niels Jahnke

Mathematik und Bildung in der Humboldtschen Reform

Vandenhoeck & Ruprecht in Göttingen

CIP-Titelaufnahme der Deutschen Bibliothek

Jahnke, Hans Niels:
Mathematik und Bildung
in der Humboldtschen Reform / Hans Niels Jahnke. –
Göttingen : Vandenhoeck u. Ruprecht, 1990
(Studien zur Wissenschafts-, Sozial und Bildungsgeschichte
der Mathematik ; Bd. 8)
ISBN 3-525-40315-1
NE: GT

H 361
Habilitationsschrift an der Fakultät für Mathmatik
der Universität Bielefeld

Druck: Mylet-Druck, Dransfeld

Vorwort

Die nachfolgende Studie untersucht an einem historischen Beispiel Beziehungen von Mathematik und Bildung. Mit der Ernennung W.v.Humboldts zum Direktor der Sektion für Kultus und Unterricht im preußischen Innenministerium 1810 setzte eine Reform aller Bildungsinstitutionen in Preußen ein, die historisch wohl ohne Beispiel war und die heute noch die Grundstrukturen unseres Bildungswesens und die Art, in der über Bildung nachgedacht wird, nachhaltig bestimmt.

Es gibt sicher kaum eine bildungsgeschichtliche Periode, die so häufig und unter so vielfältigen Fragestellungen analysiert und beschrieben worden ist. Es ist auch bekannt und unbestritten, daß die heutige Bedeutung der Mathematik als Universitätsdisziplin und als Schulfach historisch auf diese Reform zurückgeht. Dennoch liegt hier ein Problem. Man ist geneigt, diese historische Kontinuität als eine solche von Institutionen zu sehen. Konzeptionell, so wird häufig angenommen, stellte die Mathematik in der Humboldtschen Reform einen Fremdkörper dar, da die Bildungskonzeption der damaligen Zeit durch die alten Sprachen bestimmt gewesen sei.

Dem sich hierdurch aufdrängenden Problem versucht diese Studie nachzugehen. Sie fragt nach der historischen Rolle, die die Mathematik in der damaligen, durch hermeneutische Ideen bestimmten Bildungskonzeption gespielt hat. Damit ergibt sich zugleich ein Beitrag zu aktuellen Fragen. Nach wie vor überwiegt die Vorstellung, daß die Bedeutung der Mathematik für die Allgemeinbildung sich vor allem aus ihrer immer umfassender werdenden Anwendung in Technik, Wissenschaft und Informationsverarbeitung herleitet. Doch kann die Tragfähigkeit einer solchen Argumentation bezweifelt werden.

Es ist daher nicht ohne ein systematisches Interesse, einmal an einem historisch konkreten Fall einen ganz anderen Typus einer bildungstheoretischen Begründung und die zugehörige Bildungspraxis zu studieren. In der Humboldtschen Reform spielte die Mathematik nicht wegen ihrer Leistungen für technische, kommerzielle oder innerwissenschaftliche Anwendungen eine Rolle, sondern wegen ihres konstitutiven Beitrags zu einer umfassenden *wissenschaftlichen Kultur*. Für W.v.Humboldt etwa ergab sich die Bedeutung der Mathematik als Bildungsfach aus ihrer Systematizität, ihrer Theoretizität und aus der Parallelität von mathematischer und ästhetischer Anschauung. Die Theoretizität beschrieb er durch die schöne Formel, daß es in der Wissenschaft darum gehe, das *"Unsichtbare im Sichtbaren zu erkennen"*.

Das führt auf eine zweite, für aktuelles Nachdenken nützliche Problematik. *Theoretisches Wissen*, das in Distanz zur alltäglichen Wahrnehmung steht, bereitet im Unterricht besondere Probleme. Der Ruf nach Anschaulichkeit, die die Schwierigkeiten des Theoretischen mildert, liegt nahe. Man weiß jedoch, daß Anschaulichkeit die Probleme des Lehrens und Lernens nicht von sich aus und automatisch beseitigt. Auch hier ist es von großem Interesse, sich mit einer historischen Konzeption und der zugehörigen Praxis auseinanderzusetzen, in der programmatisch davon ausgegangen wurde, daß Theoretizität des Wissens und Bildung in einem untrennbaren Zusammenhang stehen.

Die vorliegende Studie hat zwei grundlegende Schwierigkeiten zu überwinden. Die eine besteht darin, daß es für eine Untersuchung der Beziehungn von Mathematik und wissenschaftlicher Kultur weder konzeptionell, noch von der historischen Forschung her einen ausreichenden Vorlauf gibt. Überlegungen zum Verhältnis von Naturwissenschaften und Hermeneutik sind rar, und außerhalb pädagogischer Fragestellungen ist bislang wohl gar nicht versucht worden, begriffliche Verbindungen von Mathematik und Hermeneutik herzustellen. Zudem gibt es in der Mathematikgeschichte nur wenige Studien, in denen die kulturelle Stellung der Mathematik thematisiert wird. Das zweite Problem liegt darin, daß auch die Mathematik, die zur Zeit Humboldts betrieben und in der Öffentlichkeit wahrgenommen wurde, weitgehend nicht erforscht ist. Für die Mathematik war die Zeit um 1800 eine typische Umbruchszeit, und das hatte zur Folge, daß viele Techniken und Begriffe, die damals benutzt wurden, in den folgenden Jahrzehnten überholt wurden und schließlich als gänzlich unwissenschaftlich verpönt waren. In der Geschichtsschreibung der Mathematik hat man dann vor allem diejenigen Leistungen der damaligen Zeit untersucht, die zur heutigen mathematischen Begrifflichkeit geführt haben. Ein realistisches Bild der Mathematik um 1800 ergibt sich daraus allerdings nicht.

Ein angemessenes Verständnis der damaligen Zusammenhänge von Mathematik und Bildung setzt daher voraus, daß man die zeitgenössische Mathematik und ihre Wahrnehmung in der gebildeten Öffentlichkeit detailliert aufarbeitet. Ein Studium bloß programmatischer Schriften reicht hier nicht aus.

Aus dieser Sachlage ergab sich zwingend die interdisziplinäre Gesamtanlage der folgenden Untersuchung. Es war sowohl die fachliche Entwicklung zu analysieren, als auch die Stellung der Mathematik in der zeitgenössischen wissenschaftlichen Kultur und die Auffassungen, die in der gebildeten Öffentlichkeit − und das hieß damals vor allem: in der Philosophie − über die Mathematik vorhanden waren. Diese breite Anlage bedingte einen vielfältigen Zugriff, der methodisch auf einem Zusammenspiel der Beschreibung *allgemeiner Trends* und der Analyse *einzelner Fälle* beruht.

Die Studie umfaßt drei Teile. Teil A analysiert die Stellung der Mathematik in der Wissenschaftskultur des ausgehenden 18. und beginnenden 19. Jahrhunderts sowie die Konsequenzen, die sich daraus für das Selbstverständnis der Mathematik ergeben haben. Teil B versucht am Beispiel einer elementaren Theorie, der Algebraischen Analysis, die später auch für die Mathematik der Gymnasien wichtig wurde, den begrifflichen Wandel an der Wende zum 19.Jahrhundert zu beschreiben. Teil C schließlich untersucht, wie sich die Veränderungen der Mathematik, die Bildungsvorstellungen und der Zustand der wissenschaftlichen Kultur in der Konzeption einer Mathematik für die Gymnasien niedergeschlagen haben. Es wird dann gezeigt, wie diese Konzeption schließlich im Laufe des 19.Jahrhunderts aus sehr heterogenen Gründen zunehmend an Bedeutung verloren hat.

Meine Beschäftigung mit dem Gegenstand begann mit einem von der Stiftung Volkswagenwerk finanzierten Projekt "Wissenschaft und Bildung im 19.Jahrhundert am Beispiel der Mathematik", das eine Arbeitsgruppe unter Leitung von Prof.Dr.M.Otte und mir in den Jahren 1979 bis 1982 durchgeführt hat. Die Ergebnisse dieses Projektes sind in vielfacher Weise in die vorliegende Untersuchung eingegangen. Dies ist durch Literaturhinweise ausgewiesen, doch möchte ich darüber hinaus den damaligen Mitarbeitern Bernd Bekemeier, Ingrid Lohmann und Bernd Schminnes für die gute Zusammenarbeit und viele Diskussionen noch einmal herzlich danken.

Förderlich war auch das französisch–deutsche Projekt "Group de Recherche international sur les Manuels Mathématiques" (GRIMM), auf dessen Tagungen ich verschiedene Teile dieser Arbeit seit 1984 vorgetragen und diskutiert habe.

Einzelne Kapitel der Arbeit sind von meinen Kollegen am IDM Rolf Biehler, R.Bromme, Karl-Norbert Ihmig, Falk Seeger und Heinz Steinbring gelesen und mit hilfreicher und kompetenter Kritik bedacht worden. Ihnen allen gilt mein herzlicher Dank.

Dank sagen möchte ich auch den Kollegen, die mir zu bereits publizierten Teilen Anregungen gegeben haben. Dazu gehören neben den bereits erwähnten J.Dhombres, A.Dress, D.Laugwitz, G.Richenhagen, C.J.Scriba, D.Spalt, W.Vogell und M.Zerner.

Am Schluß möchte ich Herrn Prof Dr.M.Otte meinen Dank sagen für die gemeinsame Arbeit und für seine langjährige Unterstützung, Förderung und Beratung.

Hans Niels Jahnke   Juni 1990

Inhaltsverzeichnis

Teil A: Mathematik — Kultur — Bildung

I. Voraussetzungen der Humboldtschen Bildungsreform

I.1. Bildungsreform im 18.Jahrhundert

Die Bildungsreform in Preußen, die 1810 mit der Ernennung Wilhelm von Humboldts zum Direktor der Sektion für Kultus und Unterricht im Preußischen Innenministerium begann[1], besaß eine konzeptionelle und institutionelle Spezifik, die ohne ihre Vorgeschichte nur schwer zu verstehen ist. Vor allem die starke Betonung theoretischer Bildung kann nur von ihren historischen Voraussetzungen her angemessen eingeordnet werden. Zu diesen Voraussetzungen zählen die institutionelle Vorgeschichte, die unterschiedlichen sozialen Interessen an Bildung und die vorhandenen wissenschafts- und bildungsphilosophischen Strömungen im damaligen Deutschland. Die folgende Studie versucht, die bedeutende und widersprüchliche Rolle, die die Mathematik in diesem Programm theoretischer Bildung gespielt hat, vor allem aus der wissenschaftlichen Situation der damaligen Mathematik heraus und aus der zeitgenössischen Wissenschafts- und Bildungsphilosophie zu verstehen. Ihr Interesse gilt vorrangig der historisch rekonstruierbaren Konzeption des Zusammenhangs von Mathematik und Bildung. Die Wandlungen und Ausformungen dieser Konzeption können allerdings nicht erklärt werden, ohne den sozialen und institutionellen Kontext zu berücksichtigen.

Eine terminologische Vorbemerkung ist erforderlich. Es ist sicher problematisch, einen so vielschichtigen Prozeß wie die Bildungsreform, die in Preußen und anderen deutschen Staaten in der ersten Hälfte des 19.Jahrhunderts stattgefunden hat, durch den Namen eines Mannes zu beschreiben. Doch scheint der Begriff *'Humboldtsche Bildungsreform'* umgangssprachlich eingeführt, und jede andere Bezeichnung würde eine unnötige Schwerfälligkeit nach sich ziehen. Hier soll mit diesem Begriff speziell die Reform der Bildungsinstitutionen in Preußen am Anfang des 19.Jahrhunderts verstanden werden. Diese hat eine konzeptionelle Ausstrahlung aber auch auf andere deutsche Staaten gehabt und umgekehrt Impulse von diesen empfangen. Daher werden zur Analyse der Konzeptionen nicht nur Schriften aus Preußen herangezogen werden. Ein ähnliches terminologisches Problem stellt sich auch im Hinblick auf die Bezeichnung der in dieser Reform wirksamen pädagogischen Grundströmung. Es gibt gute Gründe, den Begriff des Neuhumanismus auf

---

1) W.v.Humboldt (1767–1835) hatte dieses Amt vom Februar 1809 bis zum Juli 1810, also nur 16 Monate lang, inne. Zu seiner bildungstheoretischen Konzeption und bildungspolitischen Wirksamkeit vgl. Menze [1975]

einige, präzise eingrenzbare Autoren zu beschränken. Man kann nicht ohne
Schwierigkeiten einen realistisch eingestellten Autor wie J.F.Herbart als Neuhumanisten bezeichnen. Es fehlt dann allerdings ein Sammelbegriff, der die zweifellos
vorhandene thematische Einheit des pädagogischen Denkens dieser Zeit charakterisiert. Wir werden daher auch hier die Begriffe 'neuhumanistische' oder 'idealistische' Pädagogik in einem umfassenden Sinne zur Bezeichnung der Gesamtheit des
pädagogischen Denkens dieser Zeit gebrauchen.

Seit der Regierungszeit Friedrichs II. hat es in Preußen eine nicht abreißende
Diskussion über die Reform der Bildungsinstitutionen und über neue pädagogische
Leitvorstellungen gegeben, die verbunden war mit staatlichen und privaten Anstrengungen, neue, modellhafte Schulen und andere Bildungseinrichtungen aufzubauen und eine gewisse Vereinheitlichung in den Wildwuchs des bestehenden
Bildungswesens zu bringen.[1] Die Humboldtsche Reform im engeren Sinne war
also ein Abschnitt in einem längeren Prozeß, in dem man in der zweiten Hälfte
des 18. und im beginnenden 19. Jahrhundert versuchte, eine bewußte und einigermaßen kontrollierbare Beziehung zwischen den öffentlichen Bildungsbemühungen,
den kulturellen, sozialen, politischen und ökonomischen Bedürfnissen der Gesellschaft und den Rechten und Entwicklungsmöglichkeiten des Einzelnen herzustellen.

Im überkommenen Bildungswesen hatte sich diese Beziehung mehr naturwüchsig
im Spannungsfeld großer kultureller Traditionslinien und lokaler Erziehungsbedürf-
nisse herausgebildet. In den gelehrten Schulen dominierte dabei der Unterricht im
Lateinischen als der Sprache, die jeder Gebildete sprechen und verstehen mußte
und die *den* Schlüssel zur Welt und zum Wissen über die Welt darstellte. Die
wachsende Bedeutung der Nationalsprachen für die Kommunikation der Gebildeten,
die Fortschritte in Naturwissenschaft und Technik und die Bemühungen der Bürger, sich aus gegebenen Abhängigkeiten zu befreien, stellten im 18. Jahrhundert
diese Dominanz des Lateinischen immer mehr in Frage. Es entstand das Bedürfnis
nach einer weltoffenen Bildung, nach Unterricht in modernen Sprachen, Mathematik, Naturwissenschaften und nützlichen Kenntnissen technischer oder ökonomischer Art. Zugleich wurde aber auch ein *neues Lernen* gefordert, das die im
Schematismus erstarrte lateinische Schulgelehrsamkeit überwinden sollte.

Ein Problem, das größte öffentliche Aufmerksamkeit in Preußen und Deutschland
genoß, war die *Reform der Universitäten.* Im ganzen 18. Jahrhundert gab es eine
breite Unzufriedenheit mit dem Zustand der Universitäten und dem scholastischen
Geist, der in ihnen herrschte. Grundsätzlich vermittelten die klassischen Universitäten eine Ausbildung für die Berufe des Theologen, Mediziners und Juristen. Dem

---

1) vgl. dazu Paulsen [1897], II, 4.Buch, und Blankertz [1982], Kap.1

vorgelagert war ein Studium in der philosophischen Fakultät, die für eine gewisse Allgemeinbildung der Studierenden zu sorgen hatte. In dieser Fakultät waren alle anderen Wissenschaften und damit, wenn überhaupt, auch die sich neu entwickelnden Naturwissenschaften vertreten. In der Regel hat sich das Studium an der Philosophischen Fakultät aber kaum vom Durchlaufen der Oberstufe eines Gymnasiums unterschieden. Die Projekte zur Reform des Bildungswesens mündeten häufig in dem Vorschlag, die Universitäten generell abzuschaffen und an ihrer Stelle ein System von Fachschulen und Akademien aufzubauen, wie es in Frankreich nach der Revolution von 1789 tatsächlich geschah.[1] Die Alternative dazu war, die Universitäten selbst zu reformieren. In diesem Sinne gab es in Deutschland im 18. Jahrhundert zwei Beispiele: die 1737 gegründete (nicht–preußische) Universität Göttingen und die preußische Universität Halle (gegründet 1694). Generell bestand das Konzept der Reform in einer Aufwertung der philosophischen Fakultät und der hier angesiedelten Wissenschaften, und nur über die philosophische Fakultät konnte auch eine größere Denk- und Lehrfreiheit an einer Universität durchgesetzt werden. Die Universität Halle gewann für Preußen spezielle Bedeutung, indem sie die Aufgabe erhielt, höhere Staatsbeamte auszubilden. Bereits 1727 wurde hier der erste Lehrstuhl für Kameralistik errichtet, und auf diesem Wege erhielten die juristische und philosophische Fakultät ein neues Gewicht gegenüber der traditionell führenden Theologie. In der zweiten Hälfte des 18. Jahrhunderts gingen dann über die Neukonzeption der altphilologischen Disziplinen durch Gesner und Heyne in Göttingen und Friedrich August Wolf [2] in Halle, neue Impulse auf das intellektuelle Leben von Göttingen und Halle her aus. Dennoch behielt man in Preußen die Ausbildung der Staatsbeamten nicht nur den Universitäten vor, sondern man gründete in der 2. Hälfte des 18. Jahrhunderts eine ganze Reihe von sehr bedeutenden Fachhochschulen, orientiert am französischen Vorbild. Hierzu zählen die Gründungen der Bergakademie (1770), der Bauakademie (1799), einer Artillerieakademie (1791) und einer Ingenieurakademie (1788).

---

1) *"Das Übel ist, so viel ich sehen kann, unheilbar. Es liegt in der wesentlichen Form der Universitäten, die nicht anders als mit den Universitäten aufgehoben werden kann. Alle bisher versuchten und künftig etwa noch zu versuchende Heilmittel sind nur so viele Palliative, wodurch der Schaden zwar vor ungeübten Augen versteckt, auch in einzelnen, obgleich seltenen Fällen vielleicht gemindert, aber nie von Grund aus gehoben werden kann."* So J.H.Campe im *"Allgemeinen Revisionswerk"*, Bd.XVI, 164, zitiert nach König [1970], 203

2) Johann Matthias Gesner (1691-1761): Studium in Jena, 1730 Rektor der Thomasschule in Leipzig, 1734 einer der ersten Professoren der Universität Göttingen.
Christian Gottlob Heyne (1729-1812): ab 1763 Professor in Göttingen, gilt als Begründer der neuen Altphilologie.
Friedrich August Wolf (1759-1824): Studium der Philologie und Altertumswissenschaften in Göttingen; 1783 Professor in Halle, dort gründete er 1787 ein philologisches Seminar, 1810 Professor der Altertumswissenschaften an der neuen Universität Berlin

Im Prinzip war daher am Ende des 18. Jahrhunderts das weitere Schicksal der Universitäten in Deutschland durchaus noch nicht entschieden. Tatsächlich wurden um 1800 in Deutschland zahlreiche Universitäten geschlossen, umorganisiert oder mit anderen vereinigt.[1] Zu nennen sind die protestantischen Universitäten Wittenberg, Frankfurt, Erfurt, Helmstedt, Rinteln, Duisburg, Altdorf, und die katholischen Köln, Mainz, Trier, Paderborn, Fulda, Bamberg, Ingolstadt, Dillingen, Linz, Salzburg, Olmütz. Es stellte sich also die Frage, ob man dem französischen Vorbild ihrer generellen Abschaffung folgen und den Weg der Fachhochschulen gehen würde.

Im letzten Drittel des 18.Jahrhunderts setzten in Preußen auch Bemühungen zur Reform der gelehrten Schulen ein[2]. 1787 wurde das "Oberschulkollegium" gegründet, und Preußen verfügte damit erstmals über eine zentrale Behörde, die ausschließlich für das Unterrichtswesen zuständig war. Wenn auch die tatsächlichen Befugnisse dieser Behörde sehr begrenzt waren, so war damit doch ein Schritt zur Herauslösung des Unterrichtswesens aus der Zuständigkeit von Kirche und Justizverwaltung getan.[3]

Der erste Leiter des Oberschulkollegiums, Karl Abraham von Zedlitz[4], legte noch im selben Jahr einen "Gesamtplan für ein künftig vom Staat zu verantwortendes Unterrichtswesen" vor. 1788 wurde dann mit dem Abiturreglement der erste Versuch unternommen, den Zugang zu den Universitäten zu regulieren. Dieses Reglement führte ein von den gelehrten Schulen zu erteilendes "Zeugnis der Reife" ein, aber es fixierte weder die inhaltlichen Kriterien zu seiner Erteilung, noch war ein solches Zeugnis bindende Voraussetzung für die Immatrikulation an den Universitäten. Es dauerte noch bis in die dreißiger Jahre des 19. Jahrhunderts, ehe das Abitur zur unerläßlichen Voraussetzung eines Hochschulstudiums wurde.

1787/8 wurden auf Veranlassung des Oberschulkollegiums auch zwei "Seminare für gelehrte Schulmänner"[5], also Institutionen zur schulpraktischen Ausbildung von Gymnasiallehrern, in Halle unter der Leitung von F.A. Wolf und in Berlin

1) Dabei spielte auch der Rückgang der Kleinstaaterei durch die Napoleonische Besetzung eine Rolle
2) Jeismann [1974], Teil I
3) Lundgreen [1980], 30
4) Karl Abraham Freiherr von Zedlitz (1731-1793). Preußischer Justiz- und Verwaltungsbeamter, 1770 Justizminister, 1771 Leiter des geistlichen Departements der lutherischen Kirchen- und Schulangelegenheiten, 1787 Gründer und erster Chef des Oberschulkollegiums, 1788 abgelöst, 1789 aus dem Staatsdienst entlassen
5) Jeismann [1974], 100-102

unter F.Gedike[1] gegründet.

Zedlitz wurde 1788 als Leiter des Oberschulkollegiums durch J.Chr.v.Wöllner[2] abgelöst, der versuchte, die Schulpolitik im Sinne der *"Gegenaufklärung"* zu beeinflussen und in dessen Amtszeit von 1788 bis 1798 keine größeren Reform–Schritte im Bildungswesen getan wurden. Jedoch hat dieser Stillstand zentral-staatlicher Aktivitäten weder das Interesse an pädagogischen Fragen in der Öffentlichkeit beendet, noch auch verhindern können, daß sich in den Schulen und auf lokaler Ebene viele pädagogische Initiativen entwickelten. Das 1794 verkündete *"Allgemeine Landrecht"* definierte immerhin die Schulbildung erstmals gesetzlich als staatliche Aufgabe.[3]

1798 folgte auf Wöllner dann J.E. von Massow,[4] der das Oberschulkollegium bis zu seiner Auflösung 1806 leitete. In dieser Periode wurden erneut große Anstrengungen unternommen, einen allgemeinen Schulplan auszuarbeiten und auch das Abiturreglement neu zu formulieren. Insgesamt hat das Oberschulkollegium trotz seiner geringen administrativen Befugnisse durch seine Gutachten, Vorschläge und Visitationsberichte eine wichtige Rolle gespielt.[5]

Um die *institutionelle Situation des Preußischen Bildungswesens* am Ende des 18. und Anfang des 19. Jahrhunderts zu verstehen, muß zunächst zwischen Stadt und Land ein großer Unterschied gemacht werden. Die Masse der preußischen Bevölkerung lebte auf dem Lande, und für die Kinder dieser Bevölkerungsschicht gab es Landschulen, die unter großenteils unvorstellbar schlechten Bedingungen einen sehr elementaren Unterricht im Lesen, Schreiben, Rechnen und vor allem in Religion vermittelten.[6] Die im *"Generallandschulreglement"* von 1763 vorgeschriebene allgemeine Schulpflicht sollte vom 5. bis zum 13. oder 14. Lebensjahr dauern. Allerdings wurden zwei Ausnahmen gemacht: das Lehrpensum konnte auch schneller absolviert und die Schüler nach einer Prüfung durch die Schulaufsichtsbehörde vorzeitig entlassen werden, und die Eltern behielten das Recht, für ihre Kinder Privatlehrer zu halten. Wie es mit dem faktischen Schulbesuch bestellt war, da-

---

1) Friedrich Gedike (1754–1803): 1779 Direktor des Friedrichs–Werderschen Gymnasiums Berlin, 1787 Mitglied des Oberschulkollegiums und Sachbearbeiter der gelehrten Schulen, Seminare und Universitäten, 1793 Direktor des Berlin–Köllnischen Gymnasiums, 1790 Mitglied der Akademie der Wissenschaften und der Akademie der Künste in Berlin
2) Johann Christoph von Wöllner (1732–1800): Preußischer Finanz- und Verwaltungsbeamter, 1788–1798 Justizminister, Chef des lutherischen geistlichen Departements, Leiter des Oberschulkollegiums
3) Lundgreen [1980], 37
4) Julius Eberhard von Massow (1750–1816): Preußischer Jurist und Verwaltungsbeamter, 1783 Direktor des pommerschen Konsistoriums und Präsident der pommerschen Regierung
5) Jeismann [1974], I, 4.Kap.
6) vgl. für die folgenden Abschnitte Lundgreen [1980], Kap. 2

rüber liegen aus dem 18. Jahrhundert keine Zahlen vor. Eine einigermaßen zuverlässige Schätzung nach Daten aus dem Jahre 1816 gestattet den Schluß, daß zu dieser Zeit etwa 60% der Schulpflichtigen ihre Schulpflicht auch tatsächlich wahrnahmen. Für die zweite Hälfte des 18. Jahrhunderts muß man daraus schließen, daß diese Zahl maximal 50% betrug.[1]

Von den Landschulen grundsätzlich zu unterscheiden war das städtische Schulwesen. Die städtischen Schulen waren größtenteils aus den mittelalterlichen Lateinschulen hervorgegangen. Von den Lehrinhalten und dem jeweiligen Ausbauzustand her gab es unter diesen Schulen eine enorme Streuung von solchen, die nur elementarste Kenntnisse vermittelten bis zu Gymnasien, die teilweise sogar die Inhalte der philosophischen Fakultäten der damaligen Universitäten abdeckten oder jedenfalls auf den Universitätsbesuch unmittelbar vorbereiteten.

Die Frage, ob eine Lateinschule zum Universitätsbesuch vorbereitete oder nicht, stellte das wichtigste Merkmal dar, um die städtischen Schulen in normale "Stadt-" oder "Bürgerschulen" einerseits und in "gelehrte Schulen" andererseits zu unterteilen. Das Abiturreglement von 1788 verstärkte diese Differenzierung zwischen normalen Stadt- oder Bürgerschulen und Gelehrtenschulen. Eine Schätzung besagt, daß am Ende des 18. Jahrhunderts in Brandenburg–Preußen etwa 300 bis 350 kleinere Stadt- oder Bürgerschulen und 70 herausgehobene gelehrte Schulen, die auf die Universität vorbereiteten, vorhanden waren, von denen aber nur etwa 40 mit den späteren Gymnasien vergleichbar waren.[2]

Im städtischen Schulwesen war der Gegensatz von Gelehrtenschulen und Bürgerschulen nur relativ. Dieser Sachverhalt ist für das Verständnis der Schulpolitik um 1800 wichtig. Die meisten Gymnasien und Gelehrtenschulen waren zugleich auch Stadt- oder Bürgerschulen. Derjenige Teil der männlichen schulpflichtigen Bevölkerung, der nicht das Abitur anstrebte und nicht die Universität besuchen wollte und dessen angestrebter Beruf in Handel, Industrie und Handwerk lag, besuchte ebenfalls die unteren Klassen des örtlichen Gymnasiums und verließ dieses in Unter- oder Obertertia als sogenannter "Frühabgänger". Faktisch kann man daher die Gymnasien am Ende des 18. Jahrhunderts und bis in die dreißiger Jahre des 19. Jahrhunderts als "Gesamtschulen" der städtischen schulpflichtigen Bevölkerung betrachten.[3] Ein voll ausgebautes Gymnasium gliederte sich demnach in die

---

1) a.a.O., 37 und Leschinsky&Roeder [1976], 137
2) Lundgreen [1980], 42
3) Die Aufklärung dieser Sachverhalte ist vor allem D.K.Müller [1977] zu verdanken

"Schule" (Sexta bis Unter-/ Obertertia) und in das eigentliche Gymnasium, die *"gelehrten Klassen"* (Untersekunda bis Prima). Dem war eine *"Vorschule"* (entsprechend der heutigen Grundschule) vorgelagert, entweder als Teil des Gymnasiums oder separat. Die folgende Tabelle gibt einen Eindruck von der breiten sozialen Streuung der Schüler, die die Gymnasien besuchten.

Tabelle 1: Das System der Frühabgänger. Berufsziele von Abgängern des Berlinisch–köllnischen Gymnasiums 1795–1805[1]

| Berufsgruppe | Klasse | | | | |
	UIII	OIII	II	I	Summe
Bürodienst	33	15	12	7	67
Landwirtschaft	9	9	8	–	26
Baufach	5	13	5	3	26
Handel, Industrie	41	14	5	2	62
Handwerk	10	2	1	–	13
Kunst	5	–	1	–	6
Pharmazie					
Chirurgie	5	6	1	–	12
Militär	16	6	3	2	27
"zu Schulstellen"					
(Lehrer an					
Privatschulen,					
Stadtschulen	2	1	6	4	13
Summe	126	66	42	18	252

Der Begriff *"Gesamtschule"* ist auf die Gymnasien des frühen 19.Jahrhunderts nur in einem sehr eingeschränkten Sinne anwendbar. Er besagt lediglich, daß die Gymnasien zu dieser Zeit unterschiedlichen sozialen Bedürfnissen dienten. Insgesamt handelte es sich aber bei der Schülerschaft dieser Schulen um eine verschwindende Minderheit aller männlichen Angehörigen eines Jahrgangs. Statistische Daten zeigen, daß im Landesdurchschnitt von Preußen etwa 7% aller männlichen Schulpflichtigen ihre Schulpflicht an einer höheren Schule abgeleistet haben, während diese Zahl für die Großstadt Berlin den recht hohen Wert von etwa 23–25% hatte.[2]

Den sehr unterschiedlichen Bildungsbedürfnissen der Schüler der Gymnasien versuchte man am Ende des 18. und zu Beginn des 19. Jahrhunderts durch ein Kurssystem, Zusatzangebote und Einrichtung von *"Nebenklassen"* gerecht zu werden.

---

1) Müller [1977], 145
2) Lundgreen [1980], 80f.

Neben diesem öffentlichen Schulsystem gab es in den Städten eine Fülle an Privat-
schulen, über die aber nur wenige Informationen vorliegen. Es handelte sich dabei
einerseits um teure Schulen, die ein besseres Bildungsangebot bereitstellten, andererseits um ausgesprochene Armen– und Winkelschulen, deren Kosten von der
städtischen Armenkasse getragen wurden.

Am Ende des 18.Jahrhunderts war die Bildungspolitik Preußens unentschieden. Die
Alternative im Hinblick auf das Hochschulwesen, Fachhochschulen zu gründen
oder die Universitäten beizubehalten und gründlich zu reformieren, hatte ihr
Analogon im gelehrten Schulwesen. Auch hier bestand die Frage, ob man die
Tendenz zu einer mehr berufsständischen Bildungsauffassung, die sich in den
letzten Jahrzehnten des 18.Jahrhunderts herausgebildet hatte, fördern und in diesem
Sinne die gelehrten Schulen grundlegend umformen sollte.

Mit der militärischen Niederlage gegen Napoleon bei Jena und Auerstedt und dem
Zwang zur Reorganisation und Reformierung des Staates, der sich aus diesem
Ereignis ergab, stellte sich die Frage nach der Grundorientierung der Bildungspolitik mit neuer Dringlichkeit. Durch den Verlust der Universität Halle infolge der
Niederlage war die Situation im Hinblick auf die Universitäten besonders schwierig. Neben Breslau und Frankfurt a.O., die nur über ein bescheidenes Niveau
verfügten, besaß Preußen als anerkannte Universität nur noch Königsberg. Dem
sollte die Gründung einer neuen Universität abhelfen. Sowohl für das staatliche
Leben Preußens, als auch als Symbol einer neuen bildungspolitischen Konzeption
hatte daher die Gründung der Universität Berlin eine große Bedeutung. In den 10
bis 15 Jahren vor der Ernennung W.v.Humboldts zum Direktor der Sektion für
Kultus und Unterricht im preußischen Innenministerium hatte diese neue Bildungsauffassung, der Neuhumanismus, sich im kulturellen und intellektuellen Leben
Preußens durchgesetzt. Institutionell hatte damit ein scheinbar konservatives Konzept gesiegt. Der Neuhumanismus setzte, gegen das französische Vorbild, auf die
institutionelle Kontinuität der gelehrten Schulen und der Universitäten. Und doch
wurde etwas völlig Neues geschaffen, das einen erheblichen Bruch mit den tradier-
ten Vorstellungen von Erziehung und Unterricht bedeutete. Unter einem institutionellen Gesichtswinkel gesehen bestand das Neue darin, daß diesen Institutionen
eine *innere (pädagogische) Definition* unterlegt wurde, die ihre Aufgaben und
Funktionsweisen eigenständig und in Distanz zu den äußeren Anforderungen bestimmte. Am klarsten wurde dies in der Reform der Universitäten sichtbar.

Die Gründung der Universität Berlin hatte konzeptionell eine große Ausstrahlung
auf die Reform des gesamten Bildungswesens. Hier seien nur einige für unser
Problem wichtige Punkte herausgehoben. Prägendes Kennzeichen dieser Neugrün-

dung war das Konzept der *"Einheit von Forschung und Lehre"*, durch das den Professoren der neuen Universität nicht nur zwei Aufgaben, nämlich zu forschen und zu lehren, übertragen wurden, sondern es wurde gerade auf die *innere Verbindung* beider Funktionen abgezielt. Dem unterlag eine Auffassung von Wissen, nach der Wissen zugleich *"problematisch"* und *"systematisch"* sei. Dabei war es die vorherrschende, von W.v.Humboldt prägnant ausgedrückte Vorstellung, daß der problematische Charakter des Wissens vor allem aus dem Streben nach Systematizität resultiere.

Die hiermit den Universitäten zugrundegelegte Definition von Wissenschaft hatte erhebliche Konsequenzen. Sie bestimmte sowohl den Charakter des Studienbetriebs als, in heutigen Begriffen, *"forschendes Lernen"* und regulierte zugleich, in welcher Weise die Universitäten mit den äußeren Anforderungen umzugehen hatten. Die Existenz und Umsetzung einer inneren Definition ihrer Tätigkeit unterschied die Universitäten in Preußen von denen in Frankreich und England, die noch bis weit ins 19.Jahrhundert hinein von den Prüfungen und den zu vergebenden akademischen Graden, also durch äußere Anforderungen, definiert waren.

Forschendes Lernen ist etwas eminent Praktisches und setzt gemeinsame Arbeit von Lehrenden und Lernenden voraus. Daher war die Gründung von *Seminaren* und später von *Labors* und *Instituten* eines der wichtigsten Kennzeichen der Hochschulreform. Die philologischen Seminare waren die ältesten derartigen Einrichtungen. 1812 entstanden solche Seminare in Breslau und in Berlin unter Boeckh. Bonn (1819), Greifswald und Königsberg (1822), dann Halle (1829) folgten.[1] Das erste mathematisch-physikalische Seminar wurde 1835/6 in Königsberg durch C.G.J. Jacobi und F. Neumann nach dem Vorbild des Boeckhschen Seminars in Berlin gegründet.[2] Tabelle 2 gibt einen guten Überblick über die Entwicklung der naturwissenschaftlich-technischen Labors und Institute im 19. Jahrhundert. Diese Tabelle spiegelt allerdings auch anschaulich wieder, wie weit sich die Hochschulen am Ende des 19.Jahrhunderts von ihren Humboldtschen Anfängen entfernt hatten und wie stark der Einfluß von Technologie und Großforschung geworden war.

Im Hinblick auf die äußeren Anforderungen an die Universitäten war es von größter Bedeutung, daß diese die Aufgabe übertragen bekamen, die Gymnasiallehrer auszubilden. Es war von noch größerer Bedeutung, daß diese Aufgabe nicht

---

1) Paulsen [1897], 269ff.
2) Lorey [1916], 114-116; Turner [1971], 148-150. Carl Gustav Jacob Jacobi (1804-1851): Mathematiker, 1827 außerordentlicher, 1829 ordentlicher Professor in Königsberg, 1844 in Berlin, ist vor allem durch analytische Arbeiten (elliptische Funktionen) hervorgetreten und gilt als der nach Gauß wichtigste deutsche Mathematiker in der ersten Hälfte des 19.Jahrhunderts. Franz Neumann (1798-1895): 1828 außerordentlicher und 1829 bis 1875 ordentlicher Professor für Physik und Mineralogie in Königsberg

durch ein spezialisiertes Lehrerstudium wahrgenommen werden sollte, sondern ihrerseits als wissenschaftliche Bildung im Sinne der Einheit von Forschung und Lehre verstanden wurde.

Tabelle 2:   Labors und Institute an deutschen Universitäten und technischen Hochschulen im 19. Jahrhundert[1]

Wissenschaften	Beginn der Einrichtung von Labors		Hauptperiode der Einrichtung von Instituten	
Chemie	Göttingen	1806	Gießen	1825
	Jena	1810	Leipzig	1831
	Berlin	1812	Göttingen	1836
			Marburg	1839
			Heidelberg	1852
			Karlsruhe	1852
			Berlin (Univ.)	1869
Physiologie	Bonn	1820		
	Freiburg	1821		
	Breslau	1824		
	Berlin	1833	Leipzig	1869
Physik	Königsberg	1835	Karlsruhe	1853
			Göttingen	1866
			Berlin (Univ.)	1878
Botanik	Halle		Berlin	1878
	Breslau	1860er Jahre		
	München			
	Jena			
Zoologie			Berlin	1884
			München	1885
			Marburg	1893
Mineralogie		1870er Jahre		
Elektrotechnik	Stuttgart			
	Berlin (T.H.)	1880er Jahre		
	Darmstadt			
Maschinenbau	München (T.H.)	1875	Berlin (T.H.)	1896
Technische Physik	Göttingen	1898		
Physikalische Chemie	Göttingen	1896		

1) Lundgreen [1980], 105

Das *"Edikt, betreffend die Einführung einer allgemeinen Prüfung der Schulamts-kandidaten"* vom 12. Juli 1810[1] bestimmte als Kenntnisse, die von den Lehrern der Gelehrtenschulen zu fordern sind, *"philologische, historische und mathematische"*. Erstmals wurde mit diesem Edikt erzwungen, daß keine Person, die nicht die wissenschaftlichen Prüfungen in diesen Disziplinen, die Prüfung *"pro facultate docendi"*, bestanden hatte, Lehrer an einer preußischen gelehrten Schule werden konnte. Daran waren die lokalen Schulträger ausnahmslos gebunden. Für die Prüfung zuständig waren zunächst die drei wissenschaftlichen Deputationen in Berlin, Königsberg und Breslau,[2] die später 1816/17 in wissenschaftliche Prüfungskommissionen umgewandelt wurden. 1831 erfolgte eine Revision des Edikts von 1810. Neben dem Nachweis einer allgemeinen Bildung in allen Disziplinen des gelehrten Unterrichts sah diese Revision nun auch die Möglichkeit einer Schwerpunktbildung in einem der drei Zweige des Gymnasialunterrichts, des linguistischen, historischen und mathematischen, vor, und dabei wurde erstmals das mathematisch-physikalische Lehrfach als gleichberechtigt neben dem der alten Sprachen anerkannt.[3]

Die Universalität des Bildungskonzeptes, die dazu führte, daß auch die Lehrerbildung nicht als spezialisierte Berufsvorbereitung gesehen wurde, führte dazu, daß die Reform der Universitäten unter konzeptionellen Gesichtspunkten einen geschlossenen und einheitlichen Zuschnitt erhielt. Zugleich stellte sie eine bedeutsame institutionelle und intellektuelle Rahmenbedingung für die Schulreform dar. Diese allerdings verlief wesentlich komplizierter.

In der Schulreform konnte nicht so radikal von den sozialen Aufgabenstellungen abstrahiert werden, wie dies bei der Universitätsreform der Fall war. Den unterschiedlichen Berufsbedürfnissen mußte Rechnung getragen werden. Das Problem bestand also darin, daß der bis dahin vorherrschenden *äußeren* Definition der Bildungsinstitutionen, die von den sozialen Zwecken des Wissens abgeleitet war, durch die Humboldtsche Reform eine *innere* Definition unterlegt wurde, die von den pädagogischen Aufgaben der *"Menschenbildung"* und der kognitiven Eigenart des Wissens ausging. Die langfristige Wirksamkeit dieser inneren Definition mußte durch ihre Kompatibilität mit der äußeren gesichert werden. Theoretisch und

---

1) Neigebauer [1826], 111-114
2) Die wissenschaftlichen Deputationen wurden 1810 eingerichtet und waren zunächst vor allem Gremien wissenschaftlicher Politikberatung, die der Sektion für den Kultus und öffentlichen Unterricht zuarbeiten sollten. Näheres über Aufgabe, Zusammensetzung und Arbeitsweise: Lohmann [1984], 1-37
3) Pahl [1913], 280/1

praktisch konnte eine zunehmende Einheit des Unterrichts durchgesetzt werden, ohne daß diese auf einen Schlag von oben dekretiert worden wäre.

Die Schwierigkeiten, die dies bereitete, spiegelten sich darin wieder, daß es lange Zeit nicht gelang, ja nicht einmal versucht wurde, ein einheitliches Gesetz für das Schulwesen zu erlassen. Für die Gymnasien war daher der sogenannte "Süvernsche Lehrplan" lange Zeit das einzige zentrale Dokument, das ihren Zuschnitt beschrieb[1]. Dieser Lehrplan war von der Wissenschaftlichen Deputation in Berlin während der Amtszeit Humboldts in Angriff genommen worden und war 1812 im wesentlichen fertiggestellt. Er wurde erst 1816 den einzelnen Provinzialschulkollegien als Richtschnur des Handelns bekannt, aber nie verbindlich gemacht. Tatsächlich wurde er regional sehr unterschiedlich gehandhabt und umgesetzt.[2]

Es war eine große Errungenschaft dieses Lehrplans, daß er eine Strategie enthielt, wie die innere Definition der Gymnasien als Anstalten der reinen Menschenbildung mit den äußeren Anforderungen nach Berufsvorbereitung vereinbart werden konnte. Diese Strategie bestand im Konzept der *Bildungsstufen*, das eine hohe Flexibilität und Einheitlichkeit des Systems ermöglichte. Die Bildungsstufen regelten das Maß der Verbindlichkeit der Lehrplanvorgaben für den einzelnen Schüler und die Möglichkeiten der Schüler, innerhalb des Fächerangebots der Schule individuelle Schwerpunkte zu setzen.[3]

In den alten voraufklärerischen Lateinschulen war das Fortschreiten der einzelnen Schüler einzig und allein vom Fortschritt in der lateinischen Sprache bestimmt. Nur die Leistungen in diesem Fach bestimmten die Versetzungen von einer Klasse in die nächste. Mit der aufklärerischen Pädagogik und dem wachsenden Gewicht anderer Schulfächer wurde dieses Versetzungssystem in vielen Schulen aufgegeben und das sogenannte *Fachklassensystem* eingeführt. Dieses System war auch ein entscheidendes Merkmal der revolutionären Pädagogik in Frankreich.[4] Beim Fachklassensystem wird der Lehrstoff für jedes Fach in einem unabhängigen Lehrgang zusammengefaßt, und die Fortschritte der Schüler in den einzelnen Lehrgängen brauchen nicht notwendig koordiniert zu sein. Ein Schüler kann sich beispielsweise in Latein in Prima befinden, während er in Mathematik noch in

---

1) Der Text des Lehrplans in: Mushacke [1858].
   Johann Wilhelm Süvern (1775-1829): 1800 Direktor des Gymnasiums in Thorn, 1809-1818 Leiter der Unterrrichtsabteilung in der Sektion für Kultus und Unterricht
2) vgl. V.3. und V.5.
3) Die Bedeutung, die dieses Problem bei den Beratungen des Süvernschen Lehrplans hatte, ist herausgearbeitet in Lohmann [1982] und [1984]
4) Durkheim [1977], 278

Tertia oder Sekunda ist. Lehrplantechnisch wurde dieses System dadurch ermöglicht, daß zu einer bestimmten Zeit in allen Klassen gleichzeitig dasselbe Fach unterrichtet wurde. Der Fachunterricht war also für die verschiedenen Klassen parallel gelegt, und deshalb sprach man bei diesem System auch vom "*Parallelismus*". Dieses System ließ also den Wahlmöglichkeiten und der Individualität der Schüler breiten Raum, es hatte aber auch eine Reihe gravierender Nachteile. Auf der einen Seite pädagogische: kann man wirklich einen Schüler, der in Latein in Prima, in Mathematik in Tertia steht, zusammen und auf dieselbe Weise mit anderen Tertianern, also Schülern, die vier, fünf Jahre jünger sind, unterrichten? Die Erfahrungen, die man damit machte, sprachen häufig dagegen. Auch war es ein Problem, ob man den Klassenverband so stark auseinanderreißen sollte, wie das im Fachklassensystem notwendig war. Ein weiterer schwerwiegender Nachteil betraf die Tatsache, daß das Fachklassensystem in der Tendenz die Folge hatte, das Fachlehrerprinzip außer Kraft zu setzen. Da der lehrplantechnische Parallelismus es etwa erzwang, daß gleichzeitig in sechs verschiedenen Klassen Mathematik zu unterrichten war, mußte entweder die Zahl der verfügbaren Fachlehrer entsprechend hoch sein, oder es mußte sehr viel Unterricht von fachfremden Lehrern erteilt werden. Kaum eine Schule in Preußen war groß genug, um die erste Möglichkeit zu praktizieren. Es blieb daher nur der fachfremde Unterricht, und damit wurde die Programmatik einer wissenschaftlichen Bildung nachhaltig in Frage gestellt.

Im Unterschied zum Fachklassensystem teilt das *Jahrgangsklassensystem* den Unterricht in Jahrgangsstufen ein und fordert, daß eine Versetzung von einer Klasse in eine andere nur dann erfolgen kann, wenn hinreichende Leistungen in allen Fächern bzw. in einer besonders ausgezeichneten und hervorgehobenen Fächergruppe erzielt worden sind. Dieses heute selbstverständliche Klassensystem war ein wichtiger Zielpunkt der neuhumanistischen Bildungsreform, weil es die Einheit des Unterrichts und die Allseitigkeit der Bildung des Einzelnen zu garantieren schien. Es wurde aber von den verschiedenen beteiligten Pädagogen in unterschiedlichem Ausmaß gefordert und angestrebt, je nachdem wie hoch die Rücksicht auf die Individualität des einzelnen oder auf die unterschiedlichen sozialen Bedürfnisse, die eine Schule befriedigen sollte, war.[1]

Im "*Süvernschen Lehrplan*" wurde daher ein Kompromiß zwischen Jahrgangs- und Fachklassensystem vorgesehen. Der ganze Gymnasialkursus wurde in drei Bil-

---

1) W.v.Humboldt etwa hat sich gegen das Jahrgangsklassensystem ausgesprochen, vgl. Lohmann [1984], 214

dungsstufen eingeteilt, von denen jede zwei oder drei Klassen umfaßte. Nach Fächern unterschiedliche Versetzungen sollten dann innerhalb der Bildungsstufen möglich sein, während der Übergang von einer Bildungsstufe in die höhere nur bei entsprechenden Voraussetzungen in allen wichtigen Fächern gestattet werden sollte.

Zugleich repräsentierten die drei Bildungsstufen auch drei unterschiedliche Schulen, nämlich die "*niedere Bürgerschule*" (Elementarschule plus Sexta und Quinta), die "*höhere Bürgerschule*" (Elementarschule plus Kursus von Sexta bis Tertia) und das eigentliche Gymnasium.

Im Konzept der Bildungsstufen war also eine Kompromißformel gefunden worden, die es auch real erlaubte, die von der Aufgabe der Menschenbildung abgeleitete Einheit des Unterrichts mit der gesellschaftlich vorhandenen Vielfalt von unterschiedlichen Bildungsbedürfnissen zu vermitteln. Die Tendenz der Bildungspolitik in Preußen ging allerdings in Richtung auf das reine Jahrgangsklassenprinzip. Je mehr dies praktiziert wurde, umso mehr entstanden auch von den Gymnasien abgesonderte niedere und höhere Bürgerschulen. Ab Mitte der dreißiger Jahre kann das Jahrgangsklassenprinzip für Preußen als durchgesetzt gelten. Damit aber hörten die Gymnasien auch auf, ihre ursprüngliche Gesamtschulfunktion wahrzunehmen. Abgesonderte Bürgerschulen mit einer eigenständigen unterrichtlichen Konzeption, die bis dahin lediglich als Übergangsform und Kompromiß im Hinblick auf existierende lokale Traditionen vorgesehen waren, erhielten nun eine langfristige Existenzgrundlage.

I.2.   Theorie — Praxis — Hermeneutik

Der Wandel der bildungsphilosophischen Konzepte, der beim Übergang von den Bildungsreformen des späten 18.Jahrhunderts zur Humboldtschen Reform stattgefunden hat, war eingebunden in einen komplizierten Prozeß der Entwicklung eines neuen gesellschaftlichen Lebensgefühls. W.Dilthey hat diesen Vorgang der Herausbildung eines bürgerlichen Selbstverständnisses im Deutschland des späten 18. und frühen 19.Jahrhunderts als "*Deutsche Bewegung*" bezeichnet.[1] Literatur, vom "*Sturm und Drang*" über die *Klassik* bis zur *Romantik*, *idealistische Philosophie* und die Bewegung des *Neuhumanismus* waren personell und ideell eng mit einander verwoben. Diese Entwicklung hatte vielfältige kulturelle, ideologische und gesellschaftspolitische Dimensionen. Ein wichtiger Aspekt war eine *gewandelte*

---

1) **Blankertz** [1982], 93

Auffassung des Verhältnisses von Theorie und Praxis. Dies kann am Beispiel der Ausbildung der preußischen Staatsbeamten illustriert werden, die im 18.Jahrhundert ein wichtiges Motiv der Hochschulreform war.

1770 gab es in Preußen eine durch den Staatsminister von Hagen konzipierte Reform der Verwaltung und der Ausbildung der höheren Beamten.[1] Ursache war eine wachsende Unzufriedenheit mit der Effizienz der Verwaltung und der einzelnen Beamten. Zwei Motive standen im Vordergrund. Einerseits ging es um eine Verbesserung der fachlichen Kompetenz der Beamten. Der schlechte Zustand des preußischen Finanz– und Kameralwesens sei darauf zurückzuführen, daß *"vielen Bedienten, sowohl adeligen als bürgerlichen Standes, vorgedachte nöthige Wissenschaften und Fähigkeiten gefehlet und sie geglaubt haben, diesen Mangel durch eine Routine im wirklichen Dienst mit der Zeit zu ersetzen."*[2] Es wurden daher Vorschriften zum Fachstudium erlassen. Eine Oberexaminationskommission sollte die fachliche Qualifikation feststellen. Für die höhere Verwaltung würden *"Subjecta erfordert, die schon gute Studia und eine Kenntniß der Rechte, der Mathematik und practischen Physik, der Mechanik p., wie auch des Umfangs und der Theile der Landwirtschaft haben, dabei ein gutes Genie und Munterkeit, auch einen wahren Eifer zu rechtschaffener Beobachtung ihrer Pflichten besitzen müssen..."*[3]

Andererseits machte man sich Sorgen um die *Einheit* der inneren Verwaltung. Beamte, die auf unterer Ebene Entscheidungen zu fällen hatten, mußten wissen, wie sich ihre Tätigkeit in den Gesamtrahmen des Verwaltungshandelns einfügte. Hier sollten in einer sogenannte Pépinière ausgewählte Beamte der Provinz für ein halbes Jahr am Geschäftsgang der Zentralverwaltung, dem General–Direktorium, teilnehmen, um ein Verständnis für die Gesamtbelange der Verwaltung zu erwerben. Erhöhung der fachlichen Kompetenz und Maßnahmen zur Stärkung der inneren Einheit der Verwaltung charakterisierten also die Verwaltungsreform von 1770.

Beide Gesichtspunkte spielten auch bei der Reorganisation der preußischen Verwaltung und der Diskussion über die Beamtenausbildung nach der Niederlage gegen Napoleon im Jahre 1806 eine wichtige Rolle. Doch die Akzente der Diskussion hatten sich bemerkenswert verschoben. Hatte die Reform von 1770 noch im Rahmen merkantilistischer Vorstellungen stattgefunden, nach denen der Staat der

---

1) vgl. zum Folgenden: Schminnes [1982]
2) Verfügung des Etatsministers v.Hagen und anschließender Schriftwechsel, 25.3.–8.6.1770. in: Acta Borussica, Beh.Org. XV, 243. Zitiert nach Schminnes [1982], 225
3) a.a.O.

wichtigste ökonomische Akteur sein sollte, wurde das Handeln der Verwaltung nun im Hinblick auf die bürgerliche Gesellschaft gesehen, der sie einen Rahmen zu freier Entfaltung bieten sollte. Damit erhielt das Problem, daß Beamte aus einem Verständnis des Gesamtzusammenhangs zu handeln haben, das auch 1770 eine Rolle gespielt hatte, völlig neue Dimensionen. Die Verwaltung wurde nun von den auf Reform bedachten Kräften metaphorisch als *"organisches Ganzes"* gedacht, dessen Struktur aus der *"Idee des Staates"* entwickelt sein sollte und dessen Teile durch *"Selbständigkeit"* und *"Verantwortlichkeit"* charakterisiert waren. Für den einzelnen Beamten war daher nicht nur die Kenntnis des Geschäftsgangs im Ganzen erforderlich, sondern darüber hinaus eine Vorstellung über den Zusammenhang von Verwaltung und bürgerlicher Gesellschaft. Der ganze Geschäftsgang sollte sich nach den Vorstellungen der Reformer daher ändern. In einem wichtigen Gutachten formulierte der Freiherr von Altenstein [1] 1807: *"Es bedarf einer gänzlichen Abänderung, und ich sehe gar keinen Grund, warum man nicht in der Geschäftspflege die Ideen wie im übrigen Leben ausdrücken sollte. Wenn die Verordnungen und Reglements stärker als bisher auf einen freieren Geist einwirken und das Gemüt anregen sollen, so muß eine Form gewählt werden, welche dieses zuläßt und welche geradezu mit den Menschen als das, was sie sind, und nicht mit dritten Personen mit einer nicht zu besiegenden Steifigkeit spricht."* [2] Daher: *"Die Instruktion muß vor allen Dingen die Idee, welche zur Wirklichkeit gebracht werden soll, in höchster Klarheit darstellen, und aus ihr müssen alle Regeln für die Geschäftspflege als ebensoviele unerläßliche Bedingungen folgen und dargestellt werden. Alles, was nicht durchaus notwendig hieraus fließt, beschränkt die Freiheit der Geschäftspflege und schadet schon dadurch und noch mehr, indem es das Wesen in etwas zu setzen scheint, was bloß zufällig ist."* [3] Im Sinne dieser Vorstellungen konnten Staat und bürgerliche Gesellschaft nur zusammen wirken, wenn alle Beteiligten, also nicht nur die Staatsbeamten, sondern jeder Bürger aus einem Verständnis der Gesamtzusammenhänge heraus handeln. Daher war *Bildung* das große Schlagwort, durch das man die Autonomie des Einzelnen und den Zusammenhang des Ganzen miteinander zu vereinbaren gedachte.

Bildung, verstanden als die wichtigste Voraussetzung zum Verständnis des Ganzen, war daher der entscheidende Aspekt, der die Diskussion über die Reform der Beamtenausbildung nach 1806 von derjenigen um 1770 unterschied. Die bisherige

---

1) Karl Freiherr vom Stein zum Altenstein (1770–1840): seit 1793 im preußischen Verwaltungsdienst, seit 1803 Geh.Oberfinanzrat in Unterrichts- und Medizinalangelegenheiten, von 1817–1838 erster preußischer Kultusminister
2) v.Altenstein, "Über die Leitung des preußischen Staats an S. des Herrn Staatsministers Freiherrn von Hardenberg Excellenz", in: Winter [1931], 548f.
3) a.a.O., 547

Ausbildung habe einen Mangel an philosophischer und allgemeiner Bildung gehabt. Erst *"umfassende, philosophische, wissenschaftliche und positive Kenntnisse von dem Zustand des Ganzen und der einzelnen Teile"* machten den *"wirklichen Staatsmann"* aus.[1] Explizit zitierte Altenstein Fichte, der in der Schrift über Macchiavelli geschrieben hatte: *"Was mag wohl zu einem richtigen Urteile über Staatssachen ... erforderlich sein? Ich denke, in Absicht der Materie, eine gründliche Einsicht in die Gesetze der Staatsverwaltung überhaupt, welche sich auf philosophische Erkenntnis, auf Bekanntschaft mit der Geschichte der Vorwelt, und der unserer Tage, und auf tiefe Erkenntnis des Menschen gründet, welche letztere wieder nicht von der Anzahl der Gesichter, die wir an uns haben vorübergehen lassen, sondern vorzüglich davon abhängt, daß man selbst ein von allen Seiten ausgearbeiteter und vollständiger Mensch sei, und sich kennt; sodann, in Absicht der Form, ein festzer und geübter Verstand, der das Objekt seines Nachdenkens in reiner Absonderung zu fassen, und dasselbe ohne Zerstreuung oder Verwirrung fest zu halten wisse, bis er es zermalmt und in seinem Wesen durchdrungen habe. Und auf welchem Wege erhält man denn diese Erfordernisse der Staatskunst? Ich weiß nicht anders, als daß es allein durch gründliches Studium der Wissenschaften geschehe, durch dieses aber auch ganz und vollständig;..."*[2]

Aus diesen Erwägungen konzentrierte sich die Diskussion um die Reform der Beamtenausbildung darauf, zusätzlich zu den bisherigen Prüfungen eine *allgemeine Prüfung* einzurichten, die den Grad der allgemeinen Bildung der Kandidaten untersuchen und feststellen sollte, wie diese ihre Kenntnisse theoretisch zu begründen und praktisch anzuwenden wußten.[3] *"Man muss nemlich wissen, welche Fähigkeit und Fertigkeit der Examinand in den, besonders bei jedem höhern Amte, beständig vorkommenden allgemeinen Geistesthätigkeiten hat; im schnellen Auffassen der relevanten Puncte in einem mündlichen Vortrag; in diesem Vortrag selbst, wenn er ihn selbst machen soll; im Discutiren; im Zusammennehmen und Darstellen vieler verschiedener Meinungen, in dem Zurückführen einer Discussion zwischen Mehreren, die so leicht abschweift, auf den wahren Punct der Untersuchung. Dadurch wird erforscht, wie klar oder verworren, bestimmt oder unbestimmt, theoretisch spitzfindig oder praktisch scharf der Kopf des Examinanden ist, und welchen Grad von gesundem Verstand, Gewandtheit, Ruhe und Gegenwart des Geistes, endlich von Sprachfertigkeit er besitzt."*[4]

1) a.a.O., 504
2) Fichte [1807], 431
3) Schminnes [1982], 267
4) Humboldt [1809a], 85

Im Hinblick auf die Ausbildung höherer Beamter gab es also 1770 und 1810 Übereinstimmungen und Unterschiede. Übereinstimmung bestand in der nachdrücklichen Betonung fachwissenschaftlicher Kompetenz. Unterschiede lagen in der Bewertung ihrer Bedeutung. Der Zusammenhang von Theorie und Praxis, von Wissenschaft und Anwendung wurde 1810 unter einem anderen Blickwinkel gesehen als 1770. 1770 wurde wissenschaftliche Kompetenz unter dem Gesichtspunkt gefordert, daß sie Wissen über spezielle Anwendungsfelder und Gegenstandsbereiche bereitstellen solle. 1810 wurde dem eine neue Dimension hinzugefügt. Man benötige die wissenschaftliche Kompetenz nicht nur für Wissen über spezielle Gegenstandsbereiche, sondern weil sie auch eine generelle intellektuelle Kompetenz gewährt, die zur Strukturierung von Sachverhalten und zur Kommunikation unerläßlich ist. Wissenschaft wird damit nicht so sehr durch unmittelbare Anwendung praktisch, sondern dadurch, daß sie den Einzelnen lehrt, die Welt zu *verstehen.* Wissenschaft mag nichts über die Praxis aussagen, aber sie macht den Anwender vielleicht intelligent, liefert ihm generelle Orientierungen, die ihm dazu verhelfen, Problemlösungen zu finden, ohne daß diese Lösungen durch die Wissenschaft schon bis ins Detail vorbestimmt wären. Anwendung bedeutet also nun, *"daß die Aufstellung der Regel die Freiheit ihres Gebrauchs nicht aufhebe. Es muß bloß der Geist der Regel, nicht die tote Formel regieren."*[1] Für die Reformer des Jahres 1810 war daher der Erwerb dieser generellen Orientierungsfähigkeit der wichtigste Aspekt der Verwissenschaftlichung der Praxis.

Man kann die beiden hier in Rede stehenden Vorstellungen über die Anwendung von Wissenschaft als *direkte* im Unterschied zu einer *indirekten* Anwendung bezeichnen.[2] 1770 wäre demnach das Konzept der direkten, 1810 das der indirekten Anwendung der Wissenschaften dominant gewesen. Natürlich ist die indirekte Anwendung der Wissenschaft nicht denkbar ohne ihre direkte Anwendung. Auch eine allgemein verstandene Orientierungsfähigkeit benötigt mindestens Beispiele erfolgreicher Anwendung. Dennoch war die hohe Bewertung indirekter Anwendung ein entscheidender Gesichtspunkt für die Gestaltung des Verhältnisses von Theorie und Praxis. An den deutschen Universitäten des 19.Jahrhunderts gehörte die Betonung reiner Wissenschaft im Sinne einer indirekten Anwendung zum herrschenden Selbstverständnis, das immer wieder, auch gegen Kritik von außen, beschworen wurde. In diesem Sinne äußerte sich etwa 1853 der Altphilologe August Boeckh auf einer Festrede an der Universität Berlin: *"Denn nicht der ist der tüchtige, zumal höhere Diener, der sich in dem gegebenen Zustande gut zu*

---

1) a.a.O., 555
2) vgl. zu diesen Begriffen Jahnke [1985]

*bewegen weiß, sondern der von der göttlichen Idee des Guten erfüllt, dieses,
soweit es jedesmal erreichbar scheint, zu verwirklichen strebt, um eine bessere
Zukunft herbeizuführen, da das Positive selber vielfacher Reinigung und Verbesserung bedarf. Zu diesem wahrhaft höheren Dienste bildet die Wissenschaft die
heran, welche zum Handeln, das heißt zum Umsetzen des gereifteren Wissens in
die That bestimmt sind: so wirkt die Theorie an sich und durch die von ihr er-
leuchteten Lenker und Diener des gemeinen Wesens, alle seine Theile durchdrin-
gend, allmälig auf die Verhältnisse des Lebens; und wenn Tausende und abermals
Tausende auf sie schmähen, sie ist und bleibt es dennoch, von der das Handeln
beherrscht und die Menschheit vorwärts bewegt wird, weil der Geist die Masse
beherrscht und bewegt.* "[1]

Im Hinblick auf die Mathematik hat der Mathematiker A.L.Crelle (1780–1855)[2]
die orientierende Funktion wissenschaftlicher, theoretischer Bildung 1845 in klassischer Weise dargestellt. Im Vorwort zu seiner *"Encyklopädischen Darstellung der
Theorie der Zahlen und einiger anderer damit in Verbindung stehender analytischer Gegenstände*[3] behandelte er den zweifachen Nutzen der Mathematik, einmal
unmitelbar angewandt zu werden und zum anderen zur Schulung des Denkvermögens zu dienen. Beide Zwecke gegen einander abwägend erklärte er, daß es bei
den meisten praktischen Problemen schwierig sei, die Mathematik anzuwenden,
weil diese zu komplex seien. Häufig führe die Anwendung der Mathematik sogar
zu schweren Fehlern und Irrtümern, weil man ihrer Strenge und Gewißheit zu
sehr vertraue. Ganz unzweifelhaft aber schien ihm der Nutzen der Mathematik zur
Übung der Denkkraft zu sein, wobei *"offenbar niemand so leicht zu weit gehen"*
könne. Und diese Übung sei auch die unabdingbare Voraussetzung, um die
Mathematik direkt anzuwenden. *"Die Anwendungen der Mathematik im weiteren
Umfange auf complicirte Fälle des gemeinen Lebens, wenn man bei denselben von
abstracten Erfahrungssätzen ausgeht, sind mißlich und erfordern immer Vorsicht:
aber gerade der andere Theil des Nutzens der Mathematik, bei der Übung und
Entwickelung der Denkkraft, ist es nun wieder, der die Mißlichkeit hebt und der
zur Anleitung zu der nöthigen Vorsicht verhilft. ...Wenn erst durch fleißige Übung
des Urtheils vermittels der Mathematik (ohne Rücksicht auf Anwendungen) ein
mathematischer Geist geweckt worden ist, und nur dann erst, kann man dreister*

---

1) Boeckh [1853], 97. In der Literatur wird diese Haltung häufig als Ausdruck eines elitären,
weltabgewandten Mandarinentums der deutschen Wissenschaftler des 19.Jahrhunderts diskutiert
(vgl. Ringer [1983], 103f). Man kann aber auch umgekehrt argumentieren, daß die Wissenschaftler eher zuwenig als zuviel über die Wirklichkeit hinaus gedacht haben
2) zu Biographie und Werk Crelles vgl. Kap. VI.
3) Crelle [1845]

*auf den Nutzen der Mathematik bei den Anwendungen rechnen. Das bloße **Wissen** in der Mathematik, auf **Anwendungen** berechnet, die Bekanntschaft mit dazu dienenden Sätzen und Formeln , selbst mit dem Mechanismus, der zu solchen Sätzen führt, ist zu richtigen Anwendungen noch nicht hinreichend, sondern der mathematische **Geist,** oder die mathematische **Art zu denken,** muß der Leitfaden sein. Erst wer **damit** an die Anwendungen geht, wird weniger leicht irren, denn er wird vor allem erst untersuchen, **was** eigentlich die Mathematik zu leisten vermöge und wo und auf welche Weise das Werkzeug mit Nutzen zu gebrauchen sei. ... Daher ist es dann **ganz recht,** daß die Mathematik so viel als möglich in den Schulen, selbst in denen, welche den nicht eigentlich Gelehrten iher Vorbereitung geben, zuerst **ohne** alle Rücksicht auf Anwendungen im gemeinen Leben geübt werde: nicht sowohl zu dem Zwecke, dem Lernenden mathematisches **Wissen** für Anwendungen beizubringen, als vielmehr, um ihn an die mathematische **Art zu urtheilen** zu gewöhnen und den mathematischen **Geist** in ihm zu wecken. "*[1]

Crelle kritisierte hier also ein gängiges Verständnis von Anwendung, wonach die Wissenschaft allgemeine Gesetze und Regeln generiert, deren Anwendung in ihrer Spezialisierung auf einzelne Fälle bestünde. Vielmehr stellte Anwendung für ihn ein Problem ganz eigener Art dar. Wissenschaftliche Kenntnisse liefern nicht Regeln, die umstandslos auf praktische Zusamenhänge zu spezifizieren wären, sondern sie tragen lediglich zur Erhöhung einer allgemeinen Orientierungsfähigkeit des Anwenders bei, die ihm dazu verhilft, sich in praktischen Problemfeldern intelligent zu bewegen.

Die Sicht des Theorie–Praxis–Problems im Sinne einer indirekten Anwendung der Wissenschaften hat wichtige wissenschaftsphilosophische Konsequenzen. Diese betreffen einerseits die Zielstellungen wissenschaftlicher Arbeit. Gegenstände und Problemfelder werden nicht ausschließlich nach dem Kriterium gewählt, inwieweit sie technisch anwendbar sind, sondern wissenschaftliche Forschung kann sich daran orientieren, inwieweit ihre Ergebnisse generell zum Verständnis der natürlichen und sozialen Umwelt beitragen. Das bedeutet nicht nur eine Legitimation für Grundlagenforschung schlechthin, sondern die Entwicklung von Forschungsprioritäten orientiert sich unter diesen Umständen generell an breiteren und umfassenderen Gesichtspunkten und Fragestellungen. Wissenschaft wird dann als Teil der menschlichen Kultur insgesamt gesehen, so daß technische Anwendungen nur noch ein Aspekt wissenschaftlicher Arbeit sind.

---

1) Crelle [1845], IX/X

Auf der anderen Seite betreffen diese Konsequenzen auch den Typus des Wissens und den Stil wissenschaftlicher Arbeit. Wenn nicht mehr unmittelbare Anwendung der dominierende Gesichtspunkt ist, dann tendiert Wissenschaft zu größerer Abstraktheit. Erklärungsmuster hoher Generalität, auch Spekulation erhalten einen Wert, der ihnen unter Gesichtspunkten direkter Anwendbarkeit nicht zugemessen würde.

Unter systematischen Gesichtspunkten hat daher die dem Bildungsdenken zugrundeliegende Konzeption indirekter Anwendung eine sehr bedeutsame Konsequenz. Diese liegt darin, daß der Begriff des *Verstehens* zu einer fundamentalen Kategorie wird, um die Wissenschaften intern zu begründen und extern zu legitimieren. Indem die indirekte Anwendung der Wissenschaft auf ihrer Orientierungsfunktion beruht, bezeichnet sie gerade ihren Beitrag zum *Verstehen* der Welt, und *Verstehen* wird so zu einem das Anwendungsverhältnis beschreibenden Begriff. Hermeneutische Interpretation und Anwendung der Wissenschaft auf ein praktisches Problem sind vergleichbar, insofern in beiden Fällen allgemeine Regeln und Gesetzmäßigkeiten benutzt werden, nicht um den vorliegenden Fall in ein Allgemeines aufzulösen, sondern um mit Hilfe des Allgemeinen die Individualität und Spezifität des Besonderen auszuloten, d.h. den Text oder das praktische Problem zu *verstehen*. Zugleich ist *Verstehen* aber auch eine Kategorie, durch die sich die interne Methodologie der Wissenschaften allgemein beschreiben und begründen läßt.

Es war diese universelle Rolle des Verstehensbegriffs, die es historisch ermöglichte, daß die altphilologischen Disziplinen bildungsphilosophisch und wissenschaftsphilosophisch zum Leitbild für die Humboldtsche Bildungsreform wurden.[1] Diese Leitbildfunktion bezog sich auf sehr unterschiedliche Dimensionen. Sie betraf erstens die institutionellen und kommunikativen Aspekte wissenschaftlicher Arbeit. Die Seminare und Institute, die an den Universitäten gegründet wurden, orientierten sich am Muster der philologischen Seminare von Heyne und Wolf, die am Ende des 18.Jahrhunderts in Göttingen und Halle erfolgreich arbeiteten. Sie bezog sich zweitens auf die formalen Standards wissenschaftlicher Arbeit. Diese wurden in Deutschland zweifellos durch das hohe Niveau philologischer Forschung geprägt.[2] Drittens aber, und das war der für alle anderen Wissenschaften folgenreichste Tatbestand, stellten die Altphilologien auch ein Modell für die *kulturelle*

---

1) Zur Herausbildung des neuen Selbstverständnisses der philologischen Wissenschaften vgl. Leventhal [1986]

2) Ein indirekter Beleg dafür ist die intellektuelle Herausforderung, die die Altphilologie auch für Mathematiker wie Gauß und Jacobi darstellte

Begründung der Bedeutung von Wissenschaft dar. Indem diese Disziplinen das zur gesellschaftlichen Selbstreflexion benötigte Wissen über die antiken Kulturen bereitstellten, gerieten sie in ein Verhältnis aktiver Wechselwirkung mit der umgebenden Kultur. Sie vermittelten einerseits Wissen, das in dieser Kultur benötigt wurde, und wurden umgekehrt in ihren Fragestellungen und Sichtweisen durch diese umgebende Kultur beeinflußt und geprägt. Die im Zusammenhang dieser Studie wichtigste Konsequenz dieses ganzen Prozesses war wissenschaftsphilosophischer Art und überdauerte den historischen Anlaß ihrer Entstehung, die Antikenverehrung. Es war die Herausbildung eines *"verstehenden"* oder *"hermeneutischen"* Wissenschaftsverständnisses.

Von Anfang an stand der *"neue Humanismus"* im Gegensatz zum alten. Während dieser sich auf die Feststellung und Erlernung grammatischer und rhetorischer Regeln konzentrierte, wurden Sprache und Literatur im Neuhumanismus *"nicht mehr als Regelsysteme gesehen, sondern als historische Phänomene, deren einzelne Werke es in ihrer Eigenart zu verstehen galt. Der instrumentelle Gebrauch der Sprache, der Versuch einer Nachahmung der klassischen antiken Autoren trat immer mehr zurück zugunsten einer reflektierenden Einstellung. Hinter der alten Sprache interessierte den Menschen auch die eigentümliche Sicht der Welt, die sich in einer Sprache ausdrückte. "*[1]

Der Anwendungsbezug der neuhumanistisch verstandenen Altphilologie bestand also nicht mehr in der unmittelbaren Förderung des Sprachgebrauchs, obwohl dieser eine wichtige Rolle spielte. Die Frontstellung gegen den alten Humanismus implizierte auch eine Kritik an dessen Konzeption direkter Anwendung. Statt des instrumentellen Gebrauchs der Sprache betonte man ihren Beitrag zu einem gesellschaftlichen Diskurs, der auf Selbstverständigung und Verstehen gerichtet war, also ihre indirekte Anwendung.

In beiden Hinsichten wurde damit ein Rahmen für alle anderen Wissenschaften gesetzt. Auch die Naturwissenschaften und die Mathematik definierten, wie wir noch näher beschreiben werden, ihren Anwendungsbezug als Beitrag zu einer Verstehensleistung.

Die Aufgabe der Wissenschaften durch den Begriff des Verstehens zu beschreiben, war in der Neuzeit ein durchgängiger Gedanke. Neben der baconischen technisch–pragmatischen Begründung spielte die Idee einer spekulativen, mathemati-

---

1) Blankertz [1982], 92

schen *"Interpretatio naturae"* immer eine wichtige Rolle.[1] Ebenso hatte die Metapher vom *"Lesen im Buch der Natur"* eine lange, wechselvolle Geschichte.[2] Was am Ende des 18. und zu Beginn des 19.Jahrhunderts den Begriff des Verstehens in spezifischer Weise prägte, war einerseits seine kulturelle Ausbreitung[3] und andererseits die charakteristische methodologische Durchbildung, die dieser Begriff in den Altphilologien erfuhr. Als Ergebnis dieses Prozesses wurde der Begriff der Hermeneutik am Anfang des 19.Jahrhunderts von zwei Autoren methodologisch begründet. F.E.D.Schleiermacher[4] definierte in seinen Vorlesungen über Hermeneutik[5] diese als eine universale (nicht mehr auf Bibelauslegung begrenzte) Theorie des Verstehens. Verstehen ist dabei die *reproduktive Wiederholung* der ursprünglichen gedanklichen Produktion aufgrund der Kongenialität zwischen Autor und Ausleger. Der entscheidende Schritt Schleiermachers bestand darin, die Eingrenzung der Hermeneutik auf die Auslegung schriftlicher Texte zu überwinden, und den Begriff des Verstehens auf dem Gespräch und zwischenmenschlicher Kommunikation überhaupt zu begründen. Damit wurde eine Verallgemeinerung des Hermeneutik-Begriffs erreicht, die ihn zum Grundbegriff für die historischen Geisteswissenschaften werden ließ.[6]

Speziell für die Altphilologien hat A.Boeckh in einer zwischen 1809 und 1865 insgesamt wohl 26 mal gehaltenen und immer wieder überarbeiteten Vorlesung zur *"Enzyklopädie und Methodologie der philologischen Wissenschaften"*[7] einen Ansatz der hermeneutischen Methodologie entwickelt. Er benutzte dabei wissenschaftsphilosophische Argumente, die im damaligen Kontext eine generelle Bedeutung auch über die Philologie hinaus gehabt haben. Boeckh hat die Aufgabenstellung der Philologie sehr umfassend definiert. Sie sollte sich nicht nur mit den literarischen Dokumenten der einzelnen Kulturkreise befassen, sondern alle überlieferten Zeugnisse einer Kultur berücksichtigen. Die Altphilologie wurde so als eine umfassende Altertumswissenschaft verstanden, die, indem sie die ganze Kultur als geistige Produktion begreift und rekonstruiert, zu einer Rekonstruktion der Gesamtheit des Erkennens führt und so letztlich in Philosophie übergeht. Die Philolo-

---

1) vgl. Apel [1955], 144
2) Blumenberg [1986]
3) Apel spricht von der Ausbildung einer hermeneutischen Kultur und Allgemeinbildung
4) Friedrich Ernst Daniel Schleiermacher (1768-1834): Theologe und Philosoph, seit 1804 als Prediger und Professor in Halle, 1807 Wechsel nach Berlin, 1810 Professor für Theologie an der neuen Universität Berlin, von 1810 bis 1815 Direktor der Wissenschaftlichen Deputation in Berlin und Mitglied der Sektion für Kultus und Unterricht
5) vgl. Schleiermacher [1977]
6) vgl. Gadamer [1976]
7) Boeckh [1877]. Vgl. zum Folgenden auch: Pflug [1975]

gie wurde so als ein Mittel kultureller Reflexion universell begründet. Es ist lehrreich zu sehen, wie dieser universelle Anspruch methodologisch umgesetzt wurde. Boeckh unterschied zwischen relativem und absolutem Verstehen, dem ersteren war die Kritik, dem letzteren die Hermeneutik zugeordnet. Kritik umfaßte dabei die vorrangig philologische Arbeit: Rekonstruktion von Texten, Vergleich, Feststellung von Lesarten, Zuordnung zu Autoren, während Hermeneutik den Akt des Verstehens, die Rekonstruktion der Gesamtheit des Erkennens beinhaltete. Letztere Aufgabe sei nur *"durch unendliche Approximation, d.h. durch allmähliche, Punkt für Punkt vorschreitende, aber nie vollendete Annäherung"* lösbar.[1] Das absolute Verstehen, das den Gesamtzusammenhang rekonstruieren soll, muß notwendig hypothetisch bleiben, und das ist die wissenschaftslogische Grundlage des sogenannten *"hermeneutischen Zirkels"*.[2] Die Fähigkeit, diese globalen Zusammenhänge intuitiv zu erfassen, beschrieb er mit den Begriffen des *"Gefühls"*, der *"Phantasie"* und des *"innerlich produktiven Vermögens"*.[3] Boeckh parallelisierte daher das Verhältnis von Hermeneutik und Kritik mit dem von Anschauung und Denken. Allerdings waren diese Unterschiede für Boeckh nur relativ, Kritik und Hermeneutik ließen sich letztlich nicht voneinander trennen, weil wissenschaftslogisch auch die Kritik der intuitiven Erzeugung von Hypothesen bedarf und daher teilhat am hermeneutischen Zirkel. Zu beidem gehöre Selbsttätigkeit, diese wird an einer Stelle als *divinatorisch* bezeichnet, da sie *"vermittelst produktiver Einbildungskraft den Mangel der Überlieferung ergänzt. Das ist die geniale Kritik, die aus eigener Kraft quillt und nicht aus dem Pergament."*[4]

Terminologisch und wissenschaftslogisch liegt hier exemplarisch der Rahmen vor, in dem sich die wissenschaftsphilosophische Diskussion des späten 18. und frühen 19.Jahrhunderts in Deutschland generell bewegte. Die externe Legitimation der Wissenschaften leitete sich aus ihrem Beitrag zur Entwicklung der gesellschaftlichen Orientierungsfähigkeit ab, sei es die Orientierungsfähigkeit des Individuums durch Bildung, sei es die der Gesellschaft. Wissenschaftsintern ist der *"hermeneutische Zirkel"* für die Naturwissenschaften genauso unvermeidlich wie für die Kulturwissenschaften. Der zugrundeliegende wissenschaftslogische Tatbestand verweist auf den hypothetischen Charakter unserer Erkenntnis. Empirische Forschung ist nicht möglich ohne Theorien und Hypothesen, die zur Generierung von Fragestellungen und zur Ordnung des Materials vorab aufgestellt werden. Diese

---

1) Boeckh [1877], 86
2) vgl. Horstmann [1978], 47f
3) Pflug [1975], 159
4) Boeckh [1877], 174

Hypothesen und Theorien sind genauso in einem fortlaufenden Prozeß zu korri-
gieren und eventuell zu revidieren, wie dies bei einer hermeneutischen Textaus-
legung erfolgen muß.[1] Insofern war die Existenz eines gemeinsamen Rahmens
wissenschaftsmethodologischer Reflexion möglich. Die Begrifflichkeit der Reflexion
unterschied sich allerdings in Naturwissenschaft und Mathematik von derjenigen in
den philologischen Disziplinen.

Tatsächlich begann sich erst Mitte des 19.Jahrhunderts eine schärfere methodologische Differenzierung zwischen Natur- und Geisteswissenschaften herauszubilden,
als wohl erstmals bei Droysen zwischen *"Erklären"* als dem methodologischen
Leitbegriff der mathematisch-physikalischen Wissenschaften und *"Verstehen"* als
dem der historischen Wissenschaften unterschieden wurde.[2] Diese in der Folge
dann durch W.Dilthey systematisch ausgebaute Unterscheidung zwischen Natur-
und Geisteswissenschaften beruhte darauf, daß zwar die logische Gleichwertigkeit
der Gesetzesproblematik in beiden Wissenschaftsarten gesehen wurde, daß aber für
die Geisteswissenschaften ein urpsrünglicher Akt des Verstehens im Sinne einer
vorwissenschaftlichen Sinnkonstitution in Anspruch genommen wurde. Doch ist ein
solcher Anspruch nur schwer zu objektivieren, und er wird in der modernen
Hermeneutik im allgemeinen nicht mehr erhoben. Daher kann Gadamer zu dem
Schluß kommen, die Hermeneutik nähere sich *"auf ihrem eigenen Wege der von
der neopositivistischen Metaphysikkritik ausgehenden analytischen Philosophie. Seit
diese nicht mehr daran festhält, durch Analyse der Redeweisen und Eindeutigma-
chen aller Aussagen mit Hilfe künstlicher Symbolsprachen die 'Verhexung durch
die Sprache' ein für allemal aufzulösen, kann auch sie über das Funktionieren der
Sprache im Sprachspiel am Ende nicht zurück,..."*[3]

Die Tatsache, daß der Begriff des Verstehens eine wichtige Rolle im kulturellen
Selbstverständnis am Ende des 18.Jahrhunderts spielte und zugleich zum methodologischen Leitbegriff einer Reihe wissenschaftlicher Disziplinen wurde, hatte im
Hinblick auf die *Beziehung von Wissenschafts- und Bildungsphilosophie* einzigartige Konsequenzen. Der Bildungsbegriff erfuhr eine ideologische Aufladung, die er
bis heute in einer für Deutschland spezifischen Weise behalten hat.[4] Während im
Aufklärungszusammenhang *"Bildung"* zumeist synonym mit *"Erziehung"* benutzt
wurde und einen stärker aktiven, die unmittelbar pädagogische Einwirkung beto-

---

1) vgl. z.B. Frey [1970] und [1979] sowie Foellesdal [1979]
2) Apel [1955], 172f. Zur allgemeinen Geschichte der Hermeneutik im 19.Jahrhundert vgl.
   auch Wach [1926–33]
3) Gadamer [1976], 1070
4) vgl. Vierhaus [1972]

nenden Akzent hatte, wurde *"Bildung"* nun als etwas verstanden, das nicht allein durch Erziehung bewirkt werden kann, sondern Selbsttätigkeit verlangt und als Sich–Entwickeln geschieht — eine Bedeutungsprägung, die im engen Zusammenhang mit dem Individualitäts– und Entwicklungsbegriff stand. Da der Neuhumanismus die Autonomie und Eigengesetzlichkeit des Individuums betonte, waren der pädagogischen Einwirkung konzeptionell Grenzen gesetzt. Diese wurde abgewertet zugunsten einer Vorstellung, nach der das Bildungssystem nur gewisse Voraussetzungen schafft zur Selbstentwicklung des Individuums. Der Neuhumanismus ist daher auf doppelte Weise durch den Begriff *"implizite Pädagogik"* zu beschreiben. Zum einen bezeichnet dieser Begriff einen historischen Tatbestand: der Neuhumanismus war eine wissenschaftliche und kulturelle Strömung, deren pädagogische Dimension anfänglich nur implizit blieb. Zum anderen ist dieser Begriff auch geeignet, das pädagogische Konzept des Neuhumanismus selbst zu beschreiben, insofern die direkte pädagogische Einwirkung gering geschätzt, die aktive Auseinandersetzung des Einzelnen mit wissenschaftlichen, künstlerischen und philosophischen Gegenständen dagegen betont wurde.

Die Konsequenz aus diesen Auffassungen war, daß die neuhumanistische Wissenschaftsphilosophie in ihrem Wesen eine Bildungsphilosophie war und umgekehrt der Bildungsphilosophie eine Wissenschaftsphilosophie zugrundelag. Daraus resultierte eine Einstellung, die kritisch war sowohl gegenüber der Wissenschaft in ihrer überkommenen Gestalt und Auffassungsweise, als auch gegenüber dem herkömmlichen Verständnis von Pädagogik. Die Begründung des Wissenschaftsbegriffs aus seiner kulturellen und bildenden Funktion ist von Wilhelm von Humboldt in klassischer Weise zum Ausdruck gebracht worden:*"Die letzte Aufgabe unsres Daseyns: dem Begriff der Menschheit in unsrer Person, sowohl während der Zeit unsres Lebens, als auch noch über dasselbe hinaus, durch die Spuren des lebendigen Wirkens, die wir zurücklassen, einen so großen Inhalt, als möglich, zu verschaffen, diese Aufgabe löst sich allein durch die Verknüpfung unsres Ichs mit der Welt zu der allgemeinsten, regsten, freiesten Wechselwirkung. Diess allein ist nun auch der eigentliche Massstab zur Beurtheilung jedes Zweiges menschlicher Erkenntniss."*[1] Für Humboldt ergab sich daraus notwendig die Folgerung, daß die Wissenschaften sich um eine Neubestimmung ihres Selbstverständnisses bemühen müssen. *"Der Mathematiker, der Naturforscher, der Künstler, ja oft selbst der Philosoph beginnen nicht nur jetzt gewöhnlich ihr Geschäft, ohne seine eigentliche Natur zu kennen und es in seiner Vollständigkeit zu übersehen, sondern auch nur*

---

1) Humboldt [o.J.], 235/6

wenige erheben sich selbst späterhin zu diesem höheren Standpunkt und dieser allgemeinen Uebersicht."[1] Gefordert war nun von den Wissenschaftlern, sich in die *"eigentliche Natur ihres Geschäftes"* Einblick zu verschaffen.

Die eigentliche Natur des Geschäftes der Wissenschaft aber hängt entscheidend von der Natur dessen ab, mit dem der Wissenschaftler befaßt ist, also von der Natur des Wissens. Es war daher gerade die Auffassung von der Natur des Wissens, in der ein entscheidender Gegensatz der neuhumanistisch–idealistischen Wissenschafts- und Bildungsphilosophie zur Aufklärungspädagogik lag. Während letztere Wissen unter dem Gesichtspunkt direkter Anwendbarkeit auffaßte und daher als eine Masse anwendbarer Kenntnisse definierte, die von Kenntnissen, wie sie der Mensch im Alltag verwendet, grundsätzlich nicht verschieden sind, akzentuierte die neuhumanistisch–idealistische Pädagogik gerade die *Distanz zum Alltagswissen.* Das eigentliche Wissen, um das es in der Wissenschaft und auch bei der Bildung des Einzelnen letztlich gehe, müsse sich von einer fragmentarischen, elementaren, unmittelbar an die Empirie und den Alltag gebundenen Form freimachen und die systematischen Zusammenhänge der Erscheinungen herausheben und darstellen. Daher wurde die Feststellung des *systematischen Zusammenhangs* aller Kenntnisse und Erscheinungen mit dem Begriff *"wissenschaftlich"* nahezu gleichgesetzt, und nur solche Forschung wurde als wissenschaftlich akzeptiert, die sich dieses Zusammenhangs bewußt war.

Die bildungstheoretische Begründung für diese Distanzierung vom Alltagswissen war im Selbstverständnis der Reformer eine zutiefst *praktische*, nicht weil theoretische Kenntnisse unmittelbar nützlich wären, sondern weil sie zu einer neuen, *vernünftigen* Perspektive auf die Wirklichkeit verhelfen. *"Sobald man aufhört, eigentlich Wissenschaft zu suchen, oder sich einbildet, sie brauche nicht aus der Tiefe des Geistes heraus geschaffen, sondern könne durch Sammeln extensiv aneinandergereiht werden, so ist alles unwiederbringlich und auf ewig verloren; verloren für die Wissenschaft, die, wenn dies lange fortgesetzt wird, dergestalt entflieht, dass sie selbst die Sprache wie eine leere Hülse zurücklässt, und verloren für den Staat. Denn nur die Wissenschaft, die aus dem Innern stammt und in's Innere gepflanzt werden kann, bildet auch den Charakter um, und dem Staat ist es ebenso wenig als der Menschheit um Wissen und Reden, sondern um Charakter und Handeln zu tun. Um nun auf immer diesen Abweg zu verhüten, braucht man nur ein dreifaches Streben des Geistes rege und lebendig zu erhalten:*

einmal Alles aus einem ursprünglichen Princip abzuleiten (wodurch die Naturerklärungen z.B. von mechanischen zu dynamischen, organischen und endlich

---

1) a.a.O., 234

psychischen im weitesten Verstande gesteigert werden);
ferner Alles einem Ideal zuzubilden;
endlich jenes Princip und dies Ideal in Eine Idee zu verknüpfen. "[1]

Charakter und Handeln werden mithin nur entwickelt, wenn das Wissen in Ideen
verknüpft wird, nicht als metaphysischen Substraten der Erkenntnis, sondern als
"regulativen Prinzipien". Praktische Tätigkeit und wissenschaftliche Forschung
müssen aus dem Bewußtsein eines Gesamtzusammenhangs heraus erfolgen. Theoretisches Wissen muß Teil der Bildung des Einzelnen sein, weil ihm eine auf die
Zukunft gerichtete orientierende Funktion zukommt. Dies war die Grundüberzeugung der neuhumanistischen Reformer, und daher sahen sie klar, daß die ideelle
Seite des Wissens nicht einfach nur als weiteres Wissen verstanden werden kann,
sondern daß sie Ausdruck der Persönlichkeit, oder einer Institution, oder eines
ganzen Zeitalters ist oder werden muß. Entscheidend ist nicht die einzelne Kenntnis, sondern der *"wissenschaftliche Geist"*. Wissenschaft wurde als eine *Lebens-*
form verstanden.[2]

Man kann hierin eine äußerste Steigerung des hermeneutischen Prinzips sehen. Das
Verstehen und Erfassen des Gesamtzusammenhangs der natürlichen und sozialen
Umwelt in der Idee gewinnt in dieser Konzeption zugleich eine moralische, hand-
lungsleitende Qualität.

Dieses ideelle Element aber ist nicht greifbar oder einfach mitteilbar, es liegt nicht
auf der Hand. Vielmehr muß es von jedem selbst eigenständig hervorgebracht
werden.[3] Der Begriff, der dieses eigenständige Hervorbringen in der idealistischen Philosophie bezeichnete, war der der *Konstruktion*, und dieser Begriff zeigt,
wie aktivitätsorientiert und nicht kontemplativ die Theoretizität des Wissens gesehen wurde. Zugleich steht dieses Hervorbringen in einer engen sachlichen Beziehung zur hermeneutischen Erschließung und dem divinatorischem Sich–Einfühlen.
Daher ist die ideelle Seite der Erkenntnis untrennbar mit der Art und Weise ihrer

---

1) Humboldt [1810], 257/8
2) vgl. den Titel des Buches Mittelstraß [1982]. Mittelstraß formuliert diesen Gedanken
   so:*"Wissenschaft dient dem Ziel, das theoretische und praktische Wissen unter der Idee*
   autonomer Lebensformen zu organisieren und steht dabei selbst unter historischen Abweichun-
   gen von der Idee einer vernünftigen Praxis. Da sie dies weiß (vorsichtiger: wenn sie dies
   weiß), ist sie zugleich weiter als ihre faktischen Verhältnisse erkennen lassen; sie bewegt sich
   in einem Aufklärungsprozeß. Diese Bewegung der Wissenschaft nicht zum Stillstand kommen
   zu lassen, mag wiederum auch heute noch die Verfolgung eines 'absoluten Zweckes' genannt
   werden." (Mittelstraß [1982], 108)
3) vgl. hierzu Kants Formulierung, daß *"die Vernunft nur das einsieht, was sie selbst nach*
   ihrem Entwurfe hervorbringt." (Kant [1781], B XIII)

Auffassung verknüpft. W.v.Humboldt hat den hermeneutischen Aspekt des theoretischen Wissens auf die schöne Formel gebracht, es sei die Aufgabe der Wissenschaft, *"im Sichtbaren das Unsichtbare zu erkennen"*.[1] Daß es hier um ein Wissen geht, das sich letztlich der einfachen Mitteilbarkeit entzieht, hat er so ausgedrückt: *"Dem Philosophen kann man zwar eine große Strecke hindurch Schritt vor Schritt vermöge bloßer Verstandes–Operationen nachfolgen. Aber es ist ein unfehlbares Zeichen, dass seine Philosophie nicht bis zu den ersten Gründen hinaufsteigt, wenn nicht endlich Ein Punkt kommt, wo man nicht mehr analytisch verfahren kann, und wo nur der Versuch entscheidet, ob man zum Philosophen geboren ist, oder nicht. ... Selbst die Mathematik ist am wenigsten hiervon ausgenommen. Das worauf sie ganz und gar beruht, die Construction, lässt sich nur zeigen und nachmachen, nie erklären. Denn es ist mehr darin, als ein blosser Begriff, und dies Mehr ist nicht aus der sinnlichen Natur genommen.*
Es giebt nur zwei Wege, etwas eigentlich begreiflich zu machen; 1.,wenn man es in der Natur ausser uns wirklich vorzeigt. 2., wenn man Begriffe aufweist, von denen es als eine nothwendige Folge abhängt. Das, wovon wir hier reden, befindet sich in keinem beider Fälle, und dadurch zeigt es, dass es 1., die Frucht einer Selbstthätigkeit (nichts bloss aus der äussern Natur Hergenommenes), 2., einer ursprünglichen Thätigkeit ist, dass es nichts Früheres mehr giebt, von dem es abhienge, und woraus es also begriffen werden könnte."[2]

Selbst die Mathematik ist für Humboldt also ein Wissen, das sich nicht vermöge bloßer Verstandesoperationen nachvollziehen läßt, sondern das Produkt einer ursprünglichen Tätigkeit ist, für die es nichts früheres mehr gibt. Zu dieser Sichtweise des theoretischen Wissens ist kaum ein stärkerer Gegensatz denkbar als jene didaktischen Maximen, die der Aufklärungspädagoge F.G.Resewitz 1773 unter der allgemeinen Regel *"Bringe alles, was der Schüler wissen und verstehen soll, für den gemeinen Menschenverstand!"* so formulierte:

"1. Man bringe alles, soviel möglich ist, für die Sinne; man lasse es oft sehen und genau betrachten. ...

2. Was nicht für die Sinne gebracht werden kann, das mache man durch Abbildungen, Modelle, und vornehmlich durch Beispiele begreiflich. ...

3. Wo Beispiele nicht hinreichen, da vergleiche man das, was faßlich werden soll, mit ähnlichen Dingen, die in die Sinne fallen (Analogie) ... .

4. Wo die Vergleichung schwer oder unmöglich ist, oder schädliche Irrtümer

1) Humboldt [1814], 560
2) Humboldt [1797], 510/11

veranlassen könnte; da mache man das Unsinnliche aus seinem sinnlichen Erfolge kenntlich."[1]

Dagegen wurde nun ein *"neues Lernen"* gefordert. Dieses neue Lernen leitete sich aus der Besonderheit theoretischen Wissens als eines abstrakten, den Sinnen nicht zugänglichen und letztlich auch nicht mitteilbaren Wissens ab. Dieses Wissen ist daher untrennbar mit der Selbsttätigkeit des Lernenden verknüpft. Wirkliche Selbsttätigkeit aber kann nur am Endpunkt des Bildungsganges erreicht werden. Es ist interessant zu sehen, wie W.v.Humboldt unter diesem Gesichtspunkt die unterschiedlichen Bildungsinstitutionen pädagogisch von einander abzugrenzen versuchte. Diese Abgrenzungen sind in zwei berühmten Gutachten W.v.Humboldts aus dem Jahre 1809, enthalten, dem *"Königsberger und Litauischen Schulplan"*. Diese Gutachten sind Anfang dieses Jahrhunderts von Eduard Spranger entdeckt worden.[2] Beide Pläne sind entstanden bei Gelegenheit von Humboldts Aufenthalt in Ostpreußen im Jahre 1809. Humboldt reagierte damit auf anderweitige Entwürfe, die zuvor für die Reorganisation der Königsberger und Litauischen Schulen vorgelegt worden waren.

Die Hauptfrage der Gutachten war, welche Arten von Schulen es geben solle, insbesondere ob neben den Elementar- und Gelehrtenschulen noch Mittelschulen, entsprechend den oben erwähnten Stadt- oder Bürgerschulen, existieren sollten, wie es in den anderen Gutachten gefordert worden war. Humboldt sprach sich dagegen aus, da die *"Trennung der Bürgerklassen von den gelehrten in zwei verschiedenen Anstalten"*, die *"so nothwendige Einheit des Unterrichts"* gefährde, die *"in der Wahl der Lehrgegenstände, in den Methoden und der Behandlung der Schüler von dem Augenblick an, wo das Kind die ersten Elemente gefasst hat, bis zu der Zeit, wo der Schulunterricht aufhört, in einem ... ununterbrochnen Zusammenhange stehen muss, ..."*[3] Humboldt führt dann eine rein begriffliche, von den pädagogischen Aufgaben der *"Menschenbildung"* abgeleitete Funktionsbestimmung der Unterrichtsinstitutionen ein, indem er sagt, daß es *"philosophisch genommen"*, nur drei Stadien des Unterrichts gebe: Elementarunterricht, Schulunterricht, Universitätsunterricht.

Zum Elementarunterricht heißt es dann: *"Der Elementarunterricht soll bloss in Stand setzen, Gedanken zu vernehmen, auszusagen, zu fixieren, fixiert zu entzif-*

1) Resewitz [1773], 21/22
2) Spranger [1910]
3) Humboldt [1809], 168

fern, und nur die Schwierigkeit überwinden, welche die Bezeichnung in allen ihren Hauptarten entgegenstellt. Er ist noch nicht sowohl Unterricht, als er zum Unterricht vorbereitet, und ihn erst möglich macht. Er hat es also eigentlich nur mit Sprach-, Zahl- und Mass-Verhältnissen zu thun, und bleibt, da ihm die Art des Bezeichneten gleichgültig ist, bei der Muttersprache stehen."[1]

Es geht also bei diesem Unterricht um das Zusammenwachsen von Alltagswelt und Sprache der Schüler, um den sprachlich-gedanklichen Ausdruck lebensweltlicher Verhältnisse.

Die folgende Bestimmung des *Schulunterrichts* zeigt nun, daß dieser ein *Übergangsproblem* zu lösen hat und daher nicht unabhängig von der Definition des Universitätsunterrichts gesehen werden kann.

"Der Zweck des Schulunterrichts ist die Uebung der Fähigkeiten, und die Erwerbung der Kenntnisse, ohne welche wissenschaftliche Einsicht und Kunstfertigkeit unmöglich ist. Beide sollen durch ihn vorbereitet; der junge Mensch soll in Stand gesetzt werden, den Stoff, an welchen sich alles eigene Schaffen immer anschließen muss, theils schon jetzt wirklich zu sammeln, theils künftig nach Gefallen sammeln zu können, und die intellectuell-mechanischen Kräfte auszubilden. Er ist also auf doppelte Weise, einmal mit dem Lernen selbst, dann mit dem Lernen des Lernens beschäftigt. Aber alle seine Functionen sind nur relativ, immer einem Höheren untergeordnet, nur Sammeln, Vergleichen, Ordnen, Prüfen u.s.f. Das Absolute wird nur angeregt, wo es, wie es gar nicht fehlen kann, selbst in einem Subjecte zur Sprache kommt ... Der Schüler ist reif, wenn er so viel bei anderen gelernt hat, dass er nun für sich selbst zu lernen im Stande ist."[2]

Das wirkliche Lernen ist also das *"Für-sich-selbst-Lernen"*, das im eigentlichen Sinne dann den Universitätsunterricht charakterisiert. Deshalb ist der Schüler mit dem Lernen *und* dem Lernen des Lernens beschäftigt. Betrachten wir daher zunächst, wie Humboldt das *"Für-sich-selbst-Lernen"* bestimmt.

"Wenn also der Elementarunterricht den Lehrer erst möglich macht, so wird er durch den Schulunterricht entbehrlich. Darum ist auch der Universitätslehrer nicht mehr Lehrer, der Studierende nicht mehr Lernender, sondern dieser forscht selbst, und der Professor leitet seine Forschung und unterstützt ihn darin. Denn der Uni-

---

1) a.a.O., 169
2) a.a.O., 169/70

versitätsunterricht setzt nun in Stand, die Einheit der Wissenschaft zu begreifen
und hervorzubringen, und nimmt daher die schaffenden Kräfte in Anspruch. Denn
auch das Einsehen der Wissenschaft als solches ist ein, wenn gleich untergeordne-
tes Schaffen. ... Das Collegienhören selbst ist eigentlich nur zufällig; das wesent-
lich Nothwendige ist, dass der junge Mann zwischen der Schule und dem Eintritt
ins Leben eine Anzahl von Jahren ausschliessend dem wissenschaftlichen Nachden-
ken an einem Orte widme, der Viele, Lehrer und Lernende in sich vereinigt. "[1]

Zunächst fällt die starke Betonung der individuellen Freiheit und Selbsttätigkeit des
Studierenden gegenüber der Lehrhaftigkeit und Verschulung des heutigen Universi-
tätsbetriebs ins Auge. Lernen auf der Universität, das *"Für–sich–selbst–Lernen"*
wird in Analogie zur Forschung gesehen und ist bereits Forschung aus dem
Grund, daß *"die Einheit der Wissenschaft zu begreifen"* bedeutet, sie *"hervorzu-*
bringen" und daher *"die schaffenden Kräfte in Anspruch"* zu nehmen.

Geht man von hier zur Auffassung des Lernens im Schulunterricht zurück, so
sieht man, daß es zunächst durch den Gegensatz zum Universitätslernen bestimmt
ist, dann aber auch, weil es den Übergang zu vermitteln hat, immer wieder das
selbsttätige Lernen in das angeleitete Lernen interveniert. Zunächst geht es um die
"intellectuell–mechanischen Kräfte", in der philosophischen Terminologie der Zeit,
um die Kräfte des Verstandes, um logisches Schließen, *"Sammeln, Vergleichen,*
Ordnen, Prüfen". Aber da die Verstandesoperationen ihr Ziel nicht aus sich heraus
bestimmen können, sind sie *"nur relativ, immer einem Höheren untergeordnet"*.
Daher muß notwendig, von Zeit zu Zeit, *"das Absolute"*, das heißt das Vernunftwissen, das die Einheit des Wissens ergibt, im *"Subject zur Sprache kommen"*.
Das Lernen der formalen Operationen des Verstandes, *"der intellectuell–mecha-*
nischen Kräfte", läßt sich also vom *"Absoluten"*, dem Vernunftwissen, nicht
trennen. Zwar geht es in der Schule noch nicht um die Hervorbringung der Einheit der Wissenschaft, aber diese Einheit muß dennoch im schulischen Lernen
immer präsent sein, sie muß vom Lernenden in Konkretisierungen, anschaulich
oder gefühlsmäßig, erfaßt werden. Im *"Litauischen Schulplan"* heißt es daher für
die allgemeine Bildung: es *"...ist also jede Kenntniss, jede Fertigkeit, die nicht*
durch vollständige Einsicht der streng aufgezählten Gründe, oder durch Erhebung
zu einer allgemeingültigen Anschauung (wie die mathematische und ästhetische) die
Denk- und Einbildungskraft, und durch beide das Gemüth erhöht, todt und un-
fruchtbar. "[2]

---

1) a.a.O., 170/71
2) a.a.O., 188

Wie man aus diesen Begriffsbestimmungen ersehen kann, verfügte der Neuhumanismus mit seiner Formel der *"Einheit von Forschung und Lehre"* über ein einigermaßen schlüssiges Konzept des Lehrens und Lernens an den Hochschulen. Für die Schulen (die Gymnasien) wurde Lernen als ein Übergang von der elementaren sprachlichen Erschließung der Umwelt zum forschenden Lernen aufgefaßt. Damit ist allerdings eher ein Problem formuliert, als eine Lösung geboten. Zweihundert Jahre Schulunterricht zeigen, daß dieses Problem noch auf eine Lösung wartet. Dennoch: die wissenschaftsphilosophische Bestimmung des Lernens als einem Zusammenspiel der *"mechanisch-intellectuellen Kräfte"* mit den Orientierungen, die von der ganzheitlichen Sicht der Vernunft ausgehen, markiert auch heute noch gültige Eckpunkte einer Theorie des Lernens.

II. Philosophische und kulturelle Sichtweisen der Mathematik

II.1. Die Krise der Formalisierung und die intellektuelle Anschauung

Um eine Anschauung über die Stellung der Mathematik in der wissenschaftlichen Kultur an der Wende vom 18. zum 19.Jahrhundert zu gewinnen, kann man sich eine Zeittafel anfertigen, die wichtige wissenschaftliche Ereignisse, Publikationen und Entdeckungen enthält.

Tabelle 3:   Zeittafel wissenschaftlicher Entdeckungen und Publikationen 1765 — 1830[1]

1765 — 1780

1765	L.EULER: Theoria motus corporum solidorum seu rigidorum
1767	J.STEUART: Inquiry into the principles of political economy
1768	G.MONGE: Géométrie descriptive
1770	J.COOK: Erste Weltreise
1770	A.L.LAVOISIER: Analyse der Luft
1770/1	J.L.LAGRANGE: Réflexions sur la résolution algébrique des équations
1771	R.ARKWRIGHT: Erfindung des 'Kettenstuhls'
1772	J.G.HERDER: Über den Ursprung der Sprache
1774	A.G.WERNER: Von den äusserlichen Kennzeichen der Fossilien
1774 — 77	J.PRIESTLEY: Experiments and observations on different kinds of air
1775	J.WATT: Erste in die Praxis eingeführte Dampfmaschine
1775	E.GIBBON: History of the Decline and Fall of the Roman Empire
1776	A.SMITH: An Inquiry into the Nature and Causes of the Wealth of Nations
1777	C.SCHEELE: Chemische Abhandlung von der Luft und dem Feuer
1777	A.L.LAVOISIER: Mémoire sur la combustion en générale
1778	G.L.BUFFON: Époques de la nature
1779	E.BEZOUT: Théorie générale des équations algébriques
1780	P.S.LAPLACE/A.L.LAVOISIER: Kalorimetrische Messungen

1781 — 1790

1781	I.KANT: Kritik der reinen Vernunft
1781	J.HERSCHEL: Entdeckung des Uranus
1783	J.E./J.M.MONTGOLFIER: Erster Flug mit einem Heißluftballon
1783	A.L.LAVOISIER: Trennung von Wasserstoff und Sauerstoff
1783	L.N.M.CARNOT: Essai sur les machines ...
1784	J.G.HERDER: Ideen zur Philosophie der Geschichte der Menschheit
1785 — 89	C.A.COULOMB: Grundgesetz der Elektrostatik
1787	A.L.LAVOISIER, L.B.G.deMORVEAU, A.F.FOURCROY, C.L.BERTHOLLET: Méthode de nomenclature chimique
1788	J.L.LAGRANGE: Traité de mécanique analytique

---

1) Hilfreich bei der Zusammenstellung der Daten war das Werk Parkinson [1985]

1791 – 1800

1791	L.GALVANI: De viribus electricitatis in motu musculari commentarius
1794	A.M.LEGENDRE: Élements de géométrie
1796	P.S.LAPLACE: Exposition du système du monde
1797	J.L.LAGRANGE: Théorie des fonctions analytiques
1798	T.R.MALTHUS: An essay on the principle of population
1798	H.CAVENDISH: Bestimmung der Erdmasse
1799	A.VOLTA: Konstruktion einer chemischen Batterie
1799 – 1825	P.S.LAPLACE: Traité de mécanique céleste

1801 – 1810

1801	C.F.GAUSS: Disquisitiones arithmeticae
1803	J.DALTON: Gesetz der multiplen Proportionen
1803	L.N.M.CARNOT: Géométrie de position
1807	T.YOUNG: Nachweis der Wellennatur des Lichtes
1807	H.DAVY: Schmelzflußelektrolyse
1808	J.DALTON: A new system of chemical philosophy
1809	J.B.LAMARCK: Philosophie zoologique
1810	J.W.GOETHE: Farbenlehre

1811 – 1820

1813	J.J.BERZELIUS: Experiments on the Nature of Azote, of Hydrogen, and of Ammonia and Upon the Degrees of Oxidation of Which Azote is Susceptible
1815 – 22	J.B.LAMARCK: Histoire naturelle des animaux sans vertèbres
1816	F.BOPP: Über das Cunjugationssystem der Sanskritsprache in Vergleichung mit jenem der griechischen, lateinischen, persischen und germanischen Sprache
1817	G.CUVIER: Le règne animal distribué d'apres son organisation
1817	D.RICARDO: On the principles of political economy
1820	H.C.OERSTED: Entdeckung des Elektromagnetismus

1821 – 1830

1821	M.FARADAY: On Some New Electro–Magnetical Motions, and on the Theory of Magnetism
1821	A.L.CAUCHY: Analyse algébrique
1822	J.V.PONCELET: Traité des propriétés projectives des figures
1822	J.B.J.FOURIER: Théorie analytiqe de chaleur
1824	S.CARNOT: Réflexions sur la puissance motrice du feu
1825 – 29	N.H.ABEL/C.G.J.JACOBI: Theorie der elliptischen Funktionen
1826	J.MÜLLER: Gesetz der spezifischen Energie der Sinnesorgane
1827	G.S.OHM: Die galvanische Kette, mathematisch bearbeitet
1828	A.-M.AMPERE: Mémoire sur la théorie mathématique des phénomènes électrodynamiques uniquement déduite de l'expérience
1828	R.BROWN: A Brief Account of Microscopical Observations made in the Months of June, July, and August, 1827, on the Particles Contained in the Pollen of Plants; and on the General Existence of Active Molecules in Organic and Inorganic Bodies

Auch wenn eine solche Auswahl notwendig subjektiv bleibt und nur zur Veran-
schaulichung dient, so lassen sich doch einige deskriptive Aussagen hier anschließen. Die Tabelle enthält für die Mathematik Werke unterschiedlicher Art.
Die Bedeutung einiger Arbeiten wurde erst im 19.Jahrhundert klar, und sie haben
zu ihrer Zeit das öffentliche Bewußtsein wenig beeinflußt. Anders verhält es sich
beispielsweise mit Lagranges *Mécanique Analytique*, die auch von den Zeitgenossen als Krönung der Newtonschen Physik wahrgenommen wurde und die zugleich
Ansätze für weiterreichende Entwicklungen darbot.

Generell allerdings dominierten am Ende des 18. Jahrhunderts Entdeckungen und
Spekulationen außerhalb der klassischen Disziplinen Mechanik und Astronomie das
wissenschaftliche Bewußtsein. Neue Entdeckungen warfen weitreichende und nicht
unmittelbar zu lösende Fragen auf. In der Chemie wurde die Phlogistontheorie
durch die Sauerstofftheorie verdrängt. Die praktischen Erwartungen an die Chemie
waren enorm. Neue Verfahren in der Textilherstellung (chemische Bleiche) und in
der Eisen– und Stahlgewinnung wurden entwickelt, und die Anwendung der Chemie in der Agrikultur betrieben. Es war die klassische Zeit der Geologie; die
zahlreichen Entdeckungsreisen, der expandierende Bergbau brachten Kenntnisse,
die theoretisch zu verarbeiten waren. Klassifikationen und Entwicklungstheorien
entstanden in der Mineralogie, der Geologie und in der Biologie. Die Entdeckung
und Erforschung der chemischen und der tierischen Elektrizität warfen gleicher-
weise die Frage nach der Natur der Elektrizität wie nach dem Wesen des Lebendigen auf. Die enorme Ausdehnung empirischer Kenntnisse erzeugte einen ebenso
enormen Druck zur Entwicklung neuer weitreichender Hypothesen. Es war dies
der ideale Nährboden für wissenschaftliche Spekulationen, und wissenschaftliche
Spekulation ihrerseits ist häufig der Stoff, der öffentliches Interesse an Wissenschaft erregt.

In der Wissenschaftsgeschichte wird dieser Prozeß als die *Auflösung des mechanistischen Weltbildes* bezeichnet. *Erfahrungsdruck*[1] und *Institutionalisierungspro-
bleme* waren die Ursachen dafür, daß am Ende des 18.Jahrhunderts eine breite
wissenschaftsphilosophische Reflexion einsetzte und den Prozeß der Veränderung
wissenschaftlicher Rationalität begleitete und beförderte. In Deutschland war diese
Diskussion beherrscht durch die *Romantik* und die verschiedenen *naturphilosophischen Systeme*, von Kant über Schelling bis Hegel.

---

1) Dieser Terminus bei Lepenies [1978], 16ff

Die in der Wissenschaft des 17.Jahrhunderts und in der Aufklärung wenig bestrittene Rolle der Mathematik als universeller Form wissenschaftlicher Erkenntnis mußte in dieser Entwicklung *neu überdacht* werden. Sie hatte auch für die neuen nicht-mechanischen Wissenschaften eine große Bedeutung, doch konnte ihre Bewertung nicht einheitlich sein.[1] Die Spannbreite der Meinungen wird repräsentiert durch den Chemiker J.B.Richter, der der Meinung war, erst durch die Anwendung der Mathematik werde die Chemie zur Wissenschaft, und die großen französischen Naturforscher G.L.Buffon und G.Cuvier, die die Abstraktheit und Beschränktheit der Mathematik hervorhoben.[2] Für Buffon etwa waren die Wahrheiten der Mathematik willkürlich und spekulativ. Einen Wert gewinne die Mathematik erst durch Verbindung mit einem positiven Inhalt, sie könne nur auf einen ganz geringen Teil der Natur angewandt werden. In der Naturgeschichte (=beschreibende Naturforschung) werde Mathematik häufig mißbräuchlich angewandt, verursache irrige und leere Aussagen, weil von den qualitativen Eigenschaften der Naturphänomene abgesehen werde.[3]

Diese Kritik betraf nicht nur die Mathematik, sondern auch jene formalen biologischen Klassifikationssysteme, in denen die Arten nur nach äußerlich sichtbaren Merkmalen unterschieden und in Gruppen eingeteilt wurden, ohne daß diesen Merkmalen funktional wichtige Differenzierungen entsprächen. P.Pinel fragte: *"heißt, sich an die äußeren Merkmale zu halten, die von den Nomenklaturen bestimmt werden, nicht, sich die fruchtbarste Quelle an Instruktionen zu verschließen und sozusagen das Aufschlagen des großen Buches der Natur abzulehnen, die zu erkennen man sich dabei vorgenommen hat?"*[4]

Die Spannbreite der Bewertungen der Mathematik reflektiert sich auch in gelegentlichen Äußerungen J.W.Goethes. Seine grundsätzliche Position hat er in der *Farbenlehre* formuliert. *"Wer bekennt nicht, daß die Mathematik als eins der herrlichsten menschlichen Organe der Physik von einer Seite sehr vieles genutzt!*

---

1) Engelhardt [1972], 291–295
2) Jeremias Benjamin Richter (1762–1807): deutscher Chemiker, Begründer der Stöchiometrie
   Georges Louis Leclerc Graf von Buffon (1707–1788): französicher Naturhistoriker, verfaßte mit einem Stab von Mitarbeitern eine 15bändige *Naturgeschichte*, Mitglied der Académie francaise. Georges Léopold Chrétien Frédéric Dagobert de Cuvier (1769–1832): vergleichender Anatom und Begründer der Paläontologie
3) Histoire Naturelle, Premier Discours, in: Buffon [1954], 23–26. Die Zusammenfassung nach Engelhardt [1972], 29
4) Ph.Pinel, Nouvelle méthode de classification des quadrumanes, Actes de la Société d'histoire naturelle, Bd.1, 52 (zitiert nach Foucault [1974], 283)

*Daß sie aber durch falsche Anwendung ihrer Behandlungsweise dieser Wissen-
schaft gar manches geschadet, läßt sich auch nicht wohl leugnen, und man findets
hier und da notdürftig eingestanden.*[1] Ein größerer Zwiespalt — im Positiven
wie im Negativen — kommt in der folgenden Äußerung zum Ausdruck: *"Die
Mathematik ist angewiesen auf's Quantitative, auf alles, was sich durch Zahl und
Maß bestimmen läßt, und also gewissermaßen auf das äußerlich erkennbare Universum. Betrachten wir aber dieses, insofern uns Fähigkeit gegeben ist, mit vollem
Geiste und aus allen Kräften, so erkennen wir, daß Quantität und Qualität als die
zwei Pole des erscheinenden Daseins gelten müssen; daher denn auch der Mathematiker seine Formelsprache so weit steigert, um, insofern es möglich, in der
meßbaren und zählbaren Welt die unmeßbare mit zu begreifen. Nun erscheint ihm
alles greifbar, faßlich und mechanisch, und er kommt in den Verdacht eines heim-
lichen Atheismus, indem er ja das Unmeßbarste, welches wir Gott nennen, zugleich mit zu erfassen glaubt und daher dessen besonderes oder vorzügliches
Dasein aufzugeben scheint.*[2]

Hier wird ein Problem angedeutet, das immer wieder diskutiert wurde, nämlich
die Frage nach den *Grenzen der Anwendung der Mathematik*. Überwogen in der
ersten Hälfte des 18.Jahrhunderts relativ formale Antworten wie die, daß die
Mathematik auf alles Endliche anwendbar sei,[3] so waren solche Auskünfte am
Ende des Jahrhunderts nicht mehr genügend. Ob beziehungsweise in welchem
Sinne von einer *Krise der Formalisisierung* gesprochen werden kann, läßt sich
nicht eindeutig beantworten. Zweifellos hat es die verschiedensten Krisensymptome
in der Mathematik des ausgehenden 18.Jahrhunderts gegeben. Diese Symptome
traten allerdings an ganz unterschiedlichen Stellen auf und betrafen unterschiedliche
Probleme. Es gab innermathematische Grundlagenprobleme und Kritik an der
Mathematik von außen. Bekannt ist, daß Lagrange und Monge[4] eine Zeit lang
ihre mathematischen Arbeiten einstellten, weil sie die Mathematik am Ende ihrer
Entwicklung glaubten.[5] Noch 1805 äußerte der Göttinger Mathematiker

---

1) Goethe [1887–1919], II.Abt., 1.Bd., 288/9
2) Goethe [1887–1919], II.Abt., 11.Bd., 96–97
3) in diesem Sinne etwa Chr.Wolff (Müller [1904], 20)
4) Joseph Louis de Lagrange (1736–1813): schon mit 19 Jahren wurde er Professor an der
   Artillerieschule in Turin, 1766 wurde er an die Akademie der Wissenschaften in Berlin berufen
   und wechselte 1786 an die Pariser Akademie. Nach der Revolution wurde er Professor an der
   École Normale und schließlich an der École Polytechnique. Lagrange hat analytische Arbeiten
   in zahlreichen Gebieten geschrieben, die sich durch die Allgemeinheit der benutzten Prinzipien
   und formale Eleganz auszeichnen.
   Gaspard Monge (1746–1818): französischer Mathematiker, Begründer der 'géométrie descriptive'
5) Stuloff [1968], 71

B.F.Thibaut: *"Es scheint in der Bearbeitung der mathematischen Wissenschaften allenthalben ein Ruhepunkt deutlich hervorzutreten, und Newtons Zeitalter sich zu seinem Ende zu neigen. In der That, die Prinzipien, die Methoden, wodurch dieser einzige Geist Schöpfer der höheren Analysis und ihrer weitverbreiteten Anwendungen geworden ist, ... mußten wohl endlich zu einem solchen Zustande der Erschöpfung gelangen. Mit der Größe des Erwerbs hat seine Leichtigkeit abgenommen; das Bedürfnis, die vielfachen, einzeln gewonnenen Schätze zu übersehen, zu ordnen, wird immer fühlbarer und nur aus der vollendeten Zusammenfassung des Alten scheint ein Zukünftiges hervortreten zu können. Wie aus der Periode der lieblichen Jugend, wo sich frey und freudig ohne Bewußtsein die Kräfte entwickeln, muß die Wissenschaft endlich den Übergang in das männliche Alter machen, und durch strenge Reflexion über sich selbst geleitet, den eigenen Geist ermessend zu einer neuen Stufe der Entwicklung fortgehen. "*[1]

Tatsächlich waren viele versuchte Anwendungen der Mathematik, etwa zur Beschreibung sozialer oder ökonomischer Zusammenhänge, wenig erfolgreich, inhaltsleer und trugen häufig einen Ruch geistiger Scharlatanerie.[2] In allen mathematischen Disziplinen gab es ungelöste Grundlagenprobleme, von der Parallelentheorie in der Euklidischen Geometrie, über die Begründung der negativen und komplexen Zahlen bis zur Problematik der infinitesimalen Größen.[3]

In den verschiedenen europäischen Ländern stellte sich die Situation der Mathematik am Ende des 18.Jahrhunderts allerdings sehr unterschiedlich dar. Auf der einen Seite stand Frankreich, das in nahezu allen (natur-)wissenschaftlichen Bereichen eine Führungsposition hatte. Hier war auch die Mathematik ungewöhnlich erfolgreich. Eine große Gruppe hervorragender Mathematiker entwickelte vor allem die analytischen Techniken und Methoden weiter, und große Teile der heute klassischen mathematischen Physik wurden zu dieser Zeit in Frankreich ausgear-

---

1) Göttinger gelehrte Anzeigen 1805, 535 (zitiert nach Müller [1904], 81). Zu B.F.Thibaut vgl. III.2 dieser Arbeit
2) Einen Eindruck davon kann man aus dem Studium von Bücherverzeichnissen der Zeit gewinnen, man vergleiche etwa den Titel: Natur- und Größenlehre, in ihrer Anwendung zur Rechtfertigung der heiligen Schrift, gegen angeblich in diesen Wissenschaften gegründete Zweifel, von J.E.B.Wiedeburg, Nürnberg 1782. Doch wird man sich vor unhistorischen Urteilen hüten müssen. Die Anwendungen der Wahrscheinlichkeitsrechnung auf Zeugenaussagen und gerichtliche Urteile, die in der ersten Hälfte des 19.Jahrhunderts so nachhaltig in Verruf gerieten (vgl. Daston [1981]), beruhten auf Annahmen, die man heute etwa in der Spieltheorie durchaus als legitim betrachten würde
3) Ein typisches zeitgenössisches Werk, in dem das ganze Spektrum der Probleme erörtert wurde, ist das Buch des Berliner Lehrers der Mathematik und Physik und Euler-Übersetzers: Michelsen [1789]

beitet.[1] Dagegen verfügten weder England noch Deutschland am Ende des 18.Jahrhunderts über einen Mathematiker mit internationalem Gewicht. In England wurden daher nach 1810 gewisse Reformen der Mathematikausbildung an den Hochschulen vorgenommen, um den Anschluß an die internationale Entwicklung nicht zu verlieren.[2]

In Deutschland sollte sich die Situation im Zuge der allgemeinen Bildungsreform nachhaltig ändern. An der Wende vom 18. zum 19.Jahrhundert allerdings war die Situation der Mathematik in Deutschland durch die Wahrnehmung innerer begrifflicher Schwierigkeiten und eine von außen kommende Kritik an ihrer häufig inhaltsleeren und zu formalen Anwendung gekennzeichnet. Die disziplinäre Schwäche der Mathematik war mitverantwortlich dafür, daß der Wandel der generellen wissenschaftsphilosophischen Einstellungen eine wichtigere Voraussetzung für den innermathematischen Wandel darstellte als die Auseinandersetzung mit konkreten mathematischen Problemen. Insbesondere hatte die Philosophie ein großes Gewicht, und zwar nicht so sehr, weil sie spezielle Konzeptionen für die Mathematik entwickelt hätte, sondern weil sich in der Philosophie *neue Auffassungen über die Natur des Wissens* herausbildeten, die dann in einem zweiten Schritt auch für die Selbstreflexion der Mathematik Konsequenzen hatten. Daher wird im folgenden versucht, beginnend mit der Philosophie *Kants*, diesen Wandel der Einstellungen und seine Konsequenzen für die Mathematik genauer zu beschreiben. Nach dem Gesagten ist klar, daß man sich dabei nicht auf die Philosophie der Mathematik beschränken kann.

Kants Philosophie der naturwissenschaftlichen und mathematischen Erkenntnis,[3] so wie er sie in der *Kritik der reinen Vernunft* skizziert hatte, ging davon aus, daß die Natur uns nur dadurch gegeben ist, daß wir reine Formen des Geistes, nämlich Denk- und Anschauungsformen, auf die bestimmten Empfindungen, anwenden. Die äußere, empirische Anschauung kommt dadurch zustande, daß die Mannigfaltigkeit der Empfindungen in den apriorischen *Anschauungsformen* Raum und Zeit geordnet aufgefaßt wird. An jeder Anschauung ist damit ein apriorischer und aposteriorischer Anteil zu unterscheiden. Ersterer wird bei Kant *reine*, letzterer *empirische* Anschauung genannt. Naturwissenschaftliche Gesetzeserkenntnis entsteht, indem auf die empirischen Anschauungen Kategorien bzw. *allgemeine Gesetze der materiellen Natur* überhaupt bezogen werden. So sind also "die Kategorien... nichts anderes, als die *Bedingungen des Denkens in einer möglichen Erfah-*

---

1) vgl. Grattan-Guinness [1981]
2) Enros [1979]
3) vgl. zu dieser Zusammenfassung speziell Lauth [1984], 1–8

rung, so wie **Raum** *und* **Zeit** *die* **Bedingungen der Anschauung** *zu eben derselben enthalten.*"[1] Die Kategorien wiederum wurden von Kant in vier Gruppen, Kategorien der Quantität, Qualität, Relation und Modalität, eingeteilt.

Die Mathematik wurde in diesem Rahmen von Kant dadurch als apodiktische Wissenschaft begründet, daß er sie als eine besondere Art der Vernunfterkenntnis bestimmte. Während die Philosophie Vernunfterkenntnis aus bloßen Begriffen sei, sei die Mathematik Erkenntnis aus der *Konstruktion* der Begriffe, was bedeute, daß die Mathematik ihre Begriffe in der reinen Anschauung von Raum und Zeit darstellen müsse. Sie ist damit synthetische Erkenntnis a priori. *"Einen Begriff aber konstruieren, heißt: die ihm korrespondierende Anschauung a priori darstellen. Zur Konstruktion eines Begriffs wird also eine nicht empirische Anschauung erfordert, die folglich, als Anschauung, ein einzelnes Objekt ist, aber nichts destoweniger, als die Konstruktion eines Begriffs (einer allgemeinen Vorstellung) , Allgemeingültigkeit für alle mögliche Anschauungen, die unter denselben Begriff gehören, in der Vorstellung ausdrücken muß. So konstruiere ich einen Triangel, indem ich den diesem Begriffe entsprechenden Gegenstand, entweder durch bloße Einbildung, in der reinen, oder nach derselben auch auf dem Papier, in der empirischen Anschauung, beidemal aber völlig a priori, ohne das Muster dazu aus irgend einer Erfahrung geborgt zu haben, darstelle. Die einzelne hingezeichnete Figur ist empirisch, und dient gleichwohl, den Begriff, unbeschadet seiner Allgemeinheit, auszudrücken, weil bei dieser empirischen Anschauung immer nur auf die Handlung der Konstruktion des Begriffs, welchem viele Bestimmungen, z.E. der Größe, der Seiten und der Winkel, ganz gleichgültig sind, gesehen, und also von diesen Verschiedenheiten, die den Begriff des Triangels nicht verändern, abstrahiert wird. Die philosophische Erkenntnis betrachtet also das Besondere nur im Allgemeinen, die mathematische das Allgemeine im Besonderen, ja gar im Einzelnen, ...*"[2]

Die Arithmetik ordnete sich dieser Vorstellung unter, indem etwa die Gleichung $5+7=12$ für Kant keine analytische Wahrheit bedeutete, sondern ebenfalls durch eine Synthesis in der reinen Anschauung zustande kam. *"Man sollte anfänglich zwar denken: daß der Satz $7+5=12$ ein bloß analytischer Satz sei, der aus dem Begriffe einer Summe von Sieben und Fünf nach dem Satz des Widerspruches erfolge. Allein, wenn man es näher betrachtet, so findet man, daß der Begriff der Summe von 7 und 5 nichts weiter enthalte, als die Vereinigung beider Zahlen in*

---

1) Kant [1781], A 111
2) a.a.O., B 741/2

eine einzige, wodurch ganz und gar nicht gedacht wird, welches diese einzige Zahl
sei, die beide zusammenfaßt. Der Begriff von Zwölf ist keineswegs schon dadurch
gedacht, daß ich mir bloß jene Vereinigung von Sieben und Fünf denke, und, ich
mag meinen Begriff von einer solchen möglichen Summe noch solange zergliedern, so werde ich doch darin die Zwölf nicht antreffen. Man muß über diese
Begriffe hinausgehen, indem man die Anschauung zu Hilfe nimmt, die einem von
beiden korrespondiert, etwa seine fünf Finger, oder (wie Segner in seiner Arithmetik) fünf Punkte, und so nach und nach die Einheiten der in der Anschauung
gegebenen Fünf zu dem Begriffe der Sieben hinzutut. "[1]

Kants Philosophie der Mathematik hatte für seine Zeitgenossen aus mehreren
Gründen eine hohe Attraktivität. Zum einen wurde die Mathematik auf überzeugende Weise in sein epistemologisches Gesamtkonzept eingeordnet, das die Möglichkeit von Erkenntnis nicht mehr ausschließlich auf die Rezeptivität äußerer
Objekte gründete, sondern vor allem als konstruktive Leistung von Vernunft und
Verstand auffaßte. Dadurch daß die Mathematik als die Theorie der apriorischen
Anschauungsformen Raum und Zeit bestimmt wurde, ergab sich weiter auch eine
schlüssige Erklärung, warum die Mathematik überhaupt auf Naturphänomeme
anwendbar ist. Kant benötigte, um diese Tatsache verständlich zu machen, nicht
mehr die Annahme, daß das Buch der Natur in den Lettern der Mathematik geschrieben ist. Die Idealität des Raumes und der Zeit waren für Kant die Garanten
der Anwendbarkeit der Mathematik,[2] indem *"unsre sinnliche Vorstellung keineswegs eine Vorstellung der Dinge an sich selbst, sondern nur der Art sei, wie sie*
uns erscheinen. Daraus folgt, daß die Sätze der Geometrie nicht etwa Bestimmungen eines bloßen Geschöpfs unserer dichtenden Phantansie, und also nicht mit
Zuverlässigkeit auf wirkliche Gegenstände könnten bezogen werden, sondern daß
sie notwendiger Weise vom Raume, und darum auch von allem, was im Raume
angetroffen werden mag, gelten, ..."[3] Hieraus resultierte ein Anwendungskonzept, nach dem alle Naturerscheinungen ihrer Anschaungsform nach extensive
Größen sind (*Axiome der Anschauung*),[4] während das *"Reale, das ein Gegenstand der Empfindung ist, intensive Größe, d.i. einen Grad"* hat (*"Antizipationen*
der Wahrnehmung").[5]

1) a.a.O., B 15
2) Eisler [1930], 344
3) Kant [1783], A 60
4) Kant [1781], B 202
5) a.a.O., B 207

Weiterhin zeigte Kant, daß die Mathematik sich nicht auf logische Schlüsse allein zurückführen läßt, sondern daß in der mathematischen Erkenntnis auch ein außer-logisches Element wirksam ist. Und schließlich hatte auch seine Bindung des Mathematischen an die *Konstruktion* und nicht an irgend eine passive Anschaulich-keit eine hohe Plausibilität.

Kants Konzeption der Mathematik war in sich schlüssig und behielt daher auch während des ganzen 19.Jahrhunderts eine große Wirksamkeit. Sie ist zweifellos auch heute noch aktuell. Dennoch stand sie in einem eigenartigen Kontrast zur tatsächlichen wissenschaftlichen Praxis der damaligen Zeit, und von daher zeigten sich doch eine Reihe von Schwierigkeiten. Diese wurden in der nachfolgenden Diskussion teils explizit vorgebracht, teils wurden für die Philosophie der Mathe-matik Gesichtspunkte wichtig, die bei Kant gar keine Rolle gespielt hatten oder von ihm auch nicht gesehen worden waren. Man kann hier drei Punkte nennen. Zum *ersten* wurde in der philosophischen Diskussion deutlich, daß die Forderung nach Konstruierbarkeit der mathematischen Begriffe ambivalent ist. Wenn sich diese Konstruierbarkeit auch auf die reine Anschauung beziehen sollte, so bedeute-te dies faktisch doch, daß die mathematischen Begriffe Realisierungen in der empirischen Erfahrung haben müssen, und dies war geeignet, die Grenze der Mathematik zur Empirie zu verwischen und ihren nicht–empirischen Charakter in Frage zu stellen. Dies hat Schelling in seiner Abhandlung *"Über die Konstruktion in der Philosophie"* klar gesehen. Dort sagt er zum Begriff der Konstruktion bei Kant: *"Er beschreibt Konstruktion durchgängig als Gleichsetzung des Begriffs und der Anschauung und fordert dazu eine nicht empirische Anschauung, die einerseits als Anschauung, einzeln und konkret ist, andererseits, als Konstruktion eines Begriffs Allgemeingültigkeit für alle möglichen Anschauungen ... ausdrücken muß. ... Wenn er aber nachher die Möglichkeit der Konstruktion in der Philosophie leugnet, weil diese nur mit reinen Begriffen ohne Anschauung zu tun habe, und er gleichwohl der Mathematik eine nicht empirische Anschauung zur Konstruktion zugesteht, so wird offenbar, daß er an dieser doch eigentlich nur die empirische Seite, die Beziehung auf das Sinnliche, geschätzt, dagegen bei jener vermißt hat."*[1]

Die *zweite* Schwierigkeit ist, soweit ich sehe, niemals explizit gegen Kant geltend gemacht worden, doch lagen hier die *Ansatzpunkte für eine Weiterentwicklung der Philosophie der Mathematik.* Um zu verstehen, worum es geht, muß man sich klarmachen, daß die intuitive Grundlage der kantischen Philosophie der Mathe-matik eine Sichtweise war, die ich als *figurenbezogen* bezeichnen möchte. Damit

---

1) Schelling [1802/03], 203/4. Vgl. auch Otte [1989]

ist einerseits die Bindung der Mathematik an die reine Anschauung von Raum und Zeit gemeint, andererseits die Tatsache, daß aufgrund des Konstruktivitätskriteriums immer die *einzelne* mathematische Figur, der *einzelne* arithmetische Sachverhalt im Fokus der Aufmerksamkeit steht. Ohne daß man hier wirklich sagen könnte, Kant habe sich damit im *Widerspruch* zu der zeitgenössischen Mathematik befunden, muß man doch wohl feststellen, daß er ihre spezifischen Probleme nicht reflektiert und jedenfalls den im Vordergrund stehenden Trends der mathematischen Forschung philosophisch keinen Ausdruck verliehen hat.

Vergegenwärtigen wir uns dazu einige Tatsachen. Der zweifellos hervorstechendste Charakterzug der Mathematik in der zweiten Hälfte des 18.Jahrhunderts waren die enormen Erfolge, die mit Hilfe und im Bereich des algebraisch–analytischen Kalküls erzielt wurden. Das intuitiv markanteste Beispiel dafür war vielleicht die *Mécanique analytique* von Lagrange, die auf der einen Seite nur eine analytische Reformulierung der von Newton geometrisch dargestellten Mechanik war, die aber andererseits auch als entscheidender Ausgangspunkt für die Weiterentwicklung der Mechanik im 19.Jahrhundert gesehen werden kann. Der analytische Kalkül kam aber in Kants Philosophie der Mathematik eigentlich gar nicht vor.[1] Zwar findet sich bei ihm zur Erfassung der Algebra der Begriff einer "symbolischen Konstruktion",[2] doch wird diese symbolische Konstruktion über den Begriff der Größe letztlich an die Geometrie zurückgebunden. Von einem Versuch, Vorstellungen dazu zu entwickeln, wie man Konzepten eine Bedeutung zuschreiben kann, die zunächst rein symbolisch in den Kalkül eingeführt werden, war bei Kant keine Rede. Genau solche Ideen wurden aber benötigt, und so tauchten um 1800 Vorstellungen auf, die die reine Mathematik als eine bloße Theorie der Formen interpretierten. Es war eine Folge derartiger Konzepte, daß in der deutschen Lehrbuchliteratur des frühen 19.Jahrhunderts die Analysis im Sinne einer universellen Zahlenlehre als einzige Disziplin der reinen Mathematik gesehen wurde, während man die Geometrie, ähnlich wie die Mechanik, als *Anwendung* dieser reinen Zahlenlehre interpretierte. Gauß' berühmte Sentenz: *"Nach meiner innigsten Überzeugung hat die Raumlehre zu unserm Wissen a priori eine ganz andere Stellung*

---

1) Daß Kants Philosophie der Mathematik im Hinblick auf Algebra und Analysis nicht völlig ausgereift war, hat bereits Schelling angedeutet. Er stellte fest, daß es außerhalb der Geometrie in der Mathematik *"kein Bild des Objekts, sondern nur ein Zeichen gibt, und Verhältnisse von Größen und in der Algebra sogar nur Verhältnisse von Verhältnissen betrachtet werden; andrerseits ist zu erwarten, ob nicht außer der speziellen symbolischen und charakteristischen Darstellung der Mathematik die universelle Symbolik und Charakteristik erfunden und so die Idee, welche Leibniz schon hegte, realisiert werde: Daß einige Schritte schon geschehen sind, welche die Möglichkeit einer solchen Erfindung beweisen, ließe sich leicht zeigen."* (Schelling [1802/3], 205) Der Schluß des Zitats ist eine offensichtliche Anspielung auf die sogenannte *Kombinatorische Schule* (vgl. Kap.III dieser Arbeit)

2) Kant [1781], B 745

wie die reine Größenlehre; es geht unserer Erkenntnis von jener durchaus diejeni-
ge Überzeugung von ihrer Notwendigkeit (also auch von ihrer absoluten Wahrheit)
ab, die der letzteren eigen ist; wir müssen in Demut zugeben, daß wenn die Zahl
bloß unseres Geistes Produkt ist, der Raum auch außer unserem Geist eine Realität
hat, der wir a priori ihre Gesetze nicht vollständig vorschreiben können, "[1] war
zwar durch die Entdeckung der nicht-euklidischen Geometrie motiviert, doch gab
sie nur wieder, was sich ganz unabhängig davon und weit früher als Konsens
unter den Mathematikern herausgebildet hatte.[2]

Auch das vor allem von Frankreich her propagierte Bemühen um *Verallgemeine-*
rung und um die Herstellung von Zusammenhängen war in die figurenbezogene
Sichtweise Kants nur schwer einzupassen. Die französischen Autoren wurden nicht
müde, die Notwendigkeit der Verallgemeinerung in der Mathematik zu betonen, so
Laplace in der *Mécanique céleste*: "*Préférez les méthodes générales, attachez-vous*
à les présenter de la manière la plus simple, et vous verrez en même temps
qu'elles sont presque toujours les plus faciles."[3] Im analytischen Kalkül und
gleichermaßen in der Geometrie wurden durch die Einführung universeller Prinzipien und durch die Rechnung mit idealen Elementen, komplexen Zahlen, unendlich
fernen Punkten etc., theoretische Verallgemeinerungen erreicht, durch die Kants
Philosophie der Mathematik zwar nicht widerlegt wurde, für die sie sich aber doch
als wenig relevant erwies.

Auch in der Geometrie brach sich am Ende des 18.Jahrhunderts eine Auffassungsweise Bahn, die das Gewicht nicht mehr auf die einzelne Figur legte, sondern den Zusammenhang der Figuren umfassend untersuchte und dabei auch zu
Objekten überging, die eine anschauliche Interpretation unmittelbar nicht mehr zu-
ließen. Das hatte Folgen für die Auffassung und Bewertung der *Anschauung*. Wir
geben zur Illustration einige Äußerungen von M.Chasles aus seiner *Geschichte der*
Geometrie. Nachdem er die Konzentration auf die *Figuren* als Hauptfehler der
alten Geometrie gerügt hat, stellt er fest, daß dieser Fehler in der analytischen
Geometrie vermieden werde, und fragt dann: "*Man muss sich hiernach fragen, ob*
es nicht auch in der reinen und speculativen Geometrie eine Art des Raisonne-

---

1) Gauß an Bessel, 9.April 1830 (Becker [1975], 179)
2) Zur Analysis (=reine Zahlenlehre) als *Theorie der Formen* vgl. Kap. III und IV dieser
   Arbeit
3) Laplace [1799ff.] Pierre Simon de Laplace (1749-1827): seit 1784 Mitglied der Pariser
   Akademie, wurde er nach der Revolution Professor an der École Normale und der École
   Polytechnique. Seine virtuose Beherrschung der analytischen Techniken ermöglichte es, daß er
   in zahlreichen Gebieten wichtige Beiträge leistete. Dazu zählen vor allem die Astronomie,
   Wahrscheinlichkeitsrechnung und viele Einzelprobleme der mathematischen Physik sowie
   Arbeiten zur Reihentheorie und zur Theorie der partiellen Differentialgleichungen.

ments gäbe, wobei nicht beständig Figuren nöthig wären, deren wirkliche Unbe-
quemlichkeit, selbst wenn die Construction leicht ist, doch immer darin besteht,
den Geist zu ermüden und die Gedanken zu hemmen." In einer Fußnote lobt er
Aragos[1] Vortrag "als ein Muster von einem Vortrag ohne Figuren, welcher uns
vorzüglich geeignet scheint, die Fortschritte der Geometrie zu beschleunigen." Und
von Monge wird gesagt, daß niemand mehr als er "die Geometrie ohne Figuren
aufgefasst und ausgebildet" habe.[2] Also nicht nur zur Legitimation imaginärer
Elemente als Hilfsgrößen wird die Überwindung der Anschauung gefordert, sondern das Arbeiten ohne Figuren wird als methodischer Wert an sich dargestellt.
Schließlich erinnern wir daran, daß auch Lagrange sich in seiner Mécanique
analytique der Tatsache gerühmt hatte, daß er keinerlei Figuren benötigt habe.

Ein dritter Komplex von Schwierigkeiten bezieht sich auf die Tatsache, daß Kants
geometrisch-konstruktive Auffassung auch insofern eine statische Sicht von
Mathematik zur Konsequenz hatte, als Kant wohl prinzipielle Grenzen der Anwendbarkeit der Mathematik annahm.[3] Sein berühmtes Zitat aus den Metaphysischen Anfangsgründen der Naturwissenschaft, daß in jeder "besonderen
Naturlehre nur so viel eigentliche Wissenschaft angetroffen werden könne, als
darin Mathematik anzutreffen ist",[4] hatte nicht nur einen für die Mathematik
positiven Sinn, sondern implizierte, was häufig übersehen wird, auch eine Begrenzung. Kant sagte nämlich weiter, daß die reale Möglichkeit bestimmter Naturdin-
ge "nicht aus ihren bloßen Begriffen erkannt werden" könne. Er sprach sogar von
dem "Wahn, sich Möglichkeit nach Belieben auszudenken und mit Begriffen zu
spielen, die sich in der Anschauung vielleicht gar nicht darstellen lassen, und keine
andere Beglaubigung ihrer Realität haben, als daß sie bloß mit sich selbst nicht im
Widerspruche stehen."[5] Zum Nachweis der realen Möglichkeit eines Begriffs war
für Kant seine Konstruktion in der reinen Anschauung eine unabdingbare Voraussetzung.[6] Daraus resultierte bei ihm eine skeptische Einstellung zur Anwendung
der Mathematik auf die Chemie und eine ablehnende zur Anwendung auf die
Psychologie. "Noch weiter aber, als selbst Chymie, muß empirische Seelenlehre
jederzeit von dem Range einer eigentlich so zu nennenden Naturwissenschaft
entfernt bleiben, erstlich weil Mathematik auf die Phänomene des inneren Sinnes
und ihre Gesetze nicht anwendbar ist, man müßte denn allein das Gesetz der
Stetigkeit in dem Abfluss der inneren Veränderungen desselben in Anschlag brin-

---

1) Dominique Francois Arago (1786–1853): französischer Physiker
2) Chasles [1839], 204/5
3) Vgl. Mainzer [1984], 809
4) Kant [1786], A VIII
5) a.a.O., A XIII
6) vgl. auch die Interpretation dieser Stelle bei Plaass [1965], 57 ff

gen wollen, welches aber eine Erweiterung der Erkenntnis sein würde, die sich zu der, welche die Mathematik der Körperlehre verschafft, ohngefähr so verhalten würde, wie die Lehre von den Eigenschaften der geraden Linie zur ganzen Geometrie. ... Sie kann daher niemals mehr als eine historische, und, als solche, so viel möglich systematische Naturlehre des inneren Sinnes, d.i. eine Naturbeschreibung der Seele, aber nicht Seelenwissenschaft, ja nicht einmal psychologische Experimentallehre werden; ..."[1]

Die Tendenz der nach-kantischen Philosophie der Mathematik kann insgesamt dahingehend zusammengefaßt werden, daß man sich um eine abstraktere, stärker den theoretischen Charakter der Mathematik betonende Auffassung bemühte. Dabei konnte man sich einerseits auf Entwicklungstendenzen in der Mathematik selbst stützen, in der um die Wende zum 19.Jahrhundert ein enormes Bemühen um theoretische Verallgemeinerung und Ausarbeitung weitgreifender Zusammenhänge einsetzte. Auf der anderen Seite wurde die abstraktere Sicht der Mathematik aber vor allem auch durch den Wandel des wissenschaftsphilosophischen Klimas bewirkt, der gerade von den neuen, nicht–klassischen Disziplinen wie Geologie, Mineralogie, Biologie und auch den Sprachwissenschaften ausging.

An der Reflexion dieses Wandels hat Kant selbst entscheidenden Anteil gehabt. Zum einen hat er in den *Metaphysischen Anfangsgründen* ein dynamistisches Naturverständnis entwickelt, das sich gegenüber der alten atomistischen Aufasungsweise durch eine erheblich größere Abstraktheit und theoretische Kohärenz auszeichnete und das in der nachfolgenden naturphilosophischen Reflexion eine wichtige Rolle spielte. Für die damalige Zeit war es auch bedeutsam, daß Kant dabei ausdrücklich zwischen einer *physikalischen* und einer *mathematischen* Erklärung unterschied und so das Denken vom Monopol mathematischer Erklärung und von der Herrschaft einer mechanistischen Metaphysik freimachte.[2] Wichtiger aber war, daß Kant in der *Kritik der Urteilskraft* ein Verständnis von Wissenschaft entwickelt hat, dem auch die Mathematik sich in der Folge nicht entziehen konnte und das stärker ganzheitliche Perspektiven enthielt und die Forderung nach innerer theoretischer Kohärenz betonte.

1790, neun Jahre nach dem Erscheinen der ersten Auflage der Kritik der reinen Vernunft, veröffentlichte Kant die *Kritik der Urteilskraft*. Obwohl er hier sehr bewußt im Rahmen der in der Kritik der reinen Vernunft entwickelten Gesamtkon-

---

1) Kant [1786], A X/XI
2) Kaulbach [1984], 549

zeption verblieb, diskutiert die Kritik der Urteilskraft doch die Grenzen dieser Konzeption − und als grenzüberschreitend wurde sie auch gelesen und erwies sich als ein für die nach–kantische Philosophie richtungsweisendes Werk.[1]

Die Kritik der Urteilskraft war für die wissenschaftsgeschichtliche Situation Deutschlands am Ende des 18. Jahrhunderts in mehreren Hinsichten bedeutsam. Sie teilt sich in eine *Kritik der ästhetischen Urteilskraft* und eine *Kritik der teleologischen Urteilskraft*, die das teleologische Denken als *"inneres Prinzip der Naturwissenschaft"* konstituieren soll. Damit hatte Kant *ästhetisches und wissenschaftliches Denken* parallelisiert, und diese Parallelisierung stellte an sich bereits ein wichtiges Faktum der damaligen wissenschaftsphilosophischen Diskussion dar.

Die Kritik der Urteilskraft repräsentierte eine Verschiebung des wissenschaftsphilosophischen Interesses zu Disziplinen wie Biologie, Geologie, Anthropologie und Geschichte, während in der Kritik der reinen Vernunft vor allem die (Newtonsche) Physik und die Mathematik thematisiert worden waren. Man kann schließlich in der Kritik der Urteilskraft eine Verschiebung des Interesses von Begründungs– und Geltungsproblemen hin zu einer immanenten Analyse der Wissenschaftspraxis oder − wie man heute sagen würde − zum Verständnis der Theorienentwicklung beobachten.

Ziel der Kritik der teleologischen Urteilskraft war es, neben der mechanischen eine teleologische Kausalität als legitimes wissenschaftliches Erklärungsprinzip zu begründen. Kant grenzte die Teleologie, die er im Auge hatte, von der verbreiteten Vulgärteleologie seiner Zeit ab, die gewisse Naturerscheinungen durch deren Nützlichkeit für den Menschen oder andere Lebewesen erklären wollte. Dennoch sah er, daß *"wir die organisierten Wesen und deren innere Möglichkeit nach bloß mechanischen Prinzipien der Natur nicht einmal zureichend kennen lernen, viel weniger uns erklären können; und zwar so gewiß, daß man dreist sagen kann, es ist für Menschen ungereimt auch nur einen solchen Anschlag zu fassen, oder zu hoffen, daß noch etwa dereinst ein Newton aufstehen könne, der auch nur die Erzeugung eines Grashalms nach Naturgesetzen, die keine Absicht geordnet hat, begreiflich machen werde;..."*[2]

Neben der mechanischen benötige die Wissenschaft daher notwendig ein Erklärungsprinzip der teleologischen Kausalität, nach dem die Natur so vorgestellt wird,

---

1) Vorländer [1924], XIII
2) Kant [1790], A 334

"als ob ein Verstand den Grund der Einheit des Mannigfaltigen ihrer empirischen Gesetze enthalte."[1] Dinge als Naturzwecke zu betrachten, bedeutet nach Kant nun erstens, *"daß die Teile (ihrem Dasein und der Form nach) nur durch ihre Beziehung auf das Ganze möglich sind"* und zweitens, daß die Teile *"sich dadurch zur Einheit eines Ganzen verbinden, daß sie voneinander wechselseitig Ursache und Wirkung ihrer Form sind. Denn auf solche Weise ist es allein möglich, daß umgekehrt (wechselseitig) die Idee des Ganzen wiederum die Form und Verbindung aller Teile bestimme: ..."*[2] Was daraus resultiert, ist der Begriff eines *"Ganze(n) aus eigener Kausalität".*[3]

Nun war dieses Prinzip einer teleologischen Kausalität für Kant ein *"bloß subjektives Prinzip",*[4] zwar notwendig, um Theorien für organische Erscheinungen aufstellen zu können, aber im Unterschied zur mechanischen Kausalität ohne objektive Gewißheit. Die Koordination beider Prinzipien und damit die methodische Sicherung ihrer Anwendung leistete Kant durch die Unterscheidung von *bestimmender und reflektierender Urteilskraft.*

Während die bestimmende Urteilskraft keine Autonomie hat und nur unter gegebene mechanische Gesetze und Begriffe *subsumiert*, ist es die Aufgabe der reflektierenden Urteilskraft, unter Gesetze zu subsumieren, *"welche noch nicht gegeben"* sind.[5] Die reflektierende Urteilskraft benutzt daher die teleologische Kausalität als ein Prinzip der Reflexion über Gegenstände, *"für die es uns objektiv gänzlich an einem Gesetz mangelt, oder an einem Begriffe vom Objekt, der zum Prinzip für vorkommende Fälle hinreichend wäre".*[6] Obwohl also die reflektierende Urteilskraft bei Kant sich auf Gegenstandsbereiche wie das organische Leben bezog, so ist doch ersichtlich, daß eine begriffliche Ausweitung zur Anwendung dieses Konzeptes auf alle Fälle wissenschaftlicher Forschung führen kann, bei denen ein Gesetz nicht bekannt und noch zu finden wäre. Dann wäre also mit der reflektierenden Urteilskraft ein Vermögen der Generierung von Hypothesen und Theorien benannt, das diesen Zweck durch Reflexion auf eine bestimmte Totalität erreicht.

Man hat also hier die paradoxe Situation, daß die reflektierende Urteilskraft im Vergleich zur bestimmenden einerseits einen *minderen epistemologischen Status* hat, insofern sie nicht zu sicher begründetem Wissen führt. Teleologie ist bloß ein

---

1) a.a.O., A 286
2) a.a.O., A 286/7
3) a.a.O., A 287
4) a.a.O., A 309
5) a.a.O., A 308
6) a.a.O.

Prinzip der Reflexion. Zugleich verfügt die reflektierende Urteilskraft aber sozusagen über eine *höhere epistemologische Leistungsfähigkeit*.

Grundsätzlich ist nämlich die Subsumtion der empirischen Erfahrung unter die Gesetze der Mechanik in gewissem Sinne zufällig. Die formalen Schemata von Raum und Zeit sowie die dort waltenden logischen Beziehungen und die empirischen Daten sind nicht mit Notwendigkeit aufeinander bezogen. Welche mechanischen Kausalitäten man auch immer an einem Grashalm studieren wird, es wird sich daraus kein Ganzes und kein Zusammenhang ergeben. Dasselbe gilt für größere Zusammenhänge der unbelebten Natur und schließlich für die Auffassung des Naturganzen. Im Gegensatz dazu verfügt die reflektierende Urteilskraft mit der teleologischen Kausalität über ein Prinzip, das notwendige Zusammenhänge herstellt. Es ist dies ein Prinzip, *"welches sie nicht von der Erfahrung entlehnen kann, weil es eben die Einheit aller empirischen Prinzipien und also die Möglichkeit der systematischen Unterordnung derselben untereinander"*[1] begründet. Eine vollständige systematische Natureinheit nicht zu behaupten, aber doch stets von neuem zu suchen, wird dadurch gefordert. Das, was für die eine Erkenntnisstufe als isoliert und zufällig erscheint, läßt sich auf einer höheren Stufe möglicherweise aus dem Zusammenhang eines Gesetzes erklären. So stiftet die reflektierende Urteilskraft eine *neue Einheit von Allgemeinem und Besonderem*, nicht als logisch beweisbaren Grundsatz, sondern als regulative Idee.[2]

Kant gab dieser ganzen Überlegung nun eine für die Ausprägung des Anschauungsbegriffs am Ende des 18.Jahrhunderts bedeutsame Wendung. Rein hypothetisch fragte er, wie eine Intelligenz beschaffen wäre, die die Einheit der Natur direkt erfassen könnte. Seine Antwort war die Fiktion eines anschauenden Verstandes, der kein menschlicher Verstand sein kann und den man in Analogie zum *Laplaceschen Dämon* vielleicht als *Kantischen Dämon* bezeichnen könnte. *"Nun können wir uns aber auch einen Verstand denken, der, weil er nicht wie der unsrige diskursiv, sondern intuitiv ist, vom* **Synthetisch–Allgemeinen** *(der Anschauung eines Ganzen, als eines solchen) zum Besonderen geht, d.i. vom Ganzen zu den Teilen; der also und dessen Vorstellung des Ganzen die* **Zufälligkeit** *der Verbindung der Teile nicht in sich enthält, um eine bestimmte Form des Ganzen möglich zu machen, die unser Verstand bedarf, welcher von den Teilen, als allgemein gedachten Gründen, zu verschiedenen darunter zu subsumierenden möglichen Formen, als Folgen, fortgehen muß. Nach der Beschaffenheit unseres*

1) a.a.O., A XXV
2) Cassirer [1920], 14

Verstandes ist hingegen ein reales Ganze der Natur nur als Wirkung der konkur-
rierenden bewegenden Kräfte der Teile anzusehen. Wollen wir uns also nicht die
Möglichkeit des Ganzen als von den Teilen, wie es unserm diskursiven Verstand
gemäß ist, sondern, nach Maßgabe des intuitiven (urbildlichen), die Möglichkeit
der Teile (ihrer Beschaffenheit und Verbindung nach) als vom Ganzen abhän-
gend vorstellen: so kann dieses, nach eben derselben Eigentümlichkeit unseres
Verstandes nicht so geschehen, daß das Ganze den Grund der Möglichkeit der
Verknüpfung der Teile (welches in der diskursiven Erkenntnisart Widerspruch sein
würde), sondern nur, daß die Vorstellung eines Ganzen den Grund der Möglich-
keit der Form desselben und der dazugehörigen Verknüpfung der Teile enthalte."[1]

Wie man weiß, hat die hier beschriebene *intellektuelle Anschauung* in der
nach–kantischen Philosophie eine enorme Rolle gespielt. Sie diente in unterschiedlichen Varianten vor allem bei Fichte und Schelling als epistemologischer Begriff,
mit Hilfe dessen man neue Formen der Erkenntnis zu beschreiben versuchte, die
die Begrenztheiten der alten mechanistischen Epistemologie abzustreifen erlauben
sollte. Für Kant selber war die intellektuelle Anschauung eine dem Menschen nicht
zugängliche Weise der Erkenntnis, und der Begriff diente daher dazu, die Grenzen
des menschlichen Erkenntnisvermögens zu beschreiben. In der Rezeption der
Kritik der Urteilskraft wurde dann allerdings dieser Begriff eher als Aufforderung
zur Grenzüberschreitung interpretiert. Eine spielerisch–ironische Beschreibung des
Sachverhaltes findet man bei Goethe: "*Als ich die Kantische Lehre, wo nicht zu*
durchdringen, doch möglichst zu nutzen suchte, wollte mir manchmal dünken, der
köstliche Mann verfahre schalkhaft ironisch, indem er bald das Erkenntnisvermö-
gen aufs engste einzuschränken bemüht schien, bald über die Grenzen, die er
selbst gezogen hatte, mit einem Seitenwink hinausdeutete. Er mochte freilich
bemerkt haben, wie anmaßend und naseweis der Mensch verfährt, wenn er be-
haglich, mit wenigen Erfahrungen ausgerüstet, sogleich unbesonnen abspricht und
voreilig etwas festzusetzen, eine Grille, die ihm durchs Gehirn läuft, den Gegen-
ständen aufzuheften trachtet. Deswegen beschränkt unser Meister seinen Denken-
den auf eine reflektierende diskursive Urteilskraft, untersagt ihm eine bestimmende
ganz und gar. [Man sieht, Goethe ist in der kantischen Terminologie nicht sattel-
fest.] Sodann aber, nachdem er uns genugsam in die Enge getrieben, ja zur Ver-
zweiflung gebracht, entschließt er sich zu den liberalsten Äußerungen und überläßt
uns, welchen Gebrauch wir von der Freiheit machen wollen, die er einigermaßen
zugesteht."[2]

1) a.a.O., A 345/6
2) Goethe [1887-1919], II.Abt., 11.Bd., 54

In der Geschichte des nach-kantischen Idealismus hat die Kritik der Urteilskraft eine wichtige Rolle gespielt. Da sich dieses Werk zunächst auf die organischen Phänomene bezog, waren die Konsequenzen für die Mathematik naturgemäß nur indirekt. Sie bestanden darin, daß das Nachdenken über Wissenschaft sich nun auf Aspekte und Problembereiche zu richten begann, die bisher nicht im Fokus der Aufmerksamkeit standen. Man kann hier drei Aspekte nennen, die auch für das Nachdenken über die Mathematik wichtig wurden, nämlich die *Ganzheitlichkeit* der Gegenstände des wissenschaftlichen Erkennens (Primat des Ganzen gegenüber den Teilen), die Unterstellung einer *nicht an Raum und Zeit gebundenen Anschauung* und die Reflexion auf den *notwendigen und durchgreifenden Zusammenhang* aller Erscheinungen. Dies wollen wir im folgenden generell skizzieren, um uns dann anhand dreier Einzelfälle der philosophischen und kulturellen Rezeption der Mathematik am Ende des 18.Jahrhunderts eine konkretere Anschauuung zu verschaffen.

1. Die philosophische und epistemologische Reflexion über die organischen, chemischen und elektrischen Phänomene hatte insgesamt die Folge, daß das *wissenschaftliche Gegenstandsverständnis* abstrakter wurde. In einem spekulativen Dialog von Naturwissenschaftlern und Philosophen, der sogenannten Naturphilosophie um F.W.J.Schelling und J.W.Ritter,[1] wurden Konzepte herausgearbeitet, die helfen sollten, eine ganzheitliche Einsicht in die Naturphänomene zu entwickeln. Beispiele dafür sind die Begriffe *Organismus*, *Prozeß* und *Polarität*. Was dies für das Niveau gedanklicher Abstraktheit bedeutete, kann am Prozeßbegriff gut studiert werden. Während noch in der Mitte des 18.Jahrhunderts in der Chemie unter *"Prozeß"* eine handwerklich-verfahrensmäßige Vorschrift zur Hervorbringung einer bestimmten chemischen Substanz verstanden wurde, konzipierte man am Ende des Jahrhunderts Prozesse völlig abstrakt. Ihnen wurde nur noch ein (eigenschaftsloses) Substrat unterlegt, das gegenüber der Ganzheitlichkeit des Prozesses selbst als sekundär erschien. Es war möglich, sich *"Prozesse ohne Subjekt"* vorzustellen. Ein solcher abstrakter Prozeßbegriff setzt auch ein weiteres Anwendungsverständnis voraus, weil der *"Prozeß"* nun keine technologische Vorschrift mehr ist.[2] Radikal proklamierte der Romantiker Friedrich Schlegel, Naturwissenschaft sei Wissenschaft überhaupt nur, insofern sie sich auf Prozesse beziehe.[3]

---

1) Johann Wilhelm Ritter (1776–1810): deutscher Physiker, machte eine Reihe wichtiger experimenteller Entdeckungen vor allem zur Elektrochemie und gehörte eine Zeit lang zum Kreis der Romantiker um F.Schlegel und Novalis
2) Röttgers [1983]
3) zitiert bei Röttgers [1983], 116

2. Das hier sich entwickelnde neue wissenschaftliche Gegenstandsverständnis ermöglichte auch die immer einflußreicher werdende Parallelisierung von wissenschaftlichem Denken und ästhetischem Produzieren, weil Wissenschaft und Kunst die Alltagserfahrung in ähnlicher Weise *verfremden*, indem sie die Erfahrung in Formen bringen, die nicht nur durch diese Erfahrung bestimmt sind, sondern auch durch Gesichtspunkte (ästhetischer oder wissenschaftlicher) Einfachheit, Stimmigkeit, Harmonie.

3. Der Begriff der (reflektierenden) *Urteilskraft* ermöglichte eine einheitliche und zusammenhängende methodologische Auffassung der hermeneutisch verfahrenden philologischen Wissenschaften und der Naturwissenschaften. Reflektierende Urteilskraft ist die Voraussetzung zur Gewinnung der Interpretation eines Textes genauso wie zur Erfindung eines neuen Naturgesetzes. In den Philologien wie in den Naturwissenschaften wurde das hierbei inhärente schöpferische Moment in gleichermaßen emphatischen Begriffen beschrieben. A.Boeckhs *divinatorische Einbildungskraft* und Schellings *intellektuelle Anschauung* standen in dieser Hinsicht auf gleicher Stufe. W.Dilthey hat die ganze Einstellung der Zeit durch die schöne Formel beschrieben: *"Die Interpretation der Welt aus ihr selber wurde nun zum Stichwort aller freien Geister."*[1] Das charakterisiert die umfassende hermeneutische Kultur. Es war daher selbstverständlich, daß die *"Weckung der Urteilskraft"* auch das höchste Bildungsziel bezeichnete.

4. Die Konjunktur des Begriffs der *intellektuellen Anschauung* hatte faktisch eine *Intellektualisierung des Anschauungsbegriffs* zur Folge. Für F.Schlegel etwa war die gewöhnliche Anschauung statisch und leer. Sie *"erdrückt, tötet eigentlich jeden Gegenstand, weil sie nicht statt haben kann, ohne daß der Gegenstand beharrlich gedacht wird."* Dann aber sei eine wirkliche Erkenntnis des Gegenstands nicht möglich, und Kant, der die Anschauung als Quelle der Erkenntnis angesehen habe, wäre besser Skeptizist geworden. Schlegel sprach statt dessen von einer *"geistigen Anschauung"*, die *"frei [sei] von dem Vorurteile des Dings"* und die ihm unmittelbar in die ästhetische Anschauung überging.[2] Für die Philosophie und Pädagogik der Mathematik ergab sich aus dieser Tendenz zur Intellektualisierung des Anschauungsbegriffs, daß man mit Anschauung immer weniger die raum–zeitliche Gegebenheit eines Gegenstands und mehr seine Ganzheitlichkeit und die Anschauung seines inneren Strukturzusammenhangs meinte. Daher wurde in der Pädagogik als das wichtigste Ziel die Förderung der *inneren Anschauung* angesehen,

---

1) Dilthey [1905], 211
2) Schlegel [1804/5], 329 und 355

äußere Anschauung sollte nur zur Weckung der inneren dienen.[1]

5. Kants Bindung der Mathematik an die Konstruktionen in der reinen Anschauung wurde in der nach-kantischen Philosophie aus sehr unterschiedlichen Motiven umfassend problematisiert.[2] Das Hauptmotiv lag darin, daß man den Konstruktionsbegriff auch für die Philosophie in Anspruch nehmen wollte. Für Schelling etwa war klar, daß nur *"ein Verfahren, das jenseits des Gegensatzes der Anschauung des Bestimmten, Einzelnen und der Bewegung des Denkens, die im Element des Allgemeinen stattfindet, sonach nur die intellektuelle Anschauung, ..."* das Universum zu *"konstruieren"* vermöge.[3] Aus dieser Überlegung heraus hatte Schelling 1803 die Konstruktion als Methode der Philosophie zu begründen versucht und den Unterschied von mathematischer und philosophischer Konstruktion so erklärt, *"daß dem Mathematiker die in der Sinnlichkeit reflektierte, dem Philosophen dagegen nur die reine in sich selbst reflektierte intellektuelle Anschauung zu Gebote steht."*[4] Das Verfahren der Konstruktion *"trat nun an die Stelle der Analyse, wie Kant sie geübt hatte."*[5]

Auch W.T.Krug[6] unterschied eine intuitive von einer diskursiven Konstruktion, erstere nahm er für die Mathematik, letztere für die Philosophie in Anspruch. *"Das rationale Wesen ist entweder mathematisch oder philosophisch − mathe-*

---

1) In Übereinstimmung mit den oben zitierten methodologischen Überlegungen in der darstellenden und projektiven Geometrie, ein *"Raisonnement ohne Figuren"* zu entwickeln, gab es auch in der Pädagogik der Elementargeometrie Bestrebungen, die Fähigkeit zur reingeistigen Vorstellung geometrischer Objekte ohne Bezug auf eine gezeichnete Figur zu fördern. Um dies zu erreichen, betrachtete man vor allem die *sprachliche* Darstellung geometrischer Sachverhalte als wichtig.
So heißt es in einer Geschichte des Geometrieunterrichts über das Buch Ladomus [1812]: *"Die hier befolgte Vortragsweise, die räumlichen Verhältnisse dem Zuhörer so viel als möglich durch Worte und ohne Buchstabenbezeichnung zu verdeutlichen, selbst ohne eine bestimmte Figurenzeichnung, setzt eine Kraft innerer Anschauung voraus, deren Gewinnung als der wahre formale Erfolg einer richtigen geometrischen Methode bezeichnet werden muß; ..."* (Schurig [1877], 478).
Ebenso setzt die Anforderung, aus zweidimensionalen Zeichnungen auf dreidimensionale Körper zu schließen, wie man in der pädagogischen Diskussion immer wieder betonte, die Entwicklung einer Fähigkeit voraus, die das rein empirische Anschauen überschreitet und eine Leistung der produktiven Einbildungskraft ist (vgl. Gugler [1860]).
2) vgl. zum Konstruktionsbegriff in der idealistischen Philosophie: Ende [1973]. Die Arbeit enthält eine Fülle an Aspekten und Belegen, die die Breite der Problematik aufzeigen.
3) Dilthey [1905], 209
4) Schelling [1802/3], 204
5) Dilthey a.a.O.
6) Wilhelm Traugott Krug (1770−1842): 1805 Professor in Königsberg, 1809 in Leipzig. Krug vertrat eine von Kant und Fichte beeinflußte Konzeption der Philosophie als einer Wissenschaft *"von der ursprünglichen Gesetzmäßigkeit der gesamten Tätigkeit unseres Geistes oder von der Urform des Ich".*

matisch, wenn und wiefern es aus einer intuitiven, philosophisch, wenn und wie-
fern es aus einer diskursiven Konstrukzion der Begriffe entspringt."[1] Wenn damit
auch Kants Auffassung der Mathematik zunächst unangetastet blieb, so rückte doch
die Idee ins Blickfeld, daß Konstruktion sich nicht zwingend in der reinen Anschauung von Raum und Zeit vollziehen muß. Der Konstruktionsbegriff wurde
abstrakter.

Daß Kants Unterscheidung von Mathematik und Philosophie auch für die Mathematik einen zu engen Rahmen setzt, hat J.G.Herder [2] vorgebracht. *"Auch die*
Philosophie construirt Begriffe, zwar nicht durch Linien oder andere mathemati-
sche Zeichen, aber durch Worte ... Dagegen ist die mathematische Erkenntniß
eben so wenig aus der Construction als die philosophische; ... Ja, es gibt Fälle in
der Mathematik, da ich die Wahrheit der Sätze apodiktisch erkenne, ob ich sie
gleich nicht construiren kann; und gegentheils Fälle, da die Construction dem
Begriff zu widersprechen scheint, der dennoch apodiktisch gewiß ist." Auch in der
Mathematik muß die Erkenntnis begrifflich sein. *"...da auch nicht Größe allein*
und nicht jeder Begriff von Größe sich in der Anschauung darstellen läßt; (ein
großer Theil der höheren Analyse stellt ihre Größen in keiner Anschauung dar),
..." Insgesamt urteilte er, es liege der kantischen Unterscheidung von Mathematik
und Philosophie der *"Radical-Mißbegriff zu Grunde ..., als ob sichtliche Con-*
struction die Sache erschöpfe."[3]

Eine dritte Variante der Auflösung der kantischen Bestimmung der Mathematik als
Konstruktion in der reinen Anschauung bestand darin, daß man den Konstruktionsbegriff entweder überhaupt ablehnte oder ihn neu zu fassen versuchte. Das hatte
damit zu tun, daß im ursprünglichen Verständnis Konstruktion eine Konnotation
zum Additiven hat. Ein Ganzes wird schrittweise als Summe seiner Teile aufgebaut. Nun hatte Kant ja im Hinblick auf organische Wesen gerade die Unange-
messenheit dieser Idee gezeigt. Man konnte daher entweder den Konstruktionsbegriff verwerfen oder einen neuen Typus einer *systemischen Konstruktion,*[4] der
diese Problematik berücksichtigt, konzipieren. So entwickelte J.J.Wagner[5] eine
Vorstellung von Konstruktion durch Verbindung von Gegensätzen in einer höheren
Einheit. Daraus folgte dann aber für ihn, daß *"das rein fortschreitende Zählen*

---

1) Krug [1803], 262. Vgl. Ende [1973], 47
2) Johann Gottfried Herder (1744–1803): Geschichtsphilosoph, bedeutender Theoretiker der
   deutschen Aufklärung und Klassik
3) Herder [1799], 263–265
4) Ende [1973] verwendet diesen Begriff in einem etwas anderen Sinne.
5) Johann Jacob Wagner (1775–1841): Studium in Jena und Göttingen, 1803 Professor in
   Würzburg, Anhänger Schellings, der sich in dessen späterer theosophischer Phase von ihm
   trennte.

leeres Spiel sey, und keine Construction gebe. "[1]

Insgesamt sieht man, wie in der nach–kantischen Philosophie ein Diskurs stattfand, in dem die von Kant vorgenommene Festlegung der Mathematik auf die reine Anschauuung von Raum und Zeit und auf die *sichtliche Konstruktion* in Frage gestellt wurde. Dieses In–Frage–Stellen hing aufs engste mit den sehr stark empfundenen Grenzen der mechanistischen Weltsicht zusammen.

6. Die durch den Organismusbegriff in das philosophische Denken eingeführten systemischen Ideen erwiesen sich für die Philosophie der Mathematik als direkt wirksam. Wie wir festgestellt haben, widersprach die Sichtweise mathematischer Objekte als isolierter Entitäten, wie sie implizit in Kants Philosophie der Mathematik enthalten war, eigentlich dem Geist der Verallgemeinerung, der sich gerade am Ende des 18.Jahrhunderts in der Mathematik bemerkbar machte. Daher wurde es seit dem Beginn des 19.Jahrhunderts üblich, den Organismusbegriff metaphorisch auch auf die Mathematik anzuwenden, indem man forderte, mathematische Theorien müßten ein Organismus sein, oder einen *organischen Zusammenhang* entfalten. Diese Sprechweise fand weite Verbreitung und sie hatte für die mathematische Praxis vielfältige Konsequenzen. Die Darstellung mathematischer Theorien entsprechend diesem Ideal wurde mit erheblicher Energie betrieben und viele begriffliche Errungenschaften der Mathematik des 19.Jahrhunderts verdanken sich diesem Bestreben. Man kann sagen, daß die *bewußte Konstruktion mathematischer Theorien* nach den Idealen der inneren Kohärenz, des organischen Zusammenhangs und der einfachen Durchsichtigkeit im 19.Jahrhundert historisch erstmalig in größerem Stil betrieben wurde. Als Beleg dafür, welche Rolle die Organismus–Metapher im Denken der Mathematiker gespielt hat, zitieren wir aus einer Eingabe von J.Steiner[2] an das preußische Kultusministerium: *"Durch die fortgesetzte Beschäftigung mit dem Unterrichte erweiterte sich, ohne dass ich es wußte und wollte, mein Streben nach wissenschaftlicher Einheit und Zusammenhang. Wie die in besonderen Abtheilungen verbundenen Sätze einer einzelnen mathematischen Disciplin, so glaubte ich, müssten auch alle besonderen mathematischen Disciplinen auseinander hervorgehen: es schwebte mir die Idee der organischen Einheit aller Objekte der Mathematik vor, und ich glaubte damals, diese Einheit auf irgend einer Hochschule, wenn auch nicht als einen objektiv zu Stande gebrachten Lehrgegenstand, doch in der Form bestimmter Andeutungen zu finden. ..., vielmehr glaubte ich zu bemerken, dass der Mathematik noch im Allgemeinen jene organi-*

---

1) Wagner [1811], 7
2) Jakob Steiner (1796–1863): Schweizer Mathematiker, Professor an der Universität Berlin, wichtiger Vertreter der projektiven synthetischen Geometrie

sche Einheit fehle, dass nicht nur die Disciplinen nach der blossen Zufälligkeit ihrer Erfindung und ihres Gebrauchs zusammengestellt seien, sondern dass auch die Theile einer und derselben Disciplin gewöhnlich nur durch künstliche und darum willkürliche Mittel aneinander gereiht werden, weshalb der Zusammenhang der einzelnen Sätze oft ein gezwungenes, nicht naturgemässes Ansehen erhalte. ...Die neue Betrachtungsweise, welche die geometrisch synthetische Methode selbst betrifft, unterscheidet sich übrigens von dem älteren Verfahren insbesondere dadurch, dass sie ... die Sätze unmittelbar auseinander entstehen lässt und durch einen streng genetischen Gang auf eine vollständigere Weise die Form des synthetischen Entstehens offenbart ...[1]

Fügen wir dem Dedekinds[2] Motivation für die Benutzung des Begriffs *Körper* anstelle des älteren Begriffs *Rationalitätsbereich* in der Algebra hinzu, die aus einer viel späteren Zeit stammt und die doch ein ähnliches Denken verrät. *"Dieser Name soll, ähnlich wie in den Naturwissenschaften, in der Geometrie und im Leben der menschlichen Gesellschaft, auch hier ein System bezeichnen, das eine gewisse Vollständigkeit, Vollkommenheit, Abgeschlossenheit besitzt, wodurch es als ein organisches Ganzes, als eine natürliche Einheit erscheint. Anfangs, in meinen Göttinger Vorlesungen (1857 bis 1858), hatte ich denselben Begriff mit dem Namen eines rationalen Gebietes belegt, der aber weniger bequem ist."*[3]

7. Die kritische Auseinandersetzung mit den gegenstandstheoretischen und epistemologischen Implikationen des mechanistischen Denkens führte auch zu einem neuen Nachdenken über das *Anwendungsproblem*. Kant hatte in der Kritik der Urteilskraft herausgearbeitet, daß die Subsumtion des empirischen Materials unter die Gesetze der Mechanik in gewissem Sinne zufällig ist. Das einzige Kriterium ist, ob die Daten *"passen"*. Damit ergibt sich aber kein Verständnis des inneren Zusammenhangs zwischen den Erscheinungen. Diese Feststellung Kants reflektierte philosophisch die Kritik, die an den formalen Klassifikationssystemen in der Biologie geübt wurde: auch diese gestatten zwar eine Subsumtion der empirischen Daten, aber diese Subsumtion ist nur formal und sagt nichts über inhaltlich begründete Beziehungen zwischen den biologischen Wesen. Man kann diesen Typus der Anwendung allgemeiner Gesetze auf empirische Daten als *subsumtive Anwendung* bezeichnen. Er steht offenbar in engem Zusammenhang mit der im I.Kapitel beschriebenen *direkten Anwendung*.

---

1) zitiert nach Lange [1899], 19–21
2) Richard Dedekind (1831–1916): Studium in Göttingen bei Gauß, 1858–62 Professor am Polytechnikum in Zürich, ab 1862 am Collegium Carolinum in Braunschweig. Dedekind hat sich vor allem um die Grundlegung der algebraischen Zahlentheorie und der Idealtheorie verdient gemacht und eine Konstruktion der reellen Zahlen entwickelt.
3) Dedekind [1893], 452

Mit dem Konzept der reflektierenden Urteilskraft hatte Kant andererseits die Situation beschrieben, in der noch gar keine Gesetze oder Formen bekannt sind, unter die empirische Daten subsumiert werden könnten und wo im Zuge der Erforschung dieser Daten auch die möglichen Gesetze selbst gefunden werden müssen. Die Aufstellung von in diesem Sinne eng an die Daten angepaßten Gesetzen, bei Kant durch die Einführung teleologischer, ganzheitlicher Prinzipien ermöglicht, würde also, so die Hoffnung, die Willkür beseitigen und einen eng an den jeweiligen Gegenstandsbereich angeschmiegten Typus von wissenschaftlicher Erklärung liefern. Da begrifflich hierunter auch jene Anwendung fallen würde, bei der ein Text in seiner historischen Individualität auszulegen ist, kann man diesen Typus von Anwendung als *hermeneutische Anwendung* bezeichnen und er würde der oben eingeführten *indirekten Anwendung* korrespondieren.

Die *hermeneutische* Anwendung impliziert in ihrem Wesen eine permanente Reflexion auf den Zusammenhang zwischen den Erkenntnisformen und den Erkenntnisgegenständen, ist *kreisförmig* und *offen*. Nur so kann die enge Anpassung der Formen an die Gegenstände zustande kommen. Ein hermeneutisches Anwendungsverständnis setzt also eine umfassende Thematisierung der Formen der Erkenntnis voraus unter dem Gesichtspunkt, wie diese Formen die Art der Auffassung des Gegenstands beeinflussen. An der Wende vom 18. zum 19.Jahrhundert hat diese Idee ihren prononciertesten Ausdruck in der Sprachwissenschaft bei W.v.Humboldt gefunden. Sprache ist für Humboldt kein neutrales Medium zum Ausdruck beliebiger Sachverhalte, sondern in und mit der Sprache wird die ganze Weltsicht der Sprechenden konstituiert.

Diese Vorstellungen beeinflußten auch das Verständnis des Anwendungsproblems der Wissenschaften. Für die Mathematik entstand die Vorstellung, daß die Reflexion auf das Wesen der mathematischen Formen eine entscheidende Voraussetzung für ihre angemessene Anwendung ist. Die wichtigste Konsequenz dieser Ideen war die nun schärfer als zuvor durchgeführte *Disjunktion von reiner und angewandter Wissenschaft*. Diese alte Unterscheidung hatte durch die kantische Philosophie eine neue Aktualität gewonnen. Nur indem man die apriorischen (reinen) und aposteriorischen (angewandten) Anteile an einer Wissenschaft unterscheidet, gewinnt man begriffliche Kontrolle über den untersuchten Gegenstand, nur so kann man verhindern, daß ungewollte Voraussetzungen unterlaufen und nur so erreicht man, daß der begriffliche Apparat auf das unabdingbar Notwendige zurückgeführt wird. Die klare begriffliche Trennung von reiner und angewandter

Wissenschaft wurde eine allgemein befolgte Norm der wissenschaftlichen Darstellung.[1]

Die Idee, daß die Reflexion auf die Form eine unerläßliche Voraussetzung zur Anwendung der Mathematik ist, hat J.W.Schelling in seinen *Vorlesungen über die Methode des akademischen Studiums* sehr klar zum Ausdruck gebracht: *"So sehr man auch übrigens die großen Wirkungen der Mathematik in ihrer Anwendung auf die allgemeinen Bewegungsgesetze, in der Astronomie und Physik überhaupt, anerkennte, so wäre derjenige doch nicht zur Erkenntniß der Absolutheit dieser Wissenschaft gelangt, der sie nur um dieser Folgen willen hochschätzte, und dieß überhaupt sowohl, als insbesondere, weil diese zum Theil nur einem Mißbrauch der reinen Vernunftevidenz ihren Ursprung verdanken. Die neuere Astronomie geht als Theorie auf nichts anderes als Umwandlung absoluter, aus der Idee fließender Gesetze in empirische Nothwendigkeiten aus, und hat diesen Zweck zu ihrer vollkommenen Befriedigung erreicht; übrigens kann es durchaus nicht Sache der Mathematik in diesem Sinn, und wie sie jetzt begriffen wird, seyn, über das Wesen oder An–sich der Natur und ihrer Gegenstände das Geringste zu verstehen. Dazu wäre nöthig, daß sie selbst* **vorerst in ihren Ursprung zurückginge und den in ihr ausgedrückten Typus der Vernunft allgemeiner begriffe.** *Inwiefern die Mathematik ebenso im Abstrakten, wie die Natur im Conkreten, der vollkommenste objektivste Ausdruck der Vernunft selbst ist, insofern müssen alle Naturgesetze, wie sie in reine Vernunftgesetze sich auflösen, ihre entsprechenden Formen auch in der Mathematik finden; aber nicht so, wie man dieß bisher angenommen hat, daß diese für jene nur bestimmend und die Natur übrigens in dieser Identität sich nur mechanisch verhalte, sondern so, daß Mathematik und Naturwissenschaft nur eine und dieselbe von verschiedenen Seiten angesehene Wissenschaft sey'n."*[2]

Abstrahiert man einmal von der spezifischen philosohischen Konzeption Schellings, die in diesem Zitat zum Ausdruck kommt, so bleibt als allgemeine Orientierung die Frage nach dem in der Mathematik ausgedrückten Typus der Vernunft als Voraussetzung zur Lösung des Anwendungsproblems. Man kann gelegentliche Überlegungen von *Gauß* zum Anwendungsproblem der Mathematik durchaus als Antworten auf eine solche Frage interpretieren. In einer im Nachlaß aufgefundenen kurzen Notiz heißt es:

---

1) vgl. hierzu die Besprechung des Buches Spehr [1826] im Abschnitt III.4. dieser Arbeit
2) Schelling [1803], 487/8. Die Hervorhebung von mir.

"1. Welches ist die wesentliche Bedingung, dass eine Verknüpfung von Begriffen als sich auf eine Grösse beziehend gedacht werden könne?" Hier wird also die Frage nach den Voraussetzungen der Anwendbarkeit der Mathematik gestellt.

Gauß' Antwort:

"2. Alles wird viel einfacher, wenn man zuerst von der Unendlichkeit der Theilbarkeit abstrahiert und bloss Discrete Grössen betrachtet. Z.B. wie bei den biquadratischen Resten die Punkte als Gegenstände, die Übergänge, also Verhältnisse, als Grössen, wo die Bedeutung von $a + bi - c - di$ sogleich klar ist.

3. Die Mathematik ist so im allgemeinsten Sinn die Wissenschaft der Verhältnisse, indem man von allem Inhalt der Verhältnisse abstrahirt. Verhältniss setzt zwei Dinge voraus und heisst dann einfaches Verhältniss etc.
4. Die allgemeine Vorstellung von Dingen, wo jedes nur zu zweien ein Verhältniss der Ungleichheit hat, sind Punkte in einer Linie.
Kann ein Punkt zu mehr als zweien ein Verhältniss haben, so ist das Bild davon die Lage von Punkten in einer Fläche, die durch Linien verbunden sind. Soll hier aber eine Untersuchung möglich seyn, so kann sie nur die Punkte betreffen, die zu dreien in einem Wechselverhältniss stehen, und wo es zwischen den Verhältnissen ein Verhältniss gibt."[1]

Und an anderer Stelle heißt es bei Gelegenheit der Rechtfertigung des Gebrauchs komplexer Zahlen in der Zahlentheorie: *"Der Mathematiker abstrahirt gänzlich von der Beschaffenheit der Gegenstände und dem Inhalt ihrer Relationen; er hat blos mit der Abzählung und Vergleichung der Relationen unter sich zu tun:..."*[2]

Für Gauß bestand also der Typus der in der Mathematik ausgedrückten Vernunft darin, daß es sich hier um eine Wissenschaft handelt, die abstrakte Verhältnisse studiert, wobei von der Beschaffenheit der Gegenstände und dem Inhalt der Relationen abstrahiert wird. Auch wenn Gauß dies geometrisch illustriert, so ist klar, daß damit *"nicht sowohl ihr Wesen selbst, welches höher und allgemeiner aufge-*

---

1) Gauß [1825], 396/7. Für eine nähere Interpretation dieser und anderer Notizen vgl. Jahnke [1981]
2) Gauß [1831], 176

fasst werden muss, als vielmehr das uns Menschen reinste oder vielleicht einzig ganz reine Beispiel ihrer Anwendung" gegeben ist.[1]

Die Reflexion auf den Typus der in der Mathematik ausgedrückten Vernunft richtete sich bei anderen Autoren vor allem auf ihre Ganzheitlichkeit. Die reine Form in der Mathematik war für diese mehr als die Summe der logischen Abhängigkeitsbeziehungen, die man zwischen den Sätzen der Mathematik feststellen kann. Vielmehr liegt in der Ganzheitlichkeit der reinen Mathematik ein Moment, das über diese logischen Abhängigkeiten hinausgeht. Wenn A.L.Crelle, wie wir im I.Kapitel zitierten, vom *mathematischen Geist* sprach, der bei der Anwendung das wichtigste sei, dann war damit genau diese Ganzheitlichkeit gemeint. Sie zu explizieren und zu verstehen, ist natürlich nicht leicht, und so lag es nahe, hierzu ästhetische Metaphern zu benutzen. Auch die *Idee der organischen Einheit der mathematischen Objekte*, die J.Steiner zu explizieren sich vorgenommen hatte, ist in dem Zusammenhang der Reflexion auf den in der Mathematik ausgedrückten Typus der Vernunft zu sehen. Genau wie die Sprache kein neutrales Medium der Mitteilung von Sachverhalten ist, so stellt auch die Mathematik einen eigenständigen Denktypus oder eine eigenständige Denkform dar, die es in ihrem Wesen zu verstehen gilt.

Es entsprach daher durchaus verbreiteten Einstellungen, wenn Goethe feststellte: *"Als getrennt muß sich darstellen: Physik von Mathematik. Jene muß in einer entschiedenen Unabhängigkeit bestehen und mit allen liebenden, verehrenden, frommen Kräften in die Natur und das heilige Leben derselben einzudringen suchen, ganz unbekümmert, was die Mathematik von ihrer Seite leistet und tut. Diese muß sich dagegen unabhängig von allem Äußeren erklären, ihren eigenen großen Geistesgang gehen und sich selber reiner ausbilden, als es geschehen kann, wenn sie sich wie bisher mit dem Vorhandenen abgibt und diesem etwas abzugewinnen oder anzupassen trachtet."*[2]

Schelling dachte sich die Reflexion auf die mathematische Erkenntnisform offenbar sehr essentialistisch und als eine von der Philosohie ein für allemal zu erledigende Aufgabe. Das mußte eine Dogmatisierung der Sicht der Mathematik zur Folge haben und war letztlich unvereinbar mit der Offenheit hermeneutischer Anwendung. Aber auch andere Autoren, so unterschiedlich ihre Sichtweisen von derjenigen Schellings gewesen sein mochten, kamen nicht über die Auffassung hinaus,

1) Gauß [1834], 106
2) Goethe [1887–1919], II.Abt., 11.Bd., 130/1

daß es darum gehe, das (unveränderliche) Wesen der Mathematik zu begreifen. So folgte aus der Betonung der Reflexion über die Erkenntnisformen und der Forderung nach dem In–seinen–eigenen–Ursprung–Zurückgehen eine starke und einseitige *Betonung der reinen Mathematik*.

Das hatte auch bildungstheoretische Konsequenzen. Für die damaligen Autoren kam nur die reine Mathematik als Bildungsobjekt in Frage. Da die reine Mathematik den Typus mathematischer Vernunft am klarsten zum Ausdruck bringt, schien nur sie geeignet, zur Entwicklung des Selbstbewußtseins der Individuen beizutragen. Umgekehrt wird auch deutlich, daß der Begriff der *formalen* Bildung selbst, der damals geprägt wurde, sich aus der Problematik der Erkenntnisformen herleitete. Formale Bildung durch reine Mathematik hatte damals also eine Bedeutung, die aus einer Gesamtsicht der Erkenntnis resultierte und die durch den Begriff der Urteilskraft konkretisiert wurde.

II.2. Fichte: Bildung und Mathematizität des Wissens

In den folgenden Abschnitten wird die Rezeption und Sichtweise der Mathematik durch drei sehr unterschiedliche Intellektuelle des ausgehenden 18. und des beginnenden 19.Jahrhunderts analysiert. Damit wird anschaulich beleuchtet, welche Stellung die Mathematik in der wissenschaftlichen Kultur der Zeit tatsächlich eingenommen hat. Die Auflösung des mechanistischen Weltbildes und die Ausbildung einer hermeneutischen Kultur in Deutschland schufen einen generellen Rahmen für die Sicht der Mathematik, dessen Widerspiegelung in der Philosophie Kants wir in großen Zügen im vorigen Abschnitt beschrieben haben. Die folgenden Studien dienen dazu, diesen Rahmen zu konkretisieren, zu präzisieren und zu begrenzen. Für die Studien sind Personen ausgewählt worden, die repräsentativ für die geistige und kulturelle Bewegung waren, die am Ende des 18.Jahrhunderts von Weimar und Jena ausgegangen ist und die in der Bildungsreform in Preußen zunächst einen bestimmenden Einfluß ausgeübt hat. Die drei Personen, die wir gewählt haben, Fichte, Novalis und Herbart, standen zeitlich und räumlich in großer Nähe zu einander. Herbart war der "erste Schüler Fichtes", bevor er mit ihm brach und eine *realistische* Alternative zu Fichtes Idealismus entwarf. Auch Novalis hat Fichtes *Wissenschaftslehre* intensiv studiert und ihn gelegentlich persönlich kennen gelernt. Novalis war mit dem Kreis von Intellektuellen in Jena und Weimar, dem auch Fichte eine Zeit lang angehörte, eng verbunden. Alle drei standen im Bann der Philsophie Kants. Von ihren geistigen Interessen, ihren Biographien und ihrer Mentalität her waren sie andererseits sehr unterschiedlich. Sie haben sich auch in ganz unterschiedlichem Ausmaß für die Mathematik interessiert. Ihre jeweilige Sicht der Mathematik weist gravierende Unterschiede auf. Dennoch überrascht die *thematische Einheit* ihres Denkens.

Die holistische Begrifflichkeit, die sich am Ende des 18.Jahrhunderst herausbildete, wird um entscheidende Dimensionen verkürzt, wenn man sie nur unter wissenschaftsphilosophischem Gesichtspunkt betrachtet. Das interpretierende Verhalten zur Welt zielte nicht nur auf Erkenntnis, sondern auch auf *praktisches Handeln*. Ideen als Begriffe der Vernunft hatten nicht nur die Aufgabe einer universalen Begründung unserer Erkenntnis, sondern auch eine auf die Zukunft gerichtete, orientierende Funktion. Sie sollten handlungsleitend sein und sich auf die *"höchsten Zwecke unseres Daseins"* beziehen.

Diese Problematik war das Grundmotiv von Fichtes Philosophie, die versuchte, das Auseinanderfallen von Erkenntnis und Praxis/Moralität zu verhindern und die *"Einheit von theoretischer (objektbestimmter) und praktischer (ihr Wirken selbst bestimmender) Vernunft unter dem Primat der praktischen Vernunft zu begreifen"*.[1] Insofern die praktische Vernunft sich von sittlichen Prinzipien leiten läßt, erhält damit auch die theoretische Vernunft eine moralische Qualität. Für Fichte war der *"Idealismus"* nicht einfach ein erkenntnistheoretisches System, sondern eine Grundhaltung zur Welt, die dem Dogmatismus als der Haltung des Sich-bestimmen-lassens durch die Umstände entgegengesetzt ist. *"Was für eine Philosophie man wähle, hängt sonach davon ab, was man für ein Mensch ist."*[2] Fichte versuchte, einen engen Zusammenhang von praktisch-vernünftigem Handeln und Erkenntnis dadurch herzustellen, daß er in einem originellen gedanklichen Ansatz die Grundentscheidung zur Selbstbestimmung zum Ausgangspunkt auch der Epistemologie machte. Fichtes Philosophie trug maßgeblich dazu bei, daß für einen gewissen historischen Zeitraum im Bewußtsein einer ganzen Generation von Intellektuellen die Bildungsphilosophie eine faktische und begriffliche Gleichrangigkeit mit der Wissenschaftsphilosophie haben konnte. Man kann dies auf die Formel bringen, daß Fichte den Begriff der *Selbsttätigkeit* als einen zugleich ethischen, pädagogischen und epistemologischen Leitbegriff der Zeit philosophisch begründet hat.

Im Rahmen der vorliegenden Untersuchung des Zusammenhangs von Mathematik und Bildung dient die Betrachtung der fichteschen Philosophie einem zweifachen Zweck. Zum einen gilt es zu verstehen, warum in der Bildungsauffassung der

---

1) Schwemmer [1980], 644
2) a.a.O. Das Zitat: Fichte [1797], 21

Humboldtschen Reform der *theoretischen Bildung* ein so großes Gewicht beigemessen wurde. Fichtes Philosophie, die vom Primat der Ethik und des Sittengesetzes ausging, gab hier die radikale Antwort, daß eine theoretische, nicht an die
empirischen Gegebenheiten gebundene Auffassung der Welt eine notwendige Voraussetzung ist, um den gegebenen (schlechten) Zustand der Welt transzendieren
und durch seine praktische Veränderung den Forderungen des Sittengesetzes
genüge tun zu können. Theoretische Bildung hatte daher für Fichte eine unmittelbare moralische Qualität.

Der zweite Grund unseres Interesses ist, daß die in Fichtes Wissenschaftslehre
entfaltete Konzeption des Wissens eine Reihe von Merkmalen aufweist, die für die
spezifische Sichtweise des theoretischen Wissens charakteristisch sind, die in der
Humboldtschen Bildungsreform wirksam war. Unseres Erachtens kann man sogar
davon sprechen, daß die Fichtesche Konzeption des Wissens eine geradezu einzigartige Affinität zum Selbstverständnis reiner Mathematik besaß, wie es sich in
Deutschland in den ersten Jahrzehnten des 19.Jahrhunderts herauszubilden begann.
Wir sprechen daher von der *"Mathematizität des Wissens"* bei Fichte.

Das bedarf einer Erläuterung. Formalität und Abstraktheit des Fichteschen Philo-
sophierens werden von vielen Kommentatoren als ein kennzeichnendes Merkmal
hervorgehoben.[1] Fichte selbst betonte an vielen Stellen die Mathematizität seines
Verfahrens. Viele Äußerungen lesen sich allerdimgs wie bloße, im Rationalismus
des 17. und 18.Jahrhunderts häufige Anpreisungen der Strenge des eigenen Argu-
mentationsganges, etwa wenn es heißt: *"Der Unterschriebene erbietet sich zu einem
fortgesetzten mündlichen Vortrag der Wissenschaftslehre, d.h. der vollständigen
Lösung des Rätsels der Welt und des Bewußtseyns mit mathematischer Evidenz."*[2]
Eine ganz andere Sicht des Mathematischen als einer eigenständigen künstlichen
Welt, die nur einen vermittelten Bezug auf Gegenstände hat und die dem Rationalismus des 17. und 18.Jahrhunderts durchaus fremd war, deutet sich allerdings in
einer anderen Äußerung an: *"Hätte (die WL) sogleich anfangen können, wie sie
freilich endigen wird, dadurch, daß sie sich ein ihr durchaus eigenes Zeichen-
system geschaffen hätte, dessen Zeichen nur ihre Anschauungen, und die Verhältnisse derselben zueinander, und schlechthin nichts außer diesen, bedeuten, so hätte*

---

1) Vgl. für eine Reihe von Belegen den Abschnitt *"Das Verfahren more geometrico"* in
   Widmann [1977]. Auch die beiden folgenden Fichte−Zitate sind dort angeführt. Widmann sieht
   "Berührungspunkte zwischen der WL und den Theorien der modernen Formalwissenschaften"
   (etwa Hilberts Auffasssung der Axiomatik). (Widmann [1977], 2)
2) Fichte [1804], 2

sie freilich nicht mißverstanden werden können, aber sie würde auch nie verstanden worden, und aus dem Geiste ihres ersten Urhebers in andere Geister übergegangen sein. "[1] Hier wird für die philosohische Darstellung ein Verfahren reklamiert, das für die Mathematik im Laufe des 19.Jahrhunderts charakteristisch werden sollte und das den Umgang mit *Symbolen* in einem historisch neuen Sinne beschreibt. Die Symbole sind nicht mehr nur abgekürzte und bequeme Schreibweisen für außer ihnen vorgängig existierende Begriffe und Gegenstände, sondern Symbole werden als Mittel der Autonomisierung des Wissens genommen, sie bedeuten ihre *eigenen Anschauungen.* Streng genommen kann daher die Wissenschaftlehre angemessen nur durch ihre eigenen Zeichen dargestellt werden kann. Diese Zeichen haben dann aber keine vorab feststehende Bedeutung, sondern bedeuten etwas Eigenes, das sich, und darin liegt eine Analogie mit der Hilbertschen Auffassung der Axiomatik, aus den inneren Zusammenhängen der Theorie erst ergibt. Ich möchte dieses Phänomen als *Inversion des Anschauungsproblems* bezeichnen. Während noch bei Kant die Anschauung etwas ist, das von außen zum Begriff hinzutreten muß, deutet sich bei Fichte eine Auffassung an, nach der Anschauung durch den Begriff allererst erzeugt wird.

Zweifellos war der materiale Bezug Fichtes zur Mathematik nur gering. Während Kant sich Zeit seines Lebens intensiv mit Problemen der Physik und Mathematik beschäftigt hat, war dies bei Fichte wohl nicht der Fall. Die Mathematik spielte in seinen philosophischen Werken nur sporadisch eine Rolle. Zu dieser Aussage gibt es eine Ausnahme, das *Beispiel des Linien-ziehens,* das immer wieder von ihm behandelt wurde. Dieses Beispiel hatte eine doppelte Aufgabe. Es diente einerseits zur Diskussion und Aufklärung der Raumanschauung und stellte daher den Kern einer Philosophie der Geometrie dar. Zum anderen kann dieses Beispiel auch als Metapher der generellen Wissenkonzeption Fichtes gesehen werden. Da Kant seine Philosophie der Mathematik auf die Konstruktionen in der reinen Anschauung begründet hatte, ist unmittelbar ersichtlich, welchen systematischen Stellenwert die Diskussion des *"Linien-ziehens"* in der Philosophie Fichtes haben mußte.[2]

Vergegenwärtigen wir uns zunächst einige Fakten zur Biographie Fichtes und seiner historischen Wirksamkeit.[3] Johann Gottlieb Fichte wurde 1762 in Rammenau als Sohn eines Bandwirkers geboren. Trotz seiner Herkunft aus armen Ver-

---

1) Fichte [1801], 384
2) Siehe zu dem Beispiel auch die Ausarbeitung des jungen Herbart: *"Antwort auf des Herrn Prof. Fichte Frage an die Mathematik, die Natur der geraden und krummen Linie betreffend, in desselben Begriffe der Wissenschaftslehre"* (Herbart [1795]). Die generelle Bedeutung dieses Beispiels wird herausgestellt in Lauth [1984].
3) vgl. Jacobs [1984]

hältnissen erhielt er die Möglichkeit des Gymansialbesuchs. Ab 1784 studierte er
Theologie und Jura an den Universitäten Jena, Wittenberg und Leipzig, wobei er
sich durch verschiedene Hauslehrertätigkeiten ernährte. Ab 1790 begann er sich
intensiv mit Kants Schriften auseinanderzusetzen. 1791 ging er nach Königsberg,
besuchte Kant und legte ihm eine Schrift vor, *Versuch einer Kritik aller Offenba-
rung*, die Kant zum Druck empfahl. Diese Schrift erschien 1792 anonym und
wurde allgemein Kant zugeschrieben. Nachdem Kant das Mißverständnis aufgeklärt
hatte, wurde Fichte mit einem Schlag berühmt. Ende 1793 entwickelte Fichte die
Grundideen seiner *Wissenschaftslehre*. 1794 wurde er Professor der Philosophie in
Jena, wo er bis zu seiner Entlassung aufgrund des sogenannten *Atheismusstreits*
1799 erfolgreich lehrte. 1799 distanzierte Kant sich öffentlich von Fichtes Philosophie. Fichte ging nach Berlin, wo er mehrfach in privaten Vorlesungen über
seine Wissenschaftslehre las. In den Jahren 1800 bis 1803 brach er philosophisch
mit Reinhold, Schelling und Jacobi.[1] 1805 war er für kurze Zeit an der Universität Erlangen tätig. Nach der preußischen Niederlage gegen Napoleon floh er nach
Königsberg, dann nach Kopenhagen und kehrte 1807 nach Berlin zurück. 1810
wurde Fichte Dekan der Philosophischen Fakultät der neu errichteten Berliner
Universität und 1811 ihr erster gewählter Rektor. 1812 trat er vom Rektorat
wegen einer Auseinandersetzung zurück. Er starb 1814 an einer Infektion.

Unter den Philosophien der nach-kantischen Periode stellte das Werk Fichtes eine
charakteristische Erscheinung dar. In den verschiedenen Versionen der "*Wissenschaftslehre*", die Fichte zwischen 1794 und 1813 immer wieder neu entwarf, war
ein philosophisches System äußerster Abstraktheit und Formalität dargestellt, während Fichte sich in den sogenannten populären Schriften mit Erfolg bemühte, seine
Philosophie praktisch zu machen und ihr zu breiter Wirksamkeit zu verhelfen.
"*Kant hat die Philosophie reformiert, Fichte wollte durch die kantische Philosophie
reformieren*": so hat Kuno Fischer diesen Tatbestand griffig beschrieben.[2]
"*Beitrag zur Berichtigung der Urteile des Publikums über die französische Revolu-*

1) Karl Leonhard Reinhold (1758–1823): 1787–1793 Professor der Philosophie in Jena, dann in
   Kiel. Nach dem Bekanntwerden mit der Philosophie Kants wurde er zunächst einer ihrer
   wichtigsten Vertreter. Später schloß er sich nacheinander den Anschauungen Fichtes, Bardilis
   und Jacobis an.
   Friedrich Heinrich Jacobi (1743–1819): nach einer Lehre als Kaufmann und zeitweiser Tätigkeit im Geschäft seines Vaters wurde er Verwaltungsbeamter in Jülichen Diensten und schließlich 1807 Präsident der Akademie der Wissenschaften in München. Jacobi verfocht gegenüber
   der "Verstandesphilosophie" der Aufklärung unter dem Einfluß von Rousseau, Hamann und
   Herder die Rechte des "Gefühls" und versuchte eine an Kant anschließende "Glaubensphiloso-
   phie" zu begründen.
2) Fischer [1862], 13

tion" (1793), "Über die Bestimmung des Gelehrten" (in drei Versionen 1794, 1805 und 1811), "Die Grundzüge des gegenwärtigen Zeitalters" (1804/05), "Die Anweisung zum seligen Leben oder auch die Religionslehre" (1806), "Reden an die deutsche Nation" (1807/08), und "Staatslehre" (1813) waren die Titel dieser Schriften. Ihr durchgehendes Thema war die kritische Auseinandersetzung mit dem gesellschaftlichen Zustand und mit der verbreiteten Mentalität geistiger Abhängigkeit und Enge und die Vision eines neuen Zustands des Gemeinwesens und eines neuen Menschen, der sein Leben aus einer selbstbestimmten Vernunft heraus führt. Epistemologisch ordnete er der Mentalität des abhängigen Denkens das Verharren in einer bloß erfahrungsmäßigen Wahrnehmung des Gegebenen zu, während es das Kennzeichen des selbstbestimmten, vernünftigen Denkens sei, über die Grenzen der Alltagswahrnehmung hinauszugehen und sich zur Idee als dem "selbständigen, in sich lebendigen, und die Materie belebenden Gedanken"[1] emporzuarbeiten.

Aufgrund der besonderen politischen Situation Preußens nach der militärischen Niederlage gegen Napoleon 1806 gewannen diese Vorstellungen plötzlich tagespolitische Aktualität. Fichte hielt seine "Reden an die deutsche Nation"[2] in Berlin vor zahlreichen Zuhörern, und im Prozeß der gesellschaftspolitischen Reform Preußens übte seine Philosophie eine erhebliche katalytische Wirkung aus. Zur Gründung der Berliner Universität, die ein wichtiger Bestandteil und ein Symbol dieser Erneuerung war, verfaßte er eine bedeutsame Denkschrift.

Eine große Wirksamkeit entfaltete die fichtesche Philosophie durch ihre gedankliche Ausstrahlung auf eine ganze Generation von Intellektuellen in Deutschland. Fichte trat seine erste Professur 1794 in Jena an. Zeitpunkt und Ort waren von größter Bedeutung. Von Weimar und Jena als dem Zentrum der "deutschen Klassik" gingen im letzten Jahrzehnt des 18.Jahrhunderts entscheidende Impulse auf das Denken der Intellektuellen in Deutschland aus. Fichtes Philosophie war daran wesentlich beteiligt. Seine Weiterentwicklung der kantischen Philosophie öffnete den Weg für Schelling und Hegel. Neben diesen studierten und lehrten um 1800 in Jena K.F. Krause, J.F.Herbart und J.F.Fries. Weitere damals bekannte Philosophen wären noch zu nennen. Fichte stand in engem Kontakt zu den wichtigsten Autoren der Frühromantik, seine Wissenschaftslehre wurde von Novalis und den Brüdern Schlegel intensiv studiert. W.von Humboldts und A.F.Bernhardis Sprachtheorien sind ohne Fichte schwer denkbar. Zahlreiche Schüler und Hörer Fichtes in Jena, Erlangen und Berlin bekleideten wichtige Ämter in der preußischen Ver-

---

1) Fichte [1806], 55
2) Fichte [1808]

waltung.[1] Auf allen Ebenen des Bildungswesens waren nach 1810 Schüler und Hörer Fichtes aktiv.[2] Es war programmatisch gemeint, daß Fichtes Portrait auf der ersten Nummer des von Jachmann und Passow[3] herausgegebenen *"Archivs deutscher Nationalbildung"*, einer pädagogischen Zeitschrift mit dezidiert neuhumanistischer Orientierung, abgedruckt war. Für die Vorlaufphase und die Erstkonzipierung der neuhumanistischen Reform des preußischen Bildungswesens war Fichtes Philosophie von erheblicher Bedeutung. Sie war zugleich Katalysator und Symptom eines Denkens, das die Bildungsphilosophie als gleichrangig mit der Wissenschaftsphilosophie sah.

Fichtes philosophischer Ausgangspunkt, Erkenntnis in den Zusammenhang der menschlichen Tätigkeit insgesamt zu stellen, kam in seinen bildungstheoretischen Auffassungen prononciert zum Ausdruck. In den *"Reden an die deutsche Nation"* interpretierte er die Niederlage gegen Napoleon als Folge einer inneren Schwäche des preußischen Staates, einer Mentalität der Unmündigkeit und der eigennützigen Selbstsucht seiner Bürger. Rettung könne sich nur aus eigener Anstrengung ergeben. Hier und jetzt beginne das *"Sich-selbst-machen"* der Menschheit.[4] Fichte sprach daher von der *"Weissagung eines neuen Lebens"* [5] und stellte plakativ den *"alten Menschen"* und den *"neuen Menschen"*, die *"alte Zeit"* und die *"neue*

---

1) Zur Illustration seien einige Hörer seiner Berliner Privatvorlesungen genannt: A.F.Bernhardi (1769-1820), Professor am Friedrichs-Werderschen Gymnasium; C.H.E.Bischof (1781-1861), medizinischer Assistent von C.W.Hufeland; W.A.v.Clewitz (1760-1838), Geheimer Finanzrat; J.F.F.Delbrück (1772- 1848), Erzieher der Söhne König Friedrich Wilhelm III.; K.F.L.v.Gerlach (1757-1813), Geh. Oberfinanz-, Kriegs- u. Domänenrat, Chefpräsident der kurmärkischen Kriegs- u.Domänenkammer; W.H.Lettow (gst.1826), Assistenzrat im Departement des Kammergerichts; J.S.W.Mayer (1747-1819), Geh. Obertribunalrat, Schwiegervater des Dichters Jean Paul; Graf A.E.v.Voß(1779-1832), Sohn des preußischen Ministers O.K.F.v.Voß (wahrscheinlich); Karl Freiherr vom Stein zum Altenstein (1770-1840), Geh. Oberfinanzrat im Generaldirektorium (später langjähriger preußischer Kultusminister); J.P.F.Ancillon (1767-1837), Königl.Historiograph u. Mitglied der Akademie der Wissenschaften; K.F.v.Beyme (1765-1838), Geh. Kabinettsrat; P.Erman (1764-1851), Lehrer der Naturkunde am Französischen Gymnasium; C.W.Hufeland (1762-1836), Professor der Medizin und Leibarzt des preußischen Königs; J.W.Lombard (1767-1812), Geh. Kabinettsrat für die auswärtigen Angelegenheiten; F.L.Freiherr v. Schrötter (1743-1815), preußischer Minister; K.F.Zelter (1758-1832), Direktor der Singakademie. Diese Angaben nach Lauth [1986], XIX-XXII
2) Zur pädagogischen Wirkungsgeschichte Fichtes vgl. Lassahn [1970]. Dort werden auch die nationalistischen Vereinnahmungen diskutiert, die Fichtes Philosophie und Pädagogik im 19. und 20.Jahrhundert erfuhren.
3) Reinhold Bernhard Jachmann (1767-1843): 1801 Direktor des Conradinums in Jenkau bei Danzig, 1814 Regierungsschulrat, später Leiter des Gymnasialwesens in der Provinz Ostpreußen
Franz Ludwig Karl Friedrich Passow (1786-1833): 1810 Mitdirektor am Conradinum in Jenkau, 1815 Professor für Altertumswissenschaften an der Universität Breslau
4) Fichte [1808], 305/6
5) a.a.O., 307

Zeit", die *"alte Erziehung"* und die *"neue Erziehung"* gegenüber.[1]

Seine Vision einer neuen Erziehung war radikal. Sie sah eine gemeinsame Nationalerziehung für Kinder beiderlei Geschlechts und aus allen Ständen in gemeinsamen Anstalten vor. Die Kinder sollten möglichst früh von ihren Eltern getrennt werden, um sie einem niederdrückenden Alltag zu entziehen.[2] Die Erziehung werde zur sittlichen Erziehung, weil die Schüler *"untereinander selbst in Gemeinschaft leben, und so ein abgesondertes ... Gemeinwesen bilden, ... also daß [sie] innerlich gezwungen [seien], diese Ordnung Punkt für Punkt gerade also sich zu bilden, wie sie wirklich vorgezeichnet ist ..."*[3] In diesen Nationalerziehungsanstalten sollte auch eine Arbeitserziehung stattfinden. Die Schüler sollten zwar frei von Alltagssorgen sein, ihren Lebensunterhalt aber durch eigene handwerkliche und landwirtschaftliche Arbeit erwirtschaften. Gelehrtenerziehung sollte als späte Spezialisierung nur einigen Schülern gewährt werden. Theoretische Bildung bedeutete bei Fichte also nicht eine Abkehr von der Welt, sondern wurde als unabdingbare Voraussetzung ihrer praktischen Verbesserung angesehen.

Seine Bildungsphilosophie ging daher von dem Grundsatz aus, daß Erkenntnis nur in einem auf Vernunft und Freiheit gerichteten Handeln ihren Sinn erhalte. Als Teil des Handelns könne Erkenntnis aber nicht einfach in der Wiedergabe des Existierenden bestehen, sondern müsse in der Idee den besseren zukünftigen Zustand antizipieren. Daher müsse speziell der Gelehrte *"mit seinem Begriffe der Gegenwart immer voraus sein, die Zukunft erfassen, und dieselbe in die Gegenwart zu künftiger Entwicklung hineinzupflanzen vermögen. Dazu bedarf es einer klaren Übersicht des bisherigen Weltzustands, einer freien Fertigkeit im reinen und von der Erscheinung unabhängigen Denken,..."*[4]

Für Fichte mußte Erkenntnis also einen Beitrag zur *Veränderung* der bestehenden Verhältnisse leisten und konnte deshalb nicht eine einfache Abspiegelung des Gegebenen sein. Erkenntnis impliziert immer eine bestimmte *Perspektive* auf die Wirklichkeit. Aus dieser Grundstruktur der Beziehung von Handeln und Denken folgte für Fichte nun unmittelbar, daß *Selbsttätigkeit* der Leitbegriff der neuen Erziehung sein müsse. Die alte Erziehung kette den Schüler durch Belohnung und Strafe an äußere Gegebenheiten. Es sei dagegen das *"ewige und ohne alle Ausnahme waltende Grundgesetz der geistigen Natur des Menschen, daß er geistige*

---

1) Fichte [1808], 1. und 2. Rede
2) a.a.O., 293 ff und 422–427
3) a.a.O., 293
4) a.a.O., 426/7

Tätigkeit unmittelbar anstrebe.[1] Selbsttätigkeit sei die unabdingbare Voraussetzung dafür, daß die Schüler im freien Fortbilden fähig werden, Zukunft zu entwerfen. *"Jenes Vermögen, Bilder, die keinesweges bloße Nachbilder der Wirklichkeit seien, sondern die da fähig sind, Vorbilder derselben zu werden, selbsttätig zu entwerfen, wäre das erste, wovon die Bildung des Geschlechts durch die neue Erziehung ausgehen müßte.*[2]

Dies hat für die Auffassung von Bildung weitreichende Konsequenzen. Ihr kann es nach Fichte nicht primär um die Vermittlung von Kenntnissen gehen. Die neue Erziehung hätte, *"den Menschen selbst zu bilden, und ihre Bildung keinesweges, wie bisher, zu einem Besitztume, sondern vielmehr zu einem persönlichen Bestandteile des Zöglings zu machen.*[3] Daher gehe die neue Erziehung eigentlich *"nur auf Anregung regelmäßig fortschreitender Geistestätigkeit. Die Erkenntnis ergibt sich ... nur nebenbei und als nicht außenbleibende Folge.*[4]

Aus der Perspektive der Veränderung der Zustände folgte für Fichte also, daß Bildung nicht so sehr auf positive Kenntnisse ausgehen solle, sondern auf die Entwicklung der geistigen Aktivität. Tatsächlich, und das ist ein epistemologisch entscheidender Gesichtspunkt, führt nur eine durch das *"freie Fortbilden"* bestimmte geistige Aktivität zu einer Erkenntnis, die die Dinge in ihrer Entstehung, und damit auch unter der Perspektive ihrer Veränderbarkeit, begreiflich macht. *"Diese Bildung ist daher in ihrem letzten Erfolge Bildung des Erkenntnisvermögens des Zöglings, und zwar keinesweges die historische [= empirische] an den stehenden Beschaffenheiten der Dinge, sondern die höhere, und philosophische, an den Gesetzen, nach denen eine solche stehende Beschaffenheit der Dinge notwendig wird.*[5] Nur aus einer freien ungebundenen Exploration des Raumes der Möglichkeiten erwächst die Einsicht in die Zusammenhänge der natürlichen und sozialen Umwelt.

Dafür gab Fichte ein mathematisches Beispiel. *"Z.B. wenn der Zögling in freier Phantasie durch gerade Linien einen Raum zu begrenzen versucht, so ist dies die zuerst angeregte geistige Tätigkeit desselben. Wenn er in diesen Versuchen findet, daß er mit weniger denn drei geraden Linien keinen Raum begrenzen könne, so ist dies letztere die nebenbei entstehende Erkenntnis einer zweiten ganz anderen*

1) a.a.O., 286
2) a.a.O., 284/5
3) a.a.O., 276
4) a.a.O., 288
5) a.a.O., 285/6

Tätigkeit des, das zuerst angeregte freie Vermögen, beschränkenden Erkenntnis-vermögens.[1] Die *"freie Fortbildung"* geht so *"anfangs von blinden Versuchen aus"* und endet *"mit erweiterter Erkenntnis des Gesetzes."*[2] Dieses Beispiel bringt sehr anschaulich die Grundidee der Wissenschaftslehre mit einer Idealvorstellung in Verbindung, die in der Pädagogik der Mathematik im ganzen 19.Jahrhundert lebendig war. Nicht die einfache Mitteilung eines mathematischen Satzes wird im Schüler die Einsicht in seine innere Notwendigkeit erzeugen, sondern diese Einsicht ergibt sich nur aus der freien, explorierenden (forschenden) Tätigkeit, in der durch Reflexion beschränkende Beziehungen erkannt werden, die als mathematische Sätze formuliert werden können.

Wenn dies generell so ist, dann sind die wirklich wichtigen Einsichten auch nicht einfach als Sachverhalt mitteilbar, und daher *"ist ein großer Unterschied zwischen der Art der Erkenntnis, welche der neuen Erziehung nebenbei entsteht, und derjenigen, welche die bisherige Erziehung beabsichtigte."*[3]

Die neue Erziehung solle die Erkenntnisse also nicht mehr *"beabsichtigen"* und direkt mitteilen. Dies korrespondiert der allgemeinen Auffassung der Philosophie bei Fichte. Die Wissenschaftslehre könne *"kein neues, und besonderes, etwa nur durch sie mögliches materiales Wissen (Wissen von etwas) herbeiführen, sondern sie ist nur das Wissen von sich selbst, das zur Besonnenheit, Klarheit, und Herrschaft über sich selbst gekommene allgemeine Wissen. Sie ist gar nicht Objekt des Wissens, sondern nur die Klarheit des Auges...wer sie hat, der redet nicht mehr von ihr, sondern er lebt, thut und treibt sie in seinem übrigen Wissen."*[4]

In gleichem Sinne gilt auch für die Erziehung, daß sie die eigentlichen Ziele und Inhalte nicht aussprechen und mitteilen kann, wenn sie nicht nur toter Stoff sein, sondern Bestandteil der Person werden sollen. Die Kritik an allem direkt Lehrhaften und die Forderung nach Einschränkung der Lehrhaftigkeit war ein durchgehendes Thema, nicht nur im pädagogischen Denken Fichtes, sondern auch bei vielen seiner Zeitgenossen. Die Auseinandersetzung mit der Lehrhaftigkeit der bisherigen Pädagogik durchzog daher die *"Reden"*. *"Es vermeinte die neuere Pädagogik ja nicht, durch die Berufung auf ihren oft bezeugten Abscheu gegen mechanisches Auswendiglernen, und auf ihre bekannten Meisterstücke in sokratischer Manier, gegen diesen Vorwurf sich zu decken; denn hierauf hat sie schon*

---

1) a.a.O., 288
2) a.a.O., 285/6
3) a.a.O., 288
4) Fichte [1801/2], 9

*längst woanders den gründlichen Bescheid erhalten, daß diese sokratischen Räson-
nements gleichfalls nur mechanisch auswendig gelernt werden, und daß dies ein
um so gefährlicheres Auswendiglernen ist, da es dem Zögling, der nicht denkt,
dennoch den Schein gibt, daß er denken könne.*"[1]

Fichte propagierte in den *"Reden"* die Pädagogik Pestalozzis als denjenigen *"in
der Wirklichkeit vorhandenen Punkt"*, an den *"die neue Nationalerziehung der
Deutschen anzuknüpfen sei."* [2] Er sah zwischen Pestalozzi und sich das gemeinsame Ziel der Bildung der *"freien Geistestätigkeit"*. Pestalozzis Propagierung der
unmittelbaren Anschauung als Hilfsmittel gegen den alten Unterricht, der es nicht
vermocht habe, *"in das Leben einzugreifen, noch die Wurzel desselben zu bilden"*,
sei *"gleichbedeutend mit dem unsrigen, die Geistestättigkeit desselben zum Entwerfen von Bildern anzuregen, und nur an diesem freien Bilden ihn lernen zu lassen,
alles, was er lernt: denn nur von dem Freientworfenen ist Anschauung möglich."*[3]

Die Bezugnahme auf Pestalozzi lag im Trend der Zeit. Tatsächlich sah Fichte auch
konzeptionelle Differenzen, und er kritisierte Pestalozzi in wichtigen Punkten, die
ein interessantes Licht auf seinen eigenen Begriff von Anschauung als freier Tätigkeit werfen.

Deutlich sprach er von *"Mißgrifffen dieses Pestalozzischen Unterrichtsplans in
Ausdrücken und Vorschlägen"*, die er Pestalozzis Wunsch zugute hielt, die *"Kinder der äußersten Armut sobald als möglich aus der Schule zum Broterwerb zu
entlassen."*[4] Worin aber bestanden für Fichte diese Mißgriffe? Für den heutigen
Leser doch überraschend: in Pestalozzis *"Überschätzung des Lesens und Schrei-
bens"*[5] und in seiner Auffassung, der Unterricht der kleinen Kinder durch ihre
Mütter solle am Körper des Kindes anknüpfen. Der Kern der Kritik war in beiden
Fällen derselbe: er sah beides im Gegensatz zur Auffassung der Anschauung als
einem *"freien Bilden"*, er befürchtete eine Verdinglichung des Lernens, einen
Formalismus des Lehrens und eine Dominanz utilitarischer Gesichtspunkte.

Zum Lesen und Schreiben sagte er, in der von ihm vorgeschlagenen Nationalerziehung könne *"Lesen und Schreiben zu nichts nützen, wohl aber kann es sehr
schädlich werden, indem es von der unmittelbaren Anschauung zum bloßen Zei-*

---

1) Fichte [1808], 289
2) a.a.O., 396
3) a.a.O., 403/4
4) a.a.O.
5) a.a.O.

chen, und von der Aufmerksamkeit, die da weiß, daß sie nichts fasse, wenn sie es nicht jetzt und zur Stelle faßt, zur Zerstreutheit, die sich ihres Niederschreibens tröstet, und irgend einmal vom Papiere lernen will, was sie wahrscheinlich nie lernen wird ... leichtlich verleiten könnte. Erst am völligen Schlusse der Erziehung, und als das letzte Geschenk derselben mit auf den Weg, könnten diese Künste mitgeteilt ... werden. "[1]

Fichtes Argument befremdet, und doch kann es als ein Beitrag zu einer langen und wechselvollen pädagogischen Diskussion gesehen werden, die versuchte, dem Formalismus des Erstunterrichts im Lesen, Schreiben und Rechnen durch Anknüpfen an die natürliche Aktivität der Kinder zu begegnen.

Es ist selbstverständlich, daß *"unmittelbare Anschauung"* von Fichte nicht als empirisches, passives Wahrnehmen verstanden wurde, sondern als ein Reflexion erforderndes und entwickelndes *"freies Bilden"*. Deutlich sprach er sich hierüber in seiner Kritik an Pestalozzis *"Buch der Mütter"* aus. Der Körper des Kindes als ein Anknüpfungspunkt für den Unterricht der Mütter sei ein *"völliger Mißgriff"*. Pestalozzi hatte die Mütter anregen wollen, ihre kleinen Kinder zu unterrichten und dabei am Nächstliegenden, dem Körper, anzusetzen: die Körperteile zu benennen, mit dem Kind herauszufinden, daß es zwei Ohren oder fünf Finger an einer Hand hat u.s.w. Dagegen argumentierte Fichte, daß zwar der erste Gegenstand der Erkenntnis das Kind selbst sei, doch von seinem Körper könne es keine anschauliche Erkenntnis bekommen, ohne zunächst gelernt zu haben, ihn zu *gebrauchen*. *"Jene Kenntnis ist keine Erkenntnis, sondern ein bloßes Auswendiglernen von willkürlichen Wortzeichen ... Die wahre Grundlage des Unterrichts und der Erkenntnis wäre, um es in der Pestalozzischen Sprache zu bezeichnen, ein ABC der Empfindungen. Wie das Kind anfängt, Sprachtöne zu vernehmen, und selbst notdürftig zu bilden, müßte es geleitet werden, sich vollkommen deutlich zu machen, ob es hungere, oder schläfrig sei, ob es die mit dem oder dem Ausdrukke bezeichnete ihm gegenwärtige Empfindung sehe, oder ob es vielmehr dieselbe höre usf., oder ob es wohl gar etwas bloß hinzudenke; wie die verschiedenen durch besondere Wörter bezeichneten Eindrücke auf denselben Sinn, z.B. die Farben, die Schalle der verschiedenen Körper usf. verschieden seien, und in welchen Abstufungen; alles dies in richtiger und das Empfindungsvermögen selbst regelmäßig entwickelnder Folge. Hiedurch erhält das Kind erst ein Ich, das es im freien und besonnenen Begriffe absondert, und mit demselben durchdringt, und gleich bei seinem Erwachen ins Leben ein geistiges Auge eingesetzt, das von nun*

---

1) a.a.O., 405/6

*an wohl nicht wieder von demselben lassen wird. Hiedurch erhalten auch die
nachfolgnden Übungen der Anschaung der an sich leeren Formen des Maßes und
der Zahl ihren deutlich erkannten innern Gehalt...*"[1] Fichte sah also die wichtigste Aufgabe der Erziehung in der *Herausbildung von Selbstbewußtsein,* eines Ich.
Dieses ist nicht zu trennen von Reflexion, die das eigentliche Lebenselement des
der Anschauung zugrundeliegenden *"freien Bildens"* ist.

Man kann offenlassen, ob Fichte hier Pestalozzi unrecht tat, aber man wird beobachten, wie die Einsicht, daß auch im frühkindlichen Alter Erkennen, Selbsterken-
nen und Selbstbewußtsein nicht von einander getrennt werden können, doch pädagogisch hilflos bleibt, weil Fichte sie sprachlich nicht anders ausdrücken konnte,
als das philosophische Selbstverständnis auf das frühkindliche Alter zu übertragen.

Auf wenige Sätze gebracht, lautete die Grundidee der Fichteschen Bildungsphilosophie folgendermaßen. Der Mensch hat einen Willen zu handeln, tätig zu sein.
Für den Idealisten, den gebildeten Menschen, ist dieser Wille identisch mit dem
Vollzug des Sittengesetzes, das sich im Miteinander der Menschen konstituiert.
Die Welt wird so zu einem Feld der Praktizierung des Sittengesetzes. In der
tätigen Auseinandersetzung mit seiner sozialen und gegenständlichen Umwelt
entwickelt der Mensch Vorstellungen über diese Umwelt. Sein Verhalten ist nicht
durch die Umwelt bestimmt, sondern durch seine Vorstellungen von ihr. Der
Mensch hat nichts als diese Vorstellungen. Sein Bewußtsein konstituiert sich in
einem Zusammenspiel von intentionalem Wollen und Erfahrung. Es hängt von
seiner eigenen Entscheidung ab, ob sein Bewußtsein sich an die Verhältnisse bindet, so wie sie sind, oder ob er sich so bildet, daß er diese Verhältnisse theoretisch und praktisch übersteigen kann. Daher ist jeder Mensch für sein Leben und
für sein Bewußtsein selbst verantwortlich.

In dieser Bildungsphilosophie war implizit auch eine Erkenntnistheorie enthalten,
die besagte, daß der Mensch seine Umwelt nicht in ihrem An–sich–sein erkennt,
sondern daß er *Vorstellungen* dieser Umwelt entwickelt. Fichte schloß daraus, daß
die kantische Annahme eines *Dings an sich* aufgegeben werden sollte und Erkenntnis ohne diese Hypothese erklärt werden müsse und könne. Dem soll nun näher
nachgegangen werden.

In äußerster Formalität entfaltete Fichte in der Wissenschaftslehre von 1794 seine
Philosophie aus drei *"Grundsätzen der gesamten Wissenschaftslehre".* 1. *"Das Ich*

---

1) a.a.O., 407/408

setzt ursprünglich schlechthin sein eigenes Sein. "[1] 2. *"Dem Ich wird schlechthin ein Nicht–Ich entgegengesetzt."*[2] 3. *"Ich setze im Ich dem teibaren Ich ein teilbares Nicht-Ich entgegen."*[3] Alle Erkenntnisse als *"Bestimmungen"* (Vorstellungen) des Ich sind damit begründet in der Selbstsetzung (Selbsttätigkeit) des Ich. Dadurch daß das Ich in freier Selbsttätigkeit in der Welt handelt, erfährt es die Grenzen und den Widerstand des jeweiligen Handelns, das Nicht-Ich. Die Tätigkeit wird gehemmt. Die Hemmungen führen zu Bestimmungen des Ich und des Nicht-Ich (teilbares Ich und teilbares Nicht-Ich). Der Gegenstand des Handelns, seine Umwelt, erscheint also dem Menschen rein negativ als Nicht-Ich, als Grenze und Widerstand des Handelns, der keine eigene, vom Ich unabhängige Bedeutung und Bestimmtheit zukommt. Alle Bestimmtheit der Erfahrung ist daher untrennbar an die (Erkenntnis-)handlungen des Subjekts gebunden. Daher sah Fichte es als zwangsläufig an, die Annahme eines *"Dings an sich"* aufzugeben und zu versuchen, konkret zu *"deduzieren"*, wie die Konstitution einer dem Ich gegenüber erscheinenden Außenwelt sich als Leistung des auf die Handlungen und ihre Hemmungen reflektierenden Bewußtseins notwendig ergibt.[4]

Betrachten wir konkreter, wie Fichte diese Konzeption außerhalb ihres philosophischen Deduktionszusammenhangs in der Arbeit *"Die Bestimmung des Menschen"*[5] darstellte. Ziel ist es zu erklären, *wie das Wissen entsteht.* Zunächst ist klar, daß der Mensch Wissen von der Außenwelt nur über seine Sinne hat, wahrnehmbare Dinge sind für ihn nur vorhanden durch Affizierung der Sinne oder, wie Fichte sagt, durch eine *Bestimmung* des äußeren Sinns. Diese Tatsache streng durchdacht führt darauf, daß der Mensch eigentlich nur ein Bewußtsein *seines* Sehens, Fühlens usw. hat, sich also nur seiner selbst, oder genauer, einer *Bestimmung* oder Modifikation seiner selbst bewußt ist. Das Resümee dieser ersten Überlegung ist daher: *"In aller Wahrnehmung nimmst Du lediglich Deinen eigenen Zustand wahr."*[6]

In einem zweiten Schritt wird nun genauer gefragt, welcher Art denn diese Wahrnehmung ist. Die Qualitäten rot, blau, rauh, glatt, warm, kalt werden wahrgenommen, indem man *Flächen* betrachtet oder befühlt. Streng genommen stellt aber der Eindruck rot nur eine gewisse Modifikation des eigenen Zustands dar, deren ich mir bewußt werde. Als *einfache* Empfindung oder *einfachen* Zustand sollte

---

1) Fichte [1794], 98
2) a.a.O., 298
3) a.a.O., 305
4) vgl. Schwemmer [1980], 644/5. Zur Gesamtgestalt von Fichtes Philosophie vgl. das Fichte-Kapitel in Cassirer [1920] und zu seiner Naturphilosophie Lauth [1984]
5) Fichte [1800]
6) a.a.O., 202

man sich daher diesen Eindruck nicht als Fläche, sondern als mathematischen *Punkt* vorstellen. Der Eindruck der Fläche entsteht, indem die nach einander folgenden Veränderungen desselben mathematischen Punktes (= nach einander folgende Zustände meines Bewußtseins, im Beispiel der Eindruck 'rot') im Bewußtsein neben einander als gleichzeitige Eigenschaften mehrerer Punkte gesetzt werden. *"Ich sehe schon klärlich ein, daß ich die Flächen–Ausdehnung der Eigenschaften an den Körpern weder sehe, noch fühle, noch durch irgend einen andern Sinn fasse: ich sehe ein, daß es mein beständiges Verfahren ist, zu verbreiten, was doch eigentlich in der Empfindung nur ein Punkt ist; nebeneinander zu stellen, was ich doch eigentlich nacheinander setzen sollte, indem in der bloßen Empfindung schlechthin kein Nebeneinander, sondern nur ein Nacheinander stattfindet. Ich entdecke, daß ich in der Tat ebenso verfahre, wie der Geometer mich seine Figuren konstruieren läßt, und den Punkt zur Linie, die Linie zur Fläche ausdehne."*[1]

Die wahrgenommene (rote, blaue, rauhe, glatte, warme oder kalte) *Fläche* ist mithin eine der Bestimmung der Sinne hinzugefügte *Konstruktion* der *produktiven Einbildungskraft*, ebenso wie das Bewußtsein dort einen Körper unterstellt, wo es *"eigentlich"* nur eine Fläche sieht. Diese Erzeugung von Gerade, Fläche, Körper aus der *"punktförmigen"* Affizierung unserer Sinne ist nun unter einem zweifachen Gesichtspunkt zu betrachten. Zum einen enthält sie im Kern Fichtes *Philosophie der Geometrie*, d.h. seine Erklärung der Konstitution des Raumes in unserem Bewußtsein.[2] Zum anderen stellt sie auch ein Modell oder eine Metapher dafür dar, wie Fichte sich generell die Entstehung von Wissen und dabei insbesondere die Konstitution der Gegenstände unserer Erfahrung vorstellte. Als *Philosophie der Geometrie* betrachtet, ist die Übereinstimmung und der Unterschied mit Kant interessant. Auch für Kant war der Raum ja eine subjektive Anschauungsform, in der der Mensch die Mannigfaltigkeit der Empfindungen geordnet auffaßt. Auch für Kant war die reine Anschauung des Raumes eine Leistung der produktiven Einbildungskraft. In dieser Hinsicht bestand daher Übereinstimmung zwischen Fichte und Kant. Was bei Fichte im Unterschied zu Kant noch hinzukam, war der Versuch, diese subjektive Anschauungsform nicht als fertig gegeben zu unterstellen, sondern genetisch ihre Entstehung zu zeigen, oder, wie Fichte sagte, zu *deduzieren*[3]

Im Hinblick auf den zweiten Gesichtspunkt, daß die Verbreitung der punktförmigen Empfindung in der Fläche überhaupt ein *Modell der Wissensgenese* darstellt,

---

1) a.a.O., 208
2) vgl. Lauth [1984], 58–64
3) vgl. dazu auch Lauths Darstellung von *"Fichtes grundsätzlichem Ausgangspunkt im Anschluß an Kant und im Gegensatz zu ihm"* (Lauth [1984], 8–15)

ist nun interessant, wie Fichte sein Verfahren im Allgemeinen beschreibt. Er sagt, es gebe zwei Arten von Wissen. Das Wissen, das aus der Affektion der Sinne komme, sei ein unmittelbares Wissen. Dieses Wissen sei allerdings *unvollständig*, und müsse daher durch ein zweites Wissen ergänzt werden. In der Konstruktion des Raumes erzeuge man nun ein zweites *vermitteltes* Wissen, das dieses erste vervollständige. Und zwar sei dieses zweite Wissen ein solches, das *"auf allgemeine Wahrheiten geht."* Dieses zweite Wissen wäre also im weitesten Sinne als theoretisch zu bezeichnen. *"Du schreibst sonach aus dir selbst und durch dich selbst, und durch dein unmittelbares Wissen dem Sein, und dem Zusammenhange desselben Gesetze vor."*[1]

Erst durch dieses zweite Wissen wird das unvollständige, fragmentarische Wissen, das aus den Sinnen kommt, zu einem vollständigen, geordneten und zusammenhängenden Wissen, mithin zu einem Wissen, das in Gesetzen ausgedrückt werden kann. Zu dem materialen gehört notwendig ein formales, zu dem empirischen ein theoretisches Element. Der Geist schreibt dem Sein seine Gesetze vor.

Nach dieser (kantischen) Grundvorstellung kann Fichte dann auch unmittelbar zeigen, wie aus den isolierten Sinneseindrücken (=Empfindungen) die Gegenstände unserer Wahrnehmung konstituiert werden. Indem das Bewußtsein als Konsequenz des auf allgemeine Wahrheiten zielenden Wissens nach dem Grund der Sinneseindrücke fragt, konstituiert es die Gegenstände der Erfahrung als theoretische Ursachen der Modifikationen des Ich infolge seiner Affektion durch die Sinne. *"Ich bin affiziert, das weiß ich schlechthin: diese meine Affektion muß einen Grund haben: in mir liegt dieser Grund nicht, sonach außer mir: so schließe ich schnell, und mir unbewußt; und setze einen solchen Grund, den **Gegenstand**. Dieser Grund muß ein solcher sein, aus dem sich gerade diese bestimmte Affektion erklären lasse; ich bin auf die Weise affiziert, welche ich den süßen Geschmack nenne; der Gegenstand muß sonach von der Art sein, daß er süßen Geschmack errege, oder mit einer Redeverkürzung, er muß selbst süß sein."*[2] Fichte kann daher schlußfolgern:*"Mein unmittelbares Bewußtsein ist zusammengesetzt aus zwei Bestandteilen, dem Bewußtsein meines Leidens, der Empfindung; und dem meines Tuns, in Erzeugung eines Gegenstandes nach dem Satze des Grundes; welches letztere an die erstere sich unmittelbar anschließt. Das Bewußtsein **des Gegenstandes** ist nur ein nicht dafür erkanntes **Bewußtsein meiner Erzeugung einer Vorstellung vom Gegenstande**. Um diese Erzeugung weiß ich schlechthin dadurch, daß ich selbst es bin, der da erzeugt. Und so ist alles Bewußtsein nur ein unmittelbares, ein Be-*

---

1) Fichte [1800], 220
2) a.a.O., 212/3

wußtsein meiner selbst, und ist nunmehr vollkommen begreiflich. "[1] Und so konnte er in letzter Konsequenz dieser Gedanken zu der Schlußfolgerung kommen, daß alles nur Bewußtsein ist. "Du siehst sonach ein, daß alles Wissen lediglich ein Wissen von dir selbst ist, daß dein Bewußtsein nie über dich selbst hinausgeht, und daß dasjenige, was du für ein Bewußtsein des Gegenstandes hältst, nichts ist, als ein Bewußtsein deines Setzens eines Gegenstandes, welches du nach einem innern Gesetze deines Denkens mit der Empfindung zugleich notwendig vollziehst. "[2]

In dieser Deduktion (= Ableitung, genetische Rekonstruktion) des Raumes und der Gegenstände blieb noch ein Problem zu klären. Während Raum und Gegenstände der Erfahrung in der Analyse sich als ein zweites ergeben hatten, das erst als Produkt unseres auf allgemeine Wahrheiten gehenden Denkens entsteht, ist es doch unbestreitbar, daß in unserem faktischen Bewußtsein der Raum und die Gegenstände in ihm uns unmittelbar und primär gegeben sind. Für uns stellt es sich nicht so dar, als ob wir etwas in einer Fläche ausbreiten, sondern die Fläche ist uns in der Anschauung direkt präsent. Fichte hat hierfür zwei Argumente. Das eine ist transzendentaler Natur. Es besagt: wenn jeder besondere geistige Akt als ein Linienziehen veranschaulicht werden kann, dann erscheint die Agilität des Geistes insgesamt, von dem die einzelne Aktivität nur ein Moment ist, als Raum oder Fläche. "Es gibt keinen äußern Sinn, denn es gibt keine äußere Wahrnehmung. Wohl aber gibt es eine äußere Anschauung – nicht des Dinges – sondern diese äußere Anschauung – dieses, außerhalb des Subjektiven und ihm als vorschwebend erscheinende, Wissen – ist selbst das Ding, und es gibt kein anderes. Durch diese äußere Anschauung hindurch wird nun auch selbst die Wahrnehmung als eine äußere, und die Sinne, als äußere, erblickt. Es bleibt ewig wahr, denn es ist erwiesen: Ich sehe oder fühle nimmer die Fläche: wohl aber schaue ich an mein Sehen, oder Fühlen als Sehen oder Fühlen einer Fläche. Der erleuchtete, durchsichtige, durchgreifbare und durchdringliche Raum, das reinste Bild meines Wissens, wird nicht gesehen, sondern angeschaut, und in ihm wird mein Sehen selbst angeschaut. Das Licht ist nicht außer mir, sondern in mir, und ich selbst bin das Licht. "[3] Im Kern wird Anschauung hier als ein Akt der Reflexion aufgefaßt, Anschauung bestehe in der Anschauung der Aktivitäten des Geistes, nicht in der passiven Wahrnehmung äußerer Dinge. Da dabei auch nicht–sinnliche Aktivitäten Gegenstand der Anschauung werden können, ist klar, daß Fichtes Konzeption der Anschauung sich damit in den allgemeinen Trend zur Intellektualisierung des Anschauungsbegriffs einordnete.

---

1) a.a.O., 221
2) a.a.O., 222
3) a.a.O., 229

Das zweite Argument zur Erklärung der Unmittelbarkeit der Wahrnehmung der Gegenstände und des Raumes war mehr pragmatisch und bezog sich auf die Geschichte unseres Bewußtseins. Die Unmittelbarkeit sei nur Folge langer Gewöhnung. *"Wenn einmal die Entfernung des Gegenstandes nur nach der Stärke des Eindrucks beurteilt wird, so ist dieses schnelle Urteil lediglich die Folge des ehemaligen Erwägens. Ich habe durch lebenslängliche Übung gelernt, schnell die Stärke des Eindrucks zu bemerken, und die Entfernung danach zu beurteilen. Es ist ein schon ehemals durch Arbeit zusammengesetztes aus Empfindung, Anschauung und ehemaligem Urteil, − von welchem meine gegenwärtige Vorstellung ausgeht; ...*"[1]

Man sieht aus dieser ganzen Argumentation Nähe und Distanz Fichtes zu Kant. Die Nähe liegt in der konsequenten Weiterführung der kantischen Vorstellung, daß alle unsere Erkenntnis in der Anwendung apriorischer Erkenntnisformen auf das sinnliche Material besteht. Die Distanz besteht darin, daß Fichte diese Formen selbst wieder genetisch erklären und mit einander vermitteln will. Das figurenbezogene Moment, das wir in Kants Anschauungsbegriff gesehen haben und das auch in seiner Sicht der Mathematik präsent ist, wird von Fichte radikal eliminiert. Er versucht, diese Formen aufzulösen und sie, wenn man so will, zu *dynamisieren*. Das Wissen wird gänzlich verflüssigt. Philosophiegeschichtlich war das treibende Motiv dafür, Kants *Ding an sich* aus der Philosophie zu eliminieren. Fichtes Grundgedanke wird in einem Brief F.H.Jacobis plastisch beschrieben: *"Der Mensch begreift nur, indem er − Sache in bloße Gestalt verwandelnd − Gestalt zur Sache, Sache zu nichts macht. Wir begreifen eine Sache nur, insofern wir sie konstruieren, in Gedanken vor uns entstehen, werden lassen können. Insofern wir sie nicht konstruieren, in Gedanken nicht selbst hervorbringen können, begreifen wir sie nicht. Wenn daher ein Wesen ein von uns vollständig begriffener Gegenstand werden soll, so müssen wir es objektiv − als für sich bestehend − in Gedanken aufheben, vernichten, um es durchaus subjektiv, unser eigenes Geschöpf, ein bloßes Schema werden zu lassen. Es darf nichts in ihm bleiben und einen wesentlichen Teil seines Begriffes ausmachen, was nicht unsere Handlung, jetzt eine bloße Darstellung unserer produktiven Einbildungskraft wäre.*"[2] Man kann auch sagen, die Unterstellung eines Gegenstands unserer Erkenntnis sollte ersetzt werden durch die *Analyse der Gegenständlichkeit unserer Erkenntnis*.

Fichtes Versuch, die letzten Reste eines dinglichen Denkens, die er bei Kant noch sah, aus der Philosophie zu eliminieren, sei an einer weiteren Textstelle erläutert.

---

1) a.a.O., 234
2) Jacobi an Fichte [1799] (zitiert nach Cassirer [1920], 25)

Dort geht es wiederum um das Problem des Linienziehens, und man kann dabei das Problem, das wir als *Inversion des Anschauungsproblems* bezeichnet haben, gut studieren. Fichte zeigt dort, wie die Konstruktionshandlungen des Wissens, das Ziehen von Linien, in einer eigenartigen, zirkulären Weise die Anschauung voraussetzen und zugleich erzeugen.

Die Textstelle ist der §2 im 2.Teil der *"Darstellung der Wissenschaftslehre. Aus den Jahren 1801/02"*. Fichte hatte zuvor den Begriff des Wissens in der doppelten Bestimmtheit als Freiheit (der Tätigkeit) und Gebundenheit (Bestimmung, Hemmung) entwickelt. Nun diskutierte er dieses Verhältnis näher. *"Alles Bewußtsein hebt mit einer schon fertigen Quantitabilität an, in welcher die Anschauung gebunden ist."*[1] Was hier *'Quantitabilität'* heißen soll, läßt sich schwer durch einen anderen Begriff beschreiben. Quantitabilität ist das, was das *'Quantitiren'*, also das Bilden von und Operieren mit Größen ermöglicht, aber sie ist dies nicht als ein fester abstrakter Größenbereich, sondern die Quantitabilität beinhaltet in sich Freiheit und Gebundenheit und ist so nicht nur das in einem bestimmten Zeitpunkt Gegebene, sondern zugleich der Ausgangspunkt dafür, daß es ein neues *"ins Unendliche gehende Quantitiren der Quantitabilität giebt"*.[2] Das *"freie Bilden"*, das wir oben als Kern des pädagogischen Anschauungsbegriffs erkannt haben, ist ein gutes Bild für das Gemeinte, weil auch das freie Bilden eine vorläufige, noch nicht bestimmte Vorstellung des Raumes möglicher Aktionen verschafft. Der gegebene Bewußtseinszustand wird also auch perspektivisch durch seine Verlängerung in die Zukunft bestimmt, und insofern kann Fichte sich die Quantitabilität als einen Punkt (der Perspektive) veranschaulichen.

Im Unterschied zu dieser diachronen Sicht erscheint die Quantitabilität in synchroner Perspektive, auf einen gegebenen Zeitpunkt bezogen, als Fläche. *"Das Quantitiren materialiter geschieht mit Freiheit, und wird angeschaut ... , formaliter, wird gedacht, als etwas, woran das Wissen schlechthin gebunden ist. Materialiter − eben daß z.B. eine Fläche verbreitet, dieselbe soweit verbreitet wird (,) kurz, eben die Anschauung der Fläche als solcher; formaliter dieses Verfahren überhaupt, mit gänzlicher Abstraktion, wie weit oder nicht weit die Fläche verbreitet sey."*[3] Dies erscheint, trotz der komplizierten Ausdrucksweise, noch in der Nähe zu Kant: Konstruktion in der Anschauung. Gemeinsam mit Kant ist auch, daß der logisch generalisierende Aspekt der Mathematik in der Konstruktion oder Operation gesehen wird. Genauso hat man in der Mathematik des 18.Jahrhunderts die logische

---

1) Fichte [1801/2], 90
2) a.a.0.
3) a.a.O., 91

Allgemeinheit der Algebra begründet: die Algebra ist eine verallgemeinerte Arithmetik, weil sie an Symbolen dieselben Operationen vollzieht wie die elementare Arithmetik an den Zahlen.

Nun sind für Fichte Anschauung und Konstruktion in einer interessanten Weise wechselseitig aufeinander bezogen. Beide bedingen einander, und im Unterschied zu Kant ist keine Seite primär. Um dennoch aus Darstellungsgründen mit einer anzufangen: jede Konstruktion setzt eine *"stehende absolute Anschauung"*[1] voraus. Das Ziehen einer Linie setze voraus die Anschauung des *"ewige(n), ruhende(n), stehende(n) Raum(s)."*[2] Der geometrische Grund dieser Behauptung lag für Fichte in der Kontinuität der Linie oder, wie er sich ausdrückte, in ihrer *"inneren Gediegenheit".*[3] Diese Kontinuität kann nicht konstruiert, sie muß vorausgesetzt werden. Wäre die Linie nur das Hindurchgehen durch unendlich viele Punkte, so wäre sie unmöglich. *"Die Punkte zerfallen. Sie hängen aber im Raume zusammen."*[4] Ohne die Anschauung eines *"Beisammen"* als einer bleibenden konstanten Grundbeziehung würde sich kein Element dem vorherigen anfügen und mit ihm in einer Einheit des Blicks zusammengehen. *"... keiner kann eine Linie construiren, ohne daß ihm in dieser Construktion etwas in die Linie hineinkomme, das er nimmer construirt, noch zu construiren vermag; das er sonach gar nicht vermittelst des Linienziehens in die Linie hinein bringt, sondern vermittelst des Raums vor allem Linienziehen voraus bei sich geführt hat: es ist die Gediegenheit der Linie."*[5]

Zugleich aber ist diese Anschauung oder dieser *"ruhende, stehende Raum"* nicht etwas, das unabhängig von unserer konstruierenden Aktivität da wäre, sondern nur durch und in dieser Aktivität wird er aktualisiert. *"Es ist daher klar, daß ein's durchaus nicht ohne das andere ist, noch seyn kann: kein Raum ohne Construktion desselben, ohnerachtet nicht Er, sondern nur sein Bewußtseyn dadurch erzeugt werden soll [–] ideales Verhältnis [–], keine Construktion, ohne ihn vorauszusetzen. (reales Verhältnis[])], daß daher alles Wissen dieser Art nicht in dem einen oder dem andern, sondern durchaus in beiden ruht; wie sich oben an dem Beispiele der Linie ergab."*[6]

Jede Handlung führt also eine Vorstellung (ein Bewußtsein) des Raums, in dem sie stattfindet, mit sich (was Fichte als ideales Verhältnis bezeichnet), und umgekehrt

1) a.a.O.
2) a.a.O., 92
3) a.a.O.
4) a.a.O.
5) a.a.O.
6) a.a.O., 93

setzt jede Handlung material einen Raum voraus. Hier wird mithin die Zirkularität
des Anschauungsproblems auf den Begriff gebracht. Mit Kant wird daran festgehalten, daß jede Konstruktionshandlung einen Raum erfordert, in dem sie stattfindet. Gegen Kant wird die Position vertreten, daß dieser Raum aber nicht bereits
fertig und unabhängig von den Konstruktionshandlungen existiert, sondern mit
diesen zusammen allererst erzeugt wird. In dieser statischen Form handelt es sich
dabei um ein Paradox, unter einer genetischen Perspektive kann man sich eine
Auflösung dieses Paradoxes in dem Sinne vorstellen, daß Anschauung und Konstruktion sich in einer Wechselwirkung entwickeln.

Auf einer elementaren Ebene nahm Fichte die folgende Analogisierung vor. Dem
Moment der Freiheit der Konstruktion entsprechen 1. die diskreten Punkte und 2.
die gewählte Richtung (immer im Beispiel des Linienziehens gedacht), während die
Gebundenheit des Wissens sich in der Kontinuität (innneren Gediegenheit) der
Anschauung des stehenden Raumes manifestiert. *"Wie haben wir sagen können,
was wir soeben sagten? Nur inwiefern wir dergleichen Punkte, formaliter beliebig,
sezten, also eben nur dachten und uns in dem Standpunkte der Construktion erhielten. Im stehenden Raum jenseit's der Construktion sind keine Punkte, keine
Discretionen, sondern es ist der in sich selbst zusammenfliessende concrete Blik,
den wir soeben wiederum näher beschrieben.*"[1]

Für Fichte war diese Komplementarität von Diskretem und Kontinuierlichem, die
er hier entfaltete, Beispiel und Metapher für die generelle Komplementarität von
Freiheit und Gebundenheit des Wissens. Dabei wurde die Gebundenheit ihrerseits
nicht statisch verstanden, sondern im Sinne des oben diskutierten *"freien Bildens"*
als eine Projektion aller möglichen Wissenshandlungen in die Zukunft hinein. Er
vertrat also mathematisch und wissenschaftsphilosophisch nicht einen Konstrukti-
vismus, der beliebige Konstruktionen zugelassen hätte, sondern er sah diese Konstruktionen durch eine vorauseilende Anschauung, also durch Vorstellungen, die
das Ich mit einer gewissen Zwangsläufigkeit hervorbringt, ermöglicht und gebunden.

Wie wir sehen, war Fichte von der Kantischen Auffassung, Mathematik sei Konstruktion von Begriffen in der Anschauung, weit entfernt. Das vermerkte er in
einem *'Corollarium'* auch ausdrücklich. *"Die gelieferte Ableitung, u. Beschreibung
des Raums ist entscheidend für Philosophie, Naturlehre, u. alle Wissenschaft. Nur
den lezten construirten, u. construirbaren Raum, der an sich gar nicht möglich ist,*

---

1) a.a.O., 95

und in nichts zerfliest; hat man, und ganz besonders seit Kant, dessen System von
dieser Seite sich schlecht verdient gemacht hat, für den einzigen Raum gehalten.
Es giebt für den, dem die Augen aufgegangen, nichts spashafteres in der neuern
Philosophie, als dieses Benehmen mit dem Raume ..."[1] Unterstellt man, daß
dieser *"lezte ... construirbare Raum, der an sich gar nicht möglich ist",* der Raum
der Euklidischen Geometrie ist oder vorsichtiger: der Raum, den Kant als eine
feste Gegebenheit und als Grundlage der Euklidischen Geometrie in seiner Transzendentalphilosophie analysiert hat, dann würde sich aus dieser Formulierung
Fichtes ergeben, daß er diesen Raum als an sich nicht erreichbaren Grenzfall der
verschiedenen (subjektiven) Raumkonstruktionen auffaßte. Zwar ergäbe sich
daraus, daß Fichte weit entfernt war von jeder Idee an eine nicht–euklidische
Geometrie, jedoch hätte sein Versuch einer genetischen Deduktion der Raumvor-
stellung dann wenigstens *den* Fortschritt erbracht, daß er philosophisch eine größere Distanz zwischen dem allgemeinen Raumkonzept (der Räumlichkeit schlechthin)
und den wissenschaftlich existierenden Theorien über den Raum, also zu seiner
Zeit der Euklidischen Geometrie, hergestellt hätte, weil in seiner Konzeption Platz
ist für unterschiedliche Raumbegriffe. Berücksichtigt man die scharfen Debatten,
die es im Laufe des 19.Jahrhunderts über die Frage gegeben hat, ob die nicht–euklidischen Geometrien im Widerspruch zur kantischen Philosophie stehen oder
nicht, dann kann man Fichtes Deduktion des Raumes und dem daraus resultierenden Spannungsverhältnis zwischen den geometrischen Konzepten und der davon zu
unterscheidenden Räumlichkeit oder Quantitabilität eine gewisse Berechtigung nicht
absprechen. Fichtes Konzeption beinhaltete in dieser Frage durch ihre Abstraktheit
eine hohe Flexibilität.

Diese Überlegung wird gestützt, wenn man die Beschreibungen des *"stehenden*
Raumes" oder der Quantitabilität bei Fichte betrachtet. Im vorliegenden Text findet
man dafür im wesentlichen zwei Metaphern oder Bestimmungen, die in ihrer
Substanz darauf hinauslaufen, den bei Kant noch geometrisch–anschaulich verstandenen Raum in ein äußerst abstraktes Gebilde zu verwandeln, derart daß nichts
mehr an ihm ist, *"das etwa aus dem Dinge an sich stammte".*[2] Man könnte von
einer *"Enträumlichung"* des Raumbegriffs sprechen. Raum wird von Fichte nur
noch als eine *"generelle Beziehungsstruktur"* bzw. als unendlich variable Mannigfaltigkeit von Beziehungsstrukturen, eben als Quantitabilität, gesehen.

Die Raum-Metaphern Fichtes sind die des *"Lichtes"* und der *"Organisation".*
"... der substantielle gediegene, und ruhende Raum ist nach gesagtem das ur-

---
1) a.a.O., 94
2) a.a.O., 94

sprüngliche Licht, vor allem wirklichen Wissen, nur denkbar, und intelligibel, keinesweges aber sichtbar und anschaubar, durch die Freiheit erschaffen."[1] Und: *"Es ist der auf sich selbst ruhende, und sich selbst stand haltende Blik der Intelligenz; das seyende, ruhende immanente Licht – das ewige Auge in sich und für sich."*[2] Der Raum ist also keine feste Struktur, wie abstrakt auch immer, sondern die Perspektive des Zusammenhangs.

Die andere Bestimmung ist die der *"Wechselwirkung"* oder *"Organisation"*. *"In dem einigen Raume lag das Mannigfaltige desselben ruhend und stetig bei einander, in Einem Blike, und vor Einem, der nur, in wiefern alles so ruht, und vollständig ist, ein Blik u. Ein Blik, und derselbe Blik ist. ... Reflektire man auf irgend einen beliebigen Theil in ihr. Wodurch wird nun dieser Theil in seiner Gediegenheit und Ruhe gehalten? – immer zufolge der Anschauung soll geantwortet werden, wie sich versteht. Offenbar durch alle übrigen, u. alle übrigen durch ihn. Keiner ist im Blike, wenn nicht alle sind: Das Ganze bestimmt die Theile, die Theile das Ganze; jeder Theil jeden, und nur inwiefern es so ist, ist es die stehende Anschauung, die wir aufstellten. Nichts ist, wenn nicht in derselben stehenden Einheit des Bliks alles ist. Es ist die vollkommenste innere Wechelswirkung und Organisation, – welche leztere sonach sich schon in der reinen Anschauung des Raumes vorfindet."*[3]

Was dem Mathematiker mithin in der Selbstbeobachtung als *"stehende Anschauung"* erscheint, ist in Wahrheit ein kompliziertes, unbewußt verlaufendes Spiel des Übergangs vom Ganzen zu den Teilen und umgekehrt, eine prozeßhaft verlaufende innere Wechselwirkung und Organisation. Gegen Kant insistierte Fichte hier darauf, daß die Problematik der Teil–Ganzes–Beziehung nicht etwa auf die Analyse des organischen Lebens beschränkt ist, sondern auch für die Mathematik Relevanz hat. Mathematik schreitet daher nicht nur durch Verkettung des Besonderen voran, sondern mathematische Sachverhalte teilen mit organischen die Eigenschaft, daß das Ganze Bedingung der Existenz der Teile ist. Daher betrachtete Fichte die intellektuelle Anschauung nicht als jenseits der Grenze unseres Erkenntnisvermögens liegend, sondern als einen konstitutiven Teil der Erkenntnis. Intellektuelle Anschauung war für ihn eine Aktivität der Reflexion, die auf der höchsten Stufe des Denkens die Vermittlung zwischen der in einer unerreichbaren, unendlich fernen Zukunft liegenden Ganzheit des Wissens und seinem jeweils aktuellen begrenzten Zustand zu leisten hat. Intellektuelle Anschauung ist daher *"schwe-*

---

1) a.a.O., 94
2) a.a.O., 93
3) a.a.O., 95

bend", nicht greifbar, kein festes Wissen, sondern sie ist nur eine Perspektive hin auf die vollendete Ganzheit des Wissens, sie ist nur ein Licht. Diese auf der höchsten Reflexionsstufe angesiedelte Anschauung wurde nun von Fichte durchdekliniert auf niedrigere Ebenen, und dort, etwa zur Hervorbringung der Gediegenheit des Raumes, ist es die *produktive Einbildungskraft*, die in unseren augenblicklichen Wissensstand die Perspektive und das Licht einer gedachten, aber unerreichbaren systematischen Vervollständigung und Ganzheitlichkeit des Wissens einführt.

Das Beispiel des Linienziehens in der Geometrie war so Anwendungsfall und Metapher für die generelle Konzeption des Wissens bei Fichte. Die Tathandlungen des Wissens finden statt in einem (Vorstellungs-)Raum, der uns durch eine vorauseilende Anschauung gegeben ist. Diese Anschauung aber ist keine Anschauung eines festen Zustands, sondern eine solche, die zukünftige Zustände antizipiert. Diese zukünftigen Zustände ihrerseits sind nichts anderes als die systematische Vervollständigung und Ganzheitlichkeit des Wissens. Das Lebendige der Idee liegt gerade in diesem Aspekt der Antizipation des Zukünftigen, ihre Einbeziehung und Fruchtbarmachung für die denkende Verarbeitung des Gegebenen und damit in der perspektivischen Überschreitung des gegebenen Zustands. Damit sind wir an den Ausgangspunkt zurückgekehrt. Die bildende Kraft theoretischen Wissens lag für Fichte vorrangig in der Fähigkeit, das Gegebene zu transzendieren und Entwürfe von Zukunft zu erstellen. Darin lag für ihn zugleich auch der sittliche Rang des theoretischen Denkens. Insofern die Mathematik ein hervorragendes Beispiel für diese Art theoretischen Denkens darstellt, nahm sie für Fichte teil an der Hervorbringung der Sittlichkeit.

Dem mit der genetischen Epistemologie *Piagets* vertrauten Leser werden einige Analogien mit der Konzeption Fichtes nicht entgangen sein.[1] In der Tat, die Konstruktion der Welt der äußeren Gegenstände als Invarianten von Handlungssystemen hat in abstracto Berührungspunkte mit der Fichteschen Vorstellung der Konstruktion von Gegenständen nach dem Satz des Grundes. In der Rekonstruktion durch R.Lauth ging Fichtes Konzeption allgemein davon aus, daß die Gegenstandsbestimmungen zunächst als Bestimmungen des Verhältnisses des Gegenstands

---

1) Cassirer [1920], 155, meint, es hieße Fichtes Überlegungen *"völlig verkennen, wenn man sie im Sinne der genetischen Psychologie oder auch im Sinne der analytischen Erkenntniskritik auffassen wollte."* Es kann offen bleiben, worauf Cassirer sich hier genau mit dem Begriff "genetische Psychologie" bezog. Grundsätzlich halte ich eine vergleichende Nebeneinanderstellung derartiger Konzepte mit transzendentalphilosophischen Ansätzen für legitim und fruchtbar, wenn man nicht die anders gelagerten Begründungsprobleme und Geltungsansprüche transzendentalphilosophischer Aussagen aus dem Auge verliert.

(Nicht-Ich) zum Ich in Erscheinung treten, deren Ablösung und Übertragung auf die Verhältnisse der Gegenstände untereinander dann in einem genetischen Prozeß zunehmender Abstraktion und Reflexion geleistet wird.[1] Das aber ist im Allgemeinen auch die Idee Piagets. Ebenso findet Piagets Vorstellung, daß die Raumanschauung nicht von der *Bewegung* des Subjekts getrennt werden kann, ihr Analogon bei Fichte. *"...du kannst dir ...[deiner intelligenten Tätigkeit] ... bewußt werden, inwiefern sie von einem veränderlichen Zustande innnerhalb des unveränderlichen fortschwebt zu einem andern veränderlichen."*[2]

Zum dritten kann man auch Beziehungen zwischen Fichtes Begriff der intellektuellen Anschauung, die auf die innere Systematizität der Handlungssysteme schaut und diese als Moment einer immer weiter fortschreitenden Höherentwicklung begreift, und dem Piagetschen Begriff der *reflektierenden Abstraktion* feststellen, der ebenfalls an der Systematizität der Handlungen ansetzt.[3]

Um eine Anschauung der wissenschaftsphilosophischen Bedeutsamkeit der abstrakten Wissensauffassung Fichtes im 19.Jahrhundert zu gewinnen, soll abschließend die Beziehung dieser Wissensauffassung zu den sinnesphysiologischen Forschungen von H.v.Helmholtz.[4] diskutiert werden. Sachlich liegt eine solche Beziehung auf der Hand, da es das Programm der von J.Müller[5] und ihm betriebenen sinnesphysiologischen Untersuchungen war, den Mechanismus streng zu erklären, durch den die physikalischen Reizungen unserer Sinne zur Wahrnehmung von Gegenständen führen. Dabei ging man davon aus, daß die Sinnesreize keine Bilder der äußeren Realität liefern, sondern nur *Symbole*.[6] Die Erzeugung von Bildern wurde als eine Leistung unseres die Reizungen verarbeitenden geistigen Apparates erklärt und ließ sich damit im kantischen Sinne als eine Anwendung apriorischer Erkenntnisformen auf das Sinnesmaterial interpretieren. Müller und Helmholtz

---

1) Lauth [1984], 10
2) Fichte [1800], 227
3) Der Hinweis auf sachliche Beziehungen zwischen Piagets Begriff der *reflektiven Abstraktion* und Fichtes Begriff einer *abstrahierenden Reflexion* bei Kesselring [1981], 21 u. 322
4) Hermann Ludwig Ferdinand von Helmholtz (1821-1894): nahm nacheinander Professuren in Könisberg, Bonn, Heidelberg und Berlin wahr und wurde 1888 der erste Präsident der neugegründeten Physikalisch-Technischen Reichsanstalt in Berlin. Helmholtz war außerordentlich universell, seine Arbeitsgebiete umfaßten Energielehre, physiologische Akustik, physiologische Optik, Hydrodynamik, Elektrodynamik und Erkenntnistheorie. Zu den Beziehungen zwischen Helmholtz und der späteren Wissenschaftstheorie siehe König [1968] und Moulines [1981].
5) Johannes Peter Müller (1801-1858): Professor in Bonn und Berlin, bedeutender Physiologe und Mediziner. Müller machte wichtige Entdeckungen in der Anatomie, Physiologie, Histologie, Embryologie und Zoologie. 1826 stellte er das Gesetz der spezifischen Energie der Sinnesorgane auf, das ein wichtiger Ausgangspunkt für die weiteren sinnesphysiologischen Forschungen wurde.
6) Auch diesen Begriff findet man bereits bei Fichte

hatten daher ihre sinnesphysiologischen Untersuchungen auch in den Kontext der kantischen Philosophie gestellt.[1]

Von Helmholtz war darüber hinaus auch die Beziehung zu Fichte herausgestellt worden. Dafür gab es biographische und sachliche Gründe. Die biographischen erwähnte Helmholtz gelegentlich selbst. *"Das Interesse für die erkenntnistheoretischen Fragen ward mir schon in der Jugend eingeprägt, dadurch daß ich meinen Vater, der einen tiefen Eindruck von Fichtes Idealismus behalten hatte, mit Kollegen, die Hegel oder Kant verehrten, heftig habe streiten hören."*[2] Tatsächlich war Fichtes Sohn I.H.Fichte eng mit Helmholtz' Vater befreundet und sogar ein Pate von H.v.Helmholtz. Helmholtz' Vater stand Zeit seines Lebens in engem brieflichem Kontakt zu seinem Sohn, wobei die Erörterung philosophischer Probleme eine erhebliche Rolle spielte.[3] Die sachlichen Gründe für die positive Bezugnahme auf Fichte lagen nun darin, daß es gewissermaßen der durch Fichte interpretierte Kant war, der zu den Auffassungen, die Helmholtz in der Sinnesphysiologie und im Hinblick auf die Raumanschauung entwickelt hatte, eine besondere Affinität zeigte. Es war vor allem Fichtes abstrakte und genetische Aufffassung der Anschauungsformen, mit der Helmholtz übereinstimmte. Tatsächlich war Helmholtz in eine langwierige Auseinandersetzung mit den Kantianern *"strenger Observanz"* über die Frage verwickelt, ob der Euklidischen Geometrie ein apriorischer Status zukomme. Helmholtz' Spekulationen, ob der Wahrnehmungsraum möglicherweise eine nicht-euklidische Struktur habe, war von einigen Kantianern angegriffen und als unvereinbar mit der kantischen Philosophie bezeichnet worden. Dagegen versuchte Helmholtz die Position zu verteidigen, *"daß der Raum transzendental sein könne, ohne daß es die Axiome sind"*.[4] Wie wir gesehen haben, war diese Unterscheidung des allgemeinen Raumbegriffs vom Euklidischen Raum bei Fichte begrifflich angelegt, weil seine Philosophie eine transzendentale Rekonstruktion unterschiedlicher Raumkonzepte und die Idee ihrer genetischen Entwicklung erlaubte.

Zu der Auseinandersetzung mit den *Kantianern strenger Observanz* sagte Helmholtz: *"In diesem Sinne habe ich auch in meinen bisherigen Arbeiten häufig die*

---

1) Zur Bedeutung, die die sinnesphysiologischen Forschungen in den erkenntnistheoretischen Diskussionen des 19.Jahrhunderts hatten, vergleiche man Lange [1875], 850–893 und Cassirer [1957], 49 ff.

2) Helmholtz [1892], 16

3) Diese Angaben bei Köhnke [1986], 151 ff. Im Unterschied zu Köhnke, der, wenn ich ihn recht verstehe, für die philosophische Identifizierung von Kant und Fichte durch Helmholtz das allgemeine Motiv eines Kampfes gegen den damaligen Materialismus geltend macht, wird im folgenden davon ausgegangen, daß es für diese Identifizierung auch sachliche Gründe gab.

4) Helmholtz [1878], 283

Übereinstimmung der neueren Sinnesphysiologie mit Kants Lehren betont, aber damit freilich nicht gemeint, daß ich auch in allen untergeordneten Punkten in verba magistri zu schwören hätte. Als wesentlichsten Fortschritt der neueren Zeit glaube ich die Auflösung des Begriffs der Anschauung in die elementaren Vorgänge des Denkens betrachten zu müssen, die bei Kant noch fehlt [bei Fichte aber durchgeführt wurde, unser Zusatz], wodurch dann auch seine Auffassung der Axiome der Geometrie als transzendentaler Sätze bedingt ist. ... Denjenigen Philosophen freilich, welche Neigung zu metaphysischen Spekulationen beibehalten haben, erscheint gerade das als das Wesentlichste an Kants Philosophie, was wir als einen von der ungenügenden Entwicklung der Spezialwissenschaften seiner Zeit abhängigen Mangel betrachtet haben."[1]

Tatsächlich wies die Analyse der räumlichen Anschauung durch Helmholtz eine Reihe von Analogien mit Fichtes Deduktion der Erfahrung auf. Am Anfang der Raumwahrnehmung steht nach Helmholtz der *motorische Willensimpuls*, für den uns *"die geistige und körperliche Fähigkeit durch unsere Organisation gegeben sein muß, ehe wir Raumanschauung haben können."*[2] Man kann hier durchaus eine Analogie zu Fichtes Grundsatz sehen, daß Erkenntnis mit dem Handeln und dem Willen zu handeln beginnt. In Helmholtz' Konzeption konstituieren die motorischen Bewegungen und die dabei auftretenden Invarianzen dann schrittweise den Raum. Hierbei weist Helmholtz explizit auf die Wichtigkeit der Tatsache hin, daß man sich nach Änderung eines Zustands wieder in den ursprünglichen Zustand zurückversetzen können muß, um den Raum als Invariante von Bewegungssystemen zu erfahren. Dies wäre also eine Analogie zu Piagets Reversibilität. Im Raum kommt es dann zur Konstitution von Gegenständen. *"Zu anderen Zeiten nun ist der Kreis der Präsentabilien für dieselbe Gruppe von Willensimpulsen ein anderer geworden. Dadurch tritt uns dieser Kreis mit dem Einzelnen, was er enthält, als ein Gegebenes, ein 'objectum' entgegen. Es scheiden sich diejenigen Veränderungen, die wir durch bewußte Willensimpulse hervorbringen und rückgängig machen können, von solchen, die nicht Folge von Willensimpulsen sind und durch solche nicht beseitigt werden können. Die letztere Bestimmung ist negativ. Fichtes passender Ausdruck dafür ist, daß sich ein 'Nicht-Ich' dem 'Ich' gegenüber Anerkennung erzwingt."*[3]

Die Tatsache der Direktheit und Unmittelbarkeit der Raum- und Gegenstandswahrnehmung wird bei Helmholtz durch das Konstrukt der *unbewußten Schlüsse* erklärt, in Übereinstimmung mit den analogen Überlegungen Fichtes. Auch Fichtes

1) a.a.O., 279
2) a.a.O., 258
3) a.a.O., 260

Hinweis, daß die Raumwahrnehmung ein Zusammengesetztes aus Empfindung, Anschauung und ehemaligem Urteil sei, spielt in Helmholtz' Theorie eine Rolle.

Es gab also eine Reihe von Analogien zwischen Fichtes transzendentalphilosophischer Konzeption und der Rekonstruktion der (Raum-) Wahrnehmung in den sinnesphysiologischen Forschungen der Schule um J.Müller und H.v.Helmholtz. Diese Analogien hatten ihren gemeinsamen Bezugspunkt darin, daß die Anschauung als Produkt geistiger Aktivität erklärt und so genetisch rekonstruiert wurde.

Helmholtz' positive Bewertung Fichtes ging so weit, daß er ihn auch gegen den Vorwurf in Schutz nahm, der ihm bis heute immer wieder gemacht wurde, den Vorwurf eines beinahe als Solipsismus zu interpretierenden, subjektiven Idealismus. *"Auch Fichte nahm an, daß das Ich sich das Nicht-Ich, d.h. die erscheinende Welt, selbst setzt, weil es ihrer zur Entwickelung seiner Denktätigkeit bedarf. Sein Idealismus unterscheidet sich aber doch von dem eben bezeichneten dadurch, daß er die anderen menschlichen Individuen nicht als Traumbilder, sondern auf die Aussage des Sittengesetzes hin als dem eigenen Ich gleiche Wesen faßt. Da aber ihre Bilder, in denen sie das Nicht-Ich vorstellen, wieder alle zusammenstimmen müssen, so faßte er die individuellen Ichs alle als Teile oder Ausflüsse des absoluten Ich: Dann war die Welt, in der jene sich fanden, die Vorstellungswelt, welche der Weltgeist sich setzte, und konnte wieder den Begriff der Realität annehmen, wie es bei Hegel geschah."*[1]

Die Auflösung des Gegenstandsbezugs in eine allgemeine Gegenständlichkeit führte auch bei Helmholtz zu einer Parallelisierung von Kunst und Wissenschaft. *"Etwas von dem Blicke des Künstlers, von dem Blicke, der Goethe und auch Leonardo da Vinci zu großen wissenschaftlichen Gedanken leitete, muß der rechte Forscher immer haben. Beide, Künstler wie Forscher, streben, wenn auch in verschiedener Behandlungsweise, dem Ziele zu, neue Gesetzlichkeit zu entdecken. Nur muß man nicht müßiges Schwärmen und tolles Phantasieren für künstlerischen Blick ausgeben wollen. Der rechte Künstler und der rechte Forscher wissen beide recht zu arbeiten und ihrem Werke feste Form und überzeugende Wahrheitstreue zu geben."*[2]

Versuchen wir ein Resümee der vorstehenden Skizze der Fichteschen Wissenskonzeption und seiner Bedeutung für den Zusammenhang von Mathematik und Bil-

---

1) a.a.O., 272/3
2) a.a.O., 280

dung zu ziehen, so ergeben sich Schlußfolgerungen in unterschiedlichen Richtungen und auf unterschiedlichen Ebenen der Allgemeinheit. Die allgemeinste und wichtigste Konsequenz liegt im Grundansatz der Fichteschen Philosophie beschlossen. Wie Helmholtz sagt, ist diese Philosophie deswegen kein Solipsismus, weil das Ich die anderen menschlichen Individuen als gleiche Wesen auffaßt. Das Sittengesetz, begründet auf der Wechselwirkung der Individuen, ist damit die Grundlage des menschlichen Handelns und auch der erkennenden Tätigkeit. Diese Argumentationsstruktur bildet sich unmittelbar in der Auffassung des Bildungsproblems ab. In der Realisierung des Sittengesetzes realisiert das Ich sein eigenes Wesen. Daher ist es das Ziel aller Bildung, die Übereinstimmung des Menschen mit sich selbst herzustellen. Dies geschieht in einem Prozeß der *Kultivierung*. *"Cultur heißt Übung aller Kräfte auf den Zweck der völligen Freiheit, der völligen Unabhängigkeit von allem, was nicht wir selbst, unser reines Ich ist.*"[1] Aus diesen Bestimmungen folgt, daß Bildung nicht von außen bewirkt werden kann, sondern Selbsttätigkeit beabsichtigt und voraussetzt. *"... niemand **wird** cultiviert, sondern jeder hat sich **selbst** zu **cultivieren**. Alles bloß leidende Verhalten ist das gerade Gegenteil der Cultur; Bildung geschieht durch Selbstthätigkeit, und zweckt ab auf Selbstthätigkeit.*"[2]

Für Fichte folgte aus diesen Grundsätzen, daß die erkennende Tätigkeit über das gegebene sinnliche Material hinausgehen und vor allem die Fähigkeit beinhalten muß, Bilder von Zukunft zu entwerfen. Bildung muß also, in anderen Worten, *theoretisch* sein, nicht im Sinne eines kontemplativen Verhaltens zur Welt, sondern in dem Sinne, daß der Mensch fähig wird, seine natürliche und soziale Umwelt nicht nur so aufzufassen, wie sie sich auf den ersten Blick darbietet, sondern danach, welche möglichen Alternativen in ihr angelegt sind und welche weiterführenden Gesichtspunkte erkennbar werden. Kurz gesagt: für Fichte implizierte der Idealismus im ethischen Sinne auch einen erkenntnistheoretischen Idealismus in dem Sinne, daß Erkenntnis ein theoretisches Transzendieren der Wirklichkeit ermöglichen soll.

Diese Gedankenfigur zur Begründung der Theoretizität von Bildung war charakteristisch für die idealistisch-neuhumanistische Pädagogik. Auch wenn andere Autoren nicht den moralischen Rigorismus Fichtes teilten und die Begriffe der Kultur und der Kultivierung nicht auf den der Freiheit zurückführten, sondern in der Kultur einen eigenständigen Wert sahen, so war doch den meisten die Auffassung

---

1) Fichte [1793], 86/87
2) a.a.O., 90

gemeinsam, daß Bildung von Sinnzuschreibungen lebt, die in Distanz zur Welt, so wie sie sich dem Alltagsverstand darbietet, entwickelt und entfaltet werden müssen.

Daran schließt sich unmittelbar eine bedeutsame wissenschaftsphilosophische Leistung der Fichteschen Philosophie an. Diese besteht darin, daß Fichte eine Eigenschaft des Wissens aufgedeckt hat, die wir als *Perspektivität des Wissens* bezeichen wollen. Wissen ist nicht einfach ein Abbild der uns umgebenden Wirklichkeit, sondern eine *Rekonstruktion* des Erfahrungsmaterials, mit dem wir konfrontiert sind. Diese Rekonstruktion ihrerseits ist abhängig von der *Perspektive*, unter der sie vorgenommen wird. Nach E.Cassirer ist diese Problematik der wichtigste Gesichtspunkt, unter dem sich die Philosophie Fichtes erschließt. Für Fichte sei es die Wurzel und das innigste Wesen des Organs für Philosophie: Sinn zu haben für Sinn. *"Dem dogmatischen Realismus ist das Sein das Erste, das Gegebene und Feststehende, während die **Ansicht** des Seins ihm nur eine äußere und zufällige Zutat bedeutet. Dem Idealismus aber ist eben diese 'Ansicht', wie sie sich in der Wissenschaft, in der Sittlichkeit, in der Religion gestaltet, das alleinige Medium, durch das er das Sein selbst erst besitzt. Sie ist es, die, indem sie durch Freiheit gebildet und erschaffen wird, auch das Bild der Wirklichkeit ständig für uns verändert. Diese Grundanschauung ist es, die Fichte in der Entwicklung seiner Wissenschaftslehre, seiner Sittenlehre, seiner Geschichts- und Religionsphilosophie festzuhalten versucht: ..."*[1]

Es ist interessant zu sehen, daß der Mathematiker H.Weyl im Zusammenhang einer Stellungnahme zu Hilberts grundlagentheoretischen Auffassungen in der Mathematik sich gerade unter diesem Gesichtspunkt positiv auf Fichte bezog. Wir wollen diese Gedanken H.Weyls etwas ausführlicher zitieren, weil sie auch generell eine Auffassung der Mathematik ausdrücken, die eine gewisse Affinität zu den idealistischen Konzeptionen des frühen 19.Jahrhunderts aufweist.[2] Weyl argumentierte in dieser Stellungnahme, daß auch für Hilbert das Kriterium der Widerspruchsfreiheit schwerlich ausreichen könne, um den *Sinn* der mathematischen Formeln zu begründen. Seiner Ansicht nach sei dieser Sinn nur zu erfassen, wenn man die Mathematik sich völlig mit der Physik verschmelzen lasse und *"annehme, daß die mathematischen Begriffe von Zahl, Funktion usw. (oder die Hilbertschen Symbole) prinzipiell in der gleichen Art an der theoretischen Konstruktion der*

---

1) Cassirer [1920], 212/3
2) Mathematikgeschichtlich war diese Stellungnahme Weyls bedeutsam, weil sie seine Rückwendung zu Hilbert einleitete, nachdem er sich für einige Jahre im Grundlagenstreit Brouwer angeschlossen hatte.

wirklichen Welt teilnehmen wie die Begriffe Energie, Gravitation, Elektron u.dgl."
In der theoretischen Physik habe man aber einen ganz anderen Typus einer Erkenntnis als in der gewöhnlichen phänomenalen Erkenntnis. *"Während hier jedes
Urteil seinen eigenen, restlos in der [empirischen, unser Zusatz] Anschauung
vollziehbaren Sinn hat, ist dies mit den einzelnen Aussagen der theoretischen
Physik keineswegs der Fall; sondern dort steht, wenn es mit der Erfahrung konfrontiert wird, nur das System als Ganzes in Frage. In der* **Theorie** *gelingt es dem
Bewußtsein,'über den eigenen Schatten zu springen', den Stoff des Gegebenen
hinter sich zu lassen, das Transzendente darzustellen; aber, wie sich von selbst
versteht, nur im* **Symbol**. *Die Beziehung der symbolischen Konstruktion zum
unmittelbar Erlebten muß, wenn nicht explizite beschrieben, so doch irgend wie
innerlich verstanden sein; aber diese Beziehung allein kann niemals die theoretische Deutung rechtfertigen. Hier walten Vernunftprinzipien, von denen wir
vorerst nur das der Widerspruchslosigkeit klar erfassen; es ist aber gewiß nicht
der einzige Leitfaden bei der Ausbildung der theoretischen Physik (der Sinn der*
theoretischen *ist uns im Grunde ebenso dunkel wie der Sinn der* künstlerischen
Gestaltung). Wenn ich die phänomenale Erkenntnis als **Wissen** *bezeichne, so ruht
die theoretische auf dem* **Glauben**[1] *– dem Glauben an die Realität des eigenen
und fremden Ich oder die Realität der Außenwelt oder die Realität Gottes. Ist das
Organ jener das 'Sehen' im weitesten Sinne, so ist das Organ der Theorie 'das
Schöpferische'."*[2]

In großer Klarheit entfaltet Weyl hier den gedanklichen Zusammenhang, den wir
oben dargestellt haben. Die phänomenale Erkenntnis, das heißt unsere unmittelbare
empirische Erfahrung, unterscheidet sich dadurch von der theoretischen Erkenntnis, daß letztere nicht in ihren einzelnen Aussagen verifiziert oder falsifiziert
werden kann, sondern immer nur als Ganzes, als System in Frage steht. Damit
steckt aber in Theorien ein Element, durch das man über das Gegebene hinausgeht, über seinen Schatten springt. Die entscheidende Einsicht ist, daß die theoretische Rekonstruktion des Gegebenen nicht nur in der Anwendung der transzendentalen Anschauungsformen Raum und Zeit und der erklärenden Kategorien besteht
und daß die theoretischen Deutungen nicht allein aus dem Prinzip der Widerspruchsfreiheit heraus verstanden werden können. Vielmehr geht hier noch ein
weiteres Moment ein, das wir positiv nur schwer beschreiben können, das aber

---

1) (Fußnote von H.Weyl): Daß der Glaube, d.i. die transzendente Vernunftthesis, ohne welche
   alles Wissen tot und völlig gleichgültig ist, nicht erst bei 'Gott, Freiheit und Unsterblichkeit'
   auf den Plan tritt, war eine der ersten und wichtigsten Erkenntnisse, welche Fichte über Kant
   hinausführten.
2) Weyl [1924], 149/50

bewirkt, daß unsere Theorien für uns einen *Sinn* oder eine *Bedeutung* haben. Dieses zusätzliche Moment des Sinnes oder der Bedeutung, das Weyl als *Glauben* bezeichnet und das sich bei Fichte aus der Entscheidung zur Selbstbestimmung ergibt, war es gerade, das die Fichtesche Konzeption nach Meinung Weyls über Kant hinausgeführt hat.

Die Perspektivität des Theoretischen, wie wir es genannt haben, oder seine Bindung an einen Glauben, wie Weyl sich ausdrückt, führt nach Weyl auch dazu, daß die theoretischen Erkenntnisse wandelbar sind. *"...im Gegensatz zum phänomenalen Wissen, das wohl dem Irrtum menschlich unterworfen, aber seinem Wesen nach unwandelbar ist, bleiben sie [die theoretischen Erkenntnisse], wie ich glaube, getragen von dem an uns sich vollziehenden Lebensprozeß des Geistes und werden von ihm niemals als ein totes, 'endgültiges' Resultat abgesetzt."*[1]

Die theoretischen Konstruktionen sind nach dieser letzten Aussage Weyls an den *Lebensprozeß des Geistes* gebunden und daher, so kann man ergänzen, in die allgemeine Entwicklung der Kultur integriert. Sie stellen daher *Verstehensleistungen* dar, die von dem verstehenden Subjekt und seinen Sinnzuschreibungen nicht getrennt werden können. Physik und Mathematik könnten damit in den Rahmen einer allgemeinen *hermeneutischen* Konzeption gestellt werden. Wir bemerken an dieser Stelle auch, daß genau an dieser Problematik des *Sinns* (Cassirer) oder des *Glaubens* (Weyl) die Analogie zwischen den sinnesphysiologischen Theorien und Fichtes transzendentaler Wissenschaftslehre aufhört. Während die sinnesphysiologischen Prozesse einem biologischen Automatismus unterliegen, ist das theoretische Wissen abhängig vom Sinn; bei Fichte hieß das: abhängig von der Entscheidung für den Idealismus (Selbstbestimmung) oder den Dogmatismus. Daß der Konstruktionsprozeß wissenschaftlicher Theorien mehr ist, als die nach einem Automatismus verlaufende Transformation empirischer Daten in Gesetze, war allerdings auch Helmholtz bewußt, wie wir an der von ihm angeführten Analogie von Wissenschaft und Kunst gesehen haben.

Die für die Mathematik wesentlichste Konsequenz, die sich aus der Fichteschen Wissenskonzeption ergibt, scheint uns die Veränderung zu sein, die der *Anschauungsbegriff* bei ihm im Vergleich zu Kant erfuhr. Die Grundtendenz, in der hier Fichte einen Beitrag leistete, kann gut mit den Worten beschrieben werden, durch die Helmholtz seine sinnesphysiologischen Arbeiten charakterisiert hat, daß nämlich der *"wesentliche Fortschritt der neueren Zeit ... die Auflösung des Begriffs*

---

1) a.a.O., 150

der Anschauung in die elementaren Vorgänge des Denkens"[1] sei. In einem ähnlichen Sinne kann man Fichtes Wissenskonzept als einen Beitrag zur *Intellektualisierung des Anschauungsbegriffs* interpretieren.[2] Die geradezu paradoxen Formulierungen, mit denen, wie wir gesehen haben, Fichte die Anschauung beschrieb und durch die er die zirkuläre gegenseitige Abhängigkeit von Anschauung und geistiger Operation charakterisierte, passen gut zu der Vagheit und auch zu dem Geniekult, mit dem man in der Mathematik des 19.Jahrhunderts häufig das Phänomen der Intuition umschrieb. Bei Fichte deutet sich – und das scheint mir ein erkennbarer Unterschied zu Kant zu sein – die von uns so bezeichnete *Inversion des Anschauungsproblems* an. Zwar bestand auch für Kant eine unauflösbare Beziehung von Anschauung und Begriff, jedoch fungierte die Anschauung hier immer als ein unabhängiges Element dieser Beziehung. Für Kant war die Bedeutung eines mathematischen Begriffs durch die Konstruktion in der reinen Anschauung unabhängig von seiner begrifflichen Fixierung gegeben. Diese Unabhängigkeit garantierte für Kant gerade, daß einem Begriff überhaupt eine Bedeutung zukommt. Was in der Fichteschen Konzeption zwar nicht ausgearbeitet vorliegt, aber sich doch andeutet, ist eine Inversion dieser Beziehung, insofern nun die Möglichkeit von Anschauungen in den Blick kommt, die durch geistige Operationen, Symbole oder Begriffe allererst erzeugt werden. Darin sprach sich zweifellos eine Dynamisierung des Anschauungsbegriffs aus. Es ist eine gute Beschreibung des neueren mathematischen Verständnisses von Anschaung, die Gebundenheit der Anschauung nur noch als innere Tendenz zur Vervollständigung oder Sytematisierung zu charakterisieren, oder wie Fichte sagte, als *"Licht"*. In diesem neuen Verständnis ist mathematische Anschauung keine Sache mehr, die von außen an

---

1) Helmholtz [1878], 279
2) Der geniale Rechendidaktiker Ernst Tillich (1780–1807) hat der Vorstellung von Anschauung als einer Anschauung geistiger Tätigkeiten eine pädagogisch originelle Wendung gegeben. In einer philosophischen Begründung des von ihm entwickelten elementaren Rechenlehrgangs suchte er das Konzept einer *arithmetischen Anschauung* zu begründen. Dabei sagte er zur Anschauung allgemein: *"Die Anschauung ist an und für sich selbst schon rein intellectuelle Thätigkeit. Eine analoge Thätigkeit mit Acten der sinnlichen Wahrnehmung mag allerdings vorhanden seyn, indem diese, wie jene, die Objecte fixirt, welche ins Bewußtsein aufgenommen werden sollen. Nur findet der Unterschied statt, daß das sinnliche Wahrnehmungsvermögen die Gegenstände nach ihren Realverhältnissen in der Sinnenwelt findet, während die reine Anschauung nur auf die Keime einer rein geistigen Thätigkeit gewiesen ist, die sich selbst zu fixiren genöthigt ist. Was Gegenstand der Anschauung ist, das läßt sich weiter nicht zergliedern, denn die Anschauung ist das Uranfängliche unserer geistigen Thätigkeit."* (Tillich [1805], 16). Tillich legte seinem Rechenlehrgang als Visualisierungsmittel hölzerne Rechenstäbe zugrunde, die in ihrer Gebrauchsweise den heutigen *Cuisenaire-Stäben* entsprechen. Allerdings waren die Stäbe Tillichs bewußt farblos und repräsentierten bloß in abstracto additive Zahlbeziehungen. Wie Fichtes intellektuelle Anschauung eine Anschauung der Gesamtheit der geistigen Tätigkeiten ist, so repräsentieren die Figuren, die man mit den Rechenstäben legen kann, die Anschauung eines Gesamtes arithmetischer Operationen.

die mathematischen Begriffe herangetragen wird, sondern muß sozusagen *von innen* aus diesen Begriffen heraus selbst erwachsen. Die Wissenschaften, und das gilt besonders für die Mathematik, erzeugen aus sich heraus ihre eigenen Bedeutungen und konstituieren damit künstliche Welten, deren Logik sie dann folgen. Diese Wissenschaften konstituieren damit im oben beschriebenen Sinne *Sinnzusammenhänge*. Im Wissenskonzept Fichtes lag damit auch die Idee einer rein *intellektuellen Mathematik* beschlossen, die nicht mehr aus der Konstruktion in der reinen Anschauung erwächst, sondern völlig begrifflich verfährt und gerade dadurch nicht leer wird, sondern eine neue Ebene des schöpferischen Denkens erschließt. Für die mathematische Anschaung heißt das, daß sie in ihrem innersten Wesen nicht mehr von der allgemeinen Problematik des Sinnes oder der Bedeutung getrennt werden kann.

Ganz generell ist eine ausgeprägte Affinität zwischen Fichtes Wissenskonzept und dem Selbstverständnis reiner Mathematik im 19.Jahrhundert festzustellen. Insofern war seine Philosophie Symptom eines Denkens, das im ausgehenden 18. und beginnenden 19.Jahrhundert sich auf breiter Front Bahn brach. Fichte erklärte Wissen genetisch durch ein Wechselspiel von Freiheit und Gebundenheit. Wissen ist danach streng konstruktiv, die Konstruktionen werden geleitet von einer durch Reflexion geschärften produktiven Einbildungskraft. Das aber beschreibt auch das Selbstverständnis der reinen Mathematik, denn Strenge der logischen Konstruktion, Autonomie des Schöpferischen (*"Freiheit des Mathematischen"*) und Reflektiertheit der Theoriebildung können als charakteristische Merkmale dieses Selbstverständnisses angesprochen werden.

Diesem Selbstverständnis entsprach es auch, daß die Gegenständlichkeit des Mathematischen nur noch ganz abstrakt verstanden wurde. Reine Mathematik modelliert keine konkreten Sachverhalte, sondern ihre Gebundenheit manifestiert sich nur noch in der Perspektive auf eine theoretische Systemganzheit, die man anzielt. Die Bedeutung oder der Sinn dieser Strukturen erschließt sich zwar demjenigen, der mit ihnen arbeitet, ist aber positiv nur schwer zu benennen. Von daher war es naheliegend, daß das Selbstverständnis der reinen Mathematik auch in ästhetischen Begriffen ausgedrückt wurde.

II.3. Novalis und die Mathematik

Friedrich von Hardenberg (Novalis) war der wichtigste Autor der Frühromantik, und doch ist von ihm zu seinen Lebzeiten nur wenig publiziert worden. Sein Werk ist weitgehend Fragment geblieben. Es enthält Lyrik, zwei Romanfragmente

(*"Heinrich von Ofterdingen"*, *"Die Lehrlinge von Sais"*), einige Aufsätze und eine
Fülle an Notizen und Aphorismen, die von ihm in Tagebüchern und Heften nie-
dergeschrieben wurden und von denen nur zwei kleine Sammlungen (*"Blüten-
staub"* und *"Glauben und Liebe"*) zu seinen Lebzeiten erschienen sind. Die fragmentarische Form, bei der Ideen ausprobiert, variiert, dann wieder verworfen
werden, bei der ein Satz vielleicht eine für den Autor wichtige Einsicht enthalten
mag, oder nur ein Wortspiel ist, macht eine Interpretation schwierig, vermittelt
aber auch eine besondere Authentizität.

Die Beziehung von Novalis zur Mathematik wird in Arbeiten über die Romantik
oder über Novalis regelmäßig erwähnt, doch wird dabei über (meist positiv oder
negativ wertende) allgemeine Aussagen kaum hinausgegangen. Einige Untersuchungen befassen sich explizit mit diesem Thema. Die erste dieser Arbeiten hat
heute eher historischen Wert als Symptom der scharfen Ablehnung der romantischen Naturforschung in der 2.Hälfte des 19.Jahrhunderts. Es handelt sich um eine
Dissertation[1] aus der Schule des Psychologen W.Wundt, in der versucht wird,
Novalis' Äußerungen über die Naturwissenschaften psychologisch zu analysieren.
Käte Hamburger, eine aus der neukantianischen Schule hervorgegangene Germa-
nistin, hat die erste umfassende Studie über die Beziehungen von Novalis zur
Mathematik vorgelegt, in der versucht wird, die Aphorismen von Novalis aus dem
zeitgenössischen Kontext heraus zu verstehen.[2] Diese Studie leidet allerdings
daran, daß zum Zeitpunkt ihrer Abfassung ein großer Teil der Manuskripte von
Novalis noch nicht bekannt war und daß Novalis' Bezugnahme auf algebraisch–kombinatorische Sachverhalte in ihrer Bedeutung unterschätzt wird. Die
Einordnung in den zeitgenössischen philosophischen Kontext ist in dieser Arbeit
allerdings sehr klar herausgearbeitet. Theodor Haering hat in einem umfassenden
Werk zur Philosophie von Novalis[3] auch einige der auf die Mathematik bezogenen Aphorismen untersucht und dabei vor allem die auf Arithmetik, Algebra und
kombinatorische Analysis bezogenen Äußerungen herausgestellt. Die bislang umfassendste Arbeit stammt von M.Dyck[4], der eine eingehende Literaturübersicht,
eine Editionsgeschichte und eine thematische Zusammenstellung und Interpretation
der Aphorismen von Novalis zur Mathematik gibt.

Alle Versuche, Novalis' Sichtweise der Mathematik zu rekonstruieren, hängen
nicht zuletzt davon ab, wieweit man die Mathematik, auf die Novalis sich bezogen

---

1) Olshausen [1905]
2) Hamburger [1929]
3) Haering [1954]
4) Dyck [1960]

hat, in ihrem historischen Kontext versteht. Das betrifft in diesem Fall die algebraische Sichtweise der Analysis, wie sie ausgehend von Euler am Ende des 18.Jahrhunderts durch Lagrange und in Deutschland durch die sogenannte Kombinatorische Schule entwickelt wurde. Die bisherige Unterschätzung dieser Ansätze in mathematikgeschichtlichen Standarddarstellungen hat sich bei allen Interpretationsversuchen der Novalisschen Aphorismen nachteilhaft ausgewirkt. Wir werden im folgenden davon ausgehen, daß diese Ansätze historisch gerechtfertigte und mathematisch sinnvolle Arbeitsrichtungen dargestellt haben. Ihre philosophische und künstlerische Reflexion durch Novalis zeigt dann zum einen, wie stark die Wahrnehmung der Mathematik in der intellektuellen Öffentlichkeit um 1800 durch den Gesichtspunkt bestimmt war, daß die Mathematik ein *symbolischer Kalkül* ist. Zu der noch bei Kant feststellbaren Sicht stellt dies eine bemerkenswerte historische Verschiebung dar. Zum anderen wird in den Äußerungen von Novalis exemplarisch gezeigt, wie sich diese rein symbolische Auffassung der Mathematik in die generellen kulturellen Strömungen einpaßte. Schließlich wird auch deutlich werden, daß die kulturelle Reflexion über die symbolische Mathematik für diese selbst eine positive Leistung erbrachte, weil die Problematik der Sinngebung für formale Disziplinen besonders brisant ist.

Friedrich von Hardenberg (Novalis) wurde am 2.Mai 1772 in Oberwiederstedt im Südharz geboren.[1] Er wurde im Geiste des Herrnhutertums erzogen. 1790 besuchte er die Prima des Eislebener Gymnasiums. 1790/91 studierte er in Jena, 1791–93 in Leipzig und 1793/94 in Wittenberg, wo er 1794 sein juristisches Examen ablegte. Unter seinen akademischen Lehrern in Jena waren Reinhold, der bedeutende Propagator der kantischen Philosophie, und Schiller. Dyck hält es für erwiesen, daß Novalis in Leipzig auch bei dem Mathematiker C.F.Hindenburg, dem Gründer und 'spiritus rector' der Kombinatorischen Schule, studierte, doch gibt es dafür keine zwingenden Beweise. 1791 lernte er in Leipzig auch Friedrich Schlegel[2] kennen, der später der *'Theoretiker'* der Romantik wurde und vor allem durch die Herausgabe der Zeitschrift *Athenäum*[3] viel für die Herausbildung der romantischen Bewegung getan hat. 1794, unmittelbar nach Erscheinen von Fichtes Wissenschaftslehre, muß Novalis sich intensiv mit diesem Werk befaßt haben, wie seine Notizbücher ausweisen. Um diese Zeit studierte er auch Schriften

---

1) vgl. zur Biographie Kluckhohn [1960]
2) Friedrich Schlegel (1772–1829): Sprachforscher und Literaturhistoriker, wichige Werke: "Über die Sprache und Weisheit der Inder" (1808) und "Geschichte der alten und neueren Literatur (1815)
3) ab 1798 zusammen mit seinem Bruder A.W.Schlegel

von Hemsterhuis(1721–1790)[1] und Spinoza(1632–1677). Im Frühjahr 1795 lernte er Fichte persönlich kennen. 1794/5 leistete er seine Vorbereitungszeit im praktischen Verwaltungsdienst in Tennstedt ab und wurde dann unter seinem Vater Accessist der Lokal–Salinen–Direktion in Weißenfels. 1795 verlobte er sich mit der dreizehnjährigen Sophie von Kühn, die 1797 an Schwindsucht starb, ein Ereignis, das ihn stark erschütterte und prägte hat. Im Winter 1797 ging Novalis, um seine wissenschaftliche Ausbildung im Bergwerkswesen zu vervollständigen, an die damals weltberühmte Bergakademie in Freiberg, an der der führende Mineraloge A.G. Werner[2] lehrte. 1798 verlobte er sich mit Julie von Charpentier. Nach Beendigung seiner Studien war er ab 1799 an verschiedenen Salinen beschäftigt, wurde 1800 schwer krank und verstarb am 25.März 1801.

Novalis beschäftigte sich erst ab 1798, also während seines Studiums an der Bergakademie Freiberg, ernsthaft und regelmäßig mit Mathematik. Einen ersten Eindruck vom Bereich seiner Interessen in diesem Gebiet vermittelt die Liste der mathematischen Bücher, die sich 1801 bei seinem Tod in seinem Besitz befanden.

Nachlass Novalis: Mathematische Werke[3]

    46. Mathematische Wissenschaften, von Burja
    47. Lehrbuch der Astronomie, von Burja
    108. Büschs Versuch einer Mathematik
    121. Encyclopädie, von Klügel
    126. Novi Systematis Permutationum, Combinationum pp: C.Hindenburg
    127. Zahlen, Arithmetik und Buchstaben Rechnung, v(on) Stahl
    128. La Grange, Theorie der analytischen Funktionen
    129. Der Selbstlernende Algebraist, von Burja
    130. Analysis des Unendlichen, von Kästner
    131. Der Polynomische Lehrsatz, von Hindenburg
    132. Combinatorische Analytik, von Töpfer
    133. Vega; logarithmische Tafeln

Die Liste läßt auf ein für einen Nicht-Spezialisten ausgeprägtes mathematisches Interesse schließen. Sie enthält gängige Lehrbücher der Zeit, und mit dem Werk von Lagrange und den Schriften zur Kombinatorischen Analysis Texte, die über

---

1) Hemsterhuis vertrat eine Philosophie, die durch die Wiederentdeckung des verschütteten moralischen Organs der Menschen ein "goldenes Weltalter" herbeiführen wollte
2) Abraham Gottlob Werner (1749–1817): Mineraloge und Geologe. Nach Studien in Freiberg und Leipzig publizierte er 1774 das Werk "Von den äußerlichen Kennzeichen der Fossilien", das ihn schlagartig berühmt machte und einen Ruf an die Bergakademie Freiberg einbrachte. In der Geologie vertrat er die Theorie, daß sich alle Minerale und Gesteine aus dem die Erdoberfläche bedeckenden Urmeer sedimentiert haben.
3) Zusammengestellt nach: "Verzeichnis der Bücher so sich auf der Stube des Herrn Salinen Assessors von Hardenberg befinden (März 1801)" (Novalis [1975], 695–699)

eine mathematische Elementarbildung hinausgehen. Das Buch von Lagrange stellte den wichtigsten und einflußreichsten Versuch der Zeit dar, die Infinitesimalrechnung rein algebraisch zu begründen und hatte daher auch für den Ansatz der Kombinatorischen Schule große Bedeutung. Mit Ausnahme des Werkes von Kästner gehörten alle anderen, sich auf höhere Mathematik beziehenden Werke zum engeren oder weiteren Bereich der Kombinatorischen Schule.

Novalis hat seine Auseinandersetzung mit der Mathematik vor allem in zwei Notizbuchkomplexen festgehalten, die als *"Abteilung VIII: Freiberger naturwissenschaftliche Studien 1798/99"*[1] und *"Abteilung IX: Das Allgemeine Brouillon (Materialien zur Enzyklopädistik) 1798/99"*[2] in seinen Schriften abgedruckt sind und die zum großen Teil erst seit 1960 der Forschung zur Verfügung stehen.

Diese etwa 480 Druckseiten umfassenden Aphorismen bezogen sich auf alle Interessengebiete von Novalis: Kunsttheorie, Religion, Physik, Chemie, Mineralogie, Staatswissenschaft und Mathematik. Zur Mathematik finden sich verstreut Aphorismen, die ein Zehntel des Umfangs nicht übersteigen dürften. Wir werden nicht versuchen, eine umfassende Interpretation dieser Überlegungen zu geben, sondern uns auf einige Themenkomplexe beschränken.

Im Hinblick auf die Kombinatorische Analysis, die bei Novalis eine große Rolle spielt, reicht es aus, sich nur einige Aspekte dieser Theorie zu vergegenwärtigen, ohne in technische Details zu gehen. Die Kombinatorische Analysis betrachtete mathematische Funktionen als endliche oder unendliche *symbolische* Ausdrücke. Aufgabe der Theorie war es, deren mögliche Umformungen zu untersuchen und zu beschreiben. Die allgemeinste Möglichkeit, Symbolketten zu betrachten, ist ihre kombinatorische Darstellung. Gesucht war nach kombinatorischen Beschreibungen der mathematisch sinnvollen Umformungen. In dieser Theorie spielte der sogenannte binomische oder polynomische Lehrsatz eine wichtige Rolle. Wir notieren die entsprechende Formel für den Fall eines Binoms

$$(a+b)^n = \sum_k \begin{pmatrix} n \\ k \end{pmatrix} a^k b^{n-k}$$

Enthält die Summe auf der linken Seite mehr als zwei Glieder, entsteht die polynomische Formel, bei unendlich vielen Glieder sprach man von der *Potenzierung*

---

1) Novalis [1983], 1–203
2) a.a.O., 205–478

des Infinitinoms. Als Exponenten wurden beliebige, auch negative und rationale Zahlen n betrachtet. Die Gleichung wird dabei rein symbolisch aufgefaßt, unabhängig von Fragen der Konvergenz oder Divergenz, die bei Einsetzen von Zahlenwerten für die Variablen auftreten mögen.

Der generelle Geist, in dem Novalis sich mit den Wissenschaften seiner Zeit auseinandersetzte, ist in seinem Romanfragment *'Die Lehrlinge zu Sais'*[1] anschaulich beschrieben. Die Figur des Lehrers symbolisiert den Freiberger Mineralogen A.G.Werner, mit dessen mineralogischem Klassifikationssystem sich Novalis in seinen naturwissenschaftlichen Aphorismen vielfältig auseinandergesetzt hat. In verehrender, freundschaftlicher Distanz sagt der Lehrling über seinen Lehrer: *"So wie dem Lehrer ist mir nie gewesen. Mich führt alles in mich selbst zurück. ... Mich freuen die wunderlichen Haufen und Figuren in den Sälen, allein mir ist als seien sie nur Bilder, Hüllen, Zierden, versammelt um ein göttlich Wunderbild, und dieses liegt mir immer in Gedanken. Sie such ich nicht, in ihnen such ich oft. ... Mir hat der Lehrer nie davon gesagt, auch ich kann ihm nichts anvertrauen, ein unverbrüchliches Geheimnis dünkt es mir."*[2]

Im Unterschied zu seinem Lehrer sucht der Lehrling hinter den Dingen eine verborgene Idee oder Struktur als das Geheimnis dieser Dinge, das *"göttlich Wunderbild"*. Die rein empirische Untersuchung der Erscheinungen reicht ihm nicht aus. Naturforschung darf die Tatsachen nicht als ein unverbundenes Aggregat neben einander stehen lassen, sondern hat sie als Erscheinungsformen einer 'Tiefenstruktur' zu erweisen und theoretisch zu deuten, weil erst eine solche theoretische Deutung uns ihren *Sinn* erschließt. *"Die äußern Erscheinungen verhalten sich zu den Innern, wie die perspectivischen Veränderungen zu der Grundgestalt — und so wieder die äußern und innern Erscheinungen unter sich.",*[3] so drückte es Novalis in einem Aphorismus aus. Die innere Wirklichkeit des Menschen war für Novalis eigentlich die reichere. *"Mich führt alles in mich selbst zurück..."* Die äußere Realität ist Erscheinungsform der Idee.

Novalis' Auffassung der Mathematik war im Ganzen und in den Details durch diese Grundkonstellation bestimmt. Mathematik ist Ausdruck und Symbol einer höheren Einheit des Wissens und umgekehrt muß in den mathematischen Symbolen diese höhere Einheit, ihr Sinn und ihre Bedeutung, gesucht werden.

---

1) vgl. Neubauer [1978]
2) Novalis [1960], 81
3) Novalis [1983], 389

In der Interpretation mathematischer Tatbestände führte diese Suche nach dem Sinn zu dem immer neuen Versuch einer *metaphorischen Übertragung* mathematischer Sachverhalte in andere Bereiche. Betrachten wir einige Beispiele. *"Die Differentialen des Unendlich Großen, verhalten sich wie die Integralen des Unendlich Kleinen − weil sie eins sind.*

$$(1 \times \infty) : 1 :: 1 : \frac{1}{\infty}$$

Die Verhältnisse der verschiednen Einheiten oder Mittelglieder sind gleich den Verhältnissen der dazu gehörigen Endglieder gebildet.

$$(2 \times \infty) : 1 :: 2 : \frac{1}{\infty} \text{,"}^1$$

Die inverse Beziehung des Unendlich Großen und des Unendlich Kleinen war, auch in der Form, wie Novalis sie hier notierte, mathematisch selbstverständlich. Interessanter ist, daß bei Novalis sogleich der Versuch gemacht wird, die unterschiedlichen Ordnungen der Größen mit *qualitativen* Unterschieden in Verbindung zu bringen. *"291. Produkte etc. Heterogener Constituenten verschwinden z.B. die Produkte von Größen verschiedner Ordnungen − oder Grade. Relativen Gehalt oder Bestand haben sie nur in Beziehung auf einander. Eine Größe kann verschwindender, als die Andre seyn je nachdem die Heterogeneität der Constituenten größer oder kleiner ist − So entstehn relative Größen − relativer Gehalt − das Nichts hat Grade und in Beziehung der verschiedenen 0en auf einander bekömmt jede einen relativen Gehalt − sie wird zur rel[ativen] Zahl, zur rel[ativen] Größe, zum rel[ativen] Etwas. Das relat[ive] Etwas ist aber = in Beziehung auf ein abs[solutes] Etwas. Jede Größe, jedes Etwas ist 0, in Beziehung auf etwas Anderes − Heterogenes. Nur durch Homogeneisierung realisieren sich die relativen 0en für einander − werden*
(allg[emeines] Annihilationssystem!)
sie vergleichbar − Factoren einer gemeinschaftlichen Größe − mittelst des homogéneisierenden Princips."^{2}

Hier wird also der Versuch gemacht, den Begriff der infinitesimalen Größe (Null und nicht Null) rational zu verstehen, indem man ihn mit unterschiedlichen Quali-

─────────────
1) Novalis [1983], 291
2) a.a.O., 292

täten in Beziehung setzt. Die entscheidende Idee hierbei ist, daß jede Größe als 0 in Beziehung auf etwas qualitativ Verschiedenes und daher nicht Vergleichbares betrachtet werden kann. Rationelle Ausformulierungen dieser Idee sind leicht denkbar: etwa die Linie ist 0 im Hinblick auf die Fläche etc.

Daher ist es naheliegend, die Stufenfolge der Dimensionen als qualitative Skala zu begreifen. Das führt Novalis für Raum und Zeit durch und benutzt dies zum Versuch der Verallgemeinerung des Zeitbegriffs. "848.

d		g		b			a
Der Raum	—	die Fläche	—	die Linie	—	der	Punct

δ		γ		β			α
Der Zeitraum		die Zeitfläche		der Zeitlauf		der	Moment
(Ausdehnung		(Widerstand					
posi[tiv])		neg[ativ])					

d und δ — g und γ — b und β — a und α entstehn zugleich."[1]

An verschiedenen Stellen macht Novalis den Versuch, die Stufenfolge der elementaren mathematischen Operationen mit qualitativen Gradationen zu verknüpfen. Betrachten wir zunächst einen Bezug zur Physik. *"111.MATHEM[ATIK]. Allg[emeiner] Begriff der* **Multiplication** *— nicht blos der Mathematischen — so der Division, Addition etc.*
Vorzüglich interessant ist diese philosophische Betrachtung der bisher blos mathematischen Begriffe und Operationen — bey den Potenzen, Wurzeln, Differentialen, Integralen, Reihen — **Curven** *— und* **Directen-Functionen.** *Der* **Binomialsatz** *dürfte noch eine weit höhere Bedeutung — eine viel interessantere Anwendung in der Physik — in Betr[eff] der Polaritaeten etc. erhalten.*
3fache Polaritaeten — Infinitomische Polaritaeten. *Nicht blos Binomism — sondern auch Infinitomism."*[2] Zunächst wird also die Frage nach einem allgemeineren, und das heißt, nicht nur mathematischen Begriff der Multiplikation und der höheren Operationen gestellt. Gesucht sind Interpretationen dieser Operationen in anderen Gebieten, etwa in der Physik. Für die binomische Formel wird ein Vorschlag gemacht, nämlich die beiden Terme des Binoms als Pole einer Polarität

1) a.a.O., 433
2) a.a.O., 260/1

zu deuten. Die bimomische Formel würde dann einen Ausdruck liefern, in dem über Terme summiert wird, die die Pole sozusagen in verschiedenen Mischungen, deren Verhältnisse durch die Verhältnisse der Exponenten angegeben werden, enthalten. Es ist sehr charakteristisch für die Art der Argumentation bei Novalis, daß die Spiegelung des Mathematischen in der Physik am Beispiel des damals in der Naturphilosophie vielbenutzten Begriffs der Polarität nicht nur eine Interpretation des Mathematischen bewirkt, sondern daß die Mathematik umgekehrt sofort zur Generalisierung des Physikalischen benutzt wird. Wäre es denkbar, nicht nur eine aus zwei, sondern aus mehreren verschiedenen Polen bestehende Polarität zu unterstellen? Sogar eine Polarität mit unendlich vielen Gliedern (ein Infinitinom) wird in Erwägung gezogen. Die Grundidee, die Stufenfolge der mathematischen Operationen mit einer qualitativen Skala zu verbinden, war der Zeit geläufig; häufig wurden Addition/ Subtraktion als mechanische, Multiplikation/Division als chemische und Potenzierung/Wurzelziehung als organisache Operationen bezeichnet.

Die Anwendung derselben Idee auf die Epistemologie liest sich bei Novalis so: *"198.ENZ[YCLOPAEDISTIK]. Die W[issenschaft] im Großen besteht, nach Hemsterhuis, aus dem Produkt der Gedächtnisw[issenschaften], oder der gegebnen Kenntnisse, und der Vernunftw[issenschaften], oder der gemachten [erworbnen] Kenntnisse. Die leztern sind das bloße Werck des Menschen. Die W[issenschaft] im Großen ist also überhaupt die* **TotalFunction** *der* **Daten** *und* **Facten** *— die n Potenz des* **Reihenbinoms der Daten und Facten.** *Hier wird die* **combinator[ische] Analysis** *Bedürfniß. "*[1] Wissenschaft wäre danach also ein Aggregat aus Bestandteilen (vgl. die rechte Seite der binomischen Formel), in denen jeweils gegebene und gemachte Kenntnisse ("Daten" und "Fakten") in unterschiedlichen Mischungsverhältnissen (wie es die Exponenten jeweils angeben) mit einander kombiniert sind. Der Gedanke taucht noch an einigen weiteren Stellen der Novalisschen Notizbücher auf. All dies verblieb im Metaphorischen. Damit ist natürlich nicht gesagt, daß diese Ideen nicht auch einer strengeren Ausführung fähig wären, und zweifellos haben viele Autoren, die mit ähnlichen Überlegungen damals experimentierten, auch angenommen, daß eine wissenschaftliche Ausführung möglich sein müßte.[2]

Der Begriff der Potenzierung wurde in der damaligen Wissenschaftsphilosophie in vielfältiger Weise metaphorisch ausgedeutet. Im Anschluß an die Aristotelische

---

1) Novalis [1983], 275
2) vgl. Abschnitt II.4 dieser Arbeit für ein ähnliches Gedankenexperiment von Herbart

Sicht der *'potentia'* als innewohnende gestaltende Kraft faßte F.Schlegel die Potenzierung als eine Kombination mit sich selbst.[1] Da das Produkt zweier (dimensionierter) Größen eine Größe neuer Qualität ergibt (etwa: Länge mal Länge = Fläche), kann man sich vorstellen, daß das Produkt des Selbst mit sich Selbst ein höheres Selbst ergibt und die Potenzierung so den Prozeß der Entwicklung des Selbst beschreibt, das sich in einer fortschreitenden Reihe von *"Selbstbegegnungen"* auf eine immer höhere Potenz hebt. Ganz generell bezeichnete bei Novalis und Schlegel der Begriff 'Potenz' die hierarchisch geordneten Schichten eines Bereichs, das Verb 'potenzieren' beschrieb die sprunghafte Entwicklung von einer Stufe zur anderen. Und so wie in dem obigen Zitat von Novalis Wissenschaft als fortschreitende Potenzierung der beiden Faktoren gegebene und gemachte Erkenntnisse beschrieben wurde, so bezeichnete Novalis generell die Bewußtseinsentwicklung des Menschen als eine *"qualitative Potenzenreihe"*, kombiniert aus unterschiedlichen Bestandteilen des Bewußtseins.

F.Schlegel sprach von der *"Tendenz des menschlichen Geistes"*, *"sich immer höher zu potenzieren"*. Schlegel wandte die Figur des 'Potenzierens' universell auf Natur und Geist an, und entwickelte daraus die Theorie einer genetischen Erkenntnismethode, die der syllogistischen Methode entgegengesetzt sei. Die Welt sei ein *"unendliches Ich im Werden"* und Wissen entstehe durch einen Nachvollzug des Werdens in einer Kette von Potenzierungen, oder durch eine Naturbetrachtung, die in der Natur ein sich ständig potenzierendes Bewußtsein wahrnimmt. Wissen sei deshalb wesentlich genetisch. Das werdende Ich gehe in sich selbst zurück und gelange durch Reflexion auf eine höhere Stufe, potenziere sich also. In der Erkenntnis der Natur werde dieser Prozeß umgekehrt, indem das Selbst in der Natur die niedrigeren Reflexionsstufen erkenne. *"Das Insichzurückgehen, das Ich des Ich, ist das Potenzieren; das Aussichherausgehen das Wurzelausziehen in der Mathematik."*[2] Wurzelausziehen ist daher jene Operation, in der das auf höherer Stufe stehende menschliche Bewußtsein in der Natur seine eigene frühere Existenzform erkennt und damit seine eigene Geschichte rekonstruiert. Für Schlegel spielte die mathematische Metaphorik hier eine große Rolle, da er, wie wir gesehen haben, davon ausging, daß Anschauung und eidetisches Denken sich nur für die untersten Stufen des Bewußtseins eigneten. Damit fehlten ihm aber für die höheren Stufen des Bewußtseins die Denkmittel, wir würden heute von Modellen sprechen. An diese Stelle traten ihm nun die algebraisch−kombinatorischen Formen zur metaphorischen Beschreibung eines neuen Typus von unanschaulichen Begriffen,

---

1) vgl. Neubauer [1978], 177ff.
2) Schlegel [1804/5], 349

die die von der Einbildungskraft erfaßte *"Fülle und Mannigfaltigkeit der Welt zur Einheit zusammenzudrängen und zusammenzufassen"*[1] hatten und die daher diese Fülle nach Gesetzen des Werdens gegliedert, organisch, lebendig und genetisch darstellen sollten. Die reine Anschauung Kants hatte Schlegel, dabei auf Fichtes Spuren wandelnd, damit weit hinter sich gelassen. Für ihn war es mehr als eine modische Phrase, wenn er feststellte: *"Diese Methode, die Gegenstände nach ihrer innern Zusammensetzung und ihren Elementen, ihrer stufenweisen Entwicklung und ihren innern Verhältnissen zu sich selbst zu betrachten und zu begreifen, kann man als entgegengesetzt der syllogistischen, bloß für den subalternen, technischen Gebrauch gültigen, die genetische oder wegen der Ähnlichkeit mit der Mathematik die Methode der Konstruktion nennen."*[2]

Der metaphorische Bezug auf die Mathematik repräsentierte nur eine Dimension der Novalisschen Reflexionen. Andere Reflexionsstränge versuchten die Mathematik als Modell für andere Bereiche des Lebens, der Wissenschaft, der Kunst und der Philosophie zu deuten. Dabei hatte Novalis durchaus präzise Vorstellungen über die Eigenart des Mathematischen − Vorstellungen, die gemessen an dem zu seiner Zeit gängigen Reflexionsniveau weit ins 19.Jahrhundert hinein vorgriffen. Wir wollen uns im folgenden auf drei Ideenkomplexe beschränken, nämlich 1. die Anwendung des **Genie-Begriffs** auf universelle Arithmetik und kombinatorische Analysis, deren Kern 2. die Idee einer **kritischen Mathematik** war, und 3. die Anwendung des romantischen **Symbolbegriffs** auf die Mathematik.

In den *"Freiberger naturwissenschaftlichen Studien"* findet sich ein 2 1/2 Seiten umfassendes Fragment, das *"Arythmetika Universalis"* betitelt ist. Hier nennt Novalis zunächst (Textbuch-)Autoren, auf die seine Bemerkungen sich beziehen: *"Newton, Bézout, Burja, Vieth, Mönch, Stahl, Kästners Analysis finitorum, Hindenburgs Schriften und andere mehr. Schulzens Mathematik, Klügel, aus dem Polynomischen Lehrsatz v[on] Hindenburg."* Es folgen Charakterisierungen der Arithmetik: *"Zählen ist eine analytisch synthetische Operation"* − also ein Auflösen und Verbinden oder, wie er sagt, ein *"Begreifen"* und *"Unterscheiden"* zugleich.[3]

Dann macht er durch die Worte *"Unbestimmtes Rechnen − bestimmtes Rechnen"* klar, daß eine weitgehende Analogie zwischen Zahlen- und Buchstabenrechnen besteht und daß er im Begriff des *"Rechnens überhaupt"* beides meint. Daher ist

---

1) a.a.O., 361
2) a.a.O., 322f
3) Novalis [1983], 167

eine spezielle Rechnungsart eine *"besondere"* Weise zu rechnen — eine *"individuelle Modifikation des Rechnens überhaupt. "*[1]

Dann folgt die entscheidende Unterscheidung von *"vollkommenem"* und *"unvollkommenem"* Rechnen. Vollkommenes Rechnen habe keine Modifikationen. *"Unvollkommenes Rechnen ist rechnen — wo die Elementarhandlungen des Rechnens getrennt sind — wo die Modifikation einer Elementarhandlung nicht von dem Entgegengesetzten repraesentirt wird und vice versa — wo unregelmäßig — unvernünftig procedirt wird — wo nicht jede Analysis correspondirende Synthesis zugleich ist und umgekehrt — wo die Elemente unverhältnismäßig wircken und simultanisiren. Unvollk[ommnes] Rechnen hebt sich selbst zum Theil auf — und streitet gegen seinen Zweck. "*[2]

Es ist klar, was damit gemeint ist: unvollkommenes Rechnen ist nur an der Ausführung der einzelnen Operation orientiert, vollkommenes Rechnen betrachtet den Strukturzusammenhang oder das *System aller Operationen.* Unvollkommenes Rechnen hat keinen Überblick und damit auch keine Kontrolle über die eigene Tätigkeit, es ist daher *"unregelmäßig"* und *"unvernünftig".* Vollkommenes Rechnen sieht den übergreifenden, die Aktivität regulierenden systematischen Zusammenhang, genau daher hat es, wie Novalis sagt, *"keine Modificationen",* es ist allgemein. Diese Allgemeinheit aber ist umgekehrt auch nur gegeben, wenn das Rechnen keine Modifikation hat. Das ist der Fall, wenn alle Operationen durchgängig ausführbar sind. Mathematisch bedeutet dies, einen entsprechenden Zahlbereich zu unterstellen. Wie dies aufzufassen und durchzuführen sei, war zu Novalis' Zeit umstritten, die allgemeine Idee existierte aber, wie man sieht. Denkpsychologisch ergeben sich direkte Assoziationen zu Piagets Begriff der *Reversibilität.* Rechnen ist nur vollkommen, wenn man auf verschiedenen Wegen zum Ziel kommen kann und in der Lage ist, den besten zu wählen. Diese Idee führt Novalis dann dazu, *Denken und Rechnen* in *Parallele* zu setzen. *"Rechnen und Denken ist eins. ... Nur unvollk[ommnes] Rechnen ist vom Denken überhaupt verschieden. ..."*[3]

Die Totalität des Zahlsystems stiftet also den einheitlichen Grund, der es ermöglicht, daß das Rechnen so kontrolliert verläuft, daß es mit dem Denken identisch werden kann. Novalis spitzt seine Gedanken dann zu, indem er sagt: *"Grundpro-*

---

1) a.a.O.
2) a.a.O.
3) a.a.O., 168. Vgl. in demselben Sinne auch E.Tillich: *"Die Zahl ist der einfachste Maßstab der Wahrheit ... Nur inwiefern wir zählen, denken wir. "* (Tillich [1805], 23)

blem der Mathematik. (Giebt es ein mathematisches Genie (Leben)? ...) ... Genie ist d[as] synthesirende Princip, das Genie macht das Unmögliche möglich – das Mögliche unmöglich – das Unbekannte Bekannt das Bekannte Unbekannt etc. Kurz es ist das Moralisirende – transsubstantiirende Princip. (Leben und genialisches Princip oder Genie ist eins.)(Unvollk[ommnes] Genie) [1]

Genie wird also zunächst mit dem Leben parallelisiert, d.h. es geht um autonome Schöpfung. Dann wird Genie als ein Prinzip bestimmt, durch das Unmögliches und Mögliches, Bekanntes und Unbekanntes in einen gleichförmigen Zusammenhang gebracht werden: eine gute Beschreibung jenes Systems der universellen Arithmetik, in dem alle Operationen ohne Einschränkung ausführbar sind und in dem daher *"vollkommenes Rechnen" "ohne Modificationen"* stattfinden kann. Ganz im Sinne Fichtes kann das Genie, weil es eine höhere Stufe reflektierten, bewußten Handelns einnimmt, auch als *"moralisierendes-transsubstantiirendes Princip"* bezeichnet werden. Diese höhere Stufe ist deswegen ein *moralisierendes* und *transsubstantiierenddes* Prinzip, weil sie im eigentlichen Sinne die *Bedeutung* des Kalküls konstituiert.

Zum Abschluß dieses Manuskripts zählt Novalis dann mögliche Kalküle auf (Verbindungen zweier Operationen, dann dreier Operationen) und kommentiert:*"Erschöpfung der Arten des Calcül durch Combinatorische Kunst."* [2]

Zum besseren Verständnis dieser Überlegungen muß man sich die generelle Bedeutung des Genie-Begriffs im Kontext der Romantik vergegenwärtigen. [3] In der ästhetischen Theorie des 18.Jahrhunderts war Genie als Ausdruck der Subjektivität des Künstlers im *Gegensatz zum Begriff der Regel* bestimmt worden. In der Schaffung eines Kunstprodukts fragt das Genie nach keiner Regel, sondern durch sein Produkt setzt es die Regeln. Diese kann die Ästhetik bestenfalls im Nachhinein aus den Kunstprodukten ableiten. 'Genie' hatte also die Konnotationen der autonomen Schöpfung und des Gegensatzes zur Regel. Dieser ästhetische Genie-Begriff wurde nun in der Romantik verallgemeinert und universell als *"Geist"* der Geschichte und der Zeit, *"Genius des Zeitalters"* ausgedeutet. Zugleich vertrat man programmatisch die Position, daß *"jeder Mensch von Natur ein Dichter"* [4] sei, wie es F. Schlegel ausdrückte, und daher als autonomer Schöpfer anerkannt werden müsse. Jedes einzelne individuelle Leben wird so zu

---

1) a.a.O.
2) a.a.O., 169
3) vgl. hierzu: J.Ritter [1974]
4) F.Schlegel, Literary Notebooks 1797-1801. Ed. by H.Eichner. London (1957), 42

einem Kunstwerk für sich. Die Kunst wurde damit zum Modell für alle Lebenssphären, und insbesondere wurde sie auch zum Modell für die Wissenschaften.
Man hat damit eine umfassende Spiegelung der verschiedenen Lebensbereiche
ineinander. Diese wechselseitgen Spiegelungen von Kunst in Wissenschaft, Wissenschaft in Kunst, Kunst in Alltag, Alltag in Kunst waren konstitutiv für die romantische Denkweise. Sie bringen zum Ausdruck, daß sich in allen diesen Lebensbereichen das Problem der Sinngebung und der Bedeutungszuschreibung stellt. Die
verschiedenen Lebensbereiche stellen jeweils *Sinnzusammenhänge* sui generis dar.
Sie sind insofern analog, als die Problematik der Sinnkonstitution für alle Bereiche
strukturelle Ähnlichkeiten aufweist. Sinn und Bedeutung sind nämlich einmal
ganzheitlich, eben deswegen muß man von Sinn*zusammenhängen* sprechen, zum
anderen lassen sie sich nicht unmittelbar aussprechen und existieren eigentlich nur
noch im *Symbol,* wie es H. Weyl formuliert hat.

Im engeren Sinne implizierte die Anwendung der Genie-Metapher auf die Universelle Arithmetik durch Novalis zwei Momente. Das erste war die Freiheit des
Schöpferischen. Nur indem man einen gegebenen Bereich transzendiert, sich von
seinen Begrenztheiten löst und ihn durch Einführung idealer Elemente (hier also
der entsprechenden Zahlformen) in ein System verwandelt, kann man sich in
diesem Bereich flexibel und kontrolliert bewegen. Die Einführung idealer Elemente
aber ist ein schöpferischer Prozeß. Zum anderen implizierte die Genie-Metapher
auch die Einsicht, daß es für den Mathematiker und denjenigen, der Mathematik
intelligent anwendet, nicht darum gehen kann, nur die Regeln und Verfahrenswei-
sen zu kennen, sondern daß man in den Geist der Methode eingedrungen sein und
ihren inneren systematischen Zusammenhang erfaßt haben muß. Erst dieses Einlassen auf den inneren Zusammenhang konstituiert dann auch Sinn und Bedeutung
der Theorie.

Novalis hat die Genie-Metapher noch an mehreren Stellen in dem gleichen Sinne
verwandt. So heißt es im "*Allgemeinen Brouillon*": "*567. Eine wahre Methode
synthetisch fortzuschreiten ist die Hauptsache — vorwärts und rückwärts. **Methode
des divinatorischen Genies.**"*[1] Oder: "*Die Mathematik ist ächte Wissenschaft —
weil sie gemachte Kenntnisse enthält — Produkte geistiger Selbstthätigkeit — weil
sie methodisch genialisiert. Sie ist **Kunst,** weil sie genialisches Verfahren in Regeln
gebracht hat — weil sie lehrt Genie zu seyn — weil sie die **Natur durch Vernunft**
ersetzt.*

---

1) Novalis [1983], 364

*Die höhere Mathematik beschäftigt sich mit dem **Geiste** der Größen —
mit ihrem **politischen Princip** — mit der **Größenwelt**"[1].*

Von dem *politischen Prinzip* kann hier die Rede sein, weil wiederum das Problem
der Sinnkonstitution als entscheidend erkannt wird. Wir notieren auch die Formulierung, daß die Mathematik Natur durch Vernunft ersetzt: eine ähnliche, etwas
weniger zugespitzte Idee hatten wir bei Schelling gesehen, als dieser sagte, daß
Mathematik und Naturwissenschaft nur eine und dieselbe, von verschiedenen Seiten
angesehene Wissenschaft sein könnten.

Schließlich heißt es in einem Fragment, das kurz nach Novalis' Tod von
F.Schlegel unter dem nicht von Novalis stammenden Titel *"Hymnus an die
Mathematik"* publiziert wurde: *"Ächte Mathematik ist das eigentliche Element des
Magiers."* bzw. *"Das Leben der Götter ist Mathematik. Alle göttlichen Gesandten
müssen Mathematiker seyn."*[2]

Die epistemologische Dimension der Idee, die Novalis mit der Genie-Metapher im
Auge hatte, wird von ihm in anderen Zusammenhängen mit den Begriffen *"kritisch"* und *"kritische Mathematik"* bezeichnet. Die Idee einer *kritischen Mathematik* antwortet ganz im kantischen Sinne auf die Frage nach den Bedingungen der
Möglichkeit einer mathematischen Operation, eines mathematischen Begriffs oder
eines mathematischen Systems. Es ist einleuchtend, daß die Kombinatorik, indem
sie Mittel an die Hand zu geben scheint, das Universum aller symbolisch bildbaren
Terme zu beschreiben und rationell zu handhaben, als ein Instrument betrachtet
werden kann, die Bedingungen der Möglichkeit mathematischer Systeme zu
untersuchen und diese damit im eigentlichen Sinne zu begründen. Für hinreichend
begrenzte Systeme macht auch die moderne formale Logik von dieser Idee Gebrauch, und den Mathematikern der Kombinatorischen Schule stand sie ebenfalls
vor Augen. Novalis hat dies bei seiner Beschäftigung mit der Kombinatorischen
Analysis sofort verstanden und in einer Reihe von Notizen reflektiert. *"Algeber
und combinatorische Analysis sind durchaus kritisch. Die unbekannten fehlenden
Glieder findet man durch Syllogistik — Combinatorische Operationen der gegebenen Glieder. (vid. Kants Verfahren — und mein Verfahren bey dem oryktog[nosti-
schen] System.) Sonderbar ist es, daß man die Analysis meistens nur zur höhern
Geometrie oder Mechanik gerechnet hat. Sie, mit Inbegriff der combinatorischen
Analysis sind auch eigentlich transcendente Geometrie und Mechanik. Sie beschäf-*

---

1) a.a.O., 473/4
2) Novalis [1983] ,593/4

tigen sich mit den **tabellarischen Formen (Figuren)** *und* **Bewegungen** *der Zahlen oder Größenzeichen. (vid. Leibnitzens Vorrede bey Hindenburg.)* "[1]

1798 geschrieben, ist dies ein wirklich erstaunliches Zitat. Es enthält mindestens drei für die Mathematik des 19.Jahrhunderts wesentliche Ideen. Zunächst die Idee, ein unvollkommenes schwer beherrschbares System durch Einführung idealer Elemente beherrschbar und durchsichtig zu machen (Einführung *"unbekannter"*, *"fehlender Glieder" "durch Syllogistik"*, dies illustriert durch den Hinweis auf sein oryktognostisches (= kristallographisches System). Zum zweiten ist die Vorstellung herauszuheben, die Analysis nicht als Teil der höhern Geometrie oder Mechanik zu betrachten, sondern als *"transcendente Geometrie oder Mechanik"*. 'Analysis' bezeichnete hier einen einheitlichen Bereich von Rechnungsformen, den man sich durch eine Stufenfolge immer höherer Operationen strukturiert und letztlich auf dem Zahlbegriff fundiert vorstellte. Seine begriffliche Durchstrukturierung setzte gerade zu Novalis' Zeit ein. Analysis als transcendente Geometrie und Mechanik meinte daher, eine solche reine Zahlenlehre als *Grundlagendisziplin der Mathematik* aufzustellen. Diese Idee einer 'Arithmetisierung der Mathematik' scheint am Ende des 18.Jahrhunderts in der Luft gelegen zu haben, wurde aber von Novalis erstaunlich klar formuliert. Noch bemerkenswerter aber ist drittens seine Ausdeutung dieses Programms als einer Theorie der *"tabellarischen Figuren und Bewegungen der Zahlen oder Größenzeichen"*. Hier ist nicht mehr von geometrischen Figuren die Rede, sondern von graphisch dargestellten[2] Symbolkombinationen. Diese Auffassung des Mathematischen als einer Theorie, die Figuren aus Symbolen und deren *"Bewegungen"* studiert, war durch die Kombinatorische Schule zweifellos nahegelegt, man wird allerdings vergeblich in den Arbeiten dieser Schule nach Formulierungen suchen, die derart nahe an der Auffassung der heutigen formalen Logik liegen. Was in den Schriften der Kombinatorischen Schule implizit enthalten war, wird hier bei Novalis zu einer explizit ausgesprochenen Programmatik.

'Kritische Mathematik' bedeutete für Novalis nicht, daß es um eine ganz andere erst zu entwickelnde Mathematik ginge, sondern bezeichnete für ihn Möglichkeiten, die der Mathematik, die er vorfand, inhärent waren.[3] Die Bedeutung dieses

---

1) a.a.O., 387
2) Zur Bedeutung des visuellen Elements im symbolischen Denken vgl man Hilberts entsprechende Ausführungen, etwa:*"...die Gegenstände der Zahlentheorie [sind] die Zeichen selbst, deren Gestalt unabhängig von Ort und Zeit und von den besonderen Bedingungen der Herstellung des Zeichens sowie von geringfügigen Unterschieden in der Ausführung sich von uns allgemein und sicher wiedererkennen läßt."* (Hilbert [1922], 163)
3) Dies wird bei Haering anders gesehen, vgl. etwa Haering [1954], 545ff.

Momentes für das generelle Denken betonte er in immer neuen Variationen. Dies lehrt bereits die Fortsetzung des obigen Zitats. Die Idee der Symbolfiguren wird von ihm unmittelbar generalisiert. *"Die Wort und Zeichenmalerey gewährt unendl[iche] Aussichten. Es lassen sich eine Perspectiv und mannichfache tabellarische Projectionen der Ideen in ihr denken, die ungeheuren Gewinn versprechen. – Eine sichtbare Architektonik – und Experimentalphysik des Geistes– eine Erfindungskunst der wichtigsten Wort und Zeichen Instrumente läßt sich hier vermuten. (Instrumente sind gleichsam reale Formeln)(Ihre W[issenschaft] ist eine Algeber der Physik und Technologie.)"*[1] Und eine mathematiknahe Umschreibung der allgemeinen Idee der Kombinationslehre: *"566.MATHEM[ATIK]. In der Combinationsl[ehre] liegt das Princip der Vollständigkeit – so wie in der Analysis – oder d[er] Kunst aus gegebenen Datis die Unbekannten Glieder zu finden – (Aber auch diese sezt eine richtige vollst[ändige] Aufgabe oder Gleichung voraus etc.) (Sollte man nicht d[urch] regelmäßige Irrthümer zu seinem Zwecke gelangen – hat man eine unvollständige Aufgabe, so variirt man sie so oft als möglich[,] lößt und beweißt diese Variat[ionen] – am Ende erhält man die vollst[ändige] Aufgabe.)"*[2]

Das Element der Kritik ist untrennbar mit Reflexion verbunden, und Reflexion erfordert eine *Objektivierung* des zu Reflektierenden. *"Die sog[enannten] reflectirten oder indirecten W[issenschaften] sind nicht combinatorisch sensu generali – aber sie sollen es werden. Ged[ächtnis] und Verst[and] sind jetzt isolirt – sie sollen wechselseitig vereinigt werden. (Das Abstracte soll versinnlicht, und das Sinnliche abstract werden – (Entgegengesetzte Operationen die Eine mit der Andern besteht und vollendet wird. Neue Ansicht v[on] Ideal[ismus] und Real[ismus].)"*[3] Daher gehen Mathematik und Philosophie in einander über. *"Am Ende ist Mathematik nur gemeine, einfache Philosophie und Phil[osophie] höhere Mathematick im Allg[emeinen]. – Höhere Mathematik insbesondere knüpft die gemeine Mathematik an das System d[er] Mathem[atik] und dieses stößt an die Philosophie der Mathematik – oder phil[osophische] M[athematik], wie denn die systematische W[issenschaft] immer der Vorläufer und die Grenze eines höhern Grades der W[issenschaft] überhaupt – des phi[losophischen] Grades ist.(Grade der Wissenschaftlichkeit. Der höchste Grad der Wissenschaftlichkeit wird Phil[osophie] genannt.)"*[4]

---

1) a.a.O.
2) a.a.O., 365
3) a.a.O., 299
4) a.a.O., 346/7

Die generelle Bedeutung von Kritik und Reflexion für die Konstitution von Bedeutung ist für Novalis eine weitere Grundlage der Analogien, die er zwischen Mathematik und Kunst, Mathematik und Sprache, Mathematik und Technik sieht. Besonders häufig ist die Beziehung auf die Musik. *"547. MUS[IKALISCHE] MATHEM[ATIK]. Hat die Musik nicht etwas von der Combinatorischen Analysis und umgekehrt. Zahlen Harmonieen − Zahlen acustik − gehört zur Comb[inatorischen] A[nalysis]. Die Zähler sind die mathematischen Vokale − alle Zahlen sind Zähler.*

Die Comb[inatorische] Analys[is] führt auf das ZahlenFantasiren − und lehrt die Zahlencompositionskunst − den mathemat[ischen] Generalbaß. ... Der Generalbaß enthält die musicalische Algeber und Analysis. Die Combinat[orische] Anal[ysis] ist die kritische Alg[eber] und An[alysis] − und d[ie] musicalische Compositionslehre verhält sich zum Generalbaß wie die Comb[inatorische] An[alysis] zur einfachen Analysis.

Manche mathem[atische] Aufgabe läßt sich nicht einzeln, sondern nur in Verbindung mit andern − aus einem höhern Gesichtspuncte- durch eine combinatorische Operation blos auflösen." [1]

Wie weitgehend Novalis die Mathematik unter dem Gesichtspunkt sah, eine Theorie und eine Technik des Operierens mit Symbolen zu sein, wird in dem folgenden Zitat sehr deutlich. Es zeigt auch Novalis' klare Einsicht, daß die Welt des Symbolischen dem Menschen gegenüber, der eigentlich der Schöpfer dieser Symbole ist, eine immer höhere Autonomie gewinnt und eine von ihm nicht mehr völlig beherrschbare Macht darstellt. *"MATH[EMATIK]. Am Ende ist die ganze Mathemat[ik] gar keine besondre Wissenschaft − sondern nur ein allgem[ein] wissenschaftliches Werckzeug − ... Sie ist vielleicht nichts, als die exoterisirte, zu einem äußern Object und Organ, gemachte Seelenkraft des Verstandes − ein realisirter und objectivirter Verstand. Sollte dieses vielleicht mit mehreren und vielleicht allen Seelenkräften der Fall seyn − daß sie durch unsre Bemühungen, äußerliche Werckzeuge werden sollen? − Alles soll aus uns heraus und sichtbar werden − unsre Seele soll repraesentabel werden − Das System der Wissenschaften soll symbolischer Körper (Organsystem) unsers Innern werden − Unser Geist soll sinnlich wahrnehmbare Maschine werden − nicht in uns, aber außer uns./ Umgekehrte Aufgabe mit der Äußern Welt./"* [2]

Von der Mathematik her wird also sofort wieder auf alle Wissenschaften hin generalisiert, diese als *"symbolischer Körper unsers Innern"* bestimmt. Solche

1) a.a.O., 360
2) a.a.O., 251/2

Äußerungen erscheinen visionär, und doch im Angesicht unserer heutigen Wissenschaft und Technik als realistische Vorwegnahme kommender Entwicklungen. Nicht nur die Wissenschaften, sondern das gesellschaftliche Leben schlechthin hat sich weitgehend in künstliche, symbolische Welten hinein aufgelöst.

Der symbolische Charakter des Wissenschaftlichen impliziert das Problem der Verständlichkeit, das von Novalis ebenfalls reflektiert wird. ''49.PSYCH[OLOGIE] UND ENZYKLOP[AEDISTIK]. *Deutlich wird etwas nu[r] [du]rch Repraesentation. Man versteht eine Sache am leicht[este]n, wenn man sie repraesentirt sieht. So versteht man das Ich nur insofern es vom N[icht]I[ch] repraesentirt wird. Das N[icht]I[ch] ist das Symbol des Ich und dient nur zum Selbstverständniß des Ich. So versteht man das N[icht]I[ch] umgekehrt, nur insofern es vom Ich repraesentirt wird, und dieses sein Symbol wird. In Hinsicht auf die Mathe[matik] läßt sich diese Bemerckung so anwenden, daß die Mathem[atik], um verstaendlich zu seyn repraesentirt werden muß. Eine Wissenschaft läßt sich nur durch eine andre wahrhaft repraesentiren. Die paedagogischen Anfangsgründe der Mathem[atik] müssen daher* **symbolisch** *und* **analogisch** *seyn. Eine bekannte W[issenschaft] muß zum* **Gleichniß** *für die Mathematick dienen und diese Grundgleichung muß das Princip der Darstellung der Mathematick werden./So wie die Anthropologie, die Basis der Menschengeschichte, so ist die Physik der Mathematik die Basis der Geschichte der Mathematik.''[1]* Der symbolische Charakter der Mathematik führt also dazu, daß diese Wissenschaft nicht direkt lehrbar ist, sondern daß sie nur vermittelt durch eine andere Wissenschaft, die Physik, und zwar durch diese 'repräsentiert', verständlich wird.

Versucht man eine zusammenfassende Würdigung dieser Aphorismen, so ist der stärkste Eindruck der einer ausgeprägten Doppelgesichtigkeit. Die Suche nach der ''blauen Blume'', romantischer Gefühlsüberschwang und romantische Jenseitssehnsucht gehen unvermittelt in kältesten Rationalismus über. Für die frühe Romantik war dies Progamm. Gefühl und Verstand sollten mit einander verschmolzen werden. Es blieb eine Frage der Deutung, ob dies zu einer Emotionalisierung des Denkens oder zu einer Rationalisierung des Fühlens führte. Aber es ist ganz klar, daß ein Lebensgefühl, wie es in diesen Aphorismen zum Ausdruck gebracht wurde, eine wichtige und unerläßliche Voraussetzung war, um überhaupt ernsthaft und nachdrücklich ein Programm ins Auge fassen zu können, in dem eine wissenschaftliche, dezidiert theoretische Bildung der wichtigste Faktor für die kulturelle

---

1) a.a.O., 246

und moralische Erziehung der nachwachsenden Generationen darstellen sollte. Ein
solches Bildungsprogramm war nur auf dem Hintergrund einer allgemeinen Vorstellung denkbar, nach der Wissenschaft nicht nur die Summe gewisser Kenntnisse
repräsentiert, sondern zugleich auch als eine 'Lebensform' gesehen wird.

Zur Herausbildung einer solchen Einstellung hat das romantische Lebensgefühl
zweifellos erheblich beigetragen. Novalis' Aphorismen zur Mathematik sind ein
prägnanter Ausdruck dafür, wie sich diese Einstellung im Hinblick auf die Mathematik historisch konkret am Ende des 18.Jahrhunderts in einer damals einflußreichen geistigen Strömung darstellte.

Der wichtigste übergreifende Gesichtspunkt in den Notizen von Novalis zur
Mathematik war die **ästhetische Sichtweise** , die in der Anwendung des Genie−Be-
griffs auf die Mathematik gipfelte. Daraus resultierten metaphorische Gleichungen
wie

$$\text{Mathematik} = \text{Kunst}$$
$$\text{Mathematik} = \text{Musik}$$
$$\text{Mathematik} = \text{Sprache}$$
und sogar $\quad\text{Mathematik} = \text{Natur}.$

Alle diese Gleichungen sind auch symmetrisch zu lesen: Kunst ist nicht nur ein
Modell für Mathematik, sondern umgekehrt ist Mathematik auch ein Modell für
die Kunst. Naturgemäß ist dies eine äußerst abstrakte Sichtweise, sowohl der
Kunst, als auch der Mathematik. Wenn sogar Mathematik und Natur gleichgesetzt
werden können, dann bedeutet dies auch Entfremdung. Die von uns geschaffene
Mathematik ist uns fremd geworden und stellt wie die Natur eine nicht mehr
völlig kontrollierbare Macht dar. Diese Abstraktheit der Sichtweise des Novalis
brachte doch sehr prägnant eine Einstellung zum Ausdruck, nach der die einzelnen
Wissenschaften nicht mehr durch diesen oder jenen Gegenstandsbereich definiert
sind, sondern sich dadurch auszeichnen, daß sie *in sich kohärente Sinnzusammenhänge und Praxisbereiche* darstellen und daß daher Wissenschaft als eine Lebensform gesehen werden kann, die auch Modelle für andere Lebensbereiche darbietet.

Im Hinblick auf die spezifische Wahrnehmung der Mathematik muß als ein bemerkenswertes Faktum festgehalten werden, wie sehr für Novalis der *symbolische*
Aspekt im Vordergrund stand. Das mag Zufälligkeiten der Biographie geschuldet
sein und auch mit der romantischen Programmatik zusammenhängen. Man wird
aber konstatieren dürfen, daß sich darin eine durchaus realistische Sicht des fakti-

schen Zustands der Mathematik am Ende des 18.Jahrhunderts niederschlug. In dieser dominierte der arithmetisch–algebraische Kalkül. Wir hatten bereits festgestellt, daß am Anfang des 19.Jahrhunderts eigentlich nur noch die Arithmetik in einem umfassenden Sinne (und dann häufig als *Analysis* bezeichnet) als reine Mathematik akzeptiert wurde, während die Geometrie wie die Mechanik unter die angewandten Disziplinen gerechnet wurde. In der Herausstellung der Idee der Universellen Arithmetik durch Novalis kann man ein Symptom des mathematischen Auffassungswandels in diese Richtung sehen. Dies wird im folgenden, dem mathematischen Konzeptwandel gewidmeten Teil dieser Untersuchung näher analysiert werden.

Novalis' Ausgangspunkt, die Mathematik als Theorie und Technik des symbolischen Operierens zu sehen, begründet das Leitmotiv seiner Aphorismen. Diese können zusammenfassend als Versuche der *Sinnfindung und Bedeutungskonstitution* des symbolischen Kalküls beschrieben werden. Es war eine entscheidende Einsicht am Ende des 18.Jahrhunderts, daß diese Bedeutungskonstitution nicht mehr durch eindeutige Zuordnung von Bedeutungselementen zu einzelnen Zeichen bewirkt werden kann. Wir haben das Auftreten dieser Problematik im Verhältnis des Linienziehens zur Anschauung in der Fichteschen Philosophie diskutiert. Novalis nahm dieses Problem nun unmittelbar in Angriff, und es führte ihn zur Parallelisierung der Mathematik mit der künstlerischen Produktion.

Es ist ein Charakteristikum des Ästhetischen, daß es die Gegenstände verfremdet oder, in der Sicht des späten 18.Jahrhunderts, überhöht. Dies aber fügt sich gut in eine wissenschaftliche Praxis ein, in der ebenfalls der Bezug auf die Wirklichkeit immer indirekter wurde und in der konkrete Gegenstände immer mehr sich in eine allgemeine Gegenständlichkeit auflösten. Produktive Anschauung ist eine Anschauung, die die Gegenstände hinter sich läßt. Die ästhetische Selbstinterpretation der Wissenschaften motivierte und unterstützte daher die immer abstrakter werdende Auffassung von Anschauung, wie wir sie etwa in Fichtes Wissenschaftslehre vorgefunden haben und wie sie im Hinblick auf die Mathematik sehr prononciert Novalis, etwa in seiner Formulierung von der "Methode des divinatorischen Genies", ausgedrückt hat.

Im Rahmen des abstrakter werdenden Verständnisses der *Anschauung* sind auch die *metaphorischen Ausdeutungen* mathematischer Sachverhalte zu sehen, die wir oben anhand einiger Beispiele vorgeführt haben. Vieles davon, etwa die Versuche zur Ausdeutung des binomischen Lehrsatzes, ist nur aus der zeitgeschichtlichen Situation verständlich. Sieht man davon einmal ab, dann bleiben doch zwei rationelle Momente an dieser Metaphorik übrig. Das eine besteht darin, daß es sich hierbei zum Teil um Ideen für mögliche Anwendungen handelt. Daß diese Ideen in der ersten Entstehung vage bleiben, kann ihnen unter historischem Blickwinkel nicht zum Vorwurf gemacht werden. Es gibt wohl keine originelle Idee, die nicht in ihrem ersten Auftreten vage und unausgereift wäre. Die zweite Bedeutung dieser Metaphorik liegt im Anschauungsproblem. Tatsächlich geht es bei vielen dieser Metaphern darum, zu sagen, was die mathematischen Zeichen bedeuten, obwohl sie eigentlich nur sich selbst bedeuten. In den abstrakten Theorien der reinen Mathematik ist dieser *Typus von Anschaulichkeit* gerade derjenige, der dem Theoretiker überhaupt noch übrig bleibt. Hier wird mit einer für den Eingeweihten suggestiven, aber methodisch natürlich nicht kontrollierten und kontrollierbaren Bildersprache ein Denken über den Formalismus ermöglicht. Im Grundsätzlichen unterscheidet sich diese Bildersprache der reinen Mathematik nicht von der Metaphorik des Novalis, obwohl ihre Wurzeln und Motive unterschiedlich sind. Während für den reinen Mathematiker die Funktionalität der Bildersprache an ihrer heuristischen Fruchtbarkeit für die Gewinnung weiterer mathematischer Sätze gemessen wird, orientiert sich die Metaphorik des Novalis an der Aufgabe, Beziehungen zwischen der Mathematik und anderen Sphären menschlichen Lebens herzustellen. Es gehört zur grundlegenden Problematik der Mathematik, daß diese beiden Motive (heuristische Fruchtbarkeit und Beziehung zu anderen Lebensbereichen) so häufig auseinanderfallen. Wie dem auch sei, die Metaphorik des Novalis kann als typische und notwendige Begleiterscheinung der Autonomisierung der reinen Mathematik und der Verwandlung von Wissenschaft in eine *Lebensform* und einen *Sinnzusammenhang sui generis* angesehen werden. Sie ist Ausdruck des Tatbestands, daß solche Lebensformen nun ihre eigenen intrinsischen Bedeutungen hervorbringen, die nur noch in einem sehr vermittelten Bezug zur externen Bedeutung dieses Lebensbereichs für andere steht.

Ein weiterer genereller Ideenkomplex, der Novalis' Überlegungen zur Mathematik durchzog, war ebenfalls charakteristisch für die allgemeine Einstellung der Zeit: der Zusammenhang zwischen Reflexion und wissenschaftlichem System. Reflektieren bedeutete, Dinge im Zusammenhang und einheitlich zu begreifen, aus einem *"höheren Gesichtspunkt"* heraus. Dieser höhere Gesichtspunkt wird erreicht durch Konstruktion eines Systems, das die empirischen Gegebenheiten übersteigt und dessen Kohärenz häufig durch Einführung sogenannter idealer Elemente hergestellt wird. Für die Mathematik wurde dies am Ende des 18.Jahrhunderts eine geläufige Vorstellung. Die Betonung von Reflexion und Kritik bei Novalis kann daher als unmittelbarer Reflex jener Tendenzen in der zeitgenössischen Mathematik gesehen werden, *Probleme durch Generalisierung zu lösen.* Modelle hierfür boten auch die klassifizierenden Wissenschaften, in denen durch Einführung empirisch nicht beobachteter, theoretisch aber geforderter Elemente Kohärenz hergestellt wurde.

Ein weit bekanntes Beispiel dafür war Goethes Annahme der Existenz eines Zwischenkieferknochens beim Menschen.

Der Beziehungsuniversalismus, den Novalis aus seiner romantischen Weltsicht heraus in seinen Notizheften entfaltete, ist von nicht zu überbietender Abstraktheit. Alles hängt mit allem zusammen, alles spiegelt sich in allem, alles ist Metapher für alles. Die Welt wird in ein Netz abstrakter geistiger Beziehungen aufgelöst. Die Ambivalenz dieses Anspruchs muß zum Abschluß notiert werden.[1] Diese romantische Weltsicht war offen für viele mögliche Weiterentwicklungen und Ausdeutungen. In ihr lag sowohl die Möglichkeit der Respektierung und Schätzung der Natur, des Historischen und Individuellen, als auch der Übersteigerung zu einer rein technizistischen Weltsicht, die alles für machbar und die Natur für beliebig verfügbar hält.

Eine andere Ambivalenz, die in einer solchen theoretischen Übersteigung der Welt liegt, läßt sich auch an den Biographien der Romantiker studieren. Ein theoretisches Verhältnis zur Welt kann aus zwei Motivationen resultieren. Es kann im Sinne Fichtes gerade der Wunsch sein, auf die Welt zu wirken, der zu einem theoretischen Verhalten führt, es kann aber auch eine kontemplative Abkehr von der Wirklichkeit das eigentliche Motiv sein. Beide Aspekte des Theoretischen und Künstlerischen sind in der romantischen Bewegung präsent gewesen.

II.4. Mathematik, Pädagogik und Philosophie bei J.F.Herbart

In vieler Hinsicht stellt das nun zu präsentierende Beispiel[2] einer Rezeption der Mathematik im beginnenden 19.Jahrhundert einen Gegensatz zum 'Beispiel Novalis' dar. Auf der einen Seite der junge, genialische und früh verstorbene Literat, der nach seinem Tode zum Symbol einer ganzen Zeitströmung wurde. Auf der anderen Seite der langjährige Professor der Universitäten Königsberg und Göttingen, der ein umfangreiches wissenschaftliches Werkes geschaffen und einen wichtigen theoretischen und praktischen Beitrag zur Bildungsreform in Preußen geleistet und dennoch eher eine Außenseiterposition eingenommen hat. Auf der einen Seite die Mathematik als Teil eines visionären Programms einer *'Romantisierung der Welt'*, auf der anderen Seite die Mathematik als Teil einer Philosophie, die Nüchternheit, Realitätsbezug und praktische Wirksamkeit zum Programm erhoben hatte. Novalis wies der Mathematik eine Schlüsselrolle zu, weil es ihm um eine ideelle (ästhetische und theoretische) Überhöhung und Erschließung des Empirischen ging. Wir werden bei Herbart finden, daß ihm die Mathematik wich-

---

1) Vgl. hierzu auch Blumenberg [1986], insbesondere 247f.
2) Der Abschnitt II.4 stellt eine Überarbeitung der Arbeit Jahnke [1989] dar

tig war, weil ihm Empirie und Praxis um ihrer selbst wichtig waren. Dennoch sind Gemeinsamkeiten unverkennbar. Für Herbart wie für Novalis war die Reflexion auf die Formalität der Mathematik ein entscheidender Ansatzpunkt. Beide betrachteten diese Wissenschaft als ausschlaggebend für die Konstitution eines theoretischen Weltverständnisses. Für beide bestand ein enger Zusammenhang von Mathematik und Reflexion. Novalis' Idee einer 'kritischen Mathematik' war Herbart nicht fremd. Die Analogie von Kunst und Wissenschaft war für beide bedeutsam. So demonstrieren diese Übereinstimmungen die Wirksamkeit des philosophischen Rahmens für das Denken am Anfang des 19.Jahrhunderts.

Herbarts Publikationen verteilen sich über einen Zeitraum von vierzig Jahren, in dem sich der geistige und kulturelle Kontext in Deutschland wesentlich verändert hat. Wir werden uns daher, um die Vergleichbarkeit mit den Auffassungen von Fichte und Novalis zu wahren, bewußt auf solche Schriften Herbarts beschränken, die er vor 1810 geschrieben hat.

Johann Friedrich Herbart wurde 1776 in Oldenburg als Sohn eines Justizrates geboren, studierte ab 1794 in Jena bei Fichte, lernte dort auch Schiller kennen, und war Mitglied eines Kreises von Fichte–Schülern, des "Bundes freier Männer". 1797 ging er als Hauslehrer in die Schweiz, lebte von 1800 bis 1802 in Bremen und habilitierte sich im Oktober 1802 in Göttingen. Dort hielt er philosophische und pädagogische Vorlesungen, wurde 1805 in Königsberg außerordentlicher, schließlich 1809 ordentlicher Professor für Philosophie. Zwischen 1800 und 1810 legte er die Grundlagen seiner Pädagogik und praktischen Philosophie. In Königsberg war er Mitglied der Wissenschaftlichen Deputation und Vorsitzender der Wissenschaftlichen Prüfungskommission und wirkte insofern auch offiziell an der Realisierung der Bildungsreform in Preußen mit. Allerdings blieb seine Haltung dem öffentlichen Unterricht gegenüber immer kritisch. In seine Königsberger Zeit fielen vor allem seine Arbeiten zur Entwicklung einer mathematischen Psychologie, 1828 legte er auch eine umfangreiche "Allgemeine Metaphysik" vor. Nachdem er vergeblich gehofft hatte, Hegels Nachfolger in Berlin werden zu können, ging er 1833 an die Universität Göttingen. Dort verfaßte er sein pädagogisches Spätwerk "Umriß pädagogischer Vorlesungen". 1837 war er als Dekan der philosophischen Fakultät in die Affäre um die "Göttinger Sieben" verwickelt, deren Verhalten er in einer Ergebenheitsadresse an den König offiziell rügte. Herbart starb 1841 in Göttingen.[1]

---

1) vgl. zu diesen Angaben den Artikel "Herbart" in Eisler [1912] und Benner [1986], 15–32. Die umfangreichste, auf ausführlichen Quellenstudien beruhende Biographie ist Asmus [1968] u. [1970]

II.4.1. Herbart und die idealistische Philosophie

Der Versuch, sich den Gesamtzusammenhang des herbartschen Denkens zu vergegenwärtigen, ist nahezu vollständig auf das Studium der Originalschriften verwiesen, denn die Rezeptionsgeschichte seines Werkes muß als sehr schwierig
bezeichnet werden.[1] Während von philosophischer Seite her heute kaum noch
eine Beschäftigung mit Herbart stattfindet, spielt er in der Geschichte der Psychologie eine gewisse Rolle: dies mehr aufgrund seiner Kritik an der zu seiner Zeit
verbreiteten Fähigkeitspsychologie als wegen der von ihm entwickelten mathematischen Psychologie.[2] Neben F.E.D.Schleiermacher war Herbart der einzige Autor
der neuhumanistischen Periode, der eine systematische pädagogische Theorie zu
entwickeln versucht hat. Wie Schleiermacher war auch Herbart in dieser Hinsicht
zu seinen Lebzeiten nur von mäßigem Einfluß. Nach seinem Tode in der zweiten
Hälfte des 19.Jahrhunderts wurde er allerdings zu *dem* Pädagogen in Deutschland.
Auch heute noch spielt er in der pädagogischen Diskussion eine wichtige Rolle.
Zwischen Herbart und dem Herbartianismus der 2.Hälfte des 19.Jahrhunderts muß
aber klar unterschieden werden.[3] Seine Theorie der 'Formalstufen', mit der er
die Entwicklung der Erkenntnis der Heranwachsenden beschrieb, wurde im
Herbartianismus zu einem didaktischen Modell umgemünzt, nach dem Unterricht
sozusagen in jeder Schulstunde zu erfolgen hat. Was bei Herbart Entwicklungs-
momente der Erkenntnis waren, wurde später zu einer linearen Handlungsanwei-
sung für den Unterricht zurechtgemacht. Bedenkt man, daß Herbart sich Zeit
seines Lebens dagegen gewehrt hat, die formalen Rahmenbedingungen des öffentlichen Schule– haltens als der Weisheit letzten Schluß zu akzeptieren, so kann man
ermessen, wie groß die Distanz zwischen Herbart und dem Herbartianismus
tatsächlich gewesen ist.[4]

Die Beschäftigung mit Herbart ist vor allem deshalb schwierig, weil die jeweiligen
Rezeptionsstränge unverbunden blieben und der Pädagoge Herbart weitgehend
unabhängig vom Philosophen Herbart verarbeitet wurde. Für unsere Problemstellung ist aber speziell die Verbindung von Philosophie und Pädagogik wichtig, eine
Verbindung, die in der Anfangszeit seiner wissenschaftlichen Biographie besonders
eng war.

Es war von symbolischer Bedeutung, daß Herbart über zwanzig Jahre lang den
Lehrstuhl Kants in Königsberg innegehabt hat. Seine Berufung dorthin im Jahre

---

1) Benner [1986], 33
2) Kürzlich hat H.Aebli Herbart als einen Autor gewürdigt, der wichtige Ideen Piagets vorweg-
   genommen habe. (Aebli [1981], II, 378ff)
3) vgl. Blass [1969]
4) vgl. Blankertz [1982], 150 ff

1810 erfolgte ausdrücklich mit der Absicht, Herbart solle nicht nur Philosophie als
theoretische Disziplin, sondern ebenso die Pädagogik in Theorie und Praxis vertreten. In der Kabinettsordre, durch die Herbart nach Königsberg berufen wurde,
hieß es, Herbart werde *"für die Verbesserung des Erziehungswesens nach Pestalozzischen Grundsätzen nützlich sein"*.[1] In der Tat war Herbart einer der wichtigsten Autoren, die die Pestalozzische Pädagogik in Deutschland bekannt und
einflußreich gemacht haben. So war es nicht nur sein bis dahin gar nicht so
reiches philosophisches Werk, das für seine Berufung den Ausschlag gab, sondern
vor allen Dingen seine Schrift *"Pestalozzi's Idee eines ABC der Anschauung
untersucht und wissenschaftlich ausgeführt"*.[2] Dem war 1806 der erste Versuch
einer systematischen Pädagogik, die *"Allgemeine Pädagogik"*, gefolgt. In den
Berufungsverhandlungen hatte Herbart angekündigt, ein pädagogisches Seminar zu
gründen, in dem Studenten unter seiner Aufsicht praktischen Unterricht erteilen
sollten. Dieses Seminar betrieb er unter verschiedenen organisatorischen Formen
bis zu seinem Weggang von Königsberg nach Göttingen im Jahre 1833.

Die Wertschätzung praktischer Erfahrung, die sich in dieser Tätigkeit manifestierte, war ein Schlüsselproblem seines philosophischen und wissenschaftlichen Ansatzes und in gewisser Hinsicht die entscheidende Frage, in der dieser Ansatz
immer zweideutig blieb. Programmatisch fragte Herbart in einer seiner frühen
Schriften. *"In welches Verhältnis gedenkt die Philosophie sich zu setzen gegen die
übrigen Wissenschaften, und gegen das Leben? Wäre es ihr Recht, empfunden zu
werden als eine Herrschaft, die aus der Ferne kam, überlegen durch fremde
unbekannte Waffen, gehässig, aber furchtbar? Oder möchte sie als einheimisch
angesehen werden in ihrem Wirkungskreise, als Verwandte und Freundin gekannt
sein und fortdauernd anerkannt und erprobt?"* Herbart beantwortete diese Frage
mit der Feststellung: *"Diejenige Philosophie, um die es uns zu tun ist, liegt gar
nicht außer dem übrigen Wissen, sondern sie erzeugt sich mit demselben und in
demselben als dessen unabtrennlicher Bestandteil; sie hat zu demselben ein ganz
und gar immanentes Verhältnis."*[3]

Herbarts philosophischer Ansatz war im Kern deskriptiv und analytisch. Es gelte
von der Erfahrung auszugehen, so wie sie sich in den Wissenschaften und der
Praxis darbiete. Dennoch war Herbart kein Empirist, vielmehr war er als *"erster
Schüler Fichtes"* in den Diskussionszusammenhang der sich entfaltenden idealisti-
schen Philosophie hineingewachsen, und er beherrschte die Kunst der inneren
Analyse der Erfahrungsbegriffe und der Aufdeckung ihrer Widersprüchlichkeit mit

---

1) Kinkel [1903], 38
2) Herbart [1802 b]
3) Herbart [1807], 230

einer ähnlichen Virtuosität wie Hegel.[1] Anders als Hegel aber sah Herbart in diesen Widersprüchen nicht die Entfaltung einer immanenten Dialektik des Begriffs, sondern er sah sie als Grund für die Notwendigkeit theoretischen Denkens und theoretischer Analyse, durch welche Vernunft und Erfahrung in Einklang gebracht werden müssen.

Die philosophische Kritik an den Erfahrungsbegriffen konstituierte einen thematischen Zusammenhang mit dem naturphilosophischen Denken der Zeit, das Nachdenken über die Begriffe "vom Sein, vom Tun und Leiden, von Verwandtschaft und Abstoßung, vom Toten und Lebenden und Beseeltem und Vernünftigem – vom Kontinuierlichen und Diskreten, vom Ewigen und Sukzessiven, von Kausalität und Organismus und von Freiheit und Genie"[2] war allen diesen Philosophen gemeinsam, die Strategie der Problemlösung sehr unterschiedlich.

Auch die Kritik an Kants Konzeption der Apriori der Erkenntnis verband ihn mit dem nach-kantischen Idealismus. Kants Behauptung, daß diese unabhängig von aller Erfahrung gegeben seien, war für ihn nicht akzeptabel. Herbart ging dagegen davon aus, daß die Erfahrung selbst gewisse Form- und Ordnungsverhältnisse implizit in sich schließt, die es durch Analyse aufzudecken gelte. Herbart wollte also die Formen der Erkenntnis aus der Erfahrung heraus entwickeln und so "empirisieren", nicht indem er sie als Bestandteile der Psyche des Menschen, sondern indem er sie als Funktion der Erfahrung auffaßte.

Hier lag nun eine entscheidende Zweideutigkeit Herbarts. Wenn die Formen der Erkenntnis an die Erfahrung gebunden sind , dann müßte es prinzipiell denkbar sein, daß sie sich mit der Erfahrung verändern. Diese Konsequenz hat er letztlich nicht gezogen. Er unterlegte der Erfahrung eine abstrakte metaphysische Struktur, die zwar unterschiedliche Ausfüllungen ermöglichte, als Rahmen aber letztlich unveränderlich war. So blieb die Autonomie der Erfahrung und des Praktischen, die Herbart so lebhaft beschworen hat, in seiner Theorie begrenzt. Vielleicht erklärt dies den Widerspruch, daß Herbart sich dreißig Jahre seines Lebens um die Entwicklung einer wissenschaftlichen mathematischen Psychologie bemüht hat, ohne auch nur ein einziges psychologisches Experiment anzustellen.[3] Und auch für den Herbartianismus der zweiten Hälfte des 19.Jahrhunderts blieb es ein ungelöstes Problem, ob die Theorie eine "Herrschaft aus der Ferne" oder eine

---

1) Diesen Vergleich zieht Cassirer [1920], 380
2) Herbart [1807], 233
3) Diese Kritik bei Lange [1875], 819 ff

"Freundin" der Praxis zu sein habe.[1]

II.4.2. Herbarts ABC der Anschauung

1797 verließ Herbart die Universität Jena und ging nach Bern, um in einer dortigen Patrizier−Familie als Hauslehrer zu arbeiten. Dies gab ihm die Gelegenheit,
neue Erfahrungen zu sammeln und eine gegenüber Fichte eigenständige Konzeption
zu entwickeln. Dabei hat er offenbar intensiv mathematische Studien betrieben. In
einem Brief an Muhrbeck vom 18.Oktober 1798 heißt es: *"Seit Deiner Abwesenheit
hat mich Kästner[2] beschäftigt, nicht Fichte, sein Feenpalast ist für mich nicht
wohnbar, und solltest Du allenfalls noch daran denken, seine Moral nach Paris zu
wünschen, rathen wenigstens möchte ich es Dir nicht. Unsre Stunden sind gezählt,
bey mir wenigstens wird das Verlangen nach dem Sichern und Vesten jeden Tag
ungestümer; zu wissen, dass dieser und der sich irrt, wie wenig ist das? − Was
Deine Augen sehen, was meine Rechnungen lehren, das ist doch etwas **worüber**
man nachdenken kann, − und worüber man nachdenken **muss**. − ... Hätte ich vor
sechs Jahren gewusst, was ich jetzt weiss, in ein paar Monaten stünde ein philosophisches System da, − wenigstens zur Probe. Jetzt suche ich nach Rüstzeugen
umher, die schweren Steine zu heben, Analysis des Unend[lichen], Combinationslehre, philos. Literatur, Erfahrung an Menschen und Kindern − wer weiss was
alles."*[3]

In der Schweiz lernte Herbart auch Pestalozzi und dessen Erziehungsanstalt in
Burgdorf kennen. Kurz nach Erscheinen von Pestalozzis erster Schrift zur Methode
"Wie Gertrud ihre Kinder lehrte", publizierte Herbart eine Rezension dieser
Schrift und wenig später eine Ausarbeitung der von Pestalozzi angedeuteten Idee
einer Formenlehre der Anschauung.[4] Beide Schriften stellten eine gegenüber
Pestalozzi eigenständige Konzeption dar, und sie enthielten im Kern bereits die
Grundideen seiner reifen Philosophie und Pädagogik. Deren eigenartige Verwebung
mit der zeitgenössischen Mathematik kann in diesen Schriften gut studiert werden.

In der Rezension gibt Herbart zunächst einen anschaulichen Erfahrungsbericht von
seinem Besuch in der Pestalozzischen Schule. Er endet diesen Bericht mit der
Frage, warum Pestalozzis Vorgehen scheinbar so unpädagogisch sei, warum er soviel auswendiglernen lasse, warum er sich nie mit den Kindern unterhalte, nie

---

1) vgl.dazu Blankertz [1982]
2) Abraham Gotthelf Kästner (1719–1800): Professor der Mathematik in Leipzig und ab 1755
   in Göttingen, durch seine Lehrbücher im 18.Jahrhundert in Deutschland einflußreich
3) Herbart [1887–1912], XIV, 95/96
4) Herbart [1802a und b]

plaudere, nie scherze, nie erzähle. Die Antwort Herbarts führt auf ein Grundmotiv der zeitgenössischen Pädagogik. Er sagt nämlich, daß es vor allen Dingen auf die *innere Verständlichkeit* des Unterrichts ankomme. Gegenüber der Aufklärungs-pädagogik, die durch Veranschaulichungen und praktische Beispiele versucht hatte, den Dogmatismus des alten Unterrichts aufzubrechen, wird nun (wieder) die *Kohä-renz* und *Reinheit der Idee,* die in der *Regelmäßigkeit* der Folge der Unterrichts-gegenstände aufscheint, betont. Im praktischen Leben werde sich für die Kinder schon die Sache mit dem gelernten Wort verbinden.

Diese Betonung des formalen Elements der Erziehung war bei Herbart aber nicht durch eine Philosophie und Pädagogik motiviert, die die Rolle der Erfahrung geringgeschätzt hätte, wie das bei vielen Neuhumanisten der Fall war. Vielmehr war für ihn in Philosophie und Pädagogik die Erfahrung der Dreh- und Angel-punkt seiner Überlegungen. Dennoch lehnte er den Empirismus ab, weil es für ihn keinen glatten, naturgemäßen Weg von der Erfahrung zum Denken gab. *"Aber die Außenwelt, die tägliche Umgebung, sucht von selbst durch Aug und Ohr den Eingang zu dem Kinde. Nur versperrt sie sich oft diesen Eingang durch ihre eigene Vielheit, Buntheit, Mannigfaltigkeit."*[1] Dies war und ist ein zentrales Problem jeden Unterrichts, und es war zugleich das Grundproblem der Herbart-schen Philosophie und Pädagogik.

Die Beziehung zwischen der äußeren Erfahrung und der Entwicklung des theoreti-schen Denkens wurde in der pädagogischen Diskussion der Zeit als ein Problem der Anschauung diskutiert. Die äußere, auf das Empirische bezogene Anschauung war in Beziehung zu setzen zur Entwicklung einer inneren, die auf theoretische Vorstellungen und Konzepte gerichtet war. Fichtes Konzept eines ABC der Empfindungen war, wie wir gesehen haben, radikal von der Dominanz des Inne-ren, der Subjektivität, ausgegangen, auf die die äußere Erfahrung nur als Hem-mung oder als Modifikation einwirkt. Für Fichte besaß daher die innere Anschau-ung eine weitgehende Unabhängigkeit und Autonomie gegenüber der äußeren.

Herbart versuchte, dieses Problem von einer *realistischen* Grundeinstellung her zu behandeln, und führte dies in seiner groß angelegten Frühschrift *"Pestalozzis Idee eines ABC der Anschauung, untersucht und wissenschaftlich ausgeführt"*[2] detail-liert aus. Sie ist ein Schlüssel zum Gesamtwerk Herbarts und insbesondere zu seiner charakteristischen Verbindung von Philosophie, Mathematik und Pädagogik. Herbarts wesentliche Idee war es, der *Mathematik die Schlüsselrolle in dem Prozeß zuzuweisen, in dem Erfahrung in theoretisches Denken umgesetzt wird.*

---

1) Herbart [1802 a], 146
2) Herbart [1802 b]

Diese Konzeption vertrat er gleichermaßen pädagogisch wie philosophisch. Die Schrift enthält einen theoretischen Teil und die Skizze eines praktisch zu realisierenden Lehrgangs. Der theoretische Teil begründete die Rolle, die die Mathematik in der Entwicklung der Anschauung des Heranwachsenden spielen sollte. Hier ging daher auch die philosophische Beurteilung der Bedeutung der Mathematik für das theoretische Denken ein. Der anschließend dargestellte mathematische Lehrgang war dann eine sehr direkte Umsetzung dieser allgemeinen Ideen.

Herbart beginnt seine Diskussion der Rolle der Mathematik für die Entwicklung der Anschauung mit der grundlegenden Feststellung, daß die Anschauung der *Bildung* fähig sei. Daß das Sehen eine Kunst sei, daß der Lehrling in dieser wie in jeder anderen Kunst eine Reihe von Übungen zu durchlaufen habe, das seien die ersten Voraussetzungen eines ABC der Anschauung. Das erste Element der Anschauung sei die *Farbe*, die einen Platz einnehme. *Figuren* oder *Formen* zeigten sich nur vermittelt über die Farbe als *Grenzen von Flächen*. Aber Fixierung auf die Wahrnehmung der Farben führe zum Versinken in der hervorstechenden Farbe und zur Dominanz der stärkeren über die schwächere. Diesem rohen ungebildeten Sehen entgegengesetzt sei die entwickelte Anschauung als eine Zusammenfassung, welche alles verbindet, was zur Gestalt eines Dinges gehört. Es sei also die Aufmerksamkeit auf die *Gestalt*, zu der das Sehen gebildet werden müsse.

Der nächste Schritt seines Arguments liegt nun in der Behauptung, *daß die Bildung des Anschauens in die Sphäre der Mathematik falle*. Herbarts Begründung dafür läuft auf folgenden Gedanken hinaus: die rohe ungebildete Anschauung sei im wesentlichen die spontan und unwillkürlich verlaufende, sie sei der Vielfalt der Erscheinungen ausgesetzt, und nicht in der Lage, die Aufmerksamkeit zu wirklicher Beobachtung aufrechtzuerhalten. Bei der reifen und gebildeten Anschauung aber komme alles auf Bewußtheit und Intentionalität an. Daraus ergebe sich die Frage, wie diese Bewußtheit des Sehens gefördert und entwickelt werden könne. *"Aus dem Vorigen entwickelt sich die Frage: Was mit Absicht, was mit Plan, unabhängig von aller Lust, zum Anschauen getan werden könne? Aber gleichgültig mit dieser ist die Frage: Wie das Anschauen gelehrt werden könne? Denn was mit Plan, das geschieht nach **Begriffen**; und Begriffe sind es auch allein, die mit Sicherheit in Worte gefaßt zu bestimmten Vorschriften ausgeprägt, und als solche vom Lehrer dem Schüler überliefert werden können.*

*Alles was zur **Auffassung der Gestalten durch Begriffe** von den größten Köpfen aller Zeiten geleistet worden ist: das findet sich gesammelt in einer großen Wissenschaft, in der Mathematik. Diese ist es also, unter deren Schätzen die Pädagogik für jeden Zweck vor allen Dingen zuerst nachzusuchen hat, wenn sie nicht*

Gefahr laufen will, sich in vergeblichen Bemühungen zu erschöpfen.[1] Es wird hier also pädagogisch beschrieben, was auch philosophisch das Grundproblem Herbarts war: der Weg vom Empirischen zur Theorie. Die Umsetzung des Empirischen in die Theorie bedarf der bewußten Anstrengung und ist vermittelt durch die Mathematik.

Herbart versuchte insgesamt den Gegensatz von innerer, theoretischer und äußerer, empirischer Anschauung zu mildern, der sonst in der idealistischen Pädagogik durch die starke Betonung der Priorität des Theoretischen verschärft wurde. Er faßte diesen Gegensatz nur als Unterschied einer rohen und einer reifen Anschauung, wobei für den Übergang von der einen zur anderen der Mathematik eine wesentliche Rolle zugewiesen wurde. Es beweist allerdings die hohe thematische Kohärenz des damaligen philosophischen und pädagogischen Denkens, daß die Unterscheidung beider Anschauungen und das Problem ihres Zusammenhangs für Herbart genauso wichtig war wie für die anderen zeitgenössischen Pädagogen und Philosophen.

Nachdem auf diese Weise die grundsätzliche Bedeutung der Mathematik für den Anfangsunterricht hergeleitet ist, stellt Herbart umfangreiche Überlegungen *"Über den pädagogischen Gebrauch der Mathematik"* an. Es finden sich hier Argumente, die zum einen typische Topoi der damaligen bildungstheoretischen Diskussion in Deutschland darstellten, zum anderen auch solche, die spezifisch für die Stellung Herbarts in diesem Diskurs waren.

Zunächst hebt Herbart Arithmetik und Geometrie als die am besten und weitesten entwickelten Wissenschaften hervor und zugleich als diejenigen, die der Natur des menschlichen Denkens am nächsten verwandt seien. Für jeden bestehe eine Disproportion der Ausbildung, der sich geometrische Kenntnisse nicht oder zu spät erwerbe. Ein anderes, damals häufig angeführtes Argument wurde auch von Herbart benutzt, nämlich daß die Autorität des Lehrers in der Autorität der Sache begründet sein müsse und daß keine andere Disziplin in gleichem Maße wie die Mathematik sich als eine absolute *Herrschaft des Verstandes* präsentiere, *"von der man unfehlbar fortgezogen werde, der man auch nicht einen einzigen Schritt versagen könne"*.[2]

Er diskutiert dann die anderen Unterrichtsfächer unter dem Gesichtspunkt, ob sie in gleichem Maße wie die Mathematik geeignet seien, den pädagogischen Anforderungen zu genügen. Historisch interessant ist dabei die Tatsache, daß er auf die

---

1) Herbart [1802b], 162/3
2) Herbart [1802 b], 164/5

Chemie besonderes Gewicht legte. Diese sei allerdings, weil dem Gesichtskreis des
angeborenen Verstandes zu weit entfernt, für den Anfangsunterricht ungeeignet.
Hierin mag sich sowohl die damalige naturphilosophische Diskussion niedergeschlagen haben, die der Chemie eine besondere Bedeutung zumaß, weil sie nach
damaliger Auffassung im Übergangsfeld von der belebten zur unbelebten Materie
lag, als auch das Beispiel der französischen Bildungspolitik. An der École Polytechnique etwa waren Mathematik und Chemie die beiden führenden Disziplinen.[1]
Die Aufgabe der Mathematik für die mittlere Phase des Unterrichts sieht Herbart
in der "Gymnastik der Denkkraft" und in dem Einfluß der Mathematik auf die
übrigen Wissenschaften. Das erste Argument war damals weit verbreitet, und es
war ganz unabhängig von der Anwendbarkeit auf die Naturwissenschaften. Es ist
charakteristisch, daß sich das Argument der Anwendbarkeit für Herbart als problematisch darstellte. Er mußte hier einräumen, daß der eigentliche Ort und Rang
der Naturforschung für die Bildung des Menschen noch nicht genau bestimmt sei
und es ein Allgemeinbildungskonzept, in das die Naturwissenschaften hineinpassen,
nicht gebe.

Mathematik als wichtigstes Element der Theoretisierung des Wissens, pädagogisch
oder philosophisch gesehen: auch für Herbart implizierte dies notwendig eine
Reflexion auf die Formalität der Mathematik. Hier ergibt sich eine Parallele zu
Novalis und Fichte. Die Einheit des theoretischen Denkens implizierte für Novalis
unter dem Stichwort "Kritische Mathematik" eine vollkommene Formalität der
Mathematik. Nur dann weist die Mathematik jene Flexibilität und Geschmeidigkeit
auf, ist sie vollkommen flüssig geworden, wenn sie völlig formal ist, eine bloße
Theorie von Zeichenkombinationen. Auf anderen Wegen kam Herbart zu ähnlichen
Schlußfolgerungen. Die formale Durchsichtigkeit der Mathematik müsse gesteigert
werden, wenn sie pädagogisch gebraucht werden solle. Sein Mathematikverständnis
war allerdings nicht durch Ideen einer Autonomie des Symbolischen geprägt,
sondern bestimmt von der Anwendung der Mathematik auf die Naturwissenschaften.

Zu diesem Gedankenkomplex heißt es in einem eigenen Abschnitt über die "Darstellung der Mathematik zum Behuf der Erziehung", daß der gegenwärtige Zustand
der Mathematik nicht befriedigend sei. "Nicht an Umfang noch an Gewißheit und
Bündigkeit fehlt es ihr dazu, aber an systematischer Eleganz und philosophischer
Durchsichtigkeit. Jeder Mangel hierin macht sich beim pädagogischen Gebrauch
aufs Unangenehmste fühlbar, aufs Nachteiligste wichtig — da es für diesen Gebrauch nicht auf die Resultate, noch auf ihre Zuverlässigkeit, sondern auf das

---

1) vgl. Fourcy [1828] und Paul [1980]

Denken selbst, und auf dessen musterhaften Gang ankommt."[1] Dazu, wie das mathematische Verfahren positiv auszusehen hätte, sagt er: *"Um die Vorübung im Denken abzugeben, muß das mathematische Räsonnement keine eigene Art des Denkens sein, sondern es muß den nämlichen Gang nehmen, den allgemein der gesunde Verstand seiner Natur nach geht, sofern er von zufälligen Störungen im Überlegen nicht gehindert wird. Es ist aber die Art des gesunden Verstandes, daß er sich auf dem Standpunkt, von wo aus er fortschreiten will, zuerst rundumher umsieht, um das ganze Feld zu überblicken, und sich daran zu orientieren; − dann pflegt er auf dem kürzesten Wege, stets mit vollem Bewußtsein der Gegend, worin er sich befindet, zu seinem Ziele hinzugehen; − endlich, wenn er es erreicht hat, von hier nochmals ringsum zu schauen, um die neue Nachbarschaft, die ihn nun umgibt, kennenzulernen.*"[2]

"Wie nun, wenn man, ohne diese Umsicht vorbereitet und geläufig gemacht zu haben, etwa eine einzelne Wurzel, einen einzelnen Logarithmus, oder auch ein paar derselben, von deren notwendiger Distanz aber der Schüler sich keinen Begriff macht, − in einer Rechnung gebraucht: Fühlt man nicht, wie ängstlich, wie peinlich der Lehrling nun auf dem schmalen Seil der Regel fortgehen muß, die Augen einzig auf die Füße geheftet? − Und wie vollends wenn man allgemeine Lehrsätze über so fremde Dinge, in Mengen aufeinanderhäuft? Dann muß man, um einigermaßen nachzuhelfen, die Zeit mit vielen Beispielen verderben, die doch, weil sie in der weiten Sphäre des Begriffs immer viel zu einzeln stehen, der Einsicht wenig Gewinn bringen. Vielmehr sei das erste Gesetz des Vortrags: die mathematische Einbildungskraft nicht zu vernachlässigen; sie früh an ein vollständiges und rasches Durchlaufen des ganzen Kontinuums, das unter einem allgemeinen Begriff enthalten ist, zu gewöhnen. (Diese Regel ist von großem Einfluß auch auf ganz andere Arten des Unterrichts.) − Hieraus folgt, daß man schon beim ersten Anfange die Größen so viel als möglich als fließend betrachten lehren soll. Dadurch müßte man das Bedürfnis nach der gesamten Mathematik anregen..."[3] Die *"systematische Eleganz"* und der *"Überblick"* gegen das *"schmale Seil der Regel"* und das Verderben der *"Zeit mit vielen Beispielen"*, die Beschwörung der *Einbildungskraft* und die Idee einer *Einheit von Denken und Rechnen*: auch Herbart, der prinzipiell von der Erfahrung ausging, konnte sich der holistischen Metaphorik und ganzheitlichen Denkweise seiner Zeit nicht entziehen. Die ideelle Basis für dieses holistische Denken bezog er allerdings aus anderen Bereichen als etwa Novalis, er orientierte sich vor allem an der mathematischen Physik.

---

1) Herbart [1802b], 175
2) Herbart [1802 b], 173/4
3) Herbart [1802 b], 174

II.4.3. Das funktionale Prinzip

"Größen so viel als möglich als fließend zu betrachten" − dieser funktionale Gedanke war das Grundprinzip des von Herbart entwickelten mathematischen Lehrgangs.[1] Dieser wurde von ihm durch eine *Theorie der Wahrnehmung,* die seinen Anschauungsbegriff explizieren sollte, begründet.

Er beginnt diese Theorie mit einer detaillierten Darstellung der Bewegungen des Auges, die es ausführen muß, um ein Bild zu sehen und eine Gestalt aufzufassen.[2] Die Wahrnehmung der Gestalten sei daher ein sehr zusammengesetztes und schwieriges Geschäft. Solle es leicht und für jedermann zugänglich werden, so müsse es in seine einfachsten *Bestandteile* zerlegt werden, so daß man sich dieser leichter bemächtigen könne, um sie erst nachher wieder zu verbinden.

Diese einfachsten Bestandteile gewinnt Herbart durch eine Analyse des Wahrnehmungsraumes, den er als eine zweidimensionale Gegebenheit, genauer: als ein Netz von Punkten auffaßt, die man sich auf alle möglichen Weisen kombiniert zu denken hat. Die Abbildung zeigt zu einer simplen Figur die möglichen Beziehungen einiger Punkte, die gleichsam eine wahrnehmungsmäßige Tiefenstruktur darstellen.

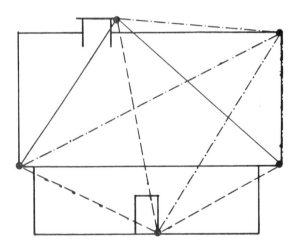

Abbildung 1: Triangulation des Wahrnehmungsraumes

---

1) vgl. zur Darstellung des Lehrgangs auch Wagemann [1957]
2) Man kann sagen, daß die Verbindung von Transzendentalphilosophie und Sinnesphysiologie, die wir oben in der Bezugnahme von Helmholtz auf Kant und Fichte gefunden haben, hier eine spekulative Vorwegnahme erfahren hat.

Herbart kann natürlich nichts darüber sagen, durch welche physiologischen Mechanismen unsere Wahrnehmung in der Lage ist, Strukturen so hoher Komplexität aufzufassen, aber er argumentiert, daß die Mathematik in Form der Kombinatorik Mittel bereitstelle, um derartige Gesamtheiten nach einem geordneten und gesetzmäßigen Verfahren aufzustellen und zu erfassen. Als Illustration gibt er dazu die folgende Tafel von Kombinationen ohne Wiederholung, aus der man das Gesetz ihrer Fortsetzung unmittelbar ablesen könne.[1]

a	b	c	d	e
	ab	ac	ad	ae
		bc	bd	be
			cd	ce
				de
		abc	abd	abe
			acd	ace
				ade
			bcd	bce
				bde
				cde
			abcd	abce
				abde
				acde
				bcde
				abcde

Abbildung 2:   Involutorische Darstellung der Kombinationen ohne Wiederholung

Im Hinblick auf den physiologischen Wahrnehmungsprozeß hat diese Tafel nur eine metaphorische Funktion; sie zeigt, was der Wahrnehmungsapparat leisten muß, nicht, wie er das tut. Offenbar nimmt Herbart an, daß die höheren, bewußten kognitiven Funktionen nach diesem Modell verlaufen und insofern nur Reproduktionen eines Prozesses sind, der auf den niederen, unbewußten Stufen analog verläuft. Diese Denkfigur wird sofort klar, wenn man sich ansieht, welche Aufgabe er der *Erziehung der Anschauung* beimißt.

Er argumentiert, daß die einfachsten Zusammenstellungen, die Gestalt und Form haben, die Dreiecke seien. Aus Dreiecken lasse sich jede gestalthafte Punktkombination, jedes Polygon, zusammensetzen. Herbart trianguliert also den Wahrnehmungsraum und schließt daraus, daß es eine wesentliche Aufgabe der Erziehung

---

1) Herbart [1802b], 180. Bei der dargestellten Tafel handelt es sich um ein sogenanntes involutorisches Schema, wie sie von dem Gründer der Kombinatorischen Schule, C.F.Hindenburg, systematisch entwickelt wurden (vgl. Kap. III).

der Anschauung sei, dem Heranwachsenden die Fertigkeit zu vermitteln, Dreiecke, das heißt die einfachen Grundgestalten, genau auffassen und sie mit Sicherheit von einander unterscheiden zu können. Ohne eine Leichtigkeit der Unterscheidung triangulärer Formen sei das Auge nur scheu und ängstlich. Ohne die Fähigkeit, Dreiecke unter Begriffe zu bringen, sei es unmöglich, über das Angeschaute zu reden.

Nachdem die Analyse des Wahrnehmungsraums das Dreieck bzw. im Sinne des funktionalen Prinzips die nach Gesetzen erfaßbaren Gesamtheiten von Dreiecken als Kern der Wahrnehmungstätigkeit ergeben hat, wendet Herbart sich nun zur Mathematik, um zu fragen, nach welchen Gesetzen denn jene Gesamtheiten von Dreiecken erfaßt und rationell durchlaufen werden können. Die Antwort der Mathematik sei, daß die Analyse der Dreiecke zurückgeführt werde auf die Analyse der einfachsten Dreiecksgrundgestalten, nämlich der rechtwinkligen Dreiecke; die Trigonometrie bildet somit Kernbestand und Leitlinie des Herbartschen ABC der Anschauung. ”*Das Dreieck **überhaupt** war die **Grundform** für die Anschauung; das **rechtwinklige Dreieck insbesondere** verschafft der Trigonometrie die **Grundbegriffe** zur Bestimmung aller übrigen Dreiecke. Den Gang müssen auch die Vorübungen gehen, um der Wissenschaft zu folgen, sofern sie können.*”[1]

Auf diese Annahmen baut Herbart dann seinen mathematischen Lehrgang auf. Hier soll nur der erste Schritt skizziert und kommentiert werden, aus dem die Logik des weiteren Verfahrens ersichtlich ist. Dieser besteht darin, eine *Folge von rechtwinkligen Musterdreiecken* zu konstruieren, indem der Winkel zwischen der Hypotenuse und einer gleich Eins gesetzten Kathete, beginnend bei $45°$ schrittweise um $5°$ vergrößert wird. Die Schüler mesen dann die variierenden Längen der veränderlichen Kathete und der Hypotenuse und tragen die gefundenen Werte in eine Tabelle ein. Der Beginn bei $45°$ begründet sich daraus, daß so bei der Bildung des Verhältnisses von Gegenkathete zu Ankathete immer Werte größer als eins gefunden werden. Die Schüler stellen zunächst fest, daß bei gleichem Wachsen des Winkels um jeweils $5°$ die Längen der veränderlichen Dreiecksseiten von Mal zu Mal mehr zunehmen. Empirisch werden die Kinder auf die komplementäre Abhängigkeit der beiden, an der Hypotenuse anliegenden Winkel geführt, und damit auf die Einsicht, daß die Summe der nicht-rechten Winkel immer gerade einen rechten ergibt.

---

1) Herbart [1802 b], 185

Die Kinder erhalten so eine Folge von 9 Musterdreiecken, durch die *die Gesamtheit aller rechtwinkligen Dreiecke für sie beherrschbar werden soll.* Sie sollen diese Musterdreiecke so oft zeichnen, so viel mit ihnen arbeiten, daß sie sich ihnen vollständig einprägen. Die Musterdreiecke sollen gleichsam zu mentalen Schablonen werden. Wenn ihnen nun ein rechtwinkliges Dreieck vorgelegt wird, dann sollen sie in der Lage sein, dieses Dreieck durch Anschauung in die Gesamtheit aller rechtwinkligen Dreiecke an der richtigen Stelle einzuordnen. Sie sollen etwa sagen können, dieses vorgelegte empirische Dreieck liege zwischen dem 5. und 6. Musterdreieck. Dies könnte unmittelbar durch Vergleich der Gestalten geschehen, es können und sollen aber auch die gemessenen Tabellenwerte für dieses Abschätzen benutzt werden. Worum es hier also geht, ist der Versuch, eine mentale Realisierung des funktionalen Prinzips im Sinne des Beherrschens und vollständigen Durchlaufens eines Kontinuums von Möglichkeiten zu realisieren.

Die Vorstellung eines rein mentalen Operierens mit geometrischen Objekten, wie sie Herbart hier vorschwebte, war im allgemeinen pädagogischen Denken der Zeit weit verbreitet. Generell gab es im späten 18. und in der ersten Hälfte des 19.Jahrhunderts in der Pädagogik des mathematischen Elementarunterrichts eine starke Betonung des mentalen Elements. Das Kopfrechnen spielte eine große Rolle, und auf die Forderung nach Loslösung der Anschauung von den geometrischen Figuren haben wir bereits hingewiesen. Die starke Förderung des Kopfrechnens etwa hatte drei ganz unterschiedliche Begründungen:

1. Kopfrechnen als Kulturtechnik
2. Kopfrechnen als Gymnastik des Geistes
3. Kopfrechnen als Mittel zur Förgerung des "denkenden Rechnens".

Man stellte sich vor, daß nur durch Förderung des Kopfrechnens der Schüler jene Flexibilität im Umgang mit Zahlen erreiche, die es ihm gestatte, Aufgaben geschickt zu variieren und Rechenwege zu verändern, um jeweils den optimalen Weg

zum Ergebnis zu finden. Kopfrechnen wurde als ein Mittel betrachtet, sich vom
Formalismus der schriftlichen Rechenverfahren zu befreien und den Schüler daran
zu hindern, unverstandene Rechenprozeduren auszuführen. Positiv ausgedrückt
ging es um die Förderung des theoretischen Denkens und der theoretischen Einsicht. In demselben Sinne war die Förderung der inneren Anschauung in der
Geometrie durch eine schrittweise Lösung des Denkens von den gezeichneten
Figuren ein Versuch, vom Formalismus der Euklidischen Geometrie wegzukom-
men und im Schüler jene mentale Flexibilität zu entwickeln, die es ihm gestatten
sollte, nicht nur einzelne Objekte, sondern Gesamtheiten von Objekten in unterschiedlichen Lagen zu überschauen und mit ihnen zu operieren. Dem entsprach in
der wissenschaftlichen Geometrie der von Monge und der École Polytechnique
ausgehende Trend zu einer Betrachtungsweise, in der die geometrischen Objekte in
ihrem Zusammenhang durch Abbildungen und Transformationen als ineinander
übergehend und auseinander hervorgehend aufgefaßt wurden.[1]

Man kann hier also exemplarisch an Herbart sehen, wie der philosophische Diskurs, der, anknüpfend an Trends in der wissenschaftlichen Entwicklung, die Ganzheitlichkeit und Flexibilität des theoretischen Denkens betonte, seine unmittelbare
Spiegelung im Pädagogischen erfuhr. Die *"intellektuelle Anschauung"* wurde
psychologisiert und pädagogisiert und so in das Konzept von *"innerer Anschauung"* oder bei Herbart *"reifer Anschauung"* transformiert.

Der weitere Lehrgang verläuft nach demselben Muster. Wie man zu den gleich-
schenkligen und von da zu den allgemeinen Dreiecken, dann zur Trigonometrie,
schließlich zur Funktionenlehre und zur Differential- und Integralrechnung fortschreitet, das alles ist die Umsetzung desselben Prinzips auf immer höherem
Niveau und mit immer anspruchsvolleren mathematischen Techniken. Herbart
drückt diese Leitlinie so aus: die Schüler sollten *"wissenschaftliche Notwendigkeit
... als ein System von gegenseitigem Bestimmen und Bestimmtwerden entdek-
ken".*[2] Generell bestand für Herbart also der Beitrag der Mathematik bei der
Theoretisierung des Empirischen in der Reihung und Zusammenfassung des Einzelnen in Funktionsbegriffen. Die Ganzheitlichkeit funktionaler Zusammenhänge
auffassen zu können, war die Leistung der reifen Anschauung. So war das Konzept der *"intellektuellen Anschauung"*[3] schließlich durchdekliniert zum Prinzip
des funtionalen Denkens.

---

1) vgl. Hankel [1875], Einleitung
2) Herbart [1802 b], 204
3) Die transzendentalen Konnotationen des Begriffs der *"intellektuellen Anschauung"* mußten
   für Herbart ganz unakzeptabel sein. In der VI. Habilitationsthese vom 23.Oktober 1802 formulierte er daher:"VI.Intellectualis intuitio nulla est." (Herbart [1887-1912], I, 278

Die Vermittlung zwischen den isolierten Erfahrungen und der ganzheitlich-systematischen Erkenntnis, die Herbart gefunden zu haben glaubte, machte ihm auch einen unmittelbaren Anschluß an die *Ästhetik-Metapher* möglich. *"Ueber die ästhetische Darstellung der Welt als das Hauptgeschäft der Erziehung"*[1] überschrieb er einen allgemein-pädagogischen Anhang zur 2.Auflage seines ABC der Anschauung. Hier begründete er generell sein Konzept eines erziehenden Unterrichts, also die Vorstellung, daß wissenschaftlicher Unterricht das wichtigste Mittel auch der moralischen Charakterbildung darstelle: ein Vorstellungskreis, den wir bereits bei Fichte kennengelernt haben, den Herbart aber gegen Fichtes Transzendentalismus sozusagen empirisch begründen will. Moralische Urteile seien unbedingt-notwendige Urteile, daher Spezialfälle ästhetischer Urteile. Diese erwachsen aus dem *"vollendeten Vorstellen ihres Gegenstandes"*, also aus seiner ganzheitlichen Auffassung. Vollendete Hingabe an die Sache mündet daher oder ist sogar identisch mit einem ästhetischen Verhalten zur Welt und impliziert moralische Einsicht. Einfach gesagt: Moral ist Einsicht in die Notwendigkeit der Sache. Herbart drückte dies sehr direkt aus: *"Gewöhnt vielmehr den Jüngling, die Dinge dieser Welt als nur **allmählich** zum Guten bildsam, − gewöhnt ihn, sie als **Größen**, und ihre Veränderungen als **Functionen der bewegenden Kräfte**, das heißt, als nothwendige, bey aller scheinbaren Unregelmäßigkeit doch höchst gesetzmäßige, und in **jedem ihrer Fortschritte genau bestimmte, Erfolge** der wirkenden Ursachen, zu betrachten. ... Entblößt ihm den lächerlichen Dünkel der Unwissenheit, die von jeher, wie noch heute, da das Gesetz zu leugnen pflegte, wo es ihr nicht klar unter die Augen trat. − Enthüllt ihm die Wunder der Analysis, lehrt ihn, wie der einförmige Fortschritt der Abscisse alle die Beugungen, Spitzen, und Knoten der mannigfaltigen Curven so sicher und strenge beherrscht; wie behutsam die rasche Hyperbel an ihrer Asymptote fortschießt, um sie bey ewiger Annäherung doch nie zu berühren; ... Lehrt ihn, diese Wunder begreifen; ... So wird er beobachten lernen; er wird das Gesetz auch wo er es nicht sieht, doch suchen, wenigstens voraussetzen. Gegen dies, erkannte oder unerkannte, Gesetz, wird er sich wohl hüten, in wilder Wuth zu entbrennen und zu toben; er wird einsehn, daß in der Wirklichkeit es nicht auf das ankommt, was er **will**, sondern auf das, was, nach ganz andern Regeln, aus seinem **Thun** erfolgt. Diesen Regeln wird er vorsichtig sich anzupassen, − sie selbst wird er in den Dienst jener, vorher gefaßten, Idee des Guten, einzuführen und darin zu erhalten suchen.*"[2]
Vergleichen wir diese Auffassungen mit Fichtes Sicht der moralischen Qualität des

---

1) Herbart [1804]
2) Herbart [1802 b], 169/70

Ideellen, so ergeben sich bemerkenswerte Unterschiede und Gemeinsamkeiten. Die Unterschiede liegen in den Konsequenzen. Für Fichte war die Idee kritisch: eine Macht, den gegebenen Zustand gedanklich zu überschreiten und eine alternative Zukunft zu entwerfen. Umgekehrt war für Herbart die Idee der begrifflich rekonstruierte Zusammenhang des Gegebenen, der durch seine Harmonie und Ganzheitlichkeit das moralische Urteil im Sinne einer Einpassung in den Zusammenhang der Welt bestimmt. Gemeinsam aber war beiden der Gedanke, der Formalität und Systematizität des Wissens eine handlungsorientierende Qualität zuzusprechen.

II.4.4. Die epistemologische Bedeutung des funktionalen Prinzips

Das funktionale Prinzip war nicht nur wesentlich für Herbarts didaktisches Konzept, sondern es beherrschte auch seine theoretische Philosophie. Dies wollen wir im folgenden kurz skizzieren.

Um die volle Bedeutung des Formalen bei Herbart zu erfassen, muß man sich zunächst die Quellen seiner mathematischen Vorstellungen vergegenwärtigen. Offenbar spielten in den bisher angeführten Aussagen vor allem Intuitionen aus der mathematischen Physik eine Rolle: Größen, die in Abhängigkeit von anderen Größen variieren. Daneben orientierte Herbart sich aber auch an den Ideen der Kombinatorischen Schule.[1] Die Benutzung der Kombinatorik zur Beschreibung der Komplexität des Wahrnehmungsraums haben wir bereits kennengelernt. Herbart zitiert im *ABC der Anschauung* auch den kombinatorischen Beweis des binomischen und polynomischen Lehrsatzes von C.F.Hindenburg als Musterbeispiel einer mathematischen Entwicklung, die strengen pädagogischen und systematischen Anforderungen gerecht werde.[2] Um 1805 findet man auch Versuche Herbarts, in der Logik Begriffe als Komplexionen von Merkmalen kombinatorisch zu beschreiben und zu klassifizieren, Versuche, die später von M.W.Drobisch systematisch ausgebaut wurden.[3] Frühe Aufzeichnungen von Herbart, die später unter dem Titel *"Diktate zur Pädagogik"*[4] herausgegeben wurden, belegen ein Experimentieren mit dem Binomischen Lehrsatz, wie wir es auch bei Novalis

---

1) Für eine Darstellung der Ideen dieser Mathematikergruppe vergleiche man Kap. III dieser Arbeit
2) Herbart [1802 b], 176
3) vgl.Drobisch [1836]
   Moritz Wilhelm Drobisch (1802−1896): seit 1826 Professor der Mathematik und Philosophie in Leipzig, schloß sich der Philosophie Herbarts an, bewahrte aber in vielen Fragen eine eigenständige Position.
4) Herbart [1802/3]

fanden. So soll die individuelle geistige Entwicklung aus den beiden Faktoren 'Vertiefung'(V) und 'Besinnung'(B) erklärt werden:

$$(V+B)^n = V^n + nV^{n-1}B + \frac{n(n-1)}{2}V^{n-2}B^2 + \ldots + B^n$$

Am Anfang des Lebens gibt es einzig *'Vertiefung'* (für Herbart die auf die Außenwelt gerichtete Aktivität), am Ende nur *'Besinnung'* (also Reflexion), dazwischen Mischformen.

Während allerdings für viele damalige Autoren der Ansatz der Kombinatorischen Schule ein Argument für eine rein syntaktische Auffassung der Mathematik war, verhielt sich dies bei Herbart anders. Für ihn war die Kombinatorik Ausdruck für eine holistische und funktionale Sicht, indem sie Methoden bereitstellte, um komplexe Ganzheiten nach einem regulären Gesetz zu durchlaufen und zu erfassen.

Aus dem Zusammenwachsen beider Vorstellungskreise resultierte das generelle Theorienverständnis Herbarts. Wirklichkeit ist determiniert einerseits durch die verschiedenen möglichen Kombinationen von Parametern, einzelne Parameter auch in unterschiedlichen Graden der Potenzierung, andererseits durch die (zeitliche) Variation der Parameter. Dieses physikalische Beschreibungsmodell hat Herbart universell angewandt, insbesondere auch bei seinen Versuchen zu einer mathematischen Begründung der Psychologie.

In einer bemerkenswerten Studie konnte J.L.Blass zeigen, daß Herbart in seiner *"Allgemeinen Pädagogik, aus dem Zweck der Erziehung abgeleitet"*[1] auch versucht, die Pädagogik nach diesem formalen Modell zu entwickeln. Danach hatte Herbart vor, eine Theorieform zu schaffen, die im Gegensatz stand zu den aufklärerischen *eklektischen* Enzyklopädien einerseits und zu den idealistischen *Systementwürfen* andererseits. Nach dem Vorbild der Physik konzipierte er seine pädagogische Theorie als ein deskriptives Modell der im pädagogischen Feld vorhandenen Wirkungszusammenhänge. Um einen systematischen Überblick über die dabei wirkenden Einflußgrößen und ihre möglichen Kombinationen zu gewinnen, benutzte er kombinatorische Verfahren zur Analyse und Darstellung der Theorie.

---

1) Herbart [1806 a]

Das Bemerkenswerte an diesem Herbartschen Konzept war es nun, daß sich daraus keine technizistische Auffassung von Pädagogik ergab. Vielmehr sollte nach Herbart der praktische Gebrauch der Theorie rein orientierend sein. Der Erzieher könnte sie benutzen, um den konkreten Entwicklungsstand seines Schülers oder ein konkretes pädagogisches Problem in diesem Feld zu verorten und um daraus Orientierungen für sein Handeln abzuleiten. Die pädagogische Theorie hätte mithin für die Überschaubarkeit des pädagogischen Feldes zu sorgen und dem Bedürfnis einer *besonnenen Praxis* zu dienen. Sie müßte Ortsbestimmungen pädagogischer Reflexion ermöglichen, wäre kein dogmatisches System, sondern Grundlage eines pädagogischen Denkstils, der den Unterricht offen hält und nach didaktischen Alternativen zu suchen gestattet. Keinesfalls aber hätte die Theorie die Aufgabe einer *"pädagogischen Kasuistik"*, in der jeder Einzelfall durch die Theorie vorab determiniert ist.

Pädagogisches Handeln setzt vielmehr *"pädagogischen Takt"* voraus, also *Urteilsfähigkeit*, für die die Theorie hilfreich sein, die sie aber nicht ersetzen kann. Die pädagogische Theorie wird also gerade wegen ihrer Formalität als Hilfsmittel verstanden in der *hermeneutischen* Analyse der konkreten pädagogischen Situationen. Blass interpretiert den Herbartianismus der 2.Hälfte des 19.Jahrhunderts als eine pädagogische Bewegung, die Herbarts Konzept in einem technizistischen Sinne mißverstanden und in eine pädagogische Kasuistik und Methodenlehre uminterpretiert habe.[1]

Herbarts ganze Metaphysik war eine Ausformulierung dieses physikalisch-mathematisch orientierten Theorieideals. Sie umfaßte zwei Teile, nämlich seine Methode der Analyse der Erfahrungsbegriffe und ein metaphysisches System, zu dem man durch diese Analyse gelangt. Das funktionale Denken wurde von Herbart durch einen abstrakten Systembegriff ontologisch fundiert.

Für Herbart lag eine wesentliche Aufgabe der Philosophie in der theoretischen Reflexion auf die Form der Erfahrungsbegriffe, wie sie sich in den Wissenschaften spontan herausgebildet haben. Er versuchte zu zeigen, daß diese spontan gebildeten Erfahrungsbegriffe in sich widersprüchlich sind, so daß es die Aufgabe der Philosophie war, durch theoretische Analyse die Widersprüche zu eliminieren und die spontanen Begriffe in theoretische, formal einwandfreie Begriffe zu überführen. Das Verfahren dieser Widerspruchselimination folgte einer festen Methode, die er *"Methode der Beziehungen"* nannte und nach seiner eigenen Aussage Fichte verdankte.

---

1) Blass [1969], 125 ff.

Die allgemeine Form eines logischen Widerspruchs ergibt sich, wenn von ein und demselben Subjekt M zwei widersprüchliche Prädikate p und q ausgesagt werden. Nach Herbart läßt sich ein Widerspruch logisch auflösen, wenn man das eine M, über das Widersprüchliches ausgesagt wird, als mehrere verschiedene M' (Fichtes *"telbares Ich"*) auffaßt und dann diese M' zu einem neuen Subjekt N zusammenfaßt.[1] Einfach gesagt, sind Widersprüche nur *"Widersprüche in einer gewissen Hinsicht"* und können durch Übergang zu Begriffen höherer Ordnung aufgelöst werden.

Das einfachste Paradigma des Übergangs zu theoretischen Begriffen bietet der Funktionsbegriff. Etwas, das zu verschiedenen Zeitpunkten oder in unterschiedlichen Konstellationen unterschiedliche Zustände annimmt oder unterschiedliche Eigenschaften zeigt, wird konzeptualisiert als ein Objekt höherer Stufe, als eine *Funktion*, die für unterschiedliche Werte der unabhängigen Variablen unterschiedliche Werte der abhängigen Variablen annimmt. Insofern ist der Funktionsbegriff das einfachste Modell für die Bildung theoretischer Begriffe. In komplexeren Zusammenhängen reicht dies natürlich nicht mehr aus. Die *"Methode der Beziehungen"* stellt nun den Versuch dar zu zeigen, daß Widersprüche ganz generell durch Übergang zu Begriffen und Begriffssystemen höherer Ordnung eliminiert werden können. Oder umgekehrt: Widersprüche bestehen nur relativ zu gewissen Systemen. Eine geeignete Ausdifferenzierung des Systems kann diesen Widerspruch beseitigen.

Für die Mathematik war dies nun eine geläufige Vorstellung, der Übergang zu Systemen höherer Ordnung eine wieder und wieder angewandte Strategie in der Mathematik des 19.Jahrhunderts. Der Widerspruch, der im Begriff einer Subtraktion liegt, bei der der Subtrahent größer ist als der Minuend, wird aufgelöst durch Übergang zu einem Begriff höherer Ordnung, dem der negativen Zahl, und zu einem System höherer Differenziertheit, dem System der negativen Zahlen.

Ein philosophisches Beispiel ist der Widerspruch im Begriff des Dinges. Er besteht darin, daß es identisch sein soll mit seinen Merkmalen und doch auch wieder nicht. Die Methode der Beziehungen zeigt, daß das Ding ersetzt werden muß durch ein Ensemble von Dingen, durch deren *Zusammen* (deren Beziehungen) sich die Eigenschaften konstituieren.

Die Erfahrungsbegriffe sind also nach Herbart widersprüchlich, weil sie sich nur

---

1) Herbart [1806 b], 179–184 und Herbart [1829], 10–48

auf Teilaspekte des Wirklichen beziehen, sie müssen ergänzt werden, um der Vernetztheit des Wirklichen Rechnung zu tragen.

Die Auflösung des Wirklichen in ein Ensemble von Relationen, die Herbart durch seine Methode der Beziehungen vollzieht, wird von ihm durch ein allgemeines metaphysisches systemtheoretisches Modell fundiert. Nach Art der Leibnizschen Monaden unterlegt er der erscheinenden Empirie abstrakte Wesen, die er als *'Reale'* bezeichnet. Die Mannigfaltigkeit der Erscheinungen wird so von ihm auf eine ursprüngliche Vielheit der an sich bestehenden Realen zurückgeführt, die empirischen Erscheinungen entstehen durch Wechselwirkungen zwischen den Realen, durch Störungen und Selbsterhaltungen dieser Wesen. Veränderung setzt ein Zusammen (eine Interaktion) der an sich einfachen Realen voraus, jedes Zusammen aber läßt sich für uns nur unter dem *Bilde des Raumes* denken. Daher entwickelt Herbart in seiner Synechologie eine *metaphorische Sprache räumlicher Verhältnisse*, die es gestatten soll, jene Wechselwirkung der Realen darzustellen. Die Realen werden gefaßt als Elemente eines *"intelligiblen Raumes"*, aber dieser Ausdruck ist rein metaphorisch, er bezeichnet kein örtliches, sondern ein dynamisches Zusammen, er bezeichnet das Kausalverhältnis, in dem die einfachen Wesen gedacht werden.[1]

Was wir hier nur andeuten, war bei Herbart eine geschlossene Theorie, die die Intuition des *"notwendigen Zusammenhangs als einem System von gegenseitigem Bestimmen und Bestimmtwerden"*, also das funktionale Prinzip, durch ein systemtheoretisches Modell fundierte. In seiner geometrischen Gestalt als *"intelligibler Raum"* hatte dieses Modell mit Gauß' Überlegungen zur Metaphysik der Mathematik eine gewisse Ähnlichkeit, der sich, wie wir gesehen haben, die Mathematik als eine Theorie abstrakter Verhältnisse am Beispiel von Punkten in der Ebene samt ihren Verbindungen verdeutlicht hatte. Die Idee, abstrakte Beziehungen in der Sprache räumlicher Verhältnisse auszudrücken, wurde in der Mathematik des 19.Jahrhunderts eine weithin angewandte Strategie. Der Bezug auf die Geometrie war dabei nur noch metaphorisch, weil das Wesen dieser Verhältnisse *"höher und allgemeiner aufgefaßt"* werden muß.

Vergleichen wir abschließend Herbarts Sicht der Mathematik mit derjenigen von Novalis und Fichte, so ergeben sich bemerkenswerte Unterschiede und Gemeinsamkeiten. Die Gemeinsamkeiten liegen in einer Reihe von Fragestellungen und

---

1) Herbart [1829], 110–197. Hier sieht man sehr klar den Gegensatz zu Fichte: Raum als Medium der Wechselwirkung der Realen vs. Raum als Medium der geistigen Aktivität des Ich

Denkmotiven. Man kann hier nennen: der Versuch, eine die empirische Wahrnehmung übersteigende theoretische Anschauung zu begründen, wobei Fichte und Herbart Vorstellungen entwickelten, nach denen auch die empirische Wahrnehmung keine passive Aufnahme äußerer Eindrücke ist, sondern eine produktive Leistung unserer Intelligenz; die ganzheitliche Sichtweise von Theorie und Erfahrung und die Betonung der inneren Kohärenz der Form: das Eintreten für die systematische Eleganz und den Überblick, gegen das schmale Seil der Regel und die Beschäftigung mit zu vielen Beispielen, die den theoretischen Überblick stören könnten; die Analogie von künstlerischer Produktion, wissenschaftlicher Produktion und moralischem Verhalten; die innere Identität des vernünftigen Denkens mit reflektiertem (*"vollkommenem"*) Rechnen; die große Bedeutung der Verallgemeinerung in der Mathematik, des Übergangs zu Systemen höherer Ordnung.

Im Hinblick auf die zentrale Problematik, wie die Bedeutumg mathematischer Konzepte konstituiert wird, waren die Auffassungen der von uns betrachteten Autoren ganz unterschiedlich. Bei Novalis konnten wir eine Sichtweise feststellen, die von der *Autonomie des Symbolischen* bestimmt war und bei der Anschauungen und Bedeutungen durch versuchte Anwendungen des bereits existierenden Kalküls beziehungsweise durch metaphorische Vergleiche aus den formalen Konzepten heraus erwuchsen. Dies korrespondiert dem Selbstverständnis des reinen Mathematikers. Herbart dagegen war sich des Problems, daß den mathematischen Konzepten nicht umstandslos eine Bedeutung zugeschrieben werden kann, zwar wohl bewußt, er hielt aber daran fest, daß diese Bedeutungen sich in einem Prozeß reflektierten Theoretisierens aus der Analyse der Erfahrung rekonstruieren lassen müssen. In seiner *Methode der Beziehungen* hat er dabei ein philosophisches Modell für diesen Prozeß reflektierten Theoretisierens vorgelegt, das unbestreitbar in großer Nähe zum methodologischen Selbstverständnis vieler Naturforscher des 19.Jahrhunderts stand.[1] Auch das dabei unterstellte metaphysische Modell der Wechselwirkung abstrakter *Realen* kann eine generelle Relevanz im Rahmen naturwissenschaftlichen Denkens für sich beanspruchen.

Die unterschiedlichen Strategien der Bedeutungskonstitution von Novalis einerseits und Herbart andererseits haben eine wichtige wissenschaftsphilosophische Differenz zur Folge. Herbarts Konzeption, bei der die theoretischen Begriffe mit einer gewissen Zwangsläufigkeit aus der empirischen Erfahrung erwachsen, hat letztlich keinen Platz für die von H.Weyl formulierte Einsicht, daß auch naturwissenschaft-

---

1) vgl. zur Rezeption Herbarts durch B.Riemann: Scholz [1982]. Dort wird gezeigt, daß speziell die methodologischen Auffassungen Herbarts für Riemann attraktiv waren.

liche Theorien sich wandeln, weil sie in den Entwicklungsprozeß des Geistes
eingebunden und damit Teil der Entwicklung unserer Kultur sind. So wurde die
geringere spekulative Willkür, die Herbart von dem romantischen Dichter Novalis
unterschied, erkauft durch eine größere Distanz des wissenschaftlichen Denkens
zur übrigen Kultur.

II.5. Mathematik und hermeneutischer Bildungsbegriff

In den vorangegangenen Abschnitten ist deutlich geworden, wie sehr man sich in
der wissenschaftlichen Kultur an der Wende vom 18. zum 19.Jahrhundert mit der
Erfahrung der Vermitteltheit unserer Erkenntnis auseinandergesetzt hat. Dabei
wurde die dinglich-realistische Auffassung des Erkennens immer mehr in Frage
gestellt. Die Problematik der *Form* erwies sich als der wichtige, das Denken
leitende Gesichtspunkt. Die Reflexion auf die Form machte es möglich, Erkenntnistheorie als Teil einer allgemeinen Theorie menschlicher Subjektivität zu sehen,
und Individualität, Sittlichkeit, Ästhetik, Wissenschaft teils als strukturell analoge
Phänomene zu diskutieren, teils ihre gegenseitige Beziehung zu untersuchen. Das
bedeutete nicht, daß der Anspruch auf Objektivität des Erkennens aufgegeben
worden wäre. Vielmehr hatte die Reflexion auf die Erkenntnisformen gerade das
Ziel, die Möglichkeit verschiedener Perspektiven auf die Wirklichkeit mit der
Sicherung der Objektivität des Wissens zu verbinden.

Die Analogien zwischen Sittlichkeit, Kunst, Sprache und Wissenschaft speisten sich
aus zwei generellen Momenten. Zum einen sah man, daß die jeweilige Identität
dieser Lebenssphären in *Sinnzusammenhängen* besteht, die letztlich nur *symbolisch*
bezeichnet, nicht aber empirisch aufgezeigt werden können. Zum anderen war es
die *Ganzheitlichkeit* dieser Sinnzusammenhänge, die in immer wechselnden Ausdrücken und Formen beschrieben und analysiert wurde. Für die Mathematik waren
beide Momente, symbolische Darstellung und Ganzheitlichkeit der Bedeutungszu-
sammenhänge, von besonderer Relevanz, und die Mathematik war daher auch ein
Modell, an dem sich diese beiden Momente gut verdeutlichen ließen. Der analogi-
sierende Stil des Denkens, der in der damaligen wissenschaftlichen Kultur verbreitet war, war zweifellos für das Nachdenken über die Mathematik sehr *produktiv*.
Er half, Dimensionen der Mathematik dem Denken und der Reflexion zu erschließen, die auf andere Weise nur schwer hätten benannt werden können. In
diesen Zusammenhang gehört vor allem die Analogie von Wissenschaft und Kunst,
die die eigenartige Kombination von produktiver Phantasie und logischer Analyse
beschrieb, welche als charakteristisch für die mathematische Tätigkeit empfunden
wurde. Die in den vorangegangenen Abschnitten skizzierte Entwicklung hatte daher
ganz generell das Ergebnis, daß es einerseits kein umfassendes und allgemein

akzeptiertes epistemologisches Modell gab, in dem die Mathematik ihren fest definierten Platz gehabt hätte, wie das in der Philosophie Kants noch beispielhaft der Fall gewesen war. Statt dessen war andererseits mithilfe der geschilderten Analogien eine *kulturelle Beziehungshaltigkeit* der Mathematik begründet worden.

Dieser allgemeinen Konstellation entsprach die Art und Weise, in der bildungstheoretisch die Bedeutung der Mathematik für die Allgemeinbildung begründet wurde. Die Bildungsreformer handelten aus einem Fundus gemeinsamer wissenschafts- und bildungsphilosophischer Rahmenvorstellungen heraus, innerhalb deren die Mathematik als kulturell beziehungshaltig erschien und deshalb ein nicht zu unterschätzendes Gewicht hatte. Zugleich gab es aber kein allgemein akzeptiertes spezifisches Konzept, das bildungstheoretisch die Beziehung der Fächer etwa im Schulunterricht stringent reguliert hätte. Man wird also für die Humboldtsche Bildungsreform vergeblich nach *dem* einflußreichen Text suchen, in dem man sich über die bildungstheoretische Begründung der Mathematik orientieren könnte. Reflexionen über diese Frage finden sich in einem sehr verstreuten, teilweise obskuren Schrifttum. Speziell die Vorstellungen der Gymnasiallehrer kann man den Schulprogrammschriften entnehmen. Naturgemäß enthalten diese Schriften Einlassungen von sehr unterschiedlicher Qualität. Häufig gehen sie über Formelhaftes nicht hinaus.[1]

Es wäre verfehlt, diese Offenheit der Situation per se für einen Mangel zu halten. Vielmehr muß in einer kulturell und sozial differenzierten Gesellschaft davon ausgegangen werden, daß es *die* bildungstheoretische Begründung einer Disziplin nicht geben kann, sondern daß gerade die Vielfachheit der Perspektiven, Bezüge und Zugangsweisen den Bildungswert eines Faches ausmachen. Das setzt allerdings voraus, daß diese Perspektiven und Zugangsweisen auch tatsächlich ausgearbeitet und entwickelt werden. Die Relativität bildungstheoretischer Positionen kann nicht heißen, daß die begriffliche Bemühung um bildungstheoretische Konzepte überflüssig wäre.

In dieser offenen Situation des frühen 19.Jahrhunderts soll mit *hermeneutischem Bildungsbegriff* zunächst nur zweierlei verstanden werden. Zum einen die in der neuhumanistischen Reform selbstverständliche *"Ineinssetzung der Aufgaben des*

---

1) Wir nennen hier folgende Titel, die vor 1840 erschienen sind: Hecker [1812], Föhlisch [1814], Nizze [1822], Schmülling [1822], Brewer [1825], Bahrdt [1826], Limpert [1826], Tellkampf [1827], Blumberger [1828/9], Peters [1828], Heussi [1836], Lentz [1837], Bredow [1838], Hincke [1840], Hohoff [1840]. Einige dieser Programme werden unter fachlichen Gesichtspunkten im V.Kapitel untersucht werden.

Philologen mit denen des Pädagogen".[1] Diese Identifikation hatte sich in der
geschichtlichen Situation Deutschlands am Anfangs des 19.Jahrhunderts nahezu
zwangsläufig herausgebildet. Sie hatte ihre geistige Grundlage zum zweiten in
weithin geteilten Auffassungen über die Bedeutung der Sprache für die Entwicklung und Ausbildung der menschlichen Individualität. Der Bezug auf die Sprache
war dabei zweifach. Zum einen ging es um Überlegungen über den *Anteil der
Sprache an der Menschwerdung des Menschen,* d.h. darüber inwiefern der Mensch
allererst als sprachliches Wesen Mensch ist. Aussagen dieser Art gehören in die
Sprachphilosophie. Zum anderen stellte die Sprache auch ein *epistemologisches
Paradigma* dar. Am Modell der Sprache ließen sich die erkenntnistheoretischen
Probleme exemplarisch diskutieren, die die Bemühungen des Menschen zum
Verstehen seiner natürlichen und sozialen Umwelt aufwerfen. Diese epistemologi-
sche Dimension der Sprache ist dann im engeren Sinne auf *hermeneutische* Über-
legungen verwiesen.

W.v.Humboldt hat beide Aspekte der Sprache reflektiert.[2] Allerdings hatten die
Überlegungen zur Sprachphilosophie bei ihm als Sprachforscher einen wesentlich
höheren Stellenwert, während Aussagen zur Hermeneutik im engeren Sinne sich
nur gelegentlich finden. Die für die Bildungsphilosophie wichtigste sprachphiloso-
phische Konzeption Humboldts besagt, daß die Sprache nicht nur ein neutrales
Medium der Übermittlung von Aussagen ist, sondern zugleich die *Weltsicht* des
einzelnen Sprechenden oder der Sprachgemeinschaft konstituiert. Wir illustrieren
dies durch einige Aussagen Humboldts. *"Wie der einzelne Laut zwischen den
Gegenstand und den Menschen, so tritt die ganze Sprache zwischen ihn und die
innerlich und äußerlich auf ihn einwirkende Natur. Er umgiebt sich mit einer Welt
von Lauten, um die Welt von Gegenständen in sich aufzunehmen und zu bearbeiten ... Der Mensch lebt mit den Gegenständen hauptsächlich, ja, da Empfinden
und Handeln in ihm von seinen Vorstellungen abhängen, sogar ausschließlich so,
wie die Sprache sie ihm zuführt.*"[3] Das Verhältnis des Menschen zu seiner Welt
ist also bestimmt durch die Sprache, die er spricht, und diese konstituiert seine
Weltsicht. *"In die Bildung und in den Gebrauch der Sprache geht aber nothwendig
die ganze Art der subjectiven Wahrnehmung der Gegenstände über. Denn das
Wort entsteht eben aus dieser Wahrnehmung, ist nicht ein Abdruck des Gegenstandes an sich, sondern des von diesem in der Seele erzeugten Bildes. Da aller
objectiven Wahrnehmung unvermeidlich Subjectivität beigemischt ist, so kann man,
schon unabhängig von der Sprache, jede menschliche Individualität als einen*

---

1) vgl. **Menze** [1970]
2) Zur Sprachphilosophie und Auffassung der Hermeneutik bei Humboldt vgl. Wach [1926—33],
   I, 227—266, Bd.I, IV.Kapitel; Cassirer [1923], 99–108; Menze [1975], 38 ff.
3) Humboldt [1830–35], 434

eignen Standpunkt der Weltansicht betrachten."[1] Da jede Sprache eine individuelle Weltansicht konstituiert, kann man sich nach diesem Modell auch vorstellen, daß jede menschliche Individualität eine spezifische Weltansicht ausprägt. Bildung als die *"Verknüpfung unsres Ichs mit der Welt zu der allgemeinsten, regsten, freiesten Wechselwirkung"* muß auf die Ausprägung der je individuellen Weltansicht ausgehen. Diese wird dadurch allgemein und verbleibt nicht in der Beliebigkeit, daß die einzelnen Individuen in Wechselwirkung stehen und so gemeinsam den *"Begriff der Menschheit"* hervorbringen.

Die Aussage, daß die Sprache die Weltsicht des Sprechenden konstituiert, könnte nun so interpretiert werden, als bilde die Sprache einen Raum, aus dem sich der Sprechende nicht herausbewegen kann und stelle somit eine prinzipielle Grenze seiner Denk- und Handlungsmöglichkeiten dar, in die er gleichsam eingefangen ist. Es ist wichtig, sich zu verdeutlichen, daß dies von Humboldt nicht so gesehen wurde. Erst dann wird klar, warum diese Auffassungen zur Grundlage einer Bildungsphilosophie werden können. Prägnant hat Humboldt zum Ausdruck gebracht, daß die Sprache ein Medium der Weiterentwicklung des Menschen ist und daß sie es ihm gerade ermöglicht, Neues zu entdecken und Neues mitzuteilen. *"Das Wort, welches den Begriff erst zu einem Individuum der Gedankenwelt macht, fügt zu ihm bedeutend von dem Seinigen hinzu, und indem die Idee durch dasselbe Bestimmtheit empfängt, wird sie zugleich in gewissen Schranken gefangen gehalten ... Durch die gegenseitige Abhängigkeit des Gedankens und des Wortes von einander leuchtet es klar ein, daß die Sprachen nicht eigentlich Mittel sind, die schon erkannte Wahrheit darzustellen, sondern weit mehr, die vorher unerkannte zu entdecken. ... Die Summe des Erkennbaren liegt, als das von dem menschlichen Geiste zu bearbeitende Feld, zwischen allen Sprachen, und unabhängig von ihnen in der Mitte; der Mensch kann sich diesem rein objektiven Gebiet nicht anders, als nach seiner Erkennungs- und Empfindungsweise, also auf einem subjectiven Wege, nähern. Gerade da, wo die Forschung die höchsten und tiefsten Punkte berührt, findet sich der von jeder besonderen Eigenthümlichkeit am leichtesten zu trennende mechanische und logische Verstandesgebrauch am Ende seiner Wirksamkeit, und es tritt ein Verfahren der inneren Wahrnehmung und Schöpfung ein, von dem bloß so viel deutlich wird, dass die objektive Wahrheit aus der ganzen Kraft der subjektiven Individualität hervorgeht. Dies ist nur mit und durch Sprache möglich."*[2]

---

1) a.a.O., 433/4
2) Humboldt [1820], 19/20

Also in dem Bereich der Berührung der höchsten und tiefsten Punkte, wo das Empirische zu einer Einheit zusammengefaßt wird, wird ein Verfahren der Schöpfung erforderlich, das aus der ganzen Kraft der Subjektivität hervorgeht und daher ohne Sprache nicht gedacht werden kann. Das wissenschaftliche Verfahren, bei dem "*der beobachtende Verstand und die dichtende Einbildungskraft ... in harmonischem Bunde stehn*" müssen,[1] hängt also davon ab, daß der Erkennende versucht, Objektivität *und* Subjektivität aufs äußerste zu steigern. Die Sprache stellt dabei keinen statischen Rahmen dar, der die Grenze menschlichen Denkens bezeichnete, sondern die unerläßliche Voraussetzung seiner Höherentwicklung durch Steigerung seiner Ausdrucksmöglichkeiten.

In jeder Kommunikation fügt der Sprechende der konventionellen Verbindung von Laut und Bedeutung neue Bedeutungsdimensionen hinzu, die aus seiner eigenen gedanklichen Auseinandersetzung mit der Umwelt resultieren und die auf Seiten der Hörenden *produktive Einbildungskraft* zu ihrem Verständnis erfordern. "*Alles Verstehen ist daher immer zugleich ein Nicht-Verstehen...*".[2] Deshalb sagt Humboldt über das Verstehen einer fremden Sprache: "*Nun zwängt er [der Verstehende] entweder die fremde in die Form der seinigen hinüber, oder versetzt sich, mit recht voller und lebendiger Kenntnis jener ausgerüstet, ganz in die Ansicht dessen, dem sie einheimisch ist. Die lichtvolle Erkenntnis der Verschiedenheit fordert etwas Drittes, nämlich ungeschwächt gleichzeitiges Bewußtsein der eignen und fremden Sprachform. Dies aber setzt in seiner Klarheit voraus, dass man zu dem höheren Standpunkt, dem beide untergeordnet sind, gelangt sey, ...*"[3] Sprechen und Verstehen sind daher produktive, schöpferische Leistungen. "*Mit dem Verstehen verhält es sich nicht anders. Es kann in der Seele nichts, als durch eigene Thätigkeit vorhanden seyn, und Verstehen und Sprechen sind nur verschiedenartige Wirkungen der nemlichen Sprachkraft. Die gemeinsame Rede ist nie mit dem Uebergeben eines Stoffes vergleichbar. In dem Verstehenden, wie im Sprechenden, muss derselbe aus der eignen, inneren Kraft entwickelt werden; und was der erstere empfängt, ist nur die harmonisch stimmende Anregung.*"[4] Sprechen und Verstehen sind daher produktive, schöpferische Leistungen, und Humboldt hat dies durch die berühmt gewordene Formulierung ausgedrückt, Sprache sei nicht Ergon, sondern *Energeia*.

Begrifflich hat Humboldt den Kern seiner Sprachphilosophie auf den Begriff der *inneren Form* zurückgespielt, und dieser Begriff ist für unsere Problematik der

---

1) Humboldt [18.Jahrhundert], 377
2) Humboldt [1827–29], 228
3) a.a.O., 156
4) Humboldt [1830–35], 430

Beziehung von Mathematik und hermeneutischem Bildungsbegriff interessant, weil an diesem Begriff die im Unterschied zur mechanistischen Weltsicht neuen Konnotationen sichtbar werden, welche in der idealistischen Philosophie des ausgehenden 18.Jahrhunderts mit dem Begriff der Form verknüpft wurden.

Bei Einführung dieses Begriffs[1] spricht Humboldt davon, daß alle Vorzüge noch so kunstvoller und tonreicher Lautformen unvermögend bleiben, *"dem Geist würdig zusagende Sprachen hervorzubringen, wenn nicht die strahlende Klarheit der auf die Sprache Bezug habenden Ideen sie mit ihrem Lichte und ihrer Wärme durchdringt. Dieser ihr ganz innnerer und rein intellectueller Theil macht eigentlich die Sprache aus; er ist der Gebrauch, zu welchem die Spracherzeugung sich der Lautform bedient, und auf ihm beruht es, dass die Sprache Allem Ausdruck zu verleihen vermag, was ihr, bei fortrückender Ideenbildung, die grössten Köpfe der späteren Geschlechter anzuvertrauen streben. Diese ihre Beschaffenheit hängt von der Übereinstimmung und dem Zusammenwirken ab, in welchem die sich in ihr offenbarenden Gesetze unter einander und mit den Gesetzen des Anschauens, Denkens und Fühlens überhaupt stehen. ... Jene Gesetze sind ... nichts anderes als die Bahnen, in welchen sich die geistige Thätigkeit in der Spracherzeugung bewegt ..."*[2] Die innere Sprachform ist also von Lautform und Grammatik unterschieden und bezeichnet die Gesetze des *Gebrauchs*, zu welchem die Spracherzeugung sich der Lautform bedient. R.Schwinger beschreibt Humboldts Begriff der inneren Sprachform so: *"Seine innere Sprachform, die, von der psychisch-physischen Beschaffenheit des Menschen mitbestimmt, sowohl von der Denk-Form, als auch von der Laut-Form unterschieden wird, ist das Gesetz des synthetischen Verfahrens der Sprache, nach dem die Einbildungskraft bei jeder Sprachentstehung Inneres und Äußeres in eins bildet. Jede Sprachfamilie hat so ihre besondere innere Form, in der sich die allgemeine innere Form, der menschliche Sprachtypus, individualisiert."*[3] Form wird hier also nicht statisch verstanden als ein "Gefäß", in das ein beliebiger Inhalt gefüllt werden könnte, sondern als ein aktives Gestaltungsprinzip, das die Weise bestimmt, in der der sinnliche Stoff mit der Verstandesform verknüpft wird.

Liest man die vorstehenden Zitate mit einiger Aufmerksamkeit, so wird man hier eine Auffassung des Formalen sehen, die man auch auf den Typus der Mathematik anwenden kann, wie er sich im Laufe des 19.Jahrhunderts ausgebildet hat. Tat-

---

1) Für eine Übersicht über die verschiedenen, teilweise widersprüchlichen Interpretationen dieses Begriffs in der Sprachwissenschaft vgl. Gipper&Schmitter [1975], 536 ff.
2) Humboldt [1830–35], 463/4
3) Schwinger [1972], 974

sächlich macht es intuitiv einen gewissen Sinn, auch von der inneren Form einer
mathematischen Theorie zu sprechen, und hiermit ihren *ganz inneren und rein
intellektuellen Teil* zu meinen. Auch in der Mathematik des 19.Jahrhunderts verlor
das formale Element immer mehr den Charakter eines festen Rahmens, in den der
sinnliche Stoff einzupassen wäre, sondern wurde mehr als ein aktives Gestaltungsprinzip in der Beziehung von Denken und Erfahrung gesehen. *Wie* die Einbildungskraft Inneres und Äußeres in Eins bildet, d.h. den intellektuellen Teil der
Mathematik mit den empirischen Anwendungen vermittelt, das muß für die
Mathematik im allgemeinen genauso metaphorisch ausgedrückt werden, wie es
auch für die Sprache hier keine einfach auf der Hand liegenden Aussagen gibt.
Man kann von hier aus ersehen, daß es durchaus gedankliche Möglichkeiten
gegeben hat, die Mathematik auch in einem strengeren Sinne in den Rahmen einer
hermeneutischen Wissenschaftsauffassung zu stellen und dabei vor allem die dyna-
mische Sicht des Formalen zu nutzen, wie sie sich etwa in Humboldts Begriff der
inneren Form zeigt.

Dies ist meines Wissens von keinem Autor versucht worden, jedoch kann die
skizzierte hypothetische Analogie zwischen Sprachauffassung und Mathematikauf-
fassung als Hintergrundsfolie dienen, wenn wir jetzt zwei Schriften zum Verhältnis
von Mathematik und Sprache näher beschreiben und analysieren, die diese Problematik bildungtheoretisch behandeln. Wir werden sehen, daß in diesen Schriften
gewisse gedankliche Möglichkeiten, die in einer Analogisierung von Mathematik
und Sprache liegen, genutzt werden, daß dabei aber letztlich ein einseitiges Verständnis von Mathematik festgeschrieben wird.

Bei diesen Schriften handelt sich um die Programmabhandlung "*Mathematik und
Sprachen, Gegensatz und Ergänzung*" von A.F.Bernhardi[1] und um das Buch
"*Der Gymnasialunterricht nach den wissenschaftlichen Anforderungen der jetzigen
Zeit*" von J.H.Deinhardt.[2] Beide Schriften stammen aus unterschiedlichen Zeiten.
Das spiegelt sich in einer Differenz der bildungspolitischen Bezüge und der philo-
sophischen Hintergründe. Bernhardis Schrift stammt aus der Zeit der ersten
Etablierung des preußischen Gymnasialsystems und ist konzeptionell von Fichtes
Philosophie geprägt. Dagegen war Deinhardt Hegelianer, seine Schrift reagierte
auf die erste massive öffentliche Kritik an der Lehrverfassung der preußischen
Gymnasien, den sogenannten *Lorinserstreit*.

---

1) Bernhardi [1815]
2) Deinhardt [1837]

August Ferdinand Bernhardi wurde 1770 in Berlin geboren.[1] Nach dem Studium
der Philologie in Halle bei F.A.Wolf wurde er 1791 Lehrer am Friedrich-Werderschen Gymnasium in Berlin. Er stand in enger Verbindung mit den Köpfen der
romantischen Schule, war zunächst der Lehrer Ludwig Tiecks und wurde dann
sein literarischer Nachahmer. Er beteiligte sich an der von F.Schlegel und
A.W.Schlegel gegründeten Zeitschrift *Athenäum* ebenso wie an A.W.Schlegels und
L.Tiecks *Musenalmanach*. Mit seinen dichterischen Werken hatte er allerdings
wenig Erfolg. Seine wichtigste wissenschaftliche und literarische Leistung war
seine *"Sprachlehre"*,[2] die die grammatischen Anschauungen F.A.Wolfs auf der
Grundlage der fichteschen Wissenschaftslehre zu begründen versuchte und durch
die er ein Wegbereiter der neueren Sprachwissenschaft geworden ist. 1808 wurde
Bernhardi Direktor des Friedrich-Werderschen Gymnasiums in Berlin. Auf ausdrücklichen Wunsch von J.W.Süvern wurde er 1810 in die Wissenschaftliche
Deputation in Berlin berufen, der er bis 1812 als ordentliches, dann als außeror-
dentliches Mitglied angehörte.[3] So war er auch maßgeblich an der Abfassung des
Süvernschen Lehrplans beteiligt. Er wurde 1816 Konsistorialrat und 1820 Direktor
des Friedrich-Wilhelm-Gymnasiums in Berlin. Im selben Jahr verstarb er.

Die im folgenden zu besprechende Schrift Bernhardis steht im Kontext einer
ganzen Reihe von Schulprogrammschriften, die Bernhardi zwischen 1808 und 1817
verfaßte und die später in einem Sammelband herausgegeben wurden. Bernhardi
behandelte in diesen Schriften vor allem Probleme des Lehrplans der neuen Gymnasien, und er hatte dadurch einen nicht geringen Einfluß auf die Entwicklung der
Lehrverfassung dieser Schulen. Speziell seine Schrift über Mathematik und
Sprachen wurde in den ersten zwei Jahrzehnten der Bildungsreform häufig zitiert.
Ein auffälliges Kennzeichen der Bernhardischen Schulschriften ist eine ausführliche
Berücksichtigung der Mathematik. So lautet der Titel der zeitlich frühesten dieser
Schriften *"Das Rechnen nach Pestalozzi, Mathematik des Kindes"*, in der er
argumentierte, daß *"man keinem Kinde erlauben dürfe, Antheil an den Studien des
Jünglings zu nehmen, dessen Seele nicht zuvor durch Erlernung des Pestalozzi-
schen Rechnens dazu hinlänglich vorbereitet sei."*[4]

In einer anderen, bildungstheoretisch interessanten Schrift unternahm er es, den
Lehrkanon der Gymnasien aus den beiden Bestimmungen *Universalität* und *Natio-
nalität* abzuleiten, die er mit Fichtes unbegrenzter Ausbreitung der Tätigkeit und

---

1) Biographische Angaben nach ADB.
2) Bernhardi [1801/3]
3) Lohmann [1984], 10ff
4) Bernhardi [1808], 293

ihrer Hemmung parallelisierte. Die Mathematik repräsentiere dabei die Universalität des Verstandes, Ethik die der Sittlichkeit und Dichterlektüre die der Schönheit. Es könne *"nicht mehr zweifelhaft sein, daß für die Schule die reine Mathematik dieses Object [zur universellen Ausbildung des Verstandes] sei, und zwar eben die reine, durch keine Anwendung auf andere Gegenstände von ihrer Allgemeinheit abweichende. Sie ist diejenige Wissenschaft, welche der Menschheit überhaupt, keinem besondern Staate angehört, und erfüllt ihren Zweck, indem sie den Verstand ohne alle weitere Rücksicht kräftigt und ausbildet. Die hohe Bedeutung dieser Wissenschaft als Lehrgegenstand der Schule fordert daher, daß ihr verhältnismäßig mehr Raum vergönnt werde, als bisher geschehen ist, und ihr wenigstens in jeder Classe drei Stunden wöchentlich eingeräumt werden."*[1]

In einer weiteren, der *Methodik für die Lehrfächer des Gymnasiums* gewidmeten Schrift bestimmte er die Mathematik als den Repräsentanten der philosophischen Methode in der Schule, die die *"Totalität des Mannichfaltigen unter die Einheit"* auf *"synthetischem Weg"* konstruieren solle. Der Schüler müsse zunächst mit der Sphäre des Mannigfaltigen nach bestimmten Grundsätzen vertraut gemacht werden. Der Lehrer solle dann das *"Princip der Größenlehre"* aufstellen und sich überzeugen, *"daß jeder Schüler innerlich die Anschauung vollzogen"* habe. *"Dann erfolge ... die Aufnahme [des Mannigfaltigen] unter die Einheit, wodurch die Mathematik ihre nothwendige Ordnung erhält. Dabei muß sich natürlich der Schüler dessen, was er thut, bewußt sein, er muß das Princip in seiner Lebendigkeit und Wirksamkeit anschauen, und dieses kann nicht besser geschehen, als daß der Lehrer von dem Schüler mehr als auffassende Thätigkeit fordert, daß jener die Demonstration nicht selbst vollzieht, sondern sie von diesem auffinden läßt."* Dem müsse abschließend noch eine reflektierende (analytische) Phase folgen, *"welche leider so selten angestellt wird"*, in der der Schüler erzählt, *"was er gethan, wie er gehandelt habe."* Dadurch erblicke er das *"Mannichfaltige belebt vom Princip."*[2]

Die umfassendste Auseinandersetzung mit der Mathematik enthält die in unserem Zusammenhang vor allem interessierenden Schrift über die Beziehung von Mathematik und Sprachen. Es war die Absicht Bernhardis, durch eine genaue Betrachtung von Mathematik und Sprachen und des *"bei ihrer Erlernung in Bewegung gesetzte[n] Spiel[s] der Seelenkräfte"*[3] den bildungstheoretischen Ort dieser Fächer zu bestimmen. Ausgangspunkt der Überlegungen ist eine Definition der

---

1) Bernhardi [1809], 8. Was die geforderte Stundenzahl im damaligen historischen Kontext bedeutete, wird im Abschnitt V.2. deutlich werden.
2) Bernhardi [1810], 66/7
3) Bernhardi [1815], 215

Schule. Es sei Aufgabe der Schule, *"die Form der formellen Bildung [zu] geben, und populair ausgesprochen: Sie soll die Auffassungsgabe des Zöglings in dem Grade erhöhen, daß, auf welchen einzelnen Gegenstand des Wissens hin ihn seine individuelle Neigung leite, oder in welchen Kreis des Lebens ihn sein Schicksal führe, er mit Erfolg sich des Gegenstandes jenes bemächtigen, mit Leichtigkeit und Kraft in diesem sich bewegen könne."*[1]

Wissenschaftlich gesehen, gebe es eine Disziplin, die alle Kräfte des Geistes in eine *"Urkraft"*, die man *"Vernunft, Ich, Wissen"* nennen könne, zusammenfasse: die Philosophie. Doch die *"historische Entwickelung der Vernunft"* [gemeint ist hier: die Fassungskraft der Schüler] schließe diese Disziplin als Schulfach völlig aus. *"Da nun aber die Philosophie auf der einen Seite von der Schule ausgeschlossen, auf der andern Seite jedoch der höchste Punct des Strebens ist, so ist klar, daß alle formelle Bildung der Schule nichts ist als Entwickelung des philosophischen Sinnes, bei welcher Gelegenheit wesentlich und nothwendig eine Masse rein wissenschaftlicher, historischer und praktischer Kenntnisse das Eigenthum des Schülers werden müssen."*[2]

Zu dieser Entwicklung des philosophischen Sinns tragen nun Mathematik und Sprachen in ihrer je eigenen Weise bei, und man kann an der Diskussion dieses Beitrags sehr anschaulich Aufwertung und Relativierung der Rolle der Mathematik für die Entwicklung des wissenschaftlichen Denkens im damaligen Bewußtsein studieren. Die Mathematik oder *"Philosophie der Größe"* sei *"reine Wissenschaft"*, die durch einfache Grundsätze ein Mannigfaltiges in sich verknüpfe. *"Die Mathematik ist demnach ein gehaltiges System, und wenn wir von dem Inhalt abstrahiren, System überhaupt ... Das Studium und der Unterricht in dieser Wissenschaft muß also dem Zögling in und durch sich, abgezogen von dem materiellen, was er ihm giebt, auch die Anschauung des Systems einprägen, er gewinnt die Anschauung der Form des Wissens, er dringt lebendig in eine Organisation desselben ein, und erhält so einen Maaßstab, nach welchem er jeden Gegenstand desselben zu messen im Stande ist."*[3] Der Schüler erlange so *"die lebendige Anschauung einer absoluten Form"*, und dies sei von unendlicher Wichtigkeit.

Im Klartext heißt dies, daß die Mathematik hier vor allem als ein *epistemologisches Paradigma* für die Form des Wissens schlechthin gesehen wird. Das bedeutet andererseits aber auch, daß sie dieses Wissen nicht selbst ist, sondern nur seine

---

1) Bernhardi [1815], 217/8
2) a.a.O., 221
3) a.a.O., 223/4

"lebendige Anschauung" vermittelt. Kants Ausspruch, daß eine Disziplin nur soweit wissenschaftlich sei, wie darin Mathematik angewandt werde, wird so bestätigt und relativiert. Zur Wissenschaftlichkeit gehört, daß es in seiner Systematizität der reinen Mathematik ähnlich wird, nicht aber daß es unmittelbar als Anwendung der Mathematik erscheint.

Vielmehr stellt die Mathematik sogar ein besonders einfaches Beispiel eines Systems dar.[1] Das wird klar, wenn man die Diskussion der Vorzüge der Mathematik durch Bernhardi im einzelnen betrachtet. Diese Vorzüge sieht er nämlich in der Voraussetzungslosigkeit der Mathematik, der Tatsache, daß sie das Gedächtnis wenig beanspruche und in ihrer leichten *'Didaktifizierbarkeit'*. In ihr sei nämlich jeder Satz *"etwas für sich abgeschlossenes und zugleich ein Repräsentant der ganzen Wissenschaft. Die Mathematik entspricht also durch diese Eigenschaften den sämmtlichen Forderungen der Didaktik..."*[2] Darüber hinaus kenne die Mathematik nicht den *"Gegensatz von Theorie und Praxis"*, denn wenn bei ihr *"der Gegenstand der Praxis wirklich in das Gebiet der Theorie eingeführt [ist], so decken sich beide vollständig."*[3]

Hier wird also ein Bild gezeichnet, bei dem die Systematizität der Mathematik im Vordergrund steht und sie als eine geschlossene Wissenschaft erscheint, deren Anwendung begrenzt und unproblematisch ist. Diese Schilderung einer selbstgenügsamen Geschlossenheit wird nur durch wenige Andeutungen relativiert. Die Mathematik berühre das Gefühl durch die Empfindung, welche sie begleite. *"Es ist das Gefühl der Evidenz, des unverlierbaren Eigenthums, der Erhebung über jede schwankende Ansicht und Stimmung, welches sie erregt, es ist die Physiognomik der Wahrheit an sich, welche sie der Seele einbrennt."*[4]

Die Mathematik streife auch in das *"Gebiet der Phantasie"* hinüber, wenn sie sich der *"Construction"* bediene und *"in der Algebra und Arithmetik die natürlichen Zahlen verläßt, und zu willkührlichen übergeht, zu Ziffern und Buchstaben, Zeichen besonderer und allgemeiner Größen..."* *"Denn indem sie mit dem willkührlichen Zeichen einzelner Größen in der Arithmetik beginnt, kommt die gemeine sinnliche Anschauung diesen Operationen zu Hülfe; indem sie in der Geometrie die intellectuelle Anschauung [!] übt, bedient sie sich der natürlichen Zeichen, um*

---

1) Humboldt sprach sogar davon, daß sie das einzige der Schule zugängliche Beispiel eines Systems sei
2) a.a.O., 226
3) a.a.O., 229
4) a.a.O., 228

diese bereits höhere Anschauung zu erleichtern, und da wo sie die Gesetze der discreten Größen an sich darstellt, nimmt sie wieder zu willkührlichen Zeichen ihre Zuflucht, bis sie zuletzt die Identität der continuirlichen und discreten darstellend, in dieser noch höhern Anschauung bei dem Gebrauche der willkührlichen beharrt. "[1] Wie bei Fichte sind also die willkürlichen Zeichen das Medium, um eine höhere, sogar intellektuelle Anschauung zu Wege zu bringen. So wird zwar zugestanden, daß auch die Mathematik an der Entwicklung einer "höheren Anschauung" teilhat, doch "streift" sie nur in dieses Gebiet.

Trotz all dieser Vorzüge bildet die Mathematik nach Bernhardi nur einseitig, sie rege den Verstand, das Urtheilsvermögen und das Schlußvermögen nur "in Hinsicht des quantitativen, gleichsam plastischen Wissens [an], das qualitative ganz vernachlässigend ... und was dem Wissen die Farbe und dieser der Form die Musik giebt, ganz entbehrend. Ferner ist denn diese Evidenz der Mathematik, ist diese Uebereinstimmung der Theorie und Praxis wirklich in allem Wissen? Die leichteste Ansicht der Wissenschaften überzeugt uns von dem Gegentheile, und lehrt uns, daß sie grade jene Starrheit im Leben hervorbringen muß, die unverrückt auf das Ziel gehend, die Mittel dazu im Einzelnen nicht beachtet und nicht erwägt. "[2] Anders als bei Novalis, der in umfassenden Analogien von Mathematik, Sprache und Kunst dachte, wird hier der Mathematik doch der Vorwurf eines gewissen Dogmatismus gemacht. Die Stärke der Mathematik, ihre Systematizität, konstituiert in den Augen von Bernhardi zugleich ihre größte Schwäche. Diese Schwäche oder Einseitigkeit, so wie Bernhardi sie sah, könnte man vielleicht als Trivialisierung der Anwendungsbeziehung bezeichnen.

In diesem Sinne jedenfalls entwickelt er das zur Mathematik Gegensätzliche der Sprache. Zwar habe die Sprache nicht die Systematizität der Mathematik, dafür übe sie aber die Urteilsfähigkeit des Lernenden umfassender und erziehe ihn zu größerer Vielseitigkeit. "Betrachten wir die Grammatik und das Lexikon als ein Ganzes, so ist freilich beim ersten Blicke klar, daß sie nie in sich ein System bilden können, wohl aber in Reihen, im Lexikon ausgehend von dem Stammworte zu den Ableitungen und Zusammensetzungen, in der Grammatik durch ein Befassen unter ein Gleichartiges und Analoges. Eine Reihe aber und eine Ordnung ist nichts anderes als eine Annäherung und eine Analogie des Systems, und so dürfte es sich wohl ergeben, daß die Grammatik und das Lexikon, letzteres richtig gebraucht, Vorbereitungen für die Mathematik wären, und zwar um so zweck-

---

1) a.a.O., 227/8
2) a.a.O., 231

mäßigere, weil die Sprachen hier mit ihr in der Anregung derselben Seelenkräfte zusammentreffen, und innerhalb dieser eine Stufenfolge bilden."[1]

Hiernach hat die Sprache Ähnlichkeiten mit Systemen, da Grammatik und Lexikon *Reihungen* sprachlicher Formen aufzeigen. Zugleich aber ist der Sprachunterricht wesentlich ein hermeneutisches Unternehmen, d.h. die systemähnlichen Formen müssen zum Zwecke des Verstehens vielfältig angewandt werden. In der Interpretation werde das *"Spiel mehrerer Seelenkräfte"* begünstigt, der Schüler werde genötigt, *"das Vorliegende an sich scharf zu betrachten, das Nächste und das Entferntere genau zu erwägen, aus dem Möglichen das Wahrscheinliche auszulesen, und so wird sich jede einzelne Stelle zu einem kleinen Ganzen durch ein reges Spiel des Verstandes, des Urtheils, des Gedächtnisses, und des Gefühls bilden. ...mag dabei die Tiefe der Aufregung, der einfache Schritt der mathematischen Untersuchung nicht vorhanden sein, so ist doch der Vorzug der formellen Bildung durch Sprache in Beziehung auf die durch die Mathematik klar, daß das Spiel der Kräfte mannichfaltiger, freier und weniger getrennt ist. Es gewinnt also die formelle Bildung durch Sprache an Umfang, was sie durch Mathematik an Tiefe und gleichförmiger Erregung verliert."*[2] Der Umgang mit Sprache erregt und entwickelt also ein flexibles Denken.

Wichtig für die höhere Vielseitigkeit der Sprache sei auch, daß sich im Sprachunterricht die Ansichten einer Sache im Laufe der Zeit ändern könnten, was in der Mathematik nicht möglich sei. Hier stellt Bernhardi einen drastischen Vergleich an: *"Der Mathematiker gleicht dem Rentier, der sich sicher fühlt gegen den Zufall und von seinem Einkommen zehrt, der Philologe dem großen Kaufmann, der immerfort speculirt und im Gefühle des Gewinnens und Verlierens sein Glück findet."*[3]

Indem Bernhardi hier die Seele des Sprachunterrichts im Hermeneutischen sieht, reklamiert er für die Sprache eine *nicht-triviale Anwendungsbeziehung*. Insgesamt kommt er zu dem Ergebnis, daß die formelle Bildung als die Erweckung des philosophischen Sinns durch Mathematik *und* durch Sprachen entwickelt werden müsse, die Mathematik wecke den *Sinn für die Idee*, die Sprache den *Sinn für die Erscheinung*.

Zweifellos war Bernhardi der Überzeugung, hier ein ausbalanciertes und gleichrangiges Verhältnis von Mathematik und Sprachen begründet zu haben. Dennoch

---

1) a.a.O., 236
2) a.a.O., 238/9
3) a.a.O., 239

sieht man, daß die Mathematik nur noch einen Teilaspekt im hermeneutischen Erkenntnismodell besetzt. Die hermeneutische Sprachauffassung betont sowohl die internen (grammatischen und syntaktischen) Strukturen der Sprache, also ihre Form und damit ihre *Systemähnlichkeit*, als auch ihre flexiblen Anwendungsbeziehungen. Für die Mathematik wird zwar die Systematizität in einem höheren Grade reklamiert, die Anwendungsbeziehung bleibt aber ganz außerhalb der Diskussion. Die Mathematik hat daher nur eine von der Philosophie geborgte Begründung. So zeigt sich, daß die Trivialisierung der Sicht der Mathematik, die daraus resultiert, daß nur ihre internen Strukturen thematisiert werden und nicht ihre Anwendungsbeziehungen, letztlich zu einer pädagogischen Dominanz des Sprachlichen führen mußte. Der statisch gesehenen Mathematik steht die Flexibilität und Veränderlichkeit der Sprache gegenüber. So ehrenwert die Existenz des *Rentiers* sein mag, letztlich ist sie von der des *spekulierenden Kaufmanns* abhängig.

Daß in der Herauslösung der Mathematik aus ihrem Anwendungszusammenhang die Gefahr der pädagogischen Zweitklassigkeit begründet lag, wurde von weitsichtigen Vertretern des Fachs durchaus gesehen. So versuchte der Leipziger Mathematiker und Philosoph M.W.Drobisch in einer Gelegenheitsschrift aus Anlaß einer in Sachsen anstehenden Unterrichtsreform, den Unterschied von Philologie und Mathematik gegenstandstheoretisch zu begründen, indem er eine Trennung der philologisch–historischen und der mathematisch–physischen Disziplinen postulierte. Diese Unterscheidung spitzte er dann in einem Gegensatz zu:*"Die mathematisch-physischen Wissenschaften sind eben so entschieden auf die Zukunft gerichtet, als die philologisch-historischen auf die Vergangenheit."*[1] In die gleiche Richtung zielte eine berühmte und vielfach zitierte Äußerung des Berliner Mathematiklehrers K.H.Schellbach: *"Einer unserer geistvollsten Altertumsforscher hat die Philologie als die Wissenschaft erklärt, welche das Erkennen des bereits Erkannten lehre. Man könnte ebenso von der Mathematik sagen, sie sei der zweite ergänzende Teil der Philologie, sie sei die Wissenschaft vom Erkennen des noch Unerkannten..."*[2]

---

1) Drobisch [1832], 14
2) Schellbach [1844], 41
  Karl Heinrich Schellbach (1804–1892): Studium der Mathematik in Halle und Berlin, Promotion in Jena mit einer Arbeit *"Über die Zeichen der Mathematik"*, in der u.a. einige neue Symbole vorgeschlagen wurden, die es erlauben sollten, bestimmte analytische Sachverhalte in suggestiver Kürze auszudrücken. 1835 wurde er Lehrer der Mathematik und Physik am Friedrich–Werderschen Gymnasium und 1841 am Friedrich–Wilhelm Gymnasium in Berlin. Dort wurde 1855 das "Institut zur Ausbildung der Lehrer der Mathematik und Physik für Gymnasien und Realschulen" geschaffen, das von Schellbach geleitet wurde und große Berühmtheit erlangte. (Müller [1905])

Bernhardis Konzeption des Verhältnisses von Mathematik und Spachen repräsentierte in ihren Grundzügen die in Preußen verbreitete Auffassung. Dies zeigt sich etwa an einer Schrift, die 1837 von dem Lehrer der Mathematik und Physik J.H.Deinhardt publiziert wurde und die wohl die Meinung der Behörden zum Ausdruck brachte. Johann Heinrich Deinhardt wurde 1805 in der Nähe von Weimar geboren, und studierte ab 1825 an der Universität Berlin 'Schulwissenschaften'.[1] Unter anderem hörte er Mathematik bei M.Ohm und Philosophie bei Hegel. 1828 wurde er Lehrer der Mathematik und Physik am Gymnasium in Wittenberg. Deinhardt stand in näherer Beziehung zu Johannes Schulze, dem Abteilungsleiter für das Gymnasialwesen im preußischen Kultusministerium. Seine Schrift über den Gymnasialunterricht, die wir näher betrachten wollen, war eine umfassende Rechtfertigung und Begründung der preußischen Gymnasien gegen Kritik, die damals in einer heftigen öffentlichen Diskussion geäußert wurde und die sich vor allem gegen die Überbürdung der Lehrpläne mit zu viel Stoff richtete.[2] F.Paulsen hat diese Schrift später als "Philosophie des preußischen Gymnasialunterrichts mit apologetischer Tendenz" bezeichnet.[3] Deinhardt wurde 1844 Direktor des Gymnasiums in Bromberg. In der Revolution 1848 gehörte er zur liberalen Partei und bekam daher zeitweise Schwierigkeiten mit den Behörden. Er starb 1867.

Deinhardts Schrift unterscheidet sich grundlegend von derjenigen Bernhardis. Für Deinhardt war das Gymnasium keine Schule mehr, die offen gewesen wäre für Handwerker, Kaufleute, Gelehrte und Staatsbeamte, sondern für ihn war klar, daß die Gymnasien die Schulen der theoretischen Stände sein müssen und daß daneben noch Realschulen zu existieren haben, die für die Bildung der praktischen Stände sorgen. Das für die Gymnasien dargelegte Bildungskonzept versucht daher auch nicht, einen universellen, auf alle Bedürfnisse gerichteten Anspruch zu erheben. Ein bei Bernhardi noch spürbarer Geist der Offenheit ist gewichen. Statt dessen wird in einer abstrakten begrifflichen Konstruktion der Aufbau der Gesellschaft dargestellt und daraus die für jeden Stand angemessene Bildungskonzetion abgeleitet. Daraus wiederum ergibt sich eine bestimmte Struktur des Schulwesens, die mit der in Preußen vorhandenen genau übereinstimmt. Auch der Stil, in dem über die Inhalte des Schulunterrichts geredet wird, läßt von Humboldts Auffassung der Sprache als Energeia nur noch wenig merken, Stoffe werden nach ihrem Für und Wider abgewogen.

1) Biographische Angaben nach ADB
2) Die Diskussion war ausgelöst worden durch einen Artikel des Medizinalrats Lorinser, der die Gymnasien anklagte, durch ein Zuviel an Anforderungen die geistige und leibliche Gesundheit der Jugend zu gefährden
3) Paulsen [1885], 613

Dennoch bestätigt (und verfestigt) Deinhardts Darlegung im wesentlichen die von Bernhardi formulierte Arbeitsteilung von Mathematik und Sprachen. Da für ihn die Einheit des Wissens nicht mehr eine ins Unendliche zu verfolgende Aufgabe der Philosophie ist, sondern in Gestalt der Hegelschen Philosophie eigentlich fertig vorliegt, kann er sehr objektivistisch deduzieren. Die substantielle Grundlage aller Erkenntnisse bildeten *"jene allgemeinen Wesenheiten, die man mit dem Namen der Kategorien oder auch der Erkenntnisformen bezeichnet."*[1] Man unterscheide subjektive und objektive Erkenntnisformen. Die subjektiven sind Begriff, Urteil und Schluß, die objektiven die Kategorien wie Qualität und Quantität, Idealität und Realität, Wesen und Erscheinung, Inhalt und Form, Grund und Folge, Ursache und Wirkung, Substanz und Akzidenz, Mittel und Zweck. Ziel der Wissenschaft sei die Verwandlung des objektiven Wesens in den subjektiven Gedanken, dazu sei ein Prozeß nötig, in dem der Begriff sich mit sich selbst vermittele und sich in dem Subjekt *"an dem beobachteten Gegenstande durch Urteil und Schluß"* erzeuge. *"... die Natur des Begreifens, der Geist des Urtheils und die Nothwendigkeit des Schlusses muß durch viele Uebung, Thätigkeit und Lehren in ihm [dem Schüler] erweckt und rege werden, ... Wir werden sehen, wie dieser Zweck zum Theil an der Sprache und in dem Sprachunterrichte, zum Theil durch die Mathematik erreicht wird, denn der Prozeß des Schließens wird am besten an der mathematischen Erkenntnis geübt, während das Erlernen und Anwenden der Grammatik ein unendlich vielseitiges Urtheilen zur Folge hat."*[2]

Hier ist also dieselbe Arbeitsteilung des logischen Schließens in der Mathematik und des Anwendens und Urteilens im Sprachunterricht ausgesprochen, von der bereits Bernhardi ausgegangen war. Jener Prozeß der Verwandlung des objektiven Wesens in subjektives Wissen findet eigentlich in der Philosophie, genauer: in der Logik, statt. Die Ersatzdisziplinen hierfür in der Schule sind Mathematik und Sprachen. *"Der Hauptcharacter der Mathematik ist nämlich systematische Totalität. Sie ist durch und durch systematisch. Nichts findet in ihr eine Stellung, was nicht in der systematischen Entwicklung des Ganzen seine Rechtfertigung gefunden. Jeder Satz ist durch andere begründet und begründet andere. Es gibt in ihr nichts Isoliertes und Fürsichstehendes, sondern Alles existiert nur im Ganzen und hat blos als Moment des Ganzen sein Leben und seine Geltung. Die Mathematik ist auf diese Weise ein vollkommnes Abbild und Vorbild des philosophischen Systems."*[3] Daher vertritt auf Gymnasien die Mathematik die Philosophie. *"Denn sie ist wegen ihres beschränkten Inhalts und ihrer Verstandesmethode der Bil-*

---

1) Deinhardt [1837], 29
2) a.a.O., 29/30
3) a.a.O., 51

dungsstufe, auf der die Gymnasiasten stehen, vollkommen verständlich und sodann gibt es auch keine andre Wissenschaft außer der Philosophie, welche systematisch wäre, als die Mathematik."[1]

Hier klingt eine Sicht der Mathematik an, die ihr nur eine sehr begrenzte Rolle im Verhältnis des Menschen zur Welt zuspricht und die ihr darüber hinaus eine gewisse Trivialität nachsagt, indem sie auch für die *"begrenzte Bildungsstufe"* *"vollkommen verständlich"* sein soll. Diese negative Wertung macht der Mathematiklehrer Deinhardt an anderer Stelle noch expliziter. *"Aber freilich besteht in dieser methodischen Vollendung der Mathematik beinahe ihre einzige Berechtigung, zu einem wesentlichen Gliede unter den Unterrichtsmitteln des Gymnasiums zu dienen. Von Seiten des Inhalts steht sie fast allen andern Gegenständen nach. ... in Vergleich mit dem, was Kunst, Religion, Philosophie darbieten, in Vergleich mit den Ideen des Schönen, des Wahren, und des Guten, verschwindet doch die Idee der Größe, als die Idee der Aeußerlichkeit und kann nicht eine solche Freiheit und Erhebung geben.*"[2]

Diese Äußerungen stellen einen markanten Kontrast zu den Aphorismen des Novalis dar. Novalis hatte die Mathematik als eine Chance der Selbstverwirklichung des Menschen begriffen und daher versucht, die darin liegenden Möglichkeiten bis an ihre Grenzen auszuloten. Der Mathematiklehrer Deinhardt dagegen ging von einer festen Gegenstandsbestimmung der Mathematik aus, nach der sie die Wissenschaft der Größe sei, und konnte ihr von daher nur noch eine eng begrenzte, letztlich von der Philosophie geborgte Rolle in der Allgemeinbildung zusprechen.

Der Unterschied dieser Sichtweisen mag den unterschiedlichen Mentalitäten geschuldet sein, doch kann sich hierin auch ein anderer Zeitgeist widerspiegeln, dem der Optimismus der Anfangszeit der Humboldtschen Reform inzwischen fremd geworden ist. Für diese Vermutung spricht, daß Deinhardt, ganz anders als Bernhardi, auch vom Sprachunterricht ein sehr statisches Bild entwirft. Zwar spricht er von der Sprache als einer *Werkstatt des Geistes*, doch dominiert ihre Beschreibung als Stoff. *"Die Sprache ist die erste Kunstschöpfung des menschlichen Geistes und enthält den ganzen Vorrath von allgemeinen Ideen und Formen unsers Denkens. Der ganze geistige Reichthum eines Volks ist in seiner Sprache niedergelegt und die Sprache ist der Schlüssel zu diesem großen Reichthume. ... So ist denn die*

---

1) a.a.O., 52
2) a.a.O., 54

Sprache, als der Ausdruck alles Denkens, die Darstellung aller geistigen Schätze und alles gedachten Inhalts eines Volkes. "[1] Da es der Hauptzweck der Gymnasialbildung sei, den allgemeinen Inhalt alles Erkennens, nämlich die Kategorien, in den Schülern zu wecken und da sie zum Studium der Logik noch nicht reif seien, *"faßt und übt der Gymnasiast die Kategorien an dem Stoffe der Sprache."*[2] *"Die Grammatik ist die Lehre von den Beziehungen der Begriffe, wie sich solche in den Abänderungen der Worte zu erkennen geben. In den Declinationen und Conjugationen z.B. werden die Formen gelehrt, die das Substantiv und das Verbum annehmen in ihrer Beziehung auf andere Begriffe oder auf einander und in der Syntax wird in aller Weise auf die Gedankenbeziehungen hingewiesen, die in jenen Flexionen ausgedrückt sind. An den Sprachformen und deren Abwandlungen hat daher der Schüler die allgemeinen Gedankenformen und deren Verhältnis vor sich. Das Ueben in der Grammatik ist, ohne daß der Schüler es denkt und weiß, ein Ueben in den Kategorien der Logik und Metaphysik. An dem Sprachstoff und an den Sprachformen werden die Kategorien dem Schüler zum Bewußtseyn gebracht. Was werden doch in der Grammatik für eine Menge der herrlichsten und lebendigsten Kategorien geübt. Ja wo gäbe es eine Kategorie, die nicht in den Flexionen der Grammatik ihren Ausdruck fände?"*[3]

Man sieht in diesem Zitat einerseits sehr wohl die Kontinuität zu Humboldts These von der durch die Sprache vermittelten Weltsicht. Diese These aber erhält bei Deinhardt eine ganz objektivistische Wendung. Davon daß die Sprache nicht so sehr dazu da ist, die schon erkannte Wahrheit darzustellen, als die vorher unerkannte zu entdecken, wie es bei Humboldt hieß, ist bei Deinhardt keine Rede mehr. Das in der Sprache vergegenständlichte Weltbild stellt nun tatsächlich eine Grenze des Denkens dar. Fast vermittelt dieses Zitat eine unfreiwillige Komik, wenn Deinhardt wohl selbst seine trockene Sichtweise registriert und zur Kompensation von der Übung der *"herrlichsten und lebendigsten Kategorien"* spricht. Wie dem auch sei, Bildung hat sich hier in Lernstoff verwandelt, von *produktiver Einbildungskraft*, die in der Hermeneutik ihr Spiel entfaltet, ist keine Rede mehr. So bringt Deinhardt das Verhältnis von Mathematik und Sprache auf die schlichte Formel: *"Die Mathematik enthält die systematische Form der Logik, die Grammatik ihren Inhalt."*[4]

Setzt man diese von Schulleuten angestellten Überlegungen zum Bildungswert von Mathematik und Spachen in Beziehung zu dem in den vorangegangenen Abschnit-

---

1) a.a.O., 56
2) a.a.O., 57
3) a.a.O., 58
4) a.a.O., 64

ten skizzierten generellen wissenschafts- und bildungsphilosophischen Klima, so ergibt sich eine bemerkenswerte Ambivalenz. Zweifellos kann man feststellen, daß die allgemeinen Tendenzen in der wissenschaftlichen Kultur für die disziplinäre Entwicklung speziell der reinen Mathematik ein günstiges Klima geschaffen haben. Die verbreitete holistische Begrifflichkeit, von den Organismusmetaphern bis zum Vokabular der inneren Anschauung und der produktiven Einbildungskraft, stellte auch für die Mathematiker eine Sprache zur Verfügung, in der sie wesentliche Aspekte ihrer Tätigkeit darstellen konnten. Die *hermeneutische Wissenschaftskultur* repräsentierte daher für alle Wissenschaften: Geisteswissenschaften, Gesellschaftswissenschaften, Naturwissenschaften und Mathematik, insofern einen gemeinsamen Rahmen, als sie Ideale formulierte, die für alle Disziplinen Gültigkeit beanspruchen konnten. Das gilt insbesondere in dem Sinne, daß der *Bildungsbegriff* selbst sowie die damit verbundene *Vorstellung von Anwendung*, nach der die Wissenschaften vor allem eine orientierende Funktion haben, für alle Disziplinen eine tragfähige Beschreibung ihrer gesellschaftlichen Funktion ergaben.

Aber die hermeneutische Wissenschaftskultur hat nicht zu einer tragfähigen *und* gesellschaftlich verbreitetet spezifischen Konzeption für Mathematik und Naturwissenschaften geführt, die diese auf eine gemeinsame methodologische Basis mit den Geistes- und Gesellschaftswissenschaften gestellt hätte. Dafür wären konzeptionelle Möglichkeiten unserer Meinung nach durchaus vorhanden gewesen, doch hat es ernstzunehmende Versuche in dieser Richtung nicht gegeben.

Für die Position der Mathematik in den Allgemeinbildungsvorstellungen mußte das Nichtvorhandensein einer solchen Konzeption nicht unbedingt nachteilige Folgen haben. Vielmehr scheint es so zu sein, daß in einer Gesellschaft mit kultureller und sozialer Vielfalt die *kulturelle Beziehungshaltigkeit* einer Wissenschaft eine viel größere Bedeutung für ihre Stellung im Bildungswesen hat als eine verbindliche wissenschaftsphilosophische Gesamtkonzeption. Das betrifft, wie wir meinen, nicht nur die bildungstheoretische Legitimation, sondern auch das fachliche Lernen selbst, die Motivation von Schülern, Eltern und Lehrern ebenso wie das Klima, das sich im Unterricht herstellt. Wie wir gesehen haben, bestanden für die Herausarbeitung der kulturellen Beziehungshaltigkeit der Mathematik gute Ansätze, jedoch ist dies eine permanente Aufgabe, die erhebliche Anstrengungen in ganz unterschiedlichen Feldern, von der Philosophie bis zur didaktischen Erfindung guter Probleme, erfordert. Das benötigt eine Infrastruktur, die nicht vorhanden war.

So hat sich im Hinblick auf die für die Gymnasien zentralen Fächer, Sprachen und Mathematik, eine Konzeption herausgebildet, die man zwar im weitesten Sinne als hermeneutisch bezeichnen kann, die aber die Mathematik auf einen Teilaspekt reduzierte. Macht man die hermeneutische Konzeption an den beiden Begriffen der *Sprachform* und der *Interpretation* fest, dann würden dem in der Mathematik die Form im Sinne des *Systems* und ihre *Anwendung* entsprechen. Die Festlegung auf den Systemaspekt bedeutete also für die Schulmathematik eine Kürzung der hermeneutischen Konzeption.

In den Konzeptionen von Bernhardi und Deinhardt war die Reduktion auf den Systemaspekt mit einer *Trivialisierung der Anwendungsbeziehung* der Mathematik verbunden. Das war nicht zwingend so. Vielmehr haben wir bei dem Mathematiker A.L.Crelle im ersten Kapitel gesehen, daß er für die reine und systematische Mathematik als Schulfach eintrat, weil er gerade eine sehr differenzierte Sicht der Anwendungsproblematik hatte. Wie für Humboldt die Erfahrung der Sprachform die wichtigste Voraussetzung für ein reflektiertes sprachliches Verhalten darstellte, so war auch für Crelle die Erfahrung der *"mathematischen Art zu urteilen"* das wesentliche Erfordernis für eine reflektierte Anwendung.

Hier lagen also in der bildungstheoretischen Diskussion Zweideutigkeiten, die in der Realität leicht zu Einseitigkeiten der Bildungsfakten führen konnten. Die Gefahr hierfür war deshalb groß, weil man noch wenig Erfahrung mit dem *Unterricht in getrennten Fächern* hatte. Wenn es vielleicht noch einen Sinn macht, sich im Gesamtkanon aller Fächer auf reine und systematische Mathematik zu beschränken, weil man hofft, daß der Bezug auf das Verstehen der Wirklichkeit sich in anderen Disziplinen herstellt, so setzt dies Vermittlungsleistungen bei Schülern und Lehrern voraus, von denen man zweifeln kann, ob sie tatsächlich realistisch erwartet werden können. Wir werden im dritten Teil dieser Untersuchung die Widersprüchlichkeiten der Realität des Mathematikunterrichts näher analysieren. Wir werden dabei allerdings auch sehen, wie stark das Ideal der Systematizität der Mathematik das Selbstverständnis der Mathematiklehrer geprägt hat.

Teil B: Wandel mathematischer Konzepte.
Das Beispiel der Algebraischen Analysis

III. Die Kombinatorische Schule

III.1. Algebraische Analysis

Der Begriff 'Algebraische Analysis' bezeichnete am Ende des 18. und während des 19.Jahrhunderts zugleich ein Stoffgebiet und die algebraische Sichtweise der Funktionenlehre. Stofflich und methodologisch war das große, Maßstäbe setzende Vorbild dieser Theorie der erste Band von L.Eulers "Introductio in Analysin infinitorum",[1] dessen Inhalt Euler im Untertitel so beschrieb: "Von den Functionen veränderlicher Zahlgrößen, ihrer Zerlegung in Factoren und Entwicklung in unendliche Reihen; ferner die Lehre von den Logarithmen, Kreisbogen und deren Sinus und Tangenten, und viele andere Gegenstände, welche für die Analysis des Unendlichen von Wichtigkeit sind."[2] Es handelte sich dabei also um eine elementare Funktionenlehre, die als Einführung in die Differential- und Integralrechnung gedacht war, diese selbst aber nicht enthielt. Es wurden hier die Methoden bereitgestellt, die man für ein Studium dieser Disziplinen benötigte, und insofern diese Methoden vorrangig algebraischer Art waren, wurde hier implizit eine algebraische Sichtweise von Differential- und Integralrechnung angelegt. Wann die Bezeichnung 'Algebraische Analysis' in Deutschland aufgekommen ist, läßt sich nicht genau feststellen. Das früheste deutsche Lehrbuch mit diesem Titel, das in der Bibliographie von Wölffing aufgeführt ist, ist das Handbuch der algebraischen Analysis von J.Lembert.[3] Es scheint allerdings, daß diese Bezeichnung in Deutschland, möglicherweise unter dem Einfluß von Cauchys Analyse algébrique,[4] erst in der 2.Hälfte des 19.Jahrhunderts gebräuchlicher geworden ist. Die älteren Bezeichnungen waren 'Analysis des Endlichen' in Abgrenzung zur Differential- und Integralrechnung als der 'Analysis des Unendlichen', 'Allgemeine' oder 'Universelle Arithmetik' oder auch schlicht 'Analysis'. Letzterer Begriff wurde noch lange im 19.Jahrhundert als gleichbedeutend mit 'Zahlenlehre' benutzt. In Klügels Mathematischem Wörterbuch wurde dieses Gebiet unter den Bezeichnungen "Analysis im engern Verstande" oder "eigentliche Analysis" oder

1) Euler [1748]. Ich zitiere dieses Werk im folgenden nach Euler [1885]
2) Euler [1885], 1
3) Lembert [1815]. Vgl. Wölffing [1903]
4) Cauchy [1821]

"*Analysis des Endlichen*" behandelt.[1] Wir haben uns für die Bezeichnung
"*Algebraische Analysis*" entschieden, weil in ihr die konzeptionelle Spezifik dieses
Gebietes, die algebraische Behandlung der Funktionenlehre durch Potenzreihen, am
besten zum Ausdruck gebracht wird. Abhängig vom Kontext werden wir gelegentlich auch die anderen Bezeichnungen verwenden, ohne daß dies zu Verwirrung
führen kann.

Die Untersuchungen der folgenden Kapitel verfolgen zwei unterschiedliche Ziel-
setzungen. Auf der einen Seite soll am Beispiel einer konkreten mathematischen
Theorie der grundlegende mathematische Auffassungswandel untersucht werden,
der sich im Übergang vom 18. zum 19.Jahrhundert vollzogen hat. Auf der anderen Seite geht es darum, die wichtige und widersprüchliche Rolle, die die Mathematik in der neuhumanistisch-idealistischen Konzeption theoretischer Bildung
gespielt hat, nun auch aus der Situation der zeitgenössischen Mathematik heraus zu
analysieren und zu verstehen.

Im Hinblick auf den mathematischen Auffassungswandel ist die Algebraische
Analysis durch ihre Zwiegesichtigkeit als Stoffgebiet und als algebraische Methode
besonders interessant. In ihrer Geschichte waren sehr unterschiedliche Motive
wirksam, die teils mathematisch-technischer Art waren und teils grundlegende
epistemologische Orientierungen betrafen. Dabei ging es vor allem um das Verständnis des *Funktionsbegriffs*. Dieser war im 18.Jahrhundert weitgehend durch
die Algebra geprägt, wie überhaupt die Algebra nicht nur ein Stoffgebiet, sondern
vor allem eine universelle Methode der Mathematik war. Und wie in anderen
mathematischen Disziplinen war auch für die Funktionenlehre die Frage nach der
Reichweite und den Grenzen der algebraischen Methode ein entscheidendes Problem, das in einem langen und schwierigen Prozeß durch die sogenannte 'Arithmetisierung' der Funktionenlehre (vorläufig) gelöst wurde.

Das mathematische Kernproblem, um das es bei den Diskussionen über die Algebraische Analysis ging, war die Bedeutung der formal verstandenen unendlichen
Reihen für die Funktionenlehre. Während an der Wende vom 18. zum 19.Jahr-
hundert die formalen Reihen eine bedeutende Rolle spielten, wurden sie nach 1850
weithin als illegitime Objekte betrachtet. A.Speiser hat in einer Einführung zu
Eulers "*Introductio*" auf die mathematische und historische Legitimität der formalen Reihen hingewiesen. Bei den Reihen, die durch ein Gesetz gegeben sind und
mithin ein 'allgemeines Glied' haben, könne man eine "*arithmetische*" und eine

---

1) Klügel [1803-8], I, 78 ff.

"algebraische" Auffassung unterscheiden. In der arithmetischen fasse man die Terme einer Reihe als Zahlen auf und verlange Konvergenz. In der algebraischen werde das + - oder — -Zeichen nur als Symbol der Zusammenfassung betrachtet, und die Konvergenz spiele daher keine Rolle. Diese Auffassung finde man auch in der Gruppentheorie, wo man abstrakte 'Elemente' addiere, und in der Mengenlehre. An der algebraischen Auffassung sei Euler interessiert gewesen. Zur Fruchtbarkeit dieser Sichtweise sagt er: *"Durch eine Reihenentwicklung wird nun das Funktionsgesetz abgebildet auf ein Gesetz der Reihenglieder, das tiefe Eigenschaften der Funktion ans Tageslicht fördert. So steht zum Beispiel die Zahl π mit den ungeraden Zahlen, log 2 mit allen Zahlen, e^x, sin x, cos x und der Integrallogarithmus mit den Fakultäten in okkultem Zusammenhang. Euler hat in seinen unermeßlichen Expeditionen im Reiche der Reihen die überwältigende Entdeckung gemacht, daß gerade die divergenten Reihen das kräftigste Mittel zur Auffindung unerwarteter Tatsachen bilden. Der Durchgang durch das Divergente ist noch ertragreicher als der Durchgang durch das Komplexe in der Funktionentheorie."*[1] Speiser kommt daher zu der Schlußfolgerung: *"Daß nur konvergente Reihen überhaupt einen Sinn haben, ist eine unmathematische Behauptung, vielmehr sollte das gewaltige Eulersche Problem wieder aufgenommen werden. Unsere Zeit, die sich wieder wie das achtzehnte Jahrhundert höheren philosophischen Fragen zugewandt hat, sollte die Kraft dazu aufbringen."*[2]

In der Mathematikgeschichte haben diese Überlegungen Speisers bislang wenig Resonanz gefunden.[3] Die folgenden Untersuchungen zur Geschichte der Algebraischen Analysis sind ein Versuch, die Problematik historisch zu entfalten. Sie orientieren sich leitmotivisch an dem Gegensatz einer arithmetischen und einer algebraischen Auffassung der unendlichen Reihen und zeigen, wie dieser Gegensatz konkret die mathematische Praxis bestimmt hat.

Für den Zusammenhang von Mathematik und Bildung am Ende des 18. und in der ersten Hälfte des 19.Jahrhunderts war die Algebraische Analysis in mehreren Hinsichten von Bedeutung. Als eine im technischen Sinne vergleichsweise elementare Theorie, die dennoch fundamentale mathematische Begriffe, nämlich Zahlbegriff und Funktionsbegriff, zum Gegenstand hatte, konnte sie, wie das Beispiel Novalis gezeigt hat, öffentlich wahrgenommen werden und prägte neben der

---

1) Speiser [1945], IX
2) a.a.O., X
3) Das Buch Reiff [1889] ist ganz von der Fragestellung bestimmt, wie sich der "richtige" arithmetische Standpunkt durchgesetzt hat, und übergeht daher weitgehend andere Auffassungen. Ausgewogener ist da die Arbeit Burkhardt [1910/11], die sich allerdings von den am Ende des 19.Jahrhunderts herrschenden Normen auch nicht freihält.

Euklidischen Geometrie das Bild der Mathematik. Ob jene romantisch-idealisti-
sche Sicht der Mathematik mit ihrer Betonung ganzheitlicher und ästhetischer
Aspekte nur eine Projektion von außen war, oder ob diese Sicht auch auf innere
Strömungen der Mathematik zurückgreifen konnte, soll am Beispiel dieser Theorie
untersucht werden. Tatsächlich lassen sich an der Geschichte dieser Theorie eine
ganze Reihe wissenschaftsphilosophischer Fragen studieren: die Bedeutung des
ganzheitlichen Theorienideals der Zeit, das Gegenstandsverständnis der Mathematik, dessen Diskussion um die Alternative kreiste, ob die Mathematik Größenlehre
sei oder ob sie besser als Theorie der Formen aufgefaßt werden solle, die Rolle
der Verallgemeinerung in der mathematischen Theorieentwicklung, die Bedeutung
der Anwendungen und der reinen Mathematik.

In der Phase der Konzipierung und ersten Umsetzung der Humboldtschen Reform,
zwischen 1790 und 1820, war die Algebraische Analysis, wie wir noch sehen
werden, eine Schlüsseltheorie für die mathematische Interpretation der Bildungsvorstellungen. Unter Lehrplangesichtspunkten stellte sie so etwas wie eine Zieltheorie für den arithmetisch-algebraischen Bereich des Mathematikunterrichts der
Gymnasien dar. Das heißt, sie formulierte einen theoretischen Zusammenhang für
die vielen Einzelstoffe und -techniken, der den Lehrern (und am Ende des Lehrgangs auch den Schülern) einen Überblick über die Kohärenz des Ganzen verschaffen sollte.

Um eine vorläufige Anschauung der pädagogischen Attraktivität dieser Theorie zu
vermitteln, zitieren wir erneut Speiser. *"Wenn diese Inhaltübersicht [von Eulers
Introductio] einen Hauch von dem Geist dieses leichten mathematischen Buches
vermittelt und den Leser zur Lektüre anregt, so will ich froh sein. Es ist wohl das
Gegenstück zu den üblichen Schulbüchern und könnte als Muster zur gänzlichen
Neugestaltung des mathematischen Unterrichts an den Gymnasien Verwendung
finden. Wie merkwürdig, ja geheimnisvoll ist die Produktentwicklung von π nach
den Primzahlen! Wie reizvoll sind die Experimente aus der partitio numerorum!
Aber es wird noch viel Wasser den Rhein hinunterfließen, bis die Schule endlich
merkt, daß die Mathematik eine Geisteswissenschaft sein kann und daß die Schüler
Euler so gut verstehen können wie* **Plato** *oder* **Goethe.**"[1]

Was wir zeigen werden, ist, daß diese Ideen Speisers schon einmal Realität des
Mathematikunterrichts der Gymnasien waren, allerdings in einem anderen Sinne,
als er sich das wohl vorgestellt hat. Die Algebraische Analysis diente als *Systema-*

---

1) a.a.O., XIX

tik des Schulstoffs, während die experimentellen Aspekte der Eulerschen *"Intro-ductio"* weitgehend außer acht gelassen wurden. Dennoch gibt es eine Gemeinsamkeit zwischen Speisers Utopie und dem Geist, der die Reform des Mathematikunterrichts am Anfang des 19.Jahrhunderts bestimmte: es ist dies der *Geist der Spekulation,* der durch die Hinweise auf die Mathematik als Geisteswissenschaft und auf Plato und Goethe ausgedrückt wird.

Durch Cauchys *"Analyse Algébrique"* von 1821 wurde die systematisierende Funktion der Algebraischen Analysis nachhaltig in Frage gestellt, weil Cauchy die algebraische Auffassung des Operierens mit Reihen beseitigte, indem er ausschließlich die arithmetische Interpretation der Reihen zulassen wollte. Mit der zunehmenden Durchsetzung und Verbreitung dieser Sichtweise in der Mathematik wurde die Algebraische Analysis in eine merkwürdige Randposition gedrängt. Als eigenständige mathematische Theorie verlor sie ihre Bedeutung und wurde doch als Zieltheorie der Schulmathematik weiter benötigt. Auf der Ebene von Textbüchern, die teils für die Oberstufe der Gymnasien, teils für Anfängerstudenten gedacht waren, fristete sie weiter ein unbestimmtes Dasein. Auch in der *"Enzyklopädie der mathematischen Wissenschaften"*[1] war ihr noch ein Kapitel gewidmet, doch die Kleinschen Reformen machten dieser Theorie auch für die Schule endgültig ein Ende.

Die Geschichte dieser Theorie zerfällt im Rahmen der vorliegenden Studie in zwei Teile. In diesem Kapitel werden die mathematischen und epistemologischen Gesichtspunkte untersucht, die dieser Theorie in ihrer Gestalt als Kombinatorische Analysis für eine Zeit in Deutschland eine so hervorragende Bedeutung verschafft haben. Das nächste Kapitel behandelt dann die Konzeption des deutschen Mathematikers M.Ohm, der die arithmetische und algebraische Auffassung der Reihen in eine theoretisch klare Beziehung bringen wollte sowie die Infragestellung der algebraischen Sichtweise der Reihen durch Cauchy und deren mathematische und epistemologische Konsequenzen. Dagegen ist die Geschichte dieser Theorie im 19.Jahrhundert nicht mehr von der Schulmathematik der Gymnasien zu trennen und eigentlich nur noch eine Textbuchtradition. Sie wird im fünften, und als Textbuchtradition im siebten Kapitel untersucht werden.

Vergegenwärtigen wir uns zunächst den generellen begrifflichen Ausgangspunkt der Algebraischen Analysis. Eulers *"Introductio in analysin infinitorum"* enthielt jene berühmte Definition des Funktionsbegriffs, die repräsentativ war für die

---

1) Pringsheim&Faber [1909–1921]

Auffassungsweise des 18.Jahnrhunderts. *"Eine Function einer veränderlichen Zahlgröße ist ein analytischer Ausdruck, der auf irgend eine Weise aus der veränderlichen Zahlgröße und aus eigentlichen Zahlen oder aus constanten Zahlgrößen zusammengesetzt ist."*[1] Was hier unter analytischem Ausdruck zu verstehen war, wurde zwar nicht formal definiert, aber durch die Angabe der möglichen Typen von Funktionen hinreichend klar beschrieben. Es handelte sich um alle durch endliche algebraische Ausdrücke angebbaren und um die elementaren transzendenten Funktionen, also um die ganzen, gebrochen-rationalen und irrationalen (Wurzeln enthaltenden) Funktionen und um elementare transzendente wie etwa die Exponential-, Logarithmus- und trigonometrischen Funktionen. Ob damit jede vorstellbare geometrische Kurve tatsächlich erfaßt war, wurde in einer berühmten Diskussion zwischen d'Alembert, Euler, D.Bernoulli und Lagrange über die Lösungen der Differentialgleichung der schwingenden Saite zwar ohne definitives Ergebnis erörtert,[2] generell aber reichte die eulersche Definition für die Bedürfnisse des 18.Jahrhunderts aus. Allerdings verschwand die geometrische Auffassung des Funktionsbegriffs nie völlig aus der Mathematik, weil man nicht sicher war, ob man algebraisch jede physikalisch sinnvolle Kurve erfassen könne. Obwohl transzendente und ganz-rationale Funktionen sehr unterschiedliche Objekte sind, so hingen sie für Euler doch ihrer Natur nach zusammen und waren daher mit einheitlichen Methoden zu behandeln, weil sie in unendliche Ausdrücke (Reihen, Produkte, Kettenbrüche) entwickelt werden konnten. *"Ja, es dürfte sogar die Natur transcendenter Functionen besser zu erkennen sein, sobald dieselben in einer solchen, wenn auch ins Unendliche fortlaufenden Form ausgedrückt sind."*[3] Der Beweis für diese Entwickelbarkeit wurde nicht generell, sondern in jedem Einzelfall *"durch die wirkliche Entwickelung"* geführt. Um eine möglichst hohe Allgemeinheit zu erzielen, sollten in Potenzreihen nicht nur positive ganze, sondern beliebige Exponenten zugelassen sein. *"Alsdann dürfte es zweifellos sein, dass sich jede Function von z in einen ins Unendliche fortlaufenden Ausdruck von der Form $Az^\alpha + Bz^\beta + Cz^\gamma + Dz^\delta + ...$, in welchem die Exponenten $\alpha, \beta, \gamma, \delta$ ... irgend welche Zahlen bedeuten, verwandeln lässt."*[4]

Eulers *"Introductio"* war eine problemorientierte Zusammenstellung von Resultaten und Methoden. Sie war zwar von einem einheitlichen methodischen Geist beherrscht, aber dieser blieb implizit; eine geschlossene Theorie stellte das Werk nicht dar. Erst am Ende des 18.Jahrhunderts bemühte man sich, aus diesem Stoff-

---

1) Euler [1885], 4. Vgl. auch Bottazzini [1986], Kap. 1.
2) Truesdell [1960], Youschkevitch [1976/77], Grattan-Guinnes [1970]

gebiet eine kohärente Theorie zu bilden. Dazu gab es verschiedene Ansätze, die jeweils als Explikationen bestimmter Teilaspekte des eulerschen Werks verstanden werden können.

Der wichtigste dieser Ansätze war der von J.L.Lagrange, dargestellt in den Werken *"Théorie des fonctions analytiques"* und *"Lecons sur le calcul des fonctions"*.[1] Lagrange verschärfte Eulers Vorgehen in begrifflicher und technischer Hinsicht. Er ging nicht nur wie Euler davon aus, daß für die Behandlung der Analysis des Unendlichen die algebraischen Methoden die wichtigsten sind, sondern er behauptete, daß die Natur der Analysis des Unendlichen algebraisch ist, indem er die Ableitung einer Funktion als den Koeffizienten von i in der Potenzreihenentwicklung

$$(*) \qquad f(x+i) = f(x) + pi + qi^2 + ri^3 + \ldots$$

definierte. Daß es zu der Entwickelbarkeit in eine Potenzreihe Ausnahmefälle (Ausnahmepunkte und Ausnahmefunktionen) gibt, war ihm bewußt. Sein Ansatz war daher in sich kohärent, weil er sich eben nur auf jene Klasse von Funktionen bezog, die in eine Potenzreihe entwickelt werden können. Lagrange verschärfte Eulers Auffassung noch in einer wichtigen technischen Hinsicht, indem er zu beweisen versuchte, daß in der Potenzreihenentwicklung einer beliebigen Funktion nur positive ganzzahlige Exponenten vorkommen können. Sein Argument bestand im wesentlichen darin, daß beim Auftreten gebrochener Exponenten in (*) sich Gleichungen ergäben, die auf der linken und rechten Seite unterschiedliche arithmetische Vielfachheiten enthalten würden. So wäre etwa in der Gleichung

$$\sqrt{x+i} = \sqrt{x} + pi + qi^2 + \ldots + i^{m|n}$$

die linke Seite zweiwertig, die rechte dagegen n–wertig.[2]

Ein anderer Ansatz zur theoretischen Systematisierung der Algebraischen Analysis war die am Ende des 18.Jahrhunderts in Deutschland entwickelte sogenannte *Kombinatorische Analysis*. Wie Euler und Lagrange ging dieser Ansatz von der Entwickelbarkeit aller (wichtigen) Funktionen in einen (endlichen oder unendlichen) Ausdruck aus und zog daraus die Konsequenz, daß die reine Analysis überhaupt nichts anderes sei als die Theorie der Umformungen endlicher oder unendlicher

---

1) Lagrange [1797] und [1801]
2) Lagrange [1797], 25/6. Vgl. Fraser [1987]

Symbolketten. Es war dann naheliegend zu versuchen, eine solche Theorie mit kombinatorischen Mitteln zu begründen. Im "Mathematischen Wörterbuch" von G.S.Klügel hieß es daher: *"Analysis als wissenschaftliches System, ist die allgemeine Darstellung und Entwickelung der Zusammensetzungsarten der Größen durch Rechnung."* Oder: *"Die Analysis im engeren Verstande, oder die eigentliche Analysis, und zwar sofern sie sich mit endlichen Größen beschäftigt, ist die Wissenschaft von den Formen der Größen, und lehrt theils die Umwandlung einer Form in eine andere, theils die Darstellung der Glieder einer stetigen Fortschreitung von Größen durch die zugeordneten Glieder einer anderen Reihe nach irgend einem Gesetze. Man nennt sie zuweilen auch die Theorie der Functionen, weil Function der Ausdruck einer Größe durch andere ist."*[1]

Klügels Wörterbuch gab folgende Inhalte an, die zur Analysis des Endlichen oder zur Algebraischen Analysis gehören sollten:

I.   Die Lehre von den Functionen oder Formen der Größen,

II.   Anfang der Theorie der Reihen,

III.   Lehre von den Combinationen,

IV.   Die combinatorische Analysis im Allgemeinen,

V.   Producte von gleichen zweytheiligen, vieltheiligen und unendlichen Factoren. — der binomische und polynomische Lehrsatz,

VI.   Producte aus ungleichen binomischen Factoren,

VII.   Producte aus binomischen Factoren, die in arithmetischer Progression genommen werden,

VIII. Logarithmische Functionen,

IX.   Circulare Functionen,

X.   Anwendung der circularen Functionen auf die Zerlegung einer Function in dreytheilige mögliche Factoren,

XI.   Reihen,

XII.   Gleichungen zwischen zwey oder mehreren veränderlichen Größen,

XIII. Analysis der krummen Linien,

XIV.   Endliche Differenzenrechnung,

XV.   Verbindung der Analysis endlicher Größen mit der Differentialrechnung (Taylorscher Lehrsatz, Satz von Lagrange, Lehre vom Kleinsten und Größten),

XVI.   Unbestimmte oder diophantische Analytik.[2]

---

1) Klügel [1803–8], I, 77/78
2) a.a.O., 79–84

Man sieht, wie hier Inhalte als Teile desselben Gebietes erscheinen, die dann im Laufe des 19.Jahrhunderts in völlig verschiedene disziplinäre Zusammenhänge abwanderten, und man mag daraus ersehen, wie grundlegend der Wandel tatsächlich war, der um die Wende zum 19.Jahrhundert einsetzte. Umgekehrt ist die Zusammenstellung dieser Inhalte in einem einheitlichen Stoffgebiet ein charakteristischer *Indikator* dafür, daß man es mit der von Euler ausgehenden Konzeption der Algebraischen Analysis zu tun hat. Dies wird in den Untersuchungen zum Lehrplan der Gymnasien in Teil C ein wichtiges Hilfsmittel sein.

Die Kombinatorische Analysis erscheint in dieser Auflistung nur als ein einzelnes Gebiet. Tatsächlich war ihr Anspruch aber viel weitergehender. Viele Autoren glaubten, daß die Kombinatorische Analysis zu allen aufgeführten Stoffgebieten die grundlegenden Methoden bereitstelle.

III.2.   Entstehung und Idee der Kombinatorischen Analysis

1825 verteidigte der zwanzigjährige C.G.J.Jacobi, der in den folgenden Jahren durch seinen Wettlauf mit N.H.Abel bei der Entwicklung der Theorie der elliptischen Funktionen schnell weltberühmt werden sollte, die folgenden Promotionsthesen.

"Theses

I.

Soph.El.v. 1260 sqq.

$$\tau\acute{\iota}\varsigma \ o\mathring{\upsilon}\nu \ \mathring{\alpha}\nu \ \mathring{\alpha}\xi\acute{\iota}\alpha\nu \ \gamma\epsilon \ \sigma o\tilde{\upsilon} \ \pi\epsilon\varphi\eta\nu\acute{o}\tau o\varsigma$$

$$\mu\epsilon\tau\alpha\beta\acute{\alpha}\lambda o\iota\tau' \ \mathring{\alpha}\nu \ \tilde{\omega}\delta\epsilon \ \sigma\iota\gamma\grave{\alpha}\nu \ \lambda\acute{o}\gamma\omega\nu;$$

scribendum est:

$$\tau\iota\varsigma \ o\mathring{\upsilon}\varkappa \ \alpha\nu\alpha\xi\acute{\iota}\alpha\nu \ \gamma\epsilon \quad \text{etc.}$$

II.

E theoria functionum Illi. Lagrangii minime sequitur, reiiciendam esse theoriam infinite parvi, immo recte hanc adhibitam numquam errare posse.

III.

Egregie asserit **Novalis** poeta:
Der Begriff der Mathematik ist der Begriff der Wissenschaft überhaupt. Alle
Wissenschaften müssen daher streben, Mathematik zu werden.

IV.

Methodus ab Illo. Lagrange ad reversionem serierum adhibita omnium optima est.

V.

Theoria Mechanices Analytica causam agnoscere nullam potest, quidni, sicuti
differentialia prima *velocitatis* nomine, secunda *virium* insignimus, simile quid ad
altiora quoque differentialia adhibeatur, de quibus theoremata proponi possint
prorsus analoga iis quae de vi et de velocitate circumferuntur."[1]

Diese Thesen vermitteln einen anschaulichen Eindruck der geistigen Situation der
Mathematik Mitte der zwanziger Jahre des 19.Jahrhunderts in Deutschland. Die
Bedeutung des philologischen Studiums — Jacobi hatte bei A.Boeckh studiert —
ist ersichtlich und auch die Tatsache, daß die romantische Literatur durchaus nicht
nur in esoterischen Zirkeln gelesen wurde. Das Zitat von Novalis entstammt dem
"Hymnus an die Mathematik".

Die drei mathematischen Thesen zeugen von einer intensiven Auseinandersetzung
mit dem Werk von J.L.Lagrange und bezeichnen zugleich wichtige Themen der
damaligen Mathematik: die Legitimität des Unendlich Kleinen, die Möglichkeit der
physikalischen Interpretation höherer Ableitungen (übrigens im Stil einer analogi-
sierenden Verallgemeinerung, wie wir sie auch bei Novalis gesehen haben) und
das Problem der Reihenumkehr. Hier nimmt Jacobi in These IV. die Wertung vor,
daß Lagranges Methode die beste sei, und bezieht damit implizit auch Stellung zur
Kombinatorischen Analysis, die, wie wir sehen werden, bei diesem Problem einen
ihrer größten mathematischen Erfolge erzielt hatte.

Tatsächlich war die Kombinatorische Analysis in den zwanziger Jahren des
19.Jahrhunderts immer noch eine wichtige Arbeitsrichtung, obwohl ihre Bedeutung
zurückging. Die besten Lehrbücher für dieses Gebiet entstammten dieser Zeit.[2]
Auch Jacobi hat sich aktiv mit der Kombinatorischen Analysis beschäftigt. Überliefert ist eine Arbeit, in der er durch kombinatorische Formeln die n–malige Hin-

---

1) Jacobi [1881–1891], III, 44
2) Wir nennen hier Schweins [1820], Spehr [1824], Ettingshausen [1826]

tereinanderausführung einer Funktion f in Abhängigkeit von den Koeffizienten ihrer Reihendarstellung beschrieb. Diese Arbeit ist damals negativ begutachtet und nicht publiziert worden. Sie wurde dann, zusammen mit den Gutachten, von K.R.Biermann als historisches Dokument 1961 in Crelles Journal veröffentlicht.[1] Viele analytische Arbeiten, die man in den dreißiger und vierziger Jahren in Crelles *"Journal für die reine und angewandte Mathematik"* finden kann, bezogen sich auf Fragestellungen, die zentrale Probleme der Kombinatorischen bzw. Algebraischen Analysis betrafen, so etwa die immer neuen Versuche, Verallgemeinerungen der binomischen Formel anzugeben. Auch die analytische Behandlung elementarer transzendenter Funktionen war zu dieser Zeit noch eine die Forschung beschäftigende Fragestellung, die eine intakte Tradition Algebraischer Analysis belegt.

Gehen wir nun auf die kombinatorischen Ursprünge dieser Tradition zurück. Es bietet sich an, die Geschichte der Kombinatorischen Schule in zwei Phasen zu unterteilen. Diese Phasen umfassen die Zeiträume:

I. Phase: 1780 – 1808
II. Phase: 1808 – 1840

Die erste Phase beginnt dabei mit der Publikation der ersten, mit weiterreichenden Ansprüchen verbundenen Schrift von C.F.Hindenburg, *"Infinitomii dignitatum historia, leges ac formulae"*[2] und endet mit dem Tod von Hindenburg 1808. In dieser Phase, genauer: in ihren letzten 15 Jahren stand die Kombinatorische Schule in Deutschland konkurrenzlos da. In der zweiten Phase, die man vielleicht bis 1840 rechnen kann, existierte die Kombinatorische Schule als eine unter vielen mathematischen Arbeitsrichtungen, vertrat allerdings nicht mehr so weitgehende, die Begründung der gesamten Mathematik betreffende Ansprüche wie in der ersten Phase.

Nur in der ersten Phase bildete die Kombinatorische Schule eine einigermaßen geschlossene Gruppe, die über Möglichkeiten der Publikation ihrer Ergebnisse in eigenen Zeitschriften und Monographienreihen verfügte. Es waren dies: das *"Leipziger Magazin zur Naturkunde, Mathematik und Oeconomie"*(1781-1784), das *"Leipziger Magazin für reine und angewandte Mathematik"*(1786-1788), das *"Archiv der reinen und angewandten Mathematik"*(1794-1800) sowie drei Bände *"Sammlung combinatorisch-analytischer Abhandlungen"*(1796-1803). Betrachtet man das in einem Lehrbuch[3] abgedruckte *"Chronologische Verzeichnis der*

---

1) Biermann [1961]
2) Hindenburg [1779]
3) Lorenz [1806]

combinatorischen Schriften", so erhält man weitere Aufschlüsse zur Datierung. Die früheste aufgeführte Publikation ist Hindenburg [1776], die früheste nicht von Hindenburg stammende Eschenbach [1785].

Die Aufschlüselung der aufgeführten Publikationen (Artikel und Monographien) nach Jahreszahlen ergibt folgendes Bild:

Tabelle: Zeitliche Verteilung der Publikationen der Kombinatorischen Schule

1776–80	81–85	86–90	91–95	96–1800	1801–04
4	7	5	17	41	15

Der Höhepunkt der Produktivität lag mithin im Zeitraum von 1796–1800, also in jener Phase, in der sich auch Novalis mit dieser Theorie beschäftigte. Erste zusammenfassende Lehrbücher waren Stahl [1800][1], Stahl [1801] und Weingärtner [1800/01]. Nach 1800 trat dann auch in einer Reihe von generell der reinen Mathematik gewidmeten Lehrbüchern die Kombinatorik (oder Syntaktik) als Grundlagendisziplin neben die Arithmetik.

Die Entwicklung einer mathematischen Schule ist von C.F.Hindenburg bewußt betrieben worden. Das drückte sich nicht nur in dem Versuch aus, kontinuierliche Publikationsmöglichkeiten zu schaffen, sondern auch die Reflexion über die eigenen Ergebnisse und deren langfristige methodologische Bedeutung gehörte zum Stil dieser Mathematikergruppe. Insbesondere Hindenburg selbst griff laufend kommentierend und interpretierend in die Entwicklung ein. Es wurden bestimmte Traditionslinien identifiziert und die generelle auch außermathematische Bedeutung kombinatorischer Verfahren herausgestellt, um auf diesem Hintergrund den spezifischen Beitrag der Kombinatorischen Schule zur Mathematik zu bewerten. Das ist immer ein riskantes Unternehmen, und die dabei unterlaufenen Fehleinschätzungen haben viel zur späteren Mißachtung dieser Gruppe beigetragen, doch sollte es als Versuch methodologischer Bewußtheit nicht vorschnell abgetan werden. Unangenehm fällt bei diesen Kommentaren allerdings eine gewisse Kleinlichkeit ins Auge, die speziell von Hindenburg ausging, der sich mit der Anerkennung fremder Verdienste schwer zu tun schien.

---

1) Das Buch enthält die Widmung: *"Sr.Hochwohlgeboren dem Herrn Johann Wolfgang von Göthe, Sächsisch–Weimarschen wirklichen Geheimenrathe, dem Verehrer und Beförderer alles Wahren, Schönen und Guten in tiefster Ehrfurcht gewidmet"*. Stahl war von Goethe an die Universität Jena berufen worden.

Am Beginn der zweiten Phase der Kombinatorischen Schule stand das in der ersten Hälfte des 19.Jahrhunderts berühmte Lehrbuch Thibaut [1809]. In diesem Buch führte Thibaut zwar die Tradition der Kombinatorischen Schule fort, relativierte allerdings deren Ansprüche und reformierte die von Hindenburg eingeführte kombinatorische Symbolik. Dies wurde prägend für die zweite Phase. Insbesondere die Ausbildung einer übersichtlicheren und einfacheren Symbolik war die Voraussetzung dafür, daß dann in den zwanziger Jahren eine Reihe von klar geschriebenen Lehrbüchern dieses Gebietes erscheinen konnte. Die Kombinatorik der zweiten Phase unterschied sich auch darin von der der ersten, daß die einseitige Fixierung auf die Kombinatorische Analysis aufgegeben wurde. Man faßte auch andere Anwendungen der Kombinatorik ins Auge und beschäftigte sich andererseits mehr mit rein kombinatorischen Fragestellungen. Auch die pädagogische Bedeutsamkeit der Kombinatorik wurde stärker betont.

Die Kombinatorische Analysis war eine weitgehend auf Deutschland begrenzte Arbeitsrichtung. J.B.J.Delambre urteilte etwa: *"Die kombinatorische Analysis beschäftigt noch immer die deutschen Mathematiker; aber in Frankreich hat sie keine Gunst erringen können, weil ihr Gebrauch zu beschränkt ist, und besonders weil sie auf die Zweige der Wissenschaft nicht anwendbar erscheint, deren Förderung uns vorzüglich am Herzen liegt."*[1] Um eine Anschauung der Gruppe von Mathematikern zu gewinnen, die zu dieser Arbeitsrichtung gehörten, geben wir einige Kurzbiographien von Mitgliedern der Kombinatorischen Schule. Dabei muß man berücksichtigen, daß in der Zeit vor der Humboldtschen Bildungsreform die Mathematik insgesamt eine sehr schwache Stellung in den gelehrten Institutionen Deutschlands hatte. Eigentlich bot nur die Astronomie eine institutionelle Basis für die Möglichkeit mathematischer Forschung. Auch C.F.Gauß hat sich seine erste internationale Reputation durch eine Leistung in der Astronomie erworben.[2] Um eine Vorstellung der Größe der zur Kombinatorischen Schule gehörenden Mathematikergruppe zu gewinnen, kann man für die erste Phase wieder auf das oben ausgewertete Literaturverzeichnis von 1806 zurückgreifen und findet dann eine Zahl von 19 verschiedenen Autoren. Für die 2.Phase ist die Situation schwieriger einzuschätzen. Hier wird die Zahl der Autoren mit überregional wichtigen Publikationen kleiner sein, andererseits muß man in Rechnung stellen, daß nun unterhalb dieser Gruppe eine Generation von Personen vorhanden waren, die beruflich mit Mathematik zu tun hatten und die im Geist der kombinatorischen Methoden erzogen worden waren. Hierbei ist vor allem an die Gymnasiallehrer zu

---

1) *"Rapport historique sur les progrès des sciences mathématiques depuis 1789"* (Paris [1810]) (zitiert nach Netto [1908], 201
2) vgl. Mehrtens [1981], 414 ff.

denken, die teils in Schulbüchern, teils in Programmschriften die kombinatorische Sicht verbreiteten. Beispiele dafür werden wir im Verlauf der Untersuchung noch kennen lernen.

Kurzbiographien von Mitgliedern der Kombinatorischen Schule[1]

I.Phase:

Carl Friedrich HINDENBURG (1741–1808): Sohn eines Kaufmanns, studierte in Leipzig Arzneikunst, Philosophie, alte Literatur, Physik, Mathematik und Aesthetik. Nach einer Tätigkeit als Erzieher des Herrn von Schönberg und Studium in Göttingen bei A.G.Kästner legte er 1771 in Leipzig das Magisterexamen ab, wurde Privatdozent und 1781 außerordentlicher Professor der Philosophie. Nach zeitweiligen Aussichten auf eine philologische Professur erhielt er 1786 die ordentliche Professur des Physikers C.B.Funk in Leipzig, eine Stelle, die er bis zu seinem Tod innehatte. Seine physikalische Qualifikation hatte er durch eine Arbeit über Wasserpumpen unter Beweis gestellt.

Georg Simon KLÜGEL (1739–1812): Sohn eines Maklers, studierte ab 1760 in Göttingen Theologie, wandte sich dann unter dem Einfluß von A.G.Kästner der Mathematik zu. 1767 wurde er ordentlicher Professor der Mathematik an der Universität Helmstedt, 1788 ging er in gleicher Eigenschaft nach Halle. Klügel galt zu seiner Zeit als einer der wichtigsten Mathematiker in Deutschland, er gehörte der Kombinatorischen Schule nicht im engeren Sinne an, hat aber in den von Hindenburg herausgegebenen Zeitschriften und Sammelbänden eine Reihe von Beiträgen zur Kombinatorischen Analysis verfaßt und auch in seinem Hauptwerk, dem *Mathematischen Wörterbuch*, den Auffassungen dieser Schule einen prominenten Platz eingeräumt.

Christian KRAMP (1760–1826): in seiner Vaterstadt Straßburg studierte er Medizin und praktizierte zunächst als Arzt in Straßburg, Paris, Meisenheim und Speier. Während dieser Zeit trat er durch verschiedene Publikationen hervor, in denen er exakte Methoden auf die Medizin anzuwenden versuchte. Schließlich gab er seinen Beruf als Arzt auf und wurde Professor der Physik und Chemie an der École centrale in Köln. 1809 wurde er Professor der Mathematik an der Universität Straßburg, 1812 korrespondierendes Mitglied der Berliner Akademie der Wis-

---

1) Alle biographischen Angaben nach ADB. Zu Hindenburg, Kramp und Gudermann vgl. auch die Artikel im DSB.

senschaften und 1817 in gleicher Eigenschaft in die Pariser Akademie gewählt. Kramp war ein äußerst vielseitiger Wissenschaftler, der wesentlich an der wissenschaftlichen Entwicklung der Kombinatorischen Schule beteiligt war und zu ihrer Reputation beitrug. U.a. gab er eine erweiterte Theorie der Kettenbrüche, bestimmte als erster den Schwerpunkt des sphärischen Dreiecks, erfand eine neue Näherungsmethode zur Auflösung von Zahlengleichungen und entwickelte erfolgreich die Theorie der analytischen Fakultäten,[1] die er auf die Berechnung des Integrals von $e^{-t^2}dt$ anwandte. Diese Egebnisse nutzte er zur Analyse der astronomischen Strahlenbrechung. Außerdem war er Autor einer zweibändigen *Geschichte der Aerostatik* und hat sich erfolgreich mit mineralogischen Fragen beschäftigt. Sein Lehrbuch *"Élements d'arithmétique universelle"*[2] avancierte zu einem der Modelltexte für die Tradition der Allgemeinen Arithmetik oder Algebraischen Analysis in Deutschland.

Konrad Dietrich Martin STAHL (1771–1833): Sohn eines Malers, studierte er zunächst Jura in Helmstedt. Er wandte sich dann der Mathematik und Physik zu und ging 1795 an die Universität Jena, wo er zunächst als Privatdozent und von 1798 bis 1802 als außerordentlicher Professor Mathematik lehrte. 1802 wurde er an das Akademische Gymnasium Coburg, 1804 an die Universität Würzburg berufen. 1806 ging er an die Universität Landshut und erhielt 1826 einen Ruf an die Universität München. Durch seine oben erwähnten Lehrbücher wurde er hochberühmt und einer der wichtigsten Beförderer der Kombinatorischen Schule, obwohl er keine originalen Forschungsleistungen vorzuweisen hatte.

Heinrich August ROTHE (1773–1842): Sohn eines Finanzbeamten, studierte er ab 1789 Jura in Leipzig. Dort wurde er mit Hindenburg bekannt und wechselte zur Mathematik. 1792 wurde er Magister, 1793 Privatdozent und 1796 außerordentlicher Professor der Mathematik in Leipzig. 1800 wechselte er unter Beibehaltung seiner akademischen Rechte nach Freiberg, wo er bei A.G.Werner bergmännische Studien trieb und selbst mathematische Vorlesungen hielt. 1804 wurde er ordentlicher Professor der Mathematik in Erlangen, wo er 1823 mit 50 Jahren in den Ruhestand trat. Rothe gehörte zu den begabteren Schülern Hindenburgs, löste das Problem der Reihenumkehr[3] und publizierte 1820 ein interessantes Buch über die *"Theorie der combinatorischen Integrale"*.

Johann Karl BURKHARDT (1773–1825): während seiner Gymnasialzeit begann Burkhardt sich, angeregt durch das Lehrbuch von Lalande, autodidaktisch mit

---

1) Kramp [1798]. Vgl. Abschnitt III.4. dieser Arbeit
2) Kramp [1808]
3) vgl. Abschnitt III.3 dieser Arbeit.

Astronomie zu beschäftigen. Ab 1792 studierte er in Leipzig bei Hindenburg Mathematik und löste mit kombinatorischen Mitteln ein Problem aus der Theorie der Kettenbrüche. Mit Hilfe eines Stipendiums ging er 1796 auf Empfehlung Hindenburgs nach Gotha, um bei dem berühmten Astronomen v.Zach zu arbeiten. Dieser empfahl ihn 1798 an seinen Freund Lalande nach Paris. Paris wurde Burkhardts zweite Heimat. 1807 wurde er Leiter der Sternwarte der École militaire. Seine wissenschaftlichen Publikationen umfaßten neben einigen Arbeiten zu Problemen der reinen Mathematik vor allem astronomische Untersuchungen. Eine Schrift über die Bahn des Kometen von 1770 und ihre Beeinflussung durch Jupiter wurde 1801 vom Pariser Institut preisgekrönt.

II. Phase:

Ludwig OETTINGER (1797-1869): nach dem Studium der Theologie, Philologie und Philosophie in Heidelberg und kurzer Tätigkeit als Pfarrer wurde er 1818 Lehrer am Pädagogium zu Lörrach, 1820 Direktor des Pädagogiums in Durlach. 1822 wurde er Professor am Gymnasium in Heidelberg, 1831 Privatdozent an der dortigen Universität und schließlich 1836 Professor der Mathematik an der Universität Freiburg. Oettinger hat kombinatorische Methoden sowohl in Arbeiten zur reinen Mathematik als auch in angewandten Untersuchungen und Lehrbüchern benutzt und weiterentwickelt. Ein Lehrbuch war seine *"Lehre von den Combinationen nach einem neuem System bearbeitet und erweitert"* (1837), eine angewandte Schrift *"Theorie der Lotterieanlehen nebst einer Methode, den Werth eines Capitals bei verschiedenem Zinsfuße und dem hieraus sich ergebenden Curs zu bestimmen mit Rücksicht auf großherzgl. badische Staatsanlehen"* (1843). In der reinen Mathematik hat er die Kombinatorik vor allem auf Gegenstände der Analysis angewandt: Summen- und Differenzenrechnung, Theorie der analytischen Fakultäten.

Christoph GUDERMANN (1798-1852): Sohn eines Lehrers, studierte Theologie, dann Mathematik an der Universität Göttingen. 1823 wurde er Lehrer am Gymnasium in Kleve, 1832 außerordentlicher, 1839 ordentlicher Professor der Mathematik an der Theologischen und Philosophischen Akademie in Münster. Gudermann arbeitete mit den Mitteln der Kombinatorischen Analysis über sphärische Geometrie, Theorie der Hyperbelfunktionen und die Theorie der elliptischen Funktionen. In die letztere Theorie führte er auch Karl Weierstraß ein, der dort seine ersten großen Erfolge hatte.

Friedrich Wilhelm SPEHR (1799-1833): Sohn eines Kaufmanns, benötigte zunächst jahrelange Auseinandersetzungen mit seinem Vater, um durchzusetzen, daß

daß er an einer Universität studieren durfte. Ab 1819 studierte er in Göttingen
Mathematik bei Gauß und Thibaut. Das oben erwähnte Lehrbuch der Kombinatorik von 1824 machte ihn schnell bekannt und brachte ihm eine Stelle als Lehrer
der Mathematik am Collegium Carolinum in Braunschweig ein. Spehrs Gesundheit
wurde durch private Probleme und durch die Anstrengungen der von ihm geleiteten Vermessung des Herzogtums Braunschweig so angegriffen, daß er im Alter
von nur 34 Jahren verstarb.

Betrachten wir nun näher Idee, Techniken und Entwicklung des kombinatorischen
Ansatzes.[1] Bereits die erste umfassende Schrift Hindenburgs, die *"Infinitomii
dignitatum historia, leges ac formulae"* von 1779 enthielt die gedanklichen Motive,
die den Ansatz der Kombinatorischen Schule in spezifischer Weise auszeichneten.
Diese Motive waren eine umfassende *Mechanisierung* und der damit verbundene
Versuch einer *begrifflichen Durchstrukturierung* des algebraisch–analytischen
Kalküls. Grundlage sollte die Kombinatorik sein. Deshalb schien es Hindenburg
wichtig, nicht nur neue Formeln zu entwickeln, sondern 1.die Kombinatorik
begrifflich zu systematisieren und in eine eigenständige Theorie zu verwandeln, 2.
eine möglichst einheitliche, praktikable und suggestive kombinatorische Symbolik
zu entwickeln und 3. zur effektiven Ausführung von Rechnungen mechanische
Hilfsmittel in Form von Tabellen und graphischen Schemata für eine irrtumsfreie
Erzeugung kombinatorischer Gesamtheiten zu entwickeln. Die Idee der Mechanisierung lag im Geist der Zeit. J.L.Lagrange etwa reagierte mit folgendem Brief
auf die Übersendung des genannten Buches durch Hindenburg:*"J'ai lu votre
ouvrage avec beaucoup de satisfaction et d'interet, et je le regarde comme très
utile a l'histoire et aux progrès de l'Analise. La regle generale que vous y donnez
pour former les puissances d'un polinome quelquonque ne me paroit rien laisser à
desirer sur cet objet. J'aurois seulement souhaité y trouver des tables toutes con-
struites pour le developpement des differens termes de ces puissances, et aux-
quelles on put toujours avoir recours dans le besoin. Ce seroit une entreprise
d'une très grand utilité, d'enrichir les differentes branches de l'Analise de pareilles
tables."*[2]

Der erste Versuch einer begrifflichen Systematisierung der Kombinatorik durch
Hindenburg erschien 1781 unter dem Titel *"Novi systematis permutationum, combinationum ac variationum primae lineae ..."*. Es handelt sich dabei um eine

---

1) vgl. auch Netto [1908]
2) von Hindenburg zitiert in: Archiv der reinen und angewandten Mathematik, II (1798), 370

schmale Schrift von 32 Seiten, die durch ein längeres Zitat aus Leibniz' Jugend-schrift *"Dissertatio de Arte Combinatoria"*[1] eingeleitet wurde. Leibniz begründe-te hier Gebrauch und Nutzen einer universellen, kombinatorisch zu begründenden Charakteristik. Die Rückführung und Legitimation der eigenen Arbeit durch Hin-weis auf die Ansätze von Leibniz blieb ein Standardtopos in der Literatur der Kombinatorischen Schule. Noch in dem Lehrbuch von Weingärtner 1801 findet man dieselben Zitate angeführt. Für die Anwendung der Kombinatorik gab es bei Leibniz eine engere und eine weitere Begründung. Die engere Begründung bezog sich auf die Anwendung in der Algebra und in der Reihentheorie, die weitere verwies in spekulativer Weise auf Möglichkeiten außermathematischer Verwen-dung, von der Philosophie und Logik bis zur Physik. Das wurde von Hindenburg so reproduziert. Zur allgemeinen Anwendbarkeit sagte er: *"**Quaestiones combinato-riae** tam late patent in omni scientiarium et artium genere, ut potiores tantum commemorare, difficillimum videatur. Huc, inter alia multa, pertinent: partium, quae rem aliquam constituunt, iusta et completa enumeratio, earum, ubi opus est, omnimoda compositio, aut compositarum transpositio; rerum, vel certa aliqua lege vel etiam fortuito evenientium vicissitudines, numerusque vicissitudinum; verisimi-lium coniecturae; eventuum similium aut dissimilium spes; ars aestimandi; omne genus ludorum, et fortitionum (Lotterien u.d.g.) et magna pars Arithmeticae politicae; Analysis universa, cum Arte characteristica; Geometria cum Trigonome-tria utraque; Mathesis applicata, et, quae hinc pendent, Artes mechanicae; Physica experimentalis et Chemia; Logica probabilium; Logicae pars, quae dicitur, inventi-va: Capita de propositionibus, divisionibus, syllogismis inductionibus, etc, et quae sunt reliqua, in quibus fere regnat Ars Combinatoria, cuiusque ad scientias applicandae perfectissima exempla et omnibus numeris absoluta praebet Trigono-metria, plana et sphaerica, quae totae constituuntur Combinationibus."*[2]

Die Schrift enthielt außerdem eine Aufzählung derjenigen Problembereiche in der Algebra und Reihentheorie, die Hindenburg als die wichtigsten Anwendungsfelder der Kombinatorik betrachtete: Multiplikation, Division, Potenzieren und Radizieren von Reihen, Substitution von Reihen in Reihen, Elimination, Rationalisierung irrationaler Ausdrücke, Interpolation, Transformation, Umkehrung von Reihen, Darstellung von trigonometrischen und anderen transzendenten Funktionen durch Reihen.[3]

1) Leibniz [1666]
2) Hindenburg [1781], XXV/VI
3) a.a.O., XXVII ff.

Der Hauptteil der Schrift bestand in einer knapp gehaltenen Einführung in die Kombinatorik. Hier führte Hindenburg die verschiedenen Arten kombinatorischer Bildungen durch Definitionen und Beispiele ein und behandelte die *kombinatorischen Operationen*. Im Hinblick auf die kombinatorische Begrifflichkeit ist festzuhalten, daß Hindenburg den Begriff der Variation neu einführte und daß die konsistente Unterscheidung von Permutationen, Kombinationen und Variationen im heutigen Sinne sich tatsächlich erst am Ende des 18.Jahrhunderts durch die Arbeiten der Kombinatorischen Schule herausgebildet und stabilisiert hat. Vorher hatte J.Bernoulli in der *"Ars conjectandi"* die Begriffe Permutation und Kombination benutzt, während das Wort Variation bei ihm nicht vorkam.[1]

Bei den *kombinatorischen Operationen* unterschied Hindenburg zwei Typen, nämlich einmal diejenigen Verfahren, mit deren Hilfe man kombinatorische Bildungen effektiv aufstellen kann, und zum zweiten die Bestimmung der Anzahlen einer gewissen Bildung bei vorgegebener Zahl von Elementen. In der Heraushebung des ersten Typus von kombinatorischen Operationen sah er ein wesentliches Verdienst seiner Arbeit, und er machte seinen Vorgängern den generellen Vorwurf, sich einseitig am Problem der Anzahlbestimmung orientiert zu haben. In der Tat kann man akzeptieren, daß für eine eigenständige Begründung der Kombinatorik der Versuch, auf diesem Wege ein System kombinatorischer Operationen zu definieren, eine gewisse Bedeutung hat.

Aus diesem Grunde war für Hindenburg und die Kombinatorische Schule die Entwicklung einer neuen kohärenten *Symbolik* und die Ausarbeitung von graphischen *Verfahren zur effektiven und übersichtlichen Darstellung kombinatorischer Gesamtheiten*, um sicheres kombinatorisches Operieren zu ermöglichen, eine der wichtigsten Aufgaben. In diesen beiden Bereichen sahen sie auch historisch den größten Fortschritt gegenüber ihren Vorgängern.

Hier seien exemplarisch nur einige Notationen angeführt. Generell benutzte Hindenburg, wie es im 18.Jahrhundert üblich war, die Folge der Buchstaben als Ordnungs- und Abzählprinzip der zu kombinierenden Elemente. So schrieb man bis ins 19.Jahrhundert hinein die (heutigen) Binomialkoeffizienten $\binom{m}{1}$, $\binom{m}{2}$, $\binom{m}{3}$ als

$$^{m}\mathfrak{A}, \,^{m}\mathfrak{B}, \,^{m}\mathfrak{C}, \,\ldots$$

---

1) Netto [1901], 2

Ähnlich die Bezeichnung der verschiedenen kombinatorischen Gesamtheiten. Z.B. bedeuteten:

'A, 'B, 'C, 'D, ... Kombinationen 1.,2.,3.,4.,... Klasse ohne Wiederholungen

A', B', C', D', ...Kombinationen 1.,2.,3.,4., ... Klasse mit Wiederholungen

'A, 'B, 'C, 'D, ... Variationen 1.,2.,3.,4,... Klasse ohne Wiederholungen

A', B', C', D', ... Variationen 1.,2.,3.,4.,...Klasse mit Wiederholungen

Wichtig hierbei ist, daß diese Symbole nicht die entsprechenden Anzahlen bezeichneten, sondern die effektiven Aufstellungen der fraglichen kombinatorischen Gesamtheiten. So bedeutete etwa 'B die Gesamtheit:

$$'B = ab,ac,ad,bc,bd,cd,...$$

Lexikographisch angeordnete Gesamtheiten wurden begrifflich als *"gut geordnet"* ausgezeichnet. Im Sinne einer eigenständigen Begründung der Kombinatorik erschien das Operieren mit den kombinatorischen Gesamtheiten selbst als besonders bedeutsam. *"Man bekümmerte sich in der früheren Combinationslehre aber fast nur allein um die **Anzahl** der Verbindungen und Versetzungen der Dinge und überging fast gänzlich ihre **wirkliche Darstellung**, die doch für die Analysis so wichtig ist. Denn die Anwendung der Combinationslehre in der Analysis besteht vornehmlich darin, daß zusammengesetzte Größen als Summen von Combinationen nach gewissen Gesetzen in einem einfachen Ausdruck dargestellt werden. Dabey wird aber erfordert, daß man die Bestandteile der Summe, wo die Entwicklung nöthig ist, leicht, mit Deutlichkeit und Regelmäßigkeit angeben, gleichsam mechanisch hinschreiben könne. Diesen wichtigen Dienst hat Hindenburg der Analysis geleistet."*[1] Was hier speziell als Mittel der Mechanisierung hervorgehoben wird, hat zugleich begriffliche Qualität. Die Ablösung von der bloßen Anzahlbestimmung führt zu einer eigenständigen Auffassung der Kombinatorik unabhängig von der Arithmetik.

Im Dienst der begrifflichen Verselbständigung der Kombinatorik standen auch die graphischen Schemata, die Hindenburg zur effektiven Erzeugung kombinatorischer

---

1) Klügel [1803–8], I, 474/5

Gesamtheiten entwickelte. 1794 erfand er speziell die sogenanten *"kombinatorischen Involutionen"*.[1] Diese haben zwar nur noch historisches Interesse, beleuchten aber sehr gut den Geist, der die Mathematik der Kombinatorischen Schule
leitete. Die Idee bestand darin, nach einfachen Regeln aus dem graphischen Schema für eine kombinatorische Gesamtheit von n Elementen ein Schema für (n+1)
Elemente zu erzeugen. Involutionen hießen diese Schemata, weil durch diese
Erzeugung jedes Schema für n Elemente zugleich die Schemata für weniger Elemente enthielt. Als Beispiel geben wir eine Tabelle von Kombinationen (mit Wiederholung) aus natürlichen Zahlen für die "Lokalsummen" von 1 bis 7.

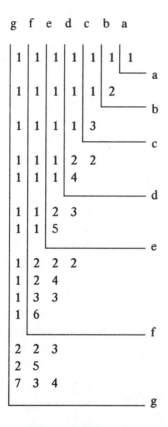

In dem jeweiligen Winkelhaken stehen die möglichen Zerlegungen der durch den
Buchstaben bezeichnete Summe, im d–Haken also die Zerlegungen der 4. Man
konstruiert den jeweils nächstfolgenden Haken-Bereich, indem man links neben
den vorhergegangenen Haken eine Spalte Einsen setzt und dann Schritt für Schritt

---

1) Ein Beispiel dafür haben wir bei Herbart kennengelernt.

die höheren Zahlen mit dem zugehörigen niedrigeren Haken–Bereich kombiniert, wobei man alle bereits aufgetretenen Fälle wegläßt.

Insgesamt entwickelte Hindenburg ein in sich schlüssiges System kombinatorischer Symbole und Darstellungsverfahren. Da wir hier nicht an der Geschichte der Kombinatorik interessiert sind, soll dies nicht in den Einzelheiten dargestellt werden. So konsequent durchgeführt, war das für die Kombinatorik ein Novum und zweifellos hat Hindenburg sich damit historisch ein Verdienst erworben, das zum Teil den Einfluß erklärt, den er am Ende des 18.Jahrhunderts in Deutschland hatte. Die weitgehende Benutzung von Buchstaben zur Darstellung von Anordnungen macht seine Symbolik allerdings für den heutigen Betrachter fast unlesbar.

Kommen wir nun zum eigentlichen Arbeitsfeld der Kombinatorischen Schule, der *Kombinatorischen Analysis*. Diese stellte den Versuch dar, Arithmetik, Algebra und Analysis durch die Kombinatorik neu darzustellen und zu begründen. Auch hier knüpfte man an Leibniz an. Dieser hatte in der erwähnten Jugendschrift *"Dissertatio de arte combinatoria"* eine Auffassung entwickelt, nach der die Algebra ein bloßer Anwendungsfall der Kombinatorik sei. In einem später in Dialogform verfaßten Manuskript, das allerdings erst 1976 publiziert wurde, hatte Leibniz diese Idee folgendermaßen erläutert: *"Denn wenn wir die ars combinatoria gleichsam als allgemeine Wissenschaft von den Formeln betrachten, so ist ihr die Algebra notwendigerweise insoweit untergeordnet, als sie Formeln, die einer Größe angepaßt sind, überliefert. Und in der Tat siehst du, daß dieselben Formeln, die an dieser Stelle die Multiplikation bezeichnen, unendlich viele andere Bedeutungen haben können. Denn ac könnte nicht nur a + c bedeuten, wenn wir es so wollten, oder auch das zwischen a und c bestehende Verhältnis, sondern könnte sogar disjunktiv 'entweder a oder c' bedeuten. ... Es kann auch die Strecke bezeichnen, die durch die Endpunkte a und c begrenzt ist, und dennoch blieben stets die allgemeinen kombinatorischen Gesetze richtig, auch wenn die besonderen Gesetze der Multiplikation nicht mehr gelten. ... Offensichtlich kann man daher zahllose Rechnungen ausdenken, die von der algebraischen völlig verschieden sind und ihre eigenen Nutzanwendungen besitzen."*[1]

In dieser Leibnizschen Konzeption lagen zwei Momente. Zum ersten: die Strategie der Verallgemeinerung. Man versteht die die Größenverhältnisse beschreibenden Formeln in ihrem Gehalt besser, wenn man sie als Spezialfall einer allgemeineren Klasse von Formeln auffaßt. Zum anderen ist dann die Idee naheliegend, die

---

1) Leibniz [1976], 54–56

Kombinatorik als allgemeine Strukturtheorie von Formeln zu benutzen. Bestärkt durch den verbreiteten Habitus des 18.Jahrhunderts, Verallgemeinern als die wichtigste Problemlösetechnik der Mathematik zu betrachten, griffen Hindenburg und die Kombinatorische Schule diese Ideen auf. Von Anfang an hatten daher ihre Überlegungen auch eine philosophische Komponente. Es ging nicht um die Lösung einer Reihe von konkreten Problemen, sondern um eine generelle Konzeption von Mathematik.

Daß diese Konzeption universell auf Arithmetik, Algebra und Analysis anwendbar ist, wird durch weitreichende Analogien nahegelegt. Alle diese Disziplinen werden von gleichen oder ähnlichen syntaktischen Gesetzen beherrscht. Um nur den einfachsten Fall zu nehmen: die Multiplikation zweier natürlicher Zahlen in einem beliebigen Stellenwertsystem der Basis p

$$(a + bp + cp^2 + ...)(\alpha + \beta p + \gamma p^2 + ...) = A + Bp + Cp^2 + ...$$

unterscheidet sich kombinatorisch nicht von der Multiplikation zweier (endlicher oder unendlicher) Reihen

$$(a + bx + cx^2 + ...)(\alpha + \beta x + \gamma x^2 + ...) = A + Bx + Cx^2 + ...$$

Die Koeffizienten A,B,C ergeben sich in beiden Fällen als "Kombinationen zu bestimmten Summen" aus den Koeffizientenreihen a,b,c, ... und α,β,γ... .[1]

Daher konnte man bei einer entsprechenden praktikablen Symbolik mit einem gewissen Recht hoffen, den arithmetisch–algebraisch–analytischen Kalkül auf ein *System von kombinatorischen Operationen* zu gründen, die rein mechanisch ausführbar waren. Während die Kombinatorik eine Theorie aller möglichen Symbolzusammenstellungen darstellte, wurden durch die jeweiligen mathematischen Disziplinen diejenigen Symbolkombinationen ausgezeichnet, die sinnvolle Bildungen waren.

Für die Anwendung der Kombinatorik auf die Analysis, also die Kombinatorische Analysis im engeren Sinne, beschrieb Hindenburg diese Ideen so:*"Eine Aufgabe enthält gegebene und zu suchende (bekannte und unbekannte) Größen, nebst verschiedenen Bedingungen, die das Verhalten derselben gegen, und ihre Beziehung*

---

1) Das Beispiel zeigt, daß eine solche Analogie immer von dem Gesichtspunkt abhängt, den man einnimmt. In anderen Zusammenhängen mag der kombinatorische Aspekt als trivial erscheinen.

*auf einander, ausdrücken. Die Formeln, welche die unbekannten Größen durch die
bekannten darstellen, was sind sie anders, als eine Verbindung der letzteren, nach
einem gewissen combinatorischen Gesetze? – eine Function soll von der Gestalt,
die sie hat, in eine andere Form von gegebener Art umgewandelt werden? werden
da nicht die Größen, auf die es bey der Umänderung eigentlich ankommt, nach
gewissen, von jener Function und dieser Gestalt abhängenden, Gesetzen bestimmt?
und wenn man sich einige Zeit mit den* **combinatorischen Operationen** *beschäftigt
... kann man da an dem sehr nützlichen und erheblichen Einfluß der Combinationslehre auf die Analysis nur einen Augenblick zweifeln?"*[1] Die Schwierigkeit
und "Verwickelung" in der Handhabung von Formeln könne nur bewältigt werden,
wenn man ihre Struktur sorgfältig untersuche und insbesondere ihre unterschiedlichen Bestandteile genauer auseinanderhalte: *"...man muß ... die heterogenen oder
sonst nicht zusammengehörigen, obschon gleichartigen, Größen sorgfältig von
einander* **sondern***, die combinatorischen Gesetze derselben* **einzeln** *aufsuchen, wie
sie in ihren Gliedern zusammengehören* **nachweisen***, und in Formeln (wozu die*
combinatorisch-analytischen *vorzüglich geschickt sind) darstellen."*[2]

Die Kombinatorik zur Untersuchung algebraischer Formeln zu benutzen, ist eine
plausible, wenngleich sehr allgemeine Idee. Wieweit sie tatsächlich trägt, ist prima
facie nicht klar. Wir wollen dieser Frage nachgehen, indem wir einen bestimmten
Satz diskutieren, der auch historisch im Diskussionszusammenhang der Kombinatorischen Schule eine zentrale Rolle gespielt hat und durch den Hindenburg selbst
auf seine kombinatorische Programmatik gekommen ist: den sogenannten Binomischen bzw. Polynomischen Satz. Dabei wird uns besonders das Problem interessieren, in welcher Beziehung die arithmetische und die algebraische Auffassung der
Reihentheorie standen.

Der binomische Satz war bereits von Newton ohne Beweis mitgeteilt worden.[3]

---

1) Hindenburg [1796], 155/6
2) a.a.O., 157
3) Newton [1676]. Zur Geschichte des Satzes vgl. Pensivy [1987/88].

Er besagt (in moderner Schreibweise) die Gültigkeit der Formel

$$(1 + x)^m = 1 + \binom{m}{1} x + \binom{m}{2} x^2 + \binom{m}{3} x^3 + \ldots$$

$$= \sum \binom{m}{k} x^k$$

nicht nur für natürliche Zahlen m, sondern auch für rationale und negative. Für diese Werte geht die Summe auf der rechten Seite in einen unendlichen Ausdruck über. Setzt man auf der linken Seite an Stelle des Binoms (also der Summe aus zwei Summanden) ein beliebiges endliches oder sogar unendliches Polynom, so resultiert eine analoge Formel

$$(1 + ax + bx^2 + cx^3 + \ldots)^m = A + Bx + Cx^2 + Dx^3 + \ldots$$

mit geeignet zu bestimmenden Koeffizienten A,B,C, ... , die sogenannte polynomische Formel oder, für den Fall eines unendlichen Ausdrucks, die *Potenzierung des Infinitinoms*, bei der ebenfalls wieder nach der Gültigkeit für einen beliebigen Exponenten m gefragt werden kann. Die Bedeutung einer solchen Formel in einer Theorie, die wesentlich mit Reihen arbeitet, liegt auf der Hand, weil sie einen allgemeinen Ausdruck für das Potenzieren, Wurzelziehen und die Kehrwertbildung beliebiger Reihen liefert. Aus diesem Grunde hatte bereits Euler den binomischen Satz als *theorema fundamentale* bezeichnet.

Das Konzept der Algebraischen Analysis hing aber auch aus einem zweiten Grund an diesen Sätzen. Euler hatte die Gültigkeit der binomischen Formel für rationale und negative Exponenten in seinen *Institutiones calculi differentialis* mit Hilfe der Differentialrechnung bewiesen,[1] zuvor aber umgekehrt diesen Sachverhalt bei der Bildung der Ableitungen algebraischer Funktionen benutzt.[2] Auch die Gültigkeit der polynomischen Formel für nicht–natürliche m hatte Euler unter Benutzung einer Differentialgleichung hergeleitet.[3] In einer späteren Arbeit hatte Euler auf diesen Zirkel ausdrücklich hingewiesen und einen Beweis der binomischen Formel

---

1) Euler [1755], pars posterior, § 72
2) Euler [1755], pars prior, cap. V
3) Euler [1755], pars posterior, § 202

gegeben, der zum Modell für die endgültigen Lösungen durch Cauchy und Abel wurde.[1]

Die Bedeutung des polynomischen Satzes für die Algebraische Analysis war daher zweifach: zum einen stellte er eine Formel dar, in der sich die innere Kohärenz des Gebietes manifestierte, weil er die algebraischen Operationen mit Potenzreihen beherrschte. Zum anderen bildete er das Schlüsselproblem für die Abgrenzung der Algebraischen Analysis gegenüber der Analysis des Unendlichen. Wenn dieser Satz wesentlich algebraischer bzw. kombinatorischer Natur ist und wenn er eine wesentliche Grundlage für die Differentialrechnung darstellt, dann ist die Algebraische oder Kombinatorische Analysis ein eigenständiges Gebiet, das sogar letztlich die Analysis des Unendlichen mit umfaßt. Benötigt man aber Mittel der Differentialrechnung zum Beweis seiner allgemeinen Gültigkeit, dann steht auch die Autonomie der Analysis des Endlichen in Frage, jedenfalls müßte dann die Theorie der Reihen möglicherweise aus diesem Gebiet entfernt werden.

Obwohl diese Alternative nie so klar formuliert wurde, weil auch historisch die begrifflichen Optionen nicht so klar waren, war es doch ein wichtiges Problem der Kombinatorischen Schule, einen rein kombinatorischen Beweis des allgemeinen polynomischen Satzes zu geben, um die begriffliche Autonomie der Kombinatorischen Analysis zu wahren. *"Wäre kein anderer Weg, ...[den polynomischen Satz] allgemein zu beweisen, als durch die Differentialrechnung, so wäre die Analysis des Endlichen kein für sich bestehendes Ganze, und man müßte, um nicht in den Untersuchungen aufgehalten zu werden, einen Theil der Differentialrechnung einschieben."*[2] Mit derselben Begründung motivierte noch 1825 C.Gudermann, der akademische Lehrer von Weierstraß, einen von ihm entwickelten Beweis des Polynomialsatzes, unabhängig vom binomischen. *"...allen Werth haben diejenigen [Beweise] verloren, welche mittelst der Differenzialrechnung oder dergestalt geführt worden sind, daß der Begriff der Veränderlichkeit der Hauptgröße dabei ist angewendet worden, welchen allererst die Differenzialrechnung benutzen darf."*[3]

Daher waren Beweisversuche für den polynomischen Satz im 18.Jahrhundert zahlreich. Nachdem Hindenburg zunächst mehr zufällig auf dieses Problem gestoßen war, entwickelte er im Zuge seiner Beschäftigung damit einen großen Teil seiner kombinatorischen Programmatik und Terminologie. Sein Beweis reduzierte den polynomischen Satz auf den binomischen, er löste daher das angesprochene be-

---

1) Euler [1774], 211. Vgl. dazu Volkert [1988], 146ff.
2) Klügel [1796], 78
3) Gudermann [1825], 3. Der Beweis ist dann erneut abgedruckt in Gudermann [1830], 360–9

griffliche Problem nicht vollständig, gab aber immerhin eine Formel für den polynomischen Satz, die er als rein kombinatorisch betrachtete. Wir stellen diesen Beweis hier dar, weil er einen guten Einblick in die hindenburgsche Begrifflichkeit bietet.

Die Potenzierung der Reihe

$$q = 1 + \alpha x + \beta x^2 + \gamma x^3 + \ldots$$

führte er durch den Ansatz

$$q^m = (1 + \alpha x + \beta x^2 + \gamma x^3 + \ldots)^m = (1 + y)^m$$

$$= 1 + {}^m\mathfrak{A}\, y + {}^m\mathfrak{B}\, y^2 + {}^m\mathfrak{C}\, y^3 + \ldots$$

auf den binomischen Satz zurück.

Das Problem erfordert damit die Herstellung der Potenzen

$$y^n = (\alpha x + \beta x^2 + \gamma x^3 + \ldots)^n$$

Während m eine beliebige positive, negative oder rationale Zahl sein kann, ist n eine natürliche Zahl, so daß sich die Potenzen y^n rein kombinatorisch bestimmen lassen müssen. Daher folgt, daß q^m als Koeffizient der Potenz x^k die folgende Summe besitzt

$$(1+y)^m\, \varkappa(k+1) = {}^m\mathfrak{A}\, y^1 \varkappa k + {}^m\mathfrak{B}\, y^2 \varkappa(k-1) + {}^m\mathfrak{C}\, y^3 \varkappa(k-2) + \ldots$$

In dieser Formel ist $\varkappa$ ein sogenanntes *Lokalzeichen*: für eine Potenzreihe $p = a + bx^2 + cx^3 + \ldots$ bedeutet $p\varkappa n$ den Koeffizienten ihres n-ten Gliedes. Koeffizientengleichungen dieses Typs bezeichnete Hindenburg als *Lokalformeln*, und diese Schreibweise gehörte zu den wichtigen Neuerungen der Kombinatorischen Analysis. Generell bestand das Vorgehen der Kombinatorischen Schule darin, zunächst die analytisch sinnvollen Formeln zwischen Potenzreihen in derartigen Lokalformeln (Koeffizientengleichungen) aufzuschreiben und dann deren Auswertung durch kombinatorische Formeln zu bewerkstelligen.

Um aus der Lokalformel (*) eine entsprechende kombinatorische zu gewinnen, müssen die

$$y^n x k$$

berechnet werden. Um die dazu nötige kombinatorische Bildung schreiben zu können, benutzte Hindenburg sogenannte Zeiger, die den Koeffizienten des Ausgangspolynoms eine numerische Stelle zuweisen, in diesem Fall also den Zeiger

$$\begin{pmatrix} \alpha & \beta & \gamma & \dots \\ 1 & 2 & 3 & \dots \end{pmatrix}$$

Er schrieb dann die Menge aller Kombinationen n-ter Klasse mit der Lokalsumme k als

$$^k N \begin{pmatrix} \alpha & \beta & \gamma & \dots \\ 1 & 2 & 3 & \dots \end{pmatrix}$$

wobei mitgedacht wird, daß die Elemente einer einzelnen Komplexion multipliziert und dann die so erhaltenen Produkte aufaddiert werden. Die Produkte sind jeweils noch in der Zahl ihres Auftretens zu berücksichtigen, die jeweilige Menge der Kombinationen also mit den Polynomialkoeffizienten zu multiplizieren. Diese schrieb Hindenburg als

$$\mathfrak{a}, \mathfrak{b}, \mathfrak{c}, \dots$$

die er nicht als Zahlen, sondern als Operatoren auffaßte und vor die Komplexe $^k N$ setzte. So bedeutete etwa

$$\mathfrak{h}\, x^2\, y^6 = {}^8\mathfrak{B}\, x^2\, y^6$$

oder

$$\mathfrak{h}\, x^3\, y^5 = {}^8\mathfrak{C}\, x^3\, y^5$$

Daher ist im vorliegenden Problem

$$y^n x k = n^k N \begin{bmatrix} \alpha\ \beta\ \gamma\ \ldots \\ 1\ 2\ 3\ \ldots \end{bmatrix}$$

Unter Weglassung des Zeigers ergibt sich somit die explizite kombinatorische Formel

$$q^m \kappa(k+1) = {}^m\mathfrak{A}\ \mathfrak{a}\ ^kA + {}^m\mathfrak{B}\ \mathfrak{b}\ ^kB + {}^m\mathfrak{C}\ \mathfrak{c}\ ^kC + \ldots$$

Auf rein mechanischem Wege, eventuell unter Benutzung einer Tabelle für die Binomialkoeffizienten und eines involutorischen Schemas zur Bestimmung der ^kN können so die Koeffizienten der polynomischen Reihe für einen beliebigen Exponenten bestimmt werden.[1]

Was durch diesen Beweis von Hindenburg erreicht wurde, ist historisch nicht ganz leicht zu beschreiben. Man könnte es vielleicht so sagen, daß hier ein *neuer Typus einer Formel* entwickelt wurde. Im Prinzip findet sich dieses Ergebnis bereits bei Leibniz und Johann Bernoulli.[2] Dort steht aber vor allem das Bildungsgesetz der Polynomialkoeffizienten im Vordergrund, das als *"regula mirabile"* bezeichnet wird, und es wird verbal beschrieben, wie man die Potenzprodukte bildet und aufsummiert. Auch ist nicht klar, ob Leibniz und Bernoulli auch an rationale und negative Exponenten dachten und sich das zu potenzierende Polynom auch als einen möglicherweise unendlichen Ausdruck vorstellten. Spätere Behandlungen der Potenzierung von Polynomen beschränkten sich entweder auf natürliche Exponenten oder benutzten wie Euler die Differentialrechnung und gaben ihr Ergebnis nur in rekursiver Form an. Hindenburgs Ausführung der Potenzierung des Infinitinoms stellte also die erste *explizite*, nicht-rekursive Formel für die Potenzierung eines beliebigen Polynoms mit beliebigem Exponenten dar.

In dieser Formel traten kombinatorische Objekte direkt auf, und nicht nur kombinatorisch berechnete Zahlenkoeffizienten. Man hat also eine Formel, die aus kombinatorisch gebildeten endlichen Symbolzusammenstellungen besteht, die jeweils mit Zahlenkoeffizienten versehen sind. Daher kann vielleicht sagen, daß es sich um Formeln eines neuen Typs handelt. So zugespitzt wurde das bei Hindenburg nicht formuliert, aber die Selbstdarstellung Hindenburgs und der kombinatorischen

---

1) Hindenburg [1779], 69 ff.
2) Leibniz [1695]; Bernoulli [1695]

Schule wird durch diese Interpretation erklärt: 1. Hindenburg und die Kombinatorische Schule können nicht genug die Bedeutung und Wichtigkeit sogenannter *independenter Formeln* (im Gegensatz zu rekursiven) betonen. Im vorliegenden Fall war das für Hindenburg der wichtigste Aspekt seines Satzes. 2. Die Symbolik und Terminologie der Kombinatorischen Schule, von der Einführung der Lokalzeichen und -formeln bis zu der komplizierten Symbolik für die verschiedenen Typen kombinatorischer Gesamtheiten, war dem Zweck untergeordnet, kombinatorische Formeln zu schreiben im Unterschied zu numerischen. 3. Das wird durch die Kritik der Kombinatorischen Schule an ihren historischen Vorgängern belegt, diese seien zu einseitig an Anzahlbestimmungen orientiert gewesen und hätten sich nicht genügend um die direkte Notation und Erfassung kombinatorischer Komplexe gekümmert.

Hindenburg nahm an, auf diesem Wege gezeigt zu haben, daß die Potenzierung des Infinitinoms für beliebige Exponenten ein algebraisches und damit letztlich kombinatorisches Problem ist. Da der binomische und polynomische Satz in der Begründung der Differentialrechnung eine wesentliche Rolle spielten, konte man also zu der Schlußfolgerung kommen, daß die Kombinatorische Analysis nicht nur eine eigenständige Disziplin ist, sondern daß sie auch die wesentliche Grundlage für die Analysis des Unendlichen darstellt und somit die Mathematik von der elementaren Arithmetik bis zur Analysis des Unendlichen beherrscht.[1]

Dies war die unter den Mathematikern der Kombinatorischen Schule am Ende des 18.Jahrhunderts allgemein verbreitete Sicht. Nur noch Details schienen in der Begründung dieses Gebäudes geklärt werden zu müssen. Dennoch wurden die bis dahin vorliegenden Beweise des binomischen und polynomischen Lehrsatzes irgend wie als unzureichend empfunden und neue Vorschläge gemacht. Klügel bemerkte etwa zu Hindenburgs Beweis des polynomschen Lehrsatzes, es sei unbefriedigend, daß er aus dem binomischen abgeleitet werde. *"Nach dem beschriebenen Verfahren erhebt man sich von dem Besondern zu dem Allgemeinen, von der Potenzierung einer zweytheiligen Größe zu der einer vieltheiligen. Allein es ist auch erforderlich, das Allgemeine unabhängig von dem Besondern zu erhalten, und dieses zu einem Folgesatze aus jenem zu machen. Der polynomische Lehrsatz muß für ganze Exponenten auch unabhängig von dem binomischen, aus der Natur der Multiplication, mit Zuziehung der Lehre von den Combinationen gefunden werden.*

---

1) Vgl. für eine Konkretisierung die Besprechung des Buches Spehr [1826] in Abschnitt III.4. dieser Arbeit.

Dann ist es noch nöthig, die für ganze Exponenten gefundene Form auch für jede andere Form als gültig zu erweisen."[1]

Tatsächlich verbarg sich, wie so häufig, hinter dem beweistechnischen Problem ein begriffliches, das aber lange Zeit nicht klar gesehen wurde. Erst aus der Perspektive einer Zeit zwanzig Jahre nach dem angeführten Zitat Klügels kann man sagen, daß das begriffliche Problem darin bestand, daß man überhaupt klären mußte, was die *"Natur der Multiplikation"* ist und was die in der polynomischen Formel ausgesagte *Gleichheit bedeuten* soll. Für Klügel und seine Zeitgenossen mischten sich untrennbar zwei Bedeutungen der Gleichheit, eine *numerische*, nach der die Gleichheit der Formeln gerechtfertigt ist, weil sie auf numerische Gleichheiten führt, und eine *formale oder algebraische*, die eine nicht näher spezifizierte Gleichheit symbolischer Ausdrücke meinte. Wie gesagt, ist dies eine Beschreibung des Sachverhalts aus einer historisch späteren Perspektive. Die zeitgenössische Sicht läßt sich eher so beschreiben, daß ein Universum an Formeln existiert, von denen einige bei Zahlenbelegung Konvergenz ergeben und daher zu Zahlenformeln führen, andere nicht. Der Zusammenhang dieses Universums ist dadurch gesichert, daß die Formeln durch allgemeingültige Transformationen auseinander hervorgehen.

Zu welchen begrifflichen Konstellationen dies führte, kann man an Klügels Beweisen des binomischen und polynomischen Lehrsatzes *aus der Natur der Multiplikation* studieren. Zum Beweis des binomischen Lehrsatzes für beliebige Exponenten hatte er mit gutem Gespür auf den eulerschen Beweis von 1774 zurückgegriffen. Dort wurde die binomische Reihe

$$1 \; + \; \begin{bmatrix} m \\ 1 \end{bmatrix} x \; + \; \begin{bmatrix} m \\ 2 \end{bmatrix} x^2 \; + \; \begin{bmatrix} m \\ 3 \end{bmatrix} x^3 \; + \; \dots \; =: \; [m]$$

gesetzt und dann für den Ausdruck [m] die Funktionalgleichung

$$[m+n] \; = \; [m] \cdot [n]$$

abgeleitet, die sich aus einer entsprechenden Identität der Binomialkoeffizienten ergibt. Aus dieser Funktionalgleichung folgt dann

$$[m]^k \; = \; [km].$$

---

1) Klügel [1803–8], III, 830

Daraus erhält man durch einfache Schlüsse und unter Benutzung der Tatsache, daß
man für natürliche Zahlen m zuvor gezeigt hat:

$$[m] = (1+x)^m$$

die binomische Formel auch für rationale und negative Exponenten. Allerdings
setzt auch dieser Beweis entweder eine rein numerische Interpretation der Gleichheit voraus, die erfordern würde, auch die Konvergenz der Reihe [m] zu behandeln, oder eine anderweitige formale Gleichheit, die Euler zwar im Auge hatte,
aber nicht weiter erklärte. Daß dieser Beweis im Sinne der numerischen Gleich-
heitsauffassung ausgebaut werden kann, wurde erst später durch Cauchy und Abel
gezeigt.[1]

Klügel übernahm Eulers Beweis für die binomische Formel und wandte ihn auf
den Fall des Polynomischen Satzes an. Diesen bewies er zunächst für natürliche
Exponenten, und kürzte dann die zum Exponenten a gehörige Potenzreihe mit ^{a}P
ab. Für diese behauptete er dann die Gültigkeit der Funktionalgleichung

$$^{a+b}P = {}^aP \cdot {}^bP,$$

ohne dies wirklich aus den Polynomialkoeffizienten zu verifizieren. Weil diese
Gleichung nämlich für natürliche a,b gelte, müsse sie auch für gebrochene und
negative richtig sein, denn es ist "bey der wirklichen Multiplication einerley, ob a
und b ganze oder gebrochene, positive oder negative Zahlen bedeuten, weil es
einfache Symbole sind, die in jedem dieser Fälle auf einerley Art mit den übrigen
Größen zusammengesetzt werden."[2] Daraus schloß Klügel dann durch analoge
Argumente wie im Fall des Binoms die Gültigkeit der polynomischen Formel für
beliebige Exponenten.[3]

Es war die von Klügel hier zum Ausdruck gebrachte generelle Vorstellung, daß
Zahlen an die Stelle von Symbolen und Symbole an die Stelle von Zahlen gesetzt
werden können, zusammen mit dem Glauben an die Allgemeingültigkeit der algebraischen Operationen, die den formalen Gleichheitsbegriff begründete, obwohl
klar war, daß die Ersetzbarkeit von Zahlen und Symbolen nicht völlig universell
ist und an Bedingungen geknüpft werden muß.

---

1) vgl. Kap. IV dieser Arbeit
2) Klügel [1803–8], 835/6
3) Eine mathematisch korrekte Ausformulierung des Klügelschen Beweises bei Ettingshausen
   [1826], 107 ff.

Verfolgen wir die Ansätze zum Beweis des Polynomischen Satzes durch Autoren der Kombinatorischen Schule weiter, so ist der *"Grundriß der allgemeinen Arithmetik oder Analysis"* von B.F.Thibaut aus dem Jahre 1809 besonders interessant. Hier wird nämlich das Problem, daß die arithmetische und die algebraische Auffassung der unendlichen Reihen auseinanderfallen, explizit diskutiert und ein Lösungsvorschlag gemacht, der die arithmetische Auffassung in den Vordergrund stellt. Allerdings war dieser Vorschlag ganz inkonsequent. Das Buch von Thibaut hat aus mehreren Gründen geschichtliche Bedeutung erlangt. Zum einen stellte es eine bewußte Abkehr von der spezifischen Terminologie und Symbolik der *"Hindenburgschen Schule"* dar bei gleichzeitiger Betonung der großen Bedeutung der Kombinatorischen Analysis. Zum anderen repräsentierte dieses Werk ebenso wie Thibauts mündlicher Lehrvortrag den Typus einer begrifflich–entwickelnden Darstellung von Mathematik, der in den ersten Jahrzehnten des 19.Jahrhunderts als pädagogisch vorbildlich empfunden wurde und daher als Leitbild der Lehre eine erhebliche Rolle gespielt hat.

Bernhard Friedrich Thibaut[1] wurde 1775 in Harburg geboren, studierte in Göttingen bei Kästner, Lichtenberg und Beckmann, habilitierte sich dort 1797 für Mathematik und wurde 1802 außerordentlicher und 1805 ordentlicher Professor. Autor verschiedener Lehrbücher, sah er seine Hauptaufgabe in seiner Lehrtätigkeit und repräsentierte einen Typus des Hochschullehrers, der seine mathematische Arbeit mit philosophischen und literarischen Interessen und einem großen persönlichen Engagement für seine Studenten zu verbinden versuchte. Er starb 1832 in Göttingen.

Nach den über ihn vorliegenden Zeugnissen, müssen seine rhetorischen Fähigkeiten zu seiner generellen Auffassung, wie Mathematik dargestellt werden müsse, gut gepaßt haben. Entsprechend dem ganzheitlichen Denken der Zeit ging es ihm darum, mathematische Sachverhalte aus ihrem Zusammenhang heraus zu entwickeln. Einer seiner Schüler, Adolf Tellkampf,[2] hat ein plastisches Porträt der Persönlichkeit Thibauts gezeichnet. *"Indem er in scharf ausgesprochener Opposition gegen die Zerstückelungsweise und scheinbare Willkür des Euklides und seiner Anhänger das Princip der Continuität hervorhob und den Grundbegriff der höheren Geometrie auch für die elementare in Anspruch nahm, in der gleichzeitigen Veränderlichkeit der Bestandtheile einer Figur deren gesetzlichen Zusammenhang nachweisend und dergestalt die sonst erstarrten Lehrsätze als Momente einer*

---

1) Biographische Angaben nach ADB.
2) Tellkampf wird uns im V.Kapitel noch näher beschäftigen.

flüssigen Vorstellung auffassend, wußte er den Kundigen nicht minder, wie den Anfänger an den Gegenstand zu fesseln, der in dieser Behandlung Jedem neu und anziehend erschien."[1] Dasselbe Prinzip habe auch seiner Darstellung der Allgemeinen Arithmetik zugrundegelegen. *"Die Gründlichkeit, womit er hier die Grundlage des höheren Calculs zu legen suchte; die musterhafte Geduld, die er diesen complizirten und ermüdenden Betrachtungen zuwandte, um das verwickelte Gewebe in allen seinen Fäden auseinanderzulegen, ... mußte ihm die vollste Anerkennung seiner Zuhörer gewinnen, die sich hier unvermerkt auf den Standpunkt eines weiteren Ueberblicks der Wissenschaft gehoben ... sahen.*"[2]

Tatsächlich fällt in der Thibautschen *"Allgemeinen Arithmetik"* das hohe Maß rein sprachlicher Darstellung und die große Sparsamkeit im Gebrauch von Formeln und symbolischen Notationen auf, obwohl doch der Gegenstand wesentlich in der Manipulation von Formeln besteht. Was von Thibaut hier versucht wurde, war, die Umformung von Formeln mit dem höchsten Maß an Bewußtheit und Reflektiertheit auszuführen. Daher ist das Buch als historisches Dokument eines solchen Versuches und seiner Grenzen durchaus lesenswert.

Thibaut selber beschrieb seine Intentionen dahingehend, es sei ihm *"angelegen gewesen ..., die Analysis von allen fremdartigen Principien zu reinigen; die Methode der Wissenschaft zu vereinfachen, und zur Deutlichkeit zu erheben; die Idee des Ganzen nicht über einzelnen Theilen aus den Augen zu lassen;..."*[3] Und im Hinblick auf die Kombinatorische Analysis heißt es: *"Die neuere Bearbeitung der Combinationslehre ist allenthalben, wo es Natur des Gegenstandes foderte oder zuließ, benutzt worden. Aber die Terminologie und Bezeichnungsweise der um diesen Zweig der Wissenschaft so verdienten Hindenburgischen Schule ist dabey fast gar nicht angewendet worden. ... Es wäre eine sehr interessante Aufgabe: den wahren analytischen Wert der Combinationslehre zu würdigen, und die Grenzen festzusetzen, wo sie sich auf ihr eignes Gebiet beschränken sollte;..."*[4]

Die Frage nach dem wahren analytischen Wert und nach den Grenzen der Kombinatorik wurde im folgenden immer wieder, auch von den Anhängern der Kombinatorischen Schule, gestellt und durch unterschiedliche Lehrbücher beantwortet. Die augenfälligste und wichtigste Abweichung Thibauts von der hindenburgschen Symbolik bestand in der Benutzung von Zahlenindizees bei der Bezeichnung kom-

---

1) Tellkampf [1841], 296
2) a.a.O., 300
3) Thibaut [1809], IV
4) a.a.O., V

binatorischer Gesamtheiten, womit viele der bisherigen Komplikationen entfielen. Der polynomische Satz etwa schrieb sich nun so:

$$(1 + \overset{1}{a}x^1 + \overset{2}{a}x^2 + \ldots)^m = 1 + \overset{1}{A}x + \overset{2}{A}x^2 + \overset{3}{A}x^3 + \ldots$$

mit

$$\overset{r}{A} = \sum_{h=1}^{r} {}_{m}^{h}B\, p\, {}^{r}\overset{h}{C}\,,$$

wobei ${}^{r}\overset{h}{C}$ die Summe der Kombinationen aus den Koeffizienten a der h–ten Klasse zur Summe r bezeichnen soll. Weiter ist

$$\overset{h}{{}_{m}B} = \binom{m}{h}$$

und p ein Operator, der die Polynomialkoeffizienten ergibt.

Wie stand es nun bei Thibaut mit der Interpretation einer solchen Formel? Hier hielt er es für nötig, dem polynomischen Lehrsatz für beliebige Exponenten einige Bemerkungen zur *"Beschränkung der Gültigkeit des Satzes"*[1] anzufügen. Diese Bemerkungen waren von der Vorstellung numerischer Gleichheit bestimmt, in sich aber ganz widersprüchlich. Während er nämlich beim binomischen Satz, wie Klügel, Eulers Beweis von 1774 aufgriff und keine Schwierigkeiten hatte, sich eine unbestimmt fortschreitende Reihe als der Potenz eines Binoms tatsächlich gleich vorzustellen, bemerkte er beim polynomischen Satz, daß für negative und gebrochene Exponenten die Potenzierung nie genau und vollständig geleistet werden könne, auch wenn die zu potenzierende Form nur endlich viele Glieder umfaße. Eine Grundform auf die Potenz eines negativen oder gebrochenen Exponenten zu erheben, müsse man *"in völliger Strenge ... für unmöglich erklären; was gegeben seyn soll, muß Anfang und Ende haben, und eine endliche Form, die das verlangte Resultat darstellte, läßt sich nicht ausfindig machen."*[2] Daher: *"Es ist also eigentlich nicht gestattet, sich des Gleichheitszeichens zwischen dem Ausdrucke der Potenz, welche sich entwickeln soll, und der daraus hervorgehenden Form zu*

---

1) Thibaut [1809], 212–219
2) a.a.O., 216

bedienen ..."[1] Es sei auch nicht legitim, sich das wirklich Entwickelte nur als den Anfang der ganzen (unendlichen) Entwicklung vorzustellen. Gleichheit konnte Thibaut sich also nur zwischen Formen endlicher Länge vorstellen. Theoretisch müsse man daher, um wirklich ein Gleichheitszeichen in einer solchen Formel schreiben zu dürfen, zu einer gegebenen, bis zu einer bestimmten Stelle getriebenen Entwicklung, noch eine Korrekturform hinzufügen. Daher solle man statt der nach dem Polynomialsatz folgenden Formel für rationale Exponenten:

$$(a + ax^1 + ax^2 + ...)^{m/n} = A + Ax^1 + Ax^2 + ... + Ax^p$$

die folgende, um einen Korrekturterm ergänzte Formel schreiben:

$$\left[(a + ax^1 + ax^2 + ...)^m - (\alpha x^{p+1} + \alpha x^{p+2} + ...) \right]^{1/n}$$

$$= A + Ax^1 + ... + Ax^p$$

Offenbar ist dies eine rein fiktive Notation von zweifelhaftem Wert, die Thibaut mathematisch auch gar nicht auswerten wollte. Um nämlich den Zusammenhang mit der gebräuchlichen Praxis zu wahren, beeilte er sich hinzuzufügen, es sei *"indessen keinesweges nöthig, diese Formen, welche dem zu entwickelnden Ausdrucke eigentlich beygefügt werden müssen, damit die Gleichheit zwischen ihm und dem Resultate der Entwicklung bestehe, jedesmal ausdrücklich beyzufügen. Aber man muß es sich im Allgemeinen bemerken, daß die Resultate, welche aus der Anwendung des polynomischen Lehrsatzes hervorgehn, nur dann als richtig angesehn werden dürfen, wenn es gestattet ist, in den Ausdrücken, woraus sie entstehn, Formen ... hinzuzufügen... Diese hinzuzufügenden Formen ließen sich jedesmal durch wirkliche Rechnung bestimmen, aber es mögte kaum ein Fall vorkommen, wo ihre genaue Kenntnis erforderlich wäre."[2]*

Insgesamt sieht man, wieviele Inkonsistenzen sich auftun. Im Falle des binomischen Satzes, auf den alle diese Bedenken ebenfalls Anwendung finden müßten, hatte Thibaut kein Problem, sich die Gleichheit zwischen einem endlichen Aus-

---

1) a.a.O.
2) a.a.O., 218

druck und einer unendlich fortlaufenden Reihe vorzustellen. Beim polynomischen Lehrsatz reduzierte er das Problem im ersten Schritt auf die Potenzierung endlicher Polynome, schloß dann sogar unendliche Reihen als Entwicklungen bei gebrochenen und negativen Exponenten aus, um schließlich der gebräuchlichen Praxis folgend, das ganze herkömmliche Verfahren wieder für legitim zu erklären.

Geht man nun in der historischen Zeitfolge einen Schritt weiter und betrachtet Beweise des binomischen und polynomischen Satzes von Autoren der Kombinatorischen Schule aus den zwanziger Jahren des 19.Jahrhunderts, so macht man eine überraschende Feststellung. Thibauts Bedenken im Hinblick auf die Gleichheit von Formen unendlicher Länge kann man hier nicht feststellen. So wurde etwa in dem oben erwähnten Lehrbuch von F.W.Spehr ganz unbefangen mit formalen Potenzreihen gerechnet. In ähnlicher Weise gab die erwähnte Schulprogrammschrift des Weierstraß-Lehrers C.Gudermann einen Beweis des polynomischen Lehrsatzes *"ohne die Voraussetzung des binomischen und ohne die Hülfe der höheren Rechnung"*,[1] in dem ohne Bedenken und mathematisch durchsichtig mit formalen Reihen gerechnet wurde. Es gibt keinen Grund zu der Annahme, daß dies einer geringer gewordenen methodischen Sorgfalt zuzuschreiben ist. Wie wir noch sehen werden, spricht vieles dafür, daß der Begriff einer formalen Potenzreihe im Unterschied zu einer numerischen Reihe sich im Bewußtsein der Mathematiker klarer ausgebildet und eine gewisse begriffliche Selbständigkeit gewonnen hatte. Man sah, daß die Bedeutung der Potenzierung mit einem gebrochenen Exponenten m/n sich durch die Relation

$$(1 + a_1 x + a_2 x^2 + ...)^m = (1 + A_1 x + A_2 x^2 + ...)^n$$

definieren ließ. Da dann auf beiden Seiten nur noch *ganzzahlige* Potenzen einer endlichen oder unendlichen Reihe stehen, deren Berechnung auf die Bestimmung von Koeffizienten hinausläuft, die sich als *endliche* Summen aus den gegebenen Koeffizienten ergeben, lassen sich die A_i bestimmen, ohne daß auf die Vorstellung numerischer Gleichheit zurückgegriffen werden muß. Wir werden im IV.Kapitel einen Versuch analysieren, eine Konzeption formaler Gleichheit mathematisch zu entwickeln und so die arithmetische und algebraische Interpretation derartiger unendlicher Formeln in einen kontrollierbaren Zusammenhang zu bringen.

Im allgemeinen existierte allerdings kein mathematisch explizites Konzept formaler Gleichheit. Gudermann etwa beschrieb den allgemeinen Begriff der Gleichheit

---

1) Gudermann [1825]

so: *"Es darf hier wohl die allgemeinere Bedeutung der Begriffe der Gleichheit, Gleichung und des ihnen entsprechenden Zeichens = bei der Anwendung derselben selbst auf ungeschlossene Reihen als allgemein bekannt vorausgesetzt werden. ... Das Zeichen = bezieht sich dabei auf einen nothwendigen Zusammenhang zwischen einer zu entwickelnden Urfunction und ihrer in einer Reihe hervorgehenden Entwickelung, vermöge dessen diese ein bloßer Repräsentant der Urfunction ist, welcher aber auf eine nothwendige (nicht willkührliche) Weise ihr zugehört und zur Bestimmung derselben dient. Die ungeschlossene Entwickelung bietet nämlich in jedem ihrer Glieder ein besonderes Merkmal für die Bestimmung der Beschaffenheit der entwickelten Urfunction dar; sie begreift also unzählige Merkmale der Urfunction und kann nur das einzige Merkmal der Größe eines Ganzen unter diesen ihren unzähligen Merkmalen vermöge der Ungeschlossenheit nicht mit befassen. Bricht die Entwickelung ab, so erhält eben deswegen das Zeichen = seine gewöhnliche, nicht mehr so allgemeine, Bedeutung wieder."*[1]

Das ist zweifellos keine mathematisch explizite Konzeption. Allerdings handelt es sich bei der Idee, einen abstrakten Zusammenhang zwischen der Urfunktion und dem ungeschlossenen Ausdruck zu postulieren, derart daß der ungeschlossene Ausdruck unzählige Merkmale der Urfunktion repräsentiert, durchaus um eine mathematisch naheliegende *Intuition*, die einer Präzisierung vielleicht fähig ist. Eine ähnliche Vorstellung muß A. Speiser vor Augen gehabt haben, als er zur Rechtfertigung von Eulers algebraischer Sicht der Reihen schrieb: *"Daß der Umgang mit divergenten Reihen schwierig und gefährlich ist, wußte Euler natürlich aus eigener Erfahrung genau ... Daß er es trotzdem wagte, ist eine Leistung, die einzigartig ist und ihm am Herzen lag. Noch vor der Drucklegung der Introductio, 1746, schrieb er eine Arbeit ... über die nirgends konvergente Reihe*

$$1 - 1!x + 2!x^2 - 3!x^3 + ...$$

und zeigte, daß die verschiedensten Summationsmethoden, die Differenzenrechnung, die Differentialrechnung, die Kettenbruchentwicklung stets auf denselben Wert der Reihe für $x=1$ führen. In unseren Zeiten (1. Hälfte des zwanzigsten Jahrhunderts) sind ähnliche Probleme bei den Fourierschen Reihen aufgetreten. Hier weiß man, daß jede stetige Funktion durch ihre Fourier-Koeffizienten eindeutig bestimmt ist. Wenn die zugehörige Reihe gleichmäßig konvergiert, so liefert sie die Funktion, aber im allgemeinen wird sie überhaupt nicht konvergieren. Die "recherche de la fonction primitive" bildet alsdann ein Problem, das in die

---

1) Gudermann [1825], 21/2

Eulersche Fragestellung mündet."[1]

III.3.   Das Problem der Reihenumkehr

Überblickt man die Publikationen aus der Kombinatorischen Schule der ersten Phase, dann stellt man fest, daß durchaus eine gewisse thematische Breite erzielt wurde, obwohl die Zahl der beteiligten Autoren klein war. In dem genannten Verzeichnis der Schriften der Kombinatorischen Schule[2] findet man Arbeiten zu den Themen: spezielle Reihen, spezielle Funktionen (dort lag das Hauptgewicht), rekurrente Reihen, Wegschaffung irrationaler Größen aus Gleichungen, Interpolation, Koeffizientengleichungen für höhere Differentiale, diophantische Gleichungen, Lösungstheorie algebraischer und transzendenter Gleichungen, spezielle kombinatorische Probleme, Kodierung und Dekodierung von Texten.

Zwei mathematische Themen gewannen für die Kombinatorische Schule besondere Bedeutung. Es war dies zum einen das Problem der *Reihenumkehr*, bei dem diese Schule ihren ersten bedeutenden Erfolg hatte, der ihr zu einem gewissen Ansehen verhalf. Das zweite Thema war die Diskussion und Auseinandersetzung mit dem Werk des französischen Mathematikers L.F.Arbogast *"Du Calcul des Dérivations"*, das 1800 erschien und in dem Arbogast versuche, einen generellen Kalkül für die Entwicklung von Funktionen in Potenzreihen aufzustellen, von dem die Differentialrechnung nur noch ein Spezialfall sein sollte. Dieser Kalkül bestand im wesentlichen in einer Methode, die Koeffizienten der Entwicklung von $f(a + bx + cx^2 + ...)$ für ein beliebiges, aber natürlich durch eine Potenzreihe darstellbares f zu berechnen, und hatte daher viele Bezugspunkte zur Kombinatorischen Analysis. Dies wurde von Arbogast im Vorwort der Schrift auch ausdrücklich anerkannt,[3] und es lag nahe, daß sich die Kombinatoriker mit dem Arbogastschen Verfahren ausführlich auseinandersetzten.[4]

Wir wollen im folgenden das Problem der Reihenumkehr exemplarisch besprechen. Bereits in seiner Schrift über die Potenzierung des Infinitinoms von 1779

---

1) Speiser [1945], X
2) Lorenz [1806]
3) Arbogast [1800], V
4) Diese Auseinandersetzung ist dokumentiert in dem Band Hindenburg [1803]

hatte Hindenburg es als wichtige Fragestellung der Kombinatorischen Analysis angeführt.[1] Es besteht darin, bei gegebener allgemeiner Gleichung

$$a_1 y^{\alpha_1} + b_1 y^{\alpha_1 + \delta_1} + c_1 y^{\alpha_1 + 2\delta_1} + \ldots = ax^\alpha + bx^{\alpha + \delta} + cx^{\alpha + 2\delta} + \ldots$$

bzw. in etwas speziellerer Form

$$y^\beta = ax^\alpha + bx^{\alpha + \delta} + cx^{\alpha + 2\delta} + \ldots \equiv: P$$

mit $\alpha \rangle 0$ eine beliebige Potenz x^γ von x durch eine Reihe nach Potenzen von y auszudrücken. Das Umkehrungsproblem im engeren Sinne ergibt sich für $\alpha = \beta = 1$ und fragt also für eine gegebene formale Potenzreihe P nach einer formalen Reihe Q, so daß $P \circ Q = I$. In der Sichtweise der Mathematik des 18.Jahrhunderts hatte diese Problemstellung eine große Bedeutung. Wenn jede Funktion in eine Reihe entwickelbar ist, dann impliziert die Reihenumkehr ein universelles Verfahren zur Lösung beliebiger algebraischer oder transzendenter Gleichungen. Es ging also bei diesem Problem um so etwas wie einen *Satz über implizite Funktionen für formale Reihen*. Der englische Fachausdruck war *"method of extracting the root of an infinite equation"*. Lösungen des Problems für Spezialfälle waren von de Moivre gegeben worden.[2] Sie beruhten auf der Methode der unbestimmten Koeffizienten und bestanden in der Angabe einer Rekursion für die Koeffizienten der gesuchten Reihe Q. Die Mathematiker aus dem Kreis um Hindenburg suchten dagegen eine *independente Formel*, die die Koeffizienten von Q nur in Abhängigkeit von den Daten des Ausgangsproblems angab. Eine solche Formel wurde dann erstmalig von dem Hindenburg-Schüler Eschenbach 1789 ohne Beweis angegeben.[3] 1793 fand nun H.A.Rothe ein sehr merkwürdiges und in formaler Hinsicht überraschend einfaches Ergebnis.[4]

---

1) Hindenburg [1779], 29
2) Newton [1676 a]; A. de Moivre in: Phil. Transact. XX (1698), 190
3) Eschenbach [1789].
   Hieronymus Christoph Wilhelm Eschenbach (1764–1797): nach dem Studium der Mathematik und Physik in Leipzig als Schüler Hindenburgs seit 1782 und der Habilitation mit der Schrift über die Reihenumkehr 1789 trat er 1791 in die Dienste der holländischen ostindischen Kompanie. Bei kriegerischen Auseinandersetzungen mit den Engländern geriet er in Gefangenschaft und wurde nach Madras gebracht, wo er starb. Neben einigen Arbeiten zur Kombinatorischen Analysis hat Eschenbach vor allem physikalische Werke aus verschiedenen Sprachen ins Deutsche übersetzt.
4) Rothe [1793], 11

Man sieht zunächst, daß die Lösungsreihe Q die folgende Form haben muß:

$$Q :\equiv x^{\gamma}\, Ay^{\frac{\beta\gamma}{\alpha}} + By^{\frac{\beta(\gamma+\delta)}{\alpha}} + Cy^{\frac{\beta(\gamma+2\delta)}{\alpha}} + \ldots$$

Mit diesen Bezeichnungen gilt dann die Lokalformel:

$$Q\tau(n+1) = \frac{\gamma}{\gamma+n\delta}\left[P^{-\frac{\gamma+n\delta}{\alpha}}\varkappa(n+1)\right]y^{\frac{\beta(\gamma+n\delta)}{\alpha}}$$

wobei $Q\tau n$ den n-ten Term der Reihe Q bezeichnet.

Man hat daher den Satz, daß das $(n+1)$-te Glied der Reihe für x^{γ} gleich ist dem Produkt aus dem $(n+1)$-ten Koeffizienten der Potenz $P^{-\frac{\gamma+n\delta}{\alpha}}$ der gegebenen Reihe P und der Größe $\frac{\gamma}{\gamma+n\delta}y^{\frac{\beta(\gamma+n\delta)}{\alpha}}$.

Damit war aber das Problem der Reihenumkehr im wesentlichen auf den *Polynomialsatz* zurückgeführt, indem vor allem die Entwicklung der Potenzen $P^{-\frac{\gamma+n\delta}{\alpha}}$ nach der Polynomialformel gefordert war.

Dieser überraschende Zusammenhang des Umkehrungsproblems mit dem Polynomialsatz mußte in den Augen Hindenburgs und seiner Schüler äußerst bedeutsam erscheinen, weil damit alle wichtigen Operationen mit Potenzreihen auf den Polynomialsatz zurückgeführt waren. In der Tat gab diese Entdeckung den Aktivitäten der Kombinatorischen Schule einen großen Aufschwung, der in unserer obigen Literaturauszählung auch widergespiegelt wird. Erst jetzt wurde aus einer kleinen Gruppe um einen Leipziger Mathematiker eine auch überregional in Deutschland wichtige Arbeitsrichtung.[1]

Rothes Entdeckung erhielt ein besonderes Gewicht, weil man sehr schnell einsah, daß sein Satz äquivalent war mit einem damals berühmten Satz von J.L.Lagrange

---

1) Die Bedeutung, die man diesem Ergebnis beimaß, mag man daraus erschließen, daß sich um dieses Problem ein heftiger Prioritätsstreit mit dem Berliner Mathematiker und Physiker E.G.Fischer entwickelte. Vgl. Fischer [1792], Töpfer [1793], Fischer [1794]

über die Auflösung von Gleichungen durch Reihen, der 1770 in den *Mémoires* der Berliner Akademie der Wissenschaften erschienen war.[1] Dieser Satz besagte: Wenn durch eine Gleichung

$$x = y + zf(x)$$

mit beliebigem f die Größe x in Abhängigkeit von y (und einem Parameter z) bestimmt ist, dann läßt sich jede beliebige Funktion $\varphi(x)$, und damit insbesondere x selbst in folgende Reihe nach y entwickeln:

$$\varphi(x) = \varphi(y) + zf(y)\varphi'(y) + \frac{z^2 \cdot d\left[f(y)^2 \cdot \varphi'(y)\right]}{1 \cdot 2 \cdot dy} + \frac{z^3 \cdot d^2\left[f(y)^3 \cdot \varphi'(y)\right]}{1 \cdot 2 \cdot 3 \cdot dy^2} + \ldots$$

1795 konnte nun J.F.Pfaff zeigen, daß die Rothesche Formel eine direkte Konsequenz der Lagrangeschen Formel ist, während Rothe selbst bewies, daß sich Lagranges Formel aus der seinigen herleiten läßt.[2] Rothe und Pfaff hatten damit nicht nur die Äquivalenz beider Sätze gezeigt, sondern in ihren Augen den Satz von Lagrange überhaupt erst allgemein bewiesen. Dieser hatte seinen Satz nämlich nur in der speziellen Form für ganze Potenzen von x durch etwas weitläufige Rechnungen hergeleitet und die Verallgemeinerung auf eine beliebige Funktion $\varphi(x)$ durch ein mehr induktives Argument vollzogen. Da natürlich auch Pfaff und Rothe voraussetzen mußten, daß die Funktionen f und φ in Taylorsche Reihen entwickelt werden können, waren ihre Beweise letztlich kein bedeutender Schritt mehr, aber sie zeichneten sich gegenüber dem Vorgehen von Lagrange doch durch eine größere Kürze und Direktheit aus.

Tatsächlich war Lagrange wohl mehr an der Untersuchung der Anwendungen dieser Formel interessiert als an ihrem Beweis, denn mit diesen Anwendungen beschäftigte er sich in dem genannten und einem weiteren Mémoire hauptsächlich. Wir geben einige Beispiele, weil sie die Bedeutung dieser Sätze in der damaligen Anaysis illustrieren.

Lagrange untersuchte ausführlich den Gebrauch der Umkehrreihen für die *Lösung algebraischer Gleichungen*. Man findet eine Wurzel einer Gleichung n-ten Grades

$$0 = a + bx + \ldots + ix^{p-1} + kx^p + lx^{p+1} + \ldots + mx^n$$

1) Lagrange [1770]
2) Pfaff [1795 a und b], Rothe [1795]

dadurch, daß man die Gleichung nach einem von 0 verschiedenen Koeffizienten, etwa k, auflöst

$$k = -ax^{-p} - bx^{-(p-1)} - \ldots -ix^{-1} - lx - \ldots -mx^{n-p}$$

und dann x in eine Reihe nach Potenzen von k entwickelt. Man erhält daher soviele verschiedene Reihenentwicklungen, wie die Gleichung von 0 verschiedene Koeffizienten hat, und Lagrange gab Verfahren an, wie man hier diejenigen Entwicklungen auffinden kann, die wirklich verschiedene Wurzeln darstellen.[1]

Lagrange untersuchte an Beispielen, wie man so auch imaginäre Wurzeln erhält, und er gab allgemeine Kriterien für die Konvergenz der gewonnenen Reihenentwicklungen. Allerdings zeigte er nur, unter welchen Bedingungen die Koeffizienten der Lösungsreihe gegen Null konvergieren.[2]

Ein weiteres wichtiges Anwendungsfeld der Formeln zur Reihenumkehrung waren die *transzendenten Gleichungen*. Hier spielten vor allem Anwendungen aus der Astronomie eine Rolle, und in diesem Zusammenhang hatte auch P.S.Laplace einen Beweis der Lagrangeschen Formel gegeben und sie auf zwei Variablen verallgemeinert.[3] Lagrange selber hatte in einem Mémoire einige aus der Planetentheorie stammende transzendente Gleichungen mit Hilfe seines Satzes behandelt. Dabei ist insbesondere die für die Bahnbestimmung der Planeten wichtige *Keplersche Gleichung*

$$x = q \sin(x) + a$$

von Bedeutung. Hier bezeichnen x die exzentrische Anomalie, $q < 1$ die Exzentrizität und a die mittlere Anomalie der Planetenbahn. q und a sind bekannte Parameter, gesucht ist die exzentrische Anomalie x, aus der sich die Ortskoordinaten des Planeten unmittelbar ergeben. Für die Lösung dieser transzendenten Gleichung liefert der Lagrangesche Satz brauchbare Reihenentwicklungen.[4]

Zum dritten erwiesen sich die Formeln zur Reihenumkehr auch bei der Untersuchung *spezieller Funktionen*, die ja häufig als Umkehrungen anderer Funktionen

---

1) Lagrange [1770], § III
2) a.a.O., § IV
3) Laplace [1777] und [1784]
4) Lagrange [1771]

definiert sind, als nützlich. So erhielt man etwa aus der Umkehrung der arctan-Reihe eine independente Darstellung der Bernoullischen Zahlen $\overset{n}{B}$. Für

$$y = \arctan x = x - \frac{1}{3}x^3 + \frac{1}{5}x^5 - \ldots$$

erhält man durch Entwicklung von x in Abhängigkeit von y mithilfe der Reversionsformel und durch Vergleich mit der bekannten Entwicklung des Tangens mittels der Bernoulli-Zahlen die folgende independente Darstellung der $\overset{n}{B}$:

$$\overset{n+1}{B} = -\frac{1 \cdot 2 \cdot \ldots (2n+2)}{4^{n+1}(4^{n+1}-1)} \left[[1]\overset{n}{\underset{1}{C}} - \frac{1}{2}\binom{2n+2}{1}[2]\overset{n}{\underset{2}{C}} + \frac{1}{3}\binom{2n+3}{2}[3]\overset{n}{\underset{3}{C}} - \ldots \right.$$

$$\left. \pm \frac{1}{n}\binom{3n}{n-1}[n]\overset{n}{\underset{n}{C}} \right]$$

Dabei bezeichnet $[n]\overset{m}{C}$ die n-te Kombinationsklasse zur Summe m, wobei jede Kombination mit ihrer Permutationszahl multipliziert wird. Zur Bestimmung der Summen m ist der Zeiger $\begin{pmatrix} -1/3, & 1/5, & -1/7, & \ldots \\ 1, & 2, & 3, & \ldots \end{pmatrix}$ anzuwenden.

Die Bedeutung, die das Problem der Reihenumkehr und der Lagrangesche Satz in der damaligen Mathematik gehabt haben, wird durch die vielfältigen Bemühungen, die entsprechenden Sätze zu beweisen, belegt. Am 27.Dezember 1796 notierte C.F.Gauß in seinem wissenschaftlichen Tagebuch:"*Demonstrationem genuinam theorematis La Grangiani detexi.*"[1] Am 12.März 1797 berichtete er an seinen Förderer v.Zimmermann:"*Der Hr Kästner hat mir versprochen mir die Bekanntschaft des Hn P. Hindenburg zu verschaffen; ich habe ihm einen Aussicht [Aus-*

---

1) Gauß [1976], 47. Auf denselben Fragenkomplex mag sich auch die Notiz vom 16.Sept. 1796 beziehen:"*Methodus facilis inveniendi aeq[ationum] in y ex aeq[uatione] in x si ponatur:*

$$x^n + ax^{n-1} + bx^{n-2} \ldots = y" \text{ (a.a.O.,45),}$$

die von den Herausgebern mit der Tschirnhausen-Transformation (?) in Verbindung gebracht wird. (a.a.O., 87)

schnitt] zur Ansicht vorgelegt, und ich denke denselben wenn er mir sein Urtheil darüber wird gesagt haben an Hindenburg zu schicken."[1] Zweifellos wird es sich dabei um den Beweis des Lagrangeschen Satzes gehandelt haben, jedoch ist es aus ungeklärten Umständen zu einer Publikation nicht gekommen.[2]

Das Manuskript fand sich noch in Gauß' Nachlaß. Gauß motivierte dort seine Arbeit mit der Bemerkung, daß Lagrange die in seinem Satz vorkommende Funktion als Potenzreihe unterstellt habe und daß sein Beweis überhaupt etwas umständlich sei. Es gelte, den Satz *"bloss aus der Natur der Functionen herzuleiten."*[3] Gauß setzte allerdings auch die Entwickelbarkeit der vorkommenden Funktionen in Taylor-Reihen voraus, so daß sein Beweis auf anderem rechnerischem Wege begrifflich dasselbe leistete wie der erwähnte Beweis von Pfaff. Noch 1847 ist Gauß auf den Lagrangeschen Satz zurückgekommen.[4] Zu der kombinatorischen Version des Umkehrungssatzes existieren in Gauß' Nachlaß vier Notizen mit Beweisen und Verallgemeinerungen, die zwischen 1813 und 1820 geschrieben wurden.[5]

Zwischen 1800 und 1830 gehörten Lagranges Satz und die entsprechende kombinatorische Formulierung zum Grundbestand der Lehrbücher der Kombinatorischen Analysis und der Differential-und Integralrechnung. Danach verschwand der Rothesche Satz aus den Lehrbüchern, während Lagranges Satz und die rekursive Behandlung des Umkehrungsproblems weiter eine gewisse, allerdings sehr beschränkte Rolle spielten. Das Verschwinden des Rotheschen Satzes muß im Zusammenhang des allgemeinen Niedergangs der kombinatorischen Programmatik gesehen werden. Er stellte, im Gegensatz zu den Behauptungen Hindenburgs und seiner Anhänger, eben kein besonders einfaches Instrument zur Berechnung einer Umkehrungsreihe dar, sondern die effektive Rechnung stellte sich faktisch als sehr kompliziert heraus, so daß die rekursiven Verfahren wohl meist schneller zum Ziel führten. Darüber hinaus sagten die mit Hilfe des polynomischen Satzes einzeln berechneten Koeffizienten meist über die Natur der Umkehrungsreihe weniger aus als die Angabe einer einfachen Rekursion. So hatte der Rothesche Satz seinen Sinn

---

1) Poser [1987], 27
2) v.Waltershausen berichtet in seiner Gauß-Biographie, Gauß habe den Beweis an Pfaff geschickt, der ihn an Hindenburg weitergereicht habe. Zu einer Publikation sei es nicht gekommen, weil Hindenburg bald (!) gestorben sei. (v.Waltershausen [1856], 22) Der angeführte Brief von Gauß bezieht sich aller Wahrscheinlichkeit nach auf diesen Vorgang und korrigiert daher die ohnehin zum Teil falschen Angaben bei v.Waltershausen.
3) C.F.Gauß, Werke VIII, 76
4) a.a.O., 80-83
5) a.a.O., 69-75

vor allem als Teil der kombinatorischen Programmatik und im Rahmen einer kombinatorisch angelegten Praxis des Operierens mit Reihen, und mußte mit dem Rückgang dieser Praxis seine Bedeutung schnell verlieren.

C.G.J.Jacobis Doktorthese, in der er das Verfahren Lagranges als die beste Methode der Reihenumkehr bezeichnet hat, haben wir einleitend zitiert. Jacobi hat dann 1830 eine umfangreiche Abhandlung in Crelles Journal publiziert, die dem Umkehrungsproblem und seiner Verallgemeinerung auf zwei und drei Variable gewidmet war. Jacobi fand dort,[1] ausgehend von Lagranges Satz, die folgende Darstellung für die Umkehrungsreihe. Gegeben sei die Reihe

$$X = a_1 x + a_2 x^2 + a_3 x^3 + \dots$$

und gesucht die Umkehrungsreihe

$$x = b_1 X + b_2 X^2 + b_3 X^3 + \dots \quad .$$

Dann gilt für die b_n die Formel

$$b_n = \frac{1}{n} \left[\frac{1}{X^n} \right]_{x^{-1}} \quad .$$

Hier bedeutet das Klammersymbol auf der rechten Seite, daß der Koeffizient bei x^{-1} in der Reihenentwicklung zu nehmen ist, die innerhalb der eckigen Klammer steht. Dieselbe Formel ergibt sich durch geeignete Spezialisierung auch aus Rothes Umkehrformel, so daß Jacobis Arbeit vor allem wegen ihrer einfachen Beweismethode von Bedeutung war, die eine unmittelbare Verallgemeinerung auf zwei und drei Variable zuließ.

Das Ergebnis für zwei Variable lautet folgendermaßen.[2] Gegeben seien zwei (unendliche) Gleichungen mit zwei Variablen

$$X = kx + a_{2,0} x^2 + a_{1,1} xy + a_{0,2} y^2 + a_{3,0} x^3 + \dots$$

$$Y = ky + b_{2,0} x^2 + b_{1,1} xy + b_{0,2} y^2 + b_{3,0} x^3 + \dots \quad ,$$

1) Jacobi [1830], 38
2) Jacobi [1830], 47/8

dann soll eine beliebige Funktion f(x,y) in Abhängigkeit von X und Y dargestellt, d.h. eine Entwicklung

$$f(x,y) = \sum C_n^{(m)} X^m Y^n$$

gefunden werden. Für die gesuchten $C_n^{(m)}$ erhielt Jacobi den independenten Ausdruck:

$$C_n^{(m)} = \left[f(x,y) \frac{X'Y_1 - X_1 Y'}{X^{m+1} Y^{n+1}} \right]_{x^{-1} y^{-1}} \quad ,$$

wobei $X' = \dfrac{\partial X}{\partial x}$, $Y' = \dfrac{\partial Y}{\partial x}$, $X_1 = \dfrac{\partial X}{\partial y}$ und $Y_1 = \dfrac{\partial Y}{\partial y}$.

Generell muß man jedoch sagen, daß auch das Interesse an den mit dem Lagrangeschen Satz verbundenen Fragestellungen zurückging, weil seine faktische Bedeutung für die Lösung algebraischer oder transzendenter Gleichungen im ganzen sehr gering war. In einer von der Königlich–Dänischen Gesellschaft der Wissenschaften preisgekrönten Arbeit über die Auflösung transzendenter Gleichungen beurteilte M.A.Stern Lagranges Satz als schwierig in der Anwendung. Er führe häufig auf divergente Reihen, die Untersuchung der Konvergenz sei kompliziert, da die sich ergebenden Reihen sehr verwickelt seien. Hinzu komme, daß es äußerst schwierig sei, die verschiedenen Reihen, die verschiedene Wurzeln ausdrücken, durch diese Methode zu finden, vor allem sei es aber nicht möglich, die Wurzeln allmählich nach ihrer Größe geordnet zu finden, was ein wesentliches Erfordernis einer Lösungsmethode für transzendente Gleichungen sei.[1]

So wurde in den Lehrbüchern der Algebraischen Analysis und der Funktionentheorie der 2.Hälfte des 19.Jahrhunderts die Umkehrbarkeit der Potenzreihen nur noch am Rande als eine der mit algebraisch–elementaren Hilfsmitteln zu erweisenden Eigenschaften von Potenzreihen aufgeführt. Die Umkehrbarkeit ist ein Spezialfall

---

1) Stern [1841], 4/5. Zu M.A.Stern vgl. VII.1. dieser Arbeit.

des folgenden, auch für beliebig viele Variable formulierbaren Satzes: Konvergiert[1]

$$\sum_{\mu=0}^{\infty} \sum_{\nu=0}^{\infty} a_{\mu\nu} x^{\mu} y^{\nu}$$

absolut für eine gewisse Umgebung der Stelle $x=0$, $y=0$, so hat die Gleichung

$$\sum_{\mu=0}^{\infty} \sum_{\nu=0}^{\infty} a_{\mu\nu} x^{\mu} y^{\nu} = 0$$

in der Umgebung von $x=0$ stets eine und nur eine Auflösung von der Form:

$$y = \sum_{\lambda=0}^{\infty} b_{\lambda} x^{\lambda} \quad ,$$

falls $a_{00}=0$, $|a_{01}| > 0$. Dieser Satz wiederum kann als Spezialfall des für die Funktionentheorie mehrerer Veränderlicher grundlegenden *"Weierstraßschen Vorbereitungssatzes"* aufgefaßt werden, bei dessen Beweis Weierstraß auch in der Tat eine Verallgemeinerung der Jacobischen Koeffizientendarstellung gegeben hat.[2]

III.4.   Die Gesamtgestalt der Kombinatorischen Analysis

Das Problem der Reihenumkehr hat uns beispielhaft einige Aspekte der Geschichte der Kombinatorischen Analysis vor Augen geführt. Rothes Satz konnte im Kontext der Mathematik am Ende des 18.Jahrhunderts ein gewisses theoretisches Interesse für sich beanspruchen, weil er eine Verbindung zu einem für die damalige Analysis wichtigen Satz, dem polynomischen Lehrsatz, herstellte. Rothe hatte damit gezeigt, daß der polynomische Satz nicht nur die algebraischen Operationen wie Division, Potenzieren und Wurzelziehen von endlichen oder unendlichen symbolischen Ausdrücken beherrscht, sondern auch die beliebige Auflösung von endlichen oder unendlichen Gleichungen. Der Satz schien daher in einzigartiger Weise die innere Kohärenz der Analysis als einer Theorie der Formen in sich zu begreifen.

---

1) Stolz & Gmeiner [1904/5], I, 229. Dort findet sich p.234 eine kurze Darstellung von Jacobis Methode.
2) Pringsheim & Faber [1909–21], 16

"Dieser [der polynomische Lehrsatz] ist gleichsam ein hoher Standort, von welchem man die Gefilde der Analysis übersehen kann."[1]

Darüber hinaus erschien Rothes Resultat an sich als vielversprechend und ließ interessante Konsequenzen erwarten. Diese Hoffnungen haben sich nicht bewahrheitet, und statt dessen geriet sogar die ganze Auffassung von Analysis, die ihm zugrundelag, aus Gründen, die wir im Kapitel IV. näher studieren werden, in Verruf. Vor allem hat sich auch nicht die Hoffnung bestätigt, daß independente Formeln für Reihen ein theoretisch oder praktisch wichtigeres Werkzeug darstellen als rekursive, eine Tatsache, der es auch der Lagrangesche Satz verdankte, daß er schließlich in Vergessenheit geriet. Diese Einsicht wurde nach 1810 allgemein akzeptiert, so daß die Lehrbücher der Kombinatorischen Analysis aus den zwanziger Jahren des 19.Jahrhunderts rekursive und independente Formeln weitgehend gleichberechtigt behandelten. Vor allem das sehr gut beurteilte Lehrbuch von F.W.Spehr erklärte die Gleichrangigkeit independenter und rekursiver Formeln geradezu zum methodischen Prinzip und entwickelte beide Typen in einem durchdachten Parallelismus. Jedoch formulierte noch 1825 C.Gudermann in der erwähnten Schulprogrammschrift über den polynomischen Lehrsatz: *"Im Allgemeinen aber ist die Ableitung einer allgemeinen Regel für die independente Bestimmung oder die Angabe des allgemeinen Gliedes einer Reihe das Höchste und das Größte, was die Analysis zu leisten vermag."*[2] So bietet der Rothesche Satz das Beispiel eines mathematischen Sachverhalts, der in Vergessenheit geriet nicht etwa, weil er schlechte Mathematik oder gar falsch war, sondern weil er jede Relevanz verlor.

In der Geschichte der Kombinatorischen Analysis gibt es zwei spezielle Themenbereiche, die eine Brücke zur Analysis der zweiten Hälfte des 19.Jahrhunderts, genauer zur Mathematik von K.F.Weierstraß, schlagen. Es sind dies die Theorie der *Elliptischen Funktionen* und die sogenannten *"Analytischen Fakultäten"*. Die Beiträge, die C.Gudermann durch die Ableitung formaler Reihenentwicklungen für die wichtigsten elliptischen Funktionen zu dieser Theorie geleistet hat und der Einfluß, den er durch die Hinführung von Weierstraß zu diesem Thema ausgeübt hat, ist häufiger diskutiert worden.[3] Es ist möglich, daß Weierstraß' Präferenz für Reihenmethoden aus diesem Kontext zu erklären ist.

Für den Zusammenhang der vorliegenden Studie wichtiger ist die Theorie der *analytischen Fakultäten*, weil hier sehr früh bestimmte begriffliche Probleme

---

1) Klügel [1796], 51. Vgl. auch den Titel von Hindenburg [1796a].
2) Gudermann [1825], 31
3) Dies ist detailliert aufgearbeitet in Manning [1974/5]

auftraten, die in dem Wandlungsprozeß der Analysis am Anfang des 19.Jahrhunderts eine bedeutende Rolle spielten. Ohne in Einzelheiten zu gehen, seien deshalb die wichtigsten Fakten angeführt.[1]

Die "*analytischen*" oder auch "*numerischen Fakultäten*" sind erstmals von Euler in den *Institutiones calculi differentialis* als Sonderfall der sogenannten "*functiones inexplicabiles*" behandelt worden.[2] Dabei handelt es sich um durch Reihen definierte Gebilde, für deren Summe es keinen geschlossenen Ausdruck gibt und die daher zunächst nur für ganzzahlige Indizes definiert sind. Ein Beispiel einer solchen Funktion ist etwa das Produkt von n Faktoren:

$$a(a+d)(a+2d)(a+3d) \ldots (a+(n-1)d),$$

das für beliebige a und d, aber zunächst nur für natürliche Zahlen n definiert ist. Für $a=d=1$ geht diese Funktion in n! über, und sie wurde daher *Fakultät* oder *Faktorielle* genannt. In den *Institutiones* hatte Euler Methoden entwickelt, wie man derartige Ausdrücke durch Interpolation auch für negative und gebrochene n erklären kann.

Mit den Faktoriellen hatten sich dann Vandermonde und C.Kramp näher beschäftigt. Insbesondere C.Kramp hatte in dem Buch *Analyse des réfractions astronomique et terrestres* 1798 eine umfangreiche Theorie dieser Faktoriellen entwickelt und für diese Funktion die damals viel benutzte Abkürzung

$$a^{n|d}$$

eingeführt. a wurde als Basis, d als Differenz und n als Exponent bezeichnet. Für $d \to 0$ geht die Faktorielle in die gewöhnliche Potenz über, und so mußte eine generelle Theorie dieser Funktion als natürliche Verallgemeinerung der Rechnung mit Potenzen erscheinen. Insbesondere entdeckte Kramp, daß man für die Faktoriellen auch ein Analogon zum binomischen Satz beweisen kann. Dieses Analogon besagt, daß für eine zweiteilige Basis $a+b$ die folgende Entwicklung gilt:

$$(a+b)^{n|d} = a^{n|d} + \binom{n}{1} a^{n-1|d} \cdot b^{1} + \binom{n}{2} a^{n-2|d} \cdot b^{2|d} + \ldots$$

1) Vgl. zu diesen Angaben Weierstraß [1842/3] und [1856].
2) Euler [1755], pars posterior, Kap. 16 und 17

Auch hier soll der Exponent n eine beliebige (auch rationale und negative) Zahl sein können.

Kramp bemerkte allerdings bei der Ausdehnung der Faktoriellen auf rationale Exponenten eine Reihe ihn sehr beunruhigender Widersprüche, die er durch ad-hoc-Annahmen auszuräumen suchte. Das Konzept formaler Gleichheit, nach dem, was algebraisch–syntaktisch bewiesen ist, auch allgemein und damit für alle Zahlenbelegungen gelten müsse, war für ihn so fundamental, daß er sich zu dieser Ausflucht genötigt sah. Hinzu kam die Analogie mit den gewöhnlichen Potenzen, die durch die Möglichkeit der Verallgemeinerung des binomischen Satzes so sehr bestätigt wurde.

Kramps Versuch, die Allgemeinheit der Faktoriellen zu retten, wurde nicht generell akzeptiert, so daß man sich meist auf die mehr empirische Regel zurückzog, man dürfe bei gebrochenem Exponenten, nicht die positive Differenz in eine negative verwandeln, wie es bei ganzzahligen Exponenten möglich ist.[1] In der Tat ist für gebrochene Exponenten die Faktorielle als Funktion der Differenz unstetig im Nullpunkt, so daß diese empirische Regel durchaus auf eine entscheidende Schwierigkeit hinwies, aber von einer durchsichtigen Theorie war man damit noch weit entfernt.

In der Folge sind diese Probleme von verschiedenen Autoren behandelt worden, so von F.W.Bessel, der 1811 eine Arbeit über die *"berüchtigten Krampschen Fakultä-ten"*, wie er sich in einem Brief an Gauß ausdrückte,[2] verfaßte. In dieser Arbeit gab er eine für reelle Exponenten geeignete Definition der Faktoriellen durch ein unendliches Produkt.[3] Gauß selbst arbeitete zu dieser Zeit über die *hypergeome-trische Reihe*, die ebenfalls zu den *functiones inexplicabiles* gehört und die in einem engen Zusammenhang mit den Faktoriellen steht. Gauß beschränkte sich bei der hypergeometrischen Reihe auf reelle Variable, bemerkte aber, daß die eigentliche Natur dieser Funktion eine größtmögliche Allgemeinheit der Behandlung erfordere, und das hieß für ihn die Ausdehnung auf komplexe Zahlen.[4]

---

1) Klügel [1803–8], II, 191
2) Brief an Gauß vom 10.März 1811 (Gauß & Bessel [1880], 138).
3) *"Über die Theorie der Zahlenfacultäten"*, Königsberger Archiv f. Naturw. u. Math., St.3. Die Grundideen seines Ansatzes sind auch in dem erwähnten Brief an Gauß dargestellt.
4) Gauß [1813]

1824 wurde von A.L.Crelle ein umfangreicher Versuch gemacht, eine Theorie
dieser Funktion aufzustellen, indem er sie als Lösung eines Systems dreier Funktionalgleichungen definierte.[1] Dabei verwickelte er sich allerdings in neue Widersprüche, weil die von ihm gewählten Gleichungen nicht eindeutig lösbar waren.
Insbesondere behauptete Crelle auch den binomischen Satz für Faktorielle mit
gebrochenem Exponenten, wogegen M.Ohm zeigte,[2] daß dieser für natürliche
Zahlen richtige Satz für rationale Exponenten durch einen Korrekturfaktor ergänzt
werden müsse. Ohm fand, wobei $(a,d)^n$ statt $a^{n|d}$ geschrieben wird:

$$(u,1)^y \; + \; \begin{bmatrix} y \\ 1 \end{bmatrix} (u,1)^{y-1}(k,1)^1 \; + \; \begin{bmatrix} y \\ 2 \end{bmatrix} (u,1)^{y-2}(k,1)^2 \; + \; ... \; =$$

$$= \frac{\sin u\pi \cdot \sin(u+k+y)\pi}{\sin(u+y)\pi \cdot \sin(k+y)\pi} \cdot (u+k,1)^y$$

Eine umfassende Theorie dieser Funktion ist erst durch Weierstraß in den genannten Arbeiten von 1842/3 und 1856 gegeben worden. Beide zeichneten sich dadurch
aus, daß sie eine ausführliche Diskussion der Geschichte dieses Gegenstands
enthielten. Diese historischen Bemerkungen stellten eine Auseinandersetzung mit
der vorangegangenen analytischen Praxis dar. Weierstraß vertrat dabei den Standpunkt, daß die Intention einer möglichst allgemeinen Behandlung festgehalten
werden müsse und kritisierte daher die Einschränkung der Fakultäten auf reelle
Werte bei Bessel und Ohm. Er betonte aber, daß hierzu neue Methoden nötig
seien.

Die Faktoriellen oder analytischen Fakultäten stellten so das Beispiel eines Problems dar, das im Rahmen der Kombinatorischen Analysis entstand, aber nicht
vollständig gelöst werden konnte. Es berührte ein wichtiges Grundsatzproblem
dieses Ansatzes, nämlich die Frage, wie die formal gewonnenen Beziehungen mit
numerischen Gleichungen zusammenhingen, oder anders gesagt, welche Bedeutung
die formale Gleichheit tatsächlich hat. Daß das Problem nicht gelöst wurde, hieß
natürlich nicht, daß es im Rahmen dieser Ansätze nicht lösbar gewesen wäre, und
so wurde es auch gesehen: als offene Frage und nicht als In–Frage-Stellung der
algebraischen und kombinatorischen Methoden in der Analysis.

Um ein Bild von der Stellung dieser algebraischen und kombinatorischen Methoden im Gesamtzusammenhang der damaligen Analysis zu gewinnen, untersuchen

---

1) Crelle [1823]
2) Ohm [1829], 89

wir nun, wie die Beziehung von Kombinatorischer Analysis, Analysis des Endlichen, und der Analysis des Unendlichen, also Differential- und Integralrechnung, in einem damaligen anerkannten Lehrbuch gesehen wurde. Wir hatten bereits festgestellt, welche Bedeutung der Beweis des polynomischen Lehrsatzes auf rein kombinatorischem Weg und unabhängig von der Differentialrechnung gehabt hat, um die innere Identität der Kombinatorischen Analysis bzw. der Analysis des Endlichen zu etablieren. Tatsächlich stand dahinter die Idee, daß überhaupt die Analysis des Endlichen die eigentliche Analysis sei, während Differential- und Integralrechnung *Anwendungen* dieser Wissenschaft darstellen. So formulierte Hindenburg, *"daß die eigentliche Analysis überhaupt die Formen der Größen zum Gegenstand habe, woraus sogleich einestheils die große Nützlichkeit der Combinationsmethode, deren wichtigstes Geschäft die Entwickelung, Darstellung und Betrachtung solcher Formen ausmacht, anderntheils aber die unmittelbare Anwendbarkeit dieser Methode in der Analysis ganz ungezwungen sich ergiebt."*[1] Die eigentliche Analysis hat es also nur mit der Untersuchung von Formen zu tun.

Diese in Deutschland verbreitete Auffassung wurde in den Lehrbüchern von F.W.Spehr konsequent umgesetzt.[2] Spehr definierte ebenfalls: *"Die Analysis ist die Wissenschaft von den Gesetzen der Verknüpfungen zusammengesetzter Zahlen, und ihr Haupt-Object ist die Function."*[3] Dabei bezeichnete 'Funktion' für ihn zunächst einen symbolischen Ausdruck. *"Eine Function einer oder mehrerer Hauptgrößen ist also ein aus diesen Hauptgrößen und anderen Nebengrößen auf irgend eine Art arithmetisch zusammengesetzter Ausdruck."* Und er fügte hier die aufschlußreiche Fußnote an: *"Ob man gleich für die Hauptgrößen einer Function nach und nach bestimmte Größen zu substituieren sich vorgesetzt hat, wodurch die Function immer andere und andere Werthe bekommen muß, so ist es doch nicht passend, sowohl die Hauptgrößen, als die Function selbst **veränderliche Größen** zu nennen, welcher Begriff mehr für die Differentialrechnung aufbewahrt werden muß, wo man es erst mit **eigentlicher Veränderlichkeit**, mit der **fließenden Größe**, zu tun bekommt. In dieser Wissenschaft, wo man sich vorstellt, oder doch wenigstens vorstellen sollte, die fließende Größe durchlaufe nach einem bestimmten Gesetze alle Zustände, worin sie ihrem Gesetze gemäß kommen kann, muß man sich gedenken, die ursprünglich veränderlichen Größen, welche mit den Hauptgrößen in der Analysis übereinkommen, nehmen **jeden nur denkbaren** positiven und negativen Werth an, während die Substitutionen, welche man in der Analysis mit den Hauptgrößen vornimmt, meistentheils sehr beschränkt sind. Der Hauptzweck*

---

1) Hindenburg [1796a], Vorbericht
2) Spehr [1824] und [1826]
3) Spehr [1824], 141

aller analytischen Untersuchungen ist aber die nachherige Anwendung bei der Differentialrechnung; man nimmt sich die Operationen mit den Functionen größestentheils nur deshalb vor, um die Resultate bei dem Differentialcalcul zu gebrauchen, d.h. um sich hernach die Hauptgrößen, also auch die Functionen als veränderliche Größen zu gedenken. "[1]

Hier wird also deutlich unterschieden zwischen einer *formalen Theorie*, die die arithmetische (algebraische) Verknüpfung von Haupt- und Nebengrößen untersucht und die als *Analysis* bezeichnet wird, und der *Differential- und Integralrechnung*, die es wesentlich mit dem Begriff des *Veränderlichen* und der *stetigen Größe* zu tun haben. Als Beleg für die Verbreitung dieser Auffassung der Analysis als einer formalen Theorie der Rechnungsformen mag noch eine Äußerung von J.Plücker dienen: "*Ich möchte mich zu der Ansicht bekennen, daß die Analysis eine Wissenschaft ist, die unabhängig von jeder Anwendung, selbständig für sich allein dasteht, und die Geometrie, so wie von einer anderen Seite die Mechanik, bloß als bildliche Deutung gewisser Beziehungen aus dem großen erhabenen Ganzen erscheint.*"[2] Die Betonung reiner Wissenschaft prägte sich also in der Vorstellung einer Analysis als eines Reiches gedanklicher oder sogar symbolischer Formen aus, wobei in dem Zitat von Plücker deutliche Anklänge an die idealistische Vorstellung, als seien die Gesetze der Natur nur Abbilder unserer Denkgesetze, zu beobachten ist.

Bei Spehr war also eine grundlegende Unterscheidung von Theorie und Anwendung begründet, nach der die reine Analysis eine Theorie der Rechnungsformen ist, während Differential- und Integralrechnung eine Anwendung dieser reinen Theorie darstellen. Diese Konzeption wurde in dem Lehrbuch *Neue Principien des Fluentencalculs* originell umgesetzt. Er behandelte dort in einer 120-seitigen *Einleitung* das, was man heute von einem Lehrbuch der Infinitesimalrechnung erwartet, nämlich den Taylorschen Satz, die Regeln des Differenzierens, Differentialgleichungen und Integrationsmethoden. Gegenstand sind dabei immer die rechnerischen und formalen Aspekte der Theorie. Erst danach wurde der eigentliche *Fluentencalcul*, also die Gesetzmäßigkeiten der *stetigen Größe*, behandelt. Dies lief auf eine Anwendung der Differential- und Integralrechnung auf Geometrie und Mechanik hinaus. Spehr rechtfertigte dieses Vorgehen mit der Bemerkung, daß man bisher die rein arithmetischen Untersuchungen nicht genügend von der Differentialrechnung gesondert und teilweise, wie Lagrange, diese arithmetischen Unter-

---

1) a.a.O., 138
2) Plücker [1831], IX

suchungen für die Sache selbst gehalten habe. Die Differentialrechnung lasse sich aber nicht auf diese arithmetischen Aspekte reduzieren, sondern sie beinhalte als wesentlich neuen Begriff den der *stetigen Größe*. Daher habe er streng das Formale vom Materialen getrennt, und als Grundbegriff des materialen Teils den Begriff der *stetigen Größe* aufgestellt.[1]

Was dies mathematisch bedeutete, machen wir uns am *Taylorschen Satz* als wichtigem Inhalt der formalen Theorie und an der *Definition der Stetigkeit* als Grundbegriff des materialen, angewandten Teils klar.

Betrachten wir zunächst den formalen Teil. In der Auffassung von Spehr bedeutete der Taylorsche Satz eine rein syntaktische Umformung. Er begann den Beweis dieses Satzes mit der Feststellung, in der Analysis werde gezeigt, daß man eine Funktion von x, wenn man darin eine zweiteilige Größe $x+h$ einsetze, in eine nach den sukzessiven Potenzen von h fortschreitende Reihe entwickeln könne, also

$$\varphi(x+h) = \overset{0}{A} + \overset{1}{A}h^1 + \overset{2}{A}h^2 + \ldots + \overset{r}{A}h^r + \ldots \ .$$

Daraus und aus einer zuvor bewiesenen Gleichung für die k-te Differenz der Funktionswerte y leitete er durch eine Reihe von Umformungen für die Koeffizienten $\overset{k}{A}$ der Reihenentwicklung die Beziehung

$$\overset{k}{A} = \frac{T \Delta^k y}{1 \cdot 2 \cdot \ldots k \cdot \Delta x^k}$$

ab, wobei $\overset{1}{T} \Delta^k$ y den jeweils ersten Term in den Reihenentwicklungen für die k-ten Differenzen von y, also $\Delta^k y$, nach Potenzen von Δx bedeutet.

Spehr hatte so die folgende Entwicklung gewonnen:

$$\Delta y = \overset{1}{T}\Delta y + \frac{\overset{1}{T}\Delta^2 y}{1 \cdot 2} + \frac{\overset{1}{T}\Delta^3 y}{1 \cdot 2 \cdot 3} + \ldots + \frac{\overset{1}{T}\Delta^k y}{1 \cdot 2 \cdot \ldots k} + \ldots$$

---

1) Spehr [1826], VIII–XI

und bezeichnete nun einfach

$$T\Delta^k y \overset{1}{=} d^k y$$

als das *Differential der k-ten Ordnung* von y, das nun als $d^k y$ geschrieben wurde. Damit hatte er die Taylorsche Reihe

$$\Delta y = dy + \frac{d^2 y}{1 \cdot 2} + \frac{d^3 y}{1 \cdot 2 \cdot 3} + \dots + \frac{d^k y}{1 \cdot 2 \cdot \dots k}$$

"Diese Reihe schreitet nach Potenzen von Δx fort, und dy enthält Δx, $d^2 y$ enthält Δx^2, allgemein $d^k y$ enthält Δx^k."[1]

Hier ist also weder vom unendlich Kleinen noch von einem Grenzübergang die Rede, und nach heutigen Maßstäben ist dieses Verfahren vollständig tautologisch, weil es voraussetzt, was bewiesen werden soll, nämlich die Entwickelbarkeit einer Funktion in eine Potenzreihe. Tatsächlich aber muß man zur Kenntnis nehmen, daß Spehr und mit ihm andere damalige Autoren einfach einen anderen Satz im Auge hatten, nämlich einen Satz, der eine bestimmte *Umformung allgemein erledigte*. Diese Umformung folgerte aus gewissen Formeln für endliche Differenzen eine Aussage, die besagte, daß man die Koeffizienten für die Reihenentwicklung einer Funktion durch einen gewissen symbolischen Algorithmus gewinnt, im Falle der ersten Ableitung etwa durch Umformung der Differenz $f(x+\Delta x) - f(x)$ in die Produktform $f'(x) \cdot \Delta x$. Diese Umformung kann in gewissen Fällen durchgeführt werden, in anderen nicht; und auch die Frage, ob die so erhaltenen formalen Beziehungen auf numerisch richtige Gleichungen führen, ist vom Einzelfall abhängig.

Übersetzt man daher die einleitende Feststellung Spehrs, in der Analysis werde bewiesen, daß jede Funktion in eine Reihe entwickelbar sei, durch die Aussage, für jedes infragekommende Objekt sei zu untersuchen, ob es zu den in der Analysis betrachteten Funktionen gehöre, dann ist Spehrs Vorgehen so zirkelhaft wie das heutige auch: bei Anwendung des Taylorschen Satzes ist zu prüfen, ob die Voraussetzungen zu seiner Anwendung erfüllt sind. In der heutigen Sicht besagt der Taylorsche Satz, daß eine gewisse Formel, in der auf der linken und rechten Seite verschiedene Anweisungen zur Produktion von Zahlenwerten stehen, unter gewis-

---

1) Spehr [1826], 13–17

sen Bedingungen links und rechts aus gleichen Zahlenwerten gleiche Zahlenwerte erzeugt. Aber auch hier ist zu prüfen, ob die Voraussetzungen zur Anwendung erfüllt sind.

Spehrs Behandlung des Taylorschen Satzes war in ihrer Formalität sicher extrem, fiel aber nicht aus dem Rahmen. So heißt es in einer zeitgenössischen Rezension kritisch, und zugleich vorsichtig: *"Vergleicht man den Inhalt dieser Paragraphen mit demjenigen, was über dieselben Gegenstände bei Euler, Lagrange, Lacroix und mehreren Andern vorgefunden wird, so wird man denselben, weder in Bezug auf die Form, noch in Bezug auf die Vollständigkeit, dem gegenwärtigen Zustand der Wissenschaft entsprechend finden können. Inzwischen würde es auch von keiner besondern Billigkeit zeugen, in dieser Hinsicht einen solchen Maßstab geltend machen zu wollen, da hier bloß von einer Einleitung in das Werk die Rede ist, mit der der Verfasser keine Ansprüche zu verbinden scheint."*[1] Letztere Behauptung steht allerdings im Widerspruch zu Spehrs Ausführungen in der Vorrede.

Die Strategie einer klaren Trennung von Theorie und Anwendung war wissenschaftslogisch durchaus modern, während die von Spehr benutzte mathematische Begrifflichkeit selbst im Rahmen der Kombinatorischen Schule und der Mathematik des 18.Jahrhunderts verblieb. Das wird deutlich, wenn man nun betrachtet, was es für Spehr bedeutete, den Begriff der *stetigen Größe* zum Grundbegriff der Differential- und Integralrechnung zu machen, und damit näher untersucht, wie er sich die Anwendung, den materialen Teil der Theorie dachte. Wie gesagt, die rechnerischen Teile dieser Theorie waren bei der Einführung dieses Begriffs bereits erledigt, so daß apriori klar ist, daß der Begriff des Stetigen zur Begründung dieser rechnerischen Seite gar nichts beitragen konnte. Für Spehr war der Stetigkeitsbegriff kein Begriff der Analysis, sondern ein Konzept der Anwendungsdisziplinen Geometrie und Mechanik. Daher sah er offenbar keine Notwendigkeit, diesen Begriff zu formalisieren. Statt dessen führte er eine rein verbale Bestimmung des Begriffs der stetigen Größe und anderer damit zusammenhängender Konzepte ein. *"Eine stetige oder continuirliche Größe, Continuum, ist jede Größe, welche man sich im Zustande des Werdens gedenkt, so daß dieses Werden oder Entstehen nicht sprungweise, sondern durch ununterbrochenen Fortgang geschiehet. So entstehet eine jede Linie, sey sie von jeder beliebigen Art, dadurch, daß sich ein Punct, eine Fläche dadurch, daß sich eine Linie, ein Körper endlich dadurch, daß sich eine Fläche im Raume fortbewegt."*[2]

---

1) Dirksen [1827], 1251. Zu Dirksen vgl. Kap. VII.1. dieser Arbeit.
2) Spehr [1826], 125

Die Logik des weiteren Vorgehens bestand darin, daß diese und andere verbale Definitionen dazu benutzt wurden, die in der Einleitung aufgestellten Gleichungen der Analysis durch Anwendungen in der Geometrie und Mechanik zu *interpretieren*. Der Begriff des Stetigen wurde also als ein genuiner Begriff der Anwendungsdisziplinen gesehen und nicht als ein Begriff der theoretischen (rechnerischen) Analysis. Daher bedurfte dieser Begriff für Spehr keiner formalen Definition, sondern es mußte nur sichergestellt werden, daß die Gleichungen der theoretischen Analysis in angemessener Weise auf die geometrischen und mechanischen Phänomeme angewandt werden konnten.

Vergleicht man dieses Vorgehen mit demjenigen, das sich im 19.Jahrhundert durchgesetzt hat und bei dem der Begriff des Stetigen eine mathematische Definition erfuhr, so muß man feststellen, daß in wissenschaftslogischer Hinsicht die Sichtweise Spehrs und anderer Kombinatoriker sich davon nicht prinzipiell unterschied. Auch wenn eine mathematische (formale) Definition des Stetigen benutzt wird, dann ist damit das Stetige nicht mathematisch 'erfaßt', sondern die Anwendbarkeit einer solchen Definition auf reale Phänomeme und Sachverhalte bleibt ein nicht-mathematisches Problem, das durch gegenstandstheoretische Überlegungen und Annahmen gelöst werden muß. Der Unterschied zwischen einer Theorie, die Stetigkeit formal definiert, und einer solchen, bei der dies nicht geschieht, liegt also darin, daß sich daraus zwei sehr verschiedene mathematische Theorien ergeben, nicht aber darin, daß sich das Problem der Anwendung der Mathematik wissenschaftslogisch anders stellen würde. Die Analysis auf einer Definition des Stetigen aufzubauen, hat also seine Logik zunächst einmal im *Innermathematischen*, nicht darin, daß diskrete Mathematik grundsätzlich weniger anwendbar wäre als stetige. Die Anwendungen beeinflussen diese innermathematische Logik nur in *vermittelter Weise*, indem sie einen Druck erzeugen, etwa bestimmte Funktionen in die Theorie einzubeziehen, die bis dahin möglicherweise in der Mathematik nur am Rande interessiert haben.

Auf die allgemeine Bedeutung einer Strategie der Trennung von Theorie und Anwendung haben wir im II.Kapitel bereits hingewiesen. Diese Strategie ermöglicht, daß man begriffliche Kontrolle über den Gegenstand gewinnt, und verhindert, daß ungewollte Voraussetzungen unterlaufen. Sie führt zur Reduktion des begrifflichen Apparates auf das unabdingbar Notwendige. Auch Hindenburg hatte 1796 die Bedeutung der Trennung der reinen kombinatorischen Theorie von ihren Anwendungen herausgestellt, indem er sich gegen den offenbar auch damals erhobenen Vorwurf einer zu großen Formalität seiner Konzeption wehrte. "Die ... *Anordnung gegebener Elemente zu einem für sich bestehenden Ganzen, die Veränderung und Umgestaltung einer gegebenen oder bereits geschaffenen Form in eine andere Gestalt, durch anderweithige Zusammensetzung, Trennung, Versetzung, Umtauschung der einzelnen oder verbundenen Elemente — dies ist das eigenthümliche Geschäft der Combinationslehre. Hierbey betrachtet sie die in bestimmter Folge auf einander gegebenen Elemente, blos als zusammengehörige verschiedentlich neben und unter einander zu stellende, in verschiedener Ordnung und Lage mit einander zu verbindende Dinge überhaupt, ohne alle Rücksicht auf Bedeutung oder gegenseitige Einwirkung derselben auf und in einander. ... Die große Allgemeinheit, in welcher die Combinationslehre ihre Elemente nimmt, indem sie bey ihren Operationen von aller Bedeutung und Einwirkung derselben auf einander abstrahirt, könnte ... leicht auf die Vermuthung führen, eine solche Wissenschaft werde aller Anwendung sich widersetzen, und so auf immer bloße Speculation bleiben. Aber nein; die wirklichen Dinge, auf die man sie anwendet, bringen sogleich Leben und Bedeutung in die Sache. Man muß die Beschaffenheit dieser Dinge, ihr Verhalten gegen und ihre Wirkung auf einander, aus der Wissenschaft, aus der Kunst, aus dem Fache, wohin sie gehören, erst genauer kennen; man muß wissen, was man durch Beyhülfe der Combinationslehre zu suchen hat, so wird diese immer nachweisen, wie man es auf dem leichtesten Wege finden kann.* "[1]

Die kombinatorische Auffassung von Mathematik, wie sie damals in Deutschland verbreitet war, war also durch die konzeptionelle *Trennung von Theorie und Anwendung* durchaus geeignet, Differential– und Integralrechnung (natürlich in einer anderen und weniger allgemeinen begrifflichen Gestalt als heute) unter sich zu befassen und mußte zweitens auch nicht notwendig eine reduktionistische oder formale Auffassung der Naturphänomeme und Anwendungsfelder implizieren. Daher gab es zwar gewichtige innermathematische Gründe dafür, warum die Konzeption der Kombinatorischen Schule ihren Einfluß schnell verloren hat, doch waren diese Gründe nicht von der Art, daß sie die schroffe Abwertung, wie sie spätestens seit der Mitte des 19.Jahrhunderts üblich wurde, gerechtfertigt hätte. Wenn E.Netto in seinem *Lehrbuch der Kombinatorik* 1901 schrieb, daß die Einwirkung der rein formalen Algebra auf die Kombinatorik, wie dies im Rahmen der Kombinatorischen Schule am Ende des 18.Jahrhunderts geschah, zu einer *Krisis für die Combinatorik*[2] geführt habe, so widerspricht dem dieses Lehrbuch selbst. Ein bedeutender Teil der Probleme, die Netto dort behandelt, stammt, wie die in den Fußnoten ausgewiesene Literatur zeigt, aus dem Kontext der Kombinatorischen Schule. Für die Kombinatorik als mathematische Teildisziplin hat sich die Arbeit der Kombinatorischen Schule also durchaus als fruchtbar erwiesen.

---

1) Hindenburg [1796], 154/5
2) Netto [1901], 236

Als ein Resultat der Arbeit der Kombinatorischen Schule kann man daher jedenfalls festhalten, daß sie den Schritt zur Etablierung der Kombinatorik als einer
eigenständigen Disziplin getan hat. Ein weiterer positiver Aspekt war der Versuch,
die algebraische Sichtweise der Analysis weiterzuentwickeln und zu entfalten. Dies
war allerdings ein Unternehmen, das zu der damaligen Zeit vielleicht notwendig
ein zweifelhaftes Ergebnis haben mußte. Die ursprüngliche Auffassung von Hindenburg, auf der Basis independenter Formeln mit Hilfe der Kombinatorik eine
Mechanisierung oder jedenfalls Vereinfachung des Kalküls zu erreichen, griff hier
wesentlich zu kurz. Independente Formeln sind an sich weder rechnerisch vorteil-
haft gegenüber rekursiven, noch stellen sie per se einen begrifflichen Gewinn dar.
Die Umkehrungsfunktion irgend einer transzendenten Funktion mit Hilfe der
kombinatorischen Reversionsformel zu berechnen, mag auf eine Entwicklung
führen, die im Hinblick auf die Natur dieser Funktion nur einen geringen Aussagewert hat.

So war die allgemeine Überzeugung von der Wichtigkeit der algebraisch-kombina-
torischen Auffassung der Analysis zwar berechtigt, konkret war aber nicht vorher-
sehbar, wie sich die Bedeutung algebraischer und kombinatorischer Methoden in
der Analysis entwickeln würde. Die Betonung der algebraischen Sicht war auch
nicht auf die kombinatorische Schule und Deutschland beschränkt. Im Hinblick auf
die Problematik einer formalen Konzeption der Beziehung von Urfunktion und
ungeschlossenem Ausdruck, in den die Urfunktion entwickelt wird, stand diesem
Ansatz vielleicht Laplace' Theorie der *erzeugenden Funktionen* am nächsten, und
es ist erstaunlich, daß man sich in der Kombinatorischen Schule, soweit ich sehe,
mit dieser Theorie nie explizit beschäftigt hat. Auch für die Theorie der erzeugenden Funktionen ist die Frage der Konvergenz der Reihenentwicklungen ohne
Belang bzw. widerspricht sogar ihrem Geist. Laplace hat mit den erzeugenden
Funktionen auch sehr weitreichende programmatische Vorstellungen verbunden.
Um dies zu illustrieren, zitieren wir die einleitenden Passagen aus dem großen
Mémoire, in dem er diese Theorie erstmals geschlossen dargestellt hat: *"La théorie
des suites est un des objets les plus importants de l'Analyse: ... toutes les applica-
tions des Mathématiques à la nature, dépendent de cette théorie; ... et l'on ne peut
douter que, dans cette branch de l'Analyse, comme dans toutes les autres, il n'y
ait une manière générale et simple de l'envisager, dont les vérités déjà connues
dérivent, et qui conduise à plusieurs vérités nouvelles. La recherche d'une
semblable méthode est l'objet de ce mémoire; celle à laquelle je suis parvenu est
fondée sur la considération de ce que je nomme **fonctions génératrices**: c'est un
nouveau genre de calcul que l'on peut nommer **calcul des fonctions génératrices**,*

et qui m'a paru mériter d'être cultivée par les géomètres."[1]

Dieses Zitat weist ein Dilemma auf: den *programmatischen Überhang*. Zwar hat sich die Theorie der erzeugenden Funktionen, vor allem in den Händen von Laplace selbst, als ein wirksames mathematisches Instrument erwiesen, jedoch hat sie nicht die universelle Bedeutung erlangen können, die ihr in dem Zitat von Laplace zugeschrieben wurde.

In ungleich höherem Maße ist bei der Kombinatorischen Schule ein programmatischer Überhang festzustellen. Zwar hat die Kombinatorik in der Mathematik des 19.Jahrhunderts in vielen Bereichen eine wichtige Rolle gespielt, dabei aber nie eine theoretische Führungsfunktion eingenommen. Am Beispiel der formalen Logik etwa kann man sehen, daß die kombinatorische Programmatik plausibel, vielleicht zu allgemein und in bestimmter Hinsicht unzeitgemäß war. Die Anwendung der Kombinatorik auf die Analyse logischer Sachverhalte ist eine Idee mit weit zurückreichender Geschichte. Diese Idee erfuhr am Ende des 18.Jahrhunderts unter dem Einfluß der Kombinatorischen Schule eine gewisse Wiederbelebung. J.F.Herbarts Versuche in dieser Richtung erwähnten wir bereits. Aber auch andere Autoren betätigten sich hier. Zu nennen wären etwa A.D.Twesten (1789–1876) und M.W.Drobisch.[2] Doch ging all dies nicht über fragmentarische Ansätze hinaus oder wurde von der wissenschaftlichen Umgebung nicht wahrgenommen. Tatsächlich bedurfte es ja immer erneuter Ansätze während des 19. und beginnenden 20.Jahrhunderts, um die mit kombinatorischen Mitteln arbeitende formale Logik zu wirklich substantiellen Resultaten zu führen, die nicht bloße formale Reformulierungen von Sachverhalten darstellten, die bereits Aristoteles geläufig waren. Erst als im 20.Jahrhundert die kombinatorische Behandlung der Logik zu einem erfolgreichen und wohl etablierten Arbeitsfeld geworden war, wurde auch eine freundlichere Beurteilung der kombinatorischen Programmatik des beginnenden 19.Jahrhunderts möglich. So bezog P.Bernays sich positiv auf J.F.Fries, weil dieser zwischen der Arithmetik als einer Theorie, die den anschaulichen Größenbegriff expliziere und der *"Kombinationslehre und Syntaktik"* unterschieden habe, *"welche einzig auf dem Postulat der willkürlichen Anordnung gegebener Elemente und ihrer willkürlichen Wiederholung beruht ..."*[3] Wir sahen, daß dies kein Charakteristikum der Friesschen Philosophie war, sondern Diskussionsstand der Kombinatoriker am Anfang des 19.Jahrhunderts, der dann wieder verlorenging.

---

1) Laplace [1779], 1
2) Styazhkin [1969], 137 ff.
3) Bernays [1930], 44

Wie jede Programmatik stand auch die kombinatorische unter dem Risiko unerfüll-
ter bzw. unerfüllbarer Versprechungen. Das wurde später als Indiz gesehen, daß
es sich bei der Kombinatorischen Schule um eine wissenschaftlich nicht seriös
arbeitende Gruppe von Mathematikern gehandelt habe. Dies wiederum war eine
Erklärung für das schnelle Verschwinden der Kombinatorischen Schule nach 1830.
Tatsächlich war dafür aber wohl vor allem die Tatsache verantwortlich, daß die
Analysis, das damalige Hauptanwendungsfeld der Kombinatorik, ihre innere Gestalt grundlegend änderte und dabei die Bedeutung der algebraischen und kombinatorischen Aspekte immer mehr an den Rand geriet.

III.5. Philosophische und pädagogische Aspekte der kombinatori-
schen Programmatik

Wir hatten im II.Kapitel gesehen, daß während einer gewissen Zeitphase die Kombinatorische Analysis auch außerhalb der Mathematik in der gebildeten Öffentlichkeit wahrgenommen wurde und daß sich hieran philosophische und pädagogische
Sichtweisen der Mathematik knüpften. Wir wollen nun umgekehrt die philosophische und pädagogische Programmatik untersuchen, die aus dieser Arbeitsrichtung
selbst heraus erwachsen ist.

Für Hindenburg hatte, wie wir bereits feststellten, die Vorstellung einer *Mechanisierung des Kalküls* einen überragenden Stellenwert. Nach 1800 verschwand diese
Idee der Mechanisierung weitgehend aus der Programmatik der Kombinatorischen
Schule. Das hatte sicher Einiges mit dem Zeitgeist zu tun, der um diese Zeit ja
ein organisches Wissenschaftsideal bevorzugte, andererseits auch mit der mathematischen Erfahrung, daß die Benutzung kombinatorischer Methoden durchaus nicht
zwingend zu einer Erleichterung der kalkulatorischen Praxis führte, sondern eher
ein theoretisches Interesse beanspruchen konnte.

Insofern eine Mechanisierung des Kalküls eine einheitliche und theoretisch kohärente Auffassung des Kalküls voraussetzte, war implizit in Hindenburgs Ansatz
auch eine ganz andere Sichtweise mit enthalten, nämlich die einer durchgehend
neuen *begrifflichen* Auffassung der Mathematik. Aus diesem Grunde war es
möglich, daß die Kombinatorische Schule sich ohne große Probleme dem organischen Wissenschaftsideal anpassen und sogar einen eigenen Beitrag zu dessen
Ausformulierung leisten konnte. Nach Hindenburgs Tod war dieser Wandel in der
Selbstdarstellung der kombinatorischen Schule auch mit einer Kritik an Hindenburgs zu enger Auffassung der Kombinatorik verbunden: bei aller Würdigung
seiner Verdienste. Diese Kritik bezog sich auf seine schwerfällige Symbolik und

auf seine einseitige Ausrichtung an den Problemen der Analysis. Tatsächlich hatte ja die Anwendung der Kombinatorik auf die Analysis diese in einer dienenden Funktion belassen. Worum es dann einigen Autoren nach 1800 ging, war, die Kombinatorik als ein neben der Arithmetik autonomes Fundament der Mathematik zu etablieren. Dahinter stand die Vorstellung, daß es zu eng sei, die Mathematik nur als eine Wissenschaft des Quantitativen, also als *Größenlehre*, aufzufassen.

Dies soll anhand der Überlegungen des Philosophen Karl Christian Friedrich Krause (1781-1832) näher diskutiert werden, der insofern zur Kombinatorischen Schule gerechnet werden kann, als er selbst ein Lehrbuch der Kombinatorik geschrieben hat.[1] Auch Krause hat seine entscheidende Prägung in Jena erfahren, er studierte dort von 1797-1800 unter Schelling und Fichte, und habilitierte sich 1802.[2] Ab 1805 lebte er unter äußerst schwierigen Bedingungen als freier Schriftsteller zunächst in Dresden, dann in Berlin, Göttingen und München, ohne je eine feste Anstellung zu erlangen. Krause war der Begründer eines Systems des *Panentheismus*, das damals in Deutschland keinen größeren Einfluß hatte, heute aber in spanischsprechenden Ländern eine gewisse Bedeutung besitzt. Von der Gruppe Jenaer Philosophen, die nach 1800 die philosophische Diskussion in Deutschland bestimmten, gehörte er zu denen, die sich am intensivsten mit der Mathematik auseinandergesetzt haben. So gilt er als der eigentliche Begründer der *natürlichen Geometrie*, zu deren Konzeption er durch philosophische Überlegungen geführt wurde.[3]

Krause hat sich in einer Rezension des Buches Lorenz [1806] erstmalig mit der Kombinatorik auseinandergesetzt. Es war charakteristisch für die Zeit, wenn Krause schreiben konnte, die Kombinatorik sei die *"schönste und wichtigste Erfindung seit Newtons und Leibnizens Zeiten".*[4] Dann unternahm er es, den Ort der Kombinatorik in der Mathematik näher zu bestimmen, und er trat hier *"Anmaßungen"* der Kombinatoriker entgegen, die (wie Stahl und Lorenz) die Kombinatorik zur alleinigen Grundlage der Mathematik erklärt hatten, indem sie behaupteten, selbst die ersten arithmetischen Operationen seien nichts als bedingte kombinatorische Operationen. Demgegenüber erklärte Krause:*"Wenn die Mathematik die Wissenschaft der Formen aller Art ist, so gehört die Combinationslehre in die Mathematik als die Wissenschaft der Beziehungen oder der Kategorie der Relation,*

---

1) Fischer & Krause [1812]
2) Biographische Angaben nach Eisler [1912], 360-4
3) Krause [1802], [1804] und [1835]. Zur Geschichte der natürlichen Geometrie vgl. Wölffing [1900].
4) Krause [1807], 2097

dieselbe formal betrachtet; so wie auch die Arithmetik im weitesten Sinne des Wortes als allgemeine Größenlehre, als die Wissenschaft der Größe oder der Kategorie der Quantität, dieselbe rein formal betrachtet. Diess angenommen, wären *Combinationslehre und Arithmetik coordinirt, nicht eine der andern subordinirt; so wie die Kategorien der Quantität und der Relation gleich hoch im System der reinen Verstandesbegriffe neben, nicht über oder unter einander sind.*"[1] Daraus folgte für Krause, daß der reine Teil der Kombinatorik, ebenso wie der reine Teil der Arithmetik unabhängig voneinander "*vollendet aufgestellt werden*" müßten. Insbesondere müsse die "*Combinationslehre von der einseithigen Rücksicht auf die Analysis befreyt*" werden.[2]

Konkreter entwickelte er seine Konzeption in einem 1811 an etwas obskurer Stelle[3] erschienenen Artikel und in dem Lehrbuch von 1812. Er sagte dort, daß Gegenstand wissenschaftlicher Erkenntnis entweder die *Wesen selbst* oder deren *Eigenschaften* sein könnten. Die *materialen* Wissenschaften bezögen sich auf die Wesen, die *formalen* auf die Eigenschaften. Da beispielsweise der Raum eine Eigenschaft der Materie sei, werde der Geometrie ihr Gegenstand durch die entsprechende materiale Wissenschaft, die Naturwissenschaft, gegeben, während sie selbst eine formale Wissenschaft sei. Sodann aber werde die formale Wissenschaft "*nothwendig angewandt auf den innern Ausbau der Wissenschaft des Wesens, dessen Eigenschaft sie erkennt.*"[4] Im konkreten Fall bedeutet das, daß die Geometrie auf die Naturwissenschaft angewandt wird. Die Mathematik nun habe zum Gegenstand jene "*urallgemeine Eigenschaft aller Wesen*", ein Ganzes und Teile zu sein. Die Mathematik als formale Theorie sei daher eine *Ganzheitslehre*,[5] und die einzelnen Zweige der Mathematik untersuchten die verschiedenen Arten und *Formen*, worin verschiedene Wesen Ganzes und Teile seien. Diese Bestimmung brachte aber die Kombinatorik in eine hervorgehobene Position, da sie diejenige Wissenschaft und damit die *allgemeine Mathematik* sei, die die Aufgabe behandle, "*alle Arten anzugeben, wie, durch was immer für Beziehungen, diese verschiedenen Theile, als verschiedene, ein Ganzes sind, sey es nun ein Theilganzes oder das höchste Ganze seiner Art selbst; und diese verschiedenen Ganzen selbst vollständig und gesetzmäßig darzustellen... Da es in derselben ausschließend auf die* **Beziehung** *verschiedener Theile zu einem Ganzen ankomt, so könnte sie* **Ganzbeziehlehre** *heißen, wenn man sich eines sprachrichtigen, aber ungewöhnlichen, Namens*

1) a.a.O., 2099
2) a.a.O., 2100/1
3) Tagblatt des Menschheitslebens No. 4, 14 ff., 45 ff. und 53 ff.
4) Fischer & Krause [1812], XLVIII
5) a.a.O., L

*bedienen wollte; sie hat aber den allgemein üblichen Namen der **Combinationslehre**
(oder **Syntaktik**) aus geschichtlichen Gründen erhalten.*[1] Dazu machte er die
Bemerkung, daß durch die Entwicklung der Kombinatorik die Mathematik sich
"mit der That" über die Bestimmung als allgemeine Größenlehre erhebe, während
man sie immer noch so benenne. Die höhere Ausbildung der Kombinatorik *"cha-
rakterisirt vortheilhaft unsere Zeit. Sie ist ein eben so wesentliches Organ der
Baukunst einer jeden Wissenschaft, als überhaupt ein Organ jeder Kunst. So
bewährt sich zum Beispiel ihr wohlthätiger Einfluß in der neuesten deutschen
Erzieh– und Unterrichts–Methode, welche sich an den Namen des edlen **Pestalozzi**
anschließt, worin **combinatorische Vollständigkeit in den Elementen jeder Erkenntniss und jeder Kunstbildung** ein wesentlicher Grundzug ist.*[2]

Auch wenn die Schriften Krauses in der damaligen Situation nur eine geringe
Rolle spielten, so ist doch davon auszugehen, daß die Idee, die Kombinatorik sei
eine Disziplin, die den Anwendungsbereich der Mathematik über die Sphäre des
Quantitativen hinaus in einen wie auch immer gearteten Bereich des Qualitativen
ausdehne, allgemeiner verbreitet war. Das wird daran deutlich, daß zahlreiche
Lehrbücher des 19.Jahrhunderts die Kombinatorik neben der Arithmetik als
selbständige Grundwissenschaft abhandelten.[3] So findet man auch in der 1822
erschienenen *"Mathematischen Naturphilosophie"* von J.F.Fries[4] die Bemerkung: *"Daß die Syntaktik ihrem Princip nach von der Arithmetik unabhängig sey,
ist seit **Hindenburg** unter uns entschieden. Die Aufgabe der Syntaktik ist das
Ordnen, die Aufgabe der Arithmetik das **Messen**, d.h. die Bestimmung der Größe
nach Begriffen.*[5] Damit war eine Idee ausgedrückt, nach der die Mathematik
sich auf zwei von einander unabhängige Grundwissenschaften, die Arithmetik und
die Kombinatorik, aufbaue.

Die Definition der Mathematik als *Meßkunde* oder *Größenlehre*, wie sie im
18.Jahrhundert verbreitet war, war damit aufgegeben worden. Die Mathematik
wurde höher und allgemeiner aufgefaßt. Die große Schwierigkeit, der sich eine
solche allgemeinere Auffassung allerdings gegenübersah, war die Tatsache, daß

---

1) a.a.O., LII/LIII
2) a.a.O.
3) Vgl. Kap. VII dieser Arbeit.
4) Jakob Friedrich Fries (1773–1843): Studium in Leipzig und Jena, dann Hauslehrer in der
   Schweiz, 1801 Dozent der Philosophie in Jena, 1805 Professor in Heidelberg, 1816 in Jena.
   *"F. will (gegenüber der Spekulation Schellings u.a.) den Standpunkt des von der Erfahrung
   ausgehenden, Wissen und Glauben scharf unterscheidenden Kritizismus vertreten und die
   Kantsche Vernunftkritik in neuer Weise begründen, nämlich auf dem Boden der 'philosophischen Anthropologie'..."* (Eisler [1912], 190)
5) Fries [1822], 68

faktisch die Kombinatorik damals zu keiner wissenschaftlich seriösen Anwendung
außerhalb der Analysis kam.[1] Das mußte allen Argumenten, die in der Kombinatorik eine Chance der Verallgemeinerung der Mathematik sahen, etwas Spekulati-
ves geben. Abstrakt konnte man sich zwar viele Anwendungen vorstellen, doch
blieben die Ideen hierzu vage und allgemein.

Einer der wenigen Versuche einer substantiellen Anwendung der Kombinatorik
außerhalb der Analysis war die *Geometrische Kombinationslehre* von J.G.Graß-
mann, dem Vater von H.Graßmann.[2] Wir gehen hierauf kurz ein, weil diese
Theorie auf die wichtige pädagogische Dimension der kombinatorischen Programmatik führt, die bei Krause bereits angedeutet war. Im Hinblick auf Anwendungen
in der Kristallographie entwickelte Graßmann einen Kalkül,[3] der ausgehend von
drei gerichteten Strecken a,b,c im Raum, beliebige ganzzahlige Linearkombinationen bildete, deren Verknüpfung nach der Parallelogrammregel definiert war.
Man hat hier also ein erstes Beispiel einer dreidimensionalen Vektorrechnung. Die
Linearkombinationen, die man heute additiv schreiben würde, repräsentierte er
durch das Symbol

$$a^\alpha\, b^\beta\, c^\gamma,$$

worin man unschwer den Standardterm der Kombinatorischen Analysis wieder-
erkennt. In den methodologischen Bemerkungen, mit denen Graßmann seinen
Kalkül begleitete, findet man jene Motive wieder, durch die auch Krause die
allgemeinere Auffassung der kombinatorischen Programmatik zu begründen versucht hatte. Dies war erstens eine Kritik an Hindenburgs zu enger Auffassung der
Kombinatorik: *"Hierdurch wurde die wahre und tiefere Bedeutung der combinatorischen Synthesis verdunkelt..."*[4] Zum zweiten war er der Auffassung, *"dass der
bisherige Begriff der Mathematik zu eng sei"*. Daraus folgte für ihn, daß Kombinatorik und Arithmetik zwei unabhängige Basisdisziplinen der Mathematik darstel-

---

1) Für die Konstitution des mathematischen Gegenstandsverständnisses spielte die Wahrscheinlichkeitstheorie, die ja hier in Frage gekommen wäre, keine Rolle. Merkwürdigerweise haben
   sich auch die Mitglieder der Kombinatorischen Schule für die Wahrscheinlichkeitstheorie kaum
   interessiert.
2) Justus Günther Graßmann (1779 – 1852): Studium der Theologie, Mathematik und Physik in
   Halle von 1799 bis 1801, dann Tätigkeit als Prediger und Hauslehrer. 1806 wurde er Lehrer
   für Mathematik, Physik und Zeichnen am Stadtgymnasium Stettin. Er war Autor von Schulbüchern und hat wissenschaftlich über Kristallographie und über *"geometrische Kombinationslehre"* gearbeitet. Für eine epistemologische Analyse der Traditionslinie Leibniz – J.G.Graßmann
   – H.Graßmann vgl. Otte [1989]. Der Einfluß von J.G.Graßmann auf H.Graßmann wird auch
   diskutiert in Lewis [1981].
3) Graßmann [1829] und [1833]. Vgl. Scholz [1986], 57–64 und [1987].
4) Graßmann [1829], 175

len müssen. *"Die Mathematik als die Wissenschaft von der Synthesis nach äußern Beziehungen, d.h. als gleich oder als ungleich, zerfällt nach dieser Definition in Größenlehre und Combinationslehre. Die Synthesis des Gleichartigen gibt uns die Größe;..."* während die Synthesis des Ungleichartigen auf die Kombination führe.[1] Drittens hegte er als Folge dieser weiteren Auffassung der Mathematik die Erwartung einer breiteren Anwendung: *"Meiner Ueberzeugung nach wird die Combinationslehre für die Naturgeschichte und Chemie einst dasselbe, was die Größenlehre für die Physik ist.".*[2]

Diese Philosophie der Kombinatorik war eingebettet in eine allgemeine (naturphilosophische) Konzeption der Beziehung von Mathematik und Anwendung, die so charakteristisch für die geistige Situation der damaligen Zeit war, daß wir sie etwas ausführlicher zitieren wollen. *"Die Mathematik kann den ihr gebührenden Standpunct nur dann wiedergewinnen, sie kann ihre ganze Tiefe nur dann aufschließen, wenn es anerkannt wird, dass sie die innerliche Mitgabe des äusserlichen Weltgesetzes ist. ... Wir fürchten nicht, hier so missverstanden zu werden, als ob es unsere Meinung sei, ein trübes Gemenge aus Erfahrung und Construction an die Stelle der reinen Verstandeswissenschaft zu setzen, oder die Natur in das Bett des Prokrustes zu bringen, um sie nach unsern Spekulationen zu modeln. Die Mathematik soll nichts von ihrer Reinheit, ihrer Evidenz und strengen Consequenz verlieren, aber man soll ihren Begriff, ihren Umfang, ihre Gliederung und vor allem die ersten Elemente ihres Stammes und ihrer Zweige genauer ... untersuchen, dann wird das Ergebnis, eben weil es eine vollendetere Darstellung der Synthesis des Geistes ist, von selbst sich näher an die Synthesis der Natur in ihren Bildungen anschließen, und Licht über dieselbe verbreiten, so wie umgekehrt das tiefere Eindringen in die Natur dem Mathematiker einen Wink geben kann, wo er in seinem Systeme noch zu bessern, zu erfinden, zu bauen hat."*[3] Man sieht hier also einen vollendeten Ausdruck jener Einstellung, die in der Reflexion auf den *"Typus der in der Mathematik ausgedrückten Vernunft"* ihre bessere Anpassung an die zu verstehende natürliche Umwelt erreichen will.

J.G.Graßmanns *Geometrische Combinationslehre* von 1829 hatte, und das macht sie unter dem Gesichtspunkt der kombinatorischen Programmatik besonders interessant, einen *pädagogischen Vorlauf*. Tatsächlich war sein Geometrie- Konzept viel allgemeiner als jener für die Zwecke der Kristallographie entwickelte Vektorkalkül. Dies allgemeine Konzept, die *unvermischte geometrische Combina-*

---

1) Graßmann [1827], 6/7
2) a.a.O.
3) Graßmann [1829], 173/4

tionslehre, ging von der beliebigen Kombination der geometrischen Grundobjekte Punkt, Gerade, Ebene aus. *"Das unmittelbare Product der Combination zweier geraden Linien von ungleicher Richtung ist der Durchschnittspunct, von welchem aus eine jede die andere in zwei nach einer Seite begrenzte, nach der entgegengesetzten unbegrenzte Theile zerfällt, welche ich Strahlen nenne. Aus der Combination der Strahlen entstehen die Winkel, aus der Combination der Winkel die Nebenwinkel, Scheitelwinkel etc. Als das Product der Combination dreier geraden Linien von verschiedener Richtung kann das Dreieck angesehen werden. ..."*[1]

Dieses Konzept hatte Graßmann erstmals in pädagogischer Gestalt in einem Geometrielehrbuch für den Elementarunterricht vorgestellt.[2] Hier ging es ihm darum, nicht das logische Element der Geometrie zu entwickeln, sondern die *"Kraft der Construktion"*. Diese ließe sich im frühesten Alter entfalten. Die Kinder müßten alles durch Anschauung, nicht durch den Begriff haben. *"Es bedarf wohl kaum eines Zusatzes, daß hier unter Anschauung nicht die äußere sinnliche, sondern die innere, die Anschauung der Thätigkeit des construirenden Geistes oder die Anschauung der inneren Construktion gemeint sei. Jene gehört gar nicht für die Mathematik als sofern sie etwa gebraucht werden kann, die innere Anschauung zu wecken und festzuhalten;..."*[3]

Die Anspielung auf die Anschauung der *Tätigkeit des konstruierenden Geistes* oder der *inneren Konstruktion*, die man als terminologische Orientierung am fichteschen Wissensmodell interpretieren kann, stellte einen allgemeinen Topos der philosophischen und pädagogischen Diskussion der Zeit dar. Die Formulierung *kombinatorische Synthesis*, der wir bereits begegneten, geht in eine ähnliche Richtung.

In einer allgemeineren, nicht mehr nur auf die Geometrie bezogenen Interpretation besagte sie bei einigen Autoren auch, daß die Kombinatorik als Modell einer freien, nicht mehr an die raum–zeitliche Anschauung gebundenen mathematischen Konstruktion werden kann. Sie repräsentierte damit einen Typus von Konstruktion, der im Sinne der *intellektuellen Anschauung* die reine Anschauung Kants transzendierte und mathematische Objekte nicht mehr durch ihre raum–zeitliche Konstruierbarkeit, sondern durch eine abstrakte, ungegenständliche Erzeugungsweise konstituierte. Im Sprachgebrauch wurde der Begriff der Kombination mit dem der Synthesis als gleichwertig betrachtet. Die Kombinatorik wurde damit zum

---

1) a.a.O., 3/4. Von dieser Konzeption führt eine gerade Linie zu H.Graßmanns *Linealer Ausdehnungslehre*.
2) Graßmann [1817] und [1824]
3) Graßmann [1824], viii

Modellfall für eine nicht mehr an die Grenzen der Empirie gebundene *produktive Einbildungskraft*. Kombinatorisches Denken erweckte Konnotationen mit Phantasie und war in der zeitgenössischen Diskussion ein Repräsentant für die *Freiheit* des theoretischen Denkens. Umgekehrt wurde mit dieser Ausdeutung die Kombinatorik auch zum Modell eines unmittelbar vernünftigen Denkens, und von daher ergab sich die Idee, daß mathematisches und allgemein-vernünftiges Denken nicht durch eine unübersteigbare Grenze getrennt, sondern wesentlich ein und dasselbe sind.

J.F.Fries beispielsweise, der sich in der Philosophie der Mathematik gedanklich und terminologisch noch am engsten an die Kantische Philosophie hielt, relativierte Kants Unterscheidung von Philosophie und Mathematik, indem er die Apodiktizität der Mathematik in der Vernunft und nicht in der reinen Anschauung begründet sah, und zwar dadurch, *"daß die produktive Einbildungskraft, das Organ der Konstruktion, eine nach eigenen Gesetzen verlaufende Spontaneität der Vernunft ist, also nur das fixiert, was schon in der Vernunft liegt."*[1] Die Kombinatorik spielte in diesem Konzept eine wichtige Rolle. Zu jeder Reihe stetiger Verbindungen trage *"die productive Einbildungskraft eine eigenthümliche Vorstellungsart der Eingrenzung von Theilen [bei], welche in abstracto die Vorstellungsweise ihrer willkührlichen Constructionen wird. ... Die allerallgemeinsten mathematischen Begriffe sind daher die combinatorischen, die bloßen Anordnungsbegriffe, in denen wir die Operationen der willkührlichen Constructionsweise nicht für eine bestimmte stetige Reihe, sondern in abstracto für alle diese Reihen denken."*[2] Folglich eröffnete Fries seine philosophische Analyse der reinen Mathematik mit einer 150-seitigen Darstellung der Kombinatorischen Analysis.

Der Idee, daß vollkommenes Rechnen und Denken eins sind, sind wir bereits bei Novalis und bei dem Didaktiker E.Tillich in einem ähnlichen Zusammenhang begegnet. Die Einheit von Denken und Rechnen war für Tillich in einer allgemeinen Vorstellung des Denkens als Trennen und Verbinden begründet, also einem letztlich kombinatorischen Modell. *"Zählen heißt die Einheit combinieren."*[3] Oder: *"Die arithmetische Operation kann rein dargestellt werden ohne Beihülfe der concreten Zahl. Dazu bedient man sich gewöhnlich der Buchstaben. Die Buchstabenrechnung hat aber sonst weder einen besondern Charakter, noch einen besondern Werth vor der Zahlrechnung; denn die Zahl erlaubt uns dasselbe, wenn wir sie combinatorisch behandeln, wie sie behandelt werden soll."*[4] An anderer Stelle

---

1) Ende [1973], 35
2) Fries [1822], 58
3) Tillich [1805], 30
4) a.a.O., 34

heißt es grundsätzlich: *"Die reinen Verhältnisse der Zahl sind aber durch Darstel-*
lung der arithmetischen Größe vermittelst combinatorischer Operationen nur mög-
lich. Daher stehen itzt alle nur möglichen Zahlen im Zusammenhange, und kom-
men, sobald sie verglichen werden, in ein nothwendig bestimmtes Verhältnis.
Denn Größe fließt in Größe über, und die reine Zahl erkennt nichts weiter als
Elemente der Combination, die als Numerus von Theilen in der combinirten
Einheit zusammenfließen, und so vereint ein in sich vollendetes Ganze ausma-
chen."[1] Die kombinatorische Auffassung der Zahlen begründete für Tillich also
die Kohärenz und Ganzheitlichkeit des *Zahlsystems*, und damit wurde die mathematische Existenz der Zahlen nicht durch eine isolierte Konstruierbarkeit in der
reinen Anschauung, sondern durch die kombinatorisch darstellbaren Beziehungen
der Zahl zu allen anderen Zahlen begründet.

Kombinatorische Sprechweisen spielten in der didaktischen Interpretation der
Pestalozzischen Pädagogik eine wichtige Rolle. Pestalozzis geometrische Formenlehre, in der gegenseitige Lage- und Größenverhältnisse elementarer geometrischer Formen mehr oder weniger systematisch variiert und kombiniert wurden,
konnte natürlich gut in einer kombinatorischen Metaphorik beschrieben werden.
Neben der Konnotation zur willkürlichen Konstruktion erhält das Kombinieren hier
die Bedeutung der *freien Exploration* eines bestimmten Handlungsfeldes[2] in dem
Sinne, in dem wir oben bei Fichte die pädagogische Vorstellung des *freien Bildens*
gesehen haben. J.G.Graßmanns Konzept einer geometrischen Kombinationslehre,
in dem dieser Vorstellungshorizont auch mathematisch ernst genommen wurde,
war daher ganz naheliegend.

F.A.W.Diesterweg[3] hat diese Konzeption unmittelbar aufgenommen und in zwei
Lehrbüchern auf seine Weise realisiert.[4] Er verband damit nicht Graßmanns
wissenschaftliches Geometrie-Konzept und war vielleicht daher fähig, diese Konzeption auf das pädagogisch Machbare zurückzuführen. Wir geben, um eine
gewisse Anschauung der Mischung aus freier und zugleich systematischer Explora-

---

1) a.a.O., 56
2) Bei Herbart heißt es etwa in seinem pädagogischen Hauptwerk: *"Ueber dem Rechnen hat*
   man die combinatorischen und geometrischen Anfänge vernachlässigt; und zu demonstriren
   versucht, wo keine mathematische Phantasie geweckt war." (Herbart [1835], 101)
3) Friedrich Adolf Diesterweg (1790-1866): nach Studium in Herborn und Tübingen und
   Unterrichtstätigkeit an verschiedenen Schulen wurde er 1820 Direktor des Seminars für Volks-
   schullehrer in Mörs. Unter seiner Leitung wurde dieses Seminar überregional berühmt. Hier
   verfaßte Diesterweg auch eine Reihe von Schriften, durch die er die Entwicklung des Volks-
   schulunterrichts maßgeblich beeinflußte. 1832 ging er an das Seminar für Stadtschulen in
   Berlin, aus dem er 1847 nach Zerwürfnissen mit den vorgesetzten Behörden ausschied.
4) Diesterweg [1819] und [1822]

tion, die hier gemeint war, zu vermitteln, die Überschriften der ersten 14 §§ von Diesterweg [1819]:

§ 1. Anzahl der verschiedenen Stellungen einer bestimmten Anzahl von Punkten.

§ 2. Anzahl der Richtungen zwischen einer gegebenen Anzahl von Punkten.

§ 3. Entfernung mehrerer Punkte von einander.

§ 4. Arten.

§ 5. Größe.

§ 6. Punkt und Linie.

§ 7. Lage zweier gerader Linien (in derselben Ebene).

§ 8. Combination der Lage von zwei, drei und vier geraden Linien (in derselben Ebene), in Beziehung auf Parallelismus, Nicht-Parallelismus und die Lage in einer Richtung.

§ 9. Anzahl der einzelnen Theile einer geraden Linie, in die sie durch Punkte zerlegt wird.

§ 10. Anzahl der einzelnen und verbundenen Theile einer geraden Linie, in die sie durch Punkte zerlegt wird.

§ 11. Anzahl der Durchschnittspunkte einer gegebenen Anzahl gerader Linien.

§ 12. Wie viele Strahlen entstehen in einer g.L. durch eine gewisse Anzahl von Punkten in derselben, und wie viele entstehen durch den Durchschnitt einer gegebenen Anzahl von geraden Linien?

§ 13. Wie viele Strecken, einzelne und verbundene, (siehe § 10.) entstehen durch eine gegebene Anzahl gerader Linien, wenn diese sich in der höchsten Anzahl von Punkten durchschneiden?

§ 14. Anzahl und Benennung der einander entgegengesetzten Strahlen in einer Ebene.

u.s.w.

Man mag hieran ersehen, daß es dem Autor nicht um die Vermittlung dieses oder jenes Wissensstoffes ging, sondern daß der formale Zweck, die Übung des Kombinationsvermögens und der inneren Anschauuung, völlig im Vordergrund stand. Die Mathematik wurde der Absicht untergeordnet, die Menschen zu bilden, und diese Bildung wurde in einem Reich abstrakter mentaler Operationen und geistiger Konstrukte gesehen, über die der einzelne flexibel verfügen sollte.

Die geometrische Kombinationslehre stellte für die Geometrie zweifellos die am weitesten gehende Konzeption formaler Bildung dar, die im frühen 19.Jahrhundert entwickelt wurde. Sehr schnell wurden allerdings alle Konzeptionen, die die formale Bildung solcherart in den Vordergrund stellten, in der weiteren Diskussion kritisiert und relativiert. Das betraf nicht nur die geometrische Kombinationslehre, sondern alle Entwicklungen, in denen Pestalozzi zu ernst genommen wurde. Das Stichwort vom *Geometrisch-Wichtigen* machte die Runde. Lehrgänge, die sich zugunsten einer wie auch immer verstandenen natürlichen Denkentwicklung der Schüler zu weit von der Norm tradierter Unterrichtsstoffe entfernten, wurden kritisiert, weil sie den Schüler mit überflüssigem Ballast belasten würden. Daher setzten sich Geometrie-Kurse durch, die hier Kompromisse eingingen und in irgend einer Weise, mehr oder weniger geschickt die Euklidische Geometrie methodisch aufbesserten. Das war ein Kapitel Bildungsgeschichte, das mit zum schnellen Niedergang auch der pädagogischen Seite der kombinatorischen Programmatik beitrug.

Es ist schwer, das, was hier als kombinatorische Programmatik beschrieben wurde, in ein griffiges Ergebnis zusammenzufassen, schon deshalb, weil diese Programmatik selbst nur als ein diffuses Vorstellungsfeld existierte. Vielleicht kann man hier zwei Begriffe nennen, die explizit erst am Ende des 19.Jahrhunderts eine Rolle spielten, nämlich die Begriffe der *Struktur* und der *Freiheit der mathematischen Konstruktion*. Für diese beiden Aspekte des mathematischen Selbstverständnisses stellte die Kombinatorik eine konkrete Verkörperung dar. In der weiteren Entwicklung löste sich dieses Selbstverständnis von der diskreditierten Kombinatorischen Analysis, um aber doch als Überzeugung, daß die Mathematik allgemeiner sei als das, was raum-zeitlich konstruierbar ist, zu überleben.

IV. Cauchys Analysis in der Sicht von M.Ohm

IV.1. Neue Ansätze[1]

Die Neubegründung der Analysis im 19. Jahrhundert war ein komplizierter Prozeß, der das ganze Jahrhundert in Anspruch nahm und für den es *keine im einzelnen zwingenden* innermathematischen Gründe gab.[2] Er wurde von unterschiedlichen und teilweise gegensätzlichen Ursachen und Tendenzen bestimmt. Zwischen der Analysis des 18. und der des 19. Jahrhunderts gab es ein kompliziertes Wechselspiel von Kontinuität und Diskontinuität. Die Kombinatorische Analysis als typisches Produkt der Mathematik des 18. Jahrhunderts verschwand sehr abrupt von der mathematschen Szene in Deutschland. Jedoch gab es auch Entwicklungslinien, die bestimmte Grundideen dieses Gebietes fortführten.

Zweifellos war Cauchys *Analyse Algébrique*[3] von 1821 das Werk, das den wichtigsten Anstoß zu einem neuen Durchdenken der Begrifflichkeit der Analysis gegeben hat. Dennoch führte auch dieses Werk ganz unverkennbar Traditionslinien des 18. Jahrhunderts weiter. So hat etwa J.V. Grabiner begriffliche Kontinuitäten aufgedeckt, die die Analysis Cauchys mit der Mathematik des 18. Jahrhunderts und vor allem mit dem Werk von J.L. Lagrange verbanden. Cauchy habe bekannte Sätze des 18. Jahrhunderts benutzt, um sie in Definitionen wichtiger Begriffe der Analysis des 19. Jahrhunderts umzuwandeln. Zugleich sei Cauchy in neuer Weise mit diesen Definitionen umgegangen.[4] Weitere Kontinuitäten werden durch jene Arbeiten[5] aufgezeigt, die die Mittel der Non–Standard–Analysis benutzen, um den Begriff des Infinitesimalen bei Cauchy und anderen Autoren und seine Benutzung beim Beweis wichtiger Sätze der neuen Analysis historisch zu rekonstruieren. Der direkte Kalkül mit infinitesimalen Größen bedeutet faktisch eine Algebraisierung des Stetigkeitsbegriffs und rückt damit Cauchys Auffassungen noch näher an die Mathematik des 18. Jahrhunderts. Zugleich rechtfertigt diese algebraische Auffassung des Infinitesimalen auch den Titel *Algebraische Analysis* von Cauchys grundlegendem Werk. Die Divergenzen zwischen den Interpretationen

---

1) Das Kap. IV. stellt eine überarbeitete Version der Publikation Jahnke [1987] dar.
2) So argumentiert W. Scharlau, daß die wichtigen neuen Theorien des 19. Jahrhunderts, wie die Theorie der elliptischen Funktionen, die (algebraische) Zahlentheorie und die komplexe Analysis, auch mit den Mitteln der Mathematik des 18. Jahrhunderts hätten entwickelt werden können, weil sie auf den *"unproblematischen"* analytischen Funktionen aufbauen (Scharlau [1981], 337/8).
3) Cauchy [1821]
4) Grabiner [1981]
5) Lakatos [1978], Spalt [1981], Laugwitz [1987], [1989]

Cauchys, wie sie etwa von Grabiner oder von Laugwitz gegeben werden, scheinen im ganzen nicht unüberbrückbar und müssen weiter geklärt werden. Für die nachfolgende Arbeit sind sie insofern nicht relevant, als alle Autoren darin übereinstimmen, daß die große Leistung Cauchys bei der Reformulierung der Analysis vor allem mit seinem Begriff der *stetigen Funktion* verknüpft war.

Als zusammenfassenden Begriff für die neuen Tendenzen der Analysis des 19. Jahrhunderts hat F.Klein den der *Arithmetisierung* vorgeschlagen.[1] Damit ist gemeint, daß die Analysis mit Hilfe arithmetischer Begriffe reformuliert und auf dem Zahlbegriff begründet wurde. In diesem Sinne soll dieser Begriff auch hier benutzt werden.

Dieses Kapitel wird den Wandlungsprozeß der Analysis in der ersten Hälfte des 19. Jahrhunderts beschreiben, indem es Cauchys *Algebraische Analysis* im Spiegel eines konkurrierenden Ansatzes, des *Vollkommen konsequenten Systems der Mathematik* des deutschen Mathematikers Martin Ohm betrachtet.[2] Es wird analysiert, auf welche spezifischen mathematischen und epistemologischen Auffassungen die Analysis Cauchys in Deutschland traf, wie dieser intellektuelle Rahmen die Rezeption und Verarbeitung von Cauchys Ansatz geprägt hat und welche Rolle dabei die Tradition der Mathematik des 18. Jahrhunderts, insbesondere die der Kombinatorischen Schule, gespielt hat. Dabei wird es sich zeigen, daß der sachliche Gegensatz zwischen dem Ohmschen Ansatz und der von Cauchy vertretenen Position auch in der zweiten Hälfte des 19. Jahrhunderts noch eine Rolle spielte und somit einen wichtigen Aspekt der Geschichte des Arithmetisierungsprogramms ausmacht. Man wird so dazu geführt, *innerhalb der Arithmetisierung der Mathematik verschiedene Strömungen zu identifizieren*, die zwar mathematisch–technisch in der zweiten Hälfte des 19. Jahrhunderts durch die Arbeiten von Weierstraß, Dedekind und Cantor zusammengeführt wurden, die aber intuitiv und auf der Ebene der Bewertung, der Neigung und des mathematischen Stils weiter eine Rolle spielten.

Ausgangspunkt der folgenden Analyse ist ein Paradox, das die Summation einiger trigonometrischer Reihen betraf, die im 18. Jahrhundert von Euler und anderen ausgeführt worden war. Es handelt sich dabei um die *"Darstellung der Potenzen von Sinus und Cosinus durch die Vielfachen ihrer Bögen"*. Diese Formeln wurden für richtig gehalten, bis Poisson im Jahre 1811 ein Gegenbeispiel gab, das ihre Unrichtigkeit zeigte. Man war lange nicht in der Lage, diesen Fehler aufzuklären,

---

1) Klein [1896]
2) Ohm [1822]

und behalf sich teilweise mit der Auskunft, daß die in Frage stehenden Formeln zwar allgemein richtig seien, aber *"gewisse Ausnahmen erleiden"*.[1] 1823 und 1825 erschienen dann unabhängig voneinander zwei Arbeiten, in denen die richtigen Summenformeln gegeben wurden. Die eine stammte von L. Poinsot (1777-1859)[2], die andere von M. Ohm.[3] 1826 publizierte dann N.H. Abel (1802-1829) in *"Crelles Journal"* seine berühmte Arbeit über die binomische Reihe, die nach den Prinzipien und im Stil der Cauchyschen Analysis verfaßt war.[4] Am Ende dieser Arbeit wurden ebenfalls die Summenformeln für die in Frage stehenden trigonometrischen Reihen und für einige andere von ähnlicher Art gegeben.

Die folgende Studie beginnt mit einer Skizze der Vorgeschichte des Problems, die Potenzen von Sinus und Cosinus durch die Vielfachen ihrer Bögen auszudrücken. Es folgt eine Darstellung der Biographie und des allgemeinen mathematischen Ansatzes von M. Ohm. In einem dritten Schritt werden die Lösungen von Ohm und Abel für das fragliche Problem diskutiert und miteinander verglichen. Dieser Vergleich führt auf eine ganze Reihe von bemerkenswerten Unterschieden beider Ansätze. Im nächsten Abschnitt wird anhand der Kritik Ohms an Cauchy und Abel, die er an verschiedenen Stellen geäußert hat, die Reichweite dieser Unterschiede herausgearbeitet. Dabei ergibt sich, daß das Konzept der Gleichheit und die unterschiedlichen Sichtweisen des Funktionsbegriffs einen Schlüssel zum Verständnis beider Positionen bieten. Im letzten Abschnitt werden dann die Konsequenzen, die sich hieraus für die Rezeption der Cauchyschen Analysis in Deutschland ergaben, diskutiert.

IV.2. Ein vieldiskutiertes Paradoxon

IV.2.1. Historische Einordnung

In einem Aufsatz über die Geschichte der divergenten Reihen äußerte H. Burkhardt die Vermutung, entscheidenden Einfluß auf die Stellungnahmen von Cauchy,

---

1) I. Lakatos hat in seiner Fallstudie *"Proofs and Refutations"* ein gleichlautendes Argument in einem anderen mathematischen Kontext diskutiert (Lakatos [1976], 24/25). Es erscheint allerdings problematisch, diese Argumentationsfigur, von der an der Wende zum 19. Jahrhundert häufiger Gebrauch gemacht wurde, aus ihrem historischen Kontext herauszulösen.
2) Poinsot [1825]. Nach einer Vorbemerkung des Autors wurde die Abhandlung 1822 verfaßt und im Mai 1823 an der Pariser Akademie verlesen.
3) Ohm [1823]
4) Abel [1826]

Poinsot und Abel gegen das Rechnen mit divergenten Reihen "*scheint die große, in der Zeit von 1811-1835 geführte Diskussion über die bei der Entwicklung der Potenzen von cos x und sin x nach den Funktionen der Vielfachen von x auftretenden Paradoxa ausgeübt zu haben, ...*"[1] In einer Fußnote bemerkte er dazu: "*Einen direkten Nachweis für diese Meinung kann ich nicht erbringen, aber die gesamte Situation scheint mir dafür zu sprechen. Der Eindruck dieser Diskussion auf die Zeitgenossen spricht sich übrigens auch in einer Rezension Kummers (der selbst an ihren Nachklängen noch teilgenommen hat) von dem 1. Teil von M. Ohms 'Geist der mathematischen Analysis' (Berlin 1842) aus, ...*"[2] Im fünften Abschnitt seines Enzyklopädie-Artikels über "*Trigonometrische Reihen und Integrale*" hat H. Burkhardt auch einen umfassenden Literaturbericht über die Geschichte dieses Problems gegeben.[3]

In der Tat hat dieses Problem historisch eine ganz eigenartige Rolle gespielt. Es gehört zu Recht in keine übergreifende, systematisch orientierte Geschichte der Mathematik, da es ein ganz randständiges, von den großen Linien her nicht weiter interessantes Phänomen darstellt. Meines Wissens ist seine Geschichte daher, außer bei Burkhardt, noch nirgends behandelt worden. Nach der Lösung erlosch nach einiger Zeit jedes Interesse an diesem Problem. Dennoch hat es historisch in den 20er Jahren des 19. Jahrhunderts zweifellos auf die Diskussion um die Grundlagen der Analysis eine katalytische Wirkung ausgeübt. Das läßt sich an der Zahl der Autoren, die zu dieser Frage Abhandlungen verfaßten, genauso ablesen wie daran, daß es in den großen deutschsprachigen und französischen mathematischen Fachzeitschriften vielfach behandelt wurde. Für Burkhardts Vermutung, daß es entscheidenden Einfluß auf Cauchys, Poinsots und Abels Stellungnahme gegen die divergenten Reihen ausgeübt habe, gibt es allerdings nur im Hinblick auf Abel einige biographische Evidenz, während sie im Hinblick auf Poinsot definitiv falsch ist, da dieser, wie wir unten zeigen werden, durchaus nicht gegen den Gebrauch divergenter Reihen aufgetreten ist. Vermutlich werden es zwei Gründe gewesen sein, die historisch die große Wirkung dieses Problems verursacht haben. Zum einen war es eines der wenigen Beispiele, bei dem die alte Praxis des 18. Jahrhunderts nachweislich und von allen Mathematikern akzeptiert, zu einem Fehler geführt hatte. Der andere Grund war ein systematischer. Es ging bei dem fraglichen Problem um die Summation zweier trigonometrischer Reihen, und wenn diese sachlich auch nicht in den Bereich der Fourierreihen gehörten, so war es einigen weiter blickenden Mathematikern wahrscheinlich doch klar, daß die neuartigen und bis dahin ungeahnten Phänomene, die im Zusammenhang mit den Fourierreihen beobachtet wurden, der eigentliche Grund waren, warum man

---

1) Burkhardt [1910/11], 177
2) a.a.O.
3) Burkhardt [1904–1916], 837–856

möglicherweise neue Begriffe und Methoden entwickeln mußte und warum eine Elaborierung der alten Praxis nicht ausreichen würde. Abel hat das Problem jedenfalls unter diesem Gesichtswinkel gesehen.

Diese eigenartige Zwischenstellung zwischen alt und neu macht eine Analyse der Geschichte dieses Problems historisch interessant. In der Tat wurden unterschiedliche, ja gegensätzliche Strategien zu seiner Lösung angewandt. Es ist daher kein Beispiel, das verdeutlicht, wie *der* richtige Aufbau der Analysis sich durchsetzte, sondern umgekehrt zeigt seine Analyse, daß es im Rahmen der Arithmetisierung der Analysis sehr verschiedene Ansätze und Strömungen gegeben hat. Als Sonde zur Identifikation dieser Strömungen und zur Beschreibung ihrer inneren Logik ist es daher gut geeignet.

Wir werden im folgenden zunächst die Geschichte dieses Problems im 18. Jahrhundert betrachten. Dabei zielen wir keinerlei Vollständigkeit an, sondern wollen lediglich einige historische und sachliche Voraussetzungen klären, die für das Verständnis des weiteren unerläßlich sind.

IV.2.2. Eulers Behandlung des Problems

Im 18. Jahrhundert war das Problem, Formeln und Beziehungen zwischen den trigonometrischen Funktionen zu entwickeln und einen Kalkül für diese Funktionen aufzustellen, von erheblichem theoretischen und praktischen Interesse.[1] Erst in diesem Zusammenhang wurden die Winkelfunktionen als *Funktionen* und nicht mehr als geometrische Größen aufgefaßt. Eulers *"Introductio"* war das erste Lehrbuch, in dem die Winkelgrößen konsequent auf den Kreis mit dem Radius 1 bezogen und als Funktionen allein des Kreisbogens definiert wurden.[2] Auch die Frage nach den Möglichkeiten der günstigen und zeitsparenden numerischen Berechnung dieser Funktionen war von großer Bedeutung.

Im Zuge dieser Algebraisierung der Trigonometrie spielten unter anderem zwei Aufgaben eine Rolle, nämlich bei bekanntem Funktionswert für ein gegebenes Argument weitere Funktionswerte für (ganzzahlige oder rationale) Vielfache dieses Arguments zu gewinnen: die Vervielfachung und Teilung der Winkel, oder spezieller, die Darstellung des Sinus oder Cosinus der vielfachen Bögen durch die

---

1) v.Braunmühl [1900−03], 2. Teil, 3. und 4. Kap.
2) Euler [1748], Kap. 8, §127

Potenzen der einfachen Bögen. Die andere Aufgabe war die direkte Berechnung
(ohne Benutzung von Logarithmen) der (ganzzahligen oder gebrochenen) Potenzen
eines Funktionswertes bei bekannten Funktionswerten für die Vielfachen des
Arguments: die Darstellung der Potenzen von Sinus und Cosinus durch die Sinus
und Cosinus der vielfachen Bögen. Dazu sind vor allem von Euler zahlreiche
Formeln entwickelt worden. Im folgenden steht vor allem eine im Mittelpunkt,[1]
nämlich:

$$(2\cos x)^m = \cos mx + \binom{m}{1}\cos(m-2)x + \binom{m}{2}\cos(m-4)x + \dots \tag{1}$$

$$= \sum_{\nu=0}^{\infty} \binom{m}{\nu}\cos(m-2\nu)x =: X.$$

Damit zusammen hängt eine zweite Formel, die man als notwendige Folge der
ersten erkannte. Sie ist aber nur von theoretischem Interesse, da sie nicht zu
vereinfachten numerischen Rechnungen gebraucht werden kann.

$$0 = \sin mx + \binom{m}{1}\sin(m-2)x + \binom{m}{2}\sin(m-4)x + \dots \tag{2}$$

$$= \sum_{\nu=0}^{\infty} \binom{m}{\nu}\sin(m-2\nu)x = :Y.$$

Für natürliche m sind die rechtsstehenden Summen endlich, während sie für
negative, rationale und irrationale m in unendliche Reihen übergehen. Die Abkürzung dieser Reihen durch X und Y ist eine durch Poisson eingeführte und auch
von Ohm benutzte Konvention.

Formel (1) wurde in Eulers grundlegender Arbeit "Subsidium calculi sinuum"[2]
von 1754/55, auf die man sich im folgenden immer wieder berief, hergeleitet. Wie
er in einer einleitenden Bemerkung feststellte, verfolgte er mit dieser Arbeit die
Absicht, einen Kalkül für die "trigonometrischen Größen" zu etablieren, ganz so
wie man einen Algorithmus habe, um mit gebrochenen oder irrationalen Größen
zu rechnen oder wie Joh. Bernoulli einen Kalkül für die logarithmischen Größen

---

1) erstmalig ohne Beweis in: Euler [1748], 283
2) Euler [1754/55]

("Calculus exponentialis") entwickelt habe. Dies sei von theoretischer Bedeutung für die Analysis, die Formeln, die man so erhalte, seien auch bei mechanischen Problemen und insbesondere in der theoretischen Astronomie nützlich. Bevor dieser Kalkül nicht zu einer größeren Vollendung gebracht worden sei, seien in dem Teil der Astronomie, der sich mit den Anomalien der Mondbewegung und den Störungen der Planeten befasse, keine größeren Fortschritte zu erwarten.[1]

Euler leitet dann die fragliche Formel (1) für natürliche n ab, indem er die Gleichung *("Moivresche Formel")*

$$(\cos\phi + \sqrt{-1}\cdot\sin\phi)^n = \cos n\phi + \sqrt{-1}\cdot\sin n\phi \qquad (3)$$

benutzt. Setzt man

$$u = \cos\phi + \sqrt{-1}\cdot\sin\phi \quad \text{und} \quad v = \cos\phi - \sqrt{-1}\cdot\sin\phi \quad,$$

dann erhält man

$$\cos\phi = \frac{1}{2}(u+v) \quad \text{und}$$

$$(\cos\phi)^n = \frac{(u+v)^n}{2^n} \quad \text{bzw.}$$

$$2^n(\cos\phi)^n = (u+v)^n = u^n + n\cdot u^{n-1}\cdot v + \frac{n(n-1)}{1\cdot 2}\cdot u^{n-2}\cdot v^2 + \dots$$

Durch Vertauschen von u und v gewinnt man die dazu symmetrische Beziehung. Beide zueinander addiert, ergeben nach Division durch 2 und unter Berücksichtigung von $uv = 1$

$$2^n(\cos\phi)^n = \frac{1}{2}(u^n + v^n) + \frac{n}{1}\cdot\frac{1}{2}(u^{n-2} + v^{n-2}) + \frac{n(n-1)}{1\cdot 2}\cdot\frac{1}{2}(u^{n-4} + v^{n-4})$$

$$+ \frac{n(n-1)(n-2)}{1\cdot 2\cdot 3}\cdot\frac{1}{2}(u^{n-6} + v^{n-6}) + \dots$$

---

1) Euler [1754/55], 542–544

Wegen (3) gilt $u^n + v^n = 2 \cos n\phi$, woraus Formel (1) folgt:

$$2^n (\cos\phi)^n = \cos n\phi + \frac{n}{1} \cos(n-2)\phi + \frac{n(n-1)}{1 \cdot 2}\cos(n-4)\phi$$

$$+ \frac{n(n-1)(n-2)}{1 \cdot 2 \cdot 3} \cos(n-6)\phi + \text{etc.}$$

Euler schrieb dann die resultierenden Formeln für $n = 1, \dots, 4$ explizit auf. Zum Beispiel:

$$2^4(\cos\phi)^4 = \cos 4\phi + 4 \cos 2\phi + 6 \cos 0\phi + 4 \cos 2\phi + \cos 4\phi$$

Er wies auch ausdrücklich auf die Tatsache hin, daß für positive, ganze n alle Summanden zweimal auftreten bis auf die mittleren, die bei geradzahligem n vorkommen. Der Cosinus dieses Summanden ist immer 1. Faßt man die beiden gleichen Summanden jeweils zusammen und dividiert durch 2, so ergeben sich weiter vereinfachte Berechnungsformeln, die Euler von $n = 1$ bis $n = 8$ explizit notierte, z.B.:

$$8(\cos\phi)^4 = \cos 4\phi + 4 \cos 2\phi + \frac{1}{2} \cdot 6.$$

Dann vollzog er den Übergang zu negativen und rationalen Exponenten n. Zunächst bemerkte er lapidar:

"*Corollarium 4.*

7. *Si exponens n sit numerus negativus, expressio inventa in seriem abit infinitam sicque fiat:*

$$\frac{1}{2 \cos \phi} = \cos \phi - \cos 3\phi + \cos 5\phi - \cos 7\phi + \cos 9\phi - \text{etc.}$$"[1]

Die entsprechenden Formeln für $n = -2, \dots, -4$ folgten. Darauf notierte er

---

1) a.a.O., 549

unmittelbar Corollarium 5:

"8. *Quin etiam si* **n** *fuerit numerus fractus, series notatu dignae prodeunt*

$$\sqrt{2\cos\phi} = \cos\frac{1}{2}\phi + \frac{1}{2}\cos\frac{3}{2}\phi - \frac{1\cdot1}{2\cdot4}\cos\frac{7}{2}\phi + \frac{1\cdot1\cdot3}{2\cdot4\cdot6}\cos\frac{11}{2}\phi$$

$$-\frac{1\cdot1\cdot3\cdot5}{2\cdot4\cdot6\cdot8}\cos\frac{15}{2}\phi + etc.$$

$$\frac{1}{\sqrt{2\cos\phi}} = \cos\frac{1}{2}\phi - \frac{1}{2}\cos\frac{5}{2}\phi + \frac{1\cdot3}{2\cdot4}\cos\frac{9}{2}\phi - \frac{1\cdot3\cdot5}{2\cdot4\cdot6}\cos\frac{13}{2}\phi$$

$$+\frac{1\cdot3\cdot5\cdot7}{2\cdot4\cdot6\cdot8}\cos\frac{17}{2}\phi - etc.\text{"}.[1]$$

Von diesen 2 Formeln "notatu dignae" kehrte er dann zu den numerischen Ausdrücken für natürliche n zurück, um zu bemerken, daß die Umkehrung der Reihenfolge der Summanden (rechnerisch) noch günstiger zu sein scheine. In dieser Form schrieb er die Formeln explizit für alle n von 1 bis 12 hin und gab, getrennt für gerades und ungerades n, allgemeine Ausdrücke für diese Formeln als sein abschließendes Ergebnis (der Abschnitt ist als "scholium" betitelt) für die Darstellung der Potenzen des Cosinus durch die Vielfachen seiner Bögen.[2]

Die Aufgabe, entsprechende Formeln für die Potenzen des Sinus abzuleiten, löste Euler durch Rückführung auf die Cosinus-Formeln mittels der Transformation

$$\phi = 90° - \psi,$$

woraus sich ergibt:

$$\cos\phi = \sin\psi, \cos 2\phi = -\sin 2\psi, \cos 3\phi = -\sin 3\psi \text{ etc.}$$

1) a.a.O., 550
2) a.a.O., 550/1

Daraus erhielt er:

$$1 \cdot \sin \psi = + \sin \psi$$
$$2 \cdot (\sin \psi)^2 = -\cos 2\psi + \frac{1}{2} \cdot 2$$
$$4 \cdot (\sin \psi)^3 = -\sin 3\psi + 3 \sin \psi$$
$$8 \cdot (\sin \psi)^4 = +\cos 4\psi - 4 \cos 2\psi + \frac{1}{2} \cdot 6.$$

Er gab dann die Formeln für negative n von -1 bis -5 an. Um diese Beziehungen allgemein aufzuschreiben, müssen die vier möglichen Fälle von n mod (4) unterschieden werden.

Die oben angegebene Beziehung zwischen ϕ und ψ, mit deren Hilfe Euler alle diese Formeln gewann, zeigt unmittelbar, daß auf diesem Wege keine entsprechenden Formeln für rationale n abgeleitet werden können. Euler schloß sie daher exlplizit aus.[1] Statt dessen gab er für rationale n Formeln, in denen die Potenzen von $\sin \psi$ durch Vielfache von $\cos \phi$ oder $\sin \phi$ ausgedrückt werden, z.B.:

$$(2 \sin \psi)^{\frac{1}{2}} = \cos \frac{1}{2} \phi + \frac{1}{2} \cos \frac{3}{2} \phi - \frac{1 \cdot 1}{2 \cdot 4} \cos \frac{7}{2} \phi + \frac{1 \cdot 1 \cdot 3}{2 \cdot 4 \cdot 6} \cos \frac{11}{2} - \text{etc.}$$

wobei

$$\phi = 90° - \psi.[2]$$

Der nun folgende größere Teil der Arbeit beschäftigt sich mit entsprechenden Entwicklungen von Produkten der Form $(\sin \phi)^m \cdot (\cos \phi)^n$. Das soll hier nicht weiter verfolgt werden.

Wir haben Eulers Arbeit bis hierher so ausführlich dargestellt, weil es für ein *historisches* Verständnis der Entwicklung der Arithmetisierung im 19. Jahrhundert nötig ist zu verstehen, wie im 18. Jahrhundert mit derartigen Formeln gearbeitet und in welchem Sinne sie hergeleitet oder bewiesen wurden.

Versuchen wir uns zu vergegenwärtigen, was Euler tatsächlich im Hinblick auf Formel (1) und (2) getan hat. Zunächst fällt auf, wie stark sein Interesse an der

---

1) a.a.O., 552
2) a.a.O., 556

numerischen Seite des Problems war. Er berechnete nicht nur für eine ganze Reihe Exponenten effektiv die Koeffizienten der Reihenentwicklung, sondern er suchte auch unter verschiedenen Gesichtspunkten (Kürze vs. Erinnerbarkeit) eine optimale Gestalt der Formeln. In welchem Sinne hat Euler Formel (1) nun bewiesen? Vom heutigen Standpunkt ist die Frage leicht zu beantworten. Für natürliche Zahlen n enthält seine Arbeit so etwas wie einen Beweis, die Ausdehnung auf negative und gebrochene Exponenten wird nicht weiter gerechtfertigt. In einem scharfen Kontrast zu dieser Auskunft steht allerdings die Tatsache, daß alle Autoren, die im frühen 19. Jahrhundert über dieses Problem geschrieben haben, die Arbeit Eulers so behandelten, als sei in ihr ein vollgültiger Beweis für beliebige Exponenten n enthalten, den man analysieren müsse, um die aufgetretenen Paradoxien zu beheben. Es ist allerdings auch erkennbar, daß Formel (1) für diese Autoren einen völlig anderen Status hatte als für Euler. Die konkreten numerischen Relationen spielten in diesen späteren Arbeiten keine Rolle mehr. Darüber hinaus unterstellten sie wohl auch ein von Euler unterschiedliches Verständnis von Beweisen oder Herleiten. Einerseits haben also bestimmte Veränderungen in der Auffassung gegenüber Euler im frühen 19. Jahrhundert stattgefunden, andererseits muß man dennoch davon ausgehen, daß auch Euler für seine Herleitung eine gewisse Allgemeingültigkeit unterstellt hat. Sonst würde die umstandslose Übertragung auf negative und gebrochene Exponenten keinen Sinn machen.

In welchem Sinne diese Allgemeingültigkeit verstanden wurde, kann nur aus generellen Auffassungen des 18. Jahrhunderts erschlossen werden. Die abstrakt algebraische Auffassung der Kombinatorischen Schule haben wir im vorigen Abschnitt dargestellt. Generell sah man die Allgemeingültigkeit von Formeln in der allgemeinen Ausführbarkeit von Handlungen (Umformungen) begründet. Für den Bereich der elementaren Algebra ist diese Vorstellung geläufig.[1] Aber auch für unendliche Reihen verweist Eulers Definition *"cuiusque seriei summam esse expressionem finatam, ex cuius evolutione illa ipsa series nasc[i]tur"*[2] darauf, daß die Allgemeingültigkeit im *operativen*, d.h. *syntaktischen Aspekt* von Formeln gesehen wurde. ℕ dem Wort *"syntaktisch"* benutzen wir allerdings eine begriffliche Zuspitzung u..d Präzisierung, die erst im Zusammenhang der Kombinatorischen Schule weitere Verbreitung fand.

Natürlich kann eine syntaktische Auffassung von Formeln nicht aufrechterhalten werden, wenn es nicht Vorstellungen gibt, wie die Beziehungen zwischen syntakti-

---

1) Novy [1973], 14–20
2) Euler [1754/55a], 593

scher Struktur und semantischer Bedeutung, d.h. insbesondere den numerischen
Gleichungen, die von einer Formel impliziert werden, aussehen könnten. Diese
Vorstellungen blieben im 18. Jahrhundert informell und wurden von Fall zu Fall,
problembezogen expliziert. Es ist plausibel, daß man mit gutem Grund die Frage
nach der Gültigkeit der Formeln nicht zu stark betonte, weil dies möglicherweise
zu vorschnellen und damit unfruchtbaren Fixierungen der Interpretation geführt
hätte. Der *"Normalfall"* der semantischen Interpretation war derjenige, bei dem
sich aus einem den Regeln entsprechend abgeleiteten Ausdruck durch eine Zahlenbelegung eine zutreffende Zahlengleichung ergab. Es konnte aber auch vorkommen, daß scheinbar paradoxe Zahlengleichungen resultierten, die aber nicht verworfen, sondern als interpretationsbedürftig angesehen wurden. Zum Beispiel
leitete Euler in einer Arbeit über trigonometrische Reihen, die nach den Vielfachen
der Bögen fortschreiten, Beziehungen der folgenden Art ab:

$$1 - 1 + 1 - 1 + 1 - 1 + \text{ etc. } = \frac{\cos 45^\circ}{\sqrt{2}} = \tfrac{1}{2},$$

$$1 - 3 + 5 - 7 + 9 - 11 + 13 - \text{ etc. } = \frac{\cos (2 \cdot 45^\circ)}{2} = 0,$$

$$1 - 6 + 15 - 28 + 45 - 66 + 91 - \text{ etc. } = \frac{\cos (3 \cdot 45^\circ)}{\sqrt{8}} = -\tfrac{1}{4},$$

von denen er sagte, sie *"verdienten größere Aufmerksamkeit."*[1]

Generell wurde die Interpretation solcher paradoxer Beziehungen entweder offen
gelassen, oder es wurden ad-hoc-Hypothesen wie die Wallisschen *"überunendlichen
Zahlen"*[2] herangezogen. So mußte etwa die erste der drei hier aufgeführten
Reihen, die aus so vielen, sehr verschiedenen allgemeinen Formeln ableitbar ist,
ein starkes Motiv gewesen sein, zu hoffen, ob sich nicht doch ein Gesichtspunkt
finden ließe, der diese Beziehung sinnvoll interpretierbar macht. Und auch das
Heranziehen von ad-hoc-Hypothesen entsprach durchaus der generellen, problem-
orientierten Einstellung zur Mathematik.

---

1) Euler [1789], 175
2) vgl. Reiff [1889], 8

Es konnte aber drittens auch der Fall eintreten, bei dem sich aus einer allgemeinen Formel Zahlenbeziehungen ergaben, die aus anderweitigen Gründen zwingend als falsch angesehen werden mußten. Im Sinne der Vorstellung von einer Formel als einer eigenständigen Entität warf das die Frage auf, ob man nicht dieses Phänomen aus der syntaktischen Struktur der Formel selbst ablesen können müßte, ob also eine Formel nicht durch ihre syntaktischen Eigenschaften dem Benutzer die Grenzen ihrer eigenen Gültigkeit mitteilen müßte. Wenn eine numerische Interpretation der Variablen zu einer falschen numerischen Gleichung führen würde, dann sollte das daran erkennbar sein, daß die Formel für diesen Fall eine *"unbrauchbare, oder einen Widerspruch anzeigende Form "*[1] , beispielsweise wegen einer Division durch Null, annimmt.

Im Sinne dieser allgemeinen Vorstellung war es eine generelle Strategie, Formeln, die man als defizitär erkannt hatte, weil sie zwingend falsche Zahlengleichungen produzieren, durch weitere Terme zu *verallgemeinern und zu vervollständigen,* um diese unerwünschten Phänomene auszuschließen. Dieses Motiv ist in der Diskussion um die von uns betrachteten Paradoxien von großer Bedeutung gewesen, weil es auf einer allgemeinen Ebene genau die Strategie beschreibt, mit deren Hilfe Ohm und Poinsot diese Paradoxien beseitigen konnten. Im engeren Sinne war dieses Motiv auch verantwortlich für den gesamten Ansatz, mit dessen Hilfe Lagrange den Kalkül der trigonometrischen Formeln bewältigen wollte und mit dem er auch unsere fraglichen Formeln (1) und (2) bewies.

Man findet solche Überlegungen auch bei Euler. In einer späteren Abhandlung[2] wies er zum Beispiel darauf hin, daß die bis dahin gebräuchliche Formel für die Darstellung der Cosinus der vielfachen Bögen durch Potenzen der Cosinus einfacher Bögen:

$$2 \cos n\phi = x^n - nx^{n-2} + \frac{n(n-3)}{1\cdot 2} x^{n-4} - \frac{n(n-4)(n-5)}{1\cdot 2\cdot 3} x^{n-6} + \ldots$$

(mit $x = 2\cos\phi$) für negative und gebrochene n falsche Resultate liefert. Er versuchte, diesen Mangel durch eine Verallgemeinerung der Formel zu beheben. Zu diesem Zweck machte er einen Differentialgleichungsansatz, aus dem er diese

---

1) So die spätere Formulierung von Ohm: Ohm [1823] 25.
2) Euler [1791]

allgemeinere, vervollständigte Formel zu gewinnen hoffte. Er setzte

$$z = \cos \phi, \; s = \cos n\phi$$

und erhielt daraus die Differentialgleichung

$$\frac{d^2s}{dz^2}(1-z^2) - z\frac{ds}{dz} + n^2 s = 0$$

und gewann als Lösung die um Glieder mit negativen Exponenten "vervollständigte" Beziehung

$$\cos n\phi = 2^{n-1}\left[z^n - \frac{n}{4}z^{n-2} + \frac{n(n-3)}{4\cdot 8}z^{n-4} + \ldots\right]$$

$$+\frac{1}{2^{n+1}}\left[z^{-n} + \frac{n}{4}z^{-n-2} + \frac{n(n+3)}{4\cdot 8}z^{-n-4} + \ldots\right]$$

mit $z = \cos \phi$.[1]

IV.2.3. Lagranges Beweis und Poissons Gegenbeispiel

Der Differentialgleichungsansatz Eulers wurde von J.L. Lagrange in den "Leçons sur le calcul des fonctions"[2] zu einem systematischen Beweisverfahren ausgebaut, das er für außerordentlich fruchtbar hielt. Lagrange war es wohl auch, der erstmalig die allgemeine Gültigkeit der Formeln (1) und (2) für beliebige, auch negative und rationale m, als Satz im heutigen "modernen" Verständnis behauptete und bewies. So sehr er also an Euler mathematisch anknüpfte, so weit war er von ihm im allgemeinen Theorieverständnis bereits entfernt.

In der 10. Lektion leitete er zunächst zahlreiche Ausdrücke für die vielfachen Bögen in Abhängigkeit von den Potenzen der einfachen Bögen ab, wobei alle diese Formeln nur für natürliche n bewiesen wurden und die Ausdehnung auf den Fall rationaler und negativer n rein induktiv geschah, analog zu dem oben dargestellten

1) Zur Problematik dieser Reihe: Böhm [1935], LXII–LXIV
2) Lagrange [1806]

Verfahren von Euler. Er verband dieses Vorgehen mit Bemerkungen zur Geschichte dieser Formeln. Abschließend stellte er dann in der 10. Lektion fest: *"Mais toutes ces formules n'ont été données ici que par induction, ou bien en supposant que le nombre m est un des nombres de la série 1, 2, 3, ..., de sorte qu'on peut douter si elles s'appliquent à d'autres valeurs de m.*

De plus, si l'on considère les formules des Tables (A) et (B), on voit qu'à la rigueur elles vont à l'infini, même lorsque m est un nombre entier positif; car, en faisant m=1, la première donne

$$\cos x = p - \frac{1}{4p} - \frac{1}{16p^3} - \frac{2}{64p^5} - ..., \quad [wobei\ p = \cos x]$$

et la seconde donne

$$\sin x = q + \frac{q}{4p^2} + \frac{3q}{16p^4} + ..., \quad [wobei\ q = \sin x]$$

valeurs qui sont evidemment fausses. Il en sera de même en donnant à m d'autres valeurs quelconques entières et positives, et tenant compte de tous les termes qui ne sont pas nuls.

Il est vrai que, par la nature des Tables (A) et (B) dont ces formules ne sont que le terme général, on ne doit y employer que les termes qui contiennent de puissances positives de p; mais, comme les termes qui suivent ne sont pas nuls, on ne voit pas, a priori, pourquoi l'on doit les rejeter, et l'on voit moins encore ce que la formule experimerait en ne les rejetant pas. Nous réserverons le dénouement de ces difficultés pour la Leçon suivante."[1]

Lagrange diskutierte hier also ein ganz analoges Problem wie Euler in seinen *"Dilucidationes"* von 1791 und versuchte nun, eine ganz analoge Strategie anzuwenden.

Die 11. Lektion ist diesem Vorhaben gewidmet. Sie zeigt, daß die Benutzung von Differentialgleichungen für Lagrange ein ganz allgemeines Prinzip darstellte, um diese konzeptionellen Schwierigkeiten zu beheben. *"Je remarque maintenant qu'un*

---

1) Lagrange [1806], 118/9

des principaux avantages des fonctions dérivées est de pouvoir faire disparaitre dans les équations les puissances et les radicaux. "[1]

Für die Herleitung der uns interessierenden Gleichung (1) sieht das so aus. Lagrange beginnt mit dem Ansatz

$$y = \cos^m x.$$

Differentiation ergibt

$$y' = -m \cos^{m-1} x \cdot \sin x$$

und Division durch die vorhergehende Gleichung

$$\frac{y'}{y} = -\frac{m \cdot \sin x}{\cos x} \quad \text{bzw.}$$

$$m \cdot y \cdot \sin x + y' \cdot \cos x = 0.$$

Damit ist die für rationale und negative *m* "*schwierige*" Potenz $\cos^m x$ beseitigt.

Lagrange setzt dann für y eine Entwicklung nach den Cosinus der Vielfachen von *x* an.

$$y = A \cdot \cos mx + B \cdot \cos (m-1)x + C \cdot \cos (m-2)x + D \cdot \cos (m-3)x + \ldots$$

Für die Koeffizienten ergibt sich eine Rekursionsformel, die alle Koeffizienten in Abhängigkeit vom ersten Koeffizienten bestimmt.

$$
\begin{aligned}
A, \\
B &= O, \\
C &= m \cdot A, \\
D &= O, \\
E &= \frac{m(m-1)}{1 \cdot 2} A
\end{aligned}
$$

usw.

---

1) a.a.O., 124

Unter Benutzung des speziellen Wertes $x = 0$ ergibt sich $A = 2^{-m}$ und damit folgt (1).[1]

Lagrange war der Meinung, damit die allgemeine Gültigkeit von (1) für beliebiges m (positiv, negativ, rational (und irrational)) gezeigt zu haben.

Dabei war es ganz offenbar so, daß der Differentialgleichungsansatz nicht nur ein technisch-rechnerischer Kunstgriff für ihn war, sondern daß er ihn als die allgemeinste Methode verstand, unbekannte Funktionen (indirekt) zu bestimmen. Gerade wegen dieser Allgemeinheit mußte der Ansatz für ihn auch zu allgemein gültigen Resultaten führen. In einer Nebenbemerkung stellte er unter ausdrücklichem Hinweis auf die *"Dilucidationes"* von Euler fest: *"J'ai cru devoir entrer dans ce détail pour l'instruction des jeunes analystes, et surtout pour montrer que, si l'analyse parait quelquefois en défaut, c'est toujours faute de l'envisager d'une manière assez étendue et de la traiter avec toute la généralité dont elle est susceptible. (Voyez le Tome IX des Nova Acta de l'Académie de Petersbourg.)"*[2]

1811 brachte dann S.D. Poisson (1781-1840) mit einer kurzen Note in der *"Correspondence sur l'École Polytechnique"* eine Diskussion über diese Formel in Gang, die etwa 20 Jahre dauern sollte.[3] Die Note enthält ein Gegenbeispiel gegen die allgemeine Gültigkeit der von Lagrange bewiesenen Formel und einen Vorschlag zur Diagnose und Therapie, mit dem Poisson wohl annahm, das Problem gelöst zu haben.

Das Gegenbeispiel ergibt sich für $m = \frac{1}{3}$ und $x = \pi$. Dann wird aus $2^m \cos^m x$

$$\sqrt[3]{2} \cdot \sqrt[3]{-1}, \text{ mit den drei Werten}$$

---

1) a.a.O., 138-141
2) a.a.O., 128
3) Poisson [1811]

$$\sqrt[3]{2}\left[\cos 1 \cdot \frac{\pi}{3} + \sqrt{-1} \cdot \sin 1 \cdot \frac{\pi}{3}\right] = \sqrt[3]{2}\left[\frac{1 + \sqrt{-3}}{2}\right],$$

$$\sqrt[3]{2}\left[\cos 3 \cdot \frac{\pi}{3} + \sqrt{-1} \cdot \sin 3 \cdot \frac{\pi}{3}\right] = \sqrt[3]{2}(-1),$$

$$\sqrt[3]{2}\left[\cos 5 \cdot \frac{\pi}{3} + \sqrt{-1} \cdot \sin 5 \cdot \frac{\pi}{3}\right] = \sqrt[3]{2}\left[\frac{1 - \sqrt{-3}}{2}\right].$$

Andererseits aber ergibt die rechte Seite von (1) mit $m = \frac{1}{3}$ und $x = \pi$:

$$\cos \frac{1}{3}\pi + \binom{\frac{1}{3}}{1} \cos \left(\frac{1}{3} - 2\right)\pi + \binom{\frac{1}{3}}{1} \cos \left(\frac{1}{3} - 4\right)\pi + \ldots$$

$$= \cos \frac{1}{3}\pi \left[\sum_{\nu=0}^{\infty} \binom{\frac{1}{3}}{\nu}\right] = \cos \frac{\pi}{3} \cdot 2^{\frac{1}{3}} = \sqrt[3]{2} \cdot \cos \frac{\pi}{3} = \sqrt[3]{2} \cdot \frac{1}{2}$$

Dieser Wert stimmt mit keinem der drei Werte für die linke Seite überein, sondern ist das arithmetische Mittel des ersten und dritten.[1]

Zur Erklärung dieses Paradoxons knüpfte Poisson an Eulers Herleitung der Formel (1) von 1754/55 an, die wir oben referiert haben. Euler hatte dort zwei Entwicklungen für $(2 \cos x)^m$ gefunden, nämlich

$$(2 \cos x)^m = \sum_{\nu=0}^{\infty} \binom{m}{\nu} \cos (m - 2\nu) x \pm i \cdot \sum_{\nu=0}^{\infty} \binom{m}{\nu} \sin (m - 2\nu)x$$

$$= X \pm iY$$

Poisson argumentierte nun, daß nur für ganzzahliges (positives oder negatives) m der Wert von $(2 \cos x)^m$ eindeutig bestimmt sei. Nur für diesen Fall erhalte man

---

1) Poisson [1811], 214/5

durch Addition beider Gleichungen und anschließende Division durch 2 Formel (1) bzw. nach Subtraktion und Division durch 2 Formel (2). Für gebrochenes m aber sei $(2 \cos x)^m$ mehrdeutig und dann repräsentierten $X + iY$ und $X - iY$ zwei verschiedene Werte von $(2 \cos x)^m$. Addition beider Gleichungen und anschließende Division durch 2 ergebe dann nicht einen Wert von $(2 \cos x)^m$, sondern nur den Realteil eines solchen Wertes. Daher sei die allgemeingültige Entwicklung von $(2 \cos x)^m$ nicht $= X$, wie Lagrange bewiesen zu haben glaubte, sondern

$$= X + i \cdot Y.$$

Aus dieser Formel erhalte man für $m = \frac{p}{q}$ alle Werte von $(2 \cos x)^m$, wenn man nach und nach für x die Werte $x + r \cdot \frac{2p\pi}{q}$ $(r = 0, ..., q-1)$ einsetze.

Wie die spätere Diskussion zeigte, hatte Poissons Diagnose auf einen entscheidenden Punkt hingewiesen, nämlich auf die Mehrdeutigkeit der Potenz für nichtganzzahlige Exponenten. Seine Therapie allerdings warf mehr Probleme auf, als sie löste. Zum einen gab sie nicht den geringsten Hinweis darauf, wo der Fehler im Beweis von Lagrange liegen könnte, und zum zweiten lieferte sie keine Möglichkeit, den richtigen Wert der Reihen

$$X = \sum_{\nu=0}^{\infty} \binom{m}{\nu} \cos(m - 2\nu)\, x$$

und

$$Y = \sum_{\nu=0}^{\infty} \binom{m}{\nu} \sin(m - 2\nu) x$$

tatsächlich zu bestimmen.

In den folgenden Jahren bemühten sich eine Reihe Autoren, die Schwierigkeiten zu beheben.[1] Lacroix gab im 3. Band der 2. Auflage seines *"Traité"* 1819 einen umfangreichen Überblick über den Diskussionsstand, ohne das Problem weiter fördern zu können. Allerdings löste diese Darstellung eine intensive Beschäftigung

---

1) Vgl. dazu die Literaturübersicht bei Burkhardt [1904-16]

mit dem Problem aus. So erschienen in den Jahren 1820 bis 1824 in den von Gergonne herausgegebenen *"Annales de mathématiques pures et appliquées"* vier Artikel, die diesem Problem gewidmet waren.[1] Cauchy vermied in seinem *"Cours d'Analyse"* von 1821 ein Eingehen auf diese Frage, obwohl er in einem Anhang (Achte Note) ausführlich auf die umgekehrte Frage nach der allgemeinen Darstellung der Cosinus und Sinus der vielfachen Bögen durch die Potenzen der Cosinus und Sinus einfacher Bögen einging. Die ersten richtigen Summierungen für die Reihen X und Y wurden 1823 bzw. 1825 von M. Ohm und L. Poinsot gegeben.

Am Schluß seiner berühmten Arbeit über die binomische Reihe von 1826 gab N.H. Abel ebenfalls die richtigen Formeln für diese und andere trigonomische Reihen an. Wie stark Abel speziell durch das hier dargestellte Paradox motiviert war, sich überhaupt mit dem Problem der Reihensummation und speziell mit der binomischen Reihe zu beschäftigen, geht aus seinem berühmten Brief an Holmboe vom 16. Januar 1826 hervor. Er schrieb dort: *"Un autre problème dont je me suis beaucoup occupé est la sommation de la série:*

$$cos\ mx\ +\ m\ cos(m-2)x\ +\ \frac{m(m-1)}{2}\ cos(m-4)x\ +\ ...$$

Si m est un nombre entier positif, la somme de cette série, comme tu sais, est (2 *cos x)^m, mais si m n'est pas un nombre entier, il n'en plus de même, à moins que* *x soit plus petit que $\frac{\pi}{2}$. — Il n'y a aucun problème qui ait occupé les mathémati-* *ciens autant que celui-là dans ces derniers temps. Poisson, Poinsot, Plana, Crelle,* *et une quantité d'autres ont cherché à le résoudre, et Poinsot est le premier qui ait* *trouvé une somme exacte, [2] mais son raisonnement est tout à fait faux, et* *personne encore n'a pu en venir à bout. J'y ai réussi avec une entière rigueur. Un* *mémoire là-dessus prendra place dans le Journal, et j'en enverrai bientôt un autre* *en France pur être inséré dans les* **Annales de mathématiques** *de Gergonne."*[3]

Wir wollen im folgenden die Lösungen von Ohm und Abel miteinander vergleichen. Dabei wollen wir Abels Vorgehen, das sich in seinen Grundzügen eng an

---

1) Lacroix [1819], 605-611. Die Lösungsversuche in den *"Annales"* sind: Plana [1820/21], Pagani [1822/23], Crelle [1822/23], Stein [1824/25].

2) Offenbar war die Lösung Ohms in Berlin bis zur Publikation von Poinsots Formeln 1825 entweder nicht bekannt oder wurde nicht "geglaubt". In einem internen Gutachten der Philosophischen Fakultät der Berliner Universität, das 1823 im Zusammenhang mit einer Bewerbung Ohms (vermutlich von E.H. Dirksen) speziell über die "Aufsätze ..." erstellt wurde, wurde die richtige Lösung Ohms schlicht übersehen. Vgl. Bekemeier [1987], Kap. 1

3) Abel [1902], 15/16

Cauchys *"Cours d'Analyse"* anschloß und das uns heute geläufiger ist, sozusagen mit den Augen Ohms betrachten. Um dies zu ermöglichen, muß allerdings zunächst die generelle mathematische Auffassung Ohms dargestellt werden.

IV.3. Martin Ohms System der Mathematik

IV.3.1. Daten zur Biographie

Martin Ohm [1], jüngerer Bruder des Physikers Georg Simon Ohm (1789-1854), wurde 1792 in Erlangen geboren. In der Mathematik bildete er sich weitgehend als Autodidakt mit Hilfe der Schriften Eulers und Lagranges. 1811 promovierte er in Erlangen bei dem uns bekannten Kombinatoriker H.A. Rothe mit einer Arbeit über die Theorie der Reihen[2] und wirkte anschließend gemeinsam mit seinem Bruder Georg Simon als Privatdozent für Mathematik an der Universität Erlangen, ohne eine feste Anstellung zu erhalten. Ihre autodidaktischen Erfahrungen und ihre Lehrtätigkeit waren für beide Brüder prägend und führten sie zu der Vorstellung, die Mathematik müsse in ihrem Aufbau völlig revidiert werden, um einem breiteren Publikum vermittelt werden zu können und um der selbstgesetzten Norm logischer Klarheit zu genügen.[3] In einer Art Arbeitsteilung publizierte Martin Ohm 1816 eine *"Elementar-Zahlenlehre zum Gebrauch für Schulen und Selbstlernende"*, während Georg Simon 1817 die *"Grundlinien zu einer zweckmäßigen Behandlung der Geometrie als höheres Bildungsmittel an vorbereitenden Lehranstalten"* veröffentlichte. Im Anschluß daran wurde das Projekt einer Revision der Mathematik unter Reflexion auf pädagogische Bedürfnisse von Martin Ohm allein weiterbetrieben. 1819 folgten seine *"Kritische Beleuchtungen der Mathematik überhaupt und der Euklidischen Geometrie insbesondere"*, und 1822 erschienen die ersten beiden Bände seines Hauptwerks *"Versuch eines vollkommen consequenten Systems der Mathematik"*, in dem er seine grundlegenden mathematischen Auffassungen endgültig fixierte. Von 1817 bis 1823 unterrichtete Ohm als Lehrer zunächst am Gymnasium in Thorn und dann am *"Friedrich Wilhelm-Gymnasium"* in Berlin. 1824 wurde er außerordentlicher Professor für Mathematik an der Universität Berlin. Ohm trat mit einer Reihe von Überlegungen zur Neuorganisation des mathematischen Unterrichts hervor, die teils intern an das preußische

---

1) Vgl. zu diesem Kapitel: Bekemeier [1987]. Ohms Zahlbegriffsverständnis ist auch dargestellt bei Novy [1973], 83-89.
2) Ohm [1811]
3) Siehe die Vorrede zu Ohm [1819].

Ministerium für Geistliche, Unterrichts- und Medizinal-Angelegenheiten gerichtet, teils auch für ein breiteres Publikum verfaßt waren.[1]

1825 erschien Ohms dreibändige "Elementar-Mathematik ...", die eine Umsetzung seines allgemeinen Konzepts in ein Gymnasiallehrbuch darstellt. 1828 trat Ohm mit dem Vorschlag, unter seiner Leitung ein Seminar für die Ausbildung von Mathematiklehrern in Berlin oder Halle zu gründen, an das preußische Kultusministerium heran, der von Crelle begutachtet und abgelehnt wurde.[2] Eine entsprechende Eingabe richtete er 1832 auch an das Bayerische Innenministerium, ebenfalls ohne Erfolg. 1839 wurde Ohm ordentlicher Professor für Mathematik an der Berliner Universität. Im Laufe seines Lebens verfaßte er zahlreiche, zum Teil erfolgreiche Lehrbücher.[3] Die Wirkung seines Konzepts ging weit über seine eigenen Bücher hinaus.[4]

Ohms Biographie reflektiert unmittelbar die große politische, soziale und wissenschaftliche Bedeutung, die das Bildungsproblem im frühen 19. Jahrhundert in Deutschland gewonnen hatte. Das Bildungswesen war für Ohm nicht nur Tätigkeitsfeld und Quelle seines Lebensunterhalts, sondern Bildung bestimmte auch den Problemraum, in dem er dachte. Die enge Verbindung wissenschafts- und bildungspolitischer Vorstellungen mit der Ausarbeitung und Vertretung grundlagentheoretischer und methodologischer Positionen in der Mathematik war der wichtigste Charakterzug seines Lebenswerks. Er hat keine neuen weitreichenden Resultate zur Mathematik beigetragen, bestimmte logische Errungenschaften in der Begründung des Zahlbegriffs und der Elementarmathematik gehen aber auf ihn zurück. Von Mathematikern des 19. Jahrhunderts, die sich mit Grundlagenfragen beschäftigt haben, so Bolzano, Hamilton, Hankel, wurde er anerkannt und gewürdigt.[5]

Die angegebenen biographischen Daten geben auch einen Schlüssel zum Verständnis seines mathematischen Werkes. Ohms Mathematik kann nämlich aus zwei Einflußlinien erklärt werden. Zum einen war sie ein Reflex der Wirkung der französischen Mathematik auf Deutschland, vor allem des Einflusses von J.L. Lagrange, der wiederum gebrochen war durch die spezifische Art und Weise, in

---

1) Vgl. insbesondere die "Allgemeine Einleitung" zu Ohm [1827]
2) Schubring [1981], 175/76
3) "Da, wie gesagt, die Ansichten des Verfassers bekannt genug sind, und allerdings auch schon bei vielen Lehrern Eingang gefunden haben, wie am besten durch die wiederholten Auflagen des vorliegenden Werkchens bewiesen wird, ..." hieß es in einer Rezension eines der Ohmschen Bücher. Archiv der Mathematik und Physik [1842], Literarischer Bericht VIII, 117.
4) Hier ist insbesondere das im 19. Jahrhundert einflußreiche Lehrwerk Koppe [1836-38] zu nennen.
5) vgl. Bekemeier [1987], Kap. IV

der die Kombinatorische Schule in Deutschland die französische Mathematik verarbeitet hatte. Zum zweiten aber schlagen sich in seinem Werk deutlich sichtbar die Bedürfnisse und Notwendigkeiten des sich entwickelnden preußischen Gymnasialwesens nieder. Dies betrifft vor allem die Auffassung von Mathematik, die Ohm entwickelte, und den Stil, in dem er sie betrieben wissen wollte.

Der Einfluß Lagranges und der Kombinatorischen Schule machte sich vor allen Dingen in Ohms Sicht des Funktionsbegriffs und dementsprechend von Struktur und Anwendungsbereich des Infinitesimal-Kalküls bemerkbar. Ohm faßte Funktionen als Potenzreihen auf, der Infinitesimal-Kalkül war dementsprechend für ihn durch die Theorie der Potenzreihen begründet. Durch den Einfluß der Kombinatorischen Schule gewann diese Auffassung noch eine spezifische formalistische Ausprägung. Ganz allgemein ging es Ohm mit seinem System darum, jene nützlichen Methoden des Arbeitens mit Potenzreihen, von denen Euler und andere Autoren des 18. Jahrhunderts so erfolgreich Gebrauch gemacht hatten, zu bewahren, ihnen allerdings durch Einführung bestimmter methodologischer Regeln eine sicherere Grundlage zu geben.

Ohms System der Mathematik beruhte auf dem Gedanken, Algebra und Analysis synthetisch auf dem Fundament der (anschaulich und lebensweltlich gegebenen) elementaren Arithmetik aufzubauen. Er machte dabei von einer Idee Gebrauch, die später von H. Hankel als Permanenzprinzip bezeichnet wurde.

Dieser Aufbau entsprach nicht nur den sich durchsetzenden synthetischen Idealen, sondern das Anknüpfen an die elementare Arithmetik löste ein für die damalige Zeit brisantes Problem des Lehrplans, wie nämlich das elementare alltagsweltliche Rechnen mit einer wissenschaftlich betriebenen Mathematik in einen möglichst organischen Zusammenhang gebracht werden könnte.[1] Ohms System erfüllte diese Aufgabe in besonders eleganter Weise.

IV.3.2. Ohms System

Vergegenwärtigen wir uns nun die wichtigsten mathematischen Aspekte des Ohmschen Aufbaus. Die Grundidee hat er klar und knapp in der Einleitung zu seinem *"Vollkommen soncequenten System"* dargestellt.

---

1) Zur damaligen Aktualität dieses Problems vgl. das folgende Kapitel

"... Die Vergleichung der Größen geschieht mittelst Zahlen, und zwar nur mittelst absoluter ganzer Zahlen. Andere Zahlen giebt es nicht. Die Lehre der Zahlen muß der Lehre der Größen vorangehen, unabhängig von dem Begriff der Größe. — Die Zahlen und ihre Verbindungen müssen bezeichnet werden (durch Buchstaben). Die Zahlenlehre wird deshalb eine Zahlzeichenlehre und existirt als solche selbständig, unabhängig von dem Begriff der Größe. — Man kann zunächst sieben Verbindungen der Zahlen betrachten und erhält dadurch zunächst 7 Zahlzeichen

$$a+b, \quad a-b, \quad a\cdot b, \quad a:b, \quad a^b, \quad {}^b\!\sqrt{a}, \quad a?b,$$

welche bezüglich **Summe, Differenz, Produkt, Quotient, Potenz, Wurzel** *und* **Logarithme** *genannt werden. ... Man kann nun die allgemeinsten Begriffe der Gleichung und der vier ersten Zahlzeichen Summe, Differenz, Produkt und Quotient aufstellen und allgemeine Elementar–Formeln entwickeln ..., nach denen diese Zahlzeichen paarweise mit einander durch die Operationen verbunden werden können; während auf der anderen Seite nachgewiesen werden muß, wie diese allgemeinen Gleichungen zwischen allgemeinen Zahlzeichen, da wo sie auf absolute ganze Zahlen führen (also da, wo sie realisirt werden können), Nothwendigkeit der Resultate gewähren. Diese Elementarformeln ... bilden nun die Grundlage der gesammten Zahlenlehre (die wieder in Arithmetik, Algebra, Analysis, Differential-, Integral- und Variationskalkul etc. classificirt werden kann), in so ferne keine andern Zahlverbindungen als die angeführten, und daher auch keine andern Ausdrücke, als Summen, Differenzen, Produkte und Quotienten, etc. etc. vorkommen und zu verbinden seyn können."*[1]

Die allgemeinen Gleichungen bedeuteten für Ohm also reine Formen, die die Beziehungen der genannten 7 Operationen zueinander darstellen; Buchstaben fungieren als *"Träger der Operationen"* und werden ansonsten als *"inhaltslos"* vorgestellt. Die einzige Restriktion ist, daß da, wo die Gleichungen auf absolute ganze Zahlen führen, *"Nothwendigkeit der Resultate"* gewährleistet sein muß.

Entsprechend diesem Programm behandelte er in der 1. Auflage seines vollkommen konsequenten Systems im ersten Kapitel die genannten 7 Operationen und leitete etwa 80 Elementar-Formeln ab, durch die diese Operationen und ihr gegenseitiges Verhältnis charakterisiert werden. Alle diese Formeln sind zunächst nur

---

1) Ohm [1822], 1. Bd., xi-xiii. "?" ist bei Ohm das Symbol für den allgemeinen Logarithmus, während er den natürlichen Logarithmus durch Log bezeichnete.

gültig für natürliche Zahlen, die Operationen werden nur für die Fälle betrachtet, für die sie auch tatsächlich ausführbar sind. In den folgenden Kapiteln werden dann allgemeine Summen und Differenzen, die Null sowie allgemeine Produkte und Quotienten betrachtet, die nun nur noch als bloße Zeichen aufgefaßt werden, die bestimmten Gesetzen genügen und nach diesen Gesetzen auch kombiniert und aufgelöst werden können.

Ohm war klar, und dies ist ein ganz wesentlicher Punkt, daß dieses Vorgehen auch erforderte, mit jedem Verallgemeinerungsschritt immer neu den Begriff der Gleichung und der Gleichheit zu definieren. Bei jedem Schritt benötigte man ein neues Kriterium, wann zwei Terme als gleich gelten sollten. So definierte er bei der Einführung verallgemeinerter Summen und Differenzen (also der negativen Zahlen) folgendermaßen: *"Subtraktiv gleich nenne ich zwey Ausdrücke a und b, wenn es einen dritten Ausdruck p giebt, so daß die Summen a+p und b+p in einen und denselben Ausdruck übergehen, wenn man in ihnen die Summanden beliebig verwechselt, dann statt Summen von der Form*

$$(a-b)+b$$

bloß den Minuenden a hinschreibt und mit dem jedesmaligen Resultat dieselbe Verfahrensart gehörig oft wiederholt. Was früher gleich genannt wurde, mag jetzt **wirklich gleich** *heißen."*[1]

Im weiteren führte er dann die Begriffe *"multiplikativ gleich"* und *"allgemein gleich"* ein.

Eine wichtige Technik im Ohmschen System, um die allgemeine Gültigkeit der Formeln zu sichern, war das Operieren mit mehrdeutigen Ausdrücken. Für komplexes a und b ist der Ausdruck a^b bekanntlich im allgemeinen unendlich vieldeutig. Ohm arbeitete daher systematisch mit Gleichungen zwischen solchen unendlich vieldeutigen Ausdrücken. Eine Gleichung hieß *vollkommen*, wenn auf der linken und rechten Seite gleich vieldeutige Ausdrücke standen. Im anderen Fall hieß sie *unvollkommen*. So ist z.B. die Gleichung

$$a^x \cdot a^y = a^{x+y}$$

---

1) Ohm [1822], 1. Bd., 37/38

eine unvollkommene Gleichung, sie wird vollkommen durch Hinzufügen eines mehrdeutigen Korrekturfaktors:[1]

$$a^x \cdot a^y = a^{x+y} \cdot e^{2(\mu \cdot x + \nu \cdot y)\pi i}, \; \mu, \nu \in \mathbb{Z}$$

In der konkreten Rechnung mit solchen mehrdeutigen Gleichungen blieb es dann ein häufig schwieriges Problem, nötigenfalls eine Beziehung zwischen eindeutig bestimmten Symbolen aus ihnen abzuleiten.

Wenden wir uns der Frage zu, wie Ohm die Infinitesimalrechnung im Sinne seines Programms als Zweig der Zahlenlehre behandelte. Wie wir bereits erwähnten, ist seine wichtigste Voraussetzung in dieser Hinsicht die Auffassung, daß die Theorie der Reihen die Basis der Infinitesimalrechnung darstellt oder schärfer, daß alle Funktionen der Analysis ganze Funktionen von endlichem oder unendlichem Grad sind. *"Andere als ganze oder gebrochene Funktionen giebt es nicht. Die gebrochenen Funktionen können alle von einem unbestimmbaren Grade gedacht werden und gehen dann in unendliche Reihen über. Da die unendlichen Reihen zugleich die ganzen Funktionen als besondere Fälle in sich enthalten, so umfaßt die Lehre der unendlichen Reihen den gesamten Calcul."*[2]

Dies vorausgesetzt, lief die Hauptaufgabe der Differentialrechnung darauf hinaus, *"den Ausdruck f_{x+h} (der aus einer beliebig gegebenen Funktion f_x in welcher x noch ganz allgemein als ein bloßer Träger der Operation gedacht wird, dadurch hervorgeht, daß überall, wo x steht, x + h statt x gesetzt wird) in eine nach ganzen Potenzen von h fortlaufende Reihe zu verwandeln und zunächst den Coeffizienten des ersten, mit h afficirten Gliedes, welcher durch df bezeichnet und Differential-Coeffizient genannt wird, zu finden."*[3]

Ohm operierte hier also mit einem formal-algebraischen Ableitungsbegriff, wie man ihn auch heutzutage in der Algebra benutzt. Ein Verständnis seiner Theorie hängt also davon ab, wie er mit Potenzreihen umgeht. Das Rechnen mit Reihen begründete er nun, indem er die allgemeinen Prinzipien seines Ansatzes in Anwendung brachte. Das Grundprinzip im Studium der sieben Operationen Addition, Subtraktion, usw. war aber die Unterscheidung zwischen einem allgemeinen Ausdruck und einem Ausdruck für Zahlenwerte. Entsprechend unterschied Ohm

---

1) Vgl. dazu genauer: Bekemeier [1987]. Kap. II. Man sieht, wie hier Eulers Motiv der Verallgemeinerung und Vervollständigung von Formeln eine systematisierte Gestalt bekommt.
2) Ohm [1822], 1. Bd., xiv
3) Ohm [1846], 7

zwischen allgemeinen Reihen, die rein formal definiert sind, und numerischen unendlichen Reihen, die sich ergeben, wenn für alle Koeffizienten und für den *"Fortschreitungsbuchstaben"* x bestimmte Ziffernwerte *p + qi ("die also teils reell, teils imaginär sein können")* eingesetzt werden. Für eine solche numerische Reihe kann gesagt werden, daß sie *konvergiert* und nur bei konvergenten Reihen kann vom *Wert einer Reihe* gesprochen werden. Den Begriff der formalen Potenzreihe definierte er so: *"Eine ganze Funktion von x, die man sich ins Unendliche fortgesetzt denkt,, so daß ihr Grad kein bestimmter, sondern größer ist, als jede noch so große denkbare Zahl; eine ganze Funktion also, die nie wirklich darstellbar ist, sondern nur in der Idee in uns lebt, nämlich*

$$a_0 + a_1 \cdot x + \dots \text{ in inf.,}$$

*heißt eine nach **ganzen Potenzen von x** fortgehende (fortschreitende) **unendliche Reihe**."*[1] Auf dieser begrifflichen Basis entwickelte Ohm dann einen umfangreichen Kalkül formaler Potenzreihen und wies für alle elementaren transzendenten Funktionen, die zunächst als solche formalen Potenzreihen aufgefaßt wurden, die Konvergenz ihrer Potenzreihen–Darstellungen in bestimmten Bereichen der Werte nach. Dabei verfügte er über eine Reihe allgemeiner Konvergenzkriterien, wie sie auch Cauchy in seinem *"Cours d'Analyse"* aufgestellt hatte.

Ein Kalkül formaler Potenzreihen setzt eine weitere Verallgemeinerung des Gleichheitsbegriffs voraus; man benötigt ein Kriterium, das besagt, wann zwei Potenzreihen gleich sind. Das wurde von Ohm nicht explizit erkannt. Implizit machte er allerdings von der Definition Gebrauch, daß eine Potenzreihe Null ist, wenn alle Koeffizienten Null sind und daß zwei Potenzreihen gleich sind, wenn sie in ihren Koeffizienten übereinstimmen. Auf dieser Grundlage lassen sich die algebraischen Operationen wie Addieren, Subtrahieren, Multiplizieren, Dividieren, Potenzieren etc. von Potenzreihen auf Beziehungen zwischen den Koeffizienten der Potenzreihen zurückführen. Dies wurde von Ohm ausführlich dargestellt.[2] Da insbesondere eine ganze Funktion eine spezielle Potenzreihe ist, bei der nur endlich viele Koeffizienten von Null verschieden sind, bedeutet die *Entwicklung einer gebrochen-rationalen Funktion in eine Potenzreihe* nichts anderes als die Durchführung der Division zweier Potenzreihen nach der Methode der unbestimmten Koeffizienten. Für das vieldiskutierte einfache Beispiel der Funktion $\frac{1}{1+x}$ hieß das, aus

---

1) Ohm [1822], 2. Bd., 239
2) Ohm [1822], 2. Bd., 239-295

der Gleichung

$$1 = \sum_{\nu=0}^{\infty} a_\nu x^\nu \, (1+x)$$

durch Koeffizientenvergleich rekursiv die a_ν zu berechnen.

Generell stellte Ohm sich den Zusammenhang zwischen den allgemeinen (also formalen) und den numerischen Reihen so vor, daß zunächst durch formales Operieren Beziehungen zwischen den allgemeinen Reihen in Form von Gleichungen aufgestellt werden können. Wenn man aus diesen formal-allgemeinen Beziehungen numerische Beziehungen, d.h. Wertgleichungen, ableiten will, dann hat man die Konvergenz der links und rechts stehenden allgemeinen Reihen zu prüfen. Liegt diese vor, dann folgt seiner Meinung nach aus der formalen auch eine numerische Gleichheit.

Zwei Prinzipien leiteten also sein Operieren mit den ganzen Funktionen von unbestimmbarem Grade:

1. Die Unterscheidung zwischen allgemeinen und numerischen unendlichen Reihen als eine Konkretisierung der Unterscheidung zwischen einem allgemeinen Ausdruck und einem besonderen Zahlenwert. Nur bei numerischen Reihen ist die Frage nach der Konvergenz sinnvoll und nur, wenn numerische Reihen konvergent sind, kann von ihrem Wert gesprochen werden.
2. Die Berücksichtigung der Vielfachheiten der Ausdrücke bei Wurzeln, Potenzen, Logarithmen etc.

Man sieht, daß und wie durch Ohm die Unterscheidung zwischen der syntaktischen Struktur einer Formel und ihrer numerischen Bedeutung herausgearbeitet und durch seinen schrittweisen, genetischen Aufbau eine kontrollierbare Beziehung zwischen beiden Aspekten hergestellt wurde, die die informelle Auffassung des 18. Jahrhunderts zu formalisieren trachtete. Natürlich kann dies als nicht vollständig durchgeführt betrachtet werden; insbesondere erscheint bei den Ausdrücken, die unendliche Reihen implizieren, der Schluß problematisch, daß aus formaler Gleichheit bei Vorliegen von Konvergenz immer numerische Gleichheit folgt. Die Identitätssätze für analytische Funktionen in der komplexen Funktionentheorie rechtfertigen diese Schlußweise allerdings weitgehend, indem sie ihre Berechtigung für den Fall zeigen, daß die Konvergenzbereiche in einer offenen Menge übereinstimmen.

Die klare begriffliche Herausarbeitung der Unterscheidung von syntaktischer Bedeutung und syntaktischer Gleichheit im Unterschied zu numerischer Bedeutung und numerischer Gleichheit war ein großes Verdienst von Ohm, das über die Kombinatorische Schule hinausging. Verbal war diese Unterscheidung am Ende des 18. Jahrhunderts und zu Beginn des 19. geläufig. Belege aus der Kombinatorischen Schule haben wir gesehen. Auch in England schrieb R. Woodhouse, daß die Gleichheit zwischen einer Funktion und ihrer Reihenentwicklung nicht als numerische Gleichheit zu verstehen sei. *"As the signification of the symbol = has been given independently of all consideration of an arithmetical equality, resulting between the involved and evolved expressions, when specific numbers are substituted for the general characters, it is necessary for the sake of precision to consider the signification of analytical expressions as dependent on the arrangement of the symbols that compose them."*[1]

IV.4. Die unterschiedlichen Lösungen des Paradoxes durch Ohm und Abel

IV.4.1. Ohms "Aufsätze"

Die im vorigen Abschnitt dargestellten Prinzipien des Ohmschen Kalküls sind im wesentlichen in den ersten beiden Bänden seines 1822 erschienenen *"Versuch eines vollkommen consequenten Systems der Mathematik"* aufgestellt und mathematisch durchgeführt worden. Sie unterlagen anschließend einer gewissen Evolution, die bei der Anwendung allgemeiner Prinzipien auf konkrete Probleme nahezu unvermeidlich ist. Auch in den *"Aufsätzen aus dem Gebiete der höhern Mathematik"*, deren Vorwort das Datum des August 1823 trägt und in denen Ohm sich die Auflösung der Paradoxien um die Ausdrücke der Potenzen des Sinus und Cosinus durch die Vielfachen ihrer Bögen zum Ziel stellte, erfolgte eine Konkretisierung dieser Prinzipien, die nicht notwendig aus ihrer allgemeinen Formulierung resultierte.

Die Aufsätze umfassen vier *"Abtheilungen"*, von denen wir uns nur mit der ersten und vierten beschäftigen wollen, da in ihnen das in Rede stehende Problem behandelt wurde. Die zweite Abteilung diskutierte die *"allgemeine Entwicklung des Sinus und Cosinus der vielfachen Bögen nach Potenzen von Sinus und Cosinus der einfachen"*, während in der dritten Abteilung Reihen der Form

$$\sum_{\nu} \cos (n + \nu\alpha) \, \beta \frac{z^{\nu m}}{\nu!}$$

---

1) Woodhouse [1803], 56

betrachtet wurden (wo n, α, β, m, z beliebige reelle oder imaginäre Ausdrücke bedeuten sollten).

Im Vorwort zu dieser Schrift betonte Ohm zunächst die Grundüberzeugung, von der er sich leiten ließ, daß nämlich *"das Inconsequente und Unwissenschaftliche, wenn es in der Mathematik gefunden wird, (nicht bloß zugleich das Verworrene und Dunkle, sondern) auch allemal das Unpraktische"*[1] sei. Oder: *"Auch in der Mathematik sind Form und Materie innigst miteinander verbunden, und die Förderung dieser Wissenschaft von ihrer materiellen Seite ist von einer gründlichen Behandlung ihres formellen Theils (die für einen glücklichen Erfolg des Unterrichts ohnedieß unentbehrlich ist) nicht wenig abhängig.*"[2]

Dieser Satz beschreibt exakt Ohms Intention, an einem damals berühmten und vieldiskutierten Beispiel zu zeigen, daß seine Behandlung des *"formellen Theils"* der Mathematik geeignet ist, diese Wissenschaft auch nach ihrer materiellen Seite hin zu befördern.

Um diese Intention zu verdeutlichen, nahmen die Beschreibung der Geschichte des Problems, die Darstellung der Prinzipien seines eigenen Kalküls und die Analyse der Beweise seiner Vorgänger im Lichte dieser Prinzipien in dieser Schrift einen breiten Raum ein. Nach Angabe der von ihm benutzten Notation[3] behandelte Ohm in den ersten dreizehn Paragraphen die Vorgeschichte des Problems, indem er die entsprechenden Arbeiten von Euler, Lagrange, Poisson, Lacroix, Deflers[4]

---

1) Ohm [1823], V
2) Ohm [1823], VIII/IX. Das Vorwort enthält außerdem sehr polemische Bemerkungen gegen den Berliner Mathematiker J.G. Tralles. Über den zugehörigen biographischen Kontext siehe: Bekemeier [1987], Kap. I, und Biermann [1973], 15–19. Zu Tralles vgl. auch Kap.V. dieser Arbeit.
3) Ohm [1823], 3–7. Ohm gebrauchte insbesondere das *"Krampsche Fakultätenzeichen"*

$$a^{m|r} := a(a+r)\ (a+2r)\ (a+3r)\ \dots\ (a+(m-1)r).$$

Für
$$1^{m|1} = m^{m|-1} = 1 \cdot 2 \cdot 3 \cdot \dots \cdot m$$

benützte er auch das Symbol m'. Für die Binomialkoeffizienten $\binom{m}{n}$ schrieb er

$$\frac{m^{n|-1}}{n}$$

oder meistens
$$m_n.$$

Der Einfachheit halber benutzen wir durchgängig eine modernisierte Schreibweise.
4) mitgeteilt in: Lacroix [1819], 620

und Plana[1] darstellte. Der Leser wird so mit einer ganzen Reihe verschiedenartiger Herleitungen konfrontiert, aus denen sich immer wieder die Formeln

$$(2 \cos x)^m = X \qquad \text{und} \qquad 0 = Y$$

zu ergeben scheinen, denen nur das Poissonsche Beispiel entgegensteht. Ohm
fragte daher, ob man diese Formeln unter demselben Gesichtspunkt zu betrachten
habe, *"aus welchem man die allgemeine Gültigkeit mehrerer anderer Sätze, z.B.
des **Taylor**'schen Lehrsatzes, zuläßt, wenn er auch in besonderen Fällen Ausnahmen zu erleiden scheint."*[2]

Gegen eine solche Möglichkeit wandte er ein, daß der Taylorsche Satz nicht
unrichtige, sondern *"unbrauchbare"* Resultate in besonderen Fällen liefere; die
unbrauchbare Form zeige an, daß der jeweils in Rede stehende Fall eine Ausnahme bilde, während die vorliegenden Formeln *"nicht eine unbrauchbare oder einen
Widerspruch anzeigende Form, sondern wirklich ein unrichtiges Resultat liefern"*.[3]

Sein entscheidendes Argument gegen die Akzeptanz der Allgemeingültigkeit von
$X = (2 \cos x)^m$ und $Y = 0$ besteht dann im § 13 darin, daß sich aus diesen
Formeln durch Einsetzen von $x + \pi$ für x in wenigen elementaren Schritten die
im allgemeinen (mit Ausnahme der geradzahligen Werte für m) falsche Beziehung

$$\sin m\pi \cdot (2 \cos x)^m = 0$$

ableiten läßt, so daß nicht nur die Poissonschen Gegenbeispiele $x = \pm (2n+1)\pi$,
sondern auch die Ableitbarkeit einer allgemein ungültigen Formel gegen die
Akzeptanz der fraglichen Reihen sprechen. Ohm schloß daraus, daß in allen
vorhergehenden Beweisen und Entwicklungen an irgend einer Stelle *"ein unrichtiger Schluß gezogen sey, der dann auch das unrichtige Resultat zu Wege gebracht
habe."* Es müsse daher versucht werden, *"anzugeben, wie und durch welche
Mittel es möglich seyn dürfte, sowohl in der vorliegenden Aufgabe, als auch in
allen ähnlichen Fällen nothwendig richtige und solche Resultate zu erhalten, bei
welchen zugleich alle etwaigen Ausnahmen, die sie erleiden, durch die Entwicklung selbst auf das bestimmteste ausgesprochen werden, wie dies dem Gange einer
strengen Wissenschaft angemessen ist."*[4]

---

3) Plana [1820/21]
2) Ohm [1823], 24–25
3) a.a.O. Das Motiv der Eigenständigkeit der Formel!
4) a.a.O., 25–27

Daher stellte er im § 14 auf 15 Seiten die Prinzipien seines Kalküls dar, der diesen Anforderungen genügen sollte. Über das im 2. Kapitel Dargestellte hinaus ist vor allem zu bemerken, daß Ohm ein großes Gewicht auf die Ablehnung indirekter Rechnungsmethoden legte und seinen eigenen Ansatz als den Versuch charakterisierte, auch in den höheren Teilen der Mathematik von direkten Methoden Gebrauch zu machen. Daraus folgte insbesondere eine weitgehende Ablehnung der besonders von Lagrange gepflegten und entwickelten Methode der unbestimmten Koeffizienten. *"Bei allen vorzunehmenden Umformungen mittelst der Methode der unbestimmten Koeffizienten, muß man sich* **vorher** *von der* **allgemeinen** *Zulässigkeit der angenommenen Form der Entwicklung vergewissern. Es ist zwar sehr leicht einzusehen, daß jede Unzulässigkeit der angenommenen Form der Entwicklung, eben weil ihre Annahme einen Widerspruch involvirt, diesen Widerspruch auch in den Endresultaten aussprechen werde; allein es scheint irrig zu seyn anzunehmen, dass sich dieser Widerspruch sogleich bei der Bestimmung der Koeffizienten zeigen müsse. Im Gegentheil ist nicht nur dazu kein Grund vorhanden, sondern die angenommene Form* **muss** *sogar zu nothwendig richtigen, keinen Widerspruch anzeigenden Koeffizientenbestimmungen führen, sobald diese angenommene Form der Entwicklung auch nur in einem einzigen besonderen Fall gerechtfertigt seyn sollte; wenn sie auch in allen übrigen Fällen unzulässig ist."*[1]

Im Hinblick auf die obige Herleitung von Lagrange heißt das insbesondere, daß sie zu keiner *"einen Widerspruch anzeigenden Form"* führt, weil das Ergebnis für natürliche Zahlen *m* richtig ist. Ohm schloß daraus, daß *"die direkten Umformungsmethoden ... vor allen indirekten den Vorzug zu haben (scheinen)"*,[2] die indirekten will er nur zu heuristischen Zwecken gelten lassen.

Eine Konkretisierung seiner Unterscheidung zwischen allgemeinen Gleichungen und Wertgleichungen, die so in seinem *"Vollkommen consequenten System"* nicht enthalten ist, stellte auch die Aussage dar, daß bei einer Gleichung zwischen einem endlichen Ausdruck und einer (divergenten) unendlichen Reihe aus dem Reell-(oder Imaginär-)sein der Reihenglieder nicht auf das Reell(oder Imaginär-)-sein des endlichen Ausdrucks geschlossen werden könne, eben weil ein solcher Schluß sich auf eine Wertgleichung und nicht auf eine Formgleichung beziehe.[3]

---

1) a.a.O., 39. Man sieht die Unsicherheit, inwieweit Formeln ihre eigene Gültigkeitsgrenze anzeigen.
2) a.a.O., 40
3) a.a.O., 34-37

Im nächsten Schritt analysierte Ohm die Beweise seiner Vorgänger auf der Grundlage seiner Prinzipien. Zu Eulers Vorgehen bemerkte er in Übereinstimmung mit Poisson, daß $X + i \cdot Y$ und $X - i \cdot Y$ im allgemeinen zwei verschiedene Werte von $(2 \cos x)^m$ seien, woraus zwar

$$(2 \cos x)^m + (2 \cos x)^m = 2X,$$

nicht aber

$$2 (2 \cos x)^m = 2X$$

folge.

Seine Kritik an Lagranges Beweis ist nicht völlig eindeutig zu rekonstruieren. Sie lief im wesentlichen auf seine allgemeinen Einwände gegen die Methode der unbestimmten Koeffizienten hinaus. Konkreter sagte er: "... es werden bei der Entwicklung im Unendlichen Glieder vernachlässigt, deren Koeffizienten unendlich gross sind, so dass man nicht mit Sicherheit auf das Verschwinden dieser vernachlässigten Glieder, auch nicht in einem einzigen Fall, schließen dürfte."[1] Eine mögliche Interpretation dieser Bemerkung ist, daß die Koeffizientenbestimmung den Übergang zu Wertgleichungen voraussetzt, und daß dieser nur möglich ist, nachdem man die Konvergenz der in Frage stehenden Reihen, insbesondere derjenigen, die man als Lösung ansetzt, geklärt hat.[2]

Die Diskussion der Arbeit von Poisson aus dem Jahre 1811 führte Ohm dann auf die entscheidende Idee, durch die die Lösung des Problems möglich wurde. Poisson hatte darauf hingewiesen, daß die Ausdrücke

$$X + i \cdot Y \quad \text{und} \quad X - i \cdot Y$$

für gebrochenes m im allgemeinen zwei verschiedene Werte von $(2 \cos x)^m$ darstellen. Ohm gab nun eine Herleitung, in der scheinbar aus dieser Voraussetzung wiederum die strittigen Formeln (1) und (2) gefolgert wurden. Die Frage, wo der Fehler in dieser Herleitung liege, führte ihn dann auf die richtige Idee.

---

1) a.a.O., 38–39
2) Vgl. dagegen Poinsots Kritik an Lagranges Beweis, der argumentierte, daß nicht die ungeklärte Konvergenz den Fehler verursacht habe, sondern die fehlerhafte Bestimmung des ersten Koeffizienten A in der angesetzten Reihenentwicklung, bei der Lagrange nicht die Vielfachheit der Potenz $(2 \cos x)^m$ berücksichtigt habe (Poinsot [1825], 60ff.).

Seine Herleitung verlief so:[1] Sei $m = \frac{1}{p}$ für natürliches p, dann durchläuft für $n = 0, \ldots, 1-p$

$$(X + i \cdot Y) \left[\cos \frac{2n\pi}{p} + i \cdot \sin \frac{2n\pi}{p} \right]$$

alle Werte von $(2 \cos x)^{\frac{1}{p}}$; ebenso ist dies aber auch für $\nu = 0, \ldots, p-1$ mit dem Ausdruck

$$(X - i \cdot Y) \left[\cos \frac{2\nu\pi}{p} + i \cdot \sin \frac{2\nu\pi}{p} \right]$$

der Fall. Dann muß aber einer der p Werte des ersten Ausdrucks einem der p Werte des zweiten gleich sein. Für gewisse, feste n und ν folgt daher

$$(X + i \cdot Y) \left[\cos \frac{2n\pi}{p} + i \cdot \sin \frac{2n\pi}{p} \right] = (X - i \cdot Y) \left[\cos \frac{2\nu\pi}{p} + i \cdot \sin \frac{2\nu\pi}{p} \right],$$

wobei die Abhängigkeit des ν von n noch zu bestimmen bleibt.

Multipliziert man hier die Klammern aus und setzt Real- und Imaginärteile einander gleich, ergibt sich

$$X \cdot \cos \frac{2n\pi}{p} - Y \cdot \sin \frac{2n\pi}{p} = X \cdot \cos \frac{2\nu\pi}{p} + Y \cdot \sin \frac{2\nu\pi}{p} \qquad (4)$$

und

$$X \cdot \sin \frac{2n\pi}{p} + Y \cdot \cos \frac{2n\pi}{p} = X \cdot \sin \frac{2\nu\pi}{p} - Y \cdot \cos \frac{2\nu\pi}{p}. \qquad (5)$$

Um nun die Abhängigkeit von ν und n, also die Funktion $n = f(\nu)$ zu bestimmen, betrachtete Ohm diese beiden Gleichungen an der Stelle $x = 0$. An dieser Stelle ist

1) Ohm [1823], 22-24

aber $Y=0$, daher folgt

$$\cos \frac{2n\pi}{p} = \cos \frac{2\nu\pi}{p} \quad \text{und} \quad \sin \frac{2n\pi}{p} = \cos \frac{2\nu\pi}{p}.$$

Die gesuchte Beziehung f ist also $f(\nu)=n$. Dies eingesetzt in (4) und (5) führt zu

$$2Y \cdot \sin \frac{2n\pi}{p} = 0$$

und

$$2Y \cdot \cos \frac{2n\pi}{p} = 0$$

Quadrieren und Addieren ergibt

$$4Y^2 = 0,$$

also

$$Y=0$$

und damit

$$X = (2 \cos x)^m$$

für $m = \frac{1}{p}.$

Aus $f(\nu)=n$ hätte Ohm auch unmittelbar folgern können, daß $X+i\cdot Y$ und $X-i\cdot Y$ dann im Widerspruch zu seiner Annahme nicht zwei verschiedene Werte von $(2 \cos x)^m$ sein können. Poissons Diagnose der Schwierigkeiten in Eulers Beweis hat also scheinbar wiederum zur Herleitung der umstrittenen Formeln geführt, und Ohm fragte sich, wo der Fehler in dieser Herleitung liege. Er beantwortete diese Frage folgendermaßen: *"Was endlich den Beweis (§11) betrifft, so ist leicht einzusehen, wenn man die vorstehenden Principien in Anwendung bringen will, dass, weil sich die dortigen Schlüsse auf Werthe gründen, sie nur so lange gelten, als die dortigen Reihen wirklich Werthe haben, also nur in so ferne sie convergent sind. Unter diesen Voraussetzungen bleiben die dortigen Gleichungen (3. und 4.)*

*[unsere (4) und (5)] noch streng richtig, nur mit der Einschränkung, dass sie nicht als **allgemeine** identische Gleichungen, sondern nur als **Werth**-Identitäten statt finden. Dies ändert die dann folgenden Schlüsse dahin ab, dass zwischen den Werthen von X und Y (für verschiedene Werthe von x) und zwischen den Werthen von n und ν eine durch die Gleichungen (3. und 4.) selbst bedingte Abhängigkeit statt finden muss; dass aber die Abhängigkeit von n und ν nicht nothwendig von dem Werthe von x unabhängig ist, sondern im Gegentheil für andere Werthe von x auch allemal eine andere werden kann.*"[1] Damit ist die entscheidende Lösungsidee formuliert. Zu suchen ist nicht eine Abhängigkeit $n = f(\nu)$, sondern

$$n = g(\nu, x).$$

Wie die Gegenbeispiele $m = \dfrac{1}{p}$ und $x = (2k+1)\pi$ plausibel machen, ist in die strittigen Formeln möglicherweise ein Korrekturfaktor einzuführen, der der Real- oder Imaginärteil einer m-ten Einheitswurzel ist. Wie Ohm an dieser Stelle herausfand, kann dieser Korrekturfaktor seinerseits wiederum von x bzw. von gewissen Intervallen, in denen x sich bewegt, abhängig sein. Ohm hatte diese Einsicht natürlich durch einfaches Probieren gewonnen. Für $x = \pi$ hatte er beispielsweise $\nu = n + 1$ gefunden.[2] Es ist dennoch überzeugend zu sehen, wie seine Unterscheidung von allgemeinen Gleichungen und Wertgleichungen diesen durch Probieren gefundenen Einsichten ein Gewicht gab, so daß er schließlich nach einigen Umwegen die richtigen Formeln fand.

Zu diesem Zweck leitete Ohm, wie vor ihm Euler und Poisson, die allerdings nicht die Darstellung mit Hilfe der e–Funktion benutzt hatten, durch Entwicklung von

$$(2 \cos x)^m = (e^{ix} + e^{-ix})^m$$

nach dem binomischen Lehrsatz eine "*allgemeingültige*" Darstellung für $(2 \cos x)^m$ ab:

$$(2 \cos x)^m = \sum \binom{m}{\nu} e^{ix(m-\nu)} \cdot e^{-ix\nu}$$

---

1) a.a.O., 45
2) a.a.O., 46

$$= \sum \begin{bmatrix} m \\ \nu \end{bmatrix} e^{ix(m-2\nu)}$$

$$= \sum \begin{bmatrix} m \\ \nu \end{bmatrix} \cos (m - 2\nu)x + i \cdot \sum \begin{bmatrix} m \\ \nu \end{bmatrix} \sin (m-2\nu) \, x.$$

Diese Gleichung ist *"unvollkommen"*, weil auf der linken Seite ein im allgemeinen vieldeutiger, rechts aber ein eindeutiger Ausdruck steht. Indem man hier x durch $x+2n\pi$ ersetzt, wo n alle ganzen Zahlen durchläuft, erhält man eine allgemeingültige *"vollkommene"* Gleichung

$$(2 \cos x)^m = \sum \begin{bmatrix} m \\ \nu \end{bmatrix} \cos (2mn\pi + (m - 2\nu)x)$$

(6)

$$+ i \cdot \sum \begin{bmatrix} m \\ \nu \end{bmatrix} \sin (2mn\pi + (m - 2\nu)x) \, ,$$

die die allgemeine Entwicklung von $(2 \cos x)^m$ darstellt. Dies ist nichts anderes als die bereits 1811 von Poisson gegebene Lösung.[1]

Eine andere, etwas günstigere Schreibweise ergibt sich, wenn man

$$(2 \cos x)^m = X+iY$$

mit allen Werten von

$$1^m = \cos (2mn\pi) + i \cdot \sin(2mn\pi)$$

multipliziert, um eine *"vollkommene"*, allgemeingültige Gleichung zu erhalten.

$$(2 \cos x)^m = (X+i \cdot Y) (\cos (2mn\pi) + i \cdot \sin (2mn\pi))$$

$$= X \cos (2mn\pi) - Y \sin (2mn\pi)$$

(7)

$$+ i [X \sin (2mn\pi) + Y \cos (2mn\pi)].$$

---

1) Darauf wies Ohm auch in der Selbstanzeige seiner *"Aufsätze"* hin: Ohm [1826], 252.

Wie gesagt, diese Gleichungen sind *"allgemein"* im Sinne Ohms, sie stellen zunächst nichts anderes als mehrdeutige, formal zu verifizierende Beziehungen unabhängig von der Konvergenz oder Divergenz der rechts stehenden Reihen dar. Die Gleichungen sind *"vollkommen"* im Sinne Ohms, da auf beiden Seiten gleich vieldeutige Ausdrücke stehen. Um von diesen formalen Gleichungen zu Wertgleichungen überzugehen und schließlich die Reihen X und Y effektiv zu summieren, sind nach den Prinzipien des Ohmschen Kalküls zwei Dinge zu tun. Erstens ist die Konvergenz bzw. Divergenz der rechts stehenden Reihen zu prüfen. Für den Bereich der Konvergenz folgt damit nach Ohm aus der formalen Gleichung unmittelbar eine entsprechende Wertgleichung. Zweitens muß herausgefunden werden, zu welchem n auf der rechten Seite welcher Wert der Potenz $(2 \cos x)^m$ gehört, d.h. es muß die Funktion

$$n = g(\nu, x)$$

gefunden werden.

Zur Klärung der Konvergenz der fraglichen Reihen untersuchte Ohm die Konvergenz der Reihe der Binomialkoeffizienten

$$\sum_{\nu=0}^{\infty} \binom{m}{\nu}$$

für reelle (rationale) m.[1] Er fand richtig heraus, daß diese Reihe

für $m \geq 0$ absolut konvergiert,
für $-1 < m < 0$ konvergiert, aber nicht mehr absolut, und
für $m < -1$ divergiert.

Irrtümlich behauptete er die bedingte Konvergenz auch noch für $m = -1$. Daraus zog er den Schluß, daß dann auch die Reihen X und Y für $m > 0$ konvergent sind und daher aus den formalen Gleichungen (6) und (7) in diesem Bereich die Gültigkeit der entsprechenden Wertgleichungen folgt.

Sein Konvergenzbeweis soll hier nicht im einzelnen dargestellt werden. Drei Punkte verdienen aber erwähnt zu werden.

---

1) Ohm [1823], 53–64

1. Historisch interessant ist es, daß Ohm es noch 1823 für nötig hielt, seinen Konvergenzbegriff zu explizieren in dem Sinne, daß er unter einer konvergenten Reihe *"nicht bloss diejenige versteht, deren Glieder beständig abnehmen, sondern eine solche, in welcher die Summe von beliebig und noch so vielen ihrer Glieder jedesmal einen endlichen Ausdruck liefert, der nicht in's unendliche wächst."*[1] Verstehe man Reihenkonvergenz so, dann werde die *"jedesmalige Untersuchung über die Convergenz der Reihen in den meisten Fällen eine sehr delikate werden."*

2. Die Schlußweise, daß bei Vorliegen von Konvergenz aus einer formalen Gleichung unmittelbar eine Wertgleichung folgt, spielte auch in dem Ohmschen Konvergenzbeweis eine große Rolle. Zum Beispiel zeigte er die Konvergenz der Reihe

$$\sum_{\nu} (-1)^{\nu} \begin{bmatrix} m \\ \nu \end{bmatrix} = 1 - \begin{bmatrix} m \\ 1 \end{bmatrix} + \begin{bmatrix} m \\ 2 \end{bmatrix} - \begin{bmatrix} m \\ 3 \end{bmatrix} + \dots$$

für positives reelles m. Da sich diese Reihe für $z = 1$ aus der Potenzreihe

$$\sum (-1)^{\nu} \begin{bmatrix} m \\ \nu \end{bmatrix} z^{\nu} = 1 - \begin{bmatrix} m \\ 1 \end{bmatrix} z + \begin{bmatrix} m \\ 2 \end{bmatrix} z^2 - \begin{bmatrix} m \\ 3 \end{bmatrix} z^3 + \dots$$

ergibt und diese allgemein (formal)

$$= (1-z)^m$$

ist, schloß er, daß der Wert der Reihe der alternierenden Binomialkoeffizienten

$$= (1-1)^m = 0$$

sein müsse.

Umgekehrt folgt nach derselben Schlußweise die Divergenz der Reihe der alternierenden Binomialkoeffizienten für negatives reelles m, weil sonst ihr

---

1) a.a.O., 54

Summenwert

$$= (1-1)^m$$

$$= \frac{1}{(1-1)^{-m}} = \frac{1}{0^{-m}} = \infty$$

wäre.

3. Da Ohm richtigerweise die harmonische Reihe als eine *"Grenze der Konvergenz"* erkannte, stellte er intuitiv das folgende Konvergenzkriterium auf, mit dessen Hilfe er das Konvergenzverhalten der Reihe der Binomialkoeffizienten im wesentlichen bestimmte: Die Reihe $\sum a_\nu$ ist absolut konvergent, wenn von irgend einem Gliede ab

$$\left| \frac{a_{n+1}}{a_n} \right| \leq \frac{m+n}{n+1} = 1 - \frac{1-m}{n+1}$$

"so lange m negativ, übrigens von der Null noch so wenig verschieden ist."[1]
Er sagte dann, daß es dasselbe sei, wenn

$$\left| \frac{a_{n+1}}{a_n} \right| < \frac{n}{n+1} = 1 - \frac{1}{n+1}$$

und dieser Irrtum ist verantwortlich dafür, daß er die Konvergenz der Reihe der Binomialkoeffizienten auch für $m = -1$ behauptete.

Zur Lösung des zweiten Problems, nämlich der effektiven Summation der Reihen X und Y betrachtete Ohm[2] die Reihen

$$\sum_{k=0}^{\infty} \binom{m}{k} \cos(kx) \quad \text{und} \quad \sum_{k=0}^{\infty} \binom{m}{k} \sin(kx)$$

---

1) a.a.O., 60. Es handelt sich dabei um eine Variante des Raabeschen Konvergenzkriteriums, das dieser 1832 bewies. Den Begriff *"absolut konvergent"* umschrieb Ohm durch die Formulierung, *"wenn man die Glieder positiv nimmt"*.
2) a.a.O., 91–103

Er erhielt dafür die folgenden *"allgemeingültigen"* Ausdrücke

$$\sum_{k=0}^{\infty} \begin{pmatrix} m \\ k \end{pmatrix} \cos (kx)$$

$$= (2 \cos \tfrac{1}{2} x)^m \cdot \tfrac{1}{2} [\cos (2n\pi + \tfrac{1}{2} x)m + i \cdot \sin (2n\pi + \tfrac{1}{2} x)m \qquad (8)$$

$$+ \cos (2\nu\pi + \tfrac{1}{2} x)m - i \cdot \sin (2\nu\pi + \tfrac{1}{2} x)m]$$

$$\sum_{k=0}^{\infty} \begin{pmatrix} m \\ k \end{pmatrix} \sin (kx)$$

$$= (2 \cos \tfrac{1}{2} x)^m \cdot \tfrac{1}{2} [\cos (2n\pi + \tfrac{1}{2} x)m + i \cdot \sin (2n\pi + \tfrac{1}{2} x)m \qquad (9)$$

$$- \cos (2\nu\pi + \tfrac{1}{2} x)m - i \cdot \sin (2\nu\pi + \tfrac{1}{2} x)m] \quad ,$$

wobei n und ν unabhängig voneinander sind und ganze Zahlen darstellen.

Diese Gleichungen unterscheiden sich insofern von den Gleichungen (6) und (7), als hier auf der linken Seite eindeutig bestimmte Ausdrücke stehen. Dies gestattet es, die Zahlen n und ν zu bestimmen.

Zu diesem Zweck unterschied Ohm die Fälle

1. wenn $\cos\left(\tfrac{1}{2}x\right)$ positiv ist, wenn also $\tfrac{1}{2}x$ zwischen die Grenzen $\pm\left(2\mu-\tfrac{1}{2}\right)\pi$ und $\pm\left(2\mu+\tfrac{1}{2}\right)\pi$, μ ganzzahlig, fällt, und

2. wenn $\cos\left(\tfrac{1}{2}x\right)$ negativ ist, wenn also $\tfrac{1}{2}x$ zwischen den Grenzen $\pm\left(2\mu+\tfrac{1}{2}\right)\pi$ und $\pm\left(2\mu+\tfrac{3}{2}\right)\pi$, μ ganzzahlig, liegt.

Im ersten Fall gibt es, so schloß Ohm nicht ganz zwingend, auf der rechten Seite von (8) wenigstens einen rein reellen Ausdruck für $\left(2\cos\tfrac{1}{2}x\right)^m$, mithin ist in diesem Fall auch die eckige Klammer rein reell und daher $n = \nu$. Also folgt aus (8):

$$\sum_{k=0}^{\infty} \begin{pmatrix} m \\ k \end{pmatrix} \cos(kx) = \left[2\cos\frac{x}{2} \right]^m \cdot \cos m \left[\pm 2n\pi + \frac{x}{2} \right] \qquad (10)$$

sowie aus (9) ein entsprechender Ausdruck für die Sinus-Reihe.

Aus Stetigkeitsgründen muß das n auf der rechten Seite für die einzelnen Laufintervalle von $\frac{x}{2}$ konstant sein. Es genügt also, es für einen speziellen Wert von $\frac{x}{2}$, z.B. für $\frac{x}{2} = 2\mu\pi$ zu bestimmen.

An dieser Stelle ist aber die in (10) links stehende Reihe gleich

$$\sum_{k=0}^{\infty} \begin{pmatrix} m \\ k \end{pmatrix} = 2^m.$$

Der erste Faktor auf der rechten Seite ist an dieser Stelle ebenfalls gleich 2^m, so daß

$$\cos m \, (\pm 2n\pi + 2\mu\pi) = 1$$

sein muß.

Daraus ergibt sich aber $\pm n = \mp \mu$. Insgesamt hat man also: Für $\frac{x}{2}$ zwischen $\pm \left(2\mu - \frac{1}{2} \right) \pi$ und $\pm \left(2\mu + \frac{1}{2} \right) \pi$ gilt:

$$\sum_{k=0}^{\infty} \begin{pmatrix} m \\ k \end{pmatrix} \cos(kx) = \left[2\cos\frac{1}{2}x \right]^m \cdot \cos m \left[\mp 2\mu\pi + \frac{1}{2}x \right] \qquad (11)$$

Entsprechend verfuhr Ohm für die Sinus-Reihe (9) sowie für den Fall 2.

Bei diesen Reihen gelang also die gewünschte Bestimmung des "Korrekturfaktors" (d.h. des n) in Abhängigkeit vom Laufbereich der Variablen x; das ursprüngliche

Problem ließ sich nun durch Rückführung auf diesen Fall behandeln. Die Rückführung gelingt durch die Variablensubstitution $x' = 2x$ und anschließende Multiplikation der Gleichung (11) mit $\cos(mx)$ sowie der entsprechenden Gleichung für die Sinus-Reihe mit $\sin(mx)$ und Addition der beiden daraus erhaltenen Gleichungen.

Insgesamt erhielt Ohm damit für die Reihen X und Y die folgenden Resultate:[1]

$$X = (2 \cos x)^m \cdot \cos (2\mu\pi m),$$

$$Y = (2 \cos x)^m \cdot \sin (\pm 2\mu\pi m)$$

für alle Werte von x zwischen den Grenzen $\pm \left(2\mu - \frac{1}{2}\right) \pi$ und $\pm \left(2\mu + \frac{1}{2}\right) \pi$, reelles (rationales) m und natürliche Zahlen μ.

$$X = |2 \cos x|^m \cdot \cos (2\mu + 1)\pi m,$$

$$Y = |2 \cos x|^m \cdot \sin \pm (2\mu + 1)\pi m$$

für alle x zwischen $\pm \left(2\mu - \frac{1}{2}\right) \pi$ und $\pm \left(2\mu + \frac{3}{2}\right) \pi$ und positives, reelles (rationales) m und natürliche Zahlen μ.

Speziell zeigten diese Gleichungen, daß die von Euler und Lagrange aufgestellten Formeln (1) und (2), die der Ausgangspunkt der ganzen Diskussion gewesen waren, nämlich

$$X = (2 \cos x)^m,$$

$$Y = 0$$

gültig sind für $-\frac{\pi}{2} < x < \frac{\pi}{2}$.

16 Jahre später, nachdem sich die Diskussion über diese Formeln gelegt hatte, behandelte Ohm sie als Beispiel für das Arbeiten mit "allgemeinen" und "numerisch unendlichen" Reihen in einem "Lehrbuch der gesammten höhern Mathematik", das zum Gebrauch "für die oberen Klassen der Gymnasien" (!) verfaßt

---

1) a.a.O., 101

war.[1] Das Problem erschien nun völlig elementar und Ohm benötigte auch nicht mehr den Umweg über die Reihen

$$\sum \begin{pmatrix} m \\ k \end{pmatrix} \cos (kx) \quad \text{und} \quad \sum \begin{pmatrix} m \\ k \end{pmatrix} \sin (kx),$$

um die effektive Summation von X und Y zu bewerkstelligen. In einer Fußnote ging er noch einmal auf den alten Streit ein: *"In den 'Aufsätzen aus dem Gebiete der höhern Mathematik', Berlin 1823, hat der Verfasser (in der vierten Abtheilung) die Summen dieser Reihen zuerst gegeben. Sie sind auch von Poinsot und Cauchy* [2] *eben so gefunden worden, von Poinsot fast gleichzeitig, von Cauchy später. – Der Verfasser legt weniger Werth auf die Resultate, als auf die ganz elementaren Mittel, welche er zu deren Erzielung angewandt hat. Früher hatten Euler und Lagrange gelehrt, daß die Reihe R für alle Werthe von z, also unter allen Umständen = (2 cos z)^n, und S = 0 sey; Resultate, die, wenn nicht n eine ganze Zahl ist, dem Obigen zu Folge, nur dann wahr sind, wenn z zwischen $-\frac{1}{2}\pi$ und $+\frac{1}{2}\pi$ liegt. Beide große Analysten haben versäumt, die Mehrdeutigkeit der Potenzen zu beachten und gehörig in Rechnung zu bringen. Die mehrdeutigen Ausdrücke aber entstehen allemal da, wo verschiedene Zustände in einer und derselben Rechnungsform ausgedrückt sich finden. Sucht man also mit der nöthigen Aufmerksamkeit die zusammengehörigen Werthe heraus, so wird man eine Menge von anscheinenden Sonderbarkeiten (Paradoxien) des Kalküls entweder nicht vorfinden, oder doch sogleich* **auf den ersten Wegen** *erklärt haben.*"[3]

Diese Aussagen geben ein faires Bild der Absichten und Vorstellungen Ohms. Sie zeigen, daß er gerade die ersten Elemente, die Grundlagen der Mathematik, für reformbedürftig hielt oder, wie er sich 1823 ausgedrückt hatte, daß die angemessene Behandlung des *"formellen Theils"* der Mathematik eine wesentliche Voraussetzung zu ihrer weiteren Förderung auch nach der *"materiellen Seite"* sei. Ohm erwies sich damit als ein Autor, der in seinen Auffassungen mit dem Stil der Mathematik des 18. Jahrhunderts brach und sich in die Theoretisierungstendenzen der Mathematik des 19. Jahrhunderts einordnete, wenn er auch, was die Mathematik nach ihrer *"materiellen Seite"* betraf, sich weitgehend der Mittel des 18. Jahrhunderts bediente.

---

1) Ohm [1839], 446–451
2) Cauchy [1826]
3) Ohm [1839], 451/52

IV.4.2. Abels "Untersuchungen"

Konfrontieren wir damit die Arbeit von Abel über die binomische Reihe aus dem Jahre 1826. Daß sie im Kontext der Abelschen Biographie eng mit den Paradoxien um die Darstellung der Potenzen des Cosinus und Sinus durch die Vielfachen ihrer Bögen verbunden war, haben wir bereits gezeigt. Ganz generell stellte Abel in dem erwähnten Brief an Holmboe die Behauptung auf, daß alle derartigen Schwierigkeiten auf die Benutzung divergenter Reihen zurückzuführen sind. Das belegte er allerdings nicht im einzelnen, weder in dem Brief an Holmboe, noch in der Arbeit über die binomische Reihe. Dennoch trägt diese Arbeit sehr stark programmatischen Charakter, insofern sie dem mathematischen Publikum nach dem Vorbild Cauchys vorführte, wie man *unter Verzicht auf den Begriff der allgemeinen (formalen) Potenzreihe* mit rein numerisch verstandenen Reihen *konkret und erfolgreich rechnen konnte*. Daß in diesem Punkt Abel, wie zuvor Cauchy, eine erhebliche Beweislast zu erbringen hatte, zeigt die damals herrschende Praxis[1] und vor allem die Tatsache, daß in dieser Praxis kaum Fehler vorkamen. Abel sah daher durchaus die Notwendigkeit, sich mit dieser herrschenden Praxis konkret auseinanderzusetzen, also zu zeigen, warum sie erfolgreich war, obwohl sie seiner Auffassung nach grundsätzliche Mängel aufwies. Allerdings hat er dieses Vorhaben nur in Ansätzen realisieren können.[2]

In einem Bericht über *"Abels Studien und Entdeckungen"*, der neben den publizierten Arbeiten vor allem auch Abels nicht–publizierte Notizbücher berücksichtigt, kommt L. Sylow zu dem Ergebnis, daß Abel sich erst bei seinem Aufenthalt in Berlin für das Problem der Reihen zu interessieren begann, während er bis dahin mit Reihen völlig im Stil der Mehrheit seiner Zeitgenossen operiert habe. Es kann also vermutet werden, daß er erst duch die in Berlin geführten Diskussionen, für die die beschriebene Arbeit von Ohm ein Beispiel ist, auf die Tragweite der gesamten Problematik aufmerksam geworden ist. Insbesondere hatte auch A.L. Crelle, Abels Förderer in Berlin, sich 1822/23 intensiv mit den Paradoxien um die Darstellung der Potenzen des Cosinus durch die Vielfachen seiner Bögen auseinandergesetzt. Jedenfalls hat Abel das Vorhaben, sich mit der damals herrschenden Praxis des Arbeitens mit Reihen nicht nur dadurch auseinanderzusetzen, daß er einen neuen Standpunkt bezog, sondern daß er von seinem neuen Standpunkt auch zeigte, warum die alte Praxis im wesentlichen erfolgreich war und wo ihre Gren-

---

1) vgl. Burkhardt [1910/11]
2) In dem erwähnten Brief an Holmboe schrieb Abel im Hinblick auf diese Praxis: *"La plupart des choses sont exactes: cela est vrai: et c'est extraordinairement surprenant. Je m'efforce d'en chercher la raison. Sujet excessivement intéressant."* Abel [1902], 16/17.

zen lagen, offenbar mehr und intensiver beschäftigt, als dies seine publizierten Arbeiten zeigen.[1] Seine Hauptidee hierzu war, daß man sich bisher vor allem mit solchen Funktionen beschäftigt habe, die durch Potenzreihen darstellbar sind, und im Bereich dieser Funktionen konnte das formale Rechnen mit Reihen nicht zu wesentlichen Fehlern führen.[2] Dieses Argument ist nicht nur von mathematischem Interesse, sondern es stellt auch einen Schlüssel zum historischen Verständnis der damaligen Diskussion über die Zulässigkeit auch divergenter Reihen dar. Unter Reihen verstand man eben im wesentlichen Potenzreihen und für Potenzreihen machte der formale Ansatz einen Sinn. In seiner Antrittsvorlesung als ordentlicher Professor an der Berliner Universität 1839 behandelte Ohm als einer der ersten Mathematiker das Beispiel einer konvergenten numerischen Reihe, deren Summe sich durch Umordnung der Reihenglieder verändern läßt. Er nahm dies als Argument *für* seinen Ansatz, zwischen formalen und numerischen Reihen zu unterscheiden.[3]

Eine wichtige und weit verbreitete Praxis, numerische Reihen der Form $\sum a_\nu$ zu summieren, bestand darin, die Potenzreihen $\sum a_\nu x^\nu$ zu untersuchen, aus der durch $x = 1$ die ursprüngliche numerische Reihe wieder hervorgeht. In seiner Arbeit über die binomische Reihe bewies Abel nun einen Satz, der dieses Vorgehen bei Vorliegen von Konvergenz rechtfertigte. Gleichzeitig gab er das Beispiel einer trigonometrischen Reihe, bei der diese Schlußweise nicht mehr erlaubt ist.[4] In dem erwähnten Brief an Holmboe stellte er diesen Satz und das Gegenbeispiel

---

1) Sylow [1902], 51–57

2) *"A mon avis cela [die Tatsache so weniger Fehler] provient de ce que les fonctions dont l'analyse s'est occupée jusqu'ici peuvent, la plupart, être exprimées au moyen de puissances."* Brief an Hansteen vom 29. März 1826. Abel [1902], 23.

3) Ohm [1839a], 14/15. Als Grund, warum die Potenzreihen von diesem Problem nicht berührt werden, führte er an: *"Analysis mathematica non **quantitates sed expressiones** tantum respicit. **Expressio** autem terminis composita numero infinitis non est definita, nisi ordo terminorum sit constitutus; hic ordo autem in seriebus secundum potestates cuiusvis expressionis progredientibus rite est stabilitus."*

4) Abel [1826], 36. Es handelt sich um den Satz, daß eine konvergente Potenzreihe eine stetige Funktion darstellt und daß diese Funktion bei Konvergenz auch noch auf dem Rand des Konvergenzbereichs stetig ist. Das Gegenbeispiel ist die Reihe

$$\sin \varphi - \frac{1}{2} \sin 2\varphi + \frac{1}{3} \sin 3\varphi - + ...,$$

die für $\varphi = \pm (\pi - \alpha)$ mit $0 < \alpha < \pi$

$$= \pm \left(\frac{\pi}{2} - \frac{\alpha}{2} \right)$$

ist, während sie in den Punkten $\varphi = \pm \pi$

$$= 0$$

wird, also unstetig ist.

explizit in den Kontext der Auseinandersetzung mit der gebräuchlichen Praxis, indem er sagte, er habe damit bewiesen, daß die klassische Schlußweise für Potenzreihen gerechtfertigt sei, für andere Reihen aber nicht ohne weiteres angewandt werden könne.[1]

Vergegenwärtigen wir uns nun die wesentlichen Inhalte der Arbeit Abels über die binomische Reihe, ohne auf technische Details einzugehen, die für unser Problem ohne Belang sind. Im Abschnitt I formulierte Abel zunächst seine grundsätzlichen Bedenken gegen die Benutzung divergenter Reihen. Sein Verzicht auf den Begriff der allgemeinen oder formalen Potenzreihe implizierte nun insbesondere, daß er die von ihm zu beweisende Gleichung

$$(1 + x)^m = 1 + \frac{m}{1}\, x + \frac{m(m - 1)}{1 \cdot 2} x^2 + \ldots$$

neu zu interpretieren hatte. Während sie allgemein, und speziell auch im Ohmschen System, als *algebraische* Aussage verstanden wurde,[2] erklärte Abel nun (in Übereinstimmung mit der Sicht in Cauchys *"Cours d'Analyse"*), daß zwar für positive ganze *m* diese algebraische Auffassung angemessen sei. Wenn *m* keine natürliche Zahl sei, gehe die Reihe ins Unendliche fort und abhängig von *x* und *m* werde sie konvergieren oder divergieren. *"In diesem Fall setzt man nun ebenfalls die Gleichung*

$$(1 + x)^m = 1 + \frac{m}{1} \cdot x + \frac{m(m - 1)}{1 \cdot 2} \cdot x^2 + \ldots \quad ,$$

---

1) Abel [1902], 18

2) Für Ohm war der binomische Satz bei nicht-natürlichen *m* eine Gleichung zwischen zwei formalen Potenzreihen. Die linke Seite ist nach der allgemeinen Definition einer Potenz zu entwickeln

$$(1 + x)^m = e^{m \cdot \mathrm{Log}\,(1 + x)} = \sum_{\nu} \frac{\nu [\mathrm{Log}\,(1 + x)]^{\nu}}{\nu!}.$$

Da Log(1 + x) seinerseits durch eine Potenzreihe definiert ist, hat man also eine Potenzreihe, eingesetzt in eine andere, die durch algebraische Umformungen in die Form der rechtsstehenden Potenzreihe gebracht werden kann (vgl. Ohm [1829], 434–437).

aber dann drückt die Gleichung weiter nichts aus, als daß die beiden Ausdrücke

$$(1 + x)^m \quad und \quad 1 + \frac{m}{1} \cdot x + \frac{m(m-1)}{1 \cdot 2} \cdot x^2 + \dots$$

gewisse Eigenschaften gemein haben, von welchen für gewisse Werte von **m** *und* **x**, *die numerische Gleichheit der Ausdrücke abhängt.* "[1]

Diese Aussage ist aus zwei Gründen historisch bedeutsam. Zum ersten, weil hier überhaupt eine *Interpretation* einer derartigen Gleichung *fixiert* wurde, und zweitens, weil die Gleichheit *ohne jeden Bezug auf die syntaktischen Eigenschaften der Ausdrücke* bestimmt wurde.

Auch B. Bolzano hatte bereits 1816 in seinem Versuch, den binomischen Lehrsatz streng zu beweisen, darauf hingewiesen, daß man zunächst den Sinn des Satzes genau klären müsse, und behauptet, daß dies bisher nicht geschehen sei.[2] Er hatte dann die binomische Gleichung numerisch interpretiert so, daß $(1 + x)^m$ durch die binomische Reihe beliebig gut approximiert werden kann. Bolzanos und Abels Interpretation sind also ähnlich und dennoch wohl voneinander zu unterscheiden.

Im II. Abschnitt bewies Abel dann einige allgemeine Sätze über das Rechnen mit numerischen Reihen, die teilweise in Cauchys *"Cours d'analyse"* enthalten waren und die überhaupt erst die Möglichkeit eröffneten, mit Funktionen, die durch numerische Reihen definiert waren, unter Verzicht auf den Begriff der formalen Reihe, allgemein zu rechnen. Es handelte sich dabei um die Herleitung von Konvergenzkriterien, um eine Abschätzung einer unendlichen Summe von Produkten *("Abelsche Summation")*, um den Beweis, daß eine Potenzreihe überall, wo sie konvergiert, also möglicherweise auch in den Randpunkten, eine stetige Funktion ist, und daß die Grenzfunktion einer Potenzreihe, bei der die Koeffizienten stetige Funktionen einer Variablen sind, stetig in dieser Variablen ist, sowie der Beweis, daß das Produkt zweier konvergenter Reihen wieder eine konvergente Reihe ist.[3]

Im Abschnitt III untersuchte er dann die binomische Reihe für den Fall $|x| < 1$. Dabei ist bemerkenswert, daß er versuchte, so weit wie möglich ohne komplexe Zahlen zu arbeiten, er führte den gesamten Beweis auf das Rechnen mit reellen

1) Abel [1826], 4
2) Bolzano [1816], iv
3) Vgl. auch Bottazzini [1986], 113 ff.

Funktionen zurück. Für die binomische Reihe setzte er

$$\phi(m) = 1 + \frac{m}{1} \cdot x + \frac{m(m-1)}{1 \cdot 2} \cdot x + \dots = p + q \cdot i \quad ,$$

wobei

$$p = 1 + \lambda_1 \cdot \alpha \cdot \cos\theta_1 + \lambda_2 \cdot \alpha^2 \cdot \cos\theta_2 + \dots$$

$$q = \lambda_1 \cdot \alpha \cdot \sin\theta_1 + \lambda_2 \cdot \alpha^2 \cdot \sin\theta_2 + \dots$$

ist. Dabei ist $\alpha = |x|$, $\lambda_i = \left| \begin{pmatrix} m \\ i \end{pmatrix} \right|$ und θ_i das Gesamtargument des Terms

$\begin{pmatrix} m \\ i \end{pmatrix} x^i$.

Dann bewies er die Konvergenz der Reihen p und q, und das war für ihn gleichbedeutend mit der Konvergenz von $\phi(m)$ für jeden Wert $\alpha < 1$.

Entsprechend der im I. Abschnitt fixierten Bedeutung der Gleichheit verfuhr er dann völlig nach dem Vorbild Cauchys im *"Cours d'analyse"*. Er zeigte, daß

$$\phi(m) = 1 + \frac{m}{1} \cdot x + \frac{m(m-1)}{1 \cdot 2} \cdot x^2 + \dots$$

eine stetige Funktion von m und von x ist und daß sie der Funktionalgleichung

$$\phi(m+n) = \phi(m) \cdot \phi(n)$$

genügt. Der Unterschied zu Cauchy ist, daß hier m komplex sein kann, also $m = k + k' \cdot i$ für reelle k, k'.

Setzt man $\phi(m) = r \, (\cos s + i \cdot \sin s)$, so sind also r, s, k, k' durch irgendwelche Beziehungen

$$r = f(k, k') \quad \text{und} \quad s = \psi(k, k')$$

miteinander verbunden. Mit Hilfe der Funktionalgleichung für ϕ konnte Abel dann zwei Funktionalgleichungen für f und ψ ableiten, nämlich

$$f(k + l, \; k' + l') = f(k, \; k') \cdot f(l, \; l')$$

und

$$\psi(k + l, \; k' + l') = 2M\pi + \psi(k, \; k') + \psi(l, \; l') \quad ,$$

wobei M eine beliebige ganze Zahl ist.

Nach Beweis der Stetigkeit von f und ψ in Abhängigkeit von k und k', löste er dann beide Funktionalgleichungen und erhielt

$$\psi(k, \; k') = \beta \cdot k + \beta' \cdot k - 2M\pi$$

und

$$f(k, \; k') = e^{\delta k + \delta' k'}$$

mit Konstanten β, β', δ, δ', die nun noch zu bestimmen bleiben. Auf diesem Wege gelangte er schließlich nach sehr weitläufigen Rechnungen zu dem gewünschten Ergebnis:

$$\phi(m) = (1 + x)^m.$$

Im IV. Abschnitt folgte dann die Untersuchung der Reihe für den Fall $|x| = 1$. Abel zeigte, daß in diesem Fall die Konvergenz oder Divergenz der binomischen Reihe abhängig ist von der Größe des Realteils von m. Insgesamt war Abels Untersuchung der binomischen Reihe am Vorbild Cauchys orientiert, über Cauchy hinaus geht die Zulassung auch komplexer Exponenten m, die Betrachtung der Reihe auf dem Rand des Konvergenzkreises und der Versuch, Cauchys Argument für die Stetigkeit der Funktion $\phi(m)$ zu korrigieren.[1]

Bemerkenswert für den Stil der Arbeit und ihre Intentionen ist die Tatsache, daß Abel es nicht versäumte, aus der allgemeinen binomischen Formel, die explizit, also bei Zurückführung auf reelle Funktionen, außerordentlich kompliziert ist, eine ganze Reihe spezieller Beziehungen und Formeln abzuleiten, die für weitere

---

1) Dhombres [1986], 163/4

Rechnungen nützlich sein könnten. Unter anderem gewann er so die Formeln:

$$1 + \frac{m}{1} \cos \phi + \frac{m(m-1)}{1 \cdot 2} \cos 2\phi + \ldots = (2+2 \cos \phi)^{\frac{m}{2}} \cos m \left(\frac{\phi}{2} - \varrho\pi \right),$$

$$\frac{m}{1} \sin \phi + \frac{m(m-1)}{1 \cdot 2} \sin 2\phi + \ldots = (2 + 2 \cos \phi)^{\frac{m}{2}} \sin m \left(\frac{\phi}{2} - \varrho\pi \right)$$

von $\frac{\phi}{2} = \varrho\pi - \frac{\pi}{2}$ bis $\frac{\phi}{2} = \varrho\pi + \frac{\pi}{2}$, ϱ eine ganze Zahl.

Das sind aber nur leicht modifiziert die Ohmschen Formeln (8) und (9), aus denen Abel ganz genauso die Entwicklung von $(2 \cos x)^m$ und $(2 \sin x)^m$ in Reihen der Cosinus und Sinus vielfacher Bogen gewann. Er leitete dies mit der Bemerkung ein: *"In der neuesten Zeit haben sich mehrere Analysen mit der Entwicklung von $(2 \cos x)^n$ und $(2 \sin x)^n$ beschäftigt. Bis jetzt sind aber diese Bemühungen, wenn ich nicht irre, noch nicht ganz gelungen. Man ist freilich zu Ausdrücken gelangt, welche unter gewissen Einschränkungen richtig sind, sie sind aber nicht hinreichend streng begründet worden."*[1] Eine Bemerkung, die durch ihre unspezifische Allgmeinheit zeigt, daß Abel den ganzen Ansatz von Ohm und Poinsot für verfehlt hielt.

IV.4.3.   Reaktionen auf die Paradoxien und ihre Lösung

Die Gegensätzlichkeit der hier diskutierten Lösungen der Paradoxien um die Darstellung der Potenzen der Sinus und Cosinus einfacher Bögen durch Reihen der Sinus und Cosinus vielfacher Bögen kann nicht größer vorgestellt werden. Beide Ansätze sagen nur wenig oder nichts über den jeweils anderen aus, wenn man nicht die wenigen Hinweise Abels auf weitere Beispiele trigonometrischer Reihen, die ein im Vergleich zu Potenzreihen ungewöhnliches Verhalten zeigen, als eine solche implizite Auseinandersetzung verstehen will. Es ist klar, daß eine solche unbestimmte Gegensätzlichkeit ein weites Feld an Unsicherheit hinterläßt. Deshalb war die Auseinandersetzung auch nicht etwa beendet, nachdem spätestens 1825 durch Poinsots Publikation die richtigen Formeln bekannt waren (Ohms *"Aufsätze"* von 1823 scheinen erst in Folge dieser Publikation breiter rezipiert worden zu

---

1) Abel [1826], 37

sein), sondern die Intensität und Zahl der Publikationen erreichte erst nach dem Bekanntwerden der richtigen Resultate ihren Höhepunkt. Allerdings hatte diese Auseinandersetzung auch kein definitives Ergebnis, und sie ebbte Mitte der dreißiger Jahre wieder ab. Für die Durchsetzung der Positionen von Cauchy und Abel spielte sie keine Rolle mehr, vielmehr geschah dies, indem zunehmend die Probleme der Fourierreihen und Phänomene der Divergenz, absoluten und bedingten Konvergenz numerischer Reihen verstanden wurden, d.h. indem sich Cauchys Ansatz als machbar und in einigen Bereichen als überlegen erwies.

Die Reaktionen auf die Paradoxien und ihre Lösung nach 1825 waren sehr heterogen und bewegten sich auf ganz unterschiedlichen Ebenen. In einigen mathematischen Fachzeitschriften wurde das Problem durch die Publikationen von Poinsot und Ohm für erledigt gehalten. Dies traf insbesondere für das *'Bulletin de Férussac'* zu, das für die Bekanntmachung des Problems und seiner Lösung eine Schlüsselrolle gespielt hatte. Hier war 1824 ein erster Bericht über Poinsots Akademie-Vorlesung von 1823 erschienen.[1] Daraufhin publizierte Poisson *nach* Erscheinen von Poinsots *"Recherches"* einen kurzen Artikel, in dem er ebenfalls eine Herleitung der richtigen Formeln gab, nicht ohne darauf hinzuweisen, daß sein Weg direkter und eleganter sei als der Poinsots.[2] Darauf erfolgte ein ausführlicher Bericht über Poinsots *"Recherches"* durch den Redakteur Saigey, gefolgt von einer kurzen Note Poinsots, in der er sich gegen Poissons Angriff verwahrte und seine Priorität feststellte.[3] Poisson schrieb daraufhin einen weiteren Artikel mit einer neuen Herleitung, die es gestattete, weitere Entwicklungen für die Potenzen der Sinus und Cosinus zu gewinnen, also ein Versuch, das Problem zu *verallgemeinern*.[4] 1826 erschienen noch ein Artikel von Pagani[5] und eine Selbstanzeige der *"Aufsätze"* durch M. Ohm.[6] Man schien damit im *"Bulletin"* das Problem für erschöpfend behandelt zu halten, denn die Besprechung von Cauchys *"Exercises d'analyse"*, in deren erstem Abschnitt die Paradoxien ebenfalls behandelt worden waren, ging mit einem milden Hinweis auf Poinsots Ergebnis über diesen Punkt hinweg und bei der Besprechung des ersten Bandes von Crelles Journal hieß es aus Anlaß eines Artikels von L. Olivier, daß man dieses Problem nun für hinreichend erörtert halte und künftig darauf nicht mehr eingehen werde.[7]

---

1) Saigey [1824]
2) Poisson [1825]. Poinsots *"Recherches"* hatten umgekehrt einige Seitenhiebe auf Poisson enthalten.
3) Saigey [1825] und Poinsot [1825a]
4) Poisson [1825a]
5) Pagani [1826]
6) Ohm [1826]
7) Bulletin de Férussac [1826], Bd. 6, 21 und 112

Auch die in Wien erscheinende *"Zeitschrift für Physik und Mathematik"* behandelte das Problem in zwei Artikeln des Herausgebers A.v. Ettingshausen und kam dann auf die Angelegenheit nicht mehr zurück.[1] In diesen Artikeln drückte sich ein weiterer Typ der Auseinandersetzung mit diesen Paradoxien aus, nämlich die Frage zu stellen, was der eigentliche Grund für die falschen Resultate gewesen sei und welche methodologischen Schlußfolgerungen deshalb daraus zu ziehen seien. V. Ettingshausen nannte hier vor allem zwei Punkte, man habe den wahren Sinn der Moivreschen Formeln außer aucht gelassen (dies Argument in Anknüpfung an Poinsot) und die Anwendung der Methode der unbestimmten Koeffizienten zu weit getrieben. In diesem Sinne äußerte er sich auch in seinen *"Vorlesungen über die höhere Mathematiik."*[2]

Die Suche nach der Diagnose der Schwierigkeiten und den daraus zu ziehenden Schlußfolgerungen führte K.D. Münchow zu der Behauptung, die Moivreschen Formeln seien nur für $-\frac{\pi}{2} < x < \frac{\pi}{2}$ gültig,[3] während F. Bredow in einer von H.F. Scherk veranlaßten Dissertation sogar die Gültigkeit der gebräuchlichen Reihenentwicklungen für Sinus und Cosinus auf dieses Intervall einschränken wollte.[4]

Aber auch der Versuch, günstigere Formeln für die Summen der Reihen X und Y zu finden, wurde fortgesetzt, so von Olivier [5] und Crelle [6], der sich zur Zeit der Abfassung von Ohms *"Aufsätzen"* viel mit dem Problem beschäftigt hatte, und der sich noch 1830 um eine bessere Gestalt und durchsichtigere Herleitung der richtigen Formeln bemühte.[7] Eine weitere Version steuerte auch Peacock in seinem berühmten *"Report on the Recent Progress and Present State of Certain Branches of Analysis"* bei.[8]

---

1) v. Ettingshausen [1826 a] und [1826 b]
2) v. Ettingshausen [1827], VII und 123ff.
3) Münchow [1826]
4) Bredow [1829]
5) Olivier [1826]
6) Neben der Arbeit Crelle [1822/23] in einer 40 Seiten langen Anmerkung zu seiner Übersetzung von Lagranges *"Leçons"* (Crelle [1823 a], Bd. 2, 318–358) und im 3. Kapitel von Crelle [1823], 321–369. Während er in den beiden erstgenannten Arbeiten der richtigen Summation der Reihen X und Y sehr nahegekommen war, zog er sich in der Arbeit [1823] wegen einer Beweislücke, die er in diesen Arbeiten entdeckt hatte, auf eine Aussage zurück, die zur Summation der Reihen nichts beitrug.
7) Crelle [1830]
8) Peacock [1834], 262–64

Als Versuch einer möglichst eleganten und kurzen Herleitung kann Cauchys Behandlung von 1826 betrachtet werden.[1] E.E. Kummer hat in seiner ebenfalls von H.F. Scherk veranlaßten, preisgekrönten Dissertation noch einmal die Geschichte der Paradoxien dargestellt und dann das Problem *verallgemeinert*, indem er (insbesondere mit Hilfe der Γ-Funktion) neue Klassen von Darstellungen der Potenzen von Sinus und Cosinus entwickelte, so daß, wie er in einer weiteren Arbeit sagte, die *"Functionen (cos x)^n und (sin x)^n so viele verschiedene Reihen-Entwickelungen haben, welche nach Cosinus oder Sinus der Vielfachen von x geordnet sind, als bis jetzt wohl noch von keiner der sämmtlichen analytischen Functionen bekannt sind."*[2]

In einer kritischen Auseinandersetzung mit Ohm bescheinigte er diesem zwar 1842, daß er als einer der ersten in dieser Auseinandersetzung klar gesehen habe, das ändere aber nichts an der Verfehltheit seiner generellen Ansichten.[3]

IV.5. Die Vielschichtigkeit der Neubegründung der Analysis

IV.5.1. Das Problem der divergenten Reihen

Die Arbeiten von Ohm und Abel, die wir im vorigen Abschnitt diskutiert haben, enthielten einen konzeptionellen Anspruch, der weit über die Notwendigkeiten des konkret zu lösenden Problems hinausging und auf die Fixierung grundsätzlicher Positionen abzielte. So wie es in den programmatischen Passagen der Arbeit von Abel dargestellt wurde, ging es dabei vorwiegend um die Frage der Zulässigkeit oder Unzulässigkeit divergenter Reihen.

Ohms Standpunkt dazu war der folgende. Er hielt es auf der einen Seite für unerläßlich, im Sinne eines direkten (synthetischen) Vorgehens Beschränkungen in die Praxis der indirekten (analytischen) Methoden einzuführen. Auf der anderen Seite aber sollten diese Beschränkungen so *sparsam wie möglich* sein, um nicht jene nützlichen Methoden auszuschließen, von denen die Mathematiker des 18. Jahrhunderts einen so erfolgreichen Gebrauch gemacht hatten. Das hieß für ihn, durch die Unterscheidung von allgemeinen und numerischen Reihen das Problem der Reihenkonvergenz systematisch in die Theorie einzuführen, ohne damit den Gebrauch divergenter Reihen auszuschließen und zu verbieten.

Als Ohm 1823 seine *"Aufsätze ..."* publizierte, vertrat er damit eine Auffassung,

---

1) Cauchy [1826]
2) Kummer [1832]. Das Zitat aus: Kummer [1835], 110
3) Kummer [1842]

die im Vergleich zur Mehrzahl seiner Zeitgenossen besonders weitgehend war. Ohm hatte ja der Untersuchung der Konvergenz der binomischen Reihe in den "Aufsätzen ... " einen breiten Raum gewidmet. Er hatte darüber hinaus mit einem etwas unklaren Argument die Nichtberücksichtigung der Konvergenz für den fälschlichen Beweis von Lagrange verantwortlich gemacht. Damit war er zu weit gegangen, denn Poinsot zeigte in seiner Auflösung der Paradoxien, daß der Beweis von Lagrange korrigiert werden kann, wenn man bei der Bestimmung des ersten Koeffizienten in der Reihenentwicklung die Vielfachheiten der Potenzfunktion berücksichtigt. Nach Poinsot lag der Defekt im Beweis von Lagrange also an genau derselben Stelle wie im Beweis von Euler und konnte daher mit denselben Mitteln, wie sie Ohm gebraucht hatte, behoben werden.

In Poinsots "Recherches ... " findet sich die Bemerkung, die Konvergenz einer Reihe "est nécessaire à son exactitude"[1], was Burkhardt zu der Behauptung veranlaßte, Poinsot sei neben Abel und Cauchy ein entschiedener Gegner des Rechnens mit divergenten Reihen gewesen.[2] Aber im Gegensatz zu dieser Einschätzung findet sich in der ganzen Arbeit Poinsots keine einzige Konvergenzbetrachtung, er nahm vielmehr die Gültigkeit seiner Formeln für die Reihen X und Y auch für beliebige negative m in Anspruch.[3] Auch läßt das Zitat, vollständig angeführt, nur die gegenteilige Schlußfolgerung zu. Poinsot wollte an dieser Stelle gegen Poisson daran festhalten, daß es legitim sei, von bestimmten Formeln zu sagen, sie seien allgemein gültig, obwohl man wisse, daß man bei ihrer Anwendung gewisse Einschränkungen machen müsse. Dazu führt er das Beispiel der binomischen Reihe an, die man auch für allgemein gültig erkläre, obwohl sie gewissen Beschränkungen unterliege. Dann fuhr er fort: "Et en effet, pour affirmer qu'elle [die binomische Formel] convien à un exposant quelquonque, il faut nécessairement supposer que x est compris entre −1 et l'infini; sans quoi la formule sera en défaut pour tous les exposants de dénominateur pair: et, si l'on veut que la série soit toujours convergente (ce qui est nécessaire à son exactitude), il faut même que x soit compris entre 1 et −1."[4]

Die erste von Poinsot hier genannte Einschränkung, daß $x \geq -1$ sein müsse, hat ihren einfachen Grund, daß für $x < -1$ der Ausdruck $(1 + x)$ negativ würde und das heißt, daß im allgemeinen der Ausdruck

$$(1 + x)^m$$

1) Poinsot [1825], 70
2) Burkhardt [1910/11], 176
3) z.B. Poinsot [1825], 67
4) Poinsot [1825], 70

dann keinen reellen Wert mehr hätte. Da aber für reelle Zahlen x die Reihe

$$\sum_{\nu=0}^{\infty} \begin{pmatrix} m \\ \nu \end{pmatrix} x^{\nu}$$

reell bliebe, würde hier wieder die Frage auftreten, ob man nicht *im Sinne der Strategie der Vervollständigung der Formeln* einen Korrekturfaktor einführen müsse, der dieses Problem löst; deshalb Poinsots Einschränkung der Gültigkeit der binomischen Formel, wenn man sie in der üblichen Gestalt beläßt. Wie wenig Poinsot daran dachte, nur konvergente Reihen zuzulassen, wird daran deutlich, daß das ganze Problem überhaupt nicht auftreten würde, wenn man die Reihe auf ihren Konvergenzbereich beschränkte.[1]

Auch die Referate der Arbeiten von Poinsot und Ohm im *"Bulletin de Férussac"* zeigen, daß Ohm dem Konvergenzproblem einen höheren Stellenwert beimaß als Poinsot.[2] In der Besprechung der Poinsotschen Arbeit wurde das Konvergenzproblem nicht erwähnt, während Ohm in seiner Selbstanzeige großes Gewicht darauf legte und seiner Konvergenzuntersuchung eine ebenso große Bedeutung beimaß wie der Herleitung der richtigen Formel.

Abels Auffassung, daß der Gebrauch divergenter Reihen generell unzulässig sei, spitzte die Diskussion also zu. Am schärfsten hatte er dies in dem erwähnten Brief an Holmboe vom 26. Januar 1826 ausgesprochen: *"Les séries divergentes sont en bloc une invention du diable, et c'est une honte que l'on ose fonder sur elles la moindre démonstration. On peut en tirer tout ce qu'on veut quand on les emploie, et ce sont elles qui ont produit tant d'échecs et tant de paradoxes."*[3] Allerdings war sich Abel durchaus bewußt, daß die Entscheidung gegen den Gebrauch divergenter Reihen ihre Probleme hatte und überhaupt nicht selbstverständlich war. Daher formulierte er in der publizierten Studie über die binomische Reihe wesentlich vorsichtiger. *"Ein anderes Verfahren, welches man häufig in der Analysis antrifft, und welches nur zu oft auf Widersprüche führt, ist das: divergente Reihen zur Berechnung numerischer Werthe von Reihen zu gebrauchen. Eine divergierende Reihe kann nie einer bestimmten Größe* **gleich** *sein: sie ist bloss ein Ausdruck mit gewissen Eigenschaften, die sich auf die Operationen beziehen, denen die Reihe unterworfen ist. Die divergierenden Reihen können zuweilen mit Nutzen als*

---

1) Offenbar als Reaktion auf solche Probleme hatte Ohm in seinen *"Aufsätzen ..."* das Prinzip aufgestellt, daß ein Vergleich von Realteil und Imaginärteil zweier Ausdrücke eine Wertbestimmung voraussetze und daher nur **nach** Feststellung der Konvergenz ausgeführt werden könne. Die Wertigkeit der Konvergenzuntersuchung war bei ihm also höher als bei Poinsot.
2) Saigey [1825] und Ohm [1826]
3) Abel [1902], 16

*Symbole dienen, diese oder jene Sätze kürzer auszudrücken; aber man darf sie nie
an die Stelle bestimmter Größen setzen. Thut man es, so kann man beweisen, was
man will: Unmögliches sowohl als Mögliches.*"[1] Ebenso vorsichtig war auch
Cauchy in der Einleitung zu seinem *"Cours d'Analyse"* gewesen, *"... je me suis
vu forcer d'admettre plusieurs propositions qui paraitront peut-être un peu dures
au premier abord. Par example j'énonce qu'une série divergente n'a pas de
somme.*"[2]

Man sieht, streng genommen befanden sich Cauchy und Abel mit diesen Äußerungen nicht im Widerspruch zu Ohm. Die Differenzen begannen erst da, wo es um
den Stellenwert ging, den man den divergierenden Reihen einräumte. Der war bei
Abel und Cauchy marginal, während Ohm und viele andere der damaligen
Mathematiker dem Rechnen mit formalen (auch divergierenden) Reihen eine
prinzipielle Bedeutung beimaßen.

Diese Differenz wurde erneut deutlich, als 1839 Abels Brief an Holmboe publiziert
wurde.[3] Ohm reagierte darauf in seinem *"Der Geist der mathematischen Analysis ..."*[4] von 1842, wo er seine Position noch einmal zusammenfassend darstellte.
Nachdem er ausführlich aus Abels Brief zitiert hatte, fuhr er fort: *"Ob aber die
Reihen, mit denen man umgeht, und aus denen man Folgerungen zieht, allemal
und nothwendig konvergent seyn müssen, davon hat sich der Vfr. dieses Aufsatzes
gar nicht überzeugen können; ja er ist im Gegentheil der Meinung, daß die Reihen, so lange sie allgemein sind, so daß weder von ihrer Konvergenz noch von
ihrer Divergenz die Rede seyn kann, gehörig gehandhabt, nothwendig und unbedingt allemal richtige Resultate liefern müssen."* [5]

Daß es ihm dabei um die Sicherung und rationelle Begründung einer in seinen
Augen erfolgreichen existierenden Praxis ging, wird in dieser Schrift an verschiedenen Stellen deutlich, z.B.: *"Die verschiedenen Methoden der Auswerthung
numerisch-bestimmter Integrale wollen wir in einer 'dritten Abhandlung' einer
Musterung unterwerfen. Wir werden dann sehen, wie sich selbst die Wege, auf*

---

1) Abel [1826], 4
2) Cauchy [1821], iv
3) Holmboe [1839]
4) Ohm [1842]. Diese Schrift wurde auch ins Englische übersetzt.
5) Ohm [1842], 5/6

denen Euler zu dem Werte von

$$\int_0^\infty \frac{\sin x}{x} \cdot dx$$

und Laplace zu dem Werte von

$$\int_0^\infty \cos rx \cdot e^{-a^2x^2} \cdot dx$$

(d.h. zur Zurückführung dieses Integrals auf dies andere

$$\int_0^\infty e^{-t^2} \cdot dt \ )$$

gelangt ist, und welche spätere Analysten für nicht zulässig gehalten haben, völlig gerechtfertigt finden, und zur schnelleren Auffindung der Werthe neuer nume-risch-bestimmter Integrale wohl genützt werden können, wenn sie nur mit Bewußt-seyn verfolgt werden."[1]

Wie die Analysen der Paradoxien um die Reihen der Sinus und Cosinus vielfacher Bögen durch Ohm und Poinsot gezeigt hatten, trug das Verbot, mit divergenten Reihen zu rechnen, nur in sehr unspezifischer Weise zur Auflösung der Probleme bei. Im Grunde wurde damit sogar von der eigentlichen Schwierigkeit, dem Rechnen mit Vielfachheiten, abgelenkt. Zu einer ähnlichen generellen Schlußfolge-rung kommt auch H. Burkhardt, wenn er feststellt, daß "den Autoren, die durch Beispiele erweisen wollten, daß das Rechnen mit divergenten Reihen zu falschen Resultaten führen könne, dabei fast immer auch noch andere Schlüsse von zweifel-hafter Zulässigkeit mit unterliefen, denen dann die Verteidiger der divergenten Reihen die Schuld an dem Widerspruch zuschieben konnten."[2]

Die konkreten rechnerischen Probleme rechtfertigten also das Verbot der divergen-ten Reihen nicht. Man hat daher nach anderen Gründen für dieses Verbot zu suchen, wenn man die unterschiedlichen Auffassungen wirklich verstehen will. Die

1) Ohm [1846], 169
2) Burkhardt [1910/11], 205

Diskussion um die divergenten Reihen war lediglich der Katalysator einer Auseinandersetzung, deren Logik durch andere, allgemeinere Fragen bestimmt wurde.

IV.5.2. Einige metatheoretische Motive: Interpretation der Gleichheit, Einfachheit der Theorie, Verallgemeinerung

Man gewinnt einen Zugang zu diesen allgemeinen Problemen, wenn man sich die *unterschiedlichen Interpretationen der binomischen Formel*

$$(1 + x)^n = \sum \begin{bmatrix} n \\ \nu \end{bmatrix} x^\nu$$

durch Ohm einerseits und Cauchy/Abel andererseits vergegenwärtigt. Für Ohm handelte es sich bei dieser Formel um eine allgemeingültige, formale, vieldeutige Gleichung, aus der sich nach Bedarf Zahlen- (oder Wert-)Gleichungen ableiten lassen. Für ihn dominierte also, entsprechend seinem allgemeinen Gleichungsbegriff, *eine algebraische oder syntaktische Sicht*. Die numerische Interpretation wurde einem genau regulierten Verfahren überlassen, das in jedem Einzelfall der Anwendung dieser Formel durchzuführen war, von dem aber die Theorie und die theoretische Rechnung, die als syntaktisches Operieren verstanden wurden, nicht berührt waren.

Im Gegensatz dazu sahen Cauchy und Abel in derselben Beziehung eine *Gleichung zwischen (numerischen) eindeutigen, reellen, stetigen Funktionen*. Komplexe Zahlen dienten nur zur abgekürzten Schreibweise mehrerer Gleichungen. Es kann als Folge der in Berlin geführten grundlagentheoretischen Diskussionen betrachtet werden, daß Abel im Unterschied zu Cauchy, der darüber kein Wort verlor, ausdrücklich auf die Frage einging, wie denn die Gleichung zwischen dem endlichen Ausdruck $(1 + x)^n$ und dem unendlichen $\sum \begin{bmatrix} n \\ \nu \end{bmatrix} x^\nu$ im Falle nicht-natürlicher n überhaupt zu interpretieren sei. Abels und Cauchys Interpretation ist durch den numerischen und funktionalen Gesichtspunkt dominiert. Die Zeichen $(1 + x)^n$ und $\sum \begin{bmatrix} n \\ \nu \end{bmatrix} x^\nu$ beschreiben numerische Funktionsverläufe, die bestimmte allgemeine Eigenschaften gemeinsam haben, so daß aus ihnen auf numerische Gleichheit, und das ist für Cauchy und Abel die einzig akzeptable Form von Gleichheit, geschlossen werden kann.

Damit war im Zeichen der Strenge sowohl von Ohm, als auch von Cauchy/Abel eine Bedeutungsfixierung des Gleichungsbegriffs vorgenommen worden, die gegenüber der Tradition des 18. Jahrhunderts und dem informellen, impliziten Verständnis der meisten zeitgenössischen Mathematiker eine Einschränkung auf einen Teilaspekt darstellte.

Die gegensätzliche Interpretation des Gleichungsbegriffs durch Ohm und Abel hatte gegensätzliche Konsequenzen auf ganz verschiedenen Ebenen des mathematischen Denkens und der mathematischen Theorie.

Zunächst betraf dies ganz unmittelbar die Frage, *was die Zeichen der (reinen) Mathematik* bedeuten und *was die Gegenstände der (reinen) Mathematik* sind. Für Ohm bedeuteten diese Zeichen *sich selbst,* (reine) Mathematik treiben hieß, gegebene Zeichenstrukturen *("Formen")* nach vorgegebenen Regeln umzuformen.[1]

Für Abel und Cauchy sind die Zeichen Darstellungen theoretischer (mathematischer) Objekte, die von ihnen wohl zu unterscheiden sind. Mathematik treiben heißt dann, theoretische Objekte zu analysieren, die durch Beziehungen, denen sie genügen und die mit Hilfe von Zeichen dargestellt werden, (indirekt) gegeben sind. Dies hat Abel in seiner Interpretation der binomischen Formel klar ausgesprochen. Dieser *relationale Standpunkt* zur Mathematik[2] fand in der Methode des *Arbeitens mit Funktionalgleichungen,* die Abel von Cauchy übernommen hatte, seinen vollendeten Ausdruck.[3] In seiner Grundidee ist der Funktionalgleichungssatz völlig analog zu Descartes' Insistieren auf der analytischen Methode als einem Operieren mit indirekt gegebenen Größen gegenüber dem synthetischen Vorgehen der Euklidischen Methode.

Dies stellt Cauchy in eine interessante, in seinem Selbstverständnis möglicherweise gar nicht gewollte Parallele zu Lagrange, insofern letzterer in der zitierten 10. und 11. Lektion seines *"Calcul ..."* die Benutzung von Differentialgleichungen gerade als universelles Mittel angesehen hatte, Probleme so zu verallgemeinern, daß sie lösbar werden.

---

1) Als eine Bestimmung von Algebra findet man diese Idee auch bei Poinsot [1825], 80. Algebra *"est bien moins la science des grandeurs que celle de l'ordre et des transformations générals du calcul".*
2) Die Relevanz der hier getroffenen Unterscheidung für die Geschichte der Analysis in der 2. Hälfte des 19. Jahrhunderts zeigt G. Richenhagen in seinem Buch über C. Runge (1856–1927). Er benutzt dort das Begriffspaar *"arithmetisch–konstruktiv"* zur Charakterisierung der Position von Weierstrass und Runge versus *"relational–deskriptiv"* zur Charakterisierung der Riemannschen Gegenposition und bestimmten zu Runge gegensätzlichen Ansätzen in der numerischen Mathematik, etwa der Theorie der besten Approximation (vgl. Richenhagen [1985], Kap. IV).
3) Auf die zentrale Rolle der Funktionalgleichungen für den gesamten *"Cours d'analyse"* von Cauchy hat J. Dhombres hingewiesen (Dhombres [1986], 157ff.).

In den nachgelassenen Notizbüchern Abels findet sich übrigens ein Manuskript mit dem Titel *"Développement de (cos x)ⁿ et (sin x)ⁿ"*[1] , in dem er die Reihenentwicklungen für diese Ausdrücke direkt, ohne den Umweg über die binomische Formel zu gewinnen versuchte. Für die Funktionen

$$f(m) = \sum \begin{bmatrix} m \\ \nu \end{bmatrix} \cos (m - 2\nu) x$$

und

$$\phi(n) = \sum \begin{bmatrix} n \\ \nu \end{bmatrix} \sin (n - 2\nu) x$$

leitete er dort die Funktionalgleichungen

$$f(m + n) = f(m) \cdot \phi(n) + f(n) \cdot \phi(m)$$

und

$$\phi(m + n) = \phi(m) \cdot \phi(n) - f(m) \cdot f(n)$$

ab und löste diese dann: eine Übung zur Exploration der allgemeinen Bedeutung und Handhabbarkeit des Funktionalgleichungsansatzes.

Die Konsequenzen der gegensätzlichen Positionen betrafen in bestimmter Hinsicht auch die Sicht des *Verhältnisses von (mathematischer) Theorie und Anwendung*. Die Ohmsche Auffassung der binomischen Formel als einem vieldeutigen algebraischen Ausdruck lief ja darauf hinaus, im Kernbestand der mathematischen Theorie möglichst einfache, durchsichtige und universell handhabbare Formeln und Sätze zu haben, während die Herstellung eindeutiger numerischer Beziehungen, die man in einem konkreten Anwendungsfall möglicherweise benötigte, eben auf diese Anwendung verschoben wurde und dort, wie wir an unserem Beispiel gesehen haben, teilweise mit erheblichen Komplikationen verbunden war.

Mathematisch gesehen stand dazu das Vorgehen von Cauchy und Abel in geradem Gegensatz, insofern sie die Komplexität der numerischen Anwendungen in die Formulierung des binomischen Satzes hereinnahmen. Die Ableitung der richtigen Formeln für die Darstellung der Potenzen der Cosinus und Sinus durch die Viel-

---

1) Abel [o.J.]

fachen ihrer Bögen erforderte dann nur noch eine triviale und mechanisch voll-
ziehbare Einsetzoperation. In den einleitenden Bemerkungen der Arbeit über die
binomische Reihe legte Abel großen Wert auf die Feststellung, daß sein Beweis
des binomischen Satzes seiner Auffassung nach nicht nur strenger sei, sondern
selbst dann, wenn man die formale Auffassung der anderen Richtung akzeptiere,
sei seine Arbeit immer noch von Wert, *weil er eine stärkere Aussage beweise*, als
dies üblicherweise geschehe. Er schrieb: *"Selbst wenn man die Existenz der
obigen Gleichung* **voraussetzte** *[also die formale Auffassung], müsste dennoch der*
Werth *von (1 + x)^m gesucht werden; denn der Ausdruck hat im allgemeinen
unendlich viele verschiedene Werthe, während die Reihe 1 + mx + ... nur einen
einzigen hat.* "[1] In heutiger Sprechweise zeigte er, daß man den Hauptwert des
Ausdrucks $(1 + x)^m$ links hält, wenn man auf der rechten Seite für $x^\nu (\nu = 0,$
$... \infty)$ jeweils den Hauptwert wählt. Die binomische Formel, so wie Abel sie
schrieb, lautete:

$$1 + \frac{m + ni}{1} (a + bi) + \frac{(m + ni)(m - 1 + ni)}{1 \cdot 2} (a + bi)^2 + ...$$

$$+ \frac{(m + ni)(m - 1 + ni) ... (m - u + 1 + ni)}{1 \cdot 2 ... u} (a + bi)^u + ...$$

$$= ((1 + a)^2 + b^2)^{\frac{m}{2}} \cdot e^{-n \, \text{arctang} \left[\frac{b}{1 + a} \right]} \cdot$$

$$\left[\cos \left[m \, \text{arctang} \left[\frac{b}{1 + a} \right] + \frac{n}{2} \log ((1 + a)^2 + b^2) \right] \right.$$

$$\left. + i \cdot \sin \left[m \, \text{arctang} \left[\frac{b}{1 + a} \right] + \frac{n}{2} \log ((1 + a)^2 + b^2) \right] \right]$$

Die Betrachtung dieser Formel ist aufschlußreich. Auf der einen Seite zeigt sie,
wie komplex die Aussage des binomischen Satzes tatsächlich ist.[2] Auf der anderen Seite wird daran aber auch deutlich, wie die rigorose Verwirklichung des
Standpunkts, mit eindeutigen Funktionen zu rechnen, in gewissem Sinn auch

---

1) Abel [1826], 5
2) Knopp [1964], 439

negative Effekte zeitigte.[1] Es erfordert ja einigen Aufwand, wirklich zu verifizieren, daß auf der rechten Seite nur eine explizite Schreibweise des Ausdrucks

$$(1 + z)^w \quad \text{(mit } z = a + ib \text{ und } w = m + in)$$

steht, von einem Arbeiten mit dieser Formel einmal ganz abgesehen. Die algebraische Durchsichtigkeit und explorative, heuristische Kraft der binomischen Formel ist in dieser Formulierung völlig verlorengegangen. Unter diesem Gesichtspunkt hatte also die Abelsche Lösung nichts Anziehendes. Es wird daran zugleich deutlich, wie stark die Entwicklung zur komplexen Funktionentheorie drängte, in der sowohl der Standpunkt des Rechnens mit eindeutigen Funktionen realisiert ist, als auch die algebraische Struktur vieler Probleme respektiert wird, wie es im Weierstraßschen Ansatz so vollendet ausgeführt ist.

Man wird sicher nicht schließen dürfen, daß Abel sich von gegenteiligen Auffassungen leiten ließ, aber sein Interesse, eine neue inhaltliche Sicht durchzusetzen, führte zu einem Zeitpunkt, als diese Sicht noch nicht allseitig ausgearbeitet war, zu einer gewissen Kollision mit einem Theorienideal, wie es vielen Autoren des frühen 19. Jahrhunderts vorschwebte.

Ohm hat 1829 eine namentlich unterzeichnete Rezension der deutschen Übersetzung von Cauchys *"Cours d'analyse"*[2] in der Leipziger Literatur–Zeitung publiziert, die die unterschiedliche Sicht auf die Stellung und Bedeutung der unendlichen Reihen und auf die Frage nach der Allgemeingültigkeit von Formeln mit hinreichender Klarheit zum Ausdruck brachte.[3] Ohm schrieb dort: *"Im sechsten Capitel findet sich dagegen (bey den unendlichen Reihen) eine größere Ausbeute. Anerkannt schön sind einige Sätze über Convergenz der Reihen; sehr wahr ist die Behauptung, dass eine divergente Reihe keine Summe habe; dagegen würde es schlimm mit der Anwendung der Analysis aussehen, wenn wir mit Reihen nur dann rechnen könnten, sobald sie konvergent sind, wenn wir deshalb die Sätze mit derjenigen Beschränkung nur statt finden lassen dürften, welche, um ein Beispiel zu geben, S. 122 für den Gebrauch der Binomialreihe für $(1 + x)^\mu$ gegeben wird, die nur soll gebraucht werden können für ein gebrochenes μ, wenn x zwischen den*

---

1) Abel hat seine Auffassung in dieser Arbeit ganz konsequent durchgehalten. Mit Ausnahme der einleitenden Passage taucht die Schreibweise $(1 + x)^n = \sum \begin{pmatrix} n \\ \nu \end{pmatrix} x^\nu$ in der ganzen Arbeit nicht wieder auf.

2) Cauchy [1828]

3) Ohm [1829a]

Grenzen +1 und −1 liegt. Der grösste, ja vielleicht der einzige Werth der Analysis besteht gerade darin, dass wir in ihr gerade diejenigen allgemeinen Betrachtungen anstellen, welche von den bestimmten speziellen Werthen der Größen ganz unabhängig sind, oder, um uns praktisch auszudrücken, dass wir mit **noch ganz unbestimmten** *Grössen rechnen können. Wer möchte noch analytische Rechnungen anstellen wollen, sobald man keinen Schritt tun könnte, ohne erst alle möglichen Beschränkungen gehörig berücksichtigt zu haben?"* An anderer Stelle bemerkte er: *"Auch hier findet man bey den einzelnen Formeln eine Menge überflüssiger Beschränkungen, so dass man von dem Verf. mit Recht sagen kann, er sey in den entgegengesetzten Fehler der meisten Analysten gefallen, d.h. er habe zu sehr die Allgemeinheit der Formeln beschränkt, welche die letztern oft allzu allgemein und fast jedesmal viel allgemeiner gelten lassen, als die in ihrer Natur und ihrem Wesen liegende Allgemeinheit es erlaubt."*[1]

Ohm kritisierte Cauchy also, weil dieser seiner Auffassung nach ein zu wenig allgemeines Vorgehen wähle und die existierende erfolgreiche Praxis der Mathematik zu sehr beschränke.[2] Gleichzeitig wird aber auch deutlich, daß beide Autoren von der Notwenigkeit ausgingen, Beschränkungen und Regulative in die Praxis des Arbeitens mit Formeln einzuführen. In der Einleitung zum *"Cours d'analyse"* hat Cauchy diese Intention klar ausgesprochen: *"Quant aux méthodes, j'ai cherché à leur donner toute la rigueur qu'on exige en géométrie, de manière à ne jamais recourir aux raisons tirées de la généralité de l'algèbre. Les raisons de cette espéce, quoique assez communément admises, sourtout dans le passage des séries convergentes aux séries divergentes, et des quantités réelles aux expressions imaginaires, ne peuvent être considérées, ce me semble, que comme des inductions propres à faire pressentir quelquefois la vérité, mais qui s'accordent peu avec l'exactitude si vantée des sciences mathématiques. On doit même observer qu'elles tendent à faire attribuer aux formules algébriques une étendue indéfinie, tandis que, dans la réalité, la plupart de ces formules subsistent uniquement sous certaines conditions, et pour certaines valeurs des quantités qu'elles renferment."*[3]

Die Strategien allerdings, von denen beide Autoren Gebrauch machten, um den Umgang mit Formeln zu rationalisieren, waren, wie wir gesehen haben, ganz

---

1) Ohm [1829a], Sp. 2035/36
2) Auch A.L. Crelle schien ähnlich zu denken, als er Cauchys Vorgehen als *"übermäßig kompliziert"* bezeichnete (Eccarius [1974], 23).
3) Cauchy [1821], ii/iii. Weitere Äußerungen dieser Einleitung belegen, wie sehr Cauchy sich dabei von allgemeinen Überlegungen leiten ließ. Vor allem wandte er sich wohl gegen die in der Aufklärungsphilosophie verbreitete Vorstellung der Existenz einer universellen, allgemeingültigen wissenschaftlichen Methode.

gegensätzlich. Das führte im Hinblick auf die Frage, wie sie die Rolle der Verallgemeinerung in der Mathematik sehen, zu einer ganz paradoxen Situation. Dies läßt sich an Cauchys Formulierung, daß er niemals zu Beweisgründen seine Zuflucht genommen habe, *"welche von der algebraischen Allgemeingültigkeit hergenommen sind"*, festmachen. Zunächst muß dazu festgestellt werden, daß jedenfalls Autoren wie Lagrange dieses Prinzip nicht als Beweisgrund genommen haben, sondern als ein mächtiges methodologisches Postulat verstanden, um Probleme zu verstehen und zu lösen. Als methodisches Prinzip aber hatte diese Strategie, wie die Entwicklung der neuzeitlichen Mathematik gezeigt hatte, einen höheren Stellenwert, als den einer bloßen Induktion, wie Cauchy sich abschätzig ausdrückte. Darüber hinaus hatte Ohm nun in seinem *"Vollkommen consequenten System"* gezeigt, daß eine Rationalisierung dieses Prinzips möglich ist, derart daß es auch als *"Beweisgrund"* benutzt werden kann. Diese Rationalisierung war gerade das *"Permanenzprinzip"*, die *"Methode der idealen Elemente"* oder Ohms Kriterium, daß überall da, wo die formalen Gleichungen auf absolute Zahlen führen, *"Notwendigkeit der Resultate"* gewährleistet sein muß.[1] Für den Aufbau des Systems der komplexen Zahlen hatte sich dieses Prinzip vollkommen bewährt, und es war zunächst sehr plausibel, daß es auch geeignet war, den Zusammenhang von divergenten und konvergenten Reihen angemessen zu konzeptualisieren.

IV.5.3. Sichtweisen des Funktionsbegriffs

Die Paradoxie dieser Auseinandersetzung liegt nun in der Tatsache, daß die von Ohm so beklagte restriktive Haltung Cauchys im Hinblick auf die in der Mathematik zulässige Allgemeinheit des Schließens tatsächlich zu einer enormen Verallgemeinerung der gesamten Begrifflichkeit der Analysis geführt hat. Insbesondere war es eben möglich, die Probleme, die sich mit den trigonometrischen Reihen stellten, erfolgreich anzugehen. Dies ist schon häufiger dargestellt worden.[2] Diese Verallgemeinerung war essentiell mit der Einführung des Begriffs der *"stetigen Funktion"* im *"Cours d'analyse"* verknüpft. Cauchys Vorgehen lief darauf hinaus, *den Funktionsbegriff zu verallgemeinern, indem er ihn unabhängig von seiner alge-*

---

1) 100 Jahre später formulierte Hilbert dasselbe Kriterium so: *"Die Erweiterung finitistischer Aussagen durch Zufügung von Idealen ist nämlich nur dann statthaft, wenn dadurch im alten engeren Bereiche keine Widersprüche entstehen, wenn also die Beziehungen, die sich bei Elimination der idealen Gebilde für die alten Gebilde herausstellen, stets im alten Bereiche gültig sind."* (Hilbert, [1925], 97).

2) Vgl. Riemann [1854], sowie an neueren Darstellungen Grattan-Guinness [1970], und Youschkevitch [1976/77].

braischen oder geometrischen Darstellbarkeit betrachtete. Die Bedingung

$$\left| f(x \, + \, h) \, - \, f(x) \right| < \epsilon \quad \text{für} \quad \left| h \right| < \delta$$

diente dazu, eine positive Bestimmung der Art und Weise der Abhängigkeit des
$f(x)$ von x zu geben, die nicht mehr an die Grenzen einer speziellen Darstellung
der Beziehung für f gebunden ist. Gerade dies aber markierte auch epistemologisch
gegenüber dem Ohmschen System die entscheidende Differenz — wie wir oben im
Zusammenhang mit Abels Position bereits gezeigt haben —, insofern Ohms
System von der Bindung der Begriffsbedeutung an ihre Darstellung, d.h. insbesondere an die syntaktische Struktur der Formeln, ausging. Indem Cauchy bestimmte
Eigenschaften seiner abstrakten Konzepte mit Hilfe arithmetischer Techniken formulierte und als Definition dieser Konzepte benutzte, überwand er die Bindung der
Mathematik an die Formel und tat einen ersten Schritt zu einem Typus von be-
grifflichem Denken,[1] der dann für die Mathematik des 19. Jahrhunderts prägend
wurde.

I. Grattan-Guinness hat vermutet, Cauchy habe die Bedeutung seines Stetigkeitsbegriffs nicht gesehen und die von ihm bewirkte *"Revolution"* sei nicht intendiert
gewesen. Vielmehr habe er lediglich auf arithmetische Art den alten Eulerschen,
algebraisch orientierten Funktionsbegriff reformuliert.[2] Er begründet dies damit,
es sei Cauchy 1821 nicht bewußt gewesen, daß er mit seinem Begriff einer stetigen Funktion auch Funktionen *"mit Ecken"* einbeziehe, er habe den Unterschied
von stetigen und differenzierbaren Funktionen nicht verstanden. Erst 1844 seien
ihm die Konsequenzen seines Ansatzes voll bewußt gewesen. Die Bemerkung ist
instruktiv. Unterstellt, die genannten Tatsachen seien zutreffend, so übersieht diese
Behauptung doch, daß *die Verallgemeinerung, die Cauchy vornimmt, genau in der
arithmetischen Reformulierung und der darauf basierenden systematischen Arbeit
mit dem Stetigkeitsbegriff liegt.* Indem die arithmetischen Beziehungen nicht mehr
die Sache selbst sind, sondern das Mittel, mit dem abstrakte, von diesen arithmetischen Relationen zu unterscheidende Begriffe, beschrieben werden, wurden grundsätzlich neue Möglichkeiten der Verallgemeinerung geschaffen, die bei einer
direkten Bindung der mathematischen Bedeutung an Formeln nicht denkbar sind.
In gewissem Sinne muß man sagen, die Einführung dieses neuen Darstellungsmit-
tels, der arithmetisierten Beziehungen, *ist* die Verallgemeinerung.

---

1) Otte/Steinbring [1977] haben diesen epistemologischen Sachverhalt als *"Komplementarität
des Begriffs"* bezeichnet.
2) Grattan-Guinness [1970], 50

Möglicherweise hat Cauchy tatsächlich nicht alle Konsequenzen seines Ansatzes überblickt. Man könnte allerdings auch sagen, daß es gerade charakteristisch für derartige weitreichende Innovationen ist, daß ihrem Urheber nicht alle Folgen bewußt sind. Wenn man allerdings die Gesamtstruktur seines *"Cours d'analyse"* und das konsequente Zusammenspiel des Stetigkeitsbegriffs mit dem Funktionalgleichungsansatz in Rechnung stellt, dann muß man Cauchy doch eine hohe Bewußtheit für die Neuheit seines Vorgehens oder ein Gefühl für *"gute Form"* unterstellen. Auch die Entwicklung der Analysis unmittelbar nach Cauchy, die von Abel bereits sehr gut gesehen wurde und die in Dirichlets bekannter Arbeit von 1837 gipfelte[1], zeigt, daß man sich über den mathematisch entscheidenden Punkt, einen konzeptionellen Rahmen für die Behandlung nicht-analytischer reeller Funktionen und speziell der trigonometrischen Reihen zu finden, wohl bewußt war.

Daß im Hinblick auf den Begriff der stetigen Funktion die Sichtweisen von Cauchy und Ohm völlig gegensätzlich waren, wird in besonderer Weise durch die Tatsache erhärtet, daß im Hinblick auf technische Details zwischen Cauchys *"Cours d'analyse"* und Ohms *"Vollkommen consequentem System"* eine große Nähe bestand, und dennoch die Art und Weise des Verständnisses ganz gegensätzlich war. Überraschenderweise stellt man nämlich fest, daß auch Ohm als einer der ersten mathematischen Autoren in seinem *"Vollkommen consequenten System"* im Jahre 1822, also ein Jahr nach Cauchys *"Cours d'analyse"*, eine dem modernen Verständnis entsprechende Definition des Stetigkeitsbegriffs gehabt hat.

Im Teil 2 dieses Werkes heißt es im § 470: *"Wenn in der Folge gesagt werden wird: eine Funktion Fx von x, ändere sich stetig, mit den stetig sich ändernden Werthen von x, so versteht man darunter: daß der Unterschied*

$$F(x + h) - Fx$$

welcher die Aenderung von Fx genannt wird, absolut genommen kleiner werde, je kleiner h gedacht wird und daß diese Aenderung kleiner werden könne, als jede noch so kleine aber gegebene Zahl D, und zwar für jeden Werth von x. − Sagt man aber, daß Fx sich für x zwischen α und β stetig ändere, so gilt das von dem Unterschied

$$F(x + h) - Fx$$

---

1) Dirichlet [1837]

Gesagte nur, in so ferne x einen zwischen a und β liegenden Werth hat.[1]

Diese Definition steht nun, wenn man von Cauchys Begrifflichkeit der infinitesimalen Größen absieht, in Übereinstimmung mit derjenigen in Cauchys *"Cours d'analyse"* von 1821 bzw. mit Bolzanos Definition von 1817.[2]

Noch erstaunlicher aber ist, daß Ohm in demselben Werk den Zwischenwertsatz für stetige Funktionen mit Hilfe von Intervallschachtelungen bewies, also mit Hilfe derselben Methode, die Bolzano 1817 erstmalig beim Beweis desselben Satzes praktiziert hatte. Andererseits wandte Cauchy 1821 im Haupttext seines *"Cours d'analyse"* diese Methode nicht an und gab einen Beweis, der letztlich in einem Appell an die Anschauung des geometrischen Kontinuums bestand. Erst im Anhang wandte er die Methode der Intervallschachtelung an, die er aber weniger als Beweis und mehr als Methode zur numerischen Lösung von Gleichungen verstand.

Diese überraschenden Übereinstimmungen zeigen einmal mehr, daß für die Tatsache, ob ein Autor wirklich über einen bestimmten Begriff verfügt, nicht so sehr die verbale Definition entscheidend ist, sondern vor allem die Art und Weise, wie er damit arbeitet. Die Stetigkeitsdefinition hatte bei Ohm einen völlig anderen Stellenwert als bei Cauchy. Während *"stetig"* bei Ohm eine unter vielen möglichen Eigenschaften seiner durch Potenzreihen definierten Funktionen darstellte, hatte der Stetigkeitsbegriff in Cauchys Werk die fundamentale Aufgabe, den bis dahin algebraischen Funktionsbegriff *begrifflich zu verallgemeinern*.

Daß Ohm gegenüber diesem Punkt in Cauchys *"Cours d'analyse"* völlig blind war, weil er ihn ausschließlich von seinem eigenen System her beurteilte, wurde in seiner Rezension ganz deutlich. Im Hinblick auf das Kap. V des *"Cours d'analyse"*, in dem Cauchy Funktionalgleichungen der Art

$$\phi(x + y) = \phi(x) + \phi(y) \qquad \text{bzw.} \qquad \phi(x + y) = \phi(x) \cdot \phi(y)$$

unter Voraussetzung der Stetigkeit von φ löste, kritisierte Ohm, daß Cauchy die Funktionen auf reelle Werte beschränke und weitere Nebenbedingungen einführe. *"Sieht nicht der Anfänger sogleich, dass der Verf. das Gesuchte bereits im Sacke mit sich herumträgt und nur gegen seinen Begleiter so thut, als suche er es? ... allein wenn die ganze Untersuchung sich blos auf die Auffindung der 5 Functio-*

---

1) Ohm [1822], 2. Bd., 123
2) Bolzano [1817], 179

nen, **ax,** A^x, **a**·*log* **x,** x^a *und cos* **ax** *oder* $1/2\ A^{-x}$ *beschränkt, so erscheint uns das Ganze, wie wenn man dem Anfänger von den Dingen, die er kennen lernen soll, nur die Schatten zeigen wollte; und dem Geübten sind dergleichen Wendungen in seinen Fragen nichts Neues.* "[1]

Ohm hielt das Ganze also für eine rein technische Übung und sah nicht, daß hier gezeigt wurde, wie man mit dem Stetigkeitsbegriff als einem Beweisprinzip arbeiten kann, und vor allem, daß die Lösung dieser Gleichungen für den systematischen Aufbau des Buches unerläßlich ist.

Ganz deutlich wurde die Gegensätzlichkeit der Perspektiven auf das Problem der Stetigkeit und damit die völlig veerschiedene Sicht des Funktionsbegriffs im Zusammenhang mit dem wichtigen Gegenbeispiel Cauchys gegen die Allgemeingültigkeit des Taylorschen Satzes, der Grundannahme Lagranges. Cauchy hatte dazu in seinem *"Résumé des Leçons ... sur le calcul infinitésimal"*[2] die Funktion

$$e^{-x2} + e^{-\frac{1}{x^2}}$$

angegeben, die, in den Nullpunkt hinein stetig ergänzt, dort eine konvergente Taylor–Reihe besitzt, die nicht gegen die Funktion, sondern nur gegen ihren ersten Term, nämlich

$$e^{-x^2}$$

konvergiert.

Für Cauchys Auffassungen über die Bedeutung der (Potenz-) Reihen in der Analysis mußte dieses Beispiel von größter Bedeutung sein, weil dadurch die bis dahin als weitgehend unproblematisch betrachtete Operation, eine Funktion in eine Reihe zu entwickeln, grundlegend in Frage gestellt wurde. Allen Mathematikern war klar, daß *"einige"* Funktionen nicht in eine Taylorreihe entwickelt werden können. Man war allerdings der Meinung, daß sich dies in jedem Einzelfall zeigen würde, indem dann die Taylorreihe nicht hingeschrieben werden kann bzw. eine *"unbrauchbare oder einen Widerspruch anzeigende Form"* annimmt. Diese Auffassung

1) Ohm [1829a], Sp. 2034/5
2) Cauchy [1823], 229/30.

wurde durch das vorliegende Beispiel widerlegt. Auf der anderen Seite zeigt dieses Beispiel auch, daß umgekehrt von einer konvergenten Potenzreihe, die sich etwa als Lösung einer Differentialgleichung ergibt, nicht mehr eindeutig auf die Lösungsfunktion geschlossen werden kann. Vielmehr entsprechen (im Reellen) einer gegebenen Koeffizientenfolge einer konvergenten Taylorreihe möglicherweise unendlich viele Funktionen. Dadurch werden aber auch eine Reihe genereller Verfahren und Sätze, die man bis dahin bei Differential- und Differenzengleichungen benutzt hatte, problematisch. Dies stellte Cauchy in einer kleinen Arbeit aus dem Jahre 1822 dar, in der er das Beispiel $e^{\frac{-1}{x^2}}$ erstmals öffentlich diskutierte.[1] Im "Résumé" von 1823 kommentierte er dies Beispiel folgendermaßen: *"Pour cette raison, j'ai cru devoir rejeter les développements des fonctions en séries infinies, toutes les fois que les séries obtenues ne sont pas convergentes; et je me suis vu forcé de renvoyer au calcul intégral la formule de Taylor, cette formule ne pouvant plus être admise comme générale qu'autant que la série qu'elle renferme se trouve réduite à un nombre fini de termes, et complétée par une intégrale définie. Je n'ignore pas que l'illustre auteur de la Mécanique analytique a pris la formule dont il s'agit pour base de sa théorie des fonctions dérivées. Mais, malgré tout le respect que commande une si grande autorité, la plupart des géomètres s'accordent maintenant à reconnaitre l'incertitude des résultats auxquels on peut être conduit par l'emploi de séries divergentes, et nous ajouterons que, dans plusieurs cas, le théorème de Taylor semble fournir de développement d'une fonction en série convergente, quoique la somme de la série diffère essentiellement de la fonction proposée (voyez la fin de la 38ᵉ Leçon)."*[2]

Man sieht, die generelle Aussage gegen divergente Reihen steht streng genommen nicht im Widerspruch zu Ohms Sicht. Probleme mußte für Ohm allerdings das Beispiel selbst bereiten, weil es seiner grundlegenden Regel, daß aus formalen Beziehungen bei Vorliegen von Konvergenz numerische Beziehungen folgen, widersprach.

Ohm kommentierte dies Beispiel 1846 so: *"Es ist bemerkenswert, mit welchem leichten Sinn (um nicht zu sagen Leichtsinn) oft die ausgezeichnetsten Analysten*

---

1) Cauchy [1822]. Die Auffassung, daß die Unmöglichkeit der Entwicklung in eine Taylorreihe sich in der Entwicklung selbst zeigt, also der Glaube an die Autonomie der Formel, wurde ausführlich in Crelles Kommentar zu Lagranges *"Theorie des fonctions analytiques"* dargelegt (Crelle [1823 a], Bd. 1, 17–20).
2) Cauchy [1823], 9/10

∞ *statt* $\frac{1}{0}$, $-\infty$ *statt log 0, und wohl auch 0 statt* 0^x *schreiben, und noch andere ähnliche Substitutionen sich erlauben, welche durch die Form-Lehre durchaus nicht gerechtfertigt sind. Entstehen dann in die Augen fallende unrichtige Resultate, so geschieht es noch überdies leicht, daß oft die ersten und einfachsten Wahrheiten, die am festesten stehen, plötzlich in Frage gestellt werden. − So z.B. entwickelt Cauchy ... die Funktion*

$$e^{-x^2} + e^{-\frac{1}{x^2}}$$

mittels des Maclaurin'schen Lehrsatzes in eine nach ganzen Potenzen von x fortlaufende Reihe, und seine gefundene Entwickelung ist blos dem ersten Theil

$$e^{-x^2}$$

dieser Funktion gleich, so daß ihm während dieser Entwickelung der andere Theil

$$e^{-\frac{1}{x^2}}$$

ganz verloren gegangen ist. Die Ursache davon sucht Cauchy in dem MacLaurin-schen Lehrsatz, den er in gewissen Fällen in Zweifel stellt (der nach ihm namentlich nur dann gelten soll, wenn die unendliche Reihe konvergent ist), während sie nur darin zu suchen ist, daß er

$$e^{-\frac{1}{x^2}} \qquad \text{für} \quad x = 0$$

der Null gleich nimmt. Er schließt offenbar so: es ist $\frac{1}{0} = \infty$, *also für x = 0, auch*

$$e^{-\frac{1}{x^2}} = e^{-\frac{1}{0^2}} = e^{-\infty^2} = e^{-\infty} = \frac{1}{e^{\infty}} = \frac{1}{\infty} = 0$$

Allein dies alles ist unrichtig, sobald man unsere Ansichten des Kalküls adoptiert, die wir in der **'Ersten Abhandlung'** so einfach entwickelt und so strenge erwiesen *haben. So wie die im Kalkul unzulässige Form $\frac{1}{0}$ erscheint, so zeigt dies allemal an, daß dasmal die* **allgemeinen** *Rechnungen die in ihrer Theorie bereits enthaltenen Ausnahmen erleiden. Hier namentlich zeigt die Erscheinung von $\frac{1}{0}$ an, daß es nicht möglich ist die Funktion*

$$e^{-\frac{1}{x^2}}$$

$\left(\text{oder die Funktion } e^{-x^2} + e^{\frac{-1}{x^2}} \right)$ in eine nach positiven ganzen Potenzen von x fortlaufende Reihe zu verwandeln."[1]

Ohm hatte offenbar folgende Sicht. Der Taylorsche Satz ist allgemeingültig, da er zunächst eine rein formale Beziehung darstellt. Aus formalen Gründen ergibt sich aber auch, daß die vorgelegte Funktion im Nullpunkt in seinem Sinne nicht in eine Taylor—Reihe entwickelbar ist. Umgekehrt hatte für Cauchy der Stetigkeitsbegriff die dominante Stelle in seiner Auffassung des allgemeinen Funktionsbegriffs, so daß die stetige Fortsetzung der Funktion

$$e^{-\frac{1}{x^2}}$$

und ihrer Ableitungen in den Nullpunkt hinein für ihn zwingend war. Cauchy hat das Problem, das sich aus dem Beispiel der Funktion

$$e^{-\frac{1}{x^2}}$$

ergab, dadurch umgangen, daß er seine ursprüngliche Orientierung, nur konvergente Reihen zu betrachten, sogar noch verschärfte, indem er im Falle des Taylorschen Satzes nur Polynome zusammen mit einem Restglied zulassen wollte. Und in der Tat ergibt sich auf diesem Wege eine Lösung des Problems, indem man aus dem Verhalten des Restgliedes noch zusätzliche Bedingungen ableiten kann, denen die Koeffizienten genügen müssen, damit die Taylor-Reihe auch tatsächlich gegen die Funktion, deren Darstellung sie ist, konvergiert. Dies wurde von Cauchy selbst allerdings nicht geleistet.

---

1) Ohm [1846], 21/22

Auf der anderen Seite wird man das Ohmsche Argument gegen das Beispiel

$$e^{-\frac{1}{x^2}}$$

ernstnehmen müssen. Es war keine Spitzfindigkeit, sondern folgte konsequent aus seiner Sicht, nach der

$$e^{-\frac{1}{x^2}}$$

für ihn primär ein algebraischer Ausdruck und nicht eine stetige Funktion war. In der Tat ist die Fortsetzung dieser Funktion in den Punkt $x = 0$ insofern im allgemeinen nicht selbstverständlich, als der Grenzwert, dem diese Funktion für $x \rightarrow 0$ zustrebt, abhängig ist von der Richtung der Annäherung. So strebt

$$e^{-\frac{1}{x^2}} \rightarrow \infty$$

bei Annäherung längs der imaginären Achse, die Funktion hat also im Komplexen im Punkt $x = 0$ eine wesentliche Singularität.

Cauchys Beispiel setzte also eine sehr strikt gehandhabte *Trennung zwischen reeller und komplexer Analysis* voraus, während Ohm die höchst mögliche Allgemeinheit für die Interpretation der Symbole anstrebte, also eine einheitliche Sicht für reelle und komplexe Funktionentheorie. Für seine Nichtakzeptanz dieses Beispiels hatte er also gute Gründe.

Wie sehr Ohms Einwände dem Gefühl und der Intuition vieler Mathematiker entsprachen, wie schwierig also letztlich die Entscheidung für einen eigenständigen Aufbau der reellen Analysis und das damit verbundene weitgehende Aufgeben der algebraischen Sichtweise war, zeigt die weitere Geschichte dieses Beispiels. Während es in der Mitte des 19. Jahrhunderts anfing, *"klassisch"* zu werden, d.h. in die meisten Lehrbücher der Differentialrechnung aufgenommen wurde, ohne allerdings zu weiteren Überlegungen über die Gültigkeit der Taylorschen Reihenentwicklung zu führen,[1] erschien 1883 ein Aufsatz von P. DuBois-Reymond, in dem die Zulässigkeit des Cauchyschen Beispiels mit ganz ähnlichen Argumenten,

1) Pringsheim [1900], 460

wie Ohm sie benutzt hatte, in Zweifel gezogen wurde.[1] Er wandte ein, daß die uneigentliche Definition der Funktion $e^{-\frac{1}{x^2}}$ *im Punkte* $x=0$ entweder auf den Ausdruck

$$\sum \frac{1}{p!} \left(-\frac{1}{x^2} \right)^p$$

oder auf

$$\frac{1}{\sum \frac{1}{p!} \left(\frac{1}{x^2} \right)^p}$$

zurückgehen müsse. *"Bei Ausschluß von* $x=0$ *ist die Gleichartigkeit beider Definitionen offenbar. Aber für* $x=0$ *ist die erste ganz wertlos und die zweite setzt die Gleichheit* $\frac{\frac{1}{1}}{\frac{1}{0}} = 0$ *voraus. Man wird daher, um* $\phi(x) = e^{-\frac{1}{x^2}}$ *für alle Werthe von* x *auf gleiche Weise definieren zu können, diese Größe als Limes* $\phi(x \pm \epsilon)$ *auffassen müssen. Dies wird aber lästig, wenn man, wie im Folgenden, eine Summe von unbegrenzt vielen Funktionen* $\phi(x)$ *bildet für Argumente, die schließlich einander unendlich nahe rücken. Alsdann scheint diese Auffassung sogar die erheblichsten Schwierigkeiten im Gefolge zu haben, wenn man den deutlichen Sinne der analytischen Ausdrücke nicht aus dem Auge verlieren will."*[2]

Dem fügte Pringsheim später den Einwand hinzu, daß $e^{-\frac{1}{x^2}}$ in $x=0$ im eigentlichen Sinne gar keine Taylorreihe besitze, weil alle Koeffizienten der Reihenentwicklung 0 seien. Dieser Mangel werde durch die additive Hinzufügung eines Terms $\phi(x) = e^{-x^2}$ bei Cauchy nur verschleiert, aber nicht behoben.[3] In dem historischen Artikel *"Zur Geschichte des Taylorschen Lehrsatzes"* war Pringsheim dann noch schärfer, indem er behauptete, daß der Kern der Lagrangeschen (und damit der Ohmschen) Hypothese, daß die Taylorreihe, wenn sie konvergiert, auch

---

1) DuBois–Reymond [1883]
2) a.a.O., 114
3) Pringsheim [1893], 160/61

gegen die Funktion, deren Entwicklung sie ist, konvergiert, von Cauchys Beispiel *"unberührt* bleibe.[1]

DuBois-Reymond und Pringsheim versuchten aufgrund dieser Kritik angemessene-
re Gegenbeispiele zu konstruieren, die aber von technisch schwierigen Potenzreihen Gebrauch machten. Pringsheim war es dann auch, der 1894 das von Cauchy
offen gelassene Problem löste und notwendige und hinreichende Bedingungen für
die Entwickelbarkeit einer Funktion in eine Taylor-Reihe bewies. Diese laufen
darauf hinaus, daß die *gleichmäßige* Konvergenz gegen 0 für $n \to \infty$ des Cauchyschen Restgliedes

$$R_n \, (x, \, h) \; = \; \frac{1}{(n \, - \, 1)!} \; f^{(n)} \, (x \, + \, \theta \cdot h)(1 \, - \, \theta)^{n-1} \cdot h^n$$

für alle h $(0 \le h < R, \; R > 0)$ und alle θ, $0 \le \theta \le 1$, nicht nur trivialerweise eine
hinreichende, sondern auch eine notwendige Bedingung ist.[2]

Die Bedenken von DuBois-Reymond und Pringsheim gegen Cauchys Beispiel
mögen heute nur schwer nachzuvollziehen sein. Das Beispiel ist heute voll akzeptiert und gerade die große Freiheit in der Definition und Konstruktion beliebiger
Funktionen ist der Grund, warum sich die Trennung von reeller und komplexer
Analysis so vollständig durchgesetzt hat. Historisch sind die Einwände von
DuBois-Reymond und Pringsheim daher umso bemerkenswerter. Sie werfen ein
interessantes Schlaglicht auf Stil und mathematisches Gefühl vieler Mathematiker in
der zweiten Hälfte des 19. Jahrhunderts. Für diese dominierte nach wie vor die
Darstellung von Funktionen durch Formeln gegenüber ihrer rein begrifflichen
Auffassung. In einem anderen Kontext, nämlich dem Streit um die Mengenlehre,

---

1) Pringsheim [1900], 460
2) Pringsheim [1894]. Ein Versuch, der Taylorschen Formel eine Interpretation zu geben, die
unabhängig ist von der Konvergenz oder Divergenz der Taylorreihe, die von dem Cauchyschen
Gegenbeispiel nicht betroffen ist und die dem nahekommen sollte, was die Autoren des 18.
Jahrhunderts darüber geschrieben haben, hat G. Peano [1891/92] in einer kleinen Note gemacht. Danach soll die Formel

$$f(x) \; = \; a_0 \, + \, a_1 x \, + \, a_2 x^2 \, + \, \ldots \, + \, a_n x^n + \ldots$$

nichts anderes bedeuten als

$$\lim x = 0 \; \frac{f(x) \, - \, a_0 \, - \, a_1 x \, - \, a_2 x^2 \, - \, \ldots \, - \, a_{n-1} x^{n-1}}{x^n} \; = \; a_n$$

(vgl. Peano [1891/92], dt. Übersetzung, 360).

formulierte L. Kronecker in einem Brief an G. Cantor vom 21. August 1884:
"einen wahren wissenschaftlichen Wert erkenne ich — auf dem Felde der Mathematik — nur in concreten mathematischen Wahrheiten, oder schärfer ausgedrückt, 'nur in mathematischen Formeln'. Diese allein sind, wie die Geschichte der Mathematik zeigt, das Unvergängliche."[1]

IV.5.4.   Resümee: Formel versus Begriff

Versuchen wir unsere bisherigen Überlegungen zusammenzufassen. Im Gegensatz zwischen der Ohmschen Richtung und dem Ansatz von Cauchy und Abel zeigten sich zwei grundlegend unterschiedliche Strategien, die Probleme der Analysis zu bewältigen. Die Ohmsche Strategie lief darauf hinaus, die Integrität und Autonomie der Formel, die das Denken des 18. Jahrhunderts und auch noch vieler Mathematiker in den 20er Jahren des 19. Jahrhunderts beherrscht hatte, zu bewahren und nur den Umgang mit Formeln zu rationalisieren und in einen Kalkül zu verwandeln. Für Ohm stellte die *Formel* sozusagen die *Keimzelle des Mathematischen* dar.[2] Dagegen stellte Cauchys Ansatz diese Integrität und den Primat der Formel radikal in Frage. Dies führte zu einer Auffassung des Mathematischen als einem System von Beziehungen, die unabhängig von ihren Darstellungen existieren und die auf viele Weisen, u.a. auch durch Formeln, ausgedrückt werden können. Diese deskriptiv-relationale Auffassung des Mathematischen fand ihren Ausdruck in einer Sichtweise, nach der die *Keimzelle des Mathematischen der Begriff* ist. In der Tat war Cauchys *"Cours d'analyse"* einer der ersten Texte, in dem die Analysis als ein begriffliches System präsentiert wurde.

Mathematisch am prägnantesten stellte sich der Gegensatz beider Richtungen im Hinblick auf den *Funktionsbegriff* dar. Während dieser in der Ohmschen Richtung an die Formel und deren Möglichkeiten gebunden war, wurde er bei Cauchy in Form des Begriffs der *"stetigen Funktion"* erstmals *im eigentlichen Sinne zum Begriff*, d.h. zu einer gedanklichen Entität, die vielfältige Darstellungen und Darstellungsmöglichkeiten mit vielfältigen Problemen, Anwendungen und Bedeutungen verbindet. Begriffliches Denken ist in diesem Sinne wesentlich amodales Denken, ein Denken also, das nicht mehr an mögliche Repräsentationen gebunden ist. Cauchys *"Cours d'analyse"* öffnete damit epistemologisch den Weg zum Begriff der *"willkürlichen Funktion"*, und es war kein Zufall, daß dieser Begriff dann auch sehr schnell eine Rolle zu spielen begann.

---

1) Kronecker [1884], 238/39
2) Zur Bedeutung von Formeln in der Mathematik vgl. Otte [1983].

Im Hinblick auf unsere einleitende Fragestellung nach unterschiedlichen Tendenzen und Strömungen im Rahmen dessen, was man am Ende des 19. Jahrhunderts Arithmetisierung der Mathematik genannt hat, zeigt unsere Studie, daß es zwei klar unterscheidbare Typen der Arithmetisierung gegeben hat.[1] Der eine Typus war an der *Begründung* der Mathematik auf dem Begriff der natürlichen Zahl als der am klarsten einsichtigen und kontrollierbaren mathematischen Entität interessiert, der andere hatte mehr die *Entwicklung* der Mathematik im Auge und benutzte die natürlichen Zahlen als *Mittel*, um neue, intuitiv gesehene Begriffe zu beschreiben. Für die erste Richtung dominierte also der Gesichtspunkt der Sicherheit der Begründung, der Etablierung der Mathematik als einem unwandelbaren geschlossenen System, während der zweite Typus daran interessiert war, bestimmte neue Problembereiche, denen man mit den herkömmlichen Mitteln nicht beikommen konnte, durch neue Sichtweisen und neue Methoden zu erschließen. Begriffliches Denken impliziert immer auch ein antizipatorisches Element. Für diese Richtung war also Arithmetisierung vor allem eine Investition in die Zukunft, die sich erst durch ihre zukünftige Fruchtbarkeit rechtfertigen mußte. Und bedenkt man, was dafür zunächst an Klarheit und Überschaubarkeit aufgegeben wurde, war es zudem eine riskante Investition.

Welche Relevanz für die Geschichte der Arithmetisierung im 19. Jahrhundert ist nun dieser Unterscheidung zuzuschreiben? Zu dieser Frage muß zunächst einmal festgestellt werden, daß es bei weiteren historischen Analysen nicht darum gehen kann, diese Begriffe mechanisch anzuwenden und nach Beispielen oder Fällen zu suchen, die einen Typus sozusagen in Reinkultur repräsentieren. Vielmehr werden durch eine solche Unterscheidung nur die beiden Enden eine Spektrums an Möglichkeiten aufgezeigt, in dem man Autoren oder ganze Schulen verorten könnte. Interessant wäre also gerade die Untersuchung von Mischformen.

Zum historischen Gewicht der formalen Richtung sind vielleicht einige Bemerkungen angebracht, gerade weil Ohm selbst, den wir als Vertreter dieser Richtung herangezogen haben, vergleichsweise isoliert gewesen ist. Trotz dieser Isolation Ohms darf das Gewicht dieser Richtung insgesamt nicht unterschätzt werden. Das betrifft nicht nur die Entwicklung des elementaren Zahlbegriffs, die in der späteren Auffassung weitgehend Ohm gefolgt ist, und es betrifft nicht nur den mehr philosophischen Aspekt, Mathematik insgesamt als ein syntaktisches Konstrukt aufzufassen, der bis heute einflußreich geblieben ist. Vielmehr muß die ganze Weierstraßsche Schule sachlich als eine Elaborierung dieser Position gesehen

---

1) vgl. Bekemeier [1982]

werden. Auf den biographischen Zusammenhang Weierstraß' mit der kombinatorischen Schule über seinen Lehrer Gudermann haben wir oben hingewiesen. Richenhagen hat in einer Studie herausgearbeitet, wie stark Weierstraß den Funktionsbegriff in der Bindung an seine analytische Darstellung betrachtet hat und wie sehr
er den relationalen (Dirichletschen) Begriff einer *"willkürlichen"* Funktion als
inhaltsleer ablehnte.[1] Und das oben dargestellte Unbehagen an Cauchys Funktion
$e^{-\frac{1}{x^2}}$ macht möglicherweise noch eindringlicher deutlich, wie stark die Bindung
des mathematischen Denkens an die analytische Darstellung war und wie unbehag-
lich man sich fühlte im Hinblick auf die Offenheiten und Unwägbarkeiten des
begrifflichen Denkens und der Gefahr, daß man *"den deutlichen Sinn der analytischen Ausdrücke aus dem Auge verlor"*.

Zum Kontext des formalen Ansatzes gehört natürlich auch die englische algebraische Schule um Peacock und DeMorgan. Peacocks und Ohms Ansätze waren
weitgehend analog, und es war daher kein Zufall, daß Ohm ins Englische übersetzt wurde. Es hat allerdings auch wichtige Unterschiede zwischen Peacock und
Ohm gegeben. So läßt Peacocks Sicht der elementaren Arithmetik als einer bloßen
"suggesting science" der Algebra vermuten, daß er nicht so wie Ohm an einem
stringenten Aufbau der Mathematik auf elementaren Grundlagen interessiert war,
sondern daß es ihm um eine Sicht ging, die der heutigen abstrakten Algebra
nähersteht. Die Bedeutung der englischen algebraischen Schule für die Herausbildung einer abstrakten Algebra–Auffassung ist auch bereits vielfach untersucht
worden. Mit Ausnahme der Arbeit von E. Koppelmann über den *"Operationskal-
kül"*[2] sind bislang aber nicht die Konzepte dieser Schule für die *"Transzendente
Analyse"*, also den eigentlichen Reibungspunkt mit der anderen Richtung, behandelt worden. In diesem Sinne steht z.B. eine Analyse von Peacocks voluminösem
*"Report on the Recent Progress and Present State of Certain Branches of Analy-
sis"*[3] noch aus.

IV.6.   Die Rezeption der Cauchyschen Analysis in Deutschland

IV.6.1. Die elementarisierende Rezeption Cauchys

Die Rezeption der Analysis Cauchys in Deutschland ist meines Wissens bislang
nicht systematisch untersucht worden. Insbesondere ist nicht geklärt, inwieweit und

---

1) Richenhagen [1985], 1. Kapitel
2) Koppelmann [1971/72]
3) Peacock [1834]

wann die von Cauchy entwickelte Begrifflichkeit Eingang in die deutsche Lehrbuchliteratur gefunden hat. Im breiteren Maße wird dies erst in der zweiten Hälfte
des 19. Jahrhunderts der Fall gewesen sein und muss dann schon mit dem Beitrag
von Weierstraß und anderen Mathematikern zur Entwicklung der Theorie der
reellen Zahlen in Verbindung gebracht werden. In seinem Artikel *"Übersicht über
die wichtigsten Lehrbücher der Infinitesimalrechnung von Euler bis auf die heutige
Zeit"*[1] spricht Bohlmann von der *"Dirichletschen Schule"*, durch die die Lücke
zwischen Cauchy und Weierstraß ausgefüllt wurde.[2] Doch damit ist keine Lehrbuchliteratur gemeint, sondern Dichrichlets Arbeiten über Fourrrierreihen und
bestimmte Integrale, bis hin zu Dedekinds Begründung der reellen Zahlen, die
wesentlich zur begrifflichen Weiterentwicklung des von Cauchy und Abel initiierten Ansatzes beigetragen haben. Für die Mitte und die zweite Hälfte des 19.
Jahrhunderts ist in der deutschen Lehrbuchliteratur eine Vielfalt an Darstellungs-
und Sichtweisen charakteristisch, die Bohlmann insgesamt mit dem Begriff der
"vermittelnden Richtungen" beschreibt.[3]

Ohne einer eingehenden Analyse vorgreifen zu wollen, legt dies die Vermutung
nahe, daß die Frage nach der Rezeption des Cauchyschen Ansatzes dann falsch
bzw. unangemessen gestellt ist, wenn dabei angenommen wird, Cauchys Lehrbücher hätten so etwas wie eine Norm dargestellt, die in einem mehr oder weniger
verwickelten Diffusionsprozeß mit einer gewissen Verzögerung in die Lehrbuchliteratur eingedrungen sei. Die Geschichte des Arithmetisierungsprogramms nach
Cauchy ist deshalb so komplex, weil sie erstens nicht als *"Rezeption"* der *"richtigen"* Definition eines Autors durch andere Autoren verstanden werden kann und
weil sie zweitens untrennbar ist von einem sich herausbildenden *"Gesamtverständ-
nis"* von Mathematik, von dem wir einzelne Züge im vorhergehenden Abschnitt zu
beschreiben versucht haben, das aber naturgemäß in wissenschaftlichen Texten nur
schwer identifiziert werden kann, weil es zu den meist nicht thematisierten Voraussetzungen gehört; und dies um so mehr, je selbstverständlicher diese Sicht im
Laufe der Zeit wird.

---

1) Bohlmann [1897]
2) a.a.O., 97. M. Zerner zeigt, daß auch für Frankreich von einer solchen Lücke gesprochen
   werden muß. Erst ab Ende der 80er Jahre des 19. Jahrhunderts geht Cauchys Ansatz, vor
   allem seine Theorie der stetigen Funktionen, standardmäßig in die Lehrbücher ein (Zerner
   [1986], 12/13).
3) Neben der Hauptströmung der *"arithmetisch-systematischen Richtung"* nennt er die
   "Cauchysche Schule", die *"Eklektiker"*, die *"Philosophische Richtung"* und die *"Physikalische
   Richtung"*.

Die Frage nach der Geschichte des Arithmetisierungsprogramms nach Cauchy muß also allgemeiner gestellt werden. In diesem allgemeineren Rahmen erweisen sich dann allerdings die Fakten, die sich auf die direkte Rezeption der Lehrbücher Cauchys beziehen, als sehr aufschlußreich, weil sie helfen, den intellektuellen Kontext zu entschlüsseln, auf den Cauchys Auffassungen in Deutschland stießen. Die durchweg positive Aufnahme, die Cauchys Lehrbücher hier fanden und die selbst noch durch die kritische Rezension Ohms bestätigt wurde, mußte nicht heißen, daß man sie als *die* Alternative zu anderen Lehrbüchern empfunden und die Tragweite seines Vorgehens gesehen hätte und daß man mit allen Aspekten seiner Auffassung einverstanden gewesen wäre. Zunächst und vor allem erschienen Cauchys Lehrbücher als gut geschriebene Texte eines prominenten Mathematikers.

Dennoch gab es einige deutsche Mathematiker, die Cauchys und Abels Auffassungen als Norm durchzusetzen versuchten. Insbesondere in dem 1841 von J.A. Grunert (1797-1872)[1] gegründeten *"Archiv der Mathematik und Physik"*, das nach der Absicht seines Herausgebers eine Verbindung zwischen Schul- und Universitätsmathematik herstellen sollte, erfolgte eine direkte Propagierung der Auffassungen Cauchys. Dies betraf sowohl die in den gesondert paginierten *"Literarischen Berichten"* gegebenen Rezensionen des Herausgebers als auch den eigentlichen Textteil der Zeitschrift, in dem in den ersten Jahrgängen eine Auseinandersetzung zwischen O. Schlömilch[2] und F.W. Barfuss[3] über die Zulässigkeit der divergenten Reihen einen breiten Raum einnahm.

Bereits im ersten Band erschien eine Rezension der 1839 publizierten *"Oeuvres complètes de N.H. Abel"*, und Grunert versäumte es nicht, ausführlich Abels Brief an Holmboe vom 16. Jan. 1826 mit der Polemik gegen den Gebrauch divergenter Reihen zu zitieren. Dann fuhr er fort: *"Die Mitteilung dieses bemerkenswerten Urtheils Abels über den Zustand des grössten Theils der Theorie der Reihen geschieht hier aus einem doppelten Grunde: eines Theils, weil es dem*

---

1) Grunert hat in Halle bei Pfaff und in Göttingen bei Gauß studiert. Er war dann Gymnasiallehrer, bis er 1834 als Professor an die Universität Greifswald berufen wurde.
2) Oskar Schlömilch, geb. 1823 in Weimar, studierte in Jena, Berlin und Wien, promovierte 1842 (also mit 19 Jahren) in Jena und habilitierte sich dort 1844. Er wurde 1845 außerordentlicher und 1849 ordentlicher Professor am Polytechnikum in Dresden. Er gründete die *"Zeitschrift für Mathematik und Physik"*, deren 1. Band 1856 erschien und die zum *"Organ der angewandten Mathematik"* in Deutschland wurde. Von 1874 bis 1885 war Schlömilch Dezernent für das Realschulwesen im Sächsischen Kultusministerium. Schlömilch starb 1901. Er habe einen *"tiefgehenden organisatorischen Einfluß ausgeübt"*, schreibt Lorey (Lorey [1916], 104; vgl. auch Cantor [1901]).
3) Friedrich Wilhelm Barfuss, geb. 1809 in Weimar, Dr. phil., Lehrer der Mathematik, technischer Direktor der Lebensversicherungsbank *"Vorsicht"* in Weimar (Poggendorff [1863], 101). Er starb vor 1857.

*Herausgeber dieses Archivs wie aus der Seele geschrieben ist, ...; anderen Theils, weil nichts mehr als diese Worte **Abels** geeignet ist, die Ansichten deutlich zu bezeichnen, welche den Herausgeber bei den die Lehre von den Reihen betreffenden Artikeln dieses Archivs in der Folge beständig leiten werden.*"[1]

Grunert setzte diese redaktionelle Orientierung in den folgenden Jahren sehr direkt in die Tat um und maß diejenigen Bücher, die sich mit Algebraischer Analysis oder der Differential- und Integralrechnung befaßten, unmittelbar an den durch Cauchy gesetzten Normen. So hieß es im *"Literarischen Bericht II"* über das Buch *"Die Hauptsätze der Differenzialrechnung nach einer neuen, elementaren Methode dargestellt von J.W. Scheibert. Berlin 1840"*: *"Da der Vf. die grossen Fortschritte, welche in neuester Zeit vorzüglich durch Cauchy und Andere in Bezug auf die schärfere Begründung der Differenzialrechnung gemacht worden sind, ganz ignorirt, insbesondere auf die Bedingungen der Convergenz und Divergenz der Reihen auch nicht die mindeste Rücksicht nimmt, so kann dieses Buch auf einen wissenschaftlichen Werth keinen Anspruch machen.*"[2]

In diesen Rezensionen wurde aber auch deutlich, wie problematisch für viele Mathematiker ein sich Einlassen auf den Cauchyschen Ansatz war, wenn dies noch im Jahre 1847(!) nahezu als existentielles Wagnis dargestellt wurde: *"Auf den ersten Blick stellt sich im Allgemeinen heraus, dass, so wie einige andere neuere Schriften, auch dieses Werk aus dem tief und lebhaft gefühlten Bedürfniss einer strengeren Begründung der Analysis, insbesondere aber, und zunächst, der Theorie der Reihen hervorgegangen ist und in seiner ganzen eigenthümlichen Fassung mehr noch als die meisten andern Werke von ähnlicher Tendenz dem alten, leider nur noch zu häufig herrschenden Schlendrian kräftigst entgegen tritt. Freilich werden die eifrigen Anhänger vieler sogenannter eleganter analytischer Theorien, wie z.B. der Methode der unbestimmten Coeffizienten, des allgemeinen polynomischen Lehrsatzes oder gar das Infinitinomiums, des allgemeinen Reversionsproblems und verschiedener dahin gehörender Theoreme, so wie überhaupt fast der ganzen sogenannten combinatorischen Analysis, dieselben in diesem Werke vergeblich suchen, dagegen aber fast auf jeder Seite mit dem ihnen unleidlichen – aber dessenungeachtet für die gesammte Analysis im höchsten Grade wichtigen und ganz unentbehrlichen – Begriffe der Gränze gequält werden, und daher, wie wir im Geiste voraussehen, bei der Durchsicht desselben hin und wieder bedenklich den Kopf schütteln. Wer es aber wagt, wie wir – ursprünglich ganz im Geiste der combinatorischen Analysis gebildet – es vor nun ungefähr zwanzig Jahren in*

---

1) Archiv der Mathematik und Physik I (1841), Literarischer Bericht I, 21
2) a.a.O., Literarischer Bericht II, 27/28

der That selbst gewagt haben, den grössten Theil des früher Erlernten auf einige Zeit von sich zu werfen, und das Studium der Analysis in einem Werke wie das vorliegende gewissermaassen von vorn anzufangen — was freilich in Betracht der früher schon aufgewandten Zeit und Anstrengung keine Kleinigkeit ist, und eine nicht geringe moralische Kraft erfordert — wird zwar der ihm ganz ungewohnten Betrachtungsweise wegen anfangs auf Hindernisse und Schwierigkeiten mancherlei Art stossen, am Ende aber gewiss mit der grössten Achtung vor den Bestrebungen der neueren Analysis, und, was die Hauptsache ist, wahrhafter Bereicherung und Berichtigung seiner analytischen Anschauungsweise und Kräftigung seines analytischen Scharfsinns von dem Werke scheiden."[1]

Diese Situation zwang zu Kompromissen zwischen dem komplizierten Vorgehen Cauchys und der heuristischen Leichtigkeit des älteren Verfahrens. Kompromisse wurden deshalb von Grunert auch gelobt, so etwa wenn er über den *"Grundriss der höheren Analysis. Herausgegeben von Joseph Salomon. Wien 1844"* bemerkte: *"Dieses ... vollständige und reichhaltige Lehrbuch der sogenannten Analysis des Endlichen, der Differentialrechnung und der Integralrechnung, ist weder ganz im Geiste der älteren, noch ganz im Geiste der neueren Behandlungsmethode der Analysis verfasst, sondern es finden sich vielmehr in demselben beide Methoden mit einander vereinigt, was wir in Rücksicht auf das Publikum, für welches der Verfasser zunächst geschrieben hat, nur vollkommen billigen können, da z.B. die Methode der unbestimmten Coeffizienten bei allen ihren Unvollkommenheiten dem Praktiker, dem es oft weniger auf die Methode an sich, als vielmehr auf die Auffindung eines Resultats ankommt, in vielen Fällen vortreffliche Dienste bieten kann.*"[2]

Eines der ersten deutschen Lehrbücher, das sich ganz bewußt auf den Standpunkt Cauchys stellte, war die *"Algebraische Analysis"* von Oskar Schlömilch aus dem Jahre 1845.[3] Dieses Buch versuchte, bei aller Radikalität des Eintretens für Cauchys Ansatz, die Idee eines Kompromisses zwischen Praktikabilität und Strenge

---

1) a.a.O., (1846). Literarischer Bericht XXVII, 395. Es handelte sich um eine Rezension des Werkes: Dirksen [1845].
2) a.a.O., 5 (1844). Literarischer Bericht XX, 310
3) Schlömilch [1845]. Cantor schrieb über dieses Buch: *"Sie war allerdings in Anlehnung an Cauchys Analyse algébrique von 1821 entstanden, aber in ihrer Ausarbeitung ein durchaus selbständiges eigenartiges Werk geworden, eigenartig auch durch die erfrischende Grobheit der in der Vorrede sowohl als in Fußnoten sich kundgebenden Angriffe gegen das, was wir als Sorglosigkeit der Entwicklung bezeichnet haben. In den späteren Auflagen hat Schlömilch die polemischen Abschweifungen allmählich gestrichen. Sie waren nicht mehr notwendig, aber daß sie entbehrlich wurden, ist unzweifelhaft eine Folge der durch die erste Auflage vollzogenen Aufrüttelung der deutschen Mathematiker.*" (Cantor [1901], 262).

im Sinne Cauchys zu realisieren. In dem historisch außerordentlich interessanten Vorwort bemerkte der Autor zunächst, daß in den 20 Jahren seit dem Erscheinen der Werke Cauchys eine neue Epoche in der Geschichte der Wissenschaft begonnen habe, deren Eigentümlichkeit in der *Kritik der Methode* bestehe. Zu den grundsätzlichen Anforderungen an eine wissenschaftliche Behandlungsweise der Mathematik rechne er: heuristischen Gedankengang, Strenge und architektonisches Gefüge. Vergleiche man unter diesen Gesichtspunkten die frühere Behandlungsweise der Analysis mit der jetzigen, durch Cauchy angeregten, so sehe man, daß die ältere Methode die Forderung nach heuristischem Gedankengang immer, die anderen aber sehr wenig befriedige. Diese heuristische Vorgehensweise habe zwar für den Praktiker einigen Wert, aber für ein System der Wissenschaft sei sie unbrauchbar, da sie nur isolierte Resultate liefere ohne die *"Schnur, an der man die gefundenen Perlen aufreihen könnte, auch nur im Entferntesten ahnen zu lassen."* Die Methode des Erfinders sei nicht immer die systematisch beste.

Dagegen bescheinigte er Cauchys *"Cours d'analyse"* die *"größte Strenge bei vieler Kürze in der Entwicklung".* Allerdings leide bei Cauchy die *"Schönheit des architektonischen Baus"* und das *"Leben der Erfindung"* fehle gänzlich. *"Dies mag auch vielleich bei Manchem den Glauben hervorgerufen haben, dass Cauchy blos Seiltänzerkunststücke mache, und zeigen wolle, dass er Fertigkeit genug besitze, um Alles auf den Kopf stellen zu können."* Daraus leitete er für sein eigenes Werk die Zielstellung ab: *"Zwischen diesen beiden Extremen habe ich einen Mittelweg einzuschlagen gesucht, welcher das Interesse des heuristischen Gedankenganges mit der Strenge des französischen Analytikers vereinen und dem Gange ein besseres architektonisches Gefüge verleihen soll, als man bisher an diesem Theile der Mathematik bemerkt hat."*[1]

Die Rezeption und Propagierung des Cauchyschen Ansatzes durch Schlömilch ist in vielerlei Hinsicht charakteristisch für die Situation, auf den dieser Ansatz in Deutschland traf. So enthüllten die vorstehend referierten Überlegungen nicht nur die Notwendigkeit des Kompromisses mit den Erfordernissen der Praxis[2], sondern Schlömilch führte mit dem Begriff des *"architektonischen Gefüges"* zusätzlich einen Terminus ein, der in dem philosophischen und bildungstheoretischen Kontext eine Rolle spielte.[3]

---

1) Diese Passagen insgesamt: Schlömilch [1845]. V/VI
2) Damit sind sowohl die Bedürfnisse der praktischen (angewandten) Mathematik als auch die Praxis des *"Mathematik-Machens"* gemeint.
3) Die Gegenüberstellung eines *"heuristischen* und *"architektonischen"* Verfahrens erfolgte z.B. in Schleiermachers *"Dialektik"* [1822], III. Teil.

Schlömilch hat in seiner Kontroverse mit Barfuss den konzeptionellen Kern der Auseinandersetzung zwischen der *"alten"* und der *"neuen"* Schule der Analysis klar ausgesprochen. Barfuss versuchte in dieser Kontroverse eine unmittelbare Verteidigung der mehr informellen Auffassungen des 18.Jahrhunderts, nach denen eine unendliche Reihe dem endlichen Ausdruck, dessen Entwicklung sie ist, deswegen im allgemeinen gleich ist, weil diese Reihe durch gewisse syntaktische (Entwicklungs-)Operationen aus dem endlichen Ausdruck hervorgeht. Hier setzte Schlömilch mit seiner Kritik an, indem er darauf hinwies, daß dabei offenbar zwei verschiedene Begriffe von Gleichheit im Spiel sind[1] , nämlich ein arithmetischer, von dem Cauchy ausschließlich Gebrauch mache, und ein syntaktischer, den Euler und seine Anhänger neben dem arithmetischen und ohne scharfe Unterscheidung benutzt hätten. Schlömilch war nun der Meinung, durch Unterscheidung dieser beiden Bedeutungen von Gleichheit das Problem endgültig zu lösen, weil er hoffte, damit die Erschleichung von Argumenten auszuschließen.

"Alle diese Fehler und das ganze unwissenschaftliche Treiben, welches aus ihnen entstanden ist, hätten sich nun leicht durch ein sehr einfaches Mittel vermeiden lassen, man brauchte nur ein neues Zeichen einzuführen, welches den Zusammenhang zwischen der erzeugenden Funktion und ihrer Entwickelung andeutete. Benutzen wir das Ähnlichkeitszeichen zu diesem Zwecke, so ist jetzt der Sinn der Formel F ~ R: aus der Funktion F lassen sich durch eine gewisse Rechnungsoperation soviel Glieder der Reihe R entwickeln, als man will. Vor allen Dingen wären nun folgende Fragen zu beantworten: 1) wenn man durch verschiedene Rechnungsoperationen aus einer und derselben Funktion F zwei verschiedene Reihen entwickelt hat, wenn also F ~ R und zugleich F ~ R' ist, in welchem Verhältnisse stehen dann R und R' zu einander? 2) wenn R die Entwickelung von F, und F die Summe der Reihe R', also F ~ R und F = R' ist, welche Relation findet dann zwischen R und R' statt? Man wird aber gleich bemerken, daß diese Fragen sich schlechthin gar nicht beantworten lassen. Denn die Definition der Formel F ~ R ist so unbestimmt allgemein und es ist so gar nichts über die Natur der Rechnungsoperation gesagt, welche man zur Entwickelung von R aus F benutzen muß, daß man nicht den geringsten Anhaltspunkt zur Beantwortung der aufgestellten Fragen findet. Man sieht also auch von dieser Seite her, daß mit den divergenten Reihen nichts anzufangen ist."[2]

So richtig Schlömilchs Unterscheidung zweier Gleichungsbegriffe ist, so vorschnell ist seine Behauptung, daß es überhaupt keine Möglichkeit gibt, einen syntaktischen

---

1) Schlömilch [1844]. Noch präziser in der Vorrede zu Schlömilch [1845].
2) Schlömilch [1845], XV

Gleichungsbegriff zu entwickeln, derart daß arithmetische und syntaktische Gleichungen in eine rational kontrollierbare Beziehung gebracht werden können. Ohm hatte, wie wir oben dargestellt haben, die Wichtigkeit gerade dieser Frage klar gesehen und zu ihrer Beantwortung eine weitreichende Idee entwickelt, wenn er auch nicht in der Lage war, sie vollständig durchzuführen. Wie vorschnell Schlömilch hier geurteilt hat, zeigt gerade die Analogie der formalen (auch divergenten) Reihen mit den komplexen Zahlen, die in der ganzen Diskussion um die divergenten Reihen eine erhebliche Rolle gespielt hat und die Schlömilch als Argument für seine Position der Ablehnung divergenter Reihen heranzog. Er schrieb gegen Barfuss: *"Es geht uns mit den divergenten Reihen in der Analysis wie mit manchen Ausdrücken in der analytischen Geometrie. Fragt man z.B., welches ist die geometrische Bedeutung der Gleichung*

$$(y + 2x)^2 + (y + 3x)^2 + 1 = 0 \quad ,$$

*wenn x die Abscissen, y die Ordinaten bezeichnen, so ist die Antwort: **gar keine**; denn für **jedes** reelle x erhält man ein imaginäres y, die Gleichung stellt daher weder einen Punkt, noch eine Linie, noch sonst etwas dar. Sie ist ein Gebilde der combinirenden Algebra, welches von einer gewissen, nämlich der geometrischen Seite betrachtet, gar keine Bedeutung hat, wenn es auch von einer anderen Seite angesehen nicht eben ohne Geltung ist."*[1] Betrachtet man die Entwicklung der analytischen Geometrie im 19. Jahrhundert, die ihre großen Impulse durch die Einführung derartiger idealer Elemente der *"kombinirenden Algebra"* bekam, so ist die Zweischneidigkeit dieses Arguments offensichtlich, und in der Tat ist die Analogie der divergenten Reihen mit den komplexen Zahlen in der Regel vor allem von den Befürwortern des Rechnens mit divergenten Reihen ins Feld geführt worden.[2]

Schlömilch trug also mit der Unterscheidung zweier Gleichungsbegriffe zur Klärung der Situation bei, zugleich aber führte die Zuspitzung, die er der Auseinandersetzung durch die Behauptung gab, man müsse sich für einen dieser Begriffe entscheiden, zu einer gewissen *Dogmatisierung* seiner Position. Was für Cauchy, Abel, Dirichlet und andere Analytiker zweifellos eine bestimmte Gesamtsicht derjenigen Begriffe war, mit denen man angemessen die *"Transzendente Analysis"*

---

1) Schlömilch [1844], 400

2) Burkhardt [1910/11] erinnert in diesem Zusammenhang an DeMorgans *"Remember* $\sqrt{-1}$*"*, und auch Ohm hat die Analogie der divergenten Reihen mit den komplexen Zahlen mehrfach benutzt.

behandeln konnte, reduzierte sich in der Progagierung durch Grunert und Schlömilch auf die Durchsetzung bestimmter Normen mathematischer Strenge. Dabei
kann bezweifelt werden, ob Schlömilch Cauchys Vorgehen tatsächlich in allen
Aspekten verstanden hat. Ein Indiz, daß dies möglicherweise nicht der Fall gewesen ist, kann man darin sehen, daß er in seiner *"Algebraischen Analysis"* bei der
Lösung der Funktionalgleichungen, die auch Cauchy in seinem *"Cours d'analyse"*
behandelt hatte und die für Cauchys Gesamtkonzept fundamental sind, die Voraussetzung der Stetigkeit nicht mit einem Wort erwähnte, obwohl er zuvor diesen
Begriff ausführlich dargestellt hatte. Das hatte zur Folge, daß die Lösung dieser
Funktionalgleichungen als eine rein algebraische Angelegenheit erschien. Dem
korrespondiert, daß er bei der Einführung des Begriffs der Funktionalgleichung
deren Unterschied zu gewöhnlichen algebraischen Gleichungen mit der Bemerkung
beschrieb, daß man bei diesen die Werte unbekannter Größen aus gegebenen
Eigenschaften derselben bestimme, während bei den Funktionalgleichungen *"nicht
Grössen das Unbekannte [sind], sondern Rechnungsoperationen"*[1], eine rein
syntaktische Sicht also. Daß die Voraussetzung der Stetigkeit von Schlömilch hier
nicht als selbstverständlich gegeben unterstellt wurde, wird deutlich, wenn man
sich Schlömilchs Beweis des binomischen Satzes ansieht. Hier spätestens hätte er
explizit zeigen müssen, daß die Funktion

$$\phi(m) \; = \; \sum \; \begin{bmatrix} m \\ \nu \end{bmatrix} \; x^{\nu}$$

stetig von *m* abhängt, was er mit keinem Wort erwähnte, während er auf die
(algebraische) Herleitung der Beziehung

$$\phi(m + n) \; = \; \phi(m) \cdot \phi(n)$$

13 Seiten verwandte.[2]

Man sieht also, daß der Stetigkeitsbegriff in Schlömilchs *"Algebraischer Analysis"*
einen ähnlichen Fremdkörper darstellt wie in Ohms *"Vollkommen konsequentem
System"*, und das zeigt, daß Schlömilch (und Grunert) zwar mit Nachdruck den
Gebrauch der formalen Potenzreihen verwarfen, aber die neue, verallgemeinerte
Sicht des Funktionsbegriffs, die doch die Logik von Cauchys und Abels Ansatz
bestimmte, verfehlten. In der Rezeption durch Grunert und Schlömilch wurde

---

1) Schlömilch [1845], 62
2) a.a.O., 130–43

Cauchys Ansatz also ins *Elementare* umgebogen und auf den Aspekt, eine Methode des sicheren Rechnens zu sein, reduziert.

In sehr pointierter Weise brachte Grunert diese am Elementaren orientierte Sicht des Cauchyschen Ansatzes in seiner Rezension von Schlömilchs *"Algebraischer Analysis"* zum Ausdruck. Dort hob er, im Anschluß an die entsprechenden Formulierungen bei Cauchy, hervor, daß die neuere Analysis versuche, die Gültigkeitsgrenzen der Formeln genau zu bestimmen. Diese Tendenz zur Spezialisierung hypostasierte er aber dann, indem er sie mit dem Vorbild der antiken Mathematik in Zusammenhang brachte.

"… dass man endlich, so wie die Sachen jetzt stehen, die früher grösstentheils gewöhnliche, namentlich eine möglichst grosse Allgemeinheit erstrebende Behandlungsweise der Analysis, insbesondere die sogenannte Methode der unbestimmten Coeffizienten, verlassen, bei Begründung der analytischen Sätze zu mehr speciellen, jedem einzelnen Falle besonders angepassten Methoden seine Zuflucht nehmen, und dabei sein Augenmerk ganz vorzüglich darauf richten muss − gewissermaßen nach Art der griechischen Geometer, welche bekanntlich überall mit der ängstlichsten Sorgfalt und Genauigkeit alle möglichen Fälle streng von einander schieden und jeden derselben einer besonderen Betrachtung unterwarfen −, alle einzelnen Fälle, die bei einem Satze vorkommen können, von einander zu unterscheiden, und bei jedem einzelnen derselben die Zulässigkeit oder Unzulässigkeit des Satzes zu untersuchen, überhaupt also jederzeit die Gränzen, innerhalb welcher der Satz richtig oder unrichtig ist, bestimmt festzustellen."

Man habe die Beweise der neueren Analysis hin und wieder nicht mit dem Namen Kunstwerke, sondern mit dem Namen Kunststücke zu benennen beliebt. *"Dies können sich aber alle diejenigen Mathematiker, denen der in den Schriften der griechischen Geometer herrschende Geist nicht fremd geworden ist, gern gefallen lassen; denn sind die Beweise der neueren Analysis Kunststücke, und entbehren dieselben eines gewissen durchgreifenden Princips, so ist noch vielmehr die ganze griechische Mathematik ein Kunststück zu nennen. **Der Geist der neueren Analysis und der Geist der griechischen Mathematik ist nach meiner vollkommensten Ueberzeugung, wie ich schon oben andeutete, im Wesentlichen ganz ein und derselbe,** was gewiss bei jedem in der Strenge der Griechen aufgewachsenen und erstarkten Mathematiker der ersteren nur zur Empfehlung gereichen kann."*[1]

---

1) Archiv der Mathematik und Physik 7 (1846).Literarischer Bericht XXV, 368/69

Angesichts der enormen Entwicklung der Analysis im 19. und 20. Jahrhundert, die durch Cauchy und Abel maßgeblich angestoßen wurde, ist diese einseitige Bewertung als eine Rückkehr zum griechischen Stil der Betrachtung von Einzelfällen sicher erstaunlich. Ganz unzweifelhaft ist dies aber ein prägendes Element der Diskussion über die mathematische Methode in Deutschland in der ersten Hälfte des 19. Jahrhunderts gewesen. Grunert hat diese Sicht in seinem Archiv nachdrücklich vertreten.

Das kommt auch in seinen Rezensionen geometrischer Bücher zum Ausdruck, in denen er die Aufgabe, die neuere auf Allgemeinheit zielende Geometrie mit der Geometrie der Antike zu versöhnen, verschiedentlich als sehr dringend bezeichnete. In diesem Sinne ist der Typus der Cauchy-Rezeption, wie er von Grunert und Schlömilch vertreten wurde, aus einem ganz ähnlichen Theorieverständnis und einem ganz ähnlichen intellektuellen Kontext zu verstehen, wie wir es oben für das Werk Ohms angedeutet haben.

Für die Rezeption des Cauchyschen Werkes zur Begründung der Analysis muß also festgestellt werden, daß seine Vorstellungen sich zwar nicht im breiten Maße in der Lehrbuchproduktion niederschlugen, daß aber die Art seiner Rezeption in bestimmten Kontexten dazu beitrug, eine elementarisierende Sicht der Mathematik zu bestärken. Dabei darf nicht übersehen werden, daß die elementarisierende Interpretation seines Werkes durch einige Äußerungen, mit denen Cauchy sein Vorgehen im Vorwort zum *"Cours d'analyse"* kommentierte, bestärkt wurde. Denn Cauchy hatte sich dort nur gegen die zu allgemeine Auffassung der Formeln der Analysis gewandt und über die positiven, weitertreibenden Konzepte und Methoden seines Werkes kein Wort verloren. Möglicherweise spiegelte das sein eigenes Selbstverständnis auch exakt wider, dennoch wurde dies der Bedeutung seines Werkes nicht gerecht.[1]

---

1) Neue Ansätze sind häufig sehr explizit in der Kritik bestehender Ansichten, haben es aber naturgemäß viel schwerer, genau zu sagen, worin das Neue eigentlich besteht, weil dessen Früchte sich meist erst in einer ferneren Zukunft zeigen. Die Vermutung, daß Cauchy sich möglicherweise über die wahre Bedeutung seiner Begriffe nicht im klaren war, hat neben Grattan-Guinness auch Freudenthal geäußert: *"Yet he [Cauchy] was the most superficial of the great mathematicians, the one who had a sure feeling for what was simple and fundamental without realizing it"* (Freudenthal [1971], 134/35). Dennoch, die wenigen Bemerkungen über seine allgemeinen wissenschaftsphilosophischen Auffassungen, die Cauchy in der Einleitung zu seinem *"Cours d'analyse"* gemacht hat, lassen durchaus die Vermutung zu, daß er sich der Tragweite seines Ansatzes bewußt war.

IV.6.2. Das Ideal des begrifflichen Denkens

Unabhängig von den Intentionen seines Urhebers entfaltete sich die eigentliche Bedeutung von Cauchys *Analyse algébrique* in der Gesamtheit jener mathematischen Arbeiten, die die mehr impliziten Konsequenzen der Cauchyschen Ideen ausarbeiteten und diese Ideen benutzten, um aktuelle Forschungsprobleme neu zu formulieren und zu lösen, und die überhaupt nicht daran interessiert waren, diese Ideen als Grundlage einer neuen Dogmatik, wie die Analysis *"aufzubauen"* sei, zu benutzen. Als Ergebnis dieser Bemühungen entwickelte sich eine neue Vorstellung von dem, was man *"transzendente Analysis"* nannte, die bestimmte Begrenzungen, die aus der rein algebraischen Sicht resultierten, hinter sich ließ.

Die neue Analysis, die hieraus erwuchs, schuf eine Begrifflichkeit äußerster Unanschaulichkeit und erzeugte Objekte, die sich der Interpretation in einer durch Raum und Zeit gebundenen physischen Realität weitgehend entzogen. Sie stellte einen *Sinnzusammenhang* dar, der nur partiell durch eine von außen herantretende Anschauung deutbar war, seine Identität grundsätzlich aber aus seinen *inneren Zusammenhängen* bezog. Daher war für diesen Typus mathematischer Theorie eine Vorstellung von Anschauung angemessen, nach der die Anschauung *aus dem Inneren der Begriffe* erwächst und nicht von außen an die Begriffe herangetragen wird. Man kann diese Sicht des Mathematischen, weil sie von einem *Primat des Begriffs* ausgeht, als *"Ideal des begrifflichen Denkens"* bezeichnen.

Es war eine weitreichende Erfahrung in der Mathematik des 19.Jahrhunderts, welche enormen Erfolge man mit diesem Typus des begrifflichen Denkens erzielen konnte. Überall dort nämlich wurden die größten Durchbrüche und die überraschendsten Einsichten erreicht, wo es gelang, sich von überkommenen Prozeduren zu lösen und sozusagen den begrifflichen Kern des in Frage stehenden Problems zu studieren. P.Boutroux hat dies am Beispiel der Galois−Theorie und der Theorie der Elliptischen Funktionen eindrucksvoll beschrieben.[1]

Das Ideal des begrifflichen Denkens prägte eine ganze Generation von Mathematikern. In diesem Sinne ist die Würdigung von Leben und Werk P.G.L.Dirichlets, die H.Minkowski zu dessem 100. Geburtstag gab, aufschlußreich als ein Ideal, dem der Würdigende sich im selben Sinne verpflichtet wußte wie der Gewürdigte. Minkowski schrieb: *"Dirichlets durch wunderbare Klarheit und Einfachheit berühmter Beweis, daß jedem Minimum potentieller Energie Stabilität des Gleichgewichts*

---

1) Boutroux [1927], Kap. IV

entspricht, ist eine zweite Tat solcher Art, daß er sich von verkehrten Hilfsmitteln freimachte, indem er statt der analytischen Regeln für die Bestimmung der Minima einer Funktion nur den ursprünglichen Begriff des Minimums heranzog. Immer wieder sind doch bedeutende Fortschritte in der Mathematik auf der Stelle errungen, sowie man nur wahrnimmt, daß Umstände, die stets als zusammengehörig betrachtet wurden, nichts miteinander zu tun haben. "[1]

Was hier beschrieben wird, kann man als die *explorative* oder *antizipative* Seite des begrifflichen Denkens bezeichnen. Doch hat das begriffliche Denken auch eine andere Seite, bei der der durch einen Begriff repräsentierte Sinnzusammenhang nur eine statische Gegebenheit, ein selbstgenügsames Begriffssystem ist. So wie der Charakter der Sprache als Weltsicht einerseits im Sinne Humboldts als Möglichkeit, das Neue auszudrücken, interpretiert werden kann, andererseits aber auch als unübersteigbare Grenze unseres Denkens, so kann auch das begriffliche Denken in beiden Richtungen ausgedeutet werden. Auch die zweite Auffassung des Begrifflichen, nach der die Mathematik ein in sich ruhendes Begriffssystem darstellt, das ewige, unumstößliche Wahrheiten enthält, hat in der Wissenschaft des 19.Jahrhunderts eine große Rolle gespielt. Wir werden in den nächsten Kapiteln sehen, wie das Festhalten an der Algebraischen Analysis teils aus sachlich berechtigten Überlegungen, teils aus dem Bedürfnis, die Mathematik in der Lehre als ein geschlossenes System zu vermitteln, motiviert war.

---

1) Minkowski [1905], 161

Teil C: Lehrplanentwicklung. Die Algebraische Analysis als Schulstoff

V. Die Entwicklung des mathematischen Unterrichts 1780–1840

V.1. Fragestellungen

Der folgende dritte Teil unserer Untersuchung ist der Aufgabe gewidmet, näher zu analysieren, wie die bildungsphilosophische Sicht der Mathematik, die wir im ersten Teil untersucht haben, und ihre konkrete fachliche Gestalt, die Gegenstand der Analysen des zweiten Teils war, sich in der Realität des Mathematikunterrichts der Gymnasien niedergeschlagen haben. In der Berührung der Konzeptionen mit der sozialen Realität, oder anders: bei ihrer Anwendung, lernt man neue Seiten und neue Aspekte dieser Konzepte kennen. Das wird auch hier der Fall sein. Darüber hinaus sei gleich einleitend betont, daß hier nicht nur ein bildungsgeschichtliches Interesse verfolgt werden soll, sondern daß es auch und vor allem darum geht, pädagogisch und theoretisch Stärken und Schwächen einer Konzeption zu erkunden, nach der eine theoretisch betriebene Mathematik ein wesentliches Moment in der Entfaltung reflektierter Subjektivität und Individualität durch Bildung sein soll.

Fragestellungen und Motivationen der folgenden Analysen lassen sich konkreter entwickeln, wenn man sich den *Forschungsstand* zur Geschichte des Mathematikunterrichts im 19.Jahrhundert näher vergegenwärtigt. Dieser ist auch heute noch weitgehend durch Monographien und Arbeiten bestimmt, die am Ende des 19. und am Anfang des 20.Jahrhunderts verfaßt worden sind.[1] Diese Arbeiten sind in einem mehrfachen Sinne durch den zeitgeschichtlichen Kontext geprägt, dem sie entstammen. Sie wurden im Zusammenhang der großen bildungspolitischen Auseinandersetzungen angefertigt, die man durch die Stichworte wie Kampf um die Gleichberechtigung der humanistischen und realistischen Schulen, Technikerbewegung, Auseinandersetzungen um einen neuen mathematisch–naturwissenschaftlichen Bildungsbegriff, das *funktionale Denken* als neuer Leitbegriff des Mathematikunterrichts, die Meraner Vorschläge beschreiben kann. Diese Auseinandersetzungen haben der damaligen Beschäftigung mit der Geschichte des Mathematik-

---

1) Genannt seien etwa Schimmack [1911], Klein [1902], Klein & Schimmack [1907], Lietzmann [1909], Lietzmann [1910], Pahl [1913] und weitere IMUK–Abhandlungen zur Entwicklung in den einzelnen deutschen Staaten.

unterrichts weitgehend ihre Fragestellungen und Bewertungskriterien vorgegeben und dazu geführt, daß die Geschichte im Lichte dieser Auseinandersetzungen interpretiert wurde.

Aber nicht nur die allgemeine bildungspolitische Situation drückt sich in diesen Arbeiten aus, sondern die ganze Begrifflichkeit, in der die mathematischen, philosophischen und pädagogischen Fragen diskutiert werden, repräsentiert die am Ende des 19.Jahrhunderts herrschende Sichtweise. Es wird kaum der Versuch gemacht, historische Entwicklungen aus sich heraus zu verstehen und die eigene Position selbst wieder als Produkt eines historischen Prozesses aufzufassen.

Zweifellos kann keine Geschichtsschreibung sich davon freimachen, daß ihre Kategorien, Auswahlkriterien und Sichtweisen nicht nur von ihrem Gegenstand geprägt werden, sondern auch ein Produkt der Zeit sind, in der der Historiker arbeitet. Auch die Arbeiten zur allgemeinen Bildungsgeschichte aus der damaligen Zeit verleugnen nicht ihre Herkunft aus einer bestimmten bildungspolitischen Situation. Dennoch wird etwa in dem fundamentalen Werk Paulsens[1] und in den bildungsgeschichtlichen Arbeiten, die aus dem Kreis um W.Dilthey hervorgegangen sind, in ganz anderer Weise der Versuch gemacht, Geschichte in ihrer inneren Logik zu begreifen, als man dies für den Mathematikunterricht sagen kann. Für die Geschichtsschreibung des Mathematikunterrichts gab es am Ende des letzten Jahrhunderts eine Reihe ungünstiger Rahmenbedingungen. Zum einen war die Distanz zwischen den Geisteswissenschaften einerseits und den Naturwissenschaften und der Mathematik andererseits, die sich wissenschaftsphilosophisch in W.Diltheys Versuch einer eigenständigen methodologischen Begründung der Geisteswissenschaften niedergeschlagen hat, enorm gewachsen. Es war daher in dieser Zeit naheliegend zu unterstellen, daß zwischen einem hermeneutisch geprägten Bildungsbegriff und der Mathematik kaum Beziehungen bestehen können, und man hat grundsätzlich angenommen, daß die Mathematik von Anfang an in der neuhumanistischen Reform ein Fremdkörper gewesen ist. Deshalb schien es auch nicht der Mühe wert, sich mit der neuhumanistischen Programmatik unter dem Gesichtspunkt auseinanderzusetzen, ob sie eine für die Mathematik relevante Konzeption entwickelt hat.

Zum anderen war auch der konzeptionelle Wandel in der Mathematik des 19.Jahrhunderts so enorm, daß die Historiographen des Mathematikunterrichts am Ende dieses Jahrhunderts nicht mehr in der Lage waren, die mathematischen Konzepte,

---

1) Paulsen [1896] u. [1897]

die diesem Unterricht zugrunde lagen, angemessen zu beurteilen. Zwar werden die kombinatorischen Ansätze erwähnt, aber ihre vorgebliche mathematische Verfehltheit wird sogleich als Begründung für den schlechten Zustand des Mathematikunterrichts genommen.[1] Was die nächstliegende Aufgabe gewesen wäre, nach einer Gesamtkonzeption dieses Unterrichts zu suchen, wurde gar nicht als ein Problem formuliert, und statt dessen wurden mehr oder weniger zusammenhanglos erscheinende Stoffkataloge zitiert, deren einzelne Inhalte der Autor nach Geschmack bewertete.

Zur Illustration betrachten wir einige Beispiele. So faßte man als Ursachen für die ursprünglich starke Stellung der Mathematik in der neuhumanistischen Reform im wesentlichen nur äußere Gründe ins Auge, etwa den Einfluß Frankreichs oder des an qualifizierten Offizieren interessierten preußischen Militärs, während nach konzeptionellen Gründen nicht gefragt wurde.[2] Bei Pahl findet sich hier zum Beispiel ein Zitat des Generals Scharnhorst zur Mathematik.[3] Das Zitat selber spricht allerdings dafür, daß Scharnhorst ein Anhänger der neuhumanistischen Allgemeinbildungsvorstellungen gewesen ist, indem er die Mathematik als "*Grundlage aller ferneren Geistesbildung*" bezeichnete.[4]

Da man mit der im Neuhumanismus ursprünglich vorgesehenen hohen Wochenstundenzahl einverstanden war, war man auch mit dem *Süvernschen Lehrplan*, der das vorgesehen hatte, einverstanden. Inhaltlich stand aber in diesem Lehrplan jene, ansonsten als *formalistisch* verschriene Mathematik. Das Auftreten des Stichworts "*Taylorscher Lehrsatz*" wird interpretiert als "*Differential- und Integralrechnung*",[5] im Kontext der damaligen Mathematik allerdings kann man dies keinesfalls schließen, sondern der Taylorsche Satz bezeichnete, wie wir gesehen haben, den Übergangspunkt von der *Analysis des Endlichen* zur *Analysis des Unendlichen* und

---

1) Klein & Schimmack [1907], 83
2) Klein & Schimmack [1907], 78ff; Pahl [1913], 273. Noch das Handbuch der deutschen Bildungsgeschichte von 1987 folgt derselben Argumentationsfigur. Dort werden als Faktoren für die "*widerspruchslose Aufnahme der Mathematik*" (!) die Kontinuität zur Aufklärung, das französische Vorbild und die Tatsache genannt, daß die "*Reformer in der Philosophischen Fakultät die Mathematik als Teil einer Allgemeinbildung studiert hatten*" (?) (Schubring [1987], 207)
3) Pahl [1913], 273.
4) Vgl. auch das Kapitel über Gneisenau in Stübig [1982]
5) In direkten Paraphrasen des Süvernschen Lehrplans war man hier vorsichtig, etwa Pahl [1913], 276, und Klein & Schimmack [1907], 83, doch kommt diese Interpretation in Nebensätzen häufiger vor, so wenn gesagt wird, der Süvernsche Lehrplan habe viel Stoff nach den Unterklassen verschoben, "*so daß die Oberklassen für die infinitesimale Mathematik frei werden.*" (Lietzmann [1910], 88) Oder Klein: der Süvernsche Plan habe zum ersten Mal den Versuch gewagt, "*die Anfangsgründe der Infinitesimalrechnung als Gegenstand des allgemeinen Schulunterrichts anzusetzen...*" (Klein & Schimmack [1907], 109)

war daher als Abschluß und Krönung der *Algebraischen Analysis* und keinesfalls als eigenständige Differential- und Integralrechnung gedacht.[1]

Generell muß die in diesen Untersuchungen immer wieder gestellte Frage nach der Differential- und Integralrechnung als historisch wenig sensibel betrachtet werden. Diese Frage entstammt den Auseinandersetzungen um den Mathematikunterricht vom Ende des 19.Jahrhunderts, und es ist keineswegs selbstverständlich, daß damit auch ein angemessener Maßstab zur Beurteilung der Lehrpläne des frühen 19.Jahrhunderts zur Verfügung steht. Vielmehr ist dieser Maßstab selbst erst aus den historischen Bedingungen am Ende des 18.Jahrhunderts zu entwickeln.

Auch dort, wo man Vorgänger für die eigenen Forderungen zu sehen meint, wird die Argumentation beliebig, weil der Maßstab nicht aus der Sache entwickelt, sondern nach oberflächlichen Analogien mit eigenen bildungspolitischen Forderungen geurteilt wird. So zitiert etwa Pahl den Gothaer, später Wiesbadener Realschuldirektor J.H.T.Müller als geistigen Vorläufer der Kleinschen Reformen. Betrachtet man sich allerdings dessen Lehrbücher,[2] so stellt man fest, daß Müller noch in den 50er Jahren des 19.Jahrhunderts die ganze *pädagogische und mathematische Programmatik* der Anfangszeiten der Humboldtschen Reform vertrat. Müllers starke Betonung der pädagogischen Bedeutung der Kombinatorik ist jedenfalls mit der Auffassung von Mathematik, wie sie den Kleinschen Reformen zugrunde lag, nicht in Einklang zu bringen.

Die mangelnde Wahrnehmung des historischen Kontextes geht teilweise bis in die Zitation. Pahl etwa paraphrasiert den umfangreichen Süvernschen Lehrplan und notiert dabei für VI und V: *"Übung des angewandten Rechnens in allen Beziehungen."*[3] In Wirklichkeit heißt es: *"In Quinta Fofrtsetzung des numerischen Unterrichts in irregulären Systemen, wobei sich das angewandte Rechnen in allen Beziehungen durchübt."*[4] Kennt man die Stellungnahmen Humboldts zum angewandten Rechnen und kennt man die im folgenden darzustellenden Diskussionen und Auseinandersetzungen, dann ist ersichtlich, daß dieser Satz eher *gegen* als für das *angewandte Rechnen* Stellung nimmt und ein bloßes Zugeständnis an äußere Anforderungen war. Tatsächlich war die Haltung zum *angewandten Rechnen*, womit etwa das gemeint war, was man heute als *bügerliches Rechnen* bezeichnen

---

1) In der in III.1. zitierten Beschreibung der Analysis im Klügelschen Wörterbuch wird der Taylorsche Lehrsatz ausdrücklich als zur Analysis des Endlichen gehörig aufgeführt.
2) vgl. VII.1. dieser Arbeit.
3) Pahl [1913], 275
4) Mushacke [1858], 242

würde, ein Schlüsselproblem in der Anfangsphase der Reform. Unter historischen Gesichtspunkten ist daher die Paraphrase von Pahl mehr als problematisch.

Den eigenen Maßstab zum Maßstab der Sache zu machen, kommt auch zum Ausdruck, wenn Schimmack schreibt: *"In seinem Lehrbuch der Elementar-Mathematik ersetzt Wittstein sogar in der Trigonometrie das Wort 'Funktion' grundsätzlich durch 'Zahl'; ..."*[1] Wie wenn Wittstein hier nichts 'ersetzt' hat, sondern tatsächlich *'Zahl'* sagen wollte?

Auch die Methode des Berliner Mathematiklehrers und Seminarleiters K.H.Schellbach, Maximum- und Minimumaufgaben zu behandeln, indem in dem (algebraischen) Ausdruck der zu optimierenden Funktion anstelle der Variablen x der Ausdruck x + h gesetzt und dann durch h dividiert wird, einfach als *"verkappte Infinitesimalrechnung"* zu bezeichnen, kann ohne eine nähere Prüfung nicht akzeptiert werden. Klein schließt hieran sogar die Vermutung: *"Durch diesen Kunstgriff – so fasse ich es auf – beseitigte Schellbach sogar die Gefahr einer Einsprache von oben her."*[2] Ob Schellbach seine Art der Behandlung von Maximum- und Minimumaufgaben nicht für die pädagogisch natürliche und naheliegende gehalten hat, wird nicht gefragt.[3]

Die Zahl dieser Beispiele ließe sich vermehren. Allerdings ist meines Erachtens damit noch nicht der Hauptmangel dieser Untersuchungen erfaßt. Um dem näherzukommen, muß man sich grundsätzlich deren Stellung im Rahmen der damaligen Bemühungen zur Reform des Mathematikunterrichts vergegenwärtigen. Es ist klar, daß alle diese Arbeiten den Reformbemühungen positiv gegenüberstanden und daß sich ihre Autoren als Teil der bildungspolitischen Bewegung zur Durchsetzung der Reform verstanden. Dagegen ist prinzipiell nichts einzuwenden, jede Historiographie ist – bewußt oder unbewußt – Teil eines Prozesses, in dem Ideen formuliert und verwirklicht und Interessen durchgesetzt werden. Doch wirft dies die schwierige Frage auf, in welchem Ausmaß historische Forschung sich engagieren muß und darf und in welchem Ausmaß sie Distanz wahren sollte. Dabei ginge es nicht um eine überhistorische Neutralität, sondern darum, daß kritischer Abstand einer Bewegung auch helfen kann, ihre eigene Programmatik weiterzuentwickeln und zu verallgemeinern. Nicht die Forschung wird sich als hilfreich erweisen, die die Geschichte im Lichte tagespolitischer Forderungen aufarbeitet, sondern die

---

1) Schimmack [1911], 8
2) Klein & Schimmack [1907], 108
3) Diese Methode ist im Kontext interessanter Anwendungsaufgaben entwickelt in Schellbach [1860].

einer Bewegung hilft, ihre eigenen Voraussetzungen besser zu verstehen, und dadurch einen aktiven Beitrag zur Gestaltung ihrer Zukunft leistet.

Meines Erachtens liegt der Hauptmangel dieser Forschung darin, daß sie die Geschichte zu eng im Lichte der tagespolitischen Forderungen aufgearbeitet hat. Das reicht von nebensächlichen Problemen wie der Frage der Infinitesimalrechnung bis zu der grundsätzlichen Problematik einer angemessenen Bildungskonzeption. Hier hat man unhinterfragt die damals verbreitete Auffassung weitgehend akzeptiert, daß der Mathematikunterricht eigentlich nur im Zusammenhang eines *realistischen*, d.h. naturwissenschaftlich–technisch konzipierten Bildungsbegriffs eine angemessene Rolle spielen kann. Man hat damit in Kauf genommen, daß sprachliche und realistische Bildung im Selbstverständnis immer weiter auseinanderfielen und daß der ganze Ansatz der Humboldtschen Reform, formale Bildung als Entfaltung reflektierter Subjektivität und Individualität zu verstehen, nicht weitergedacht und für die Mathematik fruchtbar gemacht wurde.

Da die damalige Geschichtsschreibung nicht versucht hat, die Konzeptionen, die in der Anfangsphase der Humboldtschen Reform eine Rolle gespielt haben, in ihrer ganzen Breite aufzuarbeiten, wurde man nahezu zwangsläufig dazu geführt, formale Bildung nur als ein Programm zu interpretieren, nach dem Mathematik zur Schulung des logischen Denkvermögens beitrage. So konnte es zu einer teils unterschwelligen, teils expliziten Gleichsetzung der Art kommen, nach der formale Bildung notwendig formale Mathematik und einen formalistischen Mathematikunterricht zur Folge hat. Umgekehrt konnten als Vorläufer der eigenen pädagogischen Position nur solche Autoren, wie z.B. J.F.Herbart, akzeptiert werden, die eine von der Konzeption formaler Bildung unterschiedliche *realistische* Position vertraten. Aber sogar Herbart wurde von dieser Geschichtsschreibung noch der Vorwurf gemacht, daß er sich in die Programmatik der formalen Bildung eingeordnet habe, in der *"die Ausbildung eines bestimmten geistigen Zustands und nicht die Mitteilung bestimmter Kenntnisse der Zweck der Schule war."*[1]

Hier soll nicht diskutiert werden, ob die realistische bildungspolitische Programmatik der Kleinschen Reform historisch angemessen war. Man kann allerdings die These wagen, daß die historische Forschung, indem sie sich dazu nur affirmativ verhielt, der Reformbewegung um die Jahrhundertwende mehr geschadet als genützt hat. Dadurch, daß sie es versäumt hat, die Entwicklung des Mathematikunterrichts aus den jeweiligen historischen Voraussetzungen zu rekonstruieren, hat sie

---

1) Timerding [1912], 526/7.

zugleich eine Chance vertan, die bildungspolitische Programmatik selber weiterzuentwickeln und zu verallgemeinern.

Tatsächlich hat es in der Pädagogik der Zeit um 1900 eine breite Auseinandersetzung mit der Humboldtschen Reform gegeben, die im Zusammenhang einer Neubesinnung auf die pädagogischen Aufgaben des Bildungswesens standen. Die Arbeitsschulbewegung war ein Teil und eine Konsequenz dieser *pädagogischen Bewegung.*[1] Im Zuge der Arbeitsschulbewegung wiederum hat es auch im Hinblick auf die Mathematik Ansätze zu einer Reflexion auf die Humboldtsche Programmatik gegeben. Obwohl die Arbeitsschulbewegung die praktische Tätigkeit, in der technisches Handeln eingeschlossen war, in den Mittelpunkt ihrer Programmatik stellte, hat sie Bildung vom Subjekt her aufgefaßt und stand so den Denkansätzen der Humboldtschen Reform nahe. In der Arbeitsschulbewegung war man durchaus in der Lage, Mathematik nicht nur ihrer technischen und wissenschaftlichen Anwendungen wegen zu schätzen, sondern auch als Möglichkeit geistigen Experimentierens. Ihre Konzeption kann daher nicht mit einem *realistischen Bildungsbegriff* identifiziert werden. So hat es in der Zeit um 1900 vielfältige Ansätze gegeben, die in eine weiterzuentwickelnde mathematische Bildungskonzeption hätten eingebracht werden können. Eine solche Konzeption hätte an der Vorstellung formaler Bildung als der Entwicklung reflektierter Subjektivität festhalten und diese unter Einschluß von Technologie und praktisch–produktiver Tätigkeit weiterentwickeln können.

Doch blieben derartige Ansätze in den Anfängen stecken. Das kann man sicher nicht der Historiographie des Mathematikunterrichts anlasten, doch hat sie jedenfalls auch nicht dazu beigetragen, die Notwendigkeit derartiger Problemstellungen ins Bewußtsein zu heben und durch unabhängige historische Arbeit selbst einen Beitrag zu leisten. Statt dessen hat sie sich auf die Rolle eines Erfüllungsgehilfen für eine fertige bildungspolitische Programmatik beschränkt und dadurch viel dazu beigetragen, daß das Verständnis formaler Bildung in mathematischen Kreisen verkürzt blieb und gerade bei fachlich engagierten Lehrern einen negativen Beigeschmack erhielt. Das zunehmende Auseinanderfallen des fachlichen und pädagogischen Selbstverständnisses wurde so weiter verstärkt.

Wir sind weit davon entfernt, die Entwicklung des Mathematikunterrichts der Gymnasien im 19.Jahrhundert, die in der Historiographie der Kleinschen Reformen weitgehend negativ beurteilt wird, nun unsererseits idealisieren zu wollen. Auch

---

1) Vgl. Blankertz [1982], 210 ff.

die Konzeption der Reform soll nicht hochstilisiert werden. Wir haben im Kapitel
II. bereits einige offensichtliche Schwächen benannt und werden in den Analysen
dieses Teils sehen, welche erheblichen theoretischen und praktischen Schwierigkeiten sich auftaten, die beinahe zwangsläufig in die Auseinandersetzungen der
Kleinschen Reformen münden mußten. Dennoch scheint es uns lohnend zu sein,
diese Entwicklung nach ihren eigenen inneren Maßstäben zu rekonstruieren und
von daher einen deutlicheren Einblick in die Gründe des schließlichen Scheiterns
zu gewinnen.

Die Entwicklung des Mathematikunterrichts der Gymnasien im 19.Jahrhundert
wird in der Literatur unter dem Stichwort *"Der mathematisch–naturwissenschaftliche Unterricht unter dem Einfluß der staatlichen Verfügungen"*[1] abgehandelt.
Das ist insofern angemessen, als der Mathematikunterricht an den Gymnasien erst
im Zuge der Humboldtschen Reform und der anschließenden Entwicklung überhaupt etabliert worden ist. Staatliche Verfügungen (in Preußen) betrafen dabei
sowohl die Definition des Lehrerberufs durch entsprechende Prüfungsordnungen[2],
als auch die Festlegung eines Minimalkatalogs von Inhalten in den Abiturregle-
ments. Weiter gab es den sogenannten *Süvernschen Lehrplan* von 1812, der
formal nie verbindlich wurde, mit einem hohen Stundenanteil für Mathematik und
einem extensiven Stoffkatalog. In der ersten verbindlichen Lehrverfassung für die
Preußischen Gymnasien von 1837 wurde dieser hohe mathematische Stundenanteil
zurückgeschraubt. Ansonsten hat sich der Preußische Staat in den ersten Jahrzehnten nach der Reform von 1810 in inhaltliche Fragen des Mathematikunterrichts
nicht eingemischt, mit der Ausnahme zweier Erlasse, die sich scheinbar auf sehr
spezielle Fragen bezogen, dennoch aber die Grundorientierung des Mathematikunterrichts stark beeinflußt haben. Da diese Erlasse stoffliche Beschränkungen bein-
halteten, ergibt sich so der Gesamteindruck einer gegenüber der Mathematik doch
sehr restriktiven Grundhaltung. Dieser Eindruck wird bestärkt, wenn man sieht,
daß sehr früh Rivalitäten zwischen Lehrern der Altphilologie und Mathematik an
vielen Schulen eine Rolle gespielt haben und die Mathematiklehrer insgesamt für
eine gleichberechtigte Position an den Schulen sehr haben kämpfen müssen. Daher
erscheint der Mathematikunterricht im 19.Jahrhundert als weitgehend unter widri-
gen äußeren Zwängen stehend, und das ist der Gesamteindruck, der in der Geschichtsschreibung vom Ende des 19.Jahrhunderts vermittelt wird. Für diese
Widrigkeiten werden die *"einseitigen Altphilologen"* und das von ihnen vertretene
Konzept formaler Bildung verantwortlich gemacht.

---

1) Pahl [1913]
2) vgl. Kap. I.1.

In den folgenden Kapiteln soll nun eine dazu komplementäre Sicht entwickelt werden, indem die fachliche, wissenschaftsphilosophische und pädagogische Konzeption rekonstruiert wird, die dem Mathematikunterricht unterlag. Zum zweiten sind dann die Wandlungen und Verwerfungen zu betrachten, die diese Konzeption bei der Umsetzung in die Realität des preußischen Bildungswesens erfuhr. Daß der Mathematikunterricht nicht nur Spielball äußerer Einflüsse war, sondern von einer in sich schlüssigen Konzeption bestimmt war, ist nach der geschilderten Forschungslage ein neues Ergebnis.

Daß sich daraus auch eine Neubewertung der Gesamtentwicklung des Mathematikunterrichts ergibt, sei an einem Beispiel erläutert. In den damaligen Diskussionen hat die Problematik der *Grenzen* des Mathematikunterrichts eine große Rolle gespielt. Daß diese Grenzen immer wieder diskutiert und Beschränkungen des Stoffs gefordert wurden, wird in der Literatur weitgehend als Indikator des für die Mathematik negativen Klimas gewertet. Daß diese Folgerung nicht zwingend ist, müßte eigentlich auch den Historiographen bewußt sein. Vielmehr kann es für inhaltliche Begrenzungen ernstzunehmende pädagogische Gründe geben: daß die Schule keine Mathematiker, sondern allgemein gebildete Menschen hervorbringen soll, war ein vielfach vorgebrachtes, berechtigtes Argument. Daß inhaltliche Einschränkungen auch durch pädagogische *Erfahrungen* begründet sein können, kann ebenfalls nicht apriori von der Hand gewiesen werden. Darüber hinaus gibt es außer der Mathematik auch andere Fächer mit ihren Ansprüchen.

Eine bis weit in die zweite Hälfte des 19.Jahrhunderts vertretene Auffassung besagte, daß die Mathematik auf der Schule die beständigen Größen zum Gegenstand habe, während alles, was sich auf den Begriff der Veränderlichen beziehe, nicht in die Schulmathematik gehöre. Die historische Frage, die sich hieran anschließt, ist, ob man akzeptiert, daß es sich dabei um ein *"aus der Sache selbst hergenommenes Prinzip"* handelt, oder um eine *"künstliche Trennung"*, wie es im Handbuch der deutschen Bildungsgeschichte heißt.[1] Unterstellt man letzteres, muß man notwendig zur Auffassung einer weitgehenden Fremdbestimmtheit des Mathematikunterrichts kommen. Um diese Fragen zu klären, gibt es nur einen Weg. Zunächst muß die Konzeption der damaligen Schulmathematik in ihrer inneren Logik verstanden und rekonstruiert werden. Erst dann hat man eine Möglichkeit, das Gewicht äußerer Rahmenbedingungen angemessen zu beurteilen.

Wir werden im folgenden also die dem Mathematikunterricht der Gymnasien zugrundeliegende Konzeption im Bereich der arithmetisch–algebraischen Stoffe

---

1) Schubring [1987], 216

rekonstruieren. Wir werden sehen, daß fachlich die Algebraische Analysis den
Schlüssel zum Verständnis bietet. Dabei wurde der Unterricht von der allgemeinen
Auffassung bestimmt, daß die Mathematik wissenschaftlich als ein in sich harmonischer, aus seinen eigenen Voraussetzungen und seiner inneren Logik zu entfal-
tender *Sinnzusammenhang* präsentiert werden muß. Äußere Motivationen oder
Anwendungen im *bürgerlichen Rechnen* wurden daher als diese innere Entfaltung
störende Abweichungen vom wissenschaftlichen Gang betrachtet.

Diese Konzeption traf auf die soziale, institutionelle und pädagogische Realität der
preußischen Gymnasien. Wir haben im I.Kapitel gesehen, wie breit die sozialen
Interessen von Schülern und Eltern gestreut waren. Daher konnte die pädagogische
Konzeption reiner Mathematik nicht ohne Widerstand bleiben. Die Auseinandersetzung um das *gemeine*, also das bürgerliche Rechnen, war daher ein Schlüsselproblem in den ersten Jahrzehnten der Reform. Im Hinblick auf die institutionelle
Struktur der Schulen spielte die Alternative des Jahrgangs- und Fachklassensystems eine bedeutende Rolle. Darin spiegelt sich schulintern die soziale Problematik
wider. Soll ein bestimmter Fächerkanon verbindlich sein, oder soll es möglich
sein, die nicht benötigte Mathematik ganz abzuwählen oder jedenfalls nur mit
einem Minimum zu betreiben?

Für die pädagogische Realität des Unterrichts war die Beziehung von mündlicher
Kommunikation und Lehrbuch eine entscheidende Frage, deren Beantwortung das
didaktische Handlungsfeld in seiner Grundstruktur determinierte. Daher ist ein
Eingehen auf dieses Problem für das Verständnis der Realität des Mathematikunterrichts unerläßlich.

Wir werden in diesem V.Kapitel die fachliche Konzeption des Mathematikunterrichts anhand des Süvernschen Lehrplans von 1812, seiner Beratung in der wissenschaftlichen Deputation Berlin, der Versuche seiner Implementation und seiner
Fortschreibung in Schulprogrammschriften und Lehrbüchern untersuchen. Gegenüber der existierenden Literatur stellt dies ein Novum dar, da bisher dieser Lehrplan als Ausnahme von der Realität des Mathematikunterrichts in Preußen gesehen
wurde. Tatsächlich aber beinhaltete er ein Konzept, das zwar Abstriche hinnehmen mußte, das sich aber in seiner Grundstruktur durchgesetzt hat, wie wir zeigen
werden. In Abschnitt V.4. werden wir anhand eines 1813 erschienen Lehrbuchs,
das, wie sich aus einer von uns erstellten Statistik ergibt, die höchste Verbreitung
in Preußen hatte, die Beziehung von Lehrbuch und mündlicher Kommunikation
erörtern, um so die grundlegende Unterrichtskonzeption kennenzulernen. Das
VI.Kapitel gibt eine aus den Akten des Preußischen Kultusministeriums rekonstruierte Beratung über den Mathematikunterricht der Gymnasien aus dem Jahre

1829/30, die die Relevanz der verschiedenen Problemfelder, soziale Akzeptanz, Schulstruktur und Lehrbuchproblem, in ihrem Zusammenspiel zeigt. Das VII. Kapitel schließlich enthält eine Analyse wichtiger Lehrbücher der Algebraischen Analysis und zeigt die fachliche und pädagogische Kontinuität dieser Konzeption bis in die Kleinschen Reformen hinein.

V.2. Die Entwicklung der Stundentafeln

Bevor man sich näher mit den inhaltlichen Problemen des Mathematikunterrichts in der Humboldtschen Reform befaßt, ist es nützlich, sich einige Rahmendaten seiner globalen Entwicklung zu vergegenwärtigen. Versuche, die Mathematik in den Fächerkanon der gelehrten Schulen einzuführen, hat es während des ganzen 18.Jahrhunderts in Deutschland gegeben. Doch blieben diese Bemühungen vereinzelt und unterschieden sich stark in ihrer Reichweite und ihren Zielen nach den jeweiligen lokalen Besonderheiten.[1]

Die soziale Stellung der Mathematiklehrer, soweit man diesen Begriff überhaupt schon benutzen kann, war deutlich schlechter als die der Lehrer für klassische Sprachen, ihre Besoldung so gering, daß die meisten von ihnen Nebenbeschäftigungen annehmen mußten, um sich zu ernähren. Häufig wurde auch der Mathematik- oder Rechenunterricht im Nebenamt von einem Lehrer erteilt, der seine Haupteinkünfte aus einem ganz anderen Amt bezog. *"Wie kann man sich dabei wundern, daß unter den Unkundigen die Ansicht und Gewohnheit eingerissen ist, bei dem Namen **Mathematiker** zugleich auch an Drehbank, Hammer und Kneipzange zu denken?"* urteilte 1817 F. Schmeißer in einer rückblickenden Betrachtung.[2]

Erst als am Ende des 18. Jahrhunderts unter dem Einfluß der Aufklärungspädagogik und des heraufkommenden Neuhumanismus die staatlichen Bemühungen um das gelehrte Schulwesen sich intensivierten, wurde auch die Stellung der Mathematik gestärkt. Neben den alten Sprachen und den historischen Disziplinen wurde sie einer der Grundbestandteile des Gymnasialunterrichts. Die Stundentafel des Süvernschen Lehrplans zeigt, daß die Mathematik dann in der Konzeption der neuhumanistischen Reform eine bedeutende Rolle gespielt hat. Tatsächlich waren Mathematik und Griechisch diejenigen Fächer, die in dieser Reform eigentlich gestärkt wurden.

---

1) vgl. Grundel [1928/9] und Pahl [1913], 173-233
2) Schmeißer [1817], 13

Tabelle: Stundentafel des Süvernschen Lehrplans[1]

	I (3 Jahre)	II (2 Jahre)	III (2 Jahre)	IV (1 Jahr)	V (1 Jahr)	VI (1 Jahr)	Summe
Latein	8	8	8	8	6	6	76
Griechisch	7	7	5	5	–	–	50
Deutsch	4	4	4	4	6	6	44
Mathematik	6	6	6	6	6	6	60
Naturwissen- schaften	2	2	2	2	2	2	20
Geschichte und Geographie	3	3	3	3	3	3	30
Religion	2	2	2	2	2	2	20
Hebräisch	(2)	(2)	–	–	–	–	(10)
Zeichnen	–	–	2	2	3	3	10
Kalligraphie	–	–	–	–	4	4	8
	32	32	32	32	32	32	318

Betrachtet man zum Vergleich die Entwicklung in den beiden damals wichtigsten europäischen Ländern, Frankreich und England, so wird klar, wie wenig selbstverständlich dies war. Auf der einen Seite stand Frankreich. Hier hatten die Pläne zur Reorganisation des Bildungswesens vor und die Reform nach der Revolution die Mathematik zum Mittelpunkt des Lehrplans gemacht. Die École Polytechnique, die wichtigste und prestigereichste neue Bildungsinstitution, hatte zunächst die darstellende Geometrie, später nach einer Reform unter Napoléon auch die analytischen Teile der Mathematik in den Mittelpunkt gestellt.[2] Im Sekundarschulwesen, in den Lycées, waren Mathematik und Latein die wichtigsten Fächer.[3] Zudem war Paris zu dieser Zeit *das* wissenschaftliche und kulturelle Zentrum Europas. Zahlreiche junge Wissenschaftler und Intellektuelle aus Deutschland gingen dorthin, um sich zu bilden, um Anregungen zu gewinnen und wissenschaftliche Kontakte aufzubauen.

Auf der anderen Seite aber gab es auch das Beispiel des industriell führenden England. Dort wurden auf den Grammar Schools und Public Schools erst in den dreißiger und beginnenden vierziger Jahren des 19. Jahrhunderts gewisse Abstriche am Monopol der klassischen Sprachen vorgenommen. Für die Mathematik gibt Archer eine plastische Situationsschilderung: "*So persistent were archaic survivals that, even at a time when Cambridge, with one of whose colleges — King's — Eton was most closely connected, reserved its highest honours for mathematicians,*

1) Paulsen [1897], 292
2) vgl. Fourcy [1828] und Paul [1980].
3) Arnold [1868] und Durkheim [1977], II, 10.Kap.

mathematical masters were neither allowed to wear gowns nor to take a share in the general discipline of the school, received lower salaries and could not become house masters. "[1]

Erst in den zwanziger Jahren wurden bescheidene Reformen des Mathematikstudiums in Cambridge, immerhin der Universität, an der Newton gelehrt hatte, vorgenommen. Im gelehrten Schulwesen blieb der Mathematikunterricht während des ganzen 19. Jahrhunderts stark an Euklid orientiert.[2]

Die starke Stellung der Mathematik in der neuhumanistischen Reform kann daher nicht durch einen gesamteuropäischen Trend erklärt werden. Auch wenn es für die Bildungsreform in Preußen in Gestalt der französischen Entwicklung ein gewichtiges Vorbild gab, so war doch das spezifische intellektuelle Klima in Preußen ausschlaggebend für den Charakter seiner Bildungsreform.

Im Zuge einer Entwicklung, die wir im folgenden näher betrachten werden, ist der Stundenanteil für die Mathematik im Süvernschen Lehrplan während der dreißiger Jahre wieder reduziert worden. Um daher einen globalen Eindruck von der Institutionalisierung des Mathematikunterrichts durch die Humboldtsche Reform zu gewinnen, ist es instruktiv, die Stundentafeln am Anfang und Ende des Zeitraums von 1770 und 1840 zu vergleichen. Wir betrachten zunächst die Stundentafel einer typischen Gelehrtenschule, wie sie in den Revisionsberichten des Oberschulkollegiums gegeben wurde. Es handelt sich um den Lektionsplan der Stadtschule in Kolberg aus dem Jahre 1788, der das Grundmuster der alten protestantischen Gelehrtenschule erkennen läßt.[3]

Dieser Lehrplan bestätigt, was wir einleitend sagten. Nur ein äußerst geringer Teil der Gesamtstundenzahl, nämlich 1,8%, wurde auf *"Mathematik"* verwandt. Das Fach *"Rechnen"* war allerdings mit einem erheblich höheren Anteil, nämlich 9,1%, vertreten und im Unterschied zu *"Mathematik"* im Lehrplan fest verankert. Dabei ist unter *Rechnen* die Einübung der Grundrechenarten und die Übung praktischer Aufgaben zu verstehen, bei denen vor allem der Umgang mit den damals komplizierten Größensystemen und alle möglichen angewandten Rechnungen auf Basis des Dreisatzes, wie Mischungsrechnung, Verhältnisrechnung etc., betrieben wurden.

---

1) Archer [1921], 29. Man vergleiche auch den Bericht Wolff [1915]
2) Wolff [1915], 66
3) Jeismann sagt über diesen Schultypus: *"Dieser Schultyp, dem bisweilen in einigen Städten eine vierte Klasse hinzugefügt worden war, repräsentierte die breite Schicht der beharrenden, neue pädagogische Anregungen ... nur zögernd aufnehmenden kleinen und mittleren städtischen Lateinschulen."* (Jeismann [1974], 60)

Tabelle: Lektionsplan der Stadtschule in Kolberg 1788[1]

	I	II	III	Summe
Latein	10	12	14	36
Griechisch	2	3	–	5
Hebräisch	2	–	–	2
Deutsch	2	2	–	4
Religion	4	4	8	16
Geschichte	2	1	–	3
Geographie	2	–	2	4
Mathematik	2	–	–	2
Rechnen	–	–	10	10
Physik	–	1	–	1
Naturgeschichte	–	3	2	5
Schreiben	–	–	8	8
Singen	4	4	4	12
Französisch	2	–	–	2 (privatissime)
Summe	32	30	48	110

Insgesamt war die Situation allerdings extrem uneinheitlich. Während an einigen gelehrten Schulen Mathematik in wesentlich größerem Umfang gelehrt wurde, tauchte dieses Fach im Lehrplan anderer Schulen gar nicht auf. Um dennoch einen Gesamteindruck zu vermitteln, ist es nützlich, einen Durchschnittswert zu berechnen. Legt man alle in dem Werk von Schwartz abgedruckten Stundentafeln zugrunde, dann erhält man für den Zeitraum um 1787 folgende Durchschnittswerte, die sich auf 43 Schulen beziehen.

Tabelle: Durchschnittlicher Anteil der Studenten für Mathematik und Rechnen an der an der Gesamtstundenzahl um 1787/88 (berechnet nach den Angeaben für 43 Schulen)

	Mathematik	Rechnen	Math/Rechnen gesamt
Anteil an der Gesamtstundenzahl	3%	4,7%	7,7%

Diese Durchschnittsbildung ist mit Vorsicht zu bewerten. Sie ergibt sich daraus, daß für alle Lektionspläne die Summe der für Mathematik und Rechnen ausgewiesenen Stunden ins Verhältnis zur Gesamtsumme der Stunden gesetzt wurde. Das setzt voraus, daß die angegebenen Klassenstufen alle gleich viele Jahrgänge umfassen, was im einzelnen nicht festgestellt werden kann. Zudem waren die hier berücksichtigten Schulen von sehr unterschiedlichem Charakter. Teilweise umfaßten sie im Sinne der späteren Struktur nur Unter- und Mittelstufe, teilweise nur die Oberstufe. In einigen Schulen wurde gar kein Rechenunterricht genannt, in einigen keine Mathematik. Das kann daran liegen, daß nur die oberen Klassen

---

1) a.a.O.
1) Schwartz [1910ff.]

vorhanden waren, oder in anderen Fällen auch daran, daß Mathematik- und Rechenunterricht verschmolzen waren. Unter diesen Zahlen mag sich auch eine erhebliche regionale Streuung verbergen. Dennoch lassen die Zahlen eine gewisse Aussage zu. Zum Zeitpunkt der ersten Revision des neuen Oberschulkollegiums in den Jahren um 1788 wurde Mathematik nur in ganz bescheidenem Umfang gelehrt. Gegenüber dem Mathematikunterricht überwog deutlich der davon abgesonderte Unterricht im *"gemeinen Rechnen"*.

Vergleichen wir mit diesen Zahlen unmittelbar die Stundentafel des ersten, für ganz Preußen verbindlichen Lehrplans von 1837.

Tabelle: Stundentafel des Lehrplans von 1837[1]

	I	II	III	IV	V	VI	Summe
Latein	8	10	10	10	10	10	58
Griechisch	6	6	6	6	–	–	24
Deutsch	2	2	2	2	4	4	16
Französisch	2	2	2	–	–	–	6
Religions-lehre	2	2	2	2	2	2	12
Mathematik	4	4	3	3	–	–	14
Rechnen u. geometrische Anschauungs-lehre	–	–	–	–	4	4	8
Physik	2	1	–	–	–	–	3
Philosophische Propädeutik	2	–	–	–	–	–	2
Geschichte u. Geographie	2	3	3	2	3	3	16
Naturbeschreibung	–	–	2	2	2	2	8
Zeichnen	–	–	–	2	2	2	6
Schönschreiben	–	–	–	1	3	3	7
Gesang	–	–	2	2	2	2	8
Summe	30	30	32	32	32	32	188

Berücksichtigt man, daß für die drei unteren Klassen einjährige, für die drei oberen Klassen zweijährige Kurse vorgesehen waren, dann kommt man auf einen Anteil von 8,9% für den Mathematikunterricht und von 2,9% für den davon abgesonderten Kurs im *"gemeinen Rechnen"*. Der Gesamtanteil von Mathematik und Rechnen betrug also im Lehrplan von 1837 11,8%, während dieser Anteil im typischen Lehrplan der Stadtschule in Kolberg 1788 10,9% ausmachte. Unsere

---

1) Rönne [1855], Bd.2, 156

Durchschnittszahl der Gelehrtenschulen aus den Jahren um 1788, die auch viele
Schulen erfaßt, die nach 1810 nicht mehr als Gymnasien anerkannt wurden, be-
trägt 7,7%.

Der Vergleich der Stundentafeln am Anfang und Ende des betrachteten Zeitraums
1770 bis 1840 führt also zu zwei Ergebnissen. Erstens ist der Gesamtbereich
Mathematik/Rechnen nahezu konstant geblieben (Stadtschule Kolberg vs. Lehrplan
1837) oder hat sich nur leicht erhöht (Durchschnittswert 1788 vs. Lehrplan 1837).
Zweitens hat es eine merkbare Veränderung in dem Sinne gegeben, daß sich
innerhalb des Gesamtbereichs Mathematik/Rechnen die Gewichte eindeutig in
Richtung auf die Mathematik verschoben haben. Während die Prozentzahlen für
den Durchschnitt von 1788 3% / 4,7% sind, lauten sie für den Lehrplan von 1837
8,9% / 2,9%. 1788 hatte die Mathematik einen ungesicherten und an den meisten
Schulen marginalen Status, dagegen war Rechnen als eine praktisch wichtige
Kulturtechnik im Lehrplan der Gelehrtenschulen weitgehend verankert. Trotz der
relativen Konstanz des Gesamtbereichs Mathematik/Rechnen signalisiert diese
Verschiebung der Anteile deutliche *qualitative* Änderungen innerhalb dieses Bereichs. Ein Mathematikunterricht, der über die elementaren Rechenoperationen
hinausgeht, hat sich in Preußen also erst während der Zeit von 1770 bis 1840 in
breitem Maße einen Platz im gymnasialen Lehrplan erworben.

Die relative Konstanz des Gesamtbereichs Mathematik/Rechnen im Lehrplan der
Gelehrtenschulen erscheint angesichts der weitreichenden Veränderungen des
preußischen Bildungswesens während dieser Zeit dennoch überraschend, auch
angesichts der ursprünglichen Festlegungen des Süvernschen Lehrplans, der einen
Anteil des Mathematikunterrichts von etwa 20% vorgesehen hatte. Daß dies im
Ergebnis nicht durchgesetzt wurde, hatte vielfältige Ursachen, die wir noch näher
diskutieren werden.

Um die Gesamtentwicklung richtig zu beurteilen, muß man sich allerdings grundsätzlich klarmachen, daß Lehrplanstrukturen generell eine *hohe Stabilität* aufwei-
sen. Beispielsweise haben sich auch die Stundentafeln der aufklärerischen Philan-
thropine von denen der gelehrten, an den klassischen Sprachen orientierten Schulen
trotz gegensätzlicher pädagogischer Programmatik im Hinblick auf den Anteil der
klassischen Sprachen und den der sogenannten *"Realien"* kaum unterschieden.[1]
Pädagogische Programmatik und Realität des Unterrichts waren auch hier zwei
ganz verschiedene Dinge.

---

1) Schöler [1970], 87ff.

Für diese *"Trägheit"* des Bildungswesens lassen sich zwei große Ursachenkomplexe anführen. Grundsätzlich ist der Lehrplan auf komplizierte Weise mit den kulturellen Gegebenheiten der Gesellschaft und ihren sozialen Strukturen verknüpft. Die vorhandenen beruflichen Positionen und die damit verbundene soziale Schichtung, die Erwartungshaltung der Eltern und das in der Öffentlichkeit vorhandene Ansehen der verschiedenen Wissenschaften beeinflussen nachhaltig den Spielraum bildungspolitischer Reformen. So gibt es immer eine Spannung zwischen der Bindung des Bildungswesens an den bestehenden Zustand und dem Versuch der Bildungspolitik, Entwicklungen zu antizipieren und das Bildungswesen an zukünftigen Trends zu orientieren. Wie wir noch sehen werden, ist auch die preußische Bildungspolitik im frühen 19. Jahrhundert durch diese Spannung geprägt worden.

Auch das Beispiel Frankreichs an der Wende vom 18. zum 19. Jahrhundert zeigt diese Bindung des Bildungswesens an die kulturellen Traditionen und die sozialen Gegebenheiten. Die sozialen Strukturen erwiesen sich als so stark, daß bereits unter dem Konsulat auf Druck Napoleons eine weitgehende Umkehr der ursprünglich realistischen Orientierung stattfand. 1802 wurden die Zentralschulen, das Werk der Revolution, aufgelöst und durch die Lycées und Collèges ersetzt, die sich wieder mehr an den vorrevolutionären Lehrplänen orientierten und damit eine gewisse Wiederbelebung der klassischen Sprachen bewirkten.[1]

Man wird also auch langfristig wirksame Faktoren dafür in Rechnung zu stellen haben, daß das quantitative Gewicht des Bereichs Mathematik/Rechnen im Lehrplan der Gymnasien beim Übergang vom 18. zum 19. Jahrhundert sich letztlich nur mäßig erhöht hat. Umso wichtiger ist der *innere Wandel*, den dieser Bereich während dieser Zeit durchgemacht hat und den wir aus der Statistik herausgelesen haben. Es war dieser innere Wandel, der es rechtfertigt, davon zu sprechen, daß der Mathematikunterricht durch die Humboldtschen Reformen in Deutschland eigentlich erst institutionalisiert wurde.

V.3. Die Mathematik im Süvernschen Lehrplan

Eine Anschauung der Bewertung der Mathematik in der Frühphase der Reform bieten einige Äußerungen W.v.Humboldts in seinen bildungspolitischen Schriften. Im Königsberger Schulplan sagt er, daß der Schulunterricht sich in *"linguistischen, historischen und mathematischen"* teile, um an anderer Stelle zu betonen, daß

---

1) Vgl. für eine Darstellung dieser Entwicklung Durkheim [1977], 282 ff.

dafür Sorge zu tragen sei, daß der *"historische und mathematische Unterricht gleich gut und sorgfältig mit dem philologischen behandelt werde".*[1]

Wenn auch der unterschiedlichen Neigung und Veranlagung der Schüler Rechnung getragen werden sollte, so schrieb Humboldt doch der Mathematik eine gewisse Leitfunktion für den gesamten Schulunterricht zu. In der Schrift *"Ueber die innere und äußere Organisation der höheren wissenschaftlichen Anstalten in Berlin"* heißt es: *"Ihr [der Schule] Weg, dahin [zur Selbsttätigkeit] zu gelangen, ist einfach und sicher. Sie muss nur auf harmonische Ausbildung* **aller** *Fähigkeiten in ihren Zöglingen sinnen; nur seine Kraft in einer möglichst geringen Anzahl von Gegenständen an, so viel möglich, allen Seiten üben, und alle Kenntnisse dem Gemüth nur so einpflanzen, dass das Verstehen, Wissen und geistige Schaffen nicht durch äussere Umstände, sondern durch seine innere Präcision, Harmonie und Schönheit Reiz gewinnt. Dazu und zur Vorübung des Kopfes zur reinen Wissenschaft muss vorzüglich die Mathematik und zwar von den ersten Uebungen des Denkvermögens an gebraucht werden.* "[2]

Warum die Mathematik diese Leitfunktion haben kann, das ist für Humboldt in der Tatsache begründet, daß diese Wissenschaft ein besonders einfaches Modell für *"echte Wissenschaft"* ist. In der Schrift *"Über die Bedingungen, unter denen Wissenschaft und Kunst in einem Volke gedeihen"*, erklärt Humboldt, *"ächte Wissenschaft"* müsse *"von der Ahndung einer Grundkraft, deren Wesen sich, wie in einem Spiegel, in einer Uridee darstellt, durchdrungen und belebt werden, und muss die Gesammtheit der Erscheinungen an sie anknüpfen."* Diesem Ziel widerspreche aber *"das einseitige Hangen an der Erfahrung, und an die bloss logische Auflösung der Begriffe".* Für die Mathematik trifft er dann die merkwürdige Feststellung, daß sie von diesen Gefahren am wenigsten betroffen sei. *"Durch ihre eigentümliche, bewundernswürdige Natur kann die Mathematik diesen beiden fehlerhaften Ansichten ohne Schaden zur Seite stehen. Sie giebt sich unbedingt der Anwendung auf die Erfahrung hin, ohne Gefahr zu laufen, unlauter zu werden; sie löst jeden ihrer Begriffe bis in seine letzten Bestandtheile auf, ist sich aber wenigstens immer dunkel bewusst, dass ihr Wesen noch in etwas ganz Andrem, als dieser Verwandlung eines Begriffs in einen andren besteht."*[3]

In der Sicht Humboldts führt die Mathematik also gleichsam von sich aus und automatisch zur *"ächten Wissenschaft".* Und so gilt für die Mathematik, was für

---

1) Humboldt [1809], 170, 174
2) Humboldt [1810], 261
3) Humboldt [1814], 557–559

alle *"echte Wissenschaft"* gilt: *"Wo der Gedanke um des Gedankens willen entzückt, da führt ächt wissenschaftlicher Sinn das Denken bis nahe zu seinem Urquell hin."*[1]

Mathematik kann also eine pädagogische Leitfunktion haben, weil sie modellhaft jenes Denken repräsentiert, das über die *"intellectuell-mechanischen Kräfte"* hinausgehend, die Einheit der Wissenschaft hervorbringt. Die Mathematik sei ein *"abgesondertes Fach, in dem der Begriff der Wissenschaft leichter errungen werden und daher allgemeiner gewährt werden kann".*[2]

Daraus folgt für Humboldt, daß man gerade die theoretischen, über die Anwendungen und die Sinnlichkeit hinausweisenden Aspekte der Mathematik betonen müsse. Im *"Litauischen Schulplan"* drückt er sich daher gegen die *"Tendenz, sich selbst von der Möglichkeit künftiger Wissenschaft zu entfernen, und aufs naheliegende Leben zu denken",* aus: *"Warum soll z.B. Mathematik nach Wirth und nicht nach Euclides, Lorenz oder einem andern strengen Mathematiker gelehrt werden? Mathematischer Strenge ist jeder an sich dazu geeignete Kopf, und die meisten sind es, auch ohne vielseitige Bildung fähig, und will man in Ermangelung von Specialschulen aus Noth mehr Anwendungen in den allgemeinen Unterricht mischen, so kann man es gegen das Ende besonders thun. Nur das Reine lasse man rein. Selbst bei den Zahlverhältnissen liebe ich nicht zu häufige Anwendungen auf Carolinen, Ducaten u.s.f."*[3]

Diese Zitate geben einen charakteristischen Eindruck. Weil W.v.Humboldt an der Mathematik persönlich nicht sonderlich interessiert war, können sie als Indiz einer verbreiteten Auffassung gedeutet werden. Für Humboldt steht die reine Mathematik eindeutig im Vordergrund des Interesses, sie allein wird als allgemeinbildend betrachtet. Anwendungen im Sinne des bürgerlichen Rechnens werden nur als Zugeständnis an die sozialen Bedürfnisse der Frühabgänger zugelassen. Der Grund, warum die reine Mathematik bildend ist, liegt darin daß sie eine Wissenschaft ist, die über die intellektuell-mechanischen Kräfte hinausgeht und in die Sphäre der Idee, der *Urkraft*, hineinragt. Mathematik wird als Medium der Distanzierung von der empirischen Realität gesehen, einer Distanzierung, die die Erschließung dieser Realität unter einem höheren Gesichtspunkt ermöglichen soll. Nicht das rein logische Vorgehen ist für Humboldt an der Mathematik wichtig, sondern die Tatsache, daß sie wie die Kunst eine *allgemeingültige Anschauung*

---

1) a.a.O., 559
2) Humboldt [1809], 192
3) Humboldt [1809], 194

vermittelt, d.h. sich nur als ein eigenständiger, in sich harmonischer, nicht durch äußere Bezüge gestörter *Sinnzusammenhang* darstellt.[1]

Man hat in diesen verstreuten Äußerungen Humboldts den ganzen Gedankenkreis, den wir im Teil A) analysiert haben. Wir werden nun zu untersuchen haben, ob, und wenn ja, in welchem Sinne dieser Vorstellungskreis auch die Entwicklung des Mathematikunterrichts an den Gymnasien beeinflußt hat. Wir werden sehen, daß es tatsächlich *das* Schlüsselproblem in den damaligen Diskussionen über den Mathematikunterricht war, diesen auf theoretische Mathematik festzulegen und die alltagspraktischen Anwendungen so weit wie möglich hinauszudrängen.

Um diese Entwicklung zu beschreiben, beginnen wir zunächst mit einer Analyse des *Süvernschen Lehrplans* und der Beratungen über den Mathematikunterricht, die bei seiner Erstellung stattgefunden haben. Der Süvernsche Lehrplan wurde in den Jahren 1810 und 1811 in der wissenschaftlichen Deputation Berlin beraten. Nach einer Endredaktion durch J.W.Süvern, die, wohl durch die Kriegsereignisse bedingt, nicht vor 1814 stattgefunden hat, wurde dieser Lehrplan 1816 den Provinzialschulkollegien bekanntgemacht, aber nicht verbindlich vorgeschrieben.[2]

F.Paulsen hat diesen Lehrplan als *"Konstitutionsakte des neuen Gymnasiums"* bezeichnet.[3] Wir werden zeigen, daß diese Bewertung sich auch auf den Mathematikunterricht beziehen läßt. Für eine Konstitutionsakte ist dieser Lehrplan allerdings ein bemerkenswert trockenes Dokument. Er besteht im wesentlichen aus einer sehr knapp gehaltenen allgemeinen Aussage über die Aufgabe des Gymnasialunterrichts, sehr ausführlichen Stoffkatalogen für die einzelnen Fächer und einigen Durchführungsbestimmungen zum Klassensystem, zum Problem der Lehrbücher u.a. Die allgemeine Charakterisierung des Unterrichts besagt, daß jeder Schüler seine *"wissenschaftlichen und Kunst-Anlagen ... so weit als möglich üben"* solle und daß dies um so eher möglich sei, *"je verwandter bei aller Verschiedenheit des Stoffes, der allgemeine Organismus aller Wissenschaften ist, und je leichter es einem in der allgemeinen Elementarschule zum richtigen organischen Denken gebildeten Kopfe werden muß, in jedwedes Fach einzudringen."*[4]

Die Protokolle der Beratungen des Süvernschen Lehrplans enthalten für die Mathematik ein Gutachten des ordentlichen Mitglieds der Deputation J.G.Tralles

---

1) Den Zusammenhang von Ästhetik und Mathematik bei Humboldt betont auch Menze [1970]
2) Die Lehrplanberatungen der wissenschaftlichen Deputation Berlin sind in den Archiven des Preußischen Kultusministeriums noch vorhanden. Für eine ausführliche Anaylse vgl. Lohmann [1984], Kap. 1 und 2.
3) Paulsen [1897], 288
4) Mushacke [1858], 231

mit Begründung und Entwurf eines mathematischen Lehrgangs[1] sowie von dem
korrespondierenden Mitglied G.W.Bartholdy ein Gutachten über Stufenfolge,
Umfang und Methode des mathematischen und naturwissenschaftlichen Unterrichts.[2]
Zusätzlich gibt es von Tralles noch Gutachten zum Lehrbuchproblem und über
einzelne Lehrbücher. Wir werden im folgenden die beiden erstgenannten Gutachten
näher diskutieren.

Johann Georg Tralles wurde 1763 in Hamburg geboren[3], studierte ab 1783
Mathematik in Göttingen und wurde bereits 1785 auf Empfehlung von A.G.Käst-
ner als ordentlicher Professor nach Bern berufen. Tralles beschäftigte sich vorrangig mit Problemen der angewandten Mathematik, insbesondere führte er umfangreiche Vermessungsarbeiten in der Schweiz durch, offenbar so erfolgreich, daß er
1790 zu der Naturforscherversammlung nach Paris berufen wurde, die den Zweck
hatte, die neuesten Ergebnisse aus Chemie, Physik und Mathematik zu nutzen, um
eine eindeutige Definition der Längen- und Gewichtsmaße zu entwickeln. Infolge
von revolutionären Entwicklungen verließ er Bern 1803 und wurde 1804 an die
preußische Akademie der Wissenschaften in Berlin berufen. Tralles wurde 1810
der erste Mathematikprofessor der neuen Universität Berlin. Erst nach dieser
Berufung scheint er auch einige Arbeiten zur reinen Mathematik verfaßt zu haben,
die sich im Umkreis jener Probleme bewegten, die wir im vorigen Kapitel dargestellt haben. Encke bescheinigte ihm in einem Nekrolog, in diesen Arbeiten *"bekannte Gegenstände von einer neuen und bisher unbeachteten Seite aufzufassen"*,
bemerkte aber doch, man möchte es fast bedauern, *"daß seine Stellung es ihm
nicht erlaubte ungetheilt sich [der angewandten Mathematik] zu widmen."*[4]

Dagegen war Georg Wilhelm Bartholdy [5] ein Vertreter der Schulpraxis. 1765 in
Kolberg geboren, studierte er in Halle und war 1787 bis 1790 Mitglied des von
F.Gedike geleiteten Seminars zur Bildung von Lehrern. 1797 wurde er als Lehrer
der Mathematik und Physik an das Gymnasium in Stettin berufen. Ab 1805 war er
Mitglied des dortigen Schulkonsistoriums und Leiter des Stettiner Lehrerbildungs-
seminars. Sein letztes schriftstellerisches Werk, eine *"Sprachbildungslehre für
Deutsche"*, wurde posthum von J.G.Großmann herausgegeben.

Das Gutachten von Tralles umfaßt zwei Teile. Im ersten wird eine Bestimmung
und Begründung der Inhalte des Mathematikunterrichts gegeben, während er sich

---

1) Zentrales Staatsarchiv Merseburg, Rep.76 alt X Nr. 18 (im weiteren abgekürzt als ZStA III),
   Bl.58–68v
2) a.a.O., Bl.81–89.
3) Biographische Angaben nach ADB.
4) Encke [1829], xiv/xv
5) Biographische Angaben nach ADB.

im zweiten Teil zur Unterrichtsmethode äußert. Wir beschränken uns hier auf den ersten Teil. In der Ableitung der Inhalte ging Tralles von der Problematik aus, einen Kompromiß zwischen Allgemeinbildung und der Vorbereitung auf *bürgerliche Berufe* zu definieren. Das Gymnasium diene nicht nur der Erziehung künftiger Gelehrter, sondern sei auch für solche Jünglinge da, die unmittelbar ins bürgerliche Leben träten. *"Nimmt man an, daß die gelehrten Schulen nicht blos vorbereitende für die Universitäten, sondern auch den Unterricht vollendende für mannigfaltigere bürgerliche Berufe sein sollen; so müssen auch die mathematischen Lehrobjekte mannigfaltiger sein als sonst erforderlich wäre, wo vortheilhafter an die Stelle des Verschiedenen und Speziellen das Ausführlichere und Allgemeinere träte. Allein ich glaube, daß sich dennoch die Schule nicht darauf einlassen könne, mittheilen zu wollen, was jedem Stande nüzt, sie würde unnüz die Gegenstände ihres Unterrichts und dabey auf Kosten der Gründlichkeit vervielfältigen....Dies vorausgesetzt, halte ich es am zweckmäßigsten, daß alles so genannte Praktische auf die Seite gesezt und nur die reinen mathematischen Wissenschaften oder in so ferne sie sich als solche betrachten lassen, getrieben werden."*[1] Tralles benennt also klar das Grundproblem des damaligen Lehrplans, einen Kompromiß von Allgemeinbildungsfunktion und Berufsvorbereitung für die Frühabgänger finden zu müssen, und nimmt hier zunächst in dem Sinne Stellung, daß reine Mathematik zu treiben und alles Praktische an die Seite zu stellen sei.

Er unterteilt dann die Gegenstände des mathematischen Schulunterrichts nach den Disziplinen Arithmetik, Algebra oder allgemeine Größenlehre, Wahrscheinlichkeitslehre, reine Geometrie und reine Dynamik. Damit sei die ganze reine Mathematik umfaßt. Arithmetik und elementare Algebra sind der Ort, wo das alltagsweltliche Rechnen fachlich seinen Platz hat, und so kommt die Rücksichtnahme auf die Frühabgänger dadurch zum Tragen, daß Tralles das alltagsweltliche Rechnen in Form von Beispielen für die abstrakten arithmetischen und algebraischen Lehren zulassen will. Die Sorge, daß dadurch die Wissenschaftlichkeit des Unterrichts gefährdet werden könne, kommt allerdings in immer wiederholten Warnungen und Einschränkungen zum Ausdruck. *"...man wird sich hüten müssen sie nicht zu häufen, sonst geht grade hier, worauf oben schon hingedeutet ist, über das Jagen nach dem Nützlichen die Gründlichkeit verlohren, besonders der scientifische Zusammenhang der Theile der allgemeinen Größenlehre welche wenn es beim Schüler dahin gebracht werden kann daß er ihn erkennt — und dahin muß er gebracht werden — ihn selbst die Beispiele als ein leichtes Spiel mit der Urtheilskraft werden betrachten lassen. Besonders pflegt man die kaufmännischen Rech-*

---

1) ZStA III, Bl. 58v

nungen in Schulen zu üben welches mir ein unnüzer Zeitverderb zu sein scheint. Die Gleichförmigkeit dieser Beyspiele muß nicht wenig dazu beitragen der Jugend diese Rechnungen langweilig und überdrüßig zu machen an welchen sie ohnehin kein besonderes Interesse nimmt. Auch ist zu bemerken, daß diejenigen welche das leisten was die Schule will, von selbst im Stande sein werden solche Rechnungen zu führen.[1] Auf keinen Fall darf über den Beispielen also der szientifische Zusammenhang verlorengehen. Ein auch später von anderen immer wieder vorgebrachtes Argument ist, daß, wenn erst die Theorie beherrscht wird, die Beispiele ein leichtes Spiel der Urteilskraft seien und die Schüler sie von selbst lösen könnten. Dennoch gesteht Tralles zu: *"Die Erklärung eines Kurszettels, des Gehaltes der Münzen, besonders der einheimischen dürfte indeß, bey Gelegenheit einiger Beispiele nicht ohne Nuzen sein.*"[2]

Im Hinblick auf Tralles' allgemeine Vorstellung von Mathematik sind die Bemerkungen interessant, die er über die einzelnen mathematischen Teildisziplinen macht. Die *Arithmetik* betrachtet er unter dem doppelten Gesichtspunkt, daß sie einerseits eine Fertigkeit, *"das geläufige Zählen"*, umfasse und andererseits wissenschaftlich zu treiben sei. Diese Wissenschaftlichkeit wird vor allem darin gesehen, daß die Schüler mit *verschiedenen Zahlsystemen* bekanntgemacht werden. Wir werden sehen, daß dieser Gedanke immer wieder auftaucht.

Zur *Algebra* sagt er, daß sie nicht nur bis zu den Gleichungen zweiten Grades gehen solle, sondern auch höhere numerische Gleichungen und die zugehörigen Näherungsverfahren umfassen solle, *"wobei der Schüler lernt, nach Formeln zu rechnen, sie als die Seele alles Berechnens zu erkennen und einzusehen wie sie in jeder Aufgabe zum Grunde liegen und ihre Auflösung bewirken müssen."*[3]

Die wichtige Rolle der Formeln begründet für Tralles die zentrale Bedeutung der Algebra. Dies wird auch deutlich bei der Diskussion der *Geometrie.* Hier unterscheidet er einen ersten Elementarunterricht, *"bei dem durch Construktion Theoreme entwickelt und Aufgaben gelöset werden"*[4] und der auch eine Anweisung zum wirklichen Zeichnen umfassen sollte, von einem zweiten analytischen Teil. *"...so bald aber als sie [die Schüler] die Theorie der Quadratischen Gleichungen in der Algebra beendet haben, fängt man mit ihnen an die Geometrie analytisch zu behandeln. Dieser Unterricht muß die Theorie der krummen Linien und Flächen*

---

1) a.a.O., Bl. 60–60v
2) a.a.O., Bl.60v
3) a.a.O., Bl.59v
4) a.a.O., Bl.60

zweiter Ordnung umfassen in so weit dieselbige ohne transcendente Analysis möglich ist. Es ist natürlich, daß der mathematische Unterricht auf den Schulen die Kegelschnitte in sich fassen muß. Die beyden Trigonometrien erwähne ich nicht besonders, sie sind im analytisch geometrischen Unterricht enthalten.[1]

Der von Tralles konzipierte Lehrplan umfaßte die folgenden Stoffe:[2]

Klasse VI:

     Zählen im weitesten Sinne, die vier Grundrechenarten, Dezimalsystem, Dezimalbrüche, andere Zahlsysteme, auch irreguläre

Klasse V:

     Rechnen mit benannten Zahlen in irregulären Systemen, Buchstaben- und Bruchrechnung, Kettenbrüche, Elementargeometrie und geometrische Konstruktion (die 4 ersten Bücher des Euklid)

Klasse IV:

     Gleichungen 1.Grades und Elimination bei mehreren Gleichungen, quadratische Gleichungen und numerische Auflösung. Geometrie: Ähnlichkeitslehre und die wichtigsten Sätze aus Euklid, Buch 6, 11, 12

Klasse III:

     Quadratische Gleichungen und deren Anwendung, Potenzrechnung, Potenz eines Binoms, Logarithmen und deren Gebrauch, Anwendungen. Analytische Geometrie: Gleichung der geraden Linie mit 1, 2 und 3 Geraden, Kreisgleichung, Aufgaben mit Kreis und Gerade, Flächen geradliniger Figuren und des Kreises, Körper und Oberflächen von durch Ebenen begrenzten Körpern und solchen, die durch zylindrische, konische und sphärische Figuren begrenzt sind und daraus abzuleitende Aufgaben. Rechnungen mit Winkelfunktionen und numerische Berechnung von Dreiecken

Klasse II

     1.Jahr: Theorie der algebraischen Gleichungen und deren numerische Auflösung. Analytische Geometrie für 2 und 3 Dimensionen, Schnitte von Ebenen und zylindrischen, konischen und sphärischen Flächen, besondere Behandlung der daraus entstehenden Kurven

---

1) a.a.O., Bl.60–60v
2) a.a.O., Bl.62–64

2.Jahr: Anfangsgründe der Lehre von den Reihen, Theorie der unbestimmten Koeffizienten und die darauf sich gründende Entwicklung einiger Reihen, Darstellung der Potenzierung, Multiplikation und Division der Reihen aus der Lehre von den Kombinationen abgeleitet, deren Elemente als vorbereitend hier mitzunehmen sind. Analytische Geometrie: Winkelfunktionen und ihre Beziehungen, ebene und sphärische Trigonometrie, Kurven zweiter Ordnung mit schiefwinkligen Koordinaten, ihre Polargleichungen, Gleichungen einiger transzendenter Kurven

Klasse I

1.Jahr: Algebraische Auflösung der Gleichungen 3. und 4.Grades, unbestimmte Analytik

2.Jahr: Arithmetische Reihen, figurierte Zahlen und ihre Beziehungen, Taylorscher Lehrsatz, Reihenentwicklungen danach, Zusammenstellung mit dem, was vorher über Reihen gelehrt wurde

3.Jahr: Wahrscheinlichkeitslehre, soweit sie sich mit den Kenntnissen aus der 2.Klasse behandeln läßt

In allen drei Jahren sollen statt der Geometrie Disziplinen der angewandten Mathematik, besonders die mechanischen Wissenschaften, behandelt werden

Dieser Vorschlag enthält mithin in seinem arithmetisch–algebraischen Teil die charakteristischen Inhalte der eulerschen Algebraischen Analysis: Gleichungslehre, unbestimmte Analytik (diophantische Gleichungen), Kettenbrüche, figurierte Zahlen, Reihenlehre. In der Geometrie findet man eine anspruchsvolle analytische Geometrie, der Elemente der Euklidischen Geometrie vorgeschaltet sind. Auffällig ist die starke Betonung der Wahrscheinlichkeitsrechnung, die für die Zeit wenig typisch war und die sich faktisch auch nicht im Unterricht halten konnte.

Im Hinblick auf die Problematik der *Anwendungen* sieht man, daß die alltagspraktischen Anwendungen im Sinne des bürgerlichen Rechnens gar nicht erwähnt werden, daß aber die *angewandten Wissenschaften*, wie etwa die Mechanik, ein sehr starkes Gewicht besitzen. Diese Anwendungen zeichnen sich dadurch aus, daß sie sich als mathematische *Theorie* darstellen lassen, man könnte also von *theoriefähigen Anwendungen* sprechen und den Charakter der von Tralles konzipierten Schulmathematik als *theoretische Mathematik* (in leichter Abweichung vom Begriff der *reinen* Mathematik) bezeichnen.

Dieser Stoffplan ist im wesentlichen so in den Süvernschen Lehrplan übernommen worden. Doch finden sich einige redaktionelle Ergänzungen in didaktischer Hinsicht und zur Charakterisierung der Bildungsstufen. Diese redaktionelle Überarbeitung ist interessant, weil sie durchgängig die damals im Vordergrund der Diskussion stehende Sorge widerspiegelt, der Schüler könnte über den Einzelheiten des Stoffs den Gesamtzusammenhang aus den Augen verlieren. Wir geben einige Illustrationen. In VI heißt es etwa: *"Die Beispiele sind hier weder unnöthig zu häufen, noch die größte Fertigkeit zu verlangen, da der Zögling in jeder Klasse fortwährend geübt wird. Dagegen ist auf das Verstehen der Sache die größte Aufmerksamkeit zu wenden ..."*.[1] In III heißt es: *"Geometrische Konstruktion fällt als zu zeitraubend weg und kann mit Beistand und Leitung des Lehrers Objekt häuslicher Beschäftigung werden."*[2] Für II: *"Der Lehrer muss sich hier nicht in zu weitläufige Verfolgung des Einzelnen verlieren, welches weder die Zeit noch der nöthige klare Überblick des Zusammenhangs zuläßt, dabei sich aber bestreben, nach der gegebenen Anleitung dem systematischen Gange so nahe als möglich zu kommen. Der mathematische Unterricht beginnt hier gleichsam von Neuem und es wird nur vorausgesetzt, dass der Schüler mit Sinn und wenigen Vorkenntnissen den Unterricht anfängt."*[3]

Betrachten wir nun das Gutachten des Schulmanns G.W.Bartholdy, das sich im Stil und in einer Reihe von Sachfragen bemerkenswert von den Ausführungen Tralles' unterscheidet. Bartholdy vertritt viel unmittelbarer die neuhumanistische pädagogische Programmatik. Sein Gutachten beginnt mit einer ausführlichen Darlegung, daß die Schüler vorbereitet werden müßten, auf der Universität die *"Idee der Einheit des Wissens in sich selbst [zu] erzeugen"*[4], und er bestimmt daher als Prinzip: *"Der Schüler muß bei der Entlassung von einer gelehrten Schule ein mathematisches oder naturwissenschaftliches Buch mit gleicher Leichtigkeit wie ein griechisches oder lateinisches ohne fremden Beistand lesen können".*[5] Die Frage der Frühabgänger, die Tralles noch in seine Beschreibung der allgemeinen Problematik aufgenommen hatte, taucht bei Bartholdy in der generellen Beschreibung der Aufgabe des Gymnasiums gar nicht auf.

In seinen Überlegungen spielen auch die Anwendungen eine wesentlich geringere Rolle als bei Tralles. Die *physischen Anwendungen* zählte er zur Physik und

---

1) Mushacke [1858], 242
2) a.a.O., 243
3) a.a.O.
4) ZStA III, Bl.81
5) a.a.O., Bl.83

schloß sie daher vom Mathematikunterricht aus. Lediglich einige alltagspraktische Anwendungen wollte er nun doch als Zugeständnis an die Frühabgänger zulassen.

In der reinen Mathematik forderte Bartholdy, es müsse *"außer dem, was bisher davon üblich ist, noch dasjenige gelehrt werden, was bei den Franzosen den Namen der géométrie descriptive führt und in Lacroix's weiteren Ausführungen der Geometrie abgehandelt ist, nebst den Anfangsgründen der combinatorischen Analytik mit den ersten Gründen der Differential- und Integral-Rechnung. Die erste ist eine nicht unbedeutende Fortbildung und weiter Entwicklung des Constructionsvermögens; indem sie für den ganzen Raum nach allen seinen drei Dimensionen die Constructionen entwerfen lehrt, die in der Elementargeometrie nur auf einer Ebene, und für den Raum ohne Tiefe construirt werden: die beiden anderen enthalten so eigenthümliche Untersuchungsarten und Erfindungsmethoden, daß eine deutliche Einsicht in dieselben für jeden dem es um die Erforschung des ganzen menschlichen Wissens zu thun ist, nicht entbehrt werden kann, wobei ich den materialen Nutzen hier füglich übergehe."*[1] Als Lehrbücher empfahl er außer Lacroix die Werke von Mönnich und Stahl. In dem konkreten Vorschlag eines mathematischen Lehrgangs war dann übrigens von Differential- und Integralrechnung keine Rede mehr. Vielmehr forderte Bartholdy für die Sekunda die Kombinatorische Analysis und für Prima die beschreibende Geometrie.

Die Begründung für diese zusätzlichen Gebiete war, wie man sieht, ganz auf formale Bildung, auf die Entwicklung des subjektiven Konstruktionsvermögens, gerichtet ohne Einbeziehung des *materialen Nutzens*. Die Doppeldeutigkeit des Wortes *Konstruktionsvermögen* ist durchaus gewollt. Es bezeichnet sowohl die Fähigkeit zu geometrischer Konstruktion als auch das Vermögen einer rein geistigen Konstruktion abstrakter Zusammenhänge. Daß Kombinatorische Analysis und die durch Monge inaugurierte neue Geometrie in der Vorstellung vieler Mathematiker der Zeit der Idee nach zusammenhingen, haben wir bereits im III. Kapitel am Beispiel von B.F.Thibaut gesehen. Beide Gebiete sind dem Anspruch nach von ähnlicher epistemologischer Natur, weil sie auf die Entwicklung und Darstellung von Zusammenhängen gerichtet sind. So wie die neue Geometrie nicht mehr die einzelnen Figuren im Auge hatte, sondern ihren gegenseitigen Zusammenhang und ihre gegenseitige Verwandelbarkeit, so vertrat auch die Kombinatorische Analysis den Anspruch, das Universum aller Rechnungsformen in einen homogenen, methodisch gleichförmigen Zusammenhang zu bringen.

---

1) a.a.O., Bl.84

Tralles hatte in seinen Ausführungen zur Methode des Unterrichts davor gewarnt, die pädagogische Behandlung der Mathematik sich zu weit von der wissenschaftlichen entfernen zu lassen, weil er die Sorge hatte, daß durch eine davon verursachte Weitschweifigkeit die Einsicht in die Sache verlorengehen könne. Dagegen betont Bartholdy, daß nirgends die *"Verwechselung der Methode in der Wissenschaft und der Methode für den Unterricht größeren Nachtheil verursacht [habe], als in der Mathematik..."*[1] Daher empfahl er für den ersten arithmetischen und geometrischen Unterricht Pestalozzis *Methode der Einheiten* und seine geometrische Formenlehre.[2] Den pädagogischen Geist, in dem er dies aufgefaßt wissen wollte, erläuterte er an einem hübschen Beispiel, bei dem schrittweise eine komplexe elementargeometrische Figur erzeugt und die Beziehungen von Winkeln, die Größenverhältnisse der Flächen und die Schnittbeziehungen studiert werden, ohne daß es dabei um die Herleitung eines 'Satzes' geht. Die Vorstellung einer freien Konstruktivität, eines freien Bildens, wie wir sie bei Fichte gesehen haben, drängt sich hier auf.[3]

Aus der Sorge um die formale Bildung thematisierte Bartholdy auch das Problem der Unterrichtszeit. Bisher habe die zu geringe Unterrichtszeit die formale Bildung verhindert. Die Lehrenden seien gezwungen worden, *"bei der großen Masse der Materialien, deren Unentbehrlichkeit sie sich nicht ableugnen konnten, das Formale mehr oder minder zu versäumen, um nur in möglichst kurzer Zeit eine große Zahl von Sätzen den Schülern bekannt oder höchstens verständlich und begreiflich zu machen, anstatt ihn selbst sie erfinden zu lassen, und sie dadurch zu seinem wahren Eigenthum zu stempeln, wozu aber freilich mehr Zeit erfordert wird."*[4]

In den nachfolgenden Jahrzehnten sollte dieses Argument gegen einen Unterricht, der einfach mathematischen Stoff vermittelt, immer wieder auftauchen: dann allerdings meist nicht um mehr Unterrichtszeit zu fordern, sondern um das mathematische Pensum zu verringern. Angesichts der hier dargestellten Lektionspläne erscheint die Forderung nach Reduktion plausibel. Die Diskussion über die Grenzen der Schulmathematik hatte daher ihren Hintergrund nicht nur in antimathematischen Tendenzen von Altphilologen, sondern auch in pädagogischen Sorgen und Vorstellungen. Aber zweifellos ist es schwierig zu bewerten, welche Rolle negative Erfahrungen mit dem Mathematikunterricht hier gespielt haben und wo die unterschiedliche Interessenlage der Lehrer verschiedener Fächer sich solcher Argumente nur bediente.

---

1) a.a.O., Bl.84v
2) Er verwies hier auf Ladomus
3) a.a.O., Bl.85–85v
4) a.a.O., BL.86

Daß negative Erfahrungen den Mathematikunterricht von Anfang an begleiteten, geht auch aus dem Gutachten von Bartholdy hervor. Er berichtete, daß die Situation des mathematischen Unterrichts an seiner Schule so schwierig sei, daß er sich kein anderes Hilfsmittel wisse als die *"Errichtung eigener Nachhilfe-Klassen, wo die Zurückgebliebenen von ihren Commilitonen ... auf eine ähnliche Weise, wie dies im Zellerschen Institut allgemein eingeführt ist, unterrichtet würden."*[1]

Fassen wir das Vorstehende zusammen, dann sehen wir, daß der Süvernsche Lehrplan ein getreues Abbild jener mathematischen und wissenschaftsphilosophischen Konstellation war, die wir in den vorstehenden Kapiteln analysiert haben. Das fachliche Konzept für den arithmetisch-algebraischen Stoff (und da in der Geometrie die analytische Geometrie dominierte, auch für die Geometrie) war die *Algebraische Analysis*. Die wissenschaftsphilosophische Sicht der Mathematik war durch eine Betonung ihrer inneren Kohärenz, des szientifischen Zusammenhangs, geprägt. Weder die Beispiele noch die Methode dürfen diese Kohärenz stören, denn es geht, wie Humboldt sagte, um die Ausbildung einer *allgemeingültigen Anschauung*, die als Sinnzusammenhang Ähnlichkeit mit der ästhetischen Anschauung hat. Zugleich beinhaltete der Süvernsche Lehrplan auch eine klare Stoßrichtung gegen das alltagsweltliche, bürgerliche Rechnen. Was wir beim Vergleich der Stundentafeln von 1780 und 1837 bereits gefunden haben, nämlich den inneren qualitativen Wandel des Bereichs Mathematik/Rechnen von der Dominanz des Rechnens hin zur Mathematik, erweist sich hier als Folge einer bewußten Bemühung. Wir werden noch sehen, daß dies in der sozialen Wirklichkeit Preußens nicht unwidersprochen blieb.

V.4. Konzeptionen von Unterricht

Jede Konzeption formaler Bildung steht und fällt mit dem Unterricht, in dem sie realisiert wird. Wenn formale Bildung die Absicht hat, die Subjektivität und Individualität des Heranwachsenden zu fördern, dann kommt es nicht allein darauf an, ihm ein bestimmtes Wissen zu vermitteln, sondern die Art und Weise, wie dieses Wissen erworben wird, und das Verhältnis, das der Lernende zum Wissen entwickelt, werden zum entscheidenden Gesichtspunkt von Unterricht. Dieser soll nicht nur Stoff weitergeben, sondern eine bestimmte *innere Qualität* haben. Er muß die Autonomie und Eigenaktivität der Schüler stärken. Solche Anforderungen können durch keinen Lehrplan garantiert werden, obwohl Lehrpläne günstigere

---

1) a.a.O., Bl.88v

oder ungünstigere Rahmenbedingungen schaffen können. G.W.Bartholdy hatte in seinem Gutachten auf dieses entscheidende Problem hingewiesen und daraus die Forderung nach mehr Zeit für den Mathematikunterricht abgeleitet.

Über diese Problematik hat man im 19.Jahrhundert viel nachgedacht, und viele Unterrichtsvorschläge sind hierzu entwickelt worden. Jenseits solcher konkreter Überlegungen aber gab es eine grundsätzliche Antwort auf diese Frage, die man kennen muß, um die Geschichte des Mathematikunterrichts im 19.Jahrhundert zu verstehen. Es handelte sich dabei um ein Grundmodell von Unterricht, das die Rolle der Schulbücher definierte und eine *Arbeitsteilung von Lehrbuch und mündlicher Kommunikation* festlegte. Dieses Grundmodell wurde am Anfang des Jahrhunderts ausgebildet, und es existierte in derselben Gestalt auch noch am Ende des Jahrhunderts.

Die Vorstellungen, wie der Mathematikunterricht an Schulen konkret aussehen sollte, waren in den ersten Jahrzehnten des 19.Jahrhunderts vage und unentwickelt. Auch für das Lehren und Lernen an den Universitäten gab es kaum detaillierte Konzeptionen, im Prinzip der *Einheit von Forschung und Lehre* aber eine grundsätzlich stimmige Idee.

In seinen Überlegungen zur Universität hatte Humboldt die Rolle des sozialen Lebens, der Kommunikation und des absichtslosen Zusammenwirkens von Lehrenden und Lernenden als die wesentliche Bedingung erkannt, um wirkliche Bildung der Studenten zu erreichen. Das in der Formel der *Einheit von Forschung und Lehre* implizierte Modell von Lehren und Lernen kann idealtypisch als gültig bezeichnet werden, da es eine Symmetrie der Interessen von Lehrenden und Lernenden unterstellt. Die Lernenden leisten trotz und/oder wegen ihrer andersartigen Voraussetzungen einen unverzichtbaren Beitrag zur wissenschaftlichen Praxis. Sie sorgen dafür, daß neue Gesichtspunkte und Perspektiven in die Wissenschaft eingeführt werden und stellen so eine treibende Kraft für das immer neue Durcharbeiten des Wissens dar.

Für die Schule könnte man im *Unterrichtsgespräch* das Analogon zur freien wissenschaftlichen Kommunikation der Lehrenden und Lernenden sehen. Das war auch eine verbreitete Vorstellung. Die Kommunikation in der Schule ist aber durch eine grundlegende Unsymmetrie der Rollen von Lehrern und Schülern geprägt. Daher stellte die Herausbildung und Etablierung des Unterrichtsgesprächs im 19. Jahrhundert nicht nur eine große Umwälzung des Schule–Haltens dar, sondern bildete auch ein schmerzlich empfundenes Problem. Im Positiven und Negativen war der ”*Sokratische Dialog*” das Paradigma, an dem die Probleme der mündlichen Kommunikation und ihrer Grenzen im Schulunterricht erörtert wurden. Für die einen *das* Beispiel eines heuristischen, die Selbsttätigkeit der Schüler fördernden Unterrichts, war der Sokratische Dialog für die anderen das Negativbild eines Unterrichts, der entweder Zeitverschwendung betrieb oder doch nur die Dominanz des Lehrers demonstrierte.[1]

In diesem Zusammenhang war die Frage nach der Rolle der Lehrbücher im Unterricht wichtig. Da die Individualität des Lehrers und die mündliche Kommunikation hoch gewertet wurden, hatte man die Sorge, daß Lehrbücher den Unterricht unangemessen gängeln und die Individualität und Selbsttätigkeit von Lehrern und Schülern zu sehr einengen könnten.

Die eher negative Einstellung gegenüber Lehrbüchern führte allerdings, anders als im Hochschulunterricht, nicht zu einer geringen, sondern einer ausgedehnten Lehrbuchproduktion. Da die einzelnen Lehrer ihre individuelle Auffassung des Stoffes und ihren Stil in den vorfindlichen Lehrbüchern häufig nicht wiederfanden, gab es eine starke Tendenz, eigene Lehrbücher zu schreiben, die oft nur an der Schule benutzt wurden, an der der jeweilige Lehrer unterrichtete. Finanzielle Interessen mögen dabei auch eine Rolle gespielt haben. Oft wurde der Unterricht auch ohne Lehrbuch *"nach eigenen Heften"* erteilt, so daß der Unterricht dann im Diktieren des Lehrstoffs bestand, eine zeitraubende, monotone Übung, die zu häufigen Klagen und Beschwerden führte und mit der Förderung von Selbsttätigkeit wenig zu tun hatte.

Die große Zahl der benutzten Lehrbücher kann aus der folgenden Statistik abgelesen werden.

Tabelle: In Preußen benutzte mathematische Schulbücher im Jahr 1834

Lehrbuch	Zahl der Schulen, an denen das Buch benutzt wurde
Fischer	14
Grunert	8
Kries	23
Matthias	29
Meier–Hirsch	5
eigene Hefte	4
sonstige Bücher	44
Summe	127

---

1) Zur Kritik am Sokratischen Dialog siehe unten Matthias.

Diese Statistik habe ich für die Provinzen Rheinprovinz, Westfalen, Ostpreußen, Westpreußen, Pommern, Posen und Sachsen nach Akten des Preußischen Ministeriums für Geistliche, Unterrichts- und Medizinangelegenheiten und des Provinzialschulkollegiums Koblenz erstellt. Die Angaben sind Berichten entnommen, die die einzelnen Schulen 1834 über die bei ihnen benutzten Lehrbücher der Mathematik an die Provizialschulkollegien erstatten mußten.[1]

Die in den Akten fehlenden Angaben für die Provinzen Brandenburg und Schlesien wurden Schulprogrammschriften entnommen. Die Statistik bezieht alle 114 damals als Gymnasien anerkannten Anstalten ein. Es sind die Bücher aufgeführt, die für den *"wissenschaftlichen Kurs"*, dem ein zweijähriger Lehrgang im *"gemeinen Rechnen"* vorgeschaltet war, genannt wurden.

Der Aussagewert der Angaben ist sehr unterschiedlich. Eine Nennung kann bedeuten, daß

— das Buch tatsächlich benutzt wurde und sich auch im Besitz der Schüler befand,
— ein Lehrer nach dem Buch unterrichtete, es aber nicht in den Händen der Schüler war,
— das Buch nur zur Abgrenzung des unterrichteten Stoffes erwähnt wurde.

Da eine klare Identifizierung, welcher Fall vorliegt, nach den vorhandenen Angaben häufig nicht möglich war, wurden alle Nennungen gleich behandelt und aufaddiert. Nennungen mehrerer Bücher an einer Schule erklären die höhere Zahl der Nennungen, verglichen mit der Zahl der Schulen.

Die Kategorie "Sonstige" erfaßt 12 Schulbücher mit je 1 Nennung, 11 mit je 2 Nennungen und 5 Bücher mit 3 Nennungen. Immerhin wurden also an 114 Anstalten 33 verschiedene Bücher eingesetzt und zusätzlich viermal "eigene Hefte" gebraucht. Das zeigt eine ganz erhebliche Vielfalt der benutzten Schulbücher und belegt, wie sehr die Lehrer auf ihren eigenen Unterrichtsstil und ein zu ihnen passendes Lehrbuch bedacht waren.

Andererseits gibt es auch zwei Bücher, die im Verbreitungsgrad deutlich herausragen. Das Buch von Kries wurde in einem Reskript des Kultusministeriums von

---

1) Die Archivmaterialien sind: Zentrales Staatsarchiv Merseburg Rep. 76 VI, Sekt. 1z, Nr. 8, Bd.2 und Landeshauptarchiv Koblenz, Abt. 405, Nr.504. Die genannten Bücher sind: Fischer [1820-24], Grunert [1832], Kries [1810], Matthias [1813], Meier Hirsch [1804] bzw. jeweils spätere Auflagen.

1834 als veraltet und nicht zu empfehlen eingestuft.[1] Seine Benutzung ging danach zurück, während das Buch von Matthias noch bis in die 50er Jahre eine weite Verbreitung fand. Dieses Buch war in der ersten Hälfte des 19. Jahrhunderts das wichtigste mathematische Schulbuch in Preußen.

Auf Grund dieser herausragenden Bedeutung soll es näher beschrieben werden. Dabei wird klar werden, welche Konzeption zum *Zusammenhang von Textbuch und mündlicher Kommunikation* im Unterricht sich im großen und ganzen in Preußen durchgesetzt hat und das ganze 19. Jahrhundert stabil geblieben ist. Diese Konzeption bestimmte das didaktische Handlungsfeld und bildete damit die entscheidende Rahmenbedingung für didaktische Ideen.

Johann Andreas Matthias wurde am 9. April 1761 in Magdeburg geboren. Nach dem Studium an der Universität Halle von 1780 bis 1783 arbeitete er als Lehrer am Kloster Unserer Lieben Frau in Magdeburg. 1797 wechselte er an die Domschule und übernahm die Leitung des dortigen Schullehrer-Seminars. 1799 gab er eine deutsche Übersetzung der Simpsonschen Euklid-Ausgabe heraus und 1811 ein Büchlein *"Anleitung zur Erfindung und Ausführung elementargeometrischer Beweise und Auflösungen"*. 1813 erschien sein *"Leitfaden für einen heuristischen Schulunterricht in der allgemeinen Größenlehre ..."*. Im selben Jahr wurde er auch Direktor der Domschule und zwei Jahre später Consistorial- und Schulrath und damit Mitglied des Consistoriums und Schulkollegiums der preußischen Provinz Sachsen. Dabei war er speziell für die Durchführung der Abiturientenprüfungen an den Gymnasien der Provinz verantwortlich. Auch bei einer Reorganisation des Magdeburgischen Schulwesens im Jahre 1819 spielte er eine bedeutende Rolle. Anläßlich einer Inspektionsreise hat Süvern ihn 1815 als *"einen der besten Direktoren im preußischen Staat"* bezeichnet.[2] Matthias starb am 25. Mai 1837.

Das Lehrwerk von Matthias bestand aus einem für Lehrer und Schüler bestimmten Lehrbuch mit dem Titel *"Leitfaden für einen heuristischen Schulunterricht über die allgemeine Größenlehre und die gemeine Algebra, die Elementargeometrie, ebene Trigonometrie und Apollonische Kegelschnitte"[3]* und umfangreichen, nur für den Lehrer bestimmten *"Erläuterungen zu dem Leitfaden für einen heuristischen Schulunterricht".[4]* 160 Textseiten des *"Leitfadens"* standen in der Summe 606

1) Rönne [1855], 2.Bd., 226
1) Biographische Angaben nach ADB.
2) Jeismann [1974], 384
3) Matthias [1813]
4) Matthias [1814/15]

Textseiten *"Erläuterungen"* in der 1. Auflage gegenüber. Dazu kam noch ein 4. Teil *"Erläuterungen"*, der parallel zur vierten Auflage 1828 herauskam, im Umfang von 147 Seiten. Alles in allem hat der *"Leitfaden"* 11 Auflagen erlebt, die letzte erschien 1867. Ab der 7. Auflage, 1839, wurde der *"Leitfaden"* von J. Hennige herausgegeben. Ab der 8. Auflage, 1845, wurde im Titel *"Größenlehre"* durch *"Arithmetik"* ersetzt. In der 11. und letzten Auflage, bearbeitet von H. Leitzmann und F.O. Müller, erschien dann wieder *"Größenlehre"* statt *"Arithmetik"*.

Diese Änderungen im Titel waren nicht zufällig, sondern spiegelten konzeptionelle Anpassungen an den Stand der fachlichen Diskussion wider und sind ein Beispiel dafür, daß Schulbücher nur erfolgreich sein können, wenn sie immer wieder an die didaktische Meinungsbildung angepaßt werden. Wir wollen hier nur eine Beschreibung der 1. Auflage geben.

Teil I der *"Erläuterungen"* wird eingeleitet durch eine 46-seitige *"Vorrede zu dem Leitfaden und zu den Erläuterungen"*, in der Matthias das Konzept seines Lehrwerks darlegt. Er geht von einem dreifachen Zweck des Mathematikunterrichts aus, nämlich 1. als Mittel zur harmonischen Bildung der geistigen Kräfte, 2. als Vorbereitung zu einem Hochschulstudium und 3. zur Vermittlung *"mathematischer Kenntnisse für bestimmte Berufsarten des bürgerlichen Lebens"*. Die *"Bildung der geistigen Kräfte"* ist für ihn die Hauptsache, doch erscheinen ihm ganz im Sinne der oben dargestellten Kompromisse der Reform die anderen Ziele damit vereinbar.

Die Bildung der geistigen Kräfte erfordere die Weckung eines lebendigen Interesses an der *"Wissenschaft als solcher"*, und daher sei es das Haupterfordernis des mathematischen Unterrichts, nicht nur Kenntnisse zu vermitteln, sondern den *"eigentlichen Geist der Wissenschaft"*. Die Schüler sollten *"...diejenige Gewandtheit im Denken sich aneignen, welche in den Stand setzt, aus sich selbst Erkenntnisse zu erzeugen, sich selbst in der Wissenschaft weiter zu helfen, und dem klassischen Denker, welcher in seinem Werke ein ganzes Gebiet oder einzelne Parthien desselben beleuchtet und mit neuen Forschungen erweitert, in seinen Schlüssen sichern Schrittes bis ans Ziel zu folgen."*[1]

Daraus folgt eine andersartige Konzeption des Lehrbuchs, als sie bis dahin üblich war, eben die Konzeption des *"Leitfadens bei dem mündlichen Unterrichte"*. Die

---

1) Matthias [1814/15], 4

"*herkömmliche Form unserer mathematischen Lehrbücher*" sei völlig auf das Selbststudium der Schüler berechnet gewesen und habe daher den zu erlernenden Stoff vollständig enthalten. Damit aber sei es als Mittel im mündlichen Unterricht unbrauchbar, weil es Lehrer und Schüler zu bloßem Nachvollziehen der dargestellten Schlüsse zwinge. Die herkömmlichen Lehrbücher gäben "*dem Schüler vollständig, was er, von dem Lehrer geleitet, mehr Selber finden sollte; veranlassen und nöthigen ihn also zu wenig für die Entwicklung und Uebung seiner Kräfte, diese regsam zu äußern und ihrer mächtig zu werden; der Lehrer kann ... ihn nicht zum Selbsterfinden und zum Vortrage des Selbstgefundenen ohne Hinderniß anleiten, weil der Schüler sich immer auf das Lehrbuch dabei verlassen wird.*"[1]

Dem stellte Matthias eine "*heuristische*" Unterrichtskonzeption entgegen. "*Der Unterricht, für welchen der Leitfaden bestimmt ist, soll, im Wesentlichen heuristisch seyn: er soll den Schüler veranlassen, Erkenntnisse, Beweise und Auflösungen Selber zu finden; soll ihn Wahrheit suchen und finden lehren, indem er, die sämmtlichen Geisteskräfte desselben dazu in Anspruch nehmend, sie mit ihm sucht und findet.*"[2]

Der zu diesem Unterricht passende Leitfaden müsse sich darauf beschränken, in knappster Form die "*Haupt-Ideen*" eines Wissenszweiges darzustellen und bei den Beweisen und Aufgabenlösungen die benötigten Sätze anzugeben, ohne die Beweise tatsächlich auszuführen. Deren Ausführung und die Reflexion über die Hauptideen wird der "*vereinigten Thätigkeit des Lehrers und der Schüler*" überlassen. Die Grundidee des Leitfadens ist also seine Unvollständigkeit, die der gemeinsamen Verständigung von Lehrern und Schülern Raum geben soll.

Aus dieser Unterrichts- und Lehrbuchkonzeption folgt unmittelbar, daß der (wissenschaftlichen) Persönlichkeit des Lehrers größte Bedeutung zugemessen wird. Er müsse "*nicht allein der Materien selbst Meister, sondern ... auch in den Geist derselben, durch ein dem Vortrage vorangehendes sorgfältiges Studium eingedrungen seyn*". Von der wissenschaftlichen Persönlichkeit des Lehrers ist die Entwicklung der subjektiven Dimension des Wissens: "*Art und Weise der Behandlung des Gegenstands*", "*Uebersicht über das Ganze*" und "*Bewußtheit des Ziels*" in dieser Unterrichtskonzeption abhängig. Der wissenschaftlich gebildete Lehrer "*statt seines Lehrbuches Organ zu seyn, entlehnt aus demselben bloß den Stoff, welchen er mit unbeschränkter Freiheit zweckmäßig verarbeitet; was er aus demselben bildet, erscheint ganz als ein Product eigener Kraft; auf der Stelle weiß er sich die Wendung zu geben, durch welche er eine Wahrheit von ihrer faßlichsten und*

---

1) a.a.O., 6
2) a.a.O., 7/8

hellsten Seite vorführt; für seine Untersuchungen bahnt er sich neue Wege, sobald er gewahr wird, der vorgezeichnete werde seinem Schüler noch zu beschwerlich; kein Einwurf, den ihm der denkende Zuhörer macht, findet ihn unvorbereitet, auf jeden Einwurf hat er vielmehr die genügende Antwort aus dem Innern der Wissenschaft bereit, und weiß ihn zu einem Quell berichtigter, oft neuer Erkenntniß zu machen, oder als Vorbereitung auf neue Erkenntniß zu nutzen; an jedem Satze, an jeder Aufgabe, weiß er die Seite, von welcher sie wichtig sind, nach welcher sie weiterhin ihren Einfluß äußern werden, lichtvoll zu zeigen; das Ganze mit Klarheit überschauend weiß er auch bei jedem einzelnen Lehrobjecte, wie weit er dasselbe jetzt auszuführen, jetzt mehr nur bestimmt anzudeuten habe; seinem Blicke schwebt das Ziel, an welchem er mit seinen Schülern anlangen müsse, unveränderlich in seiner vollen Klarheit vor: sein ganzer Unterricht ist ein in allen seinen Theilen genau berechnetes Ganzes, in welchem ein freier Geist waltet, und darin freie Geister einheimisch zu machen verstehet. "[1]

Es ist dies eine der typischen Äußerungen der Zeit, in der die subjektiven und bewertenden Dimensionen des Wissens an die Persönlichkeit des Lehrers gebunden werden. Erfolg und Mißerfolg der neuhumanistischen Reform standen und fielen daher mit der Frage, inwieweit es gelang, die hierin enthaltene Programmatik in wirksame Realität umzusetzen.

Das Unterrichtskonzept, das Matthias dann beschreibt, ist nun nicht, wie der Begriff "heuristisch" vielleicht nahelegen wird, dialogisch angelegt, sondern es stellt eine Mischung aus Lehrervortrag ("akroamatischer Vortrag") und Unterrichtsgespräch dar. Die konkrete Beschreibung bei Matthias läßt den Schluß zu, daß alles in allem der Lehrervortrag dominierte. Matthias formuliert dazu den folgenden "didaktischen Grundsatz": "*Durch einen akroamatischen Vortrag den Anfänger des heuristischen Unterrichtes empfänglich zu machen: ihm also die Grundvorstellungen der einzelnen Wissenschaften, welche die reine Mathematik ausmachen, im Zusammenhange gründlich und deutlich mitzuteilen; die Methode, Hülfsconstructionen zu finden, an einigen Beispielen darzustellen; das Wesen einer Beweisart an einzelnen Beweisen zu entfalten; die Operation des Verstandes in der Bildung der Begriffe an einzelnen Begriffen anschaulich zu machen. Dieses Alles aber muß so geschehen, daß des Anfängers Kräfte wirklich zur Thätigkeit angeregt werden.* "[2]

---

1) a.a.O., 23
2) a.a.O.

Der gemeinsamen Arbeit mit den Schülern sollte es dann vorbehalten bleiben, Beweise auszuführen und Aufgaben zu lösen, nachdem der Lehrer Beispiele *"akroamatisch"* vorgeführt hatte.

Das Wissen in sokratischer Weise aus den Schülern herauszufragen, lehnte Matthias ausdrücklich ab. *"Die heuristische Methode ist von der sokratischen Lehrart noch verschieden, wenn gleich Beide oft sehr wohl mit einander verbunden werden können und müssen, jedoch so, daß Jene vorherrsche. Im Allgemeinen unterscheiden sich Beide darin von einander, daß bei der heuristischen eigentlich der Schüler der Thätigste, unter der wissenschaftlichen Aufsicht des Lehrers, bleibt, bei der sokratischen hingegen seine Thätigkeit weit mehr von der Leitung des Lehrers abhängig erhalten wird. Bei jener nämlich geht der Schüler ganz seinen eigenen Weg, auf dessen Richtung der Lehrer immer nur in so fern achtet, als nöthig ist, damit der betretene, richtige Weg sich weder in einen beschwerlichen Umweg, noch irreleitenden Abweg verwandelt: bei dieser muß er sich auf dem Wege fortbewegen, den ihm der Lehrer vorzeichnet; bei der heuristischen entwickelt also der Schüler seine Schlüsse aus seinem Innern: bei der sokratischen wird ihm in des Lehrers Fragen unablässig vorgehalten, woraus er schließen soll, oft schließt sogar, wenn gleich versteckter Weise, der Lehrer für ihn, und seine Antworten sind unthätige Bejahungen oder Verneinungen; ... Sollte die Behauptung wohl so ganz unrichtig seyn, daß die sokratische Lehrart, ausschließlich angewendet, selten eigentliche Selbstdenker gebildet habe?"*[1]

Dem Lehrervortrag wurde also von Matthias nicht nur die eigentliche Stoffvermittlung übertragen. Das Problem bestand vielmehr darin, daß die subjektiven Aspekte des Wissens einen Überblick über den Gesamtzusammenhang der Wissenschaft voraussetzen, über den nur der Lehrer verfügt. Nur der Lehrer kann daher die hieraus folgenden Gesichtspunkte und Bewertungen in den Unterricht einbringen. Der akroamatische Vortrag sollte daher nach Matthias vor allem dazu dienen, den Schülern *"den Geist der Wissenschaft"* nahezubringen. Der Lehrer sollte die Grundideen der Wissenschaft *"in ihrem Wesen und in ihrer Totalität"* vortragen, er sollte dabei den *"eigenthümlichen, wissenschaftlichen Ausdruck"* den Schülern nahebringen, sollte Analogien herausstellen, auf Beziehungen zwischen Sätzen hinweisen, er sollte die spezifische Art der Fragestellung entwickeln, auf die ein Satz eine Antwort gibt, mögliche Anwendungen und Umformulierungen benennen. Kurz gesagt, war es nach Matthias die Aufgabe des akroamatischen Vortrags, außer dem Stoff auch alles notwendige Orientierungswissen über den Stoff dem Schüler nahezubringen.

---

1) a.a.O., 23–25

Die Notwendigkeit derartigen Orientierungswissens folgt daraus, daß die mathematischen Begriffe wesentlich in Distanz zur empirischen Realität stehen und daher theoretisch sind. *"Das Ostensive der Construction [ist] der unterscheidende Charakter der Geometrie"*,[1] und die daraus folgende scheinbare empirische Vertrautheit der geometrischen Begriffe mache den akroamatischen Vortrag erforderlich, um diese von der Bindung an die äußere Anschauung zu lösen. Dagegen erfordere im analytischen Kalkül die Mittelbarkeit der Beziehung von Symbol und Begriff den akroamatischen Vortrag.[2]

Betrachten wir ein Beispiel für einen solchen akroamatischen Lehrervortrag. Dabei geht es um die Herleitung und Begründung der Formel für das Produkt aus m Binomialfaktoren der Form x + a, x + b, ... Das didaktische Problem besteht nach Matthias darin, daß die Schüler von der *"eingeschränkten Vorstellung"* ausgehen, *"als sei es hier nur um das Rechnen selbst zu thun"*. Statt dessen könne es *"niemals Hauptzweck seyn, bloß Rechner zu bilden, sondern durch Rechnung zu deutlichen, befriedigenden Einsichten in die Natur der Quanta, deren Formen gefunden werden, anzuleiten."*[3] Bei der Rechnung soll zugleich ein begriffliches, das Ergebnis antizipierendes und bewußt anstrebendes Denken stattfinden. Um also das gesuchte Resultat

$$x^m + {}^1Ax^{m-1} + {}^2Bx^{m-2} + {}^3Cx^{m-3} + \dots + {}^mPx^{m-m}$$

zu entwickeln, könne der Lehrer folgenden akroamatischen Vortrag halten: *"Um das Gesetz zu finden, nach welchem ein Product aus gegebenen Binomialfactoren von der Form x + a, x + b entsteht, richten wir unsere Aufmerksamkeit zuvörderst auf ihren gemeinsamen Theil x. Sie bemerken, daß so viele Potenzen desselben in unserm, durch Multiplication gefundenen, Producte vorhanden sind, als Binomialfactoren gegeben waren; daß der höchste Exponent dieser Potenzen die Factorenzahl ist; daß die Exponenten der folgenden Potenzen von x successive um Eins abnehmen, bis der letzte Null ist. Was werden Sie also zuerst zu formiren haben, um ein Product aus gegebenen Binomialfactoren zu machen, deren Anzahl allgemein m sei? – Ferner kommt es auf die Coefficienten der Potenzen von x an. Der Coefficient der höchsten Potenz x^m, bemerken Sie, ist Eins. Die nächstfolgende Potenz x^{m-1} hat eine Summe zum Coefficienten; und aus welchen Gliedern der Factoren? – Also, wenn Sie die nicht gemeinsamen Theile a, b Ihrer Factoren als Elemente betrachten, die Summe der Unionen derselben, oder der Combinationen der ersten Classe, deren Exponent Eins ist. Vergleichen Sie dieß mit dem Exponenten der Potenz x^{m-1}: so bietet sich Ihnen sogleich dar, daß der Classenexpo-*

1) Matthias [1814/15], Abt.II, 12
2) Matthias [1814/15], Abt.I, 28/29
3) a.a.O., 18

nent der Combinationen, in deren Summe der Coefficient bei x^{m-1} besteht, mit der Zahl übereinstimme, um welche der höchste Exponent m in x^m verringert werden müsse, um den Exponenten in x^{m-1} zu haben. Prüfen Sie Selber nun, ob die Coefficienten bei den folgenden Potenzen der x einem ähnlichen Gesetze der Entstehung folgen? So schreitet der Vortrag allmählich fort, und schließt mit der Bemerkung, daß von dem aufgefundenen Formirungsgesetze werde in der Algebra (Leitf. S.144), auch schon bei dem Binomischen Satze (Leitf. S.30), Gebrauch gemacht werden: dort, um aus den Coefficienten die Werthe der unbekannten x zu finden; hier, die Potenz eines Binomes in einer Reihe (Leitf. §77.98, 119), für positive ganze Exponenten, darzustellen."[1]

Stilistisch hat dieser Lehrervortrag große Ähnlichkeit mit der Art und Weise, in dem auch das oben diskutierte Buch von Thibaut Mathematik als reflektierte Formelentwicklung präsentierte. Er zeigt das Gewicht, das man in der damaligen pädagogischen Diskussion der mündlichen Kommunikation im Unterricht und der Persönlichkeit des Lehrers beimaß. Daß diese Kommunikation in der Regel einseitig an den Lehrer gebunden blieb, kann aus derartigen Texten ebenfalls geschlossen werden. Dies zeigen auch die Beispiele, die Matthias für die Entwicklung von Beweisen im Zusammenspiel von Lehrern und Schülern gibt. Sie unterscheiden sich nur in Äußerlichkeiten von dem angeführten Beispiel eines Lehrervortrags.

Alles in allem ist festzuhalten, daß hier eine Arbeitsteilung von Lehrbuch und mündlicher Kommunikation ins Auge gefaßt wurde. Aus dieser Arbeitsteilung folgte unmittelbar die unterschiedliche Textstruktur von "Leitfaden" und "Erläuterungen". Der Leitfaden war kurz und gab nur in dogmatischer Form einen Abriß des zu lehrenden *Systems*, Beweise und Aufgabenlösungn wurden nur angedeutet. Er war unvollständig, um der Selbsttätigkeit und dem Unterrichtsgespräch Raum zu geben. Dagegen waren die "Erläuterungen" als Handbuch für den Lehrer umfassend. Sie enthielten Literaturangaben, fachliche Analysen, historische und philosophisch–erkenntnistheoretische Bemerkungen, Hinweise auf Analogien (etwa in der Geometrie zwischen 2- und 3-dimensionalen Sachverhalten oder in der Algebra zwischen struktur–ähnlichen Formeln), Motivationen und Einordnungen von Fragestellungen, empfehlenswerte Beweisführungen oder Aufgabenlösungen.

Die "Erläuterungen" umfaßten also all jenes Orientierungswissen, dessen der Lehrer nach Meinung des Lehrbuchautors bedurfte, um seiner Rolle gerecht zu werden, den Schülern nicht nur den Stoff zu vermitteln, sondern sie auch in den Geist der Wissenschaft einzuführen.

---

1) Matthias [1814/15], Abt. I, 19

Mit zunehmender Entwicklung der Lehrerausbildung an den Universitäten wurden Texte vom Typ der *"Erläuterungen"* entbehrlich und verschwanden vom Schulbuchmarkt. Dagegen repräsentierte der *"Leitfaden"* während des ganzen 19.Jahrhunderts den Grundtypus des erfolgreichen mathematischen Schulbuchs. Noch in den IMUK–Abhandlungen besprach W.Lietzmann den Gegensatz von kurzem Leitfaden und ausführlichem Lehrbuch und stellte fest, daß die Mehrheit der Lehrer für den Leitfaden sei.[1]

Die dargestellte Arbeitsteilung zwischen Lehrbuch und mündlicher Kommunikation bestimmte nun in grundlegender Weise das didaktische Handlungsfeld des Mathematikunterrichts. Um dies zu verstehen, vergegenwärtigen wir uns die wichtigsten pädagogischen Maximen der formalen Bildungskonzeption. Diese können durch die Schlagwörter *"Einheit der Wissenschaft"* und *"Selbsttätigkeit"* bezeichnet werden. Nur für denjenigen habe wissenschaftliche Bildung charakterbildende und handlungsleitende Konsequenzen, der nicht im Spezialistentum verbleibe, sondern die Einheit der Wissenschaft zu konstruieren und in einer philosophischen Reflexion für sich herzustellen in der Lage sei. Umgekehrt könne nur derjenige wirklich selbsttätig sein, der über diese Einheit des Wissens verfüge. Nüchterner gesprochen, nur derjenige kann einigermaßen frei mit Wissen umgehen, der Überblick besitzt und umgekehrt kann sich Überblick nur verschaffen, wer frei mit Wissen umgeht. Für die idealistische Pädagogik gingen Systematizität des Wissens und Selbsttätigkeit Hand in Hand.

Tatsächlich aber sind beide Aspekte unter Gesichtspunkten des Lernens widersprüchlich. Wenn eins die Voraussetzung des anderen ist, dann sind beide offenbar nicht in einer einfachen Abfolge zu erreichen. Systematischer Überblick kann erst am Ende eines Lehrgangs gewonnen werden, also können die Schüler bis dahin nicht selbsttätig sein. Tatsächlich war auch von Anbeginn der Reform klar, daß man etwa die Euklidische Geometrie eigentlich nicht nach Euklid unterrichten könne. Es war dies der Grund für die Propagierung heuristischer, sokratischer Verfahren im Unterricht.

Die Arbeitsteilung von Lehrbuch und mündlicher Kommunikation ermöglichte es nun, daß man mit diesem Widerspruch von Systematizität und Selbsttätigkeit leben konnte. Während der mündliche Unterricht heuristisch sein sollte, war es trotzdem möglich, die Systematizität aufrechtzuerhalten, indem diese im Lehrbuch abgebildet wurde. Die die Arbeitsteilung beschreibende Formel besagte, daß das Lehrbuch *synthetisch bzw. dogmatisch*, der mündliche Unterricht hingegen *analytisch bzw. heuristisch* sein müsse.

---

1) Lietzmann [1909], 1/2

Selbst wenn der Schüler über den systematischen Zusammenhang geistig nicht verfügte, so trug er ihn doch quasi als Lehrbuch mit sich herum. Diese Arbeitsteilung, so illusorisch sie im Hinblick auf den wirklichen Unterrichtserfolg gewesen sein mochte, war dennoch äußerst stabil. Sie ermöglichte es, daß ganze Generationen kluger Mathematiklehrer und Textbuchautoren eine ungeheure Energie auf die Ausarbeitung in sich geschlossener, sorgfältig durchdachter Textbücher verwenden konnten, ohne daß ernsthaft versucht wurde, den Zusammenhang von Lehrbuch und konkret stattfindendem Unterricht konzeptionell oder gar empirisch zu untersuchen. Diese Arbeitsteilung war daher die Voraussetzung der Textbuchtradition, die wir in Kapitel VII.1. analysieren werden.

Der kurze Leitfaden, der in synthetischer Form das System präsentierte und von daher den Gang des Unterrichts im großen steuerte, in Verbindung mit einem mündlichen Unterricht, der jedenfalls dem Anspruch nach heuristisch die einzelnen Stoffe im mündlichen Austausch mit den Schülern entwickeln sollte: dies war die strukturell grundlegende Unterrichtskonzeption.

Neben dieser Konzeption gab es eine andere, die die Systematizität in den Hintergrund rückte und unmittelbar die Förderung der Selbsttätigkeit und der Selbsterfindung betonte. Heute würde man von ”Problemorientierung” sprechen. Sie knüpfte teilweise an die antike Analysis–Konzeption an, nach der die Lösung eines Problems gefunden wird, indem man es als gelöst unterstellt und sieht, was sich daraus ergibt. Das Buch des Bonner Mathematikers W.A.Diesterweg ”Geometrische Aufgaben, nach der Methode der Griechen bearbeitet” kann hier als exemplarisch gelten.[1] In diesen Zusammenhang gehört auch der Typus der Aufgabensammlung, der in der Lehrbuchliteratur des 19.Jahrhunderts eine große Rolle spielte.

Eine häufige Mischform war die parallele Benutzung von systematischem Leitfaden und Aufgabensammlung. Welche Textbuchform im faktischen Unterricht eine größere Rolle gespielt hat, ist schwer zu übersehen. Sehr bezeichnend ist jedenfalls, daß es nur sehr wenige Aufgabensammlungen gegeben hat, die aber teilweise enorm hohe Auflagenzahlen erzielt haben. Dagegen gibt es eine unübersehbare Flut systematischer Lehrbücher. Nur wenige davon haben eine weitere Verbreitung über die Schule ihres jeweiligen Autors hinaus gefunden. Die Schlußfolgerung ist nicht ganz von der Hand zu weisen, daß die systematischen Leitfäden dem fachlichen Selbstverständnis der Mathematiklehrer am nächsten standen und daher viele von ihnen motiviert waren, solche Werke zu schreiben. Dabei haben sie teilweise eine beachtliche Originalität an einem recht trockenen Stoff bewiesen.

---

1) Diesterweg [1828]

V.5. Das Schicksal des Süvernschen Lehrplans

Im folgenden soll die Umsetzung der im Süvernschen Lehrplan enthaltenen Konzeption des gymnasialen Mathematikunterrichts zwischen 1815 und 1835 näher
untersucht werden. Dabei geht es um die *Konzeption*, nicht um den Lehrplan
selbst. Da wo man sich nicht ausdrücklich auf diesen Lehrplan berief, kann offen-
bleiben, inwieweit er im Bewußtsein der Beteiligten explizit eine Rolle spielte. Die
Konzeption des Lehrplans machte während der genannten Zeit eine Entwicklung
durch, einige Elemente traten in den Hintergrund, andere wurden stärker profiliert.
Die Ursachen dafür waren komplex und lassen sich nicht völlig aufklären. Drei
Ursachenbündel sind aber erkennbar: 1. Probleme der Akzeptanz des Konzepts
theoretischer Mathematik bei Schülern und Eltern (die Frage der Frühabgänger),
2. das sich entwickelnde fachliche Selbstverständnis der Mathematiklehrer und 3.
pädagogische Erfahrungen.

Zum dritten Ursachenbereich sei eine grundsätzliche Bemerkung vorweggeschickt,
weil dazu nur wenige direkte Anhaltspunkte vorliegen. Jenseits gesellschaftlicher
Interessen und fachlicher Konzepte besitzt der pädagogische Prozeß selbst eine
Eigengesetzlichkeit, die der Realisierung von Lehrplänen Grenzen setzt. *Inhalte
müssen lehrbar sein.* Was diese an sich selbstverständliche Aussage bedeutet, ist
wissenschaftlich ein offenes Problem. Daher ist es auch historisch schwierig, die
Frage der Lehrbarkeit und die Rolle pädagogischer Erfahrungen angemessen zu
bewerten. Dennoch darf die Autonomie des pädagogischen Prozesses nicht unterschätzt werden. Wir werden daher alle Äußerungen, die auf pädagogische Probleme verweisen, sorgfältig registrieren.

Die Probleme, denen sich die Konzeption einer Bildung durch theoretische
Mathematik in der sozialen Wirklichkeit Preußens gegenübersah, werden an einem
Versuch deutlich, den die Kultusabteilung des preußischen Innenministeriums 1815
unternommen hat, den Süvernschen Lehrplan am Joachimsthalschen Gymnasium in
Berlin zu implementieren.[1] Von den Gymnasien in Preußen waren diejenigen in
der Hauptstadt Berlin vergleichsweise die besten. Das Joachimsthalsche Gymnasium war eine königliche, d.h. staatliche Schule; das Ministerium konnte hier also
unmittelbar Einfluß nehmen, ohne auf lokale Schulträger Rücksicht nehmen zu
müssen. Darüber hinaus verfügte dieses Gymnasium über gute Finanzen, und auch

---

1) Vgl. zum Folgenden ZStA I und Jahnke [1982], 27–32

die räumliche Nähe zum Ministerium wird eine Rolle gespielt haben. In einem Schreiben des Ministeriums an den Direktor der Schule, B.M. Snethlage,[1] vom 11. Febr. 1815 heißt es: *"Wenn es [das Ministerium] aber durch den im Ganzen schlechten Zustand des mathematischen Studii bei uns und durch die sehr ungenügende Beschaffenheit des mathematischen Unterrichts auf den meisten Gymnasien aufgefordert ist, diesem Zweige des Wissens durch besondere Aufmerksamkeit darauf einen neuen Antrieb und höhern Schwung zu geben, so wird es durch die Stelle, welche das Joach. Gymnasium unter den Preuß. Lehranstalten äußerlich einnimmt, auch innerlich billig einnehmen sollte, und bei seinen reichen Mitteln auch einnehmen kann, bewogen darauf zu dringen, daß in ihm vor allem andern der mathematische Unterricht eine solche Anlage erhalte, und so betrieben werde, wie er zu gründlicher Förderung der mathematischen Studien auf Schulen getrieben werden muß. Das Ministerium hat daher beschlossen, mit seiner Reform unverzüglich wenigstens den Anfang zu machen, und zeichnet in den nachfolgenden Grundbestimmungen den Gang vor, in welchem derselbe inskünftig durch das Gymnasium durchgeführt werden soll."*[2]

Das Ministerium schrieb dann detailliert einen mathematischen Lehrgang vor. Die Zahl der Wochenstunden für Mathematik sollte auf 6 für die Klassen Sexta, Quinta, Quarta und auf 5 für die Klassen Tertia, Sekunda, Prima erhöht werden. Dies stimmte bis auf die Abweichung um 1 Stunde in den oberen Klassen mit den Forderungen des Süvernschen Lehrplans überein. Dabei sollte diese Erhöhung der Stundenzahlen für Mathematik teilweise durch Abschaffung von Fächern, die noch Relikte der Aufklärungspädagogik darstellten, wie Verstandesübungen oder Enzyklopädie, erreicht werden. Das Ministerium schreckte auch nicht davor zurück, in Tertia dem Lateinunterricht zwei Stunden zugunsten der Mathematik wegzunehmen.

Inhaltlich stimmten die Vorgaben für die unteren Klassen nahezu wörtlich mit denen des Süvernschen Lehrplans überein, während das Pensum für Prima hinter diesem zurückblieb. Dies war teilweise dadurch bedingt, daß bei Süvern ein zehnjähriger Kursus (mit drei Jahren für Prima) im Unterschied zu einem damals neunjährigen Kursus am Joachimsthalschen Gymnasium vorgesehen war, teils gestand das Ministerium, daß dies als Übergangsregelung gedacht war, um die Anforderungen nicht zu hoch zu schrauben.

---

1) Bernhard Moritz Snethlage [1783–1840]: Studium der Theologie, Altertums- und Naturwissenschaften in Duisburg, Leiden und Utrecht; 1781 Lehrer am Gymnasium Hamm, 1789 dessen Direktor, 1802–1826 Direktor des Joachimsthalschen Gymnasiums in Berlin, 1816 Konsistorialrat
2) ZStA I, Bl. 1

Das Ministerium sah selbst, daß die Schwierigkeiten der Implementation eines völlig neuen Lehrgangs erheblich waren. Selbst wenn für ältere Schüler Übergangsregelungen geschaffen wurden, konnte unter günstigen Umständen der neue Lehrplan erst innerhalb von drei Jahren völlig eingeführt werden. Neben den erheblichen organisatorischen Problemen war aber vor allem dafür zu sorgen, daß entsprechend qualifizierte neue Lehrer zur Verfügung gestellt wurden. Maßnahmen in dieser Richtung waren vom Ministerium auch bereits vorbereitet, aber es war klar, daß allein dieses Problem sowohl in finanzieller Hinsicht als auch von den zur Verfügung stehenden Personen her einer schnellen Verbreitung dieser Reform enge Grenzen setzte.

Von Seiten des Gymnasiums wurden in der Folge eine ganze Reihe von organisatorischen Schwierigkeiten und grundsätzlichen pädagogischen Einwänden gegen die Reform geltend gemacht. Teilweise mögen diese aus einer grundsätzlichen Opposition gegen den ganzen Plan resultiert haben, teilweise waren es aber ernstzunehmende Argumente, an denen das Ministerium nicht vorbeigehen konnte. Während der generelle Einwand, der vorgeschriebene Kursus diene nur dazu, Mathematiker heranzubilden, vom Ministerium mit Schärfe zurückgewiesen wurde, mußte es doch bald einräumen, daß die Zahl der mathematischen Wochenstunden in den drei unteren Klassen von 6 auf 5 reduziert wurde. Damit lag man bereits für den ganzen Kursus eine Stunde unter dem Süvernschen Plan.

In der Mitte des Jahres schlug der Mathematiker Kannegießer vor, der zu denjenigen Lehrern gehörte, die dem Joachimsthalschen Gymnasium zur Realisierung der Reform zugewiesen worden waren, den mathematischen Lehrgang in parallele Kurse von unterschiedlichem Niveau und Charakter, in einen *"wissenschaftlichen"* und einen mehr an *praktischen* Bedürfnissen orientierten aufzuteilen. Kannegießer hielt es für unmöglich, den vom Ministerium vorgeschriebenen Stoff für alle Schüler verbindlich zu machen. Dieser Vorschlag wurde dem Ministerium durch den Direktor Snethlage vorgetragen. Die Antwort hierauf verdient ausführlich zitiert zu werden:

"Diese Einrichtung würde auch den nachtheiligsten Einfluß bald offenbaren. Sie hebt die Einheit des Charakters und Zweckes des mathematischen Unterrichts auf, und setzt beinahe für diesen Lehrzweig eine andere Schule neben das Gymnasium, deßen Geist und Wesen durchaus Wissenschaftlichkeit in allen seinen Zweigen sein soll. Es wird sich ferner nicht verhüten laßen, daß zum strengen Selbstdenken unlustige Subjecte alles, selbst muthwillige Faulheit oder Unordentlichkeit anwenden, um aus den wissenschaftlichen coetibus in die practischen gesetzt zu werden, und es läßt sich voraussehen, daß so die erstern durch die letztern bald ganz

würden verdrängt sein. Durch dieses Verhältnis und durch den Gegensatz dieser beiden verschiedenartigen Curse würden auch die Lehrer an beiden in Gegensatz gebracht werden und es dürfte dahin kommen, daß selbst der p. Kannegießer, so sehr er jetzt diese Einrichtung empfiehlt, ebenso sehr wünschen möchte, sie wieder aufgehoben zu sehen.

Überhaupt ist aber der neue mathematische Unterrichtsplan erst viel zu kurze Zeit in Ausübung, als daß sich schon über seine völlige Ausführbarkeit urtheilen ließe, oder daß das Ministerium deßen Störung zugeben könnte. Dasselbe erklärt vielmehr hierdurch wiederholentlich seinen festen und ernsten Willen, daß er befolgt werden soll, und macht es den Lehrern des mathem. Cursus zur Pflicht, sich alle Mühe zu geben, ihn pünctlich auszuführen, sowie dem H.p. Snethlage, darauf zu achten, und zu halten, daß dies geschehe."[1]

Der Vorschlag des Joachimsthalschen Gymnasiums, einen zweiten Kurs neben dem wissenschaftlichen einzurichten, implizierte also nicht nur eine Differenzierung nach der unterschiedlichen kognitiven Leistungsfähigkeit der Schüler, sondern es sollte auch anderen sozialen Bedürfnissen eines Teils der Schüler und Eltern Genüge getan werden, die an der mathematischen Ausbildung nur insoweit interessiert waren, wie sie alltagspraktischen Anforderungen Rechnung trug. Nahezu dieselbe Konstellation von Interessen und Motiven beklagte noch 1831 F.Kries im Vorwort zu seinem verbreiteten Lehrbuch. *"Der Hang zur Zerstreuung und zur Bequemlichkeit, der in der jetzigen Zeit so überhand genommen hat, ist auch ein großer Gegner des mathematischen Studiums. Die wenigsten Schüler haben Lust mehr zu thun, als sie zu tun müssen glauben. Von der Beschäftigung mit der Mathematik aber liegt der Nutzen ihnen nicht so nahe vor Augen. Sie gehört nicht zu den sogenannten Brodwissenschaften − ja sie wird von vielen wohl für ein brodloses Studium gehalten, das den Fleiß, welchen man darauf verwendet, nicht sonderlich belohnt. Nur zu gern überredet sich daher der Schüler, daß er sie zu seiner künftigen Bestimmung nicht brauche, und daß er der Mühe, welche sie erfordert, überhoben seyn könne. Und sind nicht in der That die meisten Aemter im Staate, welche junge Leute bey ihrem Studiren im Auge haben, von der Art, daß sie keine unmittelbare Anwendung der Mathematik gestatten?"*[2]

Auch das Ministerium interpretierte 1815 den Vorschlag des Joachimsthalschen Gymnasiums in diesem Sinne und bemerkte daher, daß dieser Vorschlag den Charakter des Gymnasiums ändern würde. Zum zweiten machte das Ministerium

---

1) a.a.O., Bl. 15/16
2) Kries [1831], III f

auch recht drastisch seine Einschätzung der sozialen Akzeptanz des von ihm
vertretenen Süvernschen Lehrplans deutlich. Die Stellung einer wissenschaftlich
oder theoretisch betriebenen Mathematik schien gefährdet, wenn man sie durch
irgendwelche Maßnahmen aus dem verbindlichen Kern des Lehrplans herausnahm
und den spontanen Interessen von Eltern und Schülern überließ. Umgekehrt muß
man schließen: Die Hereinnahme einer wissenschaftlichen Mathematik in den
neuhumanistischen Lehrplan spiegelte (jedenfalls in der Sicht der Beteiligten) nicht
so sehr die aktuell vorhandenen Interessen und Bedürfnisse von Eltern und Schülern wider, sondern stellte eine dazu widersprüchliche pädagogische Programmatik
dar.

Generell versuchte die preußische Bildungsverwaltung − im ganzen gesehen −
mit großer Konsequenz, die Einheitlichkeit des Bildungskanons gegenüber abweichenden sozialen Interessen zu wahren. Das betraf nicht nur die Mathematik,
sondern auch andere Fächer, vor allem das Griechische. Konflikte dieser Art sind
in den unterschiedlichsten Formen aufgetreten: als Forderung von Schülern nach
Befreiung von einzelnen Fächern, wobei Griechisch und Mathematik im Vordergrund standen, der sogenannten Dispensationsproblematik, und ab Ende der zwanziger Jahre als ”Überbürdungsstreit”.[1] Diese Auseinandersetzungen hatten auch
ihre innerschulische Seite, indem zunehmend Konflikte zwischen den Lehrern der
klassischen Sprachen und der Mathematik auftraten, die sich um das Gewicht
drehten, das die jeweiligen Disziplinen innerhalb des Gymnasiums haben sollten.[2]
Ist die Note in Mathematik versetzungsrelevant oder nicht? In welchem Ausmaß
dürfen mathematische Hausaufgaben vergeben werden? Dürfen Mathematiklehrer
Klassenlehrer sein? Diese schulinternen und −externen Auseinandersetzungen
erreichten schließlich eine Schärfe, die zeigt, daß die neuhumanistische Programm-
matik sich zu weit von der sozialen und kulturellen Wirklichkeit Preußens entfernt
hatte, so daß Korrekturen nötig waren, die schließlich im Lehrplan von 1837[3]
festgeschrieben wurden.

Zunächst jedoch hat die preußische Bildungsverwaltung durchaus versucht, das
ursprüngliche Programm in die Tat umzusetzen. Im Joachimsthalschen Gymnasium
war die Initiative des Ministeriums insofern erfolgreich, als die Zahl der auf
Mathematik verwandten Wochenstunden bis in die 40er Jahre hinein bei 5 für alle

1) Lohmann [1986], 29ff.
2) Schubring [1983], 58ff.
3) ”Circular-Rescript des Ministeriums der Geistlichen, Unterrichts- und Medicinal-Angelegen-
   heiten vom 24.October 1837 ... betreffend die für den Unterricht und die Zucht auf den
   Gymnasien getroffenen allgemeinen Anordnungen”. In: Rönne [1855], Bd.2, 144−156

Klassen geblieben ist. Allgemeiner zeigt eine Auswertung der Schulprogramm-schriften der Berliner Gymnasien nach 1825 folgendes Bild: In den Jahren 1825 bis 1830 setzten die beiden staatlichen Gymnasien, das Joachimsthalsche und das Gymnasium Zum Grauen Kloster, für Mathematik durchschnittlich 5 Wochenstun-den pro Klasse an. Am Gymnasium Zum Grauen Kloster wurde der Unterricht in den oberen Klassen zusammen mit dem Physikunterricht erteilt und erhielt daher 6 Wochenstunden. Dabei sind in einzelnen Klassen jährliche Schwankungen zu berücksichtigen. Man lag damit an den besten Schulen immer noch 1 Stunde unter dem Süvernschen Plan. Alle anderen Berliner Gymnasien, die städtisch waren, lagen mit den Wochenstunden für Mathematik zwischen 3 und 4, und damit teil-weise noch unter den Forderungen des Lehrplans von 1837.

Auch im Rheinland wurde zunächst an vielen Gymnasien die Wochenstundenzahl für Mathematik heraufgesetzt, um dann im Laufe der zwanziger Jahre auf einen Durchschnitt von 3 bis 4 Wochenstunden reduziert zu werden.[1] Berücksichtigt man, daß der Zustand der Schulen im übrigen Preußen im Durchschnitt schlechter gewesen ist, dann wird klar, daß die Forderungen des Lehrplans von 1837 im Hinblick auf die Mathematik keineswegs ein Zurück, sondern im ganzen die Fest-schreibung eines existierenden Zustandes waren. Für einen kleinen Teil der Schu-len führte er zu einer Reduktion der Mathematik, ein anderer Teil mußte den mathematischen Lehrgang ausbauen.

Untersuchen wir nun die Entwicklungen und Ausformungen der *fachlichen Kon-zeption* des Süvernschen Lehrplans. Um hier die teilweise verwirrenden Entwick-lungen besser zu verstehen, ist es nützlich, sich klarzumachen, daß dieses fachliche Konzept grundlegend durch die damals verbreitete begriffliche Strategie einer *Trennung von Theorie und Anwendung* bestimmt war. Dies besagt, daß es ein *Kernkonzept* gab, das die fachliche Systematik repräsentierte, und *Anwendun-gen*. Das Kernkonzept lag im algebraisch–anlytischen Bereich und war in seiner Systematik durch die Analysis des Endlichen bzw. durch die Algebraische Analysis geprägt. Je nach Autor spielte hier die Kombinatorische Analysis eine größere oder geringere oder gar keine Rolle, ihr wichtigstes Kennzeichen war der binomi-sche Lehrsatz als ideale *Krönung* des Systems. Von den Anwendungen gab es solche zweierlei Typs: die sogenannten alltagspraktischen Anwendungen und die *"theoriefähigen"* Anwendungen wie Mechanik, Geodäsie und rechnende Geometrie. Die alltagspraktischen Anwendungen waren umstritten, weil sie als nicht wissen-schaftlich und daher als im Widerspruch zum Geist des Lehrplans stehend einge-

---

1) Schubring [1983], 46–51

stuft wurden. Die theoriefähigen Anwendungen waren zwar akzeptiert, allerdings gab es nie ein verbindliches Konzept, welche von ihnen im Mathematikunterricht ihren Platz haben sollten. Wir haben gesehen, daß schon in den Beratungen der Wissenschaftlichen Deputation Berlin Tralles und Bartholdy hier sehr unterschiedliche Positonen vertreten haben. In dieses Schema paßt die Euklidische Elementargeometrie nicht hinein. Sie besaß zwar ebenfalls eine Systematik, aber diese war als zu wenig durchsichtig umstritten und daher letztlich nie akzeptiert. Von vielen Autoren wurde sie als Gipfel mathematischer Dogmatik verstanden. Die Elementargeometrie wird daher faktisch vor allem in der Lösung von Konstruktionsaufgaben bestanden haben.

Tabelle: Struktur der Schulmathematik

Euklidische Geometrie	
Strukturkern	**Anwendungen**
Allgemeine Arithmetik: vom Zahlenrechnen bis zum binomischen Satz mit "allgemeinen" Exponenten	Rechnende Geometrie: Stereometrie, ebene u. sphärische Trigonometrie, analytische Geometrie (Kegelschnitte) Geodäsie Mathematische Geographie Mechanik

An diesem Schema wird unmittelbar klar, wo mögliche Kürzungen des mathematischen Stoffes ansetzen konnten. Ohne die fachliche Systematik zu gefährden, konnte man in allen angewandten Teilen kürzen. Das betraf nicht nur Mechanik und Geodäsie, sondern auch die ebene und sphärische Trigonometrie und vor allem die analytische Geometrie. Da diese in der damaligen Sicht den Begriff des Stetigen implizierte, stellte sie die Grenzlinie zur höheren Mathematik dar bzw. war bereits höhere Mathematik.[1] Eine zweite Möglichkeit der Infragestellung bestand grundsätzlich darin, die fachliche Systematik geringer zu bewerten und die Schüleraktivitäten in den Vordergrund zu stellen. Diese Argumentationslinie lief mit einer gewissen Zwangsläufigkeit auf eine Stärkung der *konstruktiven* Euklidischen Geometrie hinaus.

Das im vorigen Abschnitt dargestellte Buch von Matthias repräsentierte diese Konstellation noch in einer relativ offenen und wenig strukturierten Weise. Es folgte zwar der fachlichen Systematik, betonte sie aber nicht. Es enthielt eine Mischung aus algebraisch–analytischen und konstruktiv–geometrischen Inhalten,

---

1) Vgl. die Diskussion des Buches Spehr [1826] in III.4. dieser Arbeit.

während mechanische oder geodätische Anwendungen fehlten. Bei den Kegelschnitten propagierte dieses Buch bewußt einen methodischen Dualismus von algebraischer und konstruktiver Behandlungsweise. Dagegen wurde von der nachfolgenden Generation der Mathematiklehrer und Textbuchautoren, die in den zwanziger Jahren des 19.Jahrhunderts ihre Arbeit begannen, die fachliche Struktur der Schulmathematik zunehmend schärfer konturiert und ausgearbeitet.

Betrachten wir dazu zwei Beispiele, die einen guten Einblick in die Gesamtsituation vermitteln. Der Stralsunder Mathematiklehrer E.Nizze war Autor eines Schulbuchs[1], das die fachliche Systematik der Algebraischen Analysis in Reinkultur darstellte, alles überflüssige Beiwerk, wie man es etwa bei Matthias findet, wegließ und im 2.Band der Algebra mit dem binomischen Lehrsatz für allgemeine Exponenten schloß[2]. In einer Schulprogrammschrift von 1822, die auch einen von ihm in Stralsund praktizierten Lehrplan enthielt, begründete er seine Konzeption.

Sein fachliches Selbstverständnis brachte er hier gleich anfangs zum Ausdruck, indem er metaphorisch die Wissenschaft allgemein mit einer nach dem Gesetze der Stetigkeit fortgehenden Reihe verglich. So wie eine mathematische Reihe als unendliche nie vollständig dargestellt, sondern nur durch Fortführung und Interpolation approximiert werden könne, so sei es auch mit der Wissenschaft. Daher müsse der wissenschaftliche Unterricht erstens *"den gemeinschaftlichen Anfangspunkt aller wissenschaftlichen Reihen mit Deutlichkeit"* nachweisen, zweitens die einzelnen Reihen von Erkenntnissen lückenlos fortführen lehren, indem ihre Fortsetzung und Interpolation möglich werde und drittens die Methoden der Reihenentwicklung zu erschöpfen suchen, *"damit der Lehrling selbst durch Analogie die fehlenden Reihen aufzusuchen und hinlänglich weit fortzuführen vermöge."*[3] Dies ist eine bezeichnende Verschmelzung des fachlichen und pädagogischen Selbstverständnisses.

In der bildungstheoretischen Begründung des Mathematikunterrichts betonte Nizze, daß durch die Mathematik die Ideen der Freiheit (der Konstruktion) und der Unendlichkeit vermittelt würden, und verwies auf die Nähe zur Kunst. Die

---

1) Johann Ernst Nizze, 1788 zu Ribnitz in Mecklenburg geboren, 1807–1810 philologische Studien in Rostock, Heidelberg und Jena, 1812 Promotion in Erlangen, 1814 Prorektor des Gymnasiums in Prenzlau und Beginn seiner intensiveren Beschäftigung mit Mathematik, 1821 Prorektor des Gymnasiums Stralsund, seit 1832 Rektor von Schulpforte, Arbeiten zur Geschichte der griechischen Mathematik, 1872 in Stralsund gestorben. (Angaben nach ADB)
2) Nizze [1818/19]
3) Nizze [1822], 2

Mathematik fördere die produktive Einbildungskraft, denn *"wie wollte man ohne diese Geisteskraft im Stande sein, dem innern Auge die räumlichen Konstruktionen zu vollenden, deren sinnliche Darstellung höchst unvollkommen sein kann, ohne der Deutlichkeit der daran geknüpften Begriffe im mindesten Abbruch zu tun?"*[1]

Dieser Gedankenkreis macht es einleuchtend, daß Nizze *"sämmtliche Zweige der angewandten Mathematik stillschweigend ausschließt"*, wobei er als Grund zusätzlich anführte, daß diese nur als Anwendung der reinen Mathematik gelehrt werden könne. Das Ziel des mathematischen Schulunterrichts definierte er nun dadurch, und das war eine typische Gedankenfigur, *"daß der Schulunterricht erst dann für geschlossen erachtet werden dürfe, wenn dem Zögling ein freier Ueberblick über seine elementaren Kenntnisse und eben dadurch erst die unbedingte Beherrschung derselben möglich gemacht ist."* Zu diesem Zweck müsse man aber einen Schritt über die Elemente hinausgehen, um deren Gebrauch *"beim Eintritt in das Gebiet der höheren Analysis und der höheren Geometrie nachzuweisen und zu üben."*[2] Erst dann erhöben sich die Lehrlinge zur Idee wissenschaftlicher Freiheit und zur Idee der Unendlichkeit.

Mit diesem Schritt über die Elementarmathematik hinaus hatte er stofflich die *"Lehre von den Funktionen und Kegelschnitten"* im Auge. Der von ihm vorgeschlagene Lehrplan enthielt daher den ganzen Mechanismus der Algebraischen Analysis, ergänzt um Elementargeometrie, ebene und sphärische Trigonometrie und die *"Kurven der zweiten Ordnung (Kegelschnitte) nach der geometrischen Methode mit Vergleichung der analytischen."* Von Differential- und Integralrechnung war also ebensowenig die Rede wie von angewandten Disziplinen wie Geodäsie oder Mechanik.[3]

Nizzes Konzeption, so kann man zusammenfassen, enthielt im Vergleich zum Süvernschen Lehrplan erstens eine schärfere Konturierung der Systematik der Algebraischen Analysis, verzichtete zweitens bewußt auf jede Anwendung, auch die theoriefähigen, sah aber drittens, daß die Logik eines Systems nur verstanden werden kann, wenn man über es hinausgeht. Dies wollte er erreichen durch einen Schritt in die höhere Mathematik der stetigen Größen anhand der Theorie der Kegelschnitte. Der philosophische Stil der Begründung dieses Lehrplans zeigt, daß Nizze in jener Gedankenwelt lebte, die sich Bildung durch Mathematik vor allem

---

1) a.a.O., 10
2) a.a.O., 21
3) Der exemplarische Charakter dieses Lehrplans wird durch die Tatsache unterstrichen, daß er in Neigebauer [1835] als der einzige mathematische Stoffkatalog der Zeit abgedruckt ist.

von der Reflexion auf den in der Mathematik ausgedrückten Typus der Vernunft erhoffte.

Eine andere exemplarische Darstellung der fachlichen Konzeption der zwanziger Jahre findet man in einer Schulprogrammschrift von Johann Dietrich Adolf Tellkampf aus dem Jahre 1827, die auch einen Überblick über die an den anderen preußischen Schulen vermittelten Stoffe gibt. Tellkampf wurde 1798 in Hannover geboren, studierte ab 1818 in Göttingen Mathematik vor allem bei Thibaut,[1] gewann 1821 einen Preis der Universität, lehrte von 1822 bis 1824 als Privatdozent an der Universität Göttingen, war dann Oberlehrer am Gymnasium in Hamm und seit 1836 Direktor der höheren Bürgerschule in Hannover. Er starb 1869 in Hannover. Sein Lehrbuch *"Vorschule der Mathematik"*[2] erlebte von 1829 bis 1856 fünf Auflagen. 1834 wurden sogar die Mathematiklehrer der Provinzen Rheinland und Westfalen in einem aufwendigen Verfahren gebeten, dieses Buch auf seine Tauglichkeit für eine allgemeine Einführung zu prüfen.[3]

In seiner Begründung des Bildungswertes der Mathematik schloß Tellkampf sich weitgehend A.F.Bernhardi[4] an und versuchte dann, ein allgemeines Kriterium für den Umfang des mathematischen Gymnasialunterrichts aufzustellen. Dieser Unterricht müsse den *Geist der Wissenschaft* vermitteln. Tellkampf betonte also den systematischen Aspekt, und wandte sich ausdrücklich gegen jene Anstalten, in denen die Mathematik mehr als eine *Kunst* behandelt werde, *"indem ihre Schüler in der Behandlung von Zahlen oder geometrischen Konstruktionen eine, oft zur gedankenlosen Spielerei werdende, Fertigkeit an den Tag legen,..."* Wenn man das Maß weder zu weit noch zu eng fassen wolle, biete sich die *Analysis des Endlichen* als ein natürliches Ziel an. Er fügte hier die für die damaligen Verhältnisse informative Fußnote an:*"Ein sehr kompetenter Richter, Herr Konsistorialrath Matthias, sagt ...:'In den Gymnasiallehrkreis auch schon die (ganze) kombinatorische Analysis, die Differential- und Integralrechnung zu ziehen, kann nicht für zweckmäßig erachtet werden.' Diese Ansicht scheint auch, wenn man die Schulnachrichten unserer Gymnasien zu rathe zieht, ziemlich die allgemeine zu seyn; denn selbst die am vorzüglichsten ausgestatteten, z.B. Schulpforte, die Gymnasien zu Berlin, Danzig, Torgau, Köln, Bonn u.s.w. unterwerfen sich einer solchen — in der That notwendigen — Beschränkung. Als Ausnahme sind die Anstalten zu Prenzlau und Saarbrücken zu nennen, und als Verfechterin der entgegengesetzten*

---

1) Wir haben oben seine Würdigung Thibauts ausführlich zitiert.
2) Tellkampf [1829]
3) vgl. Jahnke [1982], 151
4) vgl. Kap. II.5.

*Ansicht eine Abhandlung im Programm der letztgenannten vom Jahr 1826: Was von der Mathematik ist in einem Gymnasium zu lehren? vom Herrn Oberlehrer W.Bahrdt, worin der **Mathematiker**, um gegen die übertriebenen Ansprüche des **Philologen** das Ansehn seiner Wissenschaft aufrecht zu erhalten, offenbar zu weit geht, – vielleicht nur, umdadurch das **gestörte Gleichgewicht** herzustellen; eine Absicht, die auch von denen allen Dank verdient, die der Infinitesimalrechnung aus den angeführten Gründen auf der Schule keine Stelle einräumen können..."*[1]

Tellkampf diskutierte dann die einzelnen Teile der Schulmathematik unter dem Gesichtspunkt des ihnen zuzuweisenden Anteils am Lehrplan. Hierbei erfuhr die *Allgemeine Arithmetik* die höchste Würdigung. *"**Allgemeine Arithmetik**, die man auch unter dem Namen Analysis des Endlichen kennt, liefert dem mathematischen Unterricht auf Gymnasien in der Reihenentwicklung des Binomiums, der Exponentialgrößen und Logarithmen einen wesentlichen Beitrag. Diese wichtigen Lehren sind bekanntlich das Fundament des höhern Calcüls und bilden also das würdigste Ziel ihres Vorstudiums. Man sollte für ihren Vortrag um so mehr die erforderliche Zeit auszugewinnen suchen, als in ihnen die arithmetischen Elemente nebst der Kombinationslehre zur **allgemeinsten** Anwendung kommen, und der Schüler durch Abstraktion auf einen Standpunkt gehoben wird, von welchem ihm die einzelnen Felder des durchlaufenen Gebietes in ihrem wahren Zusammenhange erscheinen. Wenn nun gleich aus diesen Gründen die Fundamental–Betrachtungen der allgemeinen Arithmetik nicht ausgeschlossen und verschmäht werden dürfen, so möchten wir sie doch nicht **sofort** einer **jeden** gelehrten Schule zur Pflicht gemacht sehen, sondern vorläufig nur empfohlen haben."*[2]

Tellkampf knüpfte also die Übersicht des Ganzen und damit die Systematik des Stoffes an die *Analysis des Endlichen*. Er war allerdings Realist genug, um sie nicht in ihrem ganzen Umfang verbindlich für alle Schulen fordern zu wollen. Betrachten wir noch einige Bemerkungen zu anderen Stoffen, um ein Gesamtbild zu erhalten. *"Kombinationslehre hat schon an sich, aber mehr noch als Vorläuferin und ordnende Dienerin der Reihenentwicklung ihren besonderen Werth ..."*, allerdings warnt er davor, den Schüler *"mit einer für ihn unfruchtbaren Zeichenspielerei zu ermüden."* Also eine Aussage zur Begrenzung der kombinatorischen Sichtweise.[3]

In der Algebra warnte Tellkampf im Zusammenhang mit den Gleichungen dritten Grades vor zu vielen *analytischen Kunststücken*, die Elementargeometrie wollte er

---

1) Tellkampf [1827], 8
2) a.a.O., 10
3) a.a.O., 9

begrenzen, damit sie nicht *"die höheren Theile [des Unterrichts] beeinträchtige..."*, ebene Trigonometrie empfahl er wegen ihrer Anwendungen, während er die sphärische nur behandelt wissen wollte, wenn man sie auch wirklich anwenden wolle. Von der höheren Geometrie gelte, daß sie *"außer den Prinzipien nur das Wichtigste, hier die Lehre von den Kegelschnitten, als Beisteuer zu liefern habe, die man um so mehr fordern darf, als die Bekanntschaft mit diesen krummen Linien und ihren Eigenschaften, welche so oft bei Gegenständen der Baukunst, der Optik und Astronomie erwähnt werden, dem gebildeten Manne nie fehlen sollte. Man würde daher dem Jünglinge mit der höhern Geometrie den belohnendsten Theil des mathematischen Unterrichts vorenthalten ..."*[1]

Charakteristisch ist Tellkampfs Stellungnahme zur angewandten Mathematik, die er in ihren theoretischen Teilen betonte. Neben den physikalischen Anwendungen, von denen er offenließ, ob sie in den Physik– oder Mathematikunterricht gehören, empfahl er: *"Die Anwendung der Elementargeometrie und ebenen Trigonometrie auf Feldmessen und Aufnehmen einer Gegend, so wie der sphärischen Trigonometrie und höhern Geometrie auf mathematische Erdbeschreibung und leichtere astronomische Betrachtungen verspricht in dieser Hinsicht dem Unterricht ein viel kräftigeres Leben und Gedeihen, als er sonst bei der Gesammtheit der Schüler zu finden scheint."*[2]

Fassen wir Tellkampfs Position zusammen, dann sehen wir, daß er die fachliche Systematik der Schulmathematik mit der Analysis des Endlichen, d.h. der Algebraischen Analysis, verknüpfte und daß er, wie der Süvernsche Lehrplan, die theoriefähigen Anwendungen durchaus betonte. In diesem Punkt unterschied er sich auch von dem vorher behandelten E.Nizze.

Daß die Algebraische Analysis oder Analysis des Endlichen für Tellkampf die Grundlage der fachlichen Systematik abgab, wird in seiner 1829 erschienenen *Vorschule der Mathematik* noch deutlicher als in seinen zwar unmißverstänlichen, aber doch vorsichtig abwägenden Äußerungen aus der Programmschrift von 1827. Dieses Buch war übrigens B.F.Thibaut und dem Berliner Mathematikprofessor E.H.Dirksen gewidmet.[3] Man sieht an diesem Buch übrigens auch, daß die theoriefähigen Anwendungen, vielleicht wegen der Unsicherheit, wohin sie fachlich eigentlich gehören, einen grundsätzlich unsicheren Status hatten. Von diesen Anwendungen enthielt das Buch, das ansonsten den Anspruch stellte, den gesamten

---

1) a.a.O., 11
2) a.a.O., 11
3) Zu Dirksen vgl. Kap. VII.1.

Mathematikunterricht des Gymnasiums abzudecken, kein Wort. Es war also der individuellen Aktivität der einzelnen Lehrer überlassen, hier zusätzliches Material einzubringen: für eine Verankerung angewandter Mathematik zweifellos eine schlechte Vorbedingung. Dagegen war die Geometrie durchaus breit behandelt und gipfelte in einer analytischen und synthetischen Darstellung der Kegelschnitte.

Wir listen im folgenden in Kurzform die Inhalte des arithmetisch-algebraischen Teils dieses Buches auf, um eine auf die Gymnasien bezogene Beschreibung zu gewinnen, was *Algebraische Analysis als Schulstoff* operativ bedeutete. Durch Fettdruck werden diejenigen Inhalte gekennzeichnet, die im Abituredikt von 1812[1] verbindlich vorgeschrieben worden waren, so daß wir auf diesem Wege eine Darstellung der Minimal- und Maximalversion des arithmetisch-algebraischen Stoffes erhalten. Die durchschnittlichen Schulen Preußens werden sich faktisch zwischen diesen beiden Extremen bewegt haben.

Stoffkanon des Arithmetisch-Algebraischen Bereichs

   - **die 4 Species mit ganzen und gebrochenen Zahlen**
   - **die 4 Species mit Buchstaben**
   - Zahlensysteme (speziell das dekadische)
   - entgegengesetzte Größen
   - Polynome
   - Potenzrechnung (speziell **Quadrat- und Kubikwurzeln**)
   - **Proportionen**
   - **Gleichungen des ersten und zweiten Grades**
   - Diophantische Gleichungen, Kettenbrüche
   - **Logarithmen**
   - irrationale und imaginäre Größen
   - kubische und höhere Gleichungen
   - Progressionen (Folgen)
   - Kombinatorik
   - unendliche Reihen und analytische Operationen mit unendlichen Reihen
   - binomischer Satz.

Unsere bisherige Analyse der Geschicke des Süvernschen Lehrplans hat also zu drei wesentlichen Ergebnissen geführt. Erstens kann man feststellen, daß die in

---

1) *"Edikt wegen Prüfung der zu den Universitäten übergehenden Schüler"* vom 25.6.1812
(Neigebauer [1826], 292)

ihm enthaltene innere Systematik in ihrer Grundstruktur jedenfalls durch die stark fachlich interessierten Lehrer weiter ausgeformt und expliziert wurde. Für diese Lehrer hing ein wesentlicher Teil des Bildungswertes der Mathematik an dieser Systematik. Zweitens war das Ausmaß des alltagspraktischen Rechnens umstritten. Ob die Gymnasien eine im Kern *wissenschaftliche* Bildung vermitteln sollten oder ob sie stärker der Vorbereitung auf *bürgerliche Berufe* zu dienen hatten und damit vor allem auf die Interessen der Frühabgänger Rücksicht nehmen sollten, diese Frage wurde für den Mathematikunterricht am Problem des alltagsweltlichen Rechnens festgemacht. Grundsätzlich war die Zahl der Frühabgänger so hoch, daß niemand, auch nicht diejenigen, die sonst sehr explizit für die Wissenschaftlichkeit des gymnasialen Mathematikunterrichts eintraten, das alltagsweltliche Rechnen ganz verneint hat. Drittens haben wir gesehen, daß in der inneren Struktur dieser Schulmathematik gewisse *Kürzungslinien* angelegt waren, die teilweise schon bei den bisher dargestellten Autoren zwar nicht programmatisch, aber doch faktisch wirksam wurden.

Die Logik der erwähnten Kürzungslinien wurde immer deutlicher, als der Mathematikunterricht aus sehr heterogenen Gründen und Motiven kritisiert wurde und unter Druck geriet. Das Jahr 1826 brachte zwei Ereignisse, die das ursprüngliche Konzept des Süvernschen Lehrplans in Frage stellten. Das eine Ereignis war ein Zirkularreskript zum *gemeinen Rechnen* vom 18. März 1826. Die Tatsache, daß das preußische Kultusministerium damit zum ersten Mal in die inhaltliche Gestaltung des Mathematikunterrichts eingriff, unterstreicht die Bedeutung dieses Vorgangs. Es heißt dort: *"Das Ministerium hat Gelegenheit gehabt, zu bemerken, daß in mehreren Gymnasien verabsäumt wird, den Schülern zu der ganz unentbehrlichen Fertigkeit im gemeinen Rechnen zu verhelfen, indem theils in manchen Gymnasien, gegen die Absicht des Ministerii, der eigentliche mathematische Unterricht schon in der untersten Classe beginnt, und somit der Unterricht im gemeinen Rechnen ganz ausfällt, theils in andern gelehrten Schulen, wo der Unterricht im gemeinen Rechnen Statt findet, derselbe nicht mit der erforderlichen practischen Einübung verbunden oder nicht genau und sorgfältig genug von dem mathematischen Unterrichte getrennt wird. Da die Fertigkeit im Rechnen in jedem Lebensberufe nöthig ist, und da die Erfahrung lehrt, daß der Mangel an dieser Fertigkeit im späteren Alter nicht leicht gehoben, oft aber ungemein drückend empfunden wird, so sieht das Ministerium sich veranlaßt, hierdurch anzuordnen, daß der eigentliche mathematische Unterricht in sämmtlichen Gymnasien erst in der Quarta beginnen, in der Quinta und Sexta aber, als den beiden untersten Classen, die Fertigkeit im Rechnen, ohne alle Einmengung der Mathematik, jedoch auf eine überall den gesunden Menschenverstand und die Selbstthätigkeit des Schülers in Anspruch nehmende, und nirgends in ein bloß mechanisches und geistloses Abrich-*

ten ausartende Weise practisch eingeübt werden soll. Der bei dem Unterrichte im gemeinen Rechnen von Seiten der Gymnasiallehrer am zweckmäßigsten zu beobachtende Gang ist mit Sachkenntniß in der Vorrede zu dem von dem Professor Ohm hier im Jahre 1818 herausgegebenen kurzen gründlichen und leicht faßlichen Rechenbuche bezeichnet, welches überhaupt bei dem fraglichen Unterrichte nützliche Dienste wird leisten können."[1]

Man sieht, daß durch dieses Reskript der Konflikt zwischen einer mehr praktisch orientierten Mathematik, die den Bedürfnissen der Frühabgänger Rechnung trug, und einer theoretischen Mathematik dadurch gelöst wurde, daß in den beiden unteren Klassen das *"gemeine Rechnen"* *"ohne alle Einmengung der Mathematik"* unterrichtet werden sollte. Damit wurde die Position des Süvernschen Lehrplans modifiziert, der vorgesehen hatte, mit dem *"wissenschaftlichen"* Unterricht sofort zu beginnen und das alltagsweltliche Rechnen als Anwendung reiner Mathematik zu betreiben. Gleichzeitig zeigt dieses Reskript auch, wie die ursprünglich auf unterschiedliche Bildungsbedürfnisse ausgehende Unterscheidung zwischen dem alltagsweltlichen Rechnen und der reinen Mathematik sich zunehmend in eine rein kognitive Unterscheidung verwandelte. Das praktische Rechnen wurde zu einer anschaulich gehaltenen, eine allgemeine Kulturtechnik einübenden Vorstufe für den wissenschaftlichen Kursus der Mathematik, der mit Quarta begann. Dem praktischen Rechnen wurde eine pädagogische Begründung unterlegt, und in den Lehrplänen tauchte dieser Kursus häufig als *Rechnen nach Pestalozzi* oder einfach als *Pestalozzi* auf.

Das zweite Ereignis war eine Initiative des Consistoriums und Provinzialschulkollegiums der preußischen Provinz Sachsen mit überregionaler Bedeutung. Am 11. Oktober 1826 erließ diese Behörde eine *"Circularverfügung an die Directoren und Rectoren der Gymnasien, betreffend die Grenzen des mathematischen Unterrichts und die mathematischen Prüfungsarbeiten der Abiturienten"*,[2] in der ein mathematisches Lehrpensum für Gymnasien vorgeschrieben wurde, das sich sowohl im Umfang des Stoffes als auch im zugrundegelegten Konzept erheblich von den Vorstellungen des Süvernschen Lehrplans unterschied. Zunächst wird aus der Argumentation des Provinzialschulkollegiums klar, daß seine Absicht restriktiv war und von einem Konflikt der Anforderungen des mathematischen Unterrichts mit dem der alten Sprachen herrührte.

---

1) Neigebauer [1835], 173
2) ZStA II, Bl.34–38v

"Wenn in den neueren Zeiten der Unterricht in den mathematischen Wissenschaften in den Lehrplänen unserer Gymnasien den Rang und die Stellung gewonnen, welche ihm gebühren, so muß es doch lenkendes Prinzip bleiben, ihn stets in seinen wichtigen Verhältnissen zu den klassischen Studien, deren Betrieb jedem Gymnasium seinen Charakter giebt, zu erhalten und weder durch den Umfang, den man ihm bestimmt, noch durch die Stundenzahl, die man ihm zumißt, noch durch die Arbeiten, die man dem Privatfleiße der Schüler anweiset, die klassischen Studien zu beeinträchtigen."[1]

Daraus wurde die folgende Einschränkung des mathematischen Lehrstoffes abgeleitet: *"Und so werden darin, als außer seinen wesentlichen Grenzen liegend, nicht aufgenommen: die **rein analytische** Behandlung der Kegelschnitte; die Curven höherer Ordnung; die Theorie der höheren Gleichungen; der polynomische Lehrsatz in seiner Allgemeinheit; die Entwicklung der Logarithmen und der trigonometrischen Functionen in Reihen, auch wenn die Darstellung elementar ist; die Differential- und Integral-Rechnung; die angewandte Mathematik in ihrer Ausführlichkeit."*[2]

Die Zahl der Wochenstunden für Mathematik wurde auf 4 festgelegt. Neben diesen Einschränkungen des Pensums, die in ihrer realen Bedeutung nur schwer zu bewerten sind, erscheint die Umorientierung im inhaltlichen und methodischen Konzept, die hier vorgenommen wird, viel einschneidender. Zehn Jahre nach dem Süvernschen Lehrplan formulierte das Provinzialschulkollegium Magdeburg: *"Eine **vorzügliche** Sorgfalt ist aber auf das Studium der Geometrie nach synthetischer und constructiver Methode zu wenden. Diese Wissenschaft muß stets der **Hauptgegenstand** des mathematischen Unterrichts auf den Gymnasien sein, das Arithmetische nicht das Uebergewicht erhalten, sondern dem Inhalt und der Zeit nach mit verhältnismäßiger Kürze, unbeschadet der Deutlichkeit und Gründlichkeit behandelt werden."*[3]

Damit enthielt das Reskript offensichtlich einen Angriff auf das inhaltliche Grundkonzept des Süvernschen Lehrplans, indem es die Geometrie nach konstruktiver Methode zum Hauptgegenstand des gymnasialen Mathematikunterrichts erklärte und sich gegen ein Übergewicht des Arithmetischen wandte. Bedenkt man, daß der damals im Provinzialschulkollegium Magdeburg für Mathematik zuständige Refe-

---

1) a.a.O., Bl.34
2) a.a.O.
3) a.a.O., Bl.35

rent eben jener Konsistorialrat Matthias gewesen ist, der das erwähnte einflußreiche Lehrbuch für einen *heuristischen* Schulunterricht geschrieben hat, dann muß
man hier nicht nur die Rivalitäten von Altphilologen und Mathematikern sehen,
sondern auch pädagogische Gründe. In der Betonung der konstruktiven Geometrie
lag implizit eine *Opposition gegen das herrschende sytematische Konzept* und der
Versuch, dagegen eine Art des Unterrichtens zu setzen, die mehr an einzelnen
Problemen im Sinne von Konstruktionsaufgaben anknüpft. Man kann hier also,
ohne daß sich der Sachverhalt vollständig klären läßt, den Versuch sehen, eine
problemorientierte Unterrichtskonzeption durchzusetzen. Fragen der professionellen
Stellung der Lehrer, pädagogische Schwierigkeiten und die Akzeptanz des Faches
bei Eltern und Schülern gingen hier vermutlich eine unentwirrbare Mischung ein.

Das Ministerium reagierte auf die Initiative des Provinzialschulkollegiums durchaus
zwiespältig. Es begrüßte sie auf der einen Seite, stellte dann aber fest, daß die
Meinung *"als ob bei den Gegenständen des Gymnasial-Unterrichts in der Mathematik bloß und ausschließlich die formale Bildung der Schüler bezweckt werde,
offenbar einseitig ist; vielmehr hat der Unterricht in der Mathematik in den
Gymnasien neben der formellen Bildung der Schüler auch den Zweck, daß dieselben den Inhalt dieser Wissenschaft, so weit er sich für die Gymnasien eignet,
gründlich und tüchtig erlernen, und dadurch befähigt werden, das Studium der
Mathematik auf den Universitäten fortzusetzen, um demnächst in ihrem praktischen
Leben von ihren mathematischen Kenntnissen einen geeigneten Gebrauch zu
machen."*[1] Das Konzept des Süvernschen Lehrplans wurde also nun plötzlich
nicht aus einer pädagogischen Sicht als formale Bildung gerechtfertigt, sondern mit
dem Argument der materialen Wichtigkeit und Nützlichkeit des Stoffes.

Grundsätzlich war das Ministerium zu dieser Zeit wohl noch unentschieden im
Hinblick auf die Stellung des Mathematikunterrichts und sein fachliches Konzept.
Weder hielt es die Zahl von 4 Wochenstunden für ausgemacht, noch war entschieden, ob nicht doch die offiziellen Anforderungen des Mathematikunterrichts in
Richtung des Süvernschen Lehrplans ausgedehnt werden sollten. Zwei Ereignisse
brachten allerdings doch eine gewisse endgültige Norm für den mathematischen
Stoffkanon. Das eine Ereignis war die Revision des Abiturientenedikts von 1812
durch ein Reglement vom 4.Juni 1834. Hier wurde das mathematische Minimal-
pensum um den einzigen Punkt *"Bekanntschaft mit der Lehre von den Kombinationen und mit dem binomischen Lehrsatze"* ergänzt. Außerdem wurde gefordert

---

1) a.a.O., Bl.32

"eine klare Einsicht in den Zusammenhang sämtlicher Sätze des systematisch geordneten Vortrages".[1] Hier war also das Konzept der Algebraischen Analysis als systematische Linie des Lehrplans endgültig festgeschrieben.

Die zweite Entscheidung fiel am 13.Dezember 1834, als das Ministerium in einem Reskript an das Provinzialschulkollegium Brandenburg verbot, daß am Joachimsthalschen Gymnasium weiterhin die Kegelschnitte und die sphärische Trigonometrie behandelt wurden.[2] Es scheint eine Ironie der Geschichte, daß ausgerechnet an der Schule, der 1815 die Durchnahme der Kegelschnitte höchst ministeriell verordnet worden war, nun fast 20 Jahre später die Behandlung desselben Stoffes verboten wurde. Eine Durchschrift dieses Schreibens ging an alle preußischen Provinzialschulkollegien, und die Tatsache, daß in den Provinzen – in denen heute überhaupt noch Akten über den Mathematikunterricht existieren – dieses Schreiben an prominenter Stelle aufbewahrt ist, zeigt, daß dies damals für eine wichtige Entscheidung gehalten wurde. Sie war wichtig, nicht nur weil hier eine Aussage über einzelne Schulstoffe getroffen wurde, sondern weil eine bestimmte Konzeption der Schulmathematik als ganzer festgeschrieben wurde.

Welche Gründe zu diesem Reskript geführt haben, kann wiederum nur vermutet werden. Aber auch hier können pädagogische Gründe nicht ausgeschlossen werden. Eine Schulprogrammschrift thematisierte um diese Zeit explizit pädagogische Schwierigkeiten bei der Behandlung der Kegelschnitte.[3] Generelle Klagen über den schlechten Erfolg des Mathematikunterrichts waren verbreitet. Es ist auch nach heutigen Unterrichtserfahrungen plausibel, daß die analytische Behandlung der Kegelschnitte den Schülern besondere Probleme bereitete und daher als Stoff besonderen Angriffen ausgesetzt war. Die Anwendung einer Disziplin, der Algebra, auf eine andere, die Geometrie, stellt epistemologisch komplexe Anforderungen. Nicht ohne Grund gehörte die analytische Geometrie in der Sicht der Zeit zur höheren Mathematik.

Vergegenwärtigt man sich die vorstehend dargestellte Entwicklung als Ganzes, so ist eine gewisse innere Logik unverkennbar. Diese lief auf eine Stärkung und Profilierung der *Systematik* der Schulmathematik hinaus. Alle Stoffe, die außerhalb dieser Systematik lagen, standen zur Disposition. Das betraf zunächst die Anwendungen in Mechanik, Geodäsie und Astronomie. Das mag insofern nahegelegen haben, weil hier auch ungeklärte Probleme der Abgrenzung zu anderen Fächern,

---

1) Rönne [1855], Bd.2, 273
2) Rönne [1855], Bd. 2, 227/8
3) vgl. Benekendorff [1831]

vor allem zur Physik, eine Rolle gespielt haben. Eine entscheidende Kürzung
betraf aber auch die innermathematische Anwendung auf die analytische Behandlung der Kegelschnitte. Damit war eine Entscheidung über den *Charakter* der
Schulmathematik getroffen. Diese wurde darauf zurückgeführt, im Laufe der
Schuljahre ein in sich konsistentes System den Schülern zu präsentieren. Möglichkeiten, dieses System durch Anwendung gleichsam auch von außen zu betrachten,
existierten damit nicht mehr. Das Abituredikt von 1834, das den Minimalkanon
um die Kombinatorik und den binomischen Satz ergänzte, und das Reskript desselben Jahres, das die Kegelschnitte verbot, folgten daher derselben Logik: der
Festlegung der Schulmathematik auf ein systematisches, geschlossenes Langzeit-
konzept.

Wie wir gesehen haben, war diese Entwicklung durchaus konform mit dem fachlichen Selbstverständnis engagierter Lehrer. Diese haben als Schulbuchautoren an
der Profilierung der systematischen Konzeption sogar selbst entscheidenden Anteil
gehabt. Wenn Altphilologen eine die Mathematik einschränkende Rolle gespielt
haben, dann haben sie jedenfalls in der Betonung der konstruktiven Geometrie an
einem pädagogisch relevanten Punkt angesetzt.

Die Konzentration auf die Systematik hat Ursachen, die in der Logik von Lehrplanentwicklung liegen, das sollte durch unser kleines Schema zur Struktur der
Schulmathematik verdeutlicht werden. Zugleich ist auch nicht zu übersehen, daß
dies auch im Selbstverständnis der Zeit seine Wurzeln hatte. Wir haben das bei
der Diskussion der Beziehung von Mathematik und Sprachen im Kapitel II.5.
gesehen.

So rekonstruiert, sieht man, daß sich die ganze Entwicklung im Spannungsfeld von
Allgemeinbildungskonzeption, sozialen Bedürfnissen nach Berufsvorbereitung,
fachlichem Selbstverständnis der Mathematiklehrer und pädagogischen Erfahrungen
mit einer gewissen Zwangsläufigkeit abgespielt hat. Wenn man diese Entwicklung
negativ bewertet, dann gibt es hier jedenfalls keine Schuldigen. Der Versuch,
Ursachenzuschreibungen vorzunehmen, die etwa den formalen Bildungsbegriff oder
die Altphilologen verantwortlich machen wollen, greift zu kurz. Eher gibt es hier
Dinge zu lernen, die den Gesamtprozeß der Lehrplanentwicklung und seine Logik
betreffen.

VI. Ein Gutachten über den Mathematikunterricht der preußischen Gymnasien von A.L.Crelle [1]

Im folgenden analysieren wir als eine kleine Fallstudie ein Gutachten zum Mathematikunterricht der preußischen Gymnasien, das 1829 von A.L.Crelle erstellt wurde. Crelles Vorstellungen sind anschließend von einer durch das Kultusministerium eingesetzten Kommission beraten und so weit beschnitten worden, daß die ganze Angelegenheit schließlich folgenlos im Sande verlaufen ist. Das macht es möglich, den Vorgang für sich und unabhängig von der allgemeinen Geschichte des Mathematikunterrichts darzustellen.

Der ganze Vorgang ist in sich interessant, weil er einen informativen Einblick in das Bedingungsgefüge bietet, das den Mathematikunterrrricht der preußischen Gymnasien am Ende der zwanziger Jahre des 19.Jahrhunderts bestimmt hat. Er zeigt in aller Klarheit die Bedeutung derjenigen Faktoren, die sich in unserer bisherigen Analyse von Konzeption und Entwicklung des Süvernschen Lehrplans als wichtig erwiesen haben. Es wird erneut das Gewicht deutlich, das diejenigen, die an der Institutionalisierung des Mathematikunterrichts stark interessiert waren, der Systematizität und wissenschaftlichen Geschlossenheit des mathematischen Lehrgangs beigemessen haben. Das hatte zur Folge, daß wiederum die Frage des *gemeinen Rechnens* und der alltagspraktischen Anwendungen zur Debatte stand. Die Angst vor Beispielen, die vom System ablenken könnten, und eine kritische Haltung zur konstruierenden Euklidischen Geometrie werden ebenfalls wieder sichtbar. Auf der anderen Seite sieht man, daß die Bedürfnisse der Frühabgänger an den Gymnasien nicht negiert werden konnten und daß gegen eine überzogene Systematizität auch pädagogische Einwände existierten. Instruktiv ist auch, daß aufgrund von negativen Erfahrungen mit dem Mathematikunterricht noch am Ende der zwanziger Jahre wieder die Frage aufgeworfen wurde, ob man nicht wenigstens teilweise das Jahrgangsklassensystem aufgeben und zum Fachklassensystem zurückkehren solle.[2] Da es bei allen diesen Diskussionspunkten um Probleme geht, die heute als selbstverständliche Voraussetzungen des Mathematikunterrichts gesehen werden, zeigt dieser Vorgang, wie langwierig und wenig selbstverständlich der Prozeß der Institutionalisierung des Mathematikunterrichts tatsächlich war.

---

1) Die in diesem Kapitel dargestellte Lehrplanberatung ist bei Lorey [1916], 38–40, kursorisch behandelt. Die nachfolgende Analyse folgt der Arbeit Jahnke [1982] und kommt in einer Reihe von Punkten zu anderen Ergebnissen als Lorey.
2) Vgl. zu diesem Problem Kap. I.1.

August Leopold Crelle wurde am 17. März 1780 in Eichwerder bei Wriezen als Sohn eines preußischen Baubeamten geboren.[1] Seine mathematische Bildung erwarb er sich autodidaktisch durch das Studium der Werke Eulers, Lagranges und Legendres. Von 1801 bis 1828 war er in wechselnden Beschäftigungsverhältnissen als preußischer Baubeamter tätig. So hat er von 1816 ab für einige Zeit als Mitglied der Oberbaudeputation die Verwaltung des preußischen Chausseebaus geleitet. Parallel dazu hat er sich auch mathematisch betätigt und sich für die Entwicklung des mathematischen Unterrichts interessiert. Zu nennen ist vor allem sein Lehrbuch *"Versuch einer rein algebraischen und dem gegenwärtigen Zustande der Mathematik angemessenen Darstellung der Rechnung mit veränderlichen Größen"*[2], das eine lehrbuchmäßige Darstellung seiner Auffassungen zur Analysis darstellte, die sich wesentlich an Lagrange anschloß. Fachlich vertrat also auch Crelle das Konzept einer algebraischen Auffassung der Analysis. Arbeiten zu Grundlagen und Einzelproblemen der Analysis und Geometrie sowie eine Reihe Übersetzungen mathematischer Arbeiten aus dem Französischen ins Deutsche folgten. Mitte der zwanziger Jahre erschienen zwei Gymnasiallehrbücher von ihm.[3] 1826 gründete er das *"Journal für die reine und angewandte Mathematik"*, das durch die Arbeiten von N.H. Abel, C.G.J. Jacobi und J. Steiner sehr schnell zu hoher Berühmtheit gelangte und der sich in Deutschland herausbildenden mathematischen Forschung eine willkommene Publikationsmöglichkeit bot. Die 1828 erfolgende Berufung Crelles zum Berater des Kultusministeriums in Fragen der Mathematik war also wohlbegründet. Das doppelte Engagement in Technik und Bildung machten ihn zu einer Persönlichkeit, die für diese Aufgabe einzigartige Voraussetzungen mitbrachte. Auch nach seinem Überwechseln in das Kultusministerium hat er seine Aktivitäten im Bereich der Technik weitergeführt. Ab 1829 gab er das *"Journal für die Baukunst"* heraus, und in den dreißiger Jahren war er in vielfältiger Weise beim einsetzenden Eisenbahnbau engagiert. Seine Aktivitäten für das Kultusministerium können in drei Punkten zusammengefaßt werden. Er hat *erstens* 1828 im Auftrag des Kultusministeriums einen ausführlichen Plan für die Einrichtung eines polytechnischen Instituts für Mathematik, Physik und Chemie entwickelt, das als Seminar zur Ausbildung von Lehrern dienen sollte.[4] *Zweitens*, und damit werden wir uns im folgenden befassen, hat er 1829/30 einen Vorschlag für den mathematischen Lehrplan der preußischen Gymnasien sowie für ein vom Ministerium vorzuschreibendes Lehrbuch ausgearbeitet. *Drittens* begutachtete er für das Kultusministerium zwanzig Jahre lang mathematische Lehrbücher und Mono-

---

1) Biographische Daten nach Eccarius [1974]
2) Crelle [1813]
3) Crelle [1825] und Crelle [1826]
4) Schubring [1981]

graphien. In Crelles Tätigkeit für das Kultusministerium hat es also 1828–1830 eine sehr intensive Anfangsphase mit weitreichenden Projekten gegeben, die aber scheiterten. Darauf folgte eine lange Phase bis zu seinem Tod, in der seine Rolle auf die eines Gutachters beschränkt war. Er starb am 6. Oktober 1855 in Berlin.

Mit Schreiben vom 25. März 1829 erhielt Crelle durch den Minister der Geistlichen, Unterrichts- und Medizinalangelegenheiten, von Altenstein, den Auftrag, sich einen Überblick über den Zustand des Mathematikunterrichts durch Besuch der Berliner Gymnasien zu verschaffen und dann eine *"ausführliche Instruktion aus[zu]arbeiten, in welcher über den Umfang des mathematischen Gymnasial-Unterrichts nach seiner aeußern und innern Begrenzung, über die Vertheilung des mathematischen Unterrichtsstoffes auf die sechs Gymnasial-Klassen, über die Methode dieses Unterrichts in Hinsicht des Vortrags, der Wiederholung der Aufgaben und der schriftlichen Arbeiten und endlich über das für die Gymnasien anzuordnende mathematische Lehrbuch die nöthigen Bestimmungen werden enthalten sein müssen."*[1]

Es gebe bislang noch keine verbindliche Vorschrift zum Mathematikunterricht, der zu behandelnde Stoff werde nur durch das Abitur-Edikt von 1812 festgelegt. An einigen Schulen gehe man in Übereinstimmung mit dem § 11 *"eine(r) Anweisung über die Einrichtung der öffentlichen allgemeinen Schule im preussischen Staate"* (also dem Süvernschen Lehrplan) darüber hinaus, und Crelle solle prüfen, ob es nicht möglich sei, die Anforderungen gegenüber dem Abituredikt von 1812 zu erhöhen und den Unterrichtsplan *"in Hinsicht der Arithmetik bis auf die Auflösung der Gleichungen vom 3. Grade und der numerischen Gleichungen und die Untersuchung einfacher unbestimmter Gleichungen, so wie in Hinsicht der Geometrie auf die sphärische Trigonometrie und die Lehre von den Kegelschnitten auszudehnen"*. Insbesondere solle geprüft werden, ob der ein oder andere Teil der angewandten Mathematik über das hinaus, was im Physikunterricht vorkomme, aufgenommen werden könne, etwa das Feldmessen und die Elemente der mathematischen Geographie. Bei der Festlegung des Stoffumfangs müsse berücksichtigt werden, daß in keinem Fall mehr als 4 bis 5 Wochenstunden für Mathematik in jeder Klasse und folglich bei 6 Klassen insgesamt 24 bis 30 Wochenstunden eingeplant werden könnten. Als Rahmenvorgabe verwies der Minister ausdrücklich auf das Reskript zum gemeinen Rechnen von 1826.[2]

---

1) ZStA II, Bl. 115
2) a.a.O., Bl.116

Es sei schwierig, über die Methode des mathematischen Unterrichts allgemeine Vorschriften zu erlassen. Daher habe man sich bisher darauf beschränkt, die Gymnasien mehr und mehr mit guten Lehrern zu versehen, die nicht nur den mathematischen Unterrichtsstoff, sondern auch eine zweckentsprechende Methode beherrschen. Es sei aber doch nötig, in der zu erlassenden Instruktion auf die Methode einzugehen und *"insbesondere scharf den Unterschied herauszustellen, welcher zwischen dem mathematischen Unterricht in den Gymnasien und den Vorlesungen eines Universitäts–Professors über Mathematik statt finden muß"*.[1]

Der Minister bemerkte dann, daß bis jetzt kein bestimmtes Lehrbuch für den mathematischen Unterricht vorgeschrieben sei, daß aber den Königlichen Konsistorien und Provinzialschulkollegien für den Unterricht im gemeinen Rechnen in den beiden unteren Klassen das Buch des Professors Ohm *"Kurzes, gründliches und leicht faßliches Rechenbuch"*[2] sowie für den übrigen mathematischen Unterricht das von dem Professor Fischer verfaßte Lehrbuch der Mathematik empfohlen worden sei.[3] Viele Lehrer hätten in den letzten 10 Jahren eigene Lehrbücher verfaßt und diese ihrem Unterricht zugrunde gelegt. Crelle solle sich darüber anhand der Schulprogrammschriften einen Überblick verschaffen, die benutzten Lehrbücher begutachten und dem Ministerium diejenigen benennen, die seiner Ansicht nach nicht geeignet sind und daher *"aus den Gymnasien zu entfernen sein möchten"*. Darüber hinaus faßte der Minister die Möglichkeit ins Auge, *"um der jetzt immer mehr um sich greifenden Industrie mancher Gymnasial–Lehrer in Anfertigung neuer Lehrbücher der Mathematik endlich ein Ziel zu setzen"*, für den mathematischen Unterricht in den Gymnasien ein bestimmtes Lehrbuch vorzuschreiben, das nach Meinung der Sachverständigen für das im Augenblick beste und zweckmäßigste erklärt werden könne. Falls ein solches Lehrbuch nicht vorhanden sei, müsse darüber nachgedacht werden, wie man die Anfertigung eines solchen auf geeignete Weise veranlassen könne. Crelle solle sich auch dazu gutachtlich äußern.[4]

Am Schluß des Schreibens empfahl der Minister eine Reihe von Personen, mit denen Crelle sich vor Abfassung der geforderten Instruktion beraten solle, nämlich

---

1) a.a.O., Bl. 117
2) Ohm [1818]
3) Fischer [1820–24]. Ernst Gottfried Fischer (1754–1831): Mathematiker und Physiker; 1787 Lehrer der Mathematik und Physik am Gymnasium zum Grauen Kloster in Berlin, zeitweise Hauslehrer Wilhelm von Humboldts, seit 1803 Mitglied der Akademie der Wissenschaften in Berlin, seit 1810 außerordentlicher Professor für Mathematik an der Universität Berlin, Autor eines anerkannten, auch ins Französische übersetzten Physik–Lehrbuchs.
4) ZStA II, Bl. 118

den Schulrat O. Schultz, den Professor Fischer, den Professor Kannegiesser, den Direktor August, den Direktor Spillecke und die Professoren Wilde, Benekendorff und Yxem. Bei den genannten Personen handelte es sich bis auf O. Schultz und den Direktor Spillecke um Mathematiklehrer an Berliner Gymnasien. Schultz war Mitglied des Provinzialschulkollegiums Brandenburg in Berlin und Spillecke, ein einflußreicher Neuhumanist, Direktor des Friedrich–Wilhelm–Gymnasiums, einer sogenannten Doppelanstalt, die ein Gymnasium und eine Realschule umfaßte. Fischer und Wilde waren Mathematiker am Berlinischen Gymnasium zum Grauen Kloster, August und Kannegiesser am Joachimsthalschen Gymnasium, Benekendorff am Friedrichs–Werderschen Gymnasium und Yxem am Friedrich–Wilhelm–Gymnasium.[1]

Der Auftrag an Crelle zeigt, daß man im preußischen Kultusministerium auch am Ende der zwanziger Jahre noch gewillt war, an den Intentionen des Süvernschen Lehrplans festzuhalten. Ausdrücklich bezog sich dies auch auf die dort vorgesehenen theoriefähigen Anwendungen. Der durch die faktische Entwicklung eingetretene unsichere Status dieser Anwendungen mußte nun — so oder so — geklärt werden. Entgegen der Initiative des Provinzialschulkollegiums Magdeburg von 1826 wird vom Ministerium eher an einen Ausbau der Stellung des Mathematikunterrichts gedacht. Da kurz zuvor unter Federführung von F. Thiersch[2] in Bayern ein Schulgesetz verabschiedet worden war, durch das die Naturwissenschaften nahezu vollständig aus den Gymnasien verbannt wurden und auch die Mathematik erhebliche Abstriche hinnehmen mußte, war dies doch bemerkenswert und für Preußen charakteristisch. Zugleich spiegelte der Auftrag aber auch eine gewisse Unzufriedenheit mit dem Zustand des Mathematikunterrichts wider. Der Hinweis, daß Schulunterricht etwas anderes sei als die Vorlesung eines Universitätsprofessors, gibt einen Eindruck, wie der Unterricht häufig abgelaufen sein mag. Darüber hinaus wurde die große Vielfalt von Lehrbüchern vom Ministerium als problematisch empfunden.

Nach Erhalt des Auftrags machte sich Crelle sofort an die Arbeit und legte bereits am 8. August 1829, also 4 1/2 Monate später, dem Ministerium ein umfangrei-

---

1) August Gottlob Spillecke (1778-1841): seit 1820 Leiter der ehemaligen königlichen Realschule und des damit verbundenen Friedrich–Wilhelm–Gymnasiums zu Berlin.
O. Schulz (1782-1849): 1805 Studium in Halle bei F.A. Wolf, dann Lehrer am Gymnasium zum Grauen Kloster in Berlin, 1826-1849 Provinzialschulrat in Berlin. Die Informationen über die Mathematiklehrer sind Schulprogrammschriften entnommen.
2) Friedrich Wilhelm Thiersch (1784-1860): Studium der Philologie in Göttingen; 1809 Gymnasialprofessor in München und Gründer des philologischen Seminars der Universität; nach 1825 entscheidend beteiligt an der Durchsetzung des Neuhumanismus im höhern Schulwesen Bayerns (Schulplan vom 8. Februar 1829, vgl. Paulsen [1897], 424/5).

ches, detailliertes Gutachten vor. Das Ministerium setzte daraufhin eine Experten-
kommission aus Vertretern der Schulverwaltung, der Schulpraxis und der Mathematik ein, um das Gutachten zu beraten. Sie bestand aus dem Schulrat O. Schulz,
den Direktoren Spillecke und August sowie dem Mathematiker P.G.L. Dirichlet.
Die Kommission begann ihre Arbeit am 22. Oktober 1829 und schloß sie nach 11
Beratungsterminen am 27. Januar 1830 ab. Der Abschlußbericht trägt das Datum
des 25. Februar 1830.

In seinem Gutachten ging Crelle von der Feststellung aus, daß er am Zustand des
Mathematikunterrichts an den Berliner Gymnasien pädagogisch wenig auszusetzen
habe. Einwände habe er gegen *"Art und Form des Unterrichtsstoffes in wissenschaftlicher Hinsicht, und des Umfangs und der Vertheilung derselben"*. Es
herrsche hier eine große Uneinheitlichkeit. Der eine Lehrer lege mehr Wert auf
Wissen, der andere mehr auf Urteilsfähigkeit, der eine betone mehr die Einzelheiten, der andere mehr den Überblick. Der unterrichtete Stoff sei sehr verschieden.
Die Folge sei eine große Orientierungslosigkeit der Schüler. *"Die Schüler treten
auf diese Weise in das weite Gebiet der Wissenschaft gleichsam von verschiedenen
Seiten ein, finden sich auf verschiedene Puncte desselben geführt, wo sie nicht
immer gleich gut vor sich sehen können, und erhalten nicht gleich gut die Belehrung, warum sie sich in diesem Gebiete befinden und worin die Vortheile ihrer
Anwesenheit in demselben für sie bestehen."* Crelle zog daraus die Schlußfolgerung, daß die Instruktion zum mathematischen Unterricht in den Gymnasien sowohl den Umfang und die Verteilung des Stoffes auf die verschiedenen Klassen,
als auch die wissenschaftliche Form des Stoffes *vorschreiben* müsse. Eine solche
Vorschrift sei nichts anderes als das Lehrbuch, das im Auftrag des Ministers
erwähnt worden sei. Erst auf der Basis eines solchen vorgeschriebenen Lehrbuchs
sei die Ausarbeitung einer Instruktion zum Mathematikunterricht möglich.[1]

Crelles Gutachten umfaßte dann: 1. Vorschläge zur Stellung der Mathematik im
schulischen Fächerkanon, 2. eine Bestimmung des Stoffumfangs und 3. Gedanken
zum fachlichen und methodischen Konzept eines Lehrbuchs.

Zur Struktur des mathematischen Lehrgangs und seiner Stellung im Fächerkanon
machte Crelle zwei einschneidende Vorschläge, die von vornherein wohl wenig
Aussicht auf Erfolg hatten und die in der anschließenden Beratung der Kommission auch sofort zurückgewiesen wurden. Der erste Vorschlag beinhaltete, den
Unterricht im gemeinen Rechnen in den beiden unteren Klassen abzuschaffen und

---

1) ZStA II, Bl. 48

die dadurch gewonnene Zeit für Unterrichtsgegenstände zu verwenden, die *"für
das frühere Lebensalter passen"*, etwa *"die Elemente der Geographie, der Geschichte, der Sprachen usw."*[1] Der zweite Vorschlag forderte die Wiedereinführung des Fachklassensystems für die Mathematik. Beide Vorschläge hatten insofern
einen gemeinsamen Kern, als sie darauf abzielten, die *Wissenschaftlichkeit* des
mathematischen Lehrgangs zu sichern.

Crelle begründete seine Forderung, den Rechenunterricht an den Gymnasien
abzuschaffen, folgendermaßen: *"Wird es [das Rechnen] meistens ohne wissenschaftliche Gründe gelehrt, so kann sein Zweck höchstens nur in künftigen Anwendungen im gemeinen Leben bestehen, insofern etwa die Schüler aus den untersten
Klassen wieder abgehen. Dieses Rechnen aber lernt sich auch am Ende von selbst,
ohne allen Schul-Unterricht, wie es bei so vielen Personen, die kein Gymnasium
besuchen, der Fall ist. Höchstens vertritt hierbei das Gymnasium mit seinen untersten Classen die Stelle einer Elementar-Schule, was mir aber manchen Nachtheil
zu haben scheint, denn der Elementar-Schul-Unterricht paßt nicht wohl zu dem
Gymnasial-Unterricht und kann nicht gut als Vorbildung zu demselben dienen,
sondern scheint insbesondere nur für diejenigen bestimmt, die nicht in das Gymnasium übergehen, sondern schon aus der Elementar-Schule in das bürgerliche
Leben zurücktreten."*[2]

Der Vorschlag und seine Begründung standen nicht nur im Widerspruch zu dem
Edikt über das gemeine Rechnen von 1826, auf das Crelle ausdrücklich hingewiesen worden war, sondern verneinte auch sehr nachdrücklich die Bedürfnisse der
Frühabgänger und damit den Gesamtschulcharakter der damaligen Gymnasien.
Auch die Schärfe des Gegensatzes, den Crelle zwischen dem Elementarschulunter-
richt und der Wissenschaftlichkeit des Gymnasialunterrichts sah, ist erstaunlich und
von heute her gesehen nicht ohne weiteres zu verstehen. Wir haben zwar gesehen,
daß das Problem des alltagspraktischen Rechnens von Anfang an eine wichtige
Rolle in der neuhumanistischen Reform des Mathematikunterrichts gespielt hat und
daß es in der Tat als eine Schlüsselfrage für die Wissenschaftlichkeit des Unterrichts betrachtet wurde, trotzdem war die Position Crelles in dieser Frage extrem.
Sie erinnert beinahe an Fichtes Vorwurf gegenüber Pestalozzi, es sei bereits ein zu
großes Zugeständnis an die Utilitarität, in den Elementarschulen Lesen und Schreiben zu unterrichten. Bildung wurde also von Crelle so stark mit der inneren
Kohärenz einer systematischen Mathematik identifiziert, daß ihm das elementare,

---

1) a.a.O., Bl. 57
2) a.a.O.

auf Fertigkeiten und Anwendungen gerichtete Rechnen wie ein Fremdkörper im Lehrplan vorkam. Das Argument, das gemeine Rechnen lerne sich von selbst, hatten wir schon bei Tralles kennengelernt.

Was Crelle unter einem wissenschaftlich orientierten Rechenunterricht verstand, deutete er in dem Gutachten nur an: *"Überall würde man sich, wie schon bemerkt, zur Bezeichnung der Regeln der Buchstaben zu bedienen haben, desgleichen des Begriffs von Gleichungen, oder der Gleichheit, so daß also schon die bestimmten Gleichungen vom ersten Grade einschließlich vorkommen."*[1] Für ihn ergab erst die Algebra eine wissenschaftliche Auffassung der Arithmetik. In seinem *"Lehrbuch der Arithmetik und Algebra"* hat er das genauer ausgeführt.

Vergleicht man dies mit den Forderungen des Süvernschen Lehrplans für Sexta und Quinta, so bemerkt man die konzeptionelle Ähnlichkeit, auch die Geringschätzung der Rechenfertigkeit kam im Süvernschen Lehrplan ja deutlich zum Ausdruck. Crelle knüpfte also mit seinen Vorstellungen hier an, zugleich sah er, daß dieses Konzept eines wissenschaftlich begründeten Rechenunterrichts *"keineswegs ganz unbedeutende Abstractionen"*[2] erfordere und deshalb für die Schüler der unteren Klassen ungeeignet sei. Die Folgerung, dann lieber überhaupt keinen Rechen- bzw. Mathematikunterricht zu erteilen, war daher unausweichlich.

Die Lehrplankommission beriet diesen Vorschlag bereits in ihrer zweiten Sitzung und lehnte ihn rundweg ab. *"ad 1. bemerkte der Schulrat Schulz und die Herren Directoren Spillecke u. August, daß sie nicht damit einverstanden sein könnten, das Rechnen erst in der 4. Klasse der Gymnasien anfangen zu lassen. Durch die Natur des menschlichen Geistes selbst seien Sprache, Form und Zahl als allgemeine Bildungsmittel bezeichnet, u[nd] wenn daher in den unteren Klassen das Rechnen entfalle, so falle ein wesentliches Element der formalen Bildung. Die Zahlenlehre lasse auch eine Art der Behandlung zu, welche, ohne Anspruch auf Wissenschaftlichkeit, dennoch Strenge u[nd] Faßlichkeit miteinander verbinde und ganz geeignet sei, die geistigen Kräfte der Jugend noch von einer anderen Seite her, anzuregen und zu üben. Es schien ihnen ganz unmöglich, daß auch nur eine mäßige Fertigkeit im Rechnen, wie sie jeder Mensch im gewöhnlichen Leben bedarf, erworben werden könne, wenn der Unterricht im Rechnen auf einen halbjährigen oder auch einen jährigen Kursus in Quarta eingeschränkt werde, besonders da der Vortrag der Theorie mindestens die Hälfte der Zeit hinwegneh-*

---

1) a.a.O., Bl. 61
2) a.a.O., Bl. 57

me. Schwerlich werde jemand ein guter Rechner werden, der nicht in früher Jugend in den einfachsten, für das reifere Alter nicht mehr anziehenden Zahloperationen geübt worden sei und selbst die wissenschaftlichen Gründe des Rechnens würden leichter und sicherer gefaßt, wenn der Schüler die Fertigkeit im praktischen Rechnen mitbringe. Endlich sei zu berücksichtigen, daß die Schüler bei ihrem Eintritt in die unterste Klasse der Gymnasien gewöhnlich schon eine ziemliche Fertigkeit im praktischen Rechnen mitbringen und daß denjenigen, welche bloß die unteren Klassen eines Gymnasiums besuchen, in einem wesentlichen Theil ihrer Bildung versäumt würde, wenn der Rechenunterricht in diesen Klassen ganz so wegfallen sollte."[1]

Es wurden also im wesentlichen drei Argumente vorgebracht, nämlich die Rücksichtnahme auf die Frühabgänger, die Wichtigkeit der Rechenfertigkeit als einer allgemeinen Kulturtechnik und eine von Crelles Auffassung abweichende Interpretation von formaler Bildung. Während Crelle die formalbildende Qualität des Zahlenrechnens von der Schlüssigkeit und inneren Kohärenz seines fachwissenschaftlichen Konzepts her erreichen wollte, ging die Kommissionsmehrheit unter Anspielung auf Pestalozzi von der Vorstellung aus, daß Zahlen nicht nur fachmathematische Objekte sind, sondern zur natürlichen Ausstattung des menschlichen Geistes gehören und daher auch eine außermathematische Existenz haben und außermathematisch und doch formalbildend zugänglich sein müssen.

Crelle war in der Kommission in dieser Frage isoliert und zog schließlich, da er *"die Wichtigkeit der ihm aus der Erfahrung entgegengesetzten Gründe nicht verkenne"*, seinen Vorschlag zurück.[2]

Crelles zweiter Vorschlag zur Stellung der Mathematik im Lehrplan der Gymnasien lief auf die partielle *Wiedereinführung des Fachklassensystems für die Mathematik* hinaus. Der mathematische Unterricht solle *"einen für sich bestehenden Cursus bilden"*, *"so nemlich, daß die Schüler in die höheren mathematischen Classen vorrücken dürften, ohne gleichmäßig in den übrigen Kenntnissen vorgeschritten zu sein, und umgekehrt, daß sie in der Mathematik in einer untern Classe zurückbleiben könnten, ohne in den Fortschritten in ihren übrigen Studien gehindert zu werden"*[3]

Crelle begründete diese Auffassung damit, *"daß die Mathematik, ihrem Wesen nach, vielleicht mehr als irgend ein anderer Unterrichts-Stoff, von dem Übrigen*

---

1) a.a.O., Bl. 160/61
2) a.a.O.
3) a.a.O., Bl. 58

verschieden ist, und dann auf die vielleicht eben deshalb häufige Erfahrung, daß junge Leute für die Mathematik ein hervorstehendes Talent zeigen, während ihnen die Fähigkeit für andere Gegenstände fast ganz abgeht, und umgekehrt, daß sie in Sprachen und anderen Dingen bedeutende Fortschritte machen, während ihnen das Talent für die Mathematik zu fehlen scheint". Ausdrücklich betonte er dann, daß die Gymnasien nicht dazu bestimmt seien, künftige Mathematiker vorzubilden, sondern daß der umgekehrte Fall, daß ein in den Sprachen begabter Schüler durch die Mathematik im Fortschreiten behindert werde, sogar noch *"übler"* sei. Allerdings sah er für seinen Vorschlag große organisatorische Probleme, so daß er eine unmittelbare Realisierung nicht für möglich hielt. Dennoch betrachtete er die vorgeschlagene Trennung als *"nützlich und ersprießlich".*[1]

Auch dieser Vorschlag wurde von der Kommission des Kultusministeriums zurückgewiesen, wobei man ihm allerdings eine gewisse Berechtigung nicht absprach. Abgesonderte Versetzungen in der Mathematik seien *"an sich ganz richtig".* Dagegen sprächen die von Crelle selbst angeführten organisatorischen Probleme, weil ein solches System zu viele Mathematiklehrer an den einzelnen Schulen erfordere. Schließlich sprächen auch gravierende pädagogische Gründe gegen diesen Vorschlag:*"Es wurde aber auch bemerkt, daß abgesonderte Versetzungen in der Mathematik für diesen Lehrgegenstand eher nachtheilig als vortheilhaft sein würden. Junge Leute lernten in der Regel jeden Gegenstand anfangs nur, weil er nach der eingeführten Ordnung gelehrt werde, die Lust dazu und der nähere Trieb finde sich erst, wenn der Schüler sich seiner Fortschritte mehr bewußt werde. Es sei eine ziemlich allgemeine Erfahrung, daß viele junge Leute anfangs für die Mathematik weniger Neigung bezeugten als für andere Gegenstände, wovon der Grund theils in allgemeinen, theils in zufälligen Ursachen liege. Würde nun solchen jungen Leuten gestattet, in der Mathematik zurückzubleiben, während sie in anderen Gegenständen vorrückten, so sei die gewöhnliche Folge, daß sie das Versäumte nie aufholten; auch könne die ganze Form des Vortrages, wie sie in Quarta oder Tertia zweckmäßig sei, einem Sekundaner oder Primaner nicht mehr zusagen. Der Schulrath Schulz und der Director August beriefen sich hierbei noch besonders auf ihre in dieser Beziehung gemachten Erfahrungen ...".*[2]

Der ganze Vorgang ist für die zu dieser Zeit immer noch schwierige Stellung der Mathematik im gymnasialen Lehrplan sehr bezeichnend. Crelles Vorschlag war wohl durch die Erfahrung motiviert, daß der Mathematikunterricht an einem Teil

---

1) a.a.O.
2) a.a.O., Bl. 162/3

der Schüler vorbeilief und der Schulerfolg im sprachlichen und mathematischen Bereich zum Teil sehr unterschiedlich war. Dies wurde allgemein so gesehen, wie die Kommission bestätigte. In der Argumentation der Kommission klingt aber auch an, daß es einem Teil der Schüler an Motivation für die Mathematik fehle aus Gründen, die *"theils in allgemeinen, theils in zufälligen Ursachen"* lägen. Mit den allgemeinen Gründen konnte nur gemeint sein, daß die Mathematik von einem Teil der Schüler nicht als wichtig erachtet wurde, und das hieß, daß der Mathematikunterricht 1829 immer noch mit denselben Akzeptanzproblemen zu kämpfen hatte, wie sie schon 1815 am Joachimsthalschen Gymnasium sichtbar geworden waren. Und ähnlich wie damals befürchtete die Kommission auch jetzt, daß die Stellung der Mathematik Schaden erleidet, wenn man sie aus dem verbindlichen Kanon herausnimmt.

Daß das Fachklassensystem auch pädagogisch von vielen Beteiligten als ungünstig betrachtet wurde, geht aus einigen Stellungnahmen der Zeit hervor. So berichtete E.G. Fischer in den *"Anmerkungen"* zu seinem *"Lehrbuch der Elementar-Mathematik"*, an dem übrigens auch die Kommissionsmitglieder Schulz und August mitgearbeitet hatten: *"Aber die Einrichtung [das Jahrgangsklassensystem] läßt sich, wie der Verfasser glaubt, auch vollkommen rechtfertigen. Der Maßstab, nach welchem Schüler in eine Classe zusammengehören, sind nicht sowohl gleiche Fortschritte in den Kenntnissen, als ein gleicher Grad von Übung und Entwicklung des geistigen Vermögens. Wo gleiche Gewandheit der Kraft bei ungleichen Kenntnissen ist, da gleichen sich diese leicht aus, aber nicht umgekehrt. ... Am merkwürdigsten ist dem Verfasser eine Erfahrung, die er bei dem mathematischen Unterricht gemacht hat. Nicht selten kommen junge Leute auf die Anstalt, welche in der Mathematik gar nichts leisten, oder höchst unbedeutende auch wohl unzweckmäßige Fortschritte gemacht haben, die aber in andern Gegenständen für Secunda, oder auch für Prima reif sind. Mit diesen kommt man bei dem mathematischen Unterricht immer ins Gedränge. Ehemals bestand der Verfasser darauf, daß sie von unten (von Klein-Tertia) anfangen mußten; allein er muß gestehen, daß er sich keines Beispiels erinnert, wo sich Jemand auf diesem Wege nachgearbeitet hätte. Ein Primaner und ein Klein-Tertianer stehen wirklich schon auf sehr verschiedenen Stufen in der geistigen Entwicklung, und für den ersten ist der Unterricht des letztern unfruchtbar. Daher sah der Verfasser endlich diese Subjecte als solche an, die für die Mathematik ganz verloren wären. Und da ohne dieses solche ungleichen Versetzungen in dem Lectionsplan Schwierigkeiten machen, so schien es ihm ziehmlich einerlei, in welche mathematische Classe ein solcher Novitius versetzt würde. Aber unerwartet machte er bei mehreren, die in der Mathematik für ihre Kenntnisse zu hoch gesetzt werden mußten, die Erfahrung, daß sie sich durch eignen Fleiß, oder durch Privat-Unterricht so nachhalfen, daß sie bei dem Abgang aus Prima mit ihren Mitschülern völlig Schritt halten konnten. Endlich kann der Verfasser noch im Allgemeinen die Erfahrung hinzufügen, daß selbst in gefüllten Classen die Schüler ziemlich gleichförmig in allen Lectionen fortschreiten, wenn der Unterricht in allem so ist, wie er sein soll."* [1]

Die pädagogischen und schulorganisatorischen Gründe für das Jahrgangsklassensystem waren also so gewichtig, daß es letztlich keine Alternative gab. Dennoch hat das Problem, daß ein Teil der Schüler im Mathematikunterricht versagte und daß die Erfolge in den Sprachen und der Mathematik sehr unterschiedlich waren, im ganzen Verlauf des 19. Jahrhunderts eine Rolle gespielt. Es war ein wichtiger Ansatzpunkt für die Konflikte zwischen den klassischen Philologen und den Mathematiklehrern. So forderte auf einer Direktorenkonferenz der preußischen Provinz Sachsen im Jahre 1833 der Direktor A.H. Niemeyer sogar, den Mathematiklehrern das Recht der Mitsprache bei den Versetzungen ganz zu entziehen. [2]

Der weitere Verlauf der preußischen Schulpolitik führte mit der Etablierung der Oberrealschule und des Realgymnasiums in der zweiten Hälfte des 19. Jahrhunderts zu einer gewissen Entschärfung des Problems. Während in den Gymnasien die klassischen Sprachen in vollem Umfang unterrichtet, die mathematischen Anforderungen hingegen gemindert wurden, wurde die Mathematik das Zentrum der Lehrpläne der Oberrealschulen und Realgymnasien. Aber noch 1925 erwog Felix Klein aus Anlaß der Besprechung des Mathematikunterrichts in England, ob nicht doch getrennte Versetzungen in den Fächern von Vorteil sein könnten. [3] Und auch das heutige Kurssystem der reformierten gymnasialen Oberstufe stellt den Versuch dar, die Inflexibilität des reinen Jahrgangsklassensystems zu mildern.

Die dargestellten Vorschläge Crelles zur äußeren Stellung des mathematischen Lehrgangs im Gymnasium hatten zweifellos einen gemeinsamen Nenner, indem sie dazu dienten, die Integrität und Geschlossenheit des mathematischen Lehrgangs gegen widerstreitende äußere Einflüsse zu schützen. Lieber sollte auf einen Teil der Schüler Verzicht getan werden, als die innere Geschlossenheit dieses Lehrgangs in Frage stellen zu lassen.

Wenn auch die Radikalität der Crelleschen Vorschläge den heutigen Betrachter befremden mag, so würde man sie jedenfalls falsch interpretieren, wenn man sie als Vorschläge eines nur an fachwissenschaftlichen Gesichtspunkten orientierten

---

1) Fischer [1820–24], 40/1
2) DDR-Staatsarchiv Magdeburg, Rep. C 20 III, Nr.1
3) Klein [1908ff.], II, 280

Mathematikers auffassen würde. Vielmehr war Crelle Techniker und auch zum Zeitpunkt dieses Gutachtens in technische Projekte verwickelt. Das Insistieren auf systematischer Bildung war für ihn vielmehr aus einer ganz bestimmten Sicht des *Theorie-Praxis-Problems* begründet. Wir haben seine Überlegungen dazu bereits in Kapitel I.2. kennengelernt. Die Grundidee, daß die Einheit des Wissens erst die Freiheit zum Handeln gebe und daß Urteilsfähigkeit und Handlungsfähigkeit sich gegenseitig bedingen, bringt er auch im vorliegenden Gutachten zum Ausdruck. In seinen Überlegungen zur Konzeption eines mathematischen Lehrbuchs heißt es: *"Der Hauptzweck des mathematischen Unterrichts in den Gymnasien ist nach meiner Meinung der, die Urtheils-Kraft der Lernenden zu üben und sie an Klarheit und Bestimmtheit der Begriffe und an Consequenz im Denken zu gewöhnen, wozu die Mathematik, als reine Vernunft-Wissenschaft, und da sie wegen der strengen Wahrheit ihrer Sätze nur von vollkommen deutlichen Begriffen ausgehen kann, so wie wegen der Consequenz ihres inneren Zusammenhangs, vorzüglich geschickt ist. Diese Übung des Urtheils und diese Gewöhnung an Bestimmtheit der Begriffe und an Consequenz im Denken sind Jedem, der seine intellectuellen Fähigkeiten zu entwickeln beabsichtigt, nicht allein bei allen seinen übrigen Studien nothwendig und nützlich, sondern ihm selbst für das ganze Leben, in jedem möglichen Verhältnisse, ersprießlich; denn die Übung im Urtheilen giebt die Fähigkeit richtige Maaßregeln zu wählen, die Bestimmtheit der Begriffe verwahrt gegen falsche Ansichten, und die Consequenz im Denken hat nothwendig die Consequenz im Handeln zur Folge. Weit weniger als die Ausbildung der Verstandes-Kräfte scheint mir der mathematische Unterricht in Gymnasien die Mitheilung von mathematischen Sätzen zum Zweck zu haben, die etwa in diesem oder jenem Lebens-Verhältnisse unmittelbare Anwendung auf sinnliche Gegenstände finden. ...*"[1] Nicht also die unmittelbare Anwendbarkeit war für Crelle Zweck und Leitlinie des mathematischen Unterrichts, sondern er sollte Urteilskraft vermitteln, damit man sich in Anwendungssituationen intelligent verhalten kann.

"Für diesen Hauptzweck des mathematischen Unterrichts müßte also das einzuführende Lehrbuch **vorzüglich** *eingerichtet werden. Es muß deshalb zunächst nicht etwa bloß eine Sammlung, und mehr oder weniger eine willkührliche und zufällige Zusammenstellung von Sätzen sein, sondern es muß den Zusammenhang, die nothwendige Auseinanderfolge der Sätze und ihre, durch innere Nothwendigkeit bedingte Zusammenfügung und Zusammengehörigkeit sichtbar machen. Es muß ein* **System** *sein und eine Übersicht des Ganzen und der einzelnen Theile und ihrer durch den Gegenstand selbst bedingten Begrenzung gewähren und den inneren*

---

1) ZStA II, Bl. 51/2

Organismus der Wissenschaft, also die Gründe sichtbar machen, warum die Sätze gerade so und nicht anders zusammengeordnet sind.[1] Urteilskraft ist also begründet in der Fähigkeit, einen Zusammenhang als System begreifen zu können, sich im Zusammenspiel des Ganzen und seiner Teile zu orientieren und den inneren Organismus einer Sache zu verstehen.

Diese generelle Überzeugung veranlaßte Crelle, ein derart großes Gewicht auf die Systematizität des mathematischen Lehrgangs zu setzen. Dem entsprach sein *inhaltlich-mathematisches Konzept*. Dieses lief im wesentlichen auf eine Bestätigung beziehungsweise, wenn man an das Reskript des Provinzialschulkollegiums Magdeburg von 1826 denkt, eine Wiederbelebung der Konzeption des Süvernschen Lehrplans hinaus. Im Kern des von Crelle vorgeschlagenen Lehrgangs standen analytisch-algebraische Inhalte, die von einer algebraisch eingeführten elementaren Arithmetik bis zur Theorie der Potenzreihen reichten.

Auch in der Geometrie waren seine Vorschläge aus demselben, auf Allgemeinheit der Methoden abzielenden Geist heraus entwickelt, aus dem heraus auch der Süvernsche Lehrplan verfaßt worden war. Auch in Crelles Gutachten findet sich die Warnung davor, *"in der Geometrie auf Constructionen die eben so wohl wegbleiben dürften, Stunden [zu] verwenden, die zu Nöthigerem benutzt werden könnten"*. Wieder findet sich die Sorge, es könne dadurch der Überblick über den Gesamtzusammenhang verlorengehen. *"Solcher Unterricht, der nur wie an Beispielen den Scharfsinn üben kann, mag nachher gegeben werden, wenn das Wesentliche vorhergegangen ist, aber nicht vorher das Nöthigere zurückhalten. Zwar könnte es scheinen, daß es auf das ängstliche Forteilen im Systeme weniger ankomme, sondern nur insbesondere darauf, daß der Scharfsinn und das Urtheil an mathematischen Gegenständen entwickelt werde. Allein eines Theils schärft gerade die Einsicht in den Zusammenhang des Systems wie schon bemerkt, das Urtheil am meisten, andern Theils ist es wohl nicht gleichgültig, woran man das Urtheil übe. Es ist unstreitig besser, etwas Wesentliches und Weitererzeugendes dazu zu nehmen als Zufälliges und weniger Fruchtbares. Es ist also jedenfalls besser, mit dem Unterricht in dem Systeme fortzuschreiten und das Nebenliegende erst später nachzuholen, als gleich im Anfange in die Breite zu gehen."* [2]

In ihrem Geist markiert eine solche Formulierung einen ausgeprägten Gegensatz zu der Position, daß *"eine vorzügliche Sorgfalt ... auf das Studium der Geometrie ...*

---

1) a.a.O.
2) ZStA II, Bl. 55

nach synthetischer und constructiver Methode [zu] wenden" sei, wie es das Provinzialschulkollegium Magdeburg 1826 formuliert hatte. In der Tat ging es Crelle um eine neue Auffassungsweise der Geometrie, die von der Euklidischen verschieden sein und die in Übereinstimmung stehen sollte mit dem Geist, aus dem heraus die moderne˙ Analysis sich entwickelt hatte. Die Euklidische Geometrie bindet die Existenz der betrachteten Objekte und die Methoden ihrer Untersuchung an die Verfahren ihrer Konstruktion, und dies führt zu erheblichen Beschränkungen der Allgemeinheit. Crelle setzte sich aus einer solchen Überlegung heraus in seinem Gutachten mit dem Werk Euklids auseinander. *"So z.B. läßt sich die Regel des Euclides, die Figuren, statt bloß ihre Existenz nachzuweisen, wirklich zu construieren, ehe Neues davon ausgesagt wird, in weiterem Umfange der Geometrie nicht ohne Weitläuftigkeit und große Schwierigkeit durchführen, denn es läßt sich z.B. schon ein Winkel bloß durch den Kreis und die gerade Linie nicht in drei gleiche Theile theilen. Auch wird durch diese Regel der Lehrbegriff ungemein weitläuftig. Besser scheint es für den jetzigen Zustand der Wissenschaft, die Figuren zuerst abzuhandeln und dann die Constructionen nachfolgen zu lassen. Diese bilden dann eine eigene Disciplin, unter dem Namen der, etwa durch Kreis- und gerade Linien oder durch den Kreis allein* **construirenden** *Geometrie, für Figuren in der Ebene so wohl als im Raume, an welche sich zugleich die projicirende oder descriptive Geometrie anschließt. "*[1]

Crelle plädierte mithin für eine *allgemeinere* Auffassung und Behandlung der Geometrie. Die geometrischen Relationen sollen gleichsam unmittelbar zur Darstellung gebracht und aus ihnen die Theorie aufgebaut werden. Konstruktionen im engeren Sinne wären dann nur noch eine daraus abgeleitete Teildisziplin und Anwendung. Der Süvernsche Lehrplan und Crelles Gutachten räumten geometrischen Konstruktionen also nur einen geringen Stellenwert ein. Der Süvernsche Lehrplan hatte daher vor allem die rechnenden Teile der Geometrie befürwortet: Inhaltsberechnungen, Trigonometrie, analytische Geometrie. Davon wich Crelle nun ab, indem er auch erste Elemente der von Monge und seiner Schule in Frankreich initiierten neueren Geometrie in den Lehrplan aufgenommen wissen wollte: also deskriptive und projektive Geometrie. Wie wir gesehen haben, wiederholte er damit nur einen Vorschlag, den bereits G.W.Bartholdy in der Wissenschaftlichen Deputation bei der Beratung des Süvernschen Lehrplans gemacht hatte.

Im Sinne des Süvernschen Lehrplans plädierte Crelle für eine breitere Berücksichtigung der theoriefähigen Anwendungen. Teils in Übereinstimmung mit dem Auf-

---

1) a.a.O., Bl. 65

trag des Ministeriums, teils darüber hinausgehend forderte er für Secunda und Prima einen Lehrgang in Statik und Mechanik sowie für Prima die Gebiete Optik, Geodäsie und mathematische Geographie.

Die Kommission des Kultusministeriums bescheinigte Crelle, daß der von ihm vorgesehene Umfang des Lehrstoffs *"an sich nicht zu ausgedehnt sei"*, verlangte dann aber doch, daß eine Reihe von Inhalten fakultativ gemacht werden müßten, nämlich:

> *"1. die arithmetischen Reihen höherer Ordnung,*
> 2. *die Auflösung der Gleichungen des dritten und vierten Grades,*
> 3. *die sphärische Trigonometrie,*
> 4. *die Abschnitte von größeren und kleineren Figuren von gleichem Umfang und von dem Punct der kleinsten Entfernung,*
> 5. *die weitere Ausführung der Goniometrie und die Ausdrücke der goniometrischen Linien durch die Bogen,*
> 6. *der Abschnitt von den Raumvielecken."*

Von den angewandten Disziplinen wollte die Kommission nur Statik und Mechanik, *"insofern sie reine Mathematik sind"*, als mathematischen Lehrstoff zulassen, alles andere müsse zur Physik genommen werden.[1]

Die Kommission des Kultusministeriums und Crelle einigten sich schließlich auf einen gemeinsam verabschiedeten Stoffkanon, in dem aus der angewandten Mathematik nur Statik und Mechanik enthalten waren, während die anderen von der Kommission monierten Inhalte ohne besondere Kennzeichnung aufgenommen wurden. Auch für den elementaren Rechenkurs wurde ein Kompromiß gefunden: Crelles algebraische Sichtweise wurde ebenso berücksichtigt, wie die typischen alltagspraktischen Anwendungen.

Allerdings scheint dieser Kompromiß nur vordergründig gewesen zu sein, dahinter blieb eine Meinungsverschiedenheit bestehen, die die Beratungen von Anfang bis Ende durchzog und die nicht aufgelöst werden konnte. Es ging um die Frage, wieweit Inhalte und Methoden des Mathematikunterrichts vorgeschrieben und wieweit sie offengehalten werden sollen. Das dahinter stehende Problem war der Stellenwert der *Subjektivität und Individualität* der beteiligten Lehrer und Schüler. Welche Handlungsspielräume müssen den Beteiligten eingeräumt werden, damit die

---

1) a.a.O., Bl. 164–166

Gymnasien ihrem Bildungsauftrag gerecht werden können. Die hierbei zutage tretenden Meinungsverschiedenheiten waren nicht so sehr theoretischer Natur, sondern traten bei praktischen Einzelfragen auf. Dennoch waren sie gravierend.

Crelle war in seinem Gutachten davon ausgegangen, daß die Verschiedenheit der Inhalte und ihrer Behandlungsweise das Hauptproblem des Mathematikunterrichts in den preußischen Gymnasien war. Diese Ungleichheit spiegelte sich u.a. in der Fülle der benutzten Lehrbücher wider. Dies war auch vom Ministerium als Problem empfunden worden, und im Auftrag an Crelle waren zwei Weisen, dem zu begegnen, erwähnt worden. Die eine hätte darin bestanden, die vorhandenen Lehrbücher zu begutachten, um eine Liste der geeigneten und erlaubten Bücher zu erstellen. Es wäre dann eine gewisse Vielfalt akzeptiert worden, und das Ministerium hätte sich nur eine globale Kontrolle vorbehalten. Außerdem hatte man aber auch eine zweite, schärfere Variante ins Auge gefaßt, nämlich ein einziges Lehrbuch verbindlich vorzuschreiben. Daran schloß sich Crelle in seinem Gutachten an und forderte, *ein einziges mathematisches Lehrbuch für alle Gymnasien verbindlich vorzuschreiben*. Erst auf der Grundlage dieses Lehrbuches könne die vom Ministerium gewünschte Instruktion zum Mathematikunterricht verfaßt werden.

In der Begründung für diesen Vorschlag gab er zwar die Gefahr zu, *"daß durch ein vorgeschriebenes Lehrbuch die freie Thätigkeit der Lehrer ... gehemmt [werde] und folglich der Erfolg ihrer Bemühungen auf der anderen Seite werde vermindert werden"*. Doch waren für ihn die Argumente für eine durchgreifende Vereinheitlichung des Schulstoffs ausschlaggebend. Der Umfang der Mathematik und das Tempo ihrer Entwicklung sei derartig gewachsen, daß nur noch Spezialisten sich in ihr auskennen. Dem Lehrer bleibe aber zu eigenem *"Studio"* nur wenig Zeit. *"Geichwohl aber scheint es, um das Beste für den Lernenden aussondern und es für ihn auf die prägnanteste Weise zurichten zu können, nothwendig, das* **Ganze** *(weil auch die weitere Entwicklung der Wissenschaft auf die Elemente zurückwirkt) im Zusammenhange und in dem Maaße zu kennen, daß man es allenfalls auf eigenem Wege zu reproducieren vermöge."*[1]

Bei der Auswahl und Darstellung des Unterrichtsstoffs habe daher letztlich der Fachmathematiker die ausschlaggebende Stimme. Auch das Argument, die Erfahrung der Lehrer zeige, was sich in der Schule bewähre und was nicht, wies Crelle zurück. *"Ließe sich durch die bloße Erfahrung das Bessere finden, so müßten ja nothwendig die Methoden und Gegenstände des Unterrichts* **einander näherkom-**

---

1) a.a.O., Bl. 49/50

men; denn die Erfahrung kann im ganzen überall nur einerlei Resultate geben und die sehr verschiedenen Methoden und Gegenstände des Unterrichts können unmöglich alle zugleich die besseren sein. " Sehr deutlich fährt Crelle dann fort: *"In der That ist nicht einzusehen, welchen Nutzen die Willkür oder die freie Wahl der Lehrer bei dem Unterricht in den Elementen der Mathematik haben könne, die ein viel bestimmterer Gegenstand sind als die weiter entwickelten Theile derselben. Die Elemente sind, als ein in der unwandelbaren Vernunft begründeter Gegenstand, überall dieselben; die Kräfte der Schüler sind massenweis', wie sie in den Schulen gegeben sind, ebenfalls überall dieselben, und folglich kann und darf auch die Art und der Umfang des Unterrichts in den Elementen in einerlei Zeit nur überall derselbe sein, und willkürliche Abweichungen können nur schaden, nicht nützen. Form und Umfang des Unterrichts kann sich nur mit der Zeit, nach den Fortschritten der Wissenschaft ändern, nicht aber von einem Orte zum andern. "*[1]

Crelle argumentierte dann, daß es kein geeignetes Lehrbuch gebe und daß daher ein solches Buch noch geschrieben werden müsse. Seine Begründung, warum beispielsweise in der Arithmetik kein gutes Lehrbuch vorhanden sei, wies allerdings auf prinzipielle Probleme hin, aus denen er hätte schließen können, daß sein Vorhaben schon unter wissenschaftlichen Gesichtspunkten zum Scheitern verurteilt war. Er schrieb: *"In der Rechenkunst (Analysis) fehlt es noch weit mehr an einem die obigen Bedingungen erfüllenden Buche für den Schul–Unterricht. Dieser neuere Theil der Mathematik scheint in der That noch weit von demjenigen Maaße der Reife entfernt, dessen sich die ältere Geometrie erfreut. Man streitet noch fast über die ersten Prinzipien und Ansichten, und selbst über seinen Namen ist dieser Theil der Wissenschaft noch nicht im Reinen. Die verschiedenen Benennungen: Rechenkunst, Arithmetik, Algebra, allgemeine Arithmetik, combinatorische Analysis, Analysis des Endlichen und Unendlichen, Differential– und Integral–Rechnung, Functionen–Rechnung, Rechnung mit veränderlichen Größen etc. bezeichnen theilweise Eins und dasselbe, nach verschiedenen Ansichten, oder mit so wenig Bestimmtheit begrenzte Gegenstände, daß schwer zu sagen ist, wohin man dieses oder jenes geordnet haben wolle. Es läßt sich behaupten, daß die Rechenkunst oder Analysis fast nur erst eine Sammlung lose zusammenhängender Sätze ist, die die Systematisierung und wissenschaftliche Ordnung erst von der Folgezeit erwartet. "*[2] Es ist schwer zu sehen, wie angesichts dieser begrifflichen Vielfalt in der Wissenschaft ein zentral vorgeschriebenes Lehrbuch möglich sein sollte.

---

1) a.a.O.
2) a.a.O., Bl. 66

Crelles ausgeprägter Wunsch, Einheitlichkeit durchzusetzen, schlug sich sogar in seinem Vorschlag nieder, auf welchem Wege man zu diesem Lehrbuch kommen sollte. Er sah zwei Möglichkeiten: entweder ein Preisausschreiben zu veranstalten oder einen führenden Mathematiker mit der Abfassung eines solchen Buches zu beauftragen. Obwohl er die erste Möglichkeit grundsätzlich für besser hielt, plädierte er doch für die zweite, um jeden Zeitverlust zu vermeiden. Schließlich brachte er sogar sich selbst als diese zu beauftragende Person ins Spiel, ein Vorschlag, den er im Laufe der Kommissionsberatungen zurückzog.[1]

Die Kommission hat diesen Vorstellungen Crelles, Stoff und Methode des Unterrichts so weitgehend vorzuschreiben, von Anfang an energischen Widerstand entgegengesetzt. Gleich in der ersten Sitzung widersprach man der Meinung, daß die Verschiedenheit des Unterrichtsstoffes schädlich sei. *"Die Anwesenden bemerkten zuvörderst, daß die von H.Geh. O.B.R. Crelle besonders hervorgehobene Ungleichförmigkeit des mathematischen Unterrichts nur in dem Falle ein bedeutender und wirklich nachtheiliger Übelstand sei, wenn die Lehrer derselben Anstalt von verschiedenen Ansichten sowohl über das Material als über die Behandlung des mathematischen Unterrichts ausgingen, da in diesem Falle Verwirrung kaum zu vermeiden sei. Daß die Mathematik auf dem einen Gymnasio anders behandelt werde als auf dem anderen, scheine kein wesentlicher Übelstand, und wenn gleich gegen die von H.Geh. O.B.R. Crelle aufgestellte Behauptung, daß doch nur eine Methode die beste sein könne, in der Sache selbst nichts zu erinnern sei, so komme dabei doch sehr viel auf die Subjektivität der Lehrer an, nach welcher für jeden Lehrer in der Regel diejenige Methode die beste sei, welche er am meisten in seiner Gewalt habe. Auf Gleichförmigkeit des mathematischen Unterrichts könne insofern wohl mit Erfolg hingewirkt werden, als man allen Gymnasien das in der Mathematik zu erreichende Ziel, die Vertheilung des Lehrstoffs auf die verschiedenen Bildungsstufen und selbst die Behandlung desselben im allgemeinen vorschreiben könne. In der letzten Beziehung sei es nicht wohl möglich und selbst nicht einmal wünschenswert, zu bindende Vorschriften zu erlassen und die Freiheit der Lehrer zu sehr zu beschränken."[2]*

Die Kommission bestand darauf, daß die Auswahl des Stoffes und die Art seiner Präsentation im Unterricht nicht allein fachwissenschaftlich bestimmt werden könne, sondern daß die Subjektivität des Lehrers und seine persönliche Identifikation mit einem bestimmten Stoff und einer bestimmten Methode für den Bildungs-

---

1) a.a.O., Bl. 68/69
2) a.a.O., Bl. 157–159

erfolg von äußerster Wichtigkeit seien. Deshalb könnten keine zu engen Vorschriften erlassen werden. Die Meinungsverschiedenheiten waren so stark, daß Crelle ausdrücklich seinen Dissens zu Protokoll gab.[1]

Dennoch sah auch die Kommission die Notwendigkeit, gewisse Rahmenfestlegungen über den zu unterrichtenden Stoff zu erlassen. Sie folgte daher Crelles Vorschlag, es solle eine Richtschnur für den Gymnasialunterricht in Form eines Lehrbuchs festgelegt werden. Man einigte sich, ein Preisausschreiben zu veranstalten und verfaßte gemeinsam einen Ausschreibungstext. Als erster Preis wurde ein Betrag von 1000 Talern vorgesehen.

Doch dann brachen die Differenzen wieder in voller Schärfe auf. Sie betrafen zunächst die Begutachtung und den Einfluß, den Fachwissenschaftler und Schulleute dabei haben sollten. Hierbei konnte man sich auf einen Kompromiß einigen. Doch in der Frage, welche Verbindlichkeit diesem Lehrbuch zukommen solle, stand Crelle allein gegen den Rest der Kommission. Gegen seine Vorstellung, dieses Buch verbindlich für alle Gymnasien vorzuschreiben, argumentierte der Schulrat Schulz: *"Das mathematische Lehrbuch habe zunächst nur die Bestimmung, zur Grundlage einer ausführlichen Instruction über den mathematischen Unterricht auf Gymnasien zu dienen, indem es den mathematischen Lehrstoff, soweit er für Gymnasien gehört, in einer das wissenschaftliche und das pädagogische Bedürfniß befriedigenden Form darstellt, also sowohl über den Umfang als die Behandlung des mathematischen Unterrichts auf Gymnasien eine ausführliche Belehrung giebt. Hieraus folge, daß das Buch nothwendig in den Händen jedes Lehrers der Mathematik sein müsse, auch sei es wünschenswert, daß es von den Schülern zur Vorbereitung und Wiederholung gebraucht werde. Hieraus folge jedoch nicht, daß die Anschaffung des Lehrbuchs den Schülern zur Pflicht gemacht oder der fernere Gebrauch der bisherigen Lehrbücher ausdrücklich und unbedingt untersagt werden müsse. Die allgemeine Einführung eines Lehrbuches auf dem Wege eines bestimmten Befehls, welcher jedem Schüler die Anschaffung des Lehrbuches zur Pflicht mache, sei in vielen Hinsichten bedenklich, besonders auch deshalb, weil sie bei Lehrern und Schülern ein Erstarren des wissenschaftlichen Sinnes hervorbringen könne, da wohl mancher das Verstehen eines auf Befehl eingeführten Lehrbuchs auch als Grenze seiner Studien betrachten würde."*[2]

---

1) "Bei Verlesung der Verhandlung bemerkte H.Geh.O.B.R. Crelle, daß er seine Ansicht ...,
   wie er dieselbe in seinem Bericht vorgetragen habe, nicht zurücknehmen könne." (ZStA II,
   Bl.159)
2) a.a.O., Bl. 182/3

Die hier vorgebrachten Argumente waren in der Tat nicht von der Hand zu weisen. Das ganze Verständnis des Lehrens und Lernens von Mathematik wäre tiefgreifend beeinflußt worden, wenn die Lehrer auf die Rolle bloßer Unterrichtstechnologen beschränkt worden wären, die einen gegebenen Stoff auf eine gegebene Art zu präsentieren gehabt hätten. Die Mathematik wäre in einen höchst nachteilhaften Gegensatz zum Wissenschaftsverständnis der Sprachen geraten, in dem literarische Vielfalt und Kommunikation wesentliche Elemente sind, die Bildung gerade erst ermöglichen sollen.

Die übrigen Mitglieder der Kommission − Dirichlet eingeschlossen − stimmten Schulz zu; nur Crelle vermerkte, *"daß er seinerseits durchaus gegen alle Willkür der Directoren und Lehrer in der Annahme des Lehrbuchs stimmen müsse, ..."*.[1]

Die Beratungen endeten also mit einem Dissens. Das Projekt, ein Preisausschreiben für ein mathematisches Lehrbuch zu veranstalten, wurde zwar noch einige Zeit verfolgt, scheiterte aber letztlich an finanziellen Argumenten − ein Zeichen, daß man diesem Vorhaben keine große Bedeutung mehr beimaß.

Mit einer Verfügung vom 24. Dezember 1833[2] legte sich das Ministerium endgültig darauf fest, für den Mathematikunterricht eine Vielfalt an Lehrbüchern zuzulassen und sich nur noch das Recht der generellen Genehmigung oder Ablehnung vorzubehalten. Damit wurde im Hinblick auf die Lehrbücher eine Politik endgültig bestätigt, die man auch bis dahin bereits verfolgt hatte. Schon im Süvernschen Lehrplan hatte es geheißen: *"Vielmehr muss ihre [der Schulbücher] Auswahl und Vertauschung mit besseren, so wie diese erscheinen, wohlunterrichteten Schulvorstehern überlassen bleiben, und wird für die Gymnasien das Geschäft der Directoren ..., jedoch immer der Aufsicht und Controle der zunächst vorgesetzten Staatsbehörden, deren Genehmigung zu jeder Veränderung in Ansehung der Lehrbücher erfordert wird, unterworfen sein."*[3]

Das Reskript vom 24. Dezember 1834 ordnete an, daß auch tatsächlich an jedem Gymnasium ein bestimmtes Lehrbuch einzuführen sei, um die häufige Praxis, den Lehrstoff den Schülern zeitraubend zu diktieren, abzuschaffen. Zugleich wurden die Provinzialschulkollegien angewiesen, einen Bericht über die benutzten Schulbücher einzureichen.

---

1) a.a.O.
2) Neigebauer [1835], 173/4
3) Mushacke [1858], 253

Versucht man eine abschließende Bewertung dieses Vorgangs, dann drängt sich vor allem die Frage auf, warum Crelle so sehr auf der Einführung eines verbindlichen Lehrbuchs bestanden hat. Ihm mußte bewußt sein, daß dies eigentlich im Widerspruch zu seiner eigenen Konzeption stand, weil — wie man pointiert sagen kann — *Wissenschaftsorientierung mit einer detaillierten Festlegung der zu lehrenden und zu lernenden Inhalte und Methoden unverträglich ist.* Es war ja eine grundlegende Einsicht der Reform, daß die *Einheit des Wissens* nicht ein bloßer Stoff und ein festes mitteilbares Wissen ist, sondern daß sie nur dann zum lebendigen Eigentum des Einzelnen wird, wenn sie in freier Kommunikation mit anderen erworben und immer wieder neu aktualisiert wird. Der Hinweis der Kommission, daß bei Einführung eines verbindlichen Lehrbuchs ein *Erstarren des wissenschaftlichen Sinns* zu befürchten sei, war berechtigt. Crelles Vorschlag erweckt daher den Eindruck einer gewissen Defensivität. Das Konzept reiner und systematischer Mathematik schien ihm angesichts vieler widerstreitender Tendenzen in der schulischen Realität nur zu halten, wenn man Lehrer und Schüler durch verbindliche zentrale Vorgaben darauf festlegt. Dies beleuchtet das Spannungsverhältnis, das zwischen dem Konzept des Mathematikunterrichts und der sozialen, institutionellen und pädagogischen Realität der preußischen Gymnasien geherrscht hat.

VII. Von der Algebraischen Analysis zur Wissenschaftlichen Arithmetik

VII.1. Textbücher der Algebraischen Analysis

Nach einer Bemerkung von W.Lorey stellte die Algebraische Analysis im 19.Jahrhundert das *"Grenzgebiet zwischen der alten Schulmathematik und der höheren Mathematik"*[1] dar. Tatsächlich repräsentierte sie, wie wir zu zeigen versucht haben, die fachliche Systematik des arithmetisch–algebraischen Teils der Schulmathematik. Insofern die Geometrie dem faktisch keine eigene Systematik entgegensetzte, beinhaltete die Algebraische Analysis die fachliche Systematik der Schulmathematik überhaupt. Man kann sie daher auch als die *Zieltheorie* der Schulmathematik bezeichnen, die einen theoretischen Zusammenhang für die vielen Einzelstoffe und –techniken formulierte, der den Lehrern und möglicherweise auch am Ende des Lehrgangs den Schülern einen Überblick über die Kohärenz des Ganzen verschaffen sollte.

Wir werden diese systematisierende Funktion der Algebraischen Analysis in diesem abschließenden Abschnitt unserer Studie näher untersuchen. Dies wollen wir in zwei Schritten tun. Im ersten Schritt sollen einige Textbücher betrachtet werden, die, obwohl sie nicht alle den Titel *Algebraische Analysis* tragen, doch Systematisierungen dieses Gebietes darstellen. Es handelt sich dabei teils um Textbücher für die Anfängerstudenten auf den Hochschulen, teils um Werke, die nach ihrem Titel für Schulen bestimmt waren, obwohl sie vom Pensum her weit über den Schulstoff hinausreichten. Damit erhalten wir einen Einblick in das fachliche Selbstverständnis der Lehrer und die Art, wie sich pädagogische Ansprüche in der Sicht des Faches widerspiegelten. Auf diese Weise wird auch die fachliche Grundlage der Schulbücher geklärt. Schulbücher müssen in der Art der Darstellung des Stoffes Rücksichten auf die Fassungskraft der Schüler nehmen. Sie haben häufig eine Tendenz, die fachliche Systematik zu verdecken, obwohl sie im Gang der Darstellung dieser genau folgen. Daher stellt die Analyse dieses herausgehobenen Textbuchtyps eine wichtige und unerläßliche Voraussetzung zur Untersuchung der Schulbuchliteratur des 19.Jahrhunderts dar, wenn man dabei nicht an Äußerlichkeiten, sondern an den begrifflichen Problemen interessiert ist.

Wir werden im folgenden fünf Bücher aus der Textbuchtradition der Algebraischen Analysis analysieren. Jedes Buch stellt für sich eine eigenwillige und originelle Ausarbeitung dieses Gebietes dar. Die Motivationen sind dabei sehr unterschied-

---

1) Lorey [1916], 134

lich. Sie reichen von der Absicht einer fachlichen Umsetzung pädagogischer Konzeptionen bis zu dem Anspruch, durch eine begriffliche Erneuerung der Algebraischen Analysis deren theoretische Durchsichtigkeit zu erhöhen und so auf indirektem Wege auch ihre pädagogische Attraktivität zu steigern. Insgesamt repräsentieren die Textbücher eine durchaus *lebendige* Tradition und zeigen, daß mit der Konzeption der Algebraischen Analysis *experimentiert* worden ist.

Diese Textbuchtradition liegt allerdings neben und teilweise quer zum Hauptstrom der Entwicklung der Mathematik im 19.Jahrhundert. Das wird äußerlich daran deutlich, daß viele Autoren dem Leser eine kritische Distanz zu Cauchys *Analyse algébrique* signalisieren. Am Beispiel von M.Ohm und dem Cauchy–Propagierer O.Schlömilch haben wir im IV.Kapitel bereits Beispiele dafür kennengelernt. Diese Distanz zur Hauptlinie der Entwicklung zeigt, daß es ein Bedürfnis nach theoretischer Kohärenz gab, das durch die komplizierte und uneinheitliche Entwicklung der Analysis an den Hochschulen nicht recht befriedigt wurde. Dennoch konnte diese Distanz natürlich nicht zu groß werden. Diese Frage soll abschließend im zweiten Abschnitt untersucht werden. Hier wird in einem skizzenhaften Überblick gezeigt, wie die Algebraische Analysis zunehmend in Mißkredit geriet und schließlich durch die Kleinschen Reformen als Repräsentant der fachlichen Systematik verdrängt wurde. Sie hinterließ allerdings eine Erbschaft, die *Systematik der Zahlbereichserweiterungen*, die sich bis heute als eine zentrale fachliche Leitlinie der Lehrpläne erhalten hat.

VII.1.1. E.H.Dirksens "Organon der gesammten transcendenten Analysis"

Wir beginnen mit der Besprechung eines Werkes, das erst 1845 erschienen ist, seiner ganzen philosophischen und mathematischen Programmatik nach aber in die zwanziger Jahre zurückreicht. Es handelt sich um das voluminöse *"Organon der gesammten transcendenten Analysis. Erster Theil. Transcendente Elementarlehre"* von E.H.Dirksen.

Enno Heeren Dirksen wurde 1792 in Ostfriesland geboren, studierte in Göttingen Mathematik und habilitierte sich dort mit einer preisgekrönten Schrift zur Geschichte der Winkelmeßinstrumente. Er ging dann als Privatdozent an die Universität Berlin, wo er 1821 außerordentlicher und 1824 ordentlicher Professor der Mathematik wurde, wohl infolge seiner Schrift *"Analytische Darstellung der Varia-*

tionsrechnung"[1], die damals sehr positiv besprochen wurde. 1825 wurde er in die Berliner Akademie der Wissenschaften gewählt. Er publizierte über verschiedene Themen, vor allem im Bereich der Analysis. Dirksen starb am 16.Juli 1850 in Paris.

Wichtige mathematische und epistemologische Motive für die Konstruktion seines *Organon* kann man einer vergleichenden Rezension der Lehrbücher der Differentialrechnung von Cauchy und F.W.Spehr entnehmen, die er in einer der Hegelschen Schule verpflichteten Zeitschrift publiziert hat.[2] Aus der Besprechung des Buches von Spehr, die trotz einiger Kritik positiv ausfiel, haben wir bereits zitiert. Zu Cauchy nahm Dirksen eine zwiespältige Haltung ein. Er lobte auf der einen Seite einige der begrifflichen Neuerungen Cauchys, seine Stetigkeitsdefinition mithilfe des Infinitesimalenbegriffs und seine umfassende Diskussion des Konvergenzproblems bei Reihen. Kritik allerdings übte er dort, wo Cauchy generell den Gebrauch der Taylorreihe in Zweifel zog. Hier wollte Dirksen zwar einige verfehlte Anwendungen zugestehen, doch *"dies dürfte uns aber schwerlich nöthigen können, gänzlich auf den ausgedehnten Gebrauch zu verzichten, dessen [die Taylorreihe], oft mit so entschiedenen Vortheilen, fähig ist."* Dirksen versuchte hier eine vermittelnde Position zwischen Cauchy und Lagrange einzunehmen, indem er durch Zitate nachzuweisen versuchte, daß Lagrange zwischen formaler und numerischer Gleichheit unterschieden habe und daß bei Anerkennung dieser Unterscheidung Cauchys Sicht *"dem Wesentlichen nach, weit entfernt [mit der Lagrange'schen Ansicht] in Widerspruch zu seyn, vielmehr vollkommen übereinstimmend ist."*[3]

Diesem Versuch einer Vermittlung zwischen Lagrange und Cauchy unterlag das Motiv, das wir bereits bei Ohm gesehen haben, es dürfe die Allgemeinheit der mathematischen Methoden nicht zu sehr beschränkt werden. *"Wiewohl nun Referent, weit davon entfernt, es dem Verfasser zu verargen, die Lagrange'sche Methode nicht befolgt zu haben, mit der Darstellungsweise des Verfassers, im Allgemeinen, auf das Vollkommenste einverstanden ist; so ist er diess doch nur insofern, als von der Beförderung der in der Wissenschaft durchaus unentbehrlichen Allgemeinheit die Rede ist, und nicht so sehr aus den vom Verfasser angeführten Gründen. Verzichtet man auf diese Allgemeinheit, auf welche die Wissen-*

---

1) Dirksen [1823]
2) Dirksen [1827]
3) a.a.O., 1259

schaft freilich nie verzichten kann, so dürfte gegen die Strenge und Einfachheit der
Lagrange'schen Behandlungsweise schwerlich etwas zu erinnern fallen: …"[1]
Sein grundsätzliches Einverständnis mit Cauchy war für Dirksen also durch die
Einsicht motiviert, daß mithilfe der Methode der Grenzen und der Infinitesimalen
die Klasse der Funktionen, auf die die Analysis angewandt werden kann, ausgedehnt wird, während er Cauchys Begründung, wieder zur Strenge der Alten
zurückkehren zu wollen, zurückwies. Dirksen wird die Fourierreihen im Sinn
gehabt haben, über die er eine Reihe von Arbeiten geschrieben hat.

Auch die Problematik von Cauchys Satz, daß die Grenzfunktion einer Summe
stetiger Funktionen ihrerseits stetig ist, hat Dirksen in einer Rezension von
Cauchys *"Analyse algébrique"* klar gesehen. Er erinnerte an Abels Gegenbeispiel
von 1826 und gab selbst ein wesentlich einfacheres, nämlich die aus den Summanden

$$\frac{a - x}{[(n-1)(a-x) + 1] \cdot [n\,(a-x) + 1]}$$

gebildete Reihe. Die Teilsummen sind hier

$$S_n = f(x,n) = \frac{a - x}{a - x + \frac{1}{n}} \quad,$$

woraus sich je nach der Reihenfolge der Grenzübergänge 0 oder 1 als Wert der
Grenzfunktion an der Stelle a ergibt.

In der Diskussion dieses Beispiels diagnostizierte er richtig die Natur der Schwierigkeit. *"Der Hauptpunkt, der bei diesem Gegenstand übersehen worden, scheint
demnach darin zu bestehen, daß der Begriff der Summe einer Reihe für x=a,
scharf gesprochen, x vor n als bestimmt gedacht voraussetzt, während die Beurtheilung der Continuität der Summe das Umgekehrte fordert und daß beide
Resultate, ohne unendlich zu werden von einander verschieden seyn können."*[2]
Damit verfügte er im Prinzip über die begrifflichen Voraussetzungen, um die
Problematik weitergehend zu klären, doch hat er dazu wohl keinen Versuch unternommen.

---

1) a.a.O., 1261
2) Dirksen [1829], 219

Aus den Rezensionen lassen sich insgesamt zwei generelle mathematische Motive ablesen, nämlich ein Eintreten für die Grenzwertmethode und zugleich ein Insistieren auf einem theoretisch durchsichtigen Gesamtaufbau der Analysis, der von Anfang an auf methodische Allgemeinheit gerichtet war. Man wird beide Motive als Grundprinzipien seines *Organon* wiederfinden, allerdings mit einer Weitläufigkeit realisiert, die auch in der damaligen Zeit nicht selbstverständlich war.

Dirksen ging von einer philosophischen Auffassung der Mathematik als geistiger Produktion aus. *"Die Wissenschaft, welche mit dem Namen 'Mathematik' belegt zu werden pflegt, hat das Eigenthümliche, daß ihre Gegenstände sowohl, als die Bestimmungen derselben, nur insofern sind, als sie durch freie Thätigkeit des Geistes hervorgebracht werden: und dies ist eben der Grund, weshalb in diesem Gebiete des Wissens Nichts von anderwärts, sondern alles nur aus der Art und Weise zu erkennen fällt, auf welche es hervorgebracht wird."*[1] Diese freie Tätigkeit bedinge eine geistige Fortbewegung. *"Das Bewußtsein dieser geistigen Fortbewegung und der daraus erwachsenden Beziehungen, in ihrem nothwendigen Zusammenhange aufgefasst, ist es, was die* **Wissenschaft** *der mathematischen Analysis bildet."*[2] Aus dieser Auffassung ergibt sich zwingend, daß die Mathematik nicht *"mit Definitionen, sondern mit der Erzeugung des Einzelnen und dem vollständigen Bewußtwerden des einem solchen Act zu Grunde liegenden Allgemeinern"*[3] anfängt. Die Analysis ist danach also eine rein geistige Produktion. Sie beginnt mit freien Denkakten und schreitet dann dadurch fort, daß sie sich der inneren Beziehungen, durch die diese Denkakte miteinander verknüpft sind, bewußt wird, diese zum Gegenstand der Analyse macht und so in einem unendlichen Progreß von Setzen und Reflektieren fortschreitet. Es handelt sich bei dieser Definition der Mathematik also um eine gedankliche Figur, an der zweierlei festgehalten werden kann. Erstens wird hier die Analysis als Reich gedanklicher Formen oder Akte gesehen und zweitens ist die Prägung dieser Konzeption von Mathematik durch Fichtes Wissenskonzept unverkennbar.

Zunächst bilde der Mathematiker durch einen mathematischen Erzeugungsakt ein Einzelnes, ein Quantum. Die Quanta werden aufeinander bezogen, eins durch ein anderes bestimmt, wobei man die Art und Weise dieser Bestimmung wieder von den Quanta selbst unterscheiden muß. Man gelangt so zum Begriff der Beziehungsform oder der *"mathematischen Bestimmungsform"*.[4] Unter einer mathematischen Bestimmungsform versteht Dirksen mithin die Art und Weise, in der die mathematischen Objekte bestimmt oder gegeben werden. Wie aus dem folgenden

---

1) Dirksen [1845], III
2) a.a.O., IV
3) a.a.O.
4) a.a.O., V

deutlich wird, sind darunter konkret die mathematischen Operationen bzw. die mit Hilfe der Operationen gebildeten *Gleichungen* zu verstehen. Dies sind die Formen, durch die die Mathematik ihre Objekte bestimmt. Die Mathematik gelangt so, ausgehend vom Begriff der *Größe* zu den Begriffen der *Zahl* oder des *Verhältnisses*, der *reellen algebraischen Größe*, der *imaginären algebraischen Größe*, der *algebraischen Größe und der Funktion*, zu denen jeweils ihnen eigentümliche mathematische *Bestimmungsformen* gehören. Beispiele für Bestimmungsformen sind Summe, Differenz, Produkt, Quotient, Potenz, Wurzel, Differenz der ersten Ordnung, endliches Integral, Differential, Integral, Variation bzw. die mit Hilfe dieser Prozeduren gebildeten Gleichungen.

Mit dem Konzept der Bestimmungsformen ist die wichtigste wissenschaftliche Absicht des Dirksenschen Organon verknüpft. Offenbar sind Summe, Differenz, Produkt etc. Beispiele einfacher Bestimmungsformen. Sie sind wesentlich algebraischer Natur. Wie aber steht es mit Differential, Integral, Variation? Die Antwort der eulerschen Algebraischen Analysis ist, daß auch diese Operationen algebraisch sind. Dazu will Dirksen eine alternative Antwort geben. Er argumentiert, daß sich die ganze Analysis auf zwei wesentlich verschiedene Grundakte zurückführen lasse, nämlich auf eine einfache *Synthesis*, die die algebraischen Bestimmungsformen unter sich befaßt, und auf den *Progreß ins Unendliche*, der eine neue Klasse von Bestimmungsformen, nämlich die *transzendenten*, konstituiert. Dabei liegt der Akzent der Behauptung nicht in der Reduktion auf zwei Grundakte, sondern darauf daß die transzendenten Bestimmungsformen wirklich etwas gegenüber der Algebra *begrifflich Neues* darstellen, daß also die Infinitesimalrechnung nicht im Sinne Eulers auf die Algebraische Analysis zurückgeführt werden kann, sondern ein qualitativ neues Gebiet darstellt.

Dirksens transzendente Bestimmungsformen sind mathematisch nichts anderes als (unendliche) Folgen (*Progressionen*) und Reihen. Dirksen sah sich zu einem erheblichen terminologischen und begrifflichen Aufwand veranlaßt, um die transzendenten Bestimmungsformen als neue, begrifflich von Zahlen und algebraischen Größen unabhängige Objekte einzuführen. Das ist nur aus dem Kontext der damaligen Mathematik heraus zu verstehen. Die Art und Weise, in der man damals etwa mit dem Begriff der infinitesimalen Größen umging, verknüpfte untrennbar zwei Aspekte miteinander. Auf der einen Seite sah man infinitesimale Größen als bestimmte, also algebraische Größen, auf der anderen Seite dachte man bei ihnen immer den Aspekt des unendlichen Progresses mit. Dirksen versuchte hier klar zu unterscheiden. Er bemerkte, daß seine Ausführungen kürzer hätten ausfallen können, wenn er sich des Begriffs der Variablen bedient hätte. Dies versucht er zu vermeiden, um eine neue begriffliche Struktur aufzubauen, in der dann natürlich die üblichen mathematischen Konzepte interpretiert werden können müssen.

Ganz elementar unterscheidet er zunächst zwischen angebbaren Zahlen, die sich als Verhältnis zweier gleichartiger Quanta ergeben, und nicht angebbaren. Danach ist die Null eine nicht angebbare Zahl. Er bezeichnet als *möglich* eine Bestimmungsform, wenn sie tatsächlich eine zahlenmäßige Lösung hat, sonst als *unmöglich*, er spricht von *vollständig bestimmten* Zahlen, wenn sie eindeutig durch eine Bestimmungsform festgelegt sind, bei Mehrdeutigkeit von *unvollständig bestimmten*.

Alle diese Begriffe übertragen sich unmittelbar auf Reihen bzw. Folgen, indem die Reihen entsprechend bezeichnet werden, wenn ihre einzelnen Glieder die in Frage stehende Eigenschaft haben. Das ist unter dem Gesichtspunkt von Bedeutung, daß es Dirksen darum ging, ein begriffliches Werkzeug zur *Klassifizierung* von Folgen und Reihen zu entwickeln, um eben die Gesamtheit der Folgen als ein *eigenständiges Objekt* zu etablieren.

Der zweite Schritt zur begrifflichen Verselbständigung des Folgenbegriffs ist, die Gleichheit von Folgen und die wichtigsten Operationen mit ihnen mithilfe der entsprechenden Beziehungen der Folgenglieder zu *definieren*.

Der dritte Schritt, der das wichtigste Instrument der begrifflichen Verselbständigung des Folgenbegriffs liefert, besteht bei Dirksen dann darin, *daß er jeder Folge einen Grenzwert zuordnet*. Zweifellos lag und liegt in der Auszeichnung der konvergenten Folgen eine Willkürlichkeit, vor der die Mathematiker des 18.Jahrhunderts zurückgeschreckt sind und die auch einige nach begrifflicher Durchsichtigkeit strebende Mathematiker des 19.Jahrhunderts nicht befriedigt hat.

Dirksen unterschied die folgenden Typen von Folgen: *endlich bleibende unendliche Größenreihen*, deren Glieder von einem bestimmten n ab zwischen zwei festen Zahlen liegen, *unendlich klein werdende unendliche Größenreihen*, bei denen es zu jeder Zahl ein n gibt, so daß die folgenden Glieder kleiner als diese Zahl sind, also Nullfolgen, *unendlich groß werdende unendliche Größenreihen*, bei denen es zu jeder Zahl ein n gibt, so daß die folgenden Glieder größer als diese Zahl werden, und *unendliche Größenreihen, die gegen eine positive oder negative angebbare, d.h. von Null verschiedene Zahl, konvergieren*.[1] Um eine feinere Klassifikation zu erreichen, werden auch Mischformen charakterisiert. Dirksen unterscheidet und benennt Folgen daher weiter danach, ob in ihnen Teilfolgen des entsprechenden Typus vorkommen. So kann eine Folge beispielsweise als eine

---

1) Historisch interessant, weil auf den Infinitesimalenbegriff verweisend, ist die explizite Unterscheidung der unendlich klein werdenden von den konvergenten Größenreihen.

endlich-unendlich-unendlich klein werdende Größenreihe bezeichnet werden, was nichts anderes heißt, als daß die Größenreihe eine beschränkte Teilfolge, eine unendlich groß werdende und eine gegen Null konvergierende Teilfolge enthält.

Soweit ich sehe, hat Dirksen nicht thematisiert, ob man auf diesem Wege wirklich alle denkbaren Folgen klassifizieren kann, und es ist auch nicht klar, ob er mit dem Begriff aller denkbaren Folgen etwas hätte anfangen können, da er sich die Folgen ja durch freie Tätigkeit *erzeugt* vorstellte. Zudem hatte er weitere Klassen, etwa die der *reell werdenden Größenreihen*, also Folgen, die ab einem bestimmten n nur noch reelle Glieder haben, die sich mit der bisher dargestellten Klassifikation überschneiden, so daß ihn der Gesichtspunkt einer vollständigen und in sich konsistenten Klassifikation wohl nicht interessiert hat.

Für diesen verallgemeinerten Grenzbegriff führt Dirksen eine spezielle Symbolik ein.[1] Er schreibt etwa

$$\underset{m = \infty}{G_r} \quad a_m = (+, \, -, \, E, \, \infty, \, 0),$$

wobei E eine endlich bleibende Teilfolge, $+$ $(-)$ eine Teilfolge mit positiven (negativen) Gliedern und ∞ eine unendlich werdende Teilfolge bezeichnet. Den Spezialfall der Konvergenz schreibt er

$$\underset{m = \infty}{G_r} \quad a_m = g.$$

Auf die mathematischen Details des Buches sei nicht weiter eingegangen. Dirksen untersucht, wie sich das Operieren mit Reihen auf deren Grenzwerte auswirkt, wobei er durch seinen verallgemeinerten Begriff der Grenze nicht auf die konvergenten Reihen eingeschränkt ist. Dann behandelt er die wichtigsten elementaren transzendenten Funktionen. Alles in allem benötigt er dafür etwa tausend Druckseiten.

Sein ganzes System verfolgt drei begriffliche Ziele: erstens geht es ihm darum, das Mißverständnis zu beseitigen, daß man seiner Ansicht nach bisher die Prädikate *unendlich* und *unendlich klein* auf Zahlen bezogen habe, während sie sich eigentlich auf unendliche Größenreihen bezögen. *"Der Fehlgriff, diese Prädicate*

---

1) Dirksen [1845], 300 ff.

als Bestimmungen von Zahlen– oder von Größenbeziehungen aufzufassen, den Gedanken statt der Bewegung der Gedanken zu nehmen, kann als Hauptgrund der Schwierigkeiten bezeichnet werden, welche die bisherige Theorie des Unendlichen demjenigen, der das Erkennen vom dem Kennen zu unterscheiden gelernt hat, darzubieten pflegt. "[1]

Das zweite Ziel besteht in einer begrifflichen Vereinheitlichung aller der Verfahren, die sich in der bisherigen Mathematik auf das Unendliche bezogen haben, von Archimedes' Exhaustionsmethode bis zu den Infinitesimalen der neuzeitlichen Analysis. Alle diese Begriffe und Verfahren ließen sich verstehen als Besonderungen dessen, was Dirksen als die *transcendente Grundbestimmungsform der Analysis* oder als *allgemeine Grenzmethode der Analysis* bezeichnet hat.

Drittens, und das ist das Wichtigste, stellt diese transcendente Grundbestimmungsform der Analysis etwas qualitativ Neues gegenüber Arithmetik und Algebra dar, weil, wie er argumentiert, die Mannigfaltigkeit der transzendenten Bestimmungsformen die der arithmetischen oder algebraischen Größen bei weitem übersteigt. *"In so fern man sich also die Beziehung zwischen den Elementen und den einzelnen Gliedern einer unendlichen Reihe mittelst der arithmetischen, oder der algebraischen Grundbestimmungsformen der Anaylsis festgestellt denkt, wird die eben dadurch zwischen den Elementen und der angebbaren Grenze der Reihe bestimmte Beziehung von allen, mittelst der arithmetischen und der algebraischen Formen darstellbaren, wesentlich verschieden sein* **können.** *Hieraus folgt demnach, daß sich, auf diese Weise, Beziehungen werden bestimmen lassen, welche für die arithmetischen und algebraischen Grundbestimmungsformen der Analysis unerreichbar sind, und daß daher durch die Einführung einer solchen Bestimmungsweise in die Analysis für die Sphäre ihrer möglichen Bestimmungen, von dem Standpunkt der Arithmetik und Algebra aus betrachtet, eine wesentliche Erweiterung gewonnen werden muß.* "[2]

Über dieses Unsicherheit signalisierende Argument ist er nicht hinausgekommen. Dies kann man ihm nicht zum Vorwurf machen, denn die Frage, ob sich die Mathematik begrifflich auf die Arithmetik reduzieren läßt, blieb generell ein offenes Problem. Der Versuch der systematischen Entfaltung einer Theorie, die zeigen will, daß die transzendente Analyse gegenüber der Sphäre von Arithmetik und Algebra ein qualitativ neuer Bereich ist, verdient durchaus historische Beachtung.

---

1) Dirksen [1845], 44
2) a.a.O., 75

Eine angemessene historische Würdigung des Ansatzes von Dirksen ist deshalb nicht ganz einfach, weil der zweite Band, der den eigentlichen Ertrag des Systems in Form einer Funktionenlehre bringen sollte, nicht mehr geschrieben wurde. Zweifellos liegt der größte Mangel seiner Theorie darin, daß der von ihm eingeführte verallgemeinerte Grenzbegriff rein deskriptiv bleibt und nicht operativ genutzt wird. So dient er nur zur beschreibenden Klassifikation des Universums der unendlichen Bestimmungsformen und zur abgekürzten Schreibweise von Sätzen, die bereits vorher bekannt waren. Dennoch hat der Stil des philosophisch–begrifflichen Argumentierens, den Dirksen angewandt hat, zu einer gewissen Abstraktion geführt, die für die damalige Mathematik nicht selbstverständlich gewesen ist. Im Lichte der späteren Begründungen der reellen Zahlen durch Cantor, Dedekind und Weierstraß kann man vielleicht sagen, daß Folgen und Reihen von Dirksen nicht mehr als Mittel zur Approximation von Zahlen genutzt worden sind, sondern als neue eigenständige Objekte, mit denen man wie mit Zahlen rechnen kann. Dirksen hätte damit einen Schritt zu einer neuen abstrakteren Ontologie in der Mathematik getan, wenn er auch die mathematischen Früchte dieses Schrittes noch nicht hat ernten können.

Aufschlußreich für eine historische Würdigung des *Organon* ist eine Rezension von C.H.Schnuse in den Göttingischen gelehrten Anzeigen.[1] Schnuse war der wichtigste Übersetzer französischer mathematischer Werke ins Deutsche. Er hat insbesondere auch eine Reihe von Büchern Cauchys übersetzt. In dieser Rezension macht Schnuse vor allem zwei Argumente gegen Dirksen geltend. Zum einen ein philosophisches. Gegen Dirksens Proklamation des freien Konstruierens argumentierte Schnuse:*"Die Begriffe sowohl als die Methoden der Mathematik sind aber doch nicht rein willkürlich — sondern werden durch die Natur des fraglichen Gegenstands bestimmt. — Ist etwa der Begriff der Stetigkeit ein willkürlicher ...? — Die mathematische Wissenschaft hat leider dieser vermeintlichen Freiheit des Geistes manche Entstellung, manchen Rückschritt zu danken. — ... Der Geist erzeugt eigentlich nicht die Gegenstände und Methoden der Mathematik, sondern er sucht sie nur der Natur der Sache gemäß zu erkennen und zu entwickeln."*[2]

Gegen Dirksens Begründung der transzendenten Analysis auf seine allgemeine Grenzmethode reklamierte Schnuse die Natürlichkeit der überkommenen Begriffe. *"Wir unsererseits wollen gern auf die vermeintliche 'Einheit' des Vfs verzichten,*

---

1) Schnuse [1848]
2) a.a.O., 2050

und uns dafür die 'Einfachheit' erhalten, welche eine einfache und natürliche Behandlung des Gegenstands gewährt. "[1]

Zusammenfassend kann man sagen, daß Dirksens *"Organon"* stofflich im Bereich der Algebraischen Analysis angesiedelt ist. Indem es einen Versuch darstellt, durch den Begriff der *"transzendenten Bestimmungsform"* nachzuweisen, daß in der Analysis begriffliche Elemente eine Rolle spielen, die über Arithmetik und Algebra hinausgehen, war es im eigentlichen Sinne ein Gegenkonzept zur Algebraischen Analysis, eben eine *"transzendente Analysis"*. Dennoch war dieses Werk in einem allgemeineren Sinne der Denkwelt der Algebraischen Analysis verhaftet. Die Idee der Analysis als eines Reiches gedanklicher Formen und die Vorstellung, daß diese Formen durch eine potentiell unendliche Folge von Denkakten erzeugt werden, verbindet dieses Werk sowohl mit dem philosophischen Kontext, den wir in den einleitenden Kapiteln dargestellt haben, als auch mit den ontologischen Ideen, die der Algebraischen Analysis zugrunde gelegen haben. In der *"Enzyklopädie der mathematischen Wissenschaften"* wird dieses Werk daher auch der Textbuchtradition der Algebraischen Analysis zugerechnet.[2]

VII.1.2. J.H.T.Müllers "Lehrbuch der allgemeinen Arithmetik"

Das nächste zu besprechende Werk ist das *Lehrbuch der Mathematik für Gymnasien und Realschulen* von J.H.T.Müller.[3] Müller war der erste Direktor der ersten explizit als Realgymnasium bezeichneten Schule in Deutschland; zudem ist er, wie einleitend erwähnt, von Pahl als einer der frühen Vorläufer der Kleinschen Reformen reklamiert worden. Seine mathematische Konzeption kann daher Interesse beanspruchen. Hier soll nur der erste Band, das *"Lehrbuch der allgemeinen Arithmetik"* untersucht werden. Es verdient aber festgehalten zu werden, daß sein *"Lehrbuch der Geometrie"* sich bewußt von Euklid fernhielt und insofern das Buch eines Neuerers war, als er in den Beweisen geometrischer Sätze das Dualitätsprinzip anzuwenden suchte und als Folge des Strebens nach Allgemeinheit die Formeln der ebenen Trigonometrie aus denen der sphärischen durch Unendlichsetzen des Radius ableitete. Diese generalisierende, auf allgemeine Methoden gerichtete Auffassung der Geometrie verband sich nun konzeptionell mit einer Auffassung von Arithmetik und Algebra im Sinne der Algebraischen Analysis, wie wir das bereits bei Thibaut und anderen beobachten konnten.

---

1) a.a.O., 2054
2) Pringsheim & Faber [1909-21], 1
3) Müller [1838]

Johann Traugott Müller wurde 1797 in Sorau in der Niederlausitz als Sohn eines Predigers geboren. Von 1817 bis 1822 studierte er in Leipzig, zunächst Theologie, dann Mathematik und Naturwissenschaften. Von 1822 bis 1835 war er Oberlehrer für Mathematik und Physik am Domgymnasium zu Naumburg in der preußischen Provinz Sachsen, dann wurde er als erster Direktor an das neu errichtete Realgymnasium in Gotha berufen. 1845 erhielt er erneut den Auftrag, den Aufbau eines Realgymnasiums, nämlich den des Wiesbadener, zu leiten. Er blieb der Leiter dieser Schule bis zu seinem Tod 1862.

Müller ist eine der wichtigsten Figuren gewesen, die eine der damaligen Zeit angemessene Konzeption der Realgymnasien entwickelt und publizistisch vertreten haben, *"indem er für die Realschulen einen gründlichen Sprachunterricht, vor allem aber, ohne irgend eine äußere Nötigung, obligatorischen Lateinunterricht forderte, um ihre Bildung zu einer harmonischen zu gestalten."* [1] Wie damals üblich trat Müller schriftstellerisch nicht nur als Lehrbuchautor, sondern auch als Verfasser einer Reihe wissenschaftlicher Abhandlungen zur Elementargeometrie, Kristallographie und Geschichte der Mathematik hervor. Als Lehrer soll Müller eine große Wirkung gehabt und insbesondere viele Kollegen im Sinne seiner Vorstellungen beeinflußt und herangezogen haben.

Die pädagogische Programmatik des *"Lehrbuchs der allgemeinen Arithmetik"* bewegt sich in dem uns bereits geläufigen Rahmen: ganzheitliche Theorieauffassung und reflektierte Theorieentwicklung. Er habe sich bemüht, die Arithmetik *"als Bildungsmittel auf gleicher Stufe mit der Geometrie zu erhalten, in der auf Erfahrung gegründeten Überzeugung, dass beide Disziplinen die Thätigkeit des Geistes in gleichem Grade und mit gleichem Erfolge in Anspruch nehmen. Zu diesem Zwecke mussten die einfachsten Wahrheiten, auf denen das ganze Gebäude ruht, möglichst streng und zugleich so dargethan werden, dass bei der Beweisführung der Schüler sich jedes Schrittes, den er thut, vollkommen deutlich bewusst wird."* [2]

Dieses bewußte Voranschreiten realisiert Müller, indem er sich an den von M.Ohm entwickelten Weg der schrittweisen Generalisierung des Zahlbegriffs anlehnt und insbesondere die negativen Zahlen *"mit zu Grunde Legung der Ohmschen Definition"* behandelt. [3] Aus diesem methodisch bewußten Voranschrei-

---

1) K.H.Müller [1911], 266
2) Müller [1838], iv
3) a.a.O., x

ten soll dann die Einsicht in die innere Struktur des Ganzen erwachsen. *"Eben so wichtig für das Gedeihen des Unterrichts erscheint dem Vf. die bestimmte Hervorhebung der* **Wiederkehr derselben Gesetze** *auf den drei verschiedenen Rechnungsstufen, die dem Schüler die Arithmetik als ein organisches Ganzes zeigt ..."* [1]

Der Stoff des Buches umfaßt präzise die Inhalte der an die Möglichkeiten der Schule angepaßten Algebraischen Analysis, die wir bereits bei der Inhaltsbeschreibung des Tellkampfschen Lehrbuchs gesehen haben.[2] Es gibt auch nicht die geringste Anpassung an realistische Inhalte. *"Was die* **Vertheilung** *sämmtlicher Abschnitte dieser Arithmetik auf die verschiedenen Klassen anlangt, so sind die zwei ersten, welche die vier Grundoperationen in ihren einfachsten Beziehungen behandeln, für die vierte Abtheilung bestimmt, während die Lehre von den Verhältnissen und Aggregaten, so wie die Rechnung mit den dekadischen Zahlen und die Ausziehung der Quadrat– und Kubikwurzel in zwei verschiedenen Halbjahren die Gegenstände des Vortrags in der dritten Klasse bilden. Die die Primzahlen, die Potenzen, Wurzeln und Logarithmen, die einfachen und quadratischen Gleichungen enthaltenden Abschnitte werden in dem gleichen Zeitraum in der zweiten Klasse, und die fünf letzten, nämlich die Lehre von den Kettenbrüchen, der unbestimmten Analytik, den Reihen, den Combinationen und den höhern Gleichungen, in der obersten Klasse vorgetragen, ..."* [3]

Die fachliche Systematik dieses Buches ist also bestimmt durch die rechnenden, syntaktischen Aspekte von Arithmetik und Algebra. Man kann sagen. daß das Herzstück in der gegenseitigen *Durchdringung von Buchstabenrechnung und impliziter Kombinatorik* bestand. Während die Kombinatorik als expliziter Gegenstand erst am Schluß des Lehrgangs auftritt, ist die ganze Behandlungsweise der heute sogenannten Termumformungen durch die Idee der gegenseitigen Stützung von Kombinatorik und Algebra bestimmt. *"In der Einleitung ist es besonders wichtig, dem Anfänger die Bedeutung und Nothwendigkeit der Buchstaben recht zu veranschaulichen. Leichte combinatorische Aufgaben, wie z.B. je 2 von 3 oder 4 gegebenen Zahlen mit einander zu multipliciren und sämmtliche Producte zu addiren, leisten hierbei gute Dienste und gewöhnen beiläufig den Schüler früh an eine bestimmte und gesetzmässige Anordnungsweise, wesshalb auch schon im ersten*

---

1) a.a.O., v
2) Vgl. V.5. dieser Arbeit.
3) a.a.O., vii

Abschnitte die Permutationen vorkommen, deren Bildung dem Anfänger Interesse gewährt."[1]

Der Einfluß der Kombinatorik auf die Termumformungen wird also nicht vorrangig in der expliziten Anwendung kombinatorischer Formeln und Sätze gesehen, sondern Müller erwartet sich von der Übung im Aufstellen kombinatorischer Gesamtheiten, die er treffend als *"konstruktive Kombinatorik"* bezeichnet, eine positive Auswirkung auf das Operieren mit symbolischen Formeln.

Der Begriff des *Aggregates*, worunter man die Produktsummen verstanden hat, die sich beim Ausmultiplizieren mehrgliedriger additiver Ausdrücke ergeben, strukturiert das Vorgehen. Termumformungen werden nicht auf die kürzesten Regeln reduziert, sondern symbolische Ausdrücke werden systematisch variiert, es werden alle möglichen Fälle untersucht, aus denen sich ein Aggregat ergeben kann. Dies ist die Grundidee der Kombinatorischen Analysis. Eine Formel wird dadurch in ihrer Struktur besser verstanden, daß man sie als Spezialfall einer ganzen Klasse strukturell ähnlicher Formeln erkennt. Ein Rechengesetz wird in seinem formalen Gehalt durchschaut, wenn man einen Überblick über die ganze Vielfalt der Formeln herstellt, die durch seine Anwendung generiert werden. So wie man eine geometrische Aufgabe vielleicht durch Variation einer gewissen Figur lösen kann, so wird hier in der Algebra das Prinzip der Variation formaler Ausdrücke angewandt.

Diese Idee hat zweifellos eine hohe didaktische Relevanz. Einer neueren Arbeit kann man den Vorschlag entnehmen, bei den Termumformungen die Rechengesetze nicht in ihrer kürzesten Form einzuführen, sondern durch eine kompliziertere Form Einsicht in Symmetrien und Strukturen zu ermöglichen.[2] Beim Distributivgesetz könnte man beispielsweise statt des Ausdrucks

$$(a + b)c = ac + bc$$

---

1) a.a.O., VIII
2) vgl. Steinbring [1988], 36

und der zugehörigen Visualisierung

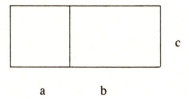

die Formel

$$(a + b)(c + d + e) = ac + ad + ae + bc + bd + be$$

mit dem zugehörigen Diagramm

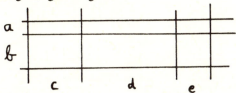

betrachten. Während im ersten Fall Formel und Diagramm die Aufmerksamkeit auf das Problem der *Gültigkeit* der Regel lenken, geht es im zweiten Fall darum, eine Vorstellung der strukturellen Aspekte und der durch das Distributivgesetz erzeugten formalen Symmetrien zu wecken.

Spezielle Inhalte, die eine logische Folge dieser didaktischen Konzeption sind, sind die Einführung der sogenannten *kombinatorischen Integrale* im Abschnitt über Aggregate und das Konzept der sogenannten *symmetrischen* Aufgaben.

Die sogenannten *kombinatorischen Integrale* sind erstmals von Kramp und Rothe systematischer betrachtet worden, es handelt sich bei ihnen um Bildungen der Art

$$\int_{(a,b)} (ab) = ab$$

$$\int_{(a,b,c)} (ab) = ab + ac + bc$$

$$\int_{(a,b,c,d)} (ab) = ab + ac + ad + bc + bd + cd$$

Ihr Zusammenhang mit den dargestellten didaktischen Ideen ist unmittelbar ersichtlich.

Ganz analog dazu ist das Konzept der *symmetrischen Aufgaben* zu sehen. Hierunter versteht Müller solche als Übungsaufgaben zu behandelnde Formeln, die durch ihren symmetrischen Bau dazu geeignet scheinen, als spezielle Lehrsätze verbal festgehalten zu werden, eine Anforderung, auf die Müller großes Gewicht legt. Ein Beispiel einer solchen Formel, die der Schüler verbal zu paraphrasieren hat, ist etwa

$$(a-b)(b-c)(c-a) = -a^2b - b^2c - c^2a + ab^2 + bc^2 + ca^2$$

Die verbale Paraphrasierung sollte die Schüler zu einem bewußten Aufmerken auf strukturelle Merkmale der Formel zwingen. Auch wesentlich kompliziertere Formeln werden hier als Aufgabe gestellt. Eine ganze Reihe von Fragen zielt auf weitere Reflexion über die Struktur von Formeln, etwa: wie verändert sich die rechte Seite, wenn in obigem Produkt ein Faktor weggelassen wird, wenn einer hinzukommt, wenn Vorzeichen geändert werden etc. Man sieht, die Idee reflektierten Kalkulierens wird hier durchaus konsequent und mit didaktischer Phantasie verfolgt.

Als besonderes Verdienst hat Müller sich die ausführliche Behandlung der *"so wichtige[n] und die geistige Thätigkeit vielfach anregende[n] Zerlegung der Aggregate in Factoren — eigentlich das Allgemeinere der Wurzelausziehung — "* angerechnet.[1]

Auch der binomische Satz wird in voller Allgemeinheit für beliebige Exponenten nach einer Idee von Crelle bewiesen, der Unterschied von *numerischer* und *analytischer* Gleichheit diskutiert, und der Band schließt mit einem Kapitel über *höhere Gleichungen*.

Betrachtet man den Stil des Buches, dann wird man dem Autor abnehmen müssen, daß hier langjährige pädagogische Erfahrungen eingeflossen sind. Die Systematik des Stoffs wird zwar bewußt gemacht, aber nicht aufdringlich in den Vordergrund gestellt, viele Dinge werden nicht in Form von Lehrsätzen, sondern im Rahmen von Aufgaben vermittelt. In der Art der damaligen Lehrbücher werden Beweise häufig nur angedeutet, und der Autor erlaubt sich durchaus viele Abschweifungen

---

1) a.a.O., x

vom systematischen Gang zu Dingen, die ihm interessant erscheinen. Dies findet man bei anderen Lehrbüchern der Zeit selten.

Um so schwerer muß die Tatsache wiegen, daß das Buch bei den Übungsaufgabenm zwar einige Anwendungen (Physik, Stöchiometrie, Zinsrechnung) enthält, daß diese aber höchstens 10 Prozent des gesamten Aufgabenmaterials ausmachen. Zwar wird man im Auge behalten müssen, daß dem Anspruch nach mit einem ebenso großen Zeitaufwand neben der Arithmetik Geometrie unterrichtet werden soll, jedoch mildert dies den Purismus der formal-syntaktischen Auffassung von Arithmetik und Algebra kaum.

1855 hat Müller eine zweite Auflage seines Lehrwerks zu publizieren begonnen, die er als eine *"ganz neue Bearbeitung meines Gegenstandes"* bezeichnet hat. Von der Arithmetik ist allerdings nur das erste Heft, das den Stoff bis zu den quadratischen Gleichungen umfaßt, erschienen. Für die Überarbeitung nahm Müller sich vor, den Lehrgang zunächst ganz unabhängig von der Rücksicht auf die Schule darzustellen, so wie er ihn einem Einzelnen erklären würde. Er wolle nunmehr vom *Faßlichsten* und *Anschaulichsten* ausgehen. Inhaltlich schlägt sich das darin nieder, daß er nun die Mathematik wieder als *Größenlehre* darstellt, aus der die abstrakte Arithmetik erst nach und nach herausgelöst wird. Trotz einer Vervielfachung des Aufgabenmaterials ist der Anteil angewandter Aufgaben aber nur geringfügig gewachsen, die syntaktische Auffassung bleibt dominant. Im Unterschied zu 1838 betont Müller jetzt sogar noch stärker, daß die Schulmathematik *"ein in sich abgeschlossenes Ganzes von Wahrheiten"* sein müsse. *"Hierin nämlich, und nicht lediglich in der Strenge der Beweise einzelner Sätze, erblicke ich ein Hauptbildungsmittel des jugendlichen Geistes, in welchem der Sinn für Ordnung, für organischen Zusammenhang und für sorgsame Benutzung alles bereits Gewonnenen zeitig geweckt und fortwährend gestärkt werden muss, wenn sich der Erfolg auf alle Zweige des Unterrichts gleichmäßig erstrecken soll.*"[1]

Die wichtigste inhaltliche Neuerung dieser zweiten Auflage besteht darin, daß Müller wieder zur ursprünglichen pädagogischen Programmatik der Kombinatorischen Schule zurückkehrt. Statt einer Disziplin des Oberstufenunterrichts wird die Kombinatorik zum Gegenstnad des Anfangsunterrichts. *"An die Spitze des Ganzen ist die* **Combinatorik** *in ihren Fundamentalsätzen gestellt. Sie ist das Allgemeinste, was überall, in der Arithmetik wie in der Geometrie, sich geltend macht. In ihren Bereich gehört Alles, was in gegenseitige gesetzmässige Verbindung tritt, so dass*

---

1) Müller [1855], vi

sie sich nicht einmal auf die Grössen, geschweige auf die blossen Zahlen be-
schränkt. Sie ist leicht, weil sie es bloss mit der Stellung zu thun hat, sie gewöhnt
an Ordnung und Regelmäßigkeit, welche ihr Wesen ausmachen, sie weckt den
Sinn für Erschöpfung und Abschliessung innerhalb gewisser Grenzen, sie spricht
endlich, wie ich aus langer Erfahrung weiss, den jugendlichen Geist an, weil die
selbstthätige Ortsveränderung zu seiner eigenen Beweglichkeit stimmt."[1]

Dieses Zitat bedarf wohl kaum eines Kommentars. Müller führt hier erneut die
weitreichenden wissenschaftlichen Ansprüche der Kombinatorischen Schule ins
Feld und verknüpft dies mit der uns bereits geläufigen pädagogischen Programmatik der Kombinatorik. Die stärkere Durchbildung des Mathematiklehrgangs mit
Hilfe der Kombinatorik hat auch Auswirkungen auf den geometrischen Teil, in
dem Aufgaben im Sinne der Diesterwegschen und Graßmannschen *Geometrischen*
Kombinationslehre jetzt eine größere Rolle spielen. Für Arithmetik/Algebra bleibt
es bei der kombinatorischen Durchdringung der Buchstabenrechnung. Obwohl die
zweite Auflage einen wesentlich ausgereifteren Eindruck als die erste macht, hat
sich das Gesamtkonzept nicht wesentlich geändert. Die innere Identität der fachlichen Konzeption ist dieselbe geblieben.

Zur Charakterisierung dieser fachlichen Konzeption soll abschließend auf das
Problem der Differential- und Integralrechnung eingegangen werden. Müller
wurde von Pahl u.a. deshalb als Vorläufer der Kleinschen Reformen bezeichnet,
weil er *"ganz unbedenklich Differential- und Integralrechnung in das Pensum der*
Prima"[2] eingeführt habe. Dazu kann man zwei Überlegungen anstellen. Zum
einen würde aus einer solchen Tatsache kein Widerspruch zu unserer Behauptung
folgen, daß das fachliche Konzept wesentlich durch die Algebraische Analysis
geprägt war, weil es dabei ganz auf die Art der Behandlung und ihren Stellenwert
ankommt. Zum zweiten sind aber auch Zweifel daran angebracht, daß die Behauptung in der Form richtig ist. Wie wir gesehen haben, kommen Differential-
und Integralrechnung in Müllers Lehrbuch nicht vor. Auch sonst gibt es dazu
keine Äußerung von ihm. Der einzige Beleg sind Abituraufgaben des Wiesbadener
Gymnasiums, die von seinem Sohn in einer Würdigung des Vaters mitgeteilt
worden sind.[3] Doch ist bei diesen Belegen zu beachten, daß sie alle aus einer
bestimmten Phase stammen, die zum größten Teil nach Müllers Tod lag. 1858 ist
nämlich das Wiesbadener Realgymnasium grundlegend umstrukturiert worden, die
unteren vier Klassen wurden als höhere Bürgerschule abgetrennt, und die oberen

---

1) a.a.O., vii
2) Pahl [1913], 305
3) K.H.Müller [1911], 277–281

drei als Realgymnasium weitergeführt. Nach dieser Umstrukturierung waren die Absolventen berechtigt, das Studium an der TH Karlsruhe aufzunehmen, ohne die sogenannten Vorklassen durchzumachen. Diese Regelungen wurden 1882 durch das preußische Kultusministerium wieder rückgängig gemacht. Es scheint sehr plausibel, daß diese Abituraufgaben der besonderen Funktion zu danken sind, die das Wiesbadener Realgymnasium zeitweise gehabt hat. Wie dem auch gewesen sein mag, ein Blick in Müllers Lehrbuch zeigt, welcher mathematischen Gedankenwelt seine Auffassung der Schulmathematik entstammte.

VII.1.3. A.Bretschneiders "System der Arithmetik und Analysis"

Das nächste Werk, das hier besprochen werden soll, war zwar als Schulbuch gedacht, trägt jedoch einen ganz anderen Charakter als das von Müller. Es handelt sich um das *"System der Arithmetik und Analysis. Für den Gebrauch in Gymnasien und Realschulen sowie auch zum Selbststudium"* von dem Gothaer Gymnasialprofessor C.A.Bretschneider.[1] Dieses Werk ähnelt den Entwürfen von Ohm und Dirksen in dem Sinne, daß es eine systematische, in sich geschlossene und möglichst durchsichtige Konzeption von Arithmetik und Analysis präsentierte. Den Charakter eines Schulbuchs ließ es weit hinter sich. Es ist ein charakteristisches Beispiel für die Art wissenschaftlicher Tätigkeit, der viele Gymnasiallehrer des 19.Jahrhunderts nachgegangen sind. Sie war von einer Überzeugung geleitet, die J.G.Graßmann dahin gehend ausgedrückt hat, daß jede methodische Bestrebung, die das Erlernen einer Wissenschaft erleichtern solle, höchst problematisch sei, *"wenn sie nicht zugleich, durch größere Aufklärung der Elemente, die Wissenschaft, der sie gewidmet sind, selbst fördern, den innern Zusammenhang der Operationen und Constructionen klar darlegen, jede durch die Natur des Gegenstandes bedingte Stufe als solche hervortreten lassen ..."*[2] Daher sei es vorzugsweise die Aufgabe des *"Schulmannes, seine Wissenschaft von diesem Gesichtspunkte aus zu bearbeiten, durch gute innere Oeconomie das Wissen zu veredeln, seine Bildungen zu gestalten, und ihnen den Hauch des Lebens mitzutheilen, durch welchen sie den Geist zu sich hinziehen und fesseln."*[3]

Das Buch Bretschneiders zeichnet sich durch eine hohe Originaltät aus. Im Unterschied zu den bisher behandelten Werken umfaßt es auch Differential- und Integralrechnung und hat dennoch einen rein algebraischen Charakter. Dem Stil der

---

1) Bretschneider [1856/7]
2) Graßmann [1827], 3
3) a.a.O.

Darstellung nach und in seinen leitenden Ideen ist es ein typisches Produkt der Tradition der Algebraischen Analysis und zeigt, wie vielgestaltig diese Tradition gewesen ist.

Carl Anton Bretschneider wurde 1808 in Schneeberg im Erzgebirge als Sohn eines Pfarrers und späteren Generalsuperintendenten geboren. Von 1818 bis 1826 besuchte er das Gymnasium in Gotha, an dem F.Kries Mathematik unterrichtete, und studierte von 1826 bis 1830 auf Wunsch seines Vaters und gegen seinen eigenen Willen Jura in Leipzig. Neben dem Jura-Studium befaßte er sich intensiv mit Mathematik und Astronomie und hatte engen Kontakt zu dem Mathematiker H.Brandes und dem Astronomen und Mathematiker A.F.Moebius. Nach dem ersten juristischen Examen dauerte der Konflikt mit seinem Vater über seine berufliche Zukunft fort, und erst nach fünf Jahren und einer schweren Krankheit konnte Bretschneider sich durchsetzen und Mathematiklehrer am Gymnasium von Gotha werden. Nach wissenschaftlichen Artikeln in Crelle's Journal und dem Archiv für Mathematik von Grunert publizierte er sein erstes Lehrbuch, das *"Lehrgebäude der niederen Geometrie"*,[1] das nach seinem eigenen Urteil sich in vielen Punkten den Meinungen seines damaligen Direktors, Traugott Müller, anzupassen hatte. Bretschneider hatte Kontakt mit vielen Wissenschaftlern des In- und Auslands, ab 1849/50 auch Umgang mit C.G.J.Jacobi, der nach seiner Verwicklung in die revolutionären Ereignisse in Berlin mit seiner Familie zeitweise nach Gotha umgezogen war. 1856/7 erschien dann sein *"System der Arithmetik und Analysis"*. Danach begann er, sich intensiv mit der Geschichte der antiken Mathematik zu beschäftigen, und als Ergebnis dieser Studien veröffentlichte er das Buch *"Die Geometrie und die Geometer vor Euklides, ein historischer Versuch"*,[2] durch das er im hohen Alter noch international bekannt wurde. Bretschneider starb 1878.

Über die Absicht des *"Systems"* sprach sich Bretschneider in der Vorrede dahingehend aus, daß es die *"Elemente der Lehre von den Zahlen nicht nur streng systematisch ... darstellt, sondern einmal auch so weit [fortführt], daß der Studirende von ihnen aus in die höheren Theile der Mathematik einzudringen vermag, ohne genöthigt zu seyn, von Zeit zu Zeit umzukehren, um rückwärts liegendes Mangelhafte zu verbessern ..."*[3] Aus diesem Programm folgte für ihn eine strenge Durchführung des Zahlbereichserweiterungsprinzips. *"Von jener Leichtfertigkeit, die die arithmetischen Gesetze an ganzen absoluten Zahlen ermit-*

---

1) Bretschneider [1844]
2) Bretschneider [1870]
3) Bretschneider [1856/7], I.Lehrgang, V

*telt und die gefundenen sodann auf jede Gattung von Zahlen anwendet, ohne sich
darum zu bekümmern, ob dies auch geschehen darf; – von jener Sorglosigkeit,
die den Schüler gewöhnt, darauf los zu operiren, ohne nach der Natur des Re-
sultates zu fragen und die Bedingungen zu ermitteln, unter denen allein dasselbe
gültig ist; – von alle dem mußte ich mich entschieden fernhalten. Man wird
daher gleich von den niedrigsten Operationen an die Frage nach der Eindeutigkeit
der Resultate berücksichtigt finden und demzufolge auch die Aufstellung des Begriffes der Gleichung mit einigen Beschränkungen verbunden sehen, die allerdings
keinen Einfluß äußern, so lange man im Gebiet der vier niederen Operationen
verweilt, später dagegen von desto bedeutenderem Gewichte werden. Ferner ist
der Ausdehnung der an absoluten ganzen Zahlen ermittelten Operationsgesetze auf
die negativen, gebrochenen, irrationalen und imaginären Zahlformen eine besondere Sorgfalt gewidmet und dieselbe überall so weit fortgeführt, daß der Schüler eine
klare Einsicht in den dabei einzuschlagenden Weg und sichere Erkenntnis der
Grenzen erhält, bis zu denen jene Ausdehnung erlaubt ist.* "[1]

Bretschneider stellte den Anspruch, daß die *"Architektonik des Ganzen eine streng
wissenschaftliche Haltung bekommen"* solle, die sich zwingend aus der *"natürlichen Entwickelung"* des Zahlbegriffes ergebe.[2] Die Grundstruktur des Systems
war also nach dem Vorbild von M.Ohm durch das Zahlbereichserweiterungsprinzip definiert, in seiner Durchführung allerdings wies das Vorgehen Bretschneiders erhebliche Unterschiede zu Ohm auf.

Der ganze Kursus umfaßt vier Hefte (Lehrgänge):

1. Die Grundgesetze der Allgemeinen Zahlenlehre und der Combinatorik

2. Die unbestimmten rationalen Zahlen (= rationale Zahlen und niedere Algebra
   einschließlich einer Theorie unendlich großer und unendlich kleiner Zahlen)

3. Die bestimmten, irrationalen und imaginären Zahlen (= Zahlsysteme, irrationale und imaginäre Zahlen)

4. Die Grundlehren der Analysis (=allgemeine Funktionenlehre, Differential- und
   Integralrechnung, Theorie der unendlichen Funktionsformen)

Bretschneider fand es nötig, diesen enormen Stoffumfang mit der schnellen Entwicklung der Universitätsmathematik zu rechtfertigen, vor allem im Hinblick auf

---

1) a.a.O.
2) a.a.O.

die "oberen Schulbehörden..., die häufig, wegen Unbekanntschaft mit der Mathematik, an dem bisher üblichen Lehrgange mit einer gewissen Hartnäckigkeit festhalten."[1]

Die Überschrift des ersten Lehrgangs zeigt, daß auch bei Bretschneider die Kombinatorik eine fundamentale Bedeutung für die Mathematik hatte. Ihre Rolle war dreifach. Zum einen stellte sie in der Algebra für gewisse Operationen explizite Formeln bereit. Zum zweiten sollte die *konstruktive Kombinatorik*, d.h. die Übung der effektiven Aufstellung kombinatorischer Gesamtheiten, die Fähigkeiten der Schüler im symbolischen Operieren fördern. Zum dritten erhielt die Kombinatorik bei Bretschneider eine wichtige Bedeutung für die *Begründung* der Mathematik. Sie diente ihm zur Formulierung einer *abstrakten mathematischen Ontologie*.

Krauses Idee von der Mathematik als einer *Ganzheitswissenschaft* fand bei Bretschneider eine Auferstehung in einer nüchterneren Sprache. "*§.1. Der im menschlichen Geiste stattfindende stete Wechsel von Vorstellungen läßt, wenn von dem Inhalte derselben abgesehen wird, für das Bewußtsein nichts weiter übrig als die Vorstellung der* **Einzelheit** *und der* **Vielfachheit***, welche, mit einander verknüpft, die Vorstellung der aus Einzelheiten gebildeten* **Gesammtheit** *erzeugen. Alle drei bilden sich durch die eigenthümliche Natur des Menschengeistes und der Dinge außer ihm mit absoluter Nothwendigkeit und gehören zu den sogenannten Grundvorstellungen des Bewußtseyns, ... §.2. Der systematische Inbegriff aller Erkenntnisse, die sich einzig und allein aus diesen Grundvorstellungen und deren logisch richtiger Verknüpfung gewinnen lassen, bildet diejenige Wissenschaft, welche mit dem Namen der* **Mathematik** *bezeichnet wird. Die Resultate derselben haben für das Bewußtseyn vollkommenste Gewißheit und für die Außenwelt unbedingte Anwendbarkeit und Gültigkeit. §.3. Denkt man sich, daß eine oder mehrere Einzelheiten einer Gesammtheit eine für sich bestehende Gesammtheit untergeordneter Art bilden, so entsteht die Vorstellung der* **Partialgesammtheit***, welche dann der* **Totalgesammtheit** *als dem Inbegriffe aller Einzelheiten gegenübertritt.*"[2]

Hieraus wurden in naheliegender Weise die Grundbegriffe der Kombinatorik und der Arithmetik abgeleitet, und Bretschneider gelangte schließlich zu dem folgenden

---

1) a.a.O., VII
2) a.a.O., 1

Schema der Mathematik:

I. *Combinatorik.*
   1) *Lehre von den Permutationen.*
   2) *Lehre von den Variationen.*
   3) *Lehre von den Combinationen.*

II. *Quantitätslehre.*
   A. *Zahlenlehre.*
      1) *Lehre von den diskreten Zahlen, Arithmetik.*
      2) *Lehre von den stetigen Zahlen, Analysis.*
   B. *Gebindelehre.*
      1) *Lehre von den diskreten Gebinden, Syntaktik.*
      2) *Lehre von den stetigen Gebinden, Ausdehnungslehre.*[1]

In der Durchführung ist Bretschneiders *System* in seiner ganzen Einseitigkeit[2] ein beeindruckendes Buch, das nicht nur ein klares formales Konzept präsentiert, sondern auch im Stil das Prinzip der durchsichtigen Form umfassend anwandte. Das kann nur schwer beschrieben werden. Bretschneider legte größten Wert darauf, dem Leser die Struktur von Formeln durchsichtig zu machen. Das Kapitel *"Von den Aggregaten und den Rechnungen mit denselben"*, also das, was man heute als *Termumformungen* bezeichnen würde, war mit einer ungewöhnlichen Systematizität verfaßt, obwohl hier eigentlich Dinge zur Rede stehen, die man eher durch Übung als durch Einsicht zu lernen hat. Sein formales (und didaktisches) Grundprinzip war, Strukturen und innere Symmetrien von Formeln an möglichst komplizierten und nicht an trivialen Beispielen vorzuführen. Variation von formalen Ausdrücken war das umfassend angewandte Prinzip. Dadurch sollte das Auftreten bestimmter Terme nicht als Zufälligkeit, sondern als Folge einer nachvollziehbaren Regularität einsichtig werden. Man sieht hier, wie wieder das *Ideal des reflektierten Rechnens* im Hintergrund steht.

---

1) a.a.O., 11. Ähnlichkeiten mit H.Graßmanns Klassifikation der Mathematik sind unverkennbar. Die Ausdehnungslehre erhält sogar ihren ausdrücklichen Platz bei Bretschneider. In der Tat heißt es in einem Brief von A.F.Moebius an H.Graßmann aus dem Jahre 1853: *"Bretschneidern in Gotha kenne ich bis jetzt als den einzigen Mathematiker, der mir ihre Ausdehnungslehre durchgelesen zu haben versicherte."* (Engel [1911], 163)
2) Ganz passend sprach M.Cantor von Bretschneiders *aprioristischem Standpunkt* (Cantor [1858], 26)

Betrachten wir dazu ein einfaches Beispiel:[1]

"20) Das Quadrat der Summe mehrerer Zahlen ist gleich der Summe der Quadrate der einzelnen Zahlen vermehrt um die doppelte Summe der Produkte aus je zweien derselben:

$$(a+b)^2 = a^2 + b^2 + 2ab$$

$$(a+b+c)^2 = a^2 + b^2 + c^2 + 2(ab + ac + bc)$$

$$(a+b+c+d)^2 = a^2 + b^2 + c^2 + d^2 + 2(ab + ac + ad + bc + bd + cd)"$$

Wie wir das bei J.H.T.Müller gesehen haben, soll auch hier die verbale Paraphrasierung keine Regel sein, die der Schüler auswendig zu lernen hätte, sondern sie soll als Mittel dienen, um die Bewußtheit gegenüber den strukturellen Merkmalen der in Rede stehenden Formel zu erhöhen.

Die Notwendigkeit eines breiten sprachlichen Ausdrucks hatte er in der Vorrede so begründet: *"Natürlichkeit des Gedankengangs, Fernhaltung Alles dessen, was den Charakter eines Kunststückes trägt,...endlich eine gewisse Breite des Wortausdruckes, die, ohne in Weitschweifigkeit zu verfallen, doch die Gedanken und Schlußfolgerungen etwas aus einander legt, − das sind nach meiner Erfahrung die nothwendigen Erfordernisse, um alle Sorten von Geistern ... gleichmäßig fortzuführen."*[2]

Ob es ihm gelang, alle Schüler damit anzusprechen, mag bezweifelt werden. Sein Stil, Probleme mit möglichst großer *formaler Allgemeinheit* zu behandeln, ist bis in die Einzelheiten erkennbar. Den binomischen Lehrsatz etwa führt er als Spezialisierung der allgemeinen Multiplikation binomischer Faktoren ein, für die er die Formel aufstellt[3]:

$$(1+ax)(1+bx) \ldots (1+kx) = 1 + {}^nC_1 x + {}^nC_2 x^2 + \ldots + {}^nC_n x^n$$
$$(\text{Zeiger:} \quad a, b, \ldots , k)$$

wobei die ${}^nC_m$ hier die Kombinationen aus n Elementen zur m-ten Klasse bedeuten sollen.

---

1) Bretschneider [1856/7], II.Lehrgang, 51
2) Bretschneider [1856/7], I.Lehrgang, VIII
3) Bretschneider [1856/7], II.Lehrgang, 111

Zweifellos liegt in dieser Allgemeinheit der Behandlung ein Gewinn an Einsicht, und dieser Stil entspricht dem Geist der kombinatorischen Sicht der Algebra, über die pädagogische Machbarkeit kann allerdings gestritten werden.

Um nun einige mathematische Details anzuführen, so charakterisierte Bretschneider negative und imaginäre Zahlen nicht, wie Ohm, als formale Lösungen sonst unlösbarer Gleichungen, sondern im Anschluß an Gauß interpretierte er zur Einführung der negativen Zahlen die postiven als *Zählschritte*, so daß a + b bedeutet, von a aus um b Schritte weiterzugehen. Negative Zahlen ergaben sich dann naheliegend durch Umkehrung der Richtung des Zählens. Von hier aus lenkte er in die damals verbreitete Ohmsche Auffassung ein und bestimmte positve Zahlen als Ausdrücke der Form 0 + a und negative als solche der Form 0-a.

Die Theorie der imaginären Zahlen wurde in großer Ausführlichkeit und mit erheblichem Aufwand entwickelt. Entsprechend der Tendenz zu möglichst generellen Formulierungen motivierte Bretschneider die Einführung der komplexen Zahlen als Lösungen der Aufgabe, eine positive (bzw. negative) Zahl in ein Produkt von Faktoren mit ungleichen (bzw. gleichen) Vorzeichen zu zerlegen, also

$$(+ab) = (\mp a)(\pm b) \text{ und } (-ab) = (\pm a)(\pm b)$$

Von dieser formalen Aufgabe ausgehend zeigte er, daß sie durch Objekte lösbar ist, die sich in der Gaußschen Zahlenebene darstellen lassen, entwickelte die Darstellung der komplexen Zahlen mit Hilfe von Polarkoordinaten und gab den Zusammenhang von sin, cos und Exponentialfunktion.

Gemessen an der damaligen Lehrbuchliteratur war dies durchaus neu und vor allem formal elegant dargestellt. Platzgründe verbieten ein Eingehen auf Details. Worin Bretschneider allerdings völlig originell war, das war seine explizite Einführung *unendlich großer und unendlich kleiner Zahlen*, durch die er erstens eine Theorie irrationaler Zahlen gewann, über die damals sonst möglichst hinweggegangen wurde und zweitens stetige Funktionen, Differential- und Integralrechnung in rein *algebraischer* Weise behandeln konnte. Insbesondere vermied er so alle Komplikationen mit dem allgemeinen binomischen Satz, den er unter Benutzung seines Differentialkalküls in wenigen Zeilen herleiten konnte. Bretschneiders Einbeziehung von Differential- und Integralrechnung in die Allgemeine Arithmetik war in ihren grundlegenden Intentionen eine Wiederbelebung alter eulerscher Vorstellungen und daher eine der weitestgehenden Realisierungen der Idee der Algebraischen Analysis. In der Darstellung werden wir uns auf eine Beschreibung der wichtigsten Grundzüge dieses Kalküls beschränken und die Frage nach seiner inneren Konsistenz und Bezügen zu neueren Ansätzen einer Non-Standard-Analysis ausklammern. Bestimmte begriffliche Feinheiten sind aus den elementaren Anwendungen, die Bretschneider von seinem Kalkül machte, auch nicht zu entscheiden.

Bretschneider war sich der Unzeitgemäßheit seines Vorgehens durchaus bewußt. Die Motivierung der Arbeit mit infinitesimalen Zahlen ist lesenswert. *"Ich weiß zum Voraus, daß gerade diese Partie meines Buches vielfachen Widerspruch erfahren wird, da es noch immer eine große Zahl von Mathematikern giebt, die den Unterschied zwischen dem mathematischen und metaphysischen Unendlichen wo nicht ignoriren, so doch für gänzlich gleichgültig halten. Ist es ja noch gar nicht lange her, daß man öffentlich jeden für einen Schwachkopf erklärte, der überhaupt eine Betrachtung des Unendlichen zulässig fand. In der That, die Weise, auf welche man früher mit diesem Begriffe, namentlich mit dem Unendlich-Kleinen operierte, habe auch ich immer für mangelhaft, ja für unwissenschaftlich gehalten. Der Fehler lag aber meines Erachtens eben darin, daß man die mathematischen Eigenschaften aus der Philosophie holte, statt sie auf mathematischem Wege zu gewinnen. Im vorliegenden Buche ist der Versuch gemacht, Alles, was überhaupt von dem Unendlich-Großen und Kleinen in der Mathematik gesagt werden kann, lediglich aus einer, und zwar einer mathematischen Definition abzuleiten. ... Aber wenn meine Darstellung dieses Gegenstandes auch weiter nichts leistete, als daß sie die ewige Wiederholung der Schlußweise beseitigt, welche bei der Methode der Grenzen in den Worten gegeben wird: 'läßt man nun die Größe u.s.w. immer mehr und mehr abnehmen oder wachsen, bis sie endlich kleiner oder größer wird als jede angebbare Zahl, so folgt, daß der ganze Ausdruck sich immer mehr und mehr der Grenze u.s.w. nähert;' − so würde mir schon dies als ein Gewinn erscheinen. Denn nach Ausweis der Geschichte der Mathematik liegt in der Nothwendigkeit, eine ganze logische Phrase immerwährend wiederholen zu müssen, stets eine Andeutung, daß man einen letzterer zu Grunde liegenden allgemeineren Lehrsatz übersehen hat. "*[1] Infinitesimale Größen sollen also eingeführt werden, um die komplizierten Schlußweisen der Infinitesimalmathematik zu vereinfachen und zu ökonomisieren. Gleichzeitig wird die Theorie dadurch an innerer Durchsichtigkeit gewinnen, daß sie von den elementaren Anfängen bis zur Infinitesimalmathematik von dem Prinzip strukturiert wird, die jeweils neuen Probleme durch Einführung eines neuen Zahltypus zu lösen. Die ganze Theorie wird daher von einer einheitlichen *algebraischen Methode* durchdrungen.

---

1) Bretschneider [1856/7], I.Lehrgang, VI

Bretschneiders mathematische Definition des Unendlich-Großen ergibt sich aus der Überlegung, auch dem Ausdruck

$$\frac{b}{0} = \frac{b}{a-a}$$

eine Bedeutung beizulegen. Durch formale Division leitet er die Gleichungskette

$$\frac{b}{a-a} = \frac{b}{a-a} = 0 + \frac{b}{a-a}$$

$$= \frac{b}{a} + \frac{b}{a-a} = \frac{1b}{a} + \frac{b}{a-a}$$

$$= \frac{b}{a} + \frac{b}{a} + \frac{b}{a-a} = \frac{2b}{a} + \frac{b}{a-a}$$

$$\ldots$$

$$= \frac{b}{a} + \frac{b}{a} + \ldots + \frac{b}{a} + \frac{b}{a-a} = \frac{nb}{a} + \frac{b}{a-a}$$

ab, aus der sich ergibt, daß der Bruch b/a−a die Eigenschaft hat, daß er sich nicht ändert, wenn man eine beliebige angebbare Zahl zu ihm addiert. "§. 243. *Aus der Gleichung*

$$\frac{b}{a-a} = \frac{b}{a-a} \pm \frac{nb}{a} = \frac{b}{a} \cdot \frac{1}{1-1} = \frac{b}{a}\left[\frac{1}{1-1} \pm n\right]$$

folgt sofort, daß jeder Bruch von der angegeben Form, unbeschadet seiner ihm eigentümlichen Natur, auf das Produkt einer angebbaren Zahl b:a und des Faktors 1:(1−1) zurückgeführt werden kann. Wir nennen daher letzteren die **Einheit** *dieser Gattung von Quotienten, und bezeichnen ihn ein für alle Mal mit ω. Jeder Ausdruck von der Form xω wird kurz eine* **unendlich große Zahl** *und in Bezug auf sie jede wirklich angebbare eine* **endliche** *Zahl genannt. Bedeutet a irgend eine algebraische rationale endliche Zahl mit Einschluß der Null, so ist stets:*

$$x\omega \pm a = x\omega$$

$$x\omega - x\omega = \pm a$$

d.h. das unendlich Große bleibt ungeändert, wenn man eine beliebige endliche Zahl zu ihm addiert oder von ihm subtrahiert; und die Differenz des unendlich Großen mit sich selbst kann nicht blos Null, sondern jede beliebige endliche Zahl seyn, ist also gänzlich unbestimmt oder vieldeutig."[1]

Läßt man in dem Ausdruck $x\omega$ die Variable x alle Zahlen der algebraischen Zahlenreihe durchlaufen, so kann man schließlich für x auch den Wert ω einsetzen und gelangt so von den unendlich großen Zahlen *erster Ordnung* zu denen *zweiter Ordnung*, für die wieder die Gleichungen gelten:

$$x\omega^2 \pm a\omega = x\omega^2$$

$$x\omega^2 - x\omega^2 = \pm a\omega$$

Dieser Prozeß läßt sich fortsetzen auf unendlich große Zahlen beliebiger $n-$ter Ordnung, für die Bretschneider die folgenden Rechenregeln ableitet.[2]

a) $x\omega^n = x\omega^n \pm a\omega^{n-1} \pm b\omega^{n-2} \pm \ldots \pm k\omega \pm m$

b) $x\omega^n - x\omega^n = 0$
$$= \pm a$$
$$= \pm a\omega$$
$$\ldots$$
$$= \pm a\omega^{n-1}$$

c) $0 \cdot \omega^n = (x-x)\omega^n = x\omega^n - x\omega^n$ ist wegen b) ein unbestimmter Ausdruck,

d) $x\omega^n \cdot y\omega^n = xy \cdot \omega^{n+m}$

e) $\dfrac{x\omega^n}{y\omega^m} = \dfrac{x}{y} \cdot \omega^{n-m}$

f) $\dfrac{x\omega^n}{y\omega^n} = \dfrac{x}{y}$

---

1) Bretschneider [1856/7], II.Lehrgang, 54
2) a.a.O., 55/6

g) $\quad \omega^0 = \omega^{n-n} = \dfrac{\omega^n}{\omega^n} = 1$

h) $\quad$ Für Ausdrücke der Form

$$P = a\omega^n \pm b\omega^{n-1} \pm \ldots \pm k\omega \pm m$$

$$Q = a_1\omega^n \pm b_1\omega^{n-1} \pm \ldots \pm k_1\omega \pm m_1$$

gilt:

$P \pm Q = (a \pm a_1)\,\omega^n$, vorausgesetzt daß für $P - Q$ a und a_1 von Null verschieden sind,

$$P \cdot Q = (aa_1)\,\omega^{2n}$$

$$\frac{P}{Q} = \frac{a}{a_1}$$

Durch Übergang zum Kehrwert von ω erhält man die unendlich kleinen Zahlen $\overline{\omega}$, die man wieder in einem analogen Prozeß auf unendlich kleine Zahlen erster und dann beliebiger endlicher Ordnung, für die wieder analoge Gesetze gelten, insbesondere

$$x\overline{\omega}^n \pm a\overline{\omega}^{n+1} = x\overline{\omega}^n$$

$$x\overline{\omega}^n - x\overline{\omega}^n = \pm a\overline{\omega}^{n+1} \text{ unbestimmt}$$

Bretschneider führt dann noch das Symbol ∞ für beliebige unendlich große Zahlen ein, weil bei vielen Ausdrücken nicht klar sei, von welcher Ordnung sie unendlich seien. Während etwa

$$1\omega = 1 + 1 + 1 + \ldots \text{ in inf.}$$

$$2\omega = 2 + 2 + 2 + \ldots \text{ in inf.}$$

$$\ldots$$

$$n\omega = n + n + n + \ldots \text{ in inf.}$$

unendlich große Zahlen erster Ordnung seien, bleibe es bei dem Ausdruck

$$s = 1 + 2 + 3 + \ldots + (n) + (n+1) + \ldots \text{ in inf.}$$

ungewiß, *"wie der unendlich große Werth von s beschaffen seyn und in welche Ordnung er gehören mag."*[1]

Zweifellos war damit ein Kalkül begründet, in dem nach einfachen Gesetzen gerechnet werden konnte. Aber Bretschneider untersuchte nicht die Widerspruchsfreiheit seines Kalküls. Ob beim Übergang von Formeln, die unendlich große oder kleine Zahlen beinhalten, zu solchen, die nur angebbare umfassen, sich immer korrekte Beziehungen ergeben, diese Frage blieb offen.

Die erste Anwendung dieser Theorie des Unendlich−Kleinen und −Großen erfolgte in der Begründung der Irrationalzahlen. Diese Zahlen stellte Bretschneider durch die übliche Einschachtelung dar, also etwa Wurzeln durch:

$$a + \frac{q}{p} < \sqrt[n]{z} < a + \frac{q+1}{p} \quad \text{oder mit } a + \frac{q}{p} = A$$

$$A < \sqrt[n]{z} < A + \frac{1}{p}$$

und fuhr dann fort: *"Je größer man also p nimmt, um desto kleiner wird der Fehler, den man begeht, wenn man A anstatt $\sqrt[n]{z}$ setzt und man sieht augenblicklich, daß man diesen Fehler für endliche Zahlen verschwindend machen kann, wenn man p unendlich groß von irgend einer Ordnung, also $P = \omega^n$ annimmt. Der Werth von $\sqrt[n]{z}$ kann alsdann gleich $A + \frac{q'}{p'}$ gesetzt werden, wo p' und q' zwei unendlich große Zahlen m−ter Ordnung sind und der Fehler, den man dabei begeht, ist gleich $\overline{\omega}^m$, d.h. eine unendlich kleine Zahl m−ter Ordnung. ... Die allgemeine Form, unter welcher diese Gattung unangebbarer Zahlen erscheint, ist*

---

1) a.a.O., 60

also die eines Bruches, dessen Zähler und Nenner unendlich große Zahlen gleicher Ordnung sind. Von selbst folgt daraus, daß irrationale Zahlen zwar stets eindeutig, allein keineswegs selbst unendlich groß sind; sie liegen vielmehr mitten unter den endlichen Zahlen, die sie einschließen."[1]

Mit Hilfe dieser Definition werden dann die Gesetze des Rechnens mit irrationalen Zahlen bewiesen, wobei der Gebrauch der infinitesimalen Größen darin besteht, Abschätzungen, die mit Hilfe endlicher Brüche aufgestellt werden, durch Hinzufügen infinitesimaler Größen in Abschätzungen für irrationale Zahlen zu verwandeln.

Ausführlich diskutiert Bretschneider die Bedeutung infinitesimaler Größen für die Aufklärung des *Stetigkeitsbegriffs.* Dieser Begriff beinhalte nämlich eine Schwierigkeit, da er *"einerseits verlangt, daß jeder besondere Werthzustand der Veränderlichen von dem ihm zunächst folgenden quantitativ verschieden seyn soll, anderseits aber eine wirkliche Angabe dieses Größenunterschiedes total ausschließt, indem, wenn eine solche Angabe möglich wäre, sofort die Stetigkeit der Änderung aufgehoben seyn und an ihre Stelle eine sprungweise treten würde. Die Mathematik würde sich mit der Beseitigung dieser Schwierigkeit befassen müssen, wenn ihr nicht ein Ausdruck zu Gebote stände, der beide scheinbar sich widersprechende Bedingungen des Begriffs der Stetigkeit zugleich erfüllt. Dieser Ausdruck ist die bekannte Gleichung* $x + x_1 \overline{\omega}^n = x.$*"[2]* Hieraus folgt unmittelbar die Definition:*"Wir nennen demnach eine Veränderung der Quantität eine stetige, wenn sie durch lauter Fortschritte bewirkt wird, die sämmtlich nicht größer sind, als unendlich kleine Zahlwerte der ersten Ordnung.*"[3]

Er verweist dann darauf, daß dieser Begriff *"noch eine Steigerung"* zulasse, wenn man fordere, daß die Veränderung durch infinitesimale Größen höherer Ordnung erfolgen solle. In der Tat werden wir später belehrt, daß obige Definition der Stetigkeit noch nicht die endgültige ist, sondern daß Bretschneider an stetige Funktionen wesentlich stärkere Anforderungen stellt.

Nachdem er nämlich eine Reihe von Formeln für einfache und höhere Differenzen von Funktionen, die zur Interpolation genutzt werden können, abgeleitet hat, führt er Differentiale ein, indem er die erste Diffferenz Δx den Wert einer unendlich kleinen Größe erster Ordnung annehmen läßt und so zum Differential dx übergeht. In den Fällen, in denen eine explizite Relation zwischen der Differenz der unab-

---

1) a.a.O., III, 64
2) Bretschneider [1856/7], IV. Lehrgang, 5
3) a.a.O.

hängigen Variablen Δx und der Differnz der Funktion Δy existiert, ergibt sich, daß auch diese Differenz im allgemeinen eine unendlich kleine Größe erster Ordnung ist, das Differential dy. Allgemeiner definiert er das Differential dy dann als Grenzwert des Differenzenquotienten[1]:

$$dy = \lim \left[\frac{f(x + \Delta x) - f(x)}{\Delta x} \right] dx$$

Falls dieser Grenzwert endlich ist, sind wieder dy und dx unendlich kleine Größen erster Ordnung. Entsprechend ergibt sich, daß höhere Differentiale unendliche kleine Größen höherer Ordnung sind, weil in

$$d^n y = \lim \left[\frac{\Delta^n y}{\Delta x^n} \right] dx^n$$

die Größe dx^n unendlich klein n–ter Ordnung ist, dasselbe daher auch, falls $f^{(n)}(x)$ endlich ist, für $d^n y$ gelten muß.

Erst nun folgt die endgültige Definition der Stetigkeit einer Funktion: *"Verlangt man daher, daß eine Funktion fx für **alle** Werthe, die sie erhalten kann, wenn x von dem Werthe a bis zu dem Werthe b wächst, stetig seyn soll, so darf weder sie selbst, noch einer ihrer Differentialquotienten innerhalb der Grenzen a und b unendlich groß werden. Hiermit ist denn die Bestimmung der Stetigkeit einer Funktion, welche in §.642 und 648 nur im Allgemeinen gegeben werden konnte, genau ausgesprochen und zugleich das Mittel gefunden, durch welches jene Bestimmung in allen Fällen erhalten werden kann."*[2]

Stetige Funktionen im Sinne von Bretschneider sind daher unendlich oft differenzierbar mit im Stetigkeitsbereich endlichen Differentialquotienten. Dies bedeutete eine weitgehende Differenz zu Cauchy, der ja gerade einen Unterschied von Stetigkeit und Differenzierbarkeit erstmalig begrifflich festgestellt hatte. Bretschneider nahm also einen erheblichen Verlust an Unterscheidungsfähigkeit seiner Theorie in Kauf. Was er damit natürlich gewann, war eine wesentlich einfachere Theorie, als dies bei Cauchy der Fall war. Im Rahmen dieser Theorie war ein weitgehend *naives Rechnen* im Sinne der Mathematik des 18.Jahrhunderts möglich.

---

1) Bretschneider [1856/7], IV. Lehrgang, 35
2) a.a.O., 52

Dies zeigt sich z.B. daran, daß im Prinzip jede stetige Funktion im Sinne Bretschneiders auch analytisch, d.h. in ihre Taylor–Reihe entwickelbar ist. Genauer folgt aus der Stetigkeit der Funktion und aus der Konvergenz der Taylor–Reihe
bereits die Tatsache, daß die Funktion in eine Taylorreihe entwickelt werden kann.[1]

Dementsprechend gestaltete sich für Bretschneider auch der Beweis des *binomischen Satzes* für beliebige Exponenten sehr einfach, indem er lediglich die sukzessiven Ableitungen von $(1+x)^m$ zu bilden und zu zeigen hatte, daß sie endlich
bleiben. Der Nachweis der Konvergenz der binomischen Reihe reicht dann für den
Beweis der fraglichen Gleichung aus.[2]

Ein Detail, das zwar für den Gesamtaufbau der Theorie nicht wichtig ist, sei noch
erwähnt, weil es historisch interessant ist. An hervorgehobener Stelle, in der
Vorrede zum zweiten Heft seines Lehrgangs, wies Bretschneider auf eine Meinungsverschiedenheit mit Cauchy und Abel hin. *"Wenn ich übrigens in §.204 die
Behauptung ausgesprochen habe, daß unter allen Umständen $0^0 = 1$ sey, so weiß
ich wohl, daß namhafte Mathematiker, wie **Abel**, **Cauchy** und andere der gegen-
theiligen Ansicht sind und ihre Meinung durch Beispiele zu erweisen gesucht
haben. Wenn indessen diese Herren die Definitionen der Null und negativen
Potenzexponenten nicht bei Seite werfen wollen, so ist ihre Ansicht ganz bestimmt
irrig; ihre Beispiele sind geradezu unpassend, weil sie in allen Fällen ohne Ausnahme sich erlaubt haben, anstatt der Nullen Funktionen zu setzen, welche einen
unendlich kleinen Zahlwert erhalten. Daß aber in diesem Fall $\lim[(Fx)^{fx}]$ ganz
andere Werthe annehmen kann als die Einheit, wird niemand bezweifeln."*[3]

Dieser Seitenhieb gegen Cauchy und Abel scheint mir aus zwei Gründen interessant zu sein. Zum einen charakterisiert er mathematisch den speziellen Ansatz von
Bretschneider. Zum anderen kann man in dieser Bemerkung einen Ausdruck für
die generelle Unzufriedenheit sehen, daß durch Cauchy die Algebraische Analysis
ihre innere Durchsichtigkeit verloren hat.

Es scheint mir nicht möglich zu sein, den Sachverhalt mathematisch vollständig
aufzuklären. Bretschneiders Argument im §.204 besagt, daß die folgende Glei-

---

1) a.a.O., 97
2) a.a.O., 104
3) a.a.O., II. Lehrgang, V

chung gelte

$$0^0 = 0^{m-m} = \frac{0^m}{0^m} = \frac{0}{0}$$

und daher 0^0 auf den Fall 0:0 zurückgespielt werden kann. Hier müsse man berücksichtigen, daß *"die Nullen im Nenner des Bruches $0^m:0^m$ denen des Zählers identisch seyn müssen"* und daher trete hier der Fall ein, daß der Quotient die Form

$$\frac{a-a}{a-a}$$

annehme, woraus sich die fragliche Gleichung ergebe.[1]

Tatsächlich hatte es um das Problem 0^0 eine gewisse Diskussion in der Mathematik des frühen 19.Jahrhunderts gegeben. In der *"Analyse algébrique"* hatte Cauchy verschiedene Beispiele diskutiert und dann das Ergebnis abgeleitet, daß der $\lim [f(x)]^{F(x)}$ zwischen 0 und $+\infty$ liegt und man daher dem Zeichen 0^0 keinen allgemeingültigen Wert beilegen könne.[2]

Dagegen waren in Crelles Journal 1833/34 verschiedene Artikel erschienen, in denen behauptet bzw. bestritten wurde, daß 0^0 immer gleich 1 ist.[3] Insbesondere hatte der mit Bretschneider befreundete A.F.Moebius einen Artikel publiziert, in dem er den allgemeinen Nachweis für $0^0 = 1$ versucht hatte.[4] Dieser Nachweis hing allerdings von der Voraussetzung ab, daß eine Funktion, die an einer Stelle a Null wird, in der Umgebung dieser Stelle eine Darstellung der Form $x^m \cdot P(x)$ besitzt, wobei P(a) ungleich 0 ist. In den beiden folgenden anonymen Stellungnahmen wurde darauf hingewiesen, daß diese Annahme nicht generell gültig ist, und es wurden einige Gegenbeispiele angeführt. Ein einfaches Beispiel ist etwa das Funktionenpaar $f(x) = \exp(-\frac{1}{x})$ und $F(x) = x$, so daß $[f(x)]^{F(x)}$ für x gegen 0 den

---

1) a.a.O., 30
2) Cauchy [1821], II.Kap., §3
3) Die Auseinandersetzung wurde durch einen Artikel von G.Libri (*"Mémoire sur les fonctions discontinue"*) eröffnet, der zu beweisen versuchte, daß $0^0 = 1$ ist (Journal für die reine und angewandte Mathematik 10 (1833), 303−316). Es folgte eine anonyme Erwiderung, in der auf Cauchys Ergebnisse hingewiesen wurde (a.a.O., 11 (1834), 272/273). Darauf erschienen noch ein Artikel von Moebius und zwei anonyme Stellungnahmen.
4) Moebius [1834]

Wert $\frac{1}{e}$ annimmt.[1]

Bretschneider mußte diese Auseinandersetzung bekannt gewesen sein, ebenso wie die dort angeführten Gegenbeispiele. Sein Argument besagte, daß zwischen infinitesimalen Größen und einer algebraischen Null, die als Differenz zweier gleicher Zahlen definiert ist, zu unterscheiden sei. Daraus ergibt sich für ihn wohl ein Unterschied zwischen einem Grenzübergang gegen 0 und einem Übergang zu einer infinitesimal kleinen Größe wie im Falle $\exp(-\frac{1}{x})$ für $x=0$, während etwa Cauchy davon ausging, daß man die unendlich kleinen Größen wertmäßig mit der Null identifizieren darf. Die Frage ist dann, was bei Bretschneider die Konvergenz einer Funktion gegen die algebraische Null bedeutete. Darüber läßt sich in seinem *System* kein weiterer Hinweis ausmachen, und man ist hier auf Spekulationen angewiesen. Eine mögliche Spekulation wäre, daß Bretschneider hier nur Übergänge im Sinne seines Stetigkeitsbegriffs akzeptieren wollte. Dieser aber war weitgehend gleichbedeutend mit der Analytizität der Funktion, und auf analytische Funktionen war der Beweis von Moebius anwendbar.

In seiner Rezension des bretschneiderschen Buches zeigte auch M.Cantor sich in dieser Frage ratlos. Er meinte, daß der *"Fehlschluß des Herrn B. allerdings sehr tief zu liegen scheint, wenigsten uns nicht vollständig ersichtlich wurde"* [2] und führte dann einige der Gegenbeispiele an, die in der zurückliegenden Diskussion genannt worden waren.

Bretschneiders *"System der Arithmetik und Analysis"* war der konsequente Versuch, eine algebraische Auffassung der gesamten Analysis von der elementaren Arithmetik bis zur Differential- und Integralrechnung vollständig streng durchzuführen. Die Systematik dieses Versuchs war am Prinzip der schrittweisen Erweiterung der Zahlbereiche orientiert, wobei die Einbeziehung von Differential- und Integralrechnung gelang, indem unendlich große und unendlich kleine Zahlen konstruiert wurden. Zweifellos stand hinter diesem Versuch der Wunsch nach einer möglichst großen Einheitlichkeit und inneren Durchsichtigkeit der ganzen Theorie. Daß die dabei erreichte Einfachheit mindestens auch mit einer im Vergleich zu Cauchy geringeren Unterscheidungsfähigkeit erreicht wurde, haben wir gesehen. Aber dies wurde wettgemacht dadurch, daß Bretschneider mit solchen Formeln rechnen konnte, wie sie etwa in der Mathematik Eulers vorkommen.

---

1) Journal für die reine und angewandte Mathematik 12 (1834), 294
2) Cantor [1858], 27

Aber dieses Werk war nicht nur von einem wissenschaftlichen Außenseiter geschrieben, sondern es enthielt auch eine Art von Mathematik, die neben dem
Hauptstrom der mathematischen Entwicklung lag. Man kann sicher verstehen, daß
M.Cantor als Rezensent mathematisch nicht völlig überblicken konnte, welche
Konsequenzen mit Bretschneiders infinitesimalen Zahlen verbunden waren und ob
es sich hier um einen widerspruchsfreien Kalkül handelte. Das ist auf der Grundlage so schmaler Anwendungen, wie sie bei Bretschneider gegeben wurden, wohl
auch nicht möglich. Dennoch spricht es nicht für eine große Offenheit Cantors und
wohl auch der meisten Mathematiker seiner Zeit im Umgang mit andersartigen
Ansätzen und signalisiert zugleich eine gewisse Unsicherheit, wenn Cantor zu
diesem Teil des Bretschneiderschen Werkes nicht mehr zu schreiben wußte,
als: *"Wenn wir nun soweit mit wahrem Vergnügen den drei ersten Lehrgängen
gefolgt sind, so möchten wir den vierten am liebsten gar nicht berühren, um uns
den angenehmen Eindruck des Werkes nicht zu stören. Denn so leid es uns thut,
so müssen wir doch diesen letzten Theil als den schwächsten bezeichnen, der einer
nochmaligen strengen Ueberarbeitung gar sehr bedarf, bevor er dem Anfange
ebenbürtig zur Seite stehen kann. ... Die Grenzübergänge hingegen sind grossen-
theils so kühn, dass deren Richtigkeit von der Evidenz weit entfernt ist, und auch
das so wesentliche Kapitel über Convergenz der Reihen kann nochmalige Revision
keineswegs entbehren. "*[1]

VII.1.4. Die "Algebraische Analysis" von M.A.Stern

Als weiteres und letztes Beispiel einer Konzeption von Algebraischer Analysis, die
nicht dem Haupttrend der Entwicklung im 19.Jahrhundert gefolgt ist, sei das
"Lehrbuch der Algebraischen Analysis" von M.A.Stern besprochen.[2] Moritz
Abraham Stern wurde 1807 in Frankfurt a.M. geboren. In seiner Jugend empfing
er ausschließlich Privatunterricht und bezog 1826 die Universität Heidelberg, um
Philologie zu studieren. Er wechselte dann schnell Studienfach und Ort und ging
nach Göttingen, um bei Gauß Mathematik zu studieren. Mit Philologie hat er sich
allerdings weiterhin regelmäßig, auch in wissenschaftlichen Publikationen beschäftigt. 1829 promovierte er in Göttingen mit einer zahlentheoretischen Arbeit.
Dies war die erste von Gauß abgehaltene Doktorprüfung. Obwohl er sich noch im
selben Jahr habilitierte und in den folgenden Jahren zwei Preise europäischer
wissenschaftlicher Akademien gewann, wurde er als Jude erst 1849 zum außeror-

---

1) Cantor [1858], 28/29
2) Stern [1860]

dentlichen Professor ernannt. 1850 stellte Stern den Antrag auf Gründung eines mathematisch–physikalischen Seminars für die Ausbildung von Mathematiklehrern und war damit der eigentliche Begründer des Göttinger mathematischen Seminars. Nach dem Tod Dirichlets wurde er 1859 gleichzeitig mit Riemann Ordinarius in Göttingen. Der Schwerpunkt seiner Forschungen lag im Bereich der Zahlentheorie, doch hat er auch in anderen Gebieten publiziert. Stern starb 1894 in Zürich.[1]

In seiner Göttinger Studienzeit hatte Stern auch bei B.F.Thibaut gehört, dessen *"Lehrbuch der Allgemeinen Arithmetik"* wir bereits besprochen haben. Man kann sagen, daß Sterns *"Lehrbuch der Algebraischen Analysis"* von 1860 der letzte im 19.Jahrhundert unternommene Versuch gewesen ist, die durch die Kombinatorische Schule und Thibaut entwickelte Auffassung der Analysis wieder zu beleben.[2] Auf der anderen Seite verstand Stern sein Buch auch als einen bewußten Gegenentwurf zu Cauchys Algebraischer Analysis. Zwar gestand er Cauchy eine Schärfe der Begriffsbestimmung und Gründlichkeit der Beweise zu, *"deren Nothwendigkeit erst die neuere Entwicklung der Mathematik zu klarem Bewußtsein gebracht"*[3] habe, andererseits machte er Cauchy denselben Vorwurf, den bereits Ohm und Schlömilch, der eine ein Gegner und der andere ein Anhänger Cauchys, erhoben hatten. Es herrsche in Cauchys Darstellung eine *"Künstlichkeit, welche dem Leser fortwährend die Überzeugung aufdrängt, daß auf diesem Wege die bewiesenen Wahrheiten nicht gefunden worden sind. Gewiß hat jeder Lehrer die Erfahrung gemacht, wie schwer es dem Lernenden fällt, sich in diese Darstellung hineinzuarbeiten, und daß, wo es geschehen, sich doch, und zwar vorzugsweise bei wissenschaftlichen Köpfen, keine Befriedigung einstellt. Sieht man sich auch gezwungen, das Bewiesene als ein mathematisches Kunststück zuzugeben, so vermißt man durchaus den natürlichen Zusammenhang der auf einander folgenden Entwicklungen. Cauchys Darstellung hat hierin eine gewisse Ähnlichkeit mit der Euklidischen und bildet einen schroffen Gegensatz zu der einfachen und durchsichtigen Behandlung in dem vorher erwähnten Werke Eulers."*[4]

Der Vorwurf mangelnder theoretischer Durchsichtigkeit wurde von Stern noch ergänzt durch den Vorwurf *mangelnder Strenge.* Als Beleg führte Stern Cauchys Satz an, daß die Summe einer unendlichen Reihe stetiger Funktionen wieder stetig ist. Diesem Vorwurf gab Stern aber insofern eine neue Wendung, als er ihn nicht

---

1) Zur Biographie Sterns vgl. Rudio [1894]
2) Man vergleiche auch die Angabe bei Lorey, daß Stern noch in den dreißiger Jahren Vorlesungen nach Thibauts Lehrbuch gehalten hat (Lorey [1916], 66).
3) Stern [1860], III
4) a.a.O.

so sehr gegen Cauchy richtete, sondern gegen dessen Nachfolger in Deutschland, wie zum Beispiel Schlömilch. Stern behauptete nämlich, viele Autoren hätten den Beweis für die Stetigkeit der Binomialreihe in Abhängigkeit vom Exponenten m deswegen unterlassen, weil dazu der erwähnte Satz Cauchys erforderlich gewesen wäre.

Nach Sterns Auffassung waren diese Beweise im Kern verfehlt. Er argumentierte, daß die Stetigkeit wesentlich benötigt wird, um zu zeigen, daß die Binomialreihe immer gegen den Hauptwert der Potenz $(1+x)^m$ konvergiert.

Sterns eigenes Programm der Darstellung der Algebraischen Analysis bestand darin, die bei Cauchy vermißte theoretische Klarheit dadurch zurückzugewinnen, daß die algebraischen und rechnerischen Aspekte der Theorie vollständig für sich entwickelt und sorgfältig von der Untersuchung der Konvergenz- und Stetigkeits- fragen getrennt wurden. Dies führte ganz konsequent auf die alte Unterscheidung von formaler und numerischer Gleichheit zurück. *"Wollte man sagen, daß man mit Reihen ... nur unter der Beschränkung rechnet, daß sie einen bestimmten Zahlenwert haben, so würde hierdurch die Allgemeinheit der Betrachtung, welche ja der wesentliche Vorzug der algebraischen Analysis sein soll, aufgehoben. Es müßten zugleich sofort beim Beginn der Untersuchung die Kennzeichen angegeben werden, durch welche man die Fälle, in denen die [Reihe] einen bestimmten Wert ausdrückt, von denen unterscheiden könnte, wo dies nicht der Fall ist, während diese Kennzeichen erst später aus der bis zu einer gewissen Stufe entwickelten algebraischen Analysis abgeleitet werden sollen. Es wird daher notwendig sein, die Definitionen der Operationen der Arithmetik so zu modifizieren, daß sie auf Reihen ... , auch wenn diese in ihrer ganzen Allgemeinheit belassen werden, anwendbar sind. Die nach Anleitung solcher Definitionen gestifteten Verknüpfun- gen der Reihen werden das* **Rechnen mit Reihen** *ausmachen. Es wird zugleich später nachzuweisen sein, wie diese Definitionen mit den als bekannt vorausgesetz- ten Definitionen der Arithmetik dann zusammenstimmen, wenn jene Reihen wirk- lich bestimmte Zahlenwerte ausdrücken.* "[1]

Stern benutzte also zur Begründung seines Ansatzes Gedanken, die wir, zum Teil bis in die Formulierung hinein, auch in der Rezension von Cauchys *"Analyse algébrique"* durch M.Ohm gefunden hatten. Er setzte dieses Programm konsequent um, indem er für den Begriff der formalen Gleichheit ein eigenes Zeichen $\neq$ einführte, während die numerische Gleichheit mit dem gewöhnlichen Symbol = bezeichnet wurde. Die Beziehung zwischen beiden Begriffen der Gleichheit wurde

---

1) a.a.O., 7/8

ausführlich erörtert, indem bewiesen wurde, daß die elementaren algebraischen Operationen mit Reihen im Falle der Konvergenz auch die entsprechenden arithmetischen Beziehungen zur Folge haben.

Stern verfügte noch nicht über den Begriff der gleichmäßigen Konvergenz, so daß die in der Einleitung von ihm angesprochenen Probleme mit dem binomischen Satz nur äußerst umständlich gelöst werden konnten. Er benötigte in langatm·ʒen Einzeluntersuchungen etwa 30 Druckseiten, um den Übergang von der formalen binomischen Formel zur numerischen Gleichung wenigstens für reelle Zahlen zu erledigen. An dieser Stelle blieb also die theoretische Durchsichtigkeit nur Programm.

Ein anderes Kennzeichen der Sternschen Algebraischen Analysis war die konsequente Benutzung der Kombinatorik in der Reihentheorie. Hier führte er auch die alte Thibautsche Symbolik wieder ein. Entsprechend seinem Charakter als Hochschullehrbuch enthielt das Werk nicht die elementare Arithmetik, aber Stern versäumte nicht, in der Einleitung auf die Kombinatorische Analogie zwischen dem Rechnen in einem bestimmten Zahlsystem und dem Operieren mit Polynomen und Potenzreihen hinzuweisen, und auf diesem Weg nahezulegen, daß die Kombinatorik die geeigneten allgemeinen Methoden bereitstellt, um Arithmetik und Algebra einheitlich zu behandeln.[1] So war das Buch in der Tat eine mit den Mitteln der Mathematik von 1860 geschriebene Reproduktion des Werkes Thibaut [1809]. Die Denkweise der stetigen Funktionen wird man hier vergeblich suchen, was man findet, ist ein Universum an Rechnungsformen, das mit Hilfe kombinatorischer Mittel strukturiert wird.

Sterns Buch erfuhr eine wenig freundliche Besprechung durch O.Schlömilch. Dieser mußte sich zweifellos durch das Vorwort angegriffen fühlen, jedoch rechtfertigt dies nicht, daß Schlömilch die Sternsche Argumentation nicht angemessen diskutierte. Stern hatte sehr richtig die Gleichheit zweier Potenzreihen im formalen Sinne auf entsprechende Gleichungsketten für die Koeffizienten zurückgeführt und dadurch korrekt definiert. Dagegen argumentierte Schlömilch, daß Ausdrücke, die unendliche Operationen involvieren, solange keinen vernünftigen Sinn hätten, als nicht nachgewiesen sei, daß bei jenen Operationen eine angebbare und mit anderen vergleichbare Größe herauskomme. Schlömilch konnte sich also Gleichheit a priori nur als Gleichheit von Zahlgrößen vorstellen und mußte daher die Logik des Sternschen Vorgehens verfehlen. Es ging daher an der Sache vorbei, wenn

---

1) a.a.O., 3 ff

Schlömilch einwandte: *"Noch viel unklarer aber wird die Sache, wenn der Verfasser statt des Gleichheitszeichens ein neues Zeichen einführt, ohne eine Definition desselben zu geben. Oder meint der Verfasser wirklich, in dem bloßen Entsprechen liege etwas Bestimmtes?"*[1]

Sterns Buch war der letzte Versuch der Fortführung einer eigenständigen Tradition der Algebraischen Analysis, der unmittelbar an die Konzeptionen des ausgehenden 18.Jahrhunderts anzuknüpfen versuchte. Die Motivation für diesen Versuch lag zum Teil sicher im Biographischen. Doch können solche biographischen Gründe nicht ausreichen, um die Abfassung eines Lehrbuchs zu erklären, von dem der Autor erwarten mußte, damit bei vielen Fachkollegen keinen Beifall zu finden. Daher liegt die Schlußfolgerung nahe, daß es für ein derartiges Werk durchaus einen gewissen Bedarf gab. Der war im Bereich der Lehrerausbildung vorhanden, für die Stern in Göttingen speziell verantwortlich war.[2]

VII.1.5. R.Baltzers "Elemente der Mathematik"

Im gleichen Jahr wie Sterns Werk erschien ein anderes, ungleich erfolgreicheres Lehrbuch, die *"Elemente der Mathematik"* von R.Baltzer. Dieses Buch umfaßte inhaltlich den gesamten Kanon der elementaren Mathematik einschließlich der Stoffe der Algebraischen Analysis. Es erlaubte sich keine theoretischen Eigenheiten mehr, sondern stellte diesen Stoff als Handbuch für Lehrer enzyklopädisch dar.

Richard Baltzer wurde 1818 in Meißen als Sohn eines Professors der dortigen Fürstenschule geboren. Nach Absolvierung des Gymnasiums ging er 1836 an die Universität Leipzig, um Philologie und Philosophie zu studieren. Durch Drobisch und Hartenstein zunächst in die Philosophie Herbarts eingeführt, sah er sich später veranlaßt, sich intensiver mit Mathematik zu befassen. Er wurde Schüler und schließlich Freund von Moebius und promovierte 1841 mit einer mathematischen Arbeit. Nach kurzer Tätigkeit an der Gewerbeschule Chemnitz wurde er 1842 Mathematiklehrer an der Schule zum heiligen Kreuz in Dresden. Dort war er 27 Jahre tätig. Neben kleineren wissenschaftlichen Publikationen vor allem zur Elementargeometrie veröffentlichte er 1857 ein Lehrbuch *"Theorie und Anwendung der Determinanten"*, das rasch mehrere Auflagen erlebte und 1861 ins Französische übersetzt wurde. 1860 folgten dann der erste, 1862 der zweite Band seiner

---

1) Schlömilch [1861], 66
2) vgl. Lorey [1916], 80 ff.

"Elemente der Mathematik". 1869 wurde er schließlich als ordentlicher Professor an die Universität Gießen berufen, wo er vor allem für die Ausbildung der Mathematiklehrer verantwortlich war. Baltzer starb 1887 in Gießen.

Die *"Elemente der Mathematik"* waren ungewöhnlich erfolgreich. Der Band 1, *"Gemeine Arithmetik, allgemeine Arithmetik, Algebra"* erlebte bis 1885 sieben Auflagen, während es der 2.Band, *"Planimetrie, Stereometrie, Trigonometrie"* bis 1883 auf sechs Auflagen brachte. Das Werk wurde auch ins Italienische übersetzt. Zwar waren die *"Elemente"* als Schulbuch gedacht, doch boten sie für diesen Zweck zu viel Stoff auf einem zu geringen Raum. Sie wurden daher vor allem von Lehrern als *"Handbuch der Schulmathematik"* genutzt.[1]

Der im gegenwärtigen Zusammenhang interessierende Band 1 bestand aus drei Büchern. Das erste stellte die *"gemeine Arithmetik"* dar, d.h. einen kurzen Abriß des im Rechenunterricht zu gebenden Stoffs einschließlich der elementaren Bruchrechnung und der Dreisatzaufgaben. Das zweite Buch, die *"Allgemeine Arithmetik"*, behandelte die vier Grundrechenarten für algebraische Ausdrücke, Potenzen, Wurzeln und Logarithmen, den binomischen Satz für beliebige Exponenten und die Kombinatorik. Speziellle Stoffe waren die Lehre von den Einheitswurzeln, die Exponentialreihe, Determinanten, figurierte Zahlen, Kettenbrüche, Zinsrechnung und Wahrscheinlichkeitsrechnung. Das Buch über *"Algebra"* enthielt eine kurze Einführung des Funktionsbegriffs, die Theorie der Gleichungen bis zum 4.Grad, dabei auch Maximums- und Minimumsaufgaben, numerische Lösungsverfahren für transzendente Gleichungen, diophantische Gleichungen, Faktorisierung von Polynomen.

Vom Stoff her umfaßte Baltzers Buch also die typischen Inhalte der Allgemeinen Arithmetik oder Algebraischen Analysis, die wir auch bei den bisher besprochenen Werken gesehen haben. Dennoch hat dieses Buch einen ganz anderen Charakter. Dieser leitet sich aus einer weitgehenden *Zurücknahme der Ansprüche an Systematizität* her, die man in den anderen Büchern findet. Verglichen etwa mit dem *"System"* von Bretschneider sind Baltzers *"Elemente"* von einem ungeheuren Pragmatismus. Dieser ist bereits in der Einleitung spürbar. Zwar spricht Baltzer hier auch von *"wissenschaftlicher Ordnung"* des Stoffs, fährt dann aber fort:*"Indem ich die Aufstellungen verschiedener Reihen von Begriffen möglichst unabhängig von einander zu halten bedacht war, suchte ich den Lehrern, welche das vorliegende Buch beim Unterrichte gebrauchen wollen, die wünschenswerte Frei-*

1) Thaer [1889], 313

heit in der praktischen Auswahl und Anordnung der Lehrstoffe zu wahren. Obgleich die erwählte Anordnung mehrfach durch Rücksichten auf Lehrbedürfnisse bestimmt worden ist, so soll sie doch für die Aufeinanderfolge der Lehrcurse durchaus nicht maßgebend sein, ebenso wenig als es die gebräuchlichen Grammatiken sind, sondern hauptsächlich nur zur Wahrnehmung des wissenschaftlichen Zusammenhangs in den wechselnden Lehrgegenständen anhalten. "[1]

Die Rücknahme der Systematizität wird besonders deutlich am Problem der Zahlbereichserweiterung. Der innere Zusammenhang der verschiedenen Zahlformen und die systematische Begründung der jeweils gültigen Operationsgesetze war ein Schlüsselproblem der bisher dargestellten Ansätze gewesen, mit dem im hohen Grade die Wissenschaftlichkeit und damit der Bildungswert der Mathematik verknüpft wurde. Dagegen werden negative Zahlen bei Baltzer in aller Schlichtheit folgendermaßen eingeführt: *"Wenn der Minuend dem Subtrahenden gleich ist, so ist die Differenz 0...Wenn der Minuend kleiner ist als der Subtrahend, so kann die Differenz in Form eines Subtrahenden (ohne Minuenden) angegeben werden, z.B.*

$$7 - 7 = 0$$
$$7 - 8 = -1$$
$$7 - 9 = -2$$
$$a - b = -(b-a),$$

weil von a nicht mehr als a subtrahirt werden können, und folglich b−a zu subtrahiren bleiben.

*Zu dem Zwecke der Subtraction setzt man die Reihe der natürlichen Zahlen rückwärts über Null fort durch Zahlen, welche das Zeichen der Subtrahenden (−) vor sich tragen und **negativ** genannt werden, ...*"[2]

Hieran fügte Baltzer eine Auflistung der verschiedenen 'Modelle' für negative Zahlen: Vermögen und Schulden, Gewinn und Verlust, Fortschritt und Rückschritt, Hebung und Senkung, Beschleunigung und Verzögerung, Abstoßung und Anziehung, Pressung und Spannung u.s.w. Von der Arithmetik als einem organischen Ganzen, das in dem Zusammenhang der verschiedenen Zahlformen sichtbar wird, ist hier keine Rede. Auch der Anspruch, den Kalkül mit den negativen Zahlen wissenschaftlich zu begründen, ist aufgegeben. Es wird nicht einmal angedeutet, warum bei einer solchen Rechnung tatsächlich richtige Ergebnisse erzielt

---

1) Baltzer [1860], iv
2) a.a.O., 67

werden. Die Einführung der komplexen Zahlen geschieht ähnlich schlicht und ohne jeden Versuch einer Begründung. Es wird lediglich gesagt: *"Die Quadratwurzeln negativer Zahlen sind **imaginär** d.h. Producte aus absoluten Zahlen mit der irreductiblen positiven oder negativen $\sqrt{-1}$, welche imaginäre (laterale) Einheit genannt und durch i bezeichnet wird."*[1] Es folgen dann ohne Begründung eine Reihe von Rechengesetzen.

Baltzers Buch enthält durchaus für Schulverhältnisse schwierige Mathematik, teilweise langwierige formale Rechnungen und zahlreiche recht trockene Stoffe. Das Fehlen von Begründungen bei den Zahlbereichserweiterungen kann also nicht damit erklärt werden, daß er die Schulmathematik auf die einfachsten Dinge zurückschneiden wollte, sondern, so erscheint es, er wollte sich den Zwängen eines systematischen Vorgehens entziehen.

Der pragmatische Stil der Präsentation ist in vielen Einzelheiten sichtbar. Obwohl Baltzer weit davon entfernt ist, einen 'anwendungsorientierten Mathematikunterricht' anzustreben, enthält das Buch doch mehr Anwendungen als das des Realschulmannes Traugott Müller. Es gibt auch wenig Berührungsangst zu lebenspraktischen Beispielen. Wo sie zweckmäßig erscheinen, werden sie herangezogen. Von der Angst, damit den Zusammenhang des Ganzen zu stören, ist keine Rede mehr. Ebenso erfüllen die zahlreichen historischen Hinweise, für die das Buch sehr gelobt wurde, die Aufgabe, den Stoff dem Schüler noch auf eine andere Weise nahezubringen als durch seine innere Logik.

Es scheint, als sei für Baltzer die Systematik der Mathematik nichts, was im Schulunterricht eine Rolle spielen sollte. Eher kann man aus seinem Buch eine Vorliebe für einen aufgabenorientierten Unterricht ablesen. Der Teil zur Algebra enthält ein Kapitel *"Die analytische Methode"*. Dort wird in schlichten Worten und an einfachen Beispielen die antike *"Analysis"*, die Methode des Rückwärtsarbeitens, als dasjenige grundlegende Verfahren vorgestellt, das den geometrischen Konstruktionen und den algebraischen Aufgaben zugrunde liegt. *"Das allgemeinste Verfahren, mathematische Aufgaben zu lösen, besteht darin, daß man zuerst die gestellten Fragen vorläufig mit einer oder mehreren Unbestimmten beantwortet, als ob die Aufgabe gelöst wäre. Diese Unbestimmten heißen die **Unbekannten** der Aufgabe. Dann prüft man, unter welchen Bedingungen die Unbekannten den Forderungen der Aufgabe genügen, indem man die in der Aufgabe **gegebenen**

---

1) a.a.O., 101

Größen (data) durch die Unbekannten ausdrückt. Endlich bestimmt man, soweit es möglich ist, die Unbekannten mittelst der gefundenen Bedingungen. Dieses indirecte zu Berechnungen wie zu Constructionen dienende Verfahren ist aus dem Altertum unter dem Namen **Anaylsis, analytische Methode** *bekannt.*[1] Nicht ein System algebraischer Sätze ist also für Baltzer das Wichtige an der Algebra der Schule, sondern der von Vieta und Descartes begründete Gebrauch von symbolischen Variablen. Schulmathematik bedeutete für Baltzer vorrangig das Lösen von Aufgaben im Rahmen eines Kanons von Stoffen, der in seinen Elementen dem Lehrer enzyklopädisch dargeboten wurde, dessen innere Logik selbst aber im Hinblick auf den Schüler nicht mehr thematisiert werden sollte (oder konnte).

Versucht man die Eigenart der *"Elemente"* Baltzers im Unterschied zu den zuvor behandelten Werken zu charakterisieren, dann kann man pointiert sagen, daß sie einem anderen Verständnis von Bildung, Didaktik und Unterricht folgten als diese. In den zuerst besprochenen Büchern war der Anspruch wirksam, daß es im Mathematikunterricht der Gymnasien darum gehe, die Schüler exemplarisch in *authentische* Mathemtik einzuführen. Der Unterricht sollte durch eine wirkliche Teilhabe an geistiger Wahrheit bestimmt sein. Wenn auch die mathematischen Inhalte elementar waren, so bestand doch der Anspruch, daß durch eine vertiefte Einsicht in die Elemente nicht nur wissenschaftlicher Geist bei den Schülern gefördert werden sollte, sondern daß hier sogar tatsächlich eine Weiterentwicklung der Wissenschaft stattfand. Jede Form einer rein methodischen Aufbereitung des Stoffes, die nicht dem Ziel gedient hätte, dessen Wesen klarer zu entfalten, wäre bei den Autoren dieser Bücher verpönt gewesen. Dagegen unterstellte Baltzer im Grundsatz, daß gewisse Stoffe von der Wissenschaft vorgegeben seien und daß es die Aufgabe von Lehrern und Lehrbuchschreibern sei, diese Stoffe so aufzubereiten, daß sie möglichst handlich an die Schüler vermittelt werden können. Er war damit sicherlich Realist und zog eigentlich nur die Schlußfolgerung aus einer Situation, die längst vorher eingetreten war. Jener Zusammenhang von Wissenschaft, Bildung und Schule, der am Anfang des 19.Jahrhunderts noch vorhanden war (oder jedenfalls vorhanden zu sein schien) und der sich ja auch in so vielen Biographien von Mathematikern ausdrückte, die (wie Baltzer selbst) nach langer Schulkarriere noch an eine Universität berufen wurden, dieser Zusammenhang war verlorengegangen. Der Mathematikunterricht hatte sich auf ein Problem der Vermittlung von vorgegebenem Stoff reduziert.

Eine zusammenfassende Rückschau auf die fünf besprochenen Bücher ergibt folgendes Bild. Mathematisch–inhaltlich sind alle Bücher dem Konzept der Algebra-

---

1) a.a.O., 210

ischen Analysis verbunden. Sie präsentieren die arithmetisch–algebraischen Stoffe in einem in sich kohärenten, durchsichtigen und aus sich heraus wahren Zusammenhang. Von daher sind sie alle mit Ausnahme des Buches von Baltzer — mehr oder weniger explizit — einem organischen Theorienideal verpflichtet. Man kann sie daher durchaus als Antworten ihrer jeweiligen Autoren auf Schellings Frage nach dem in der Mathematik ausgedrückten Typus der Vernunft interpretieren. Aufschlußreich scheint auch die häufige kritische Stellungnahme zu Cauchy zu sein. Sie ist regelmäßig der Tatsache geschuldet, daß man Cauchys Auffassung der Algebraischen Analysis eine innere Durchsichtigkeit abspricht und sie daher im Gegensatz sieht zu einem Theorienideal, dem man sich aus pädagogischen und philosophischen Gründen verpflichtet fühlt.

Gemeinsam ist allen Autoren auch eine gewisse Vorstellung der der Algebraischen Analysis zugrundeliegenden *Ontologie*. Die Algebraische Analysis wird als ein *Reich gedanklicher oder sogar rein symbolischer Formen* gesehen, deren einzelne Bildungen durch eine (potentiell unendliche) *Folge von Denkakten* erzeugt werden. Daher spielt das formale Element nicht nur im großen Zusammenhang der Theorie die wichtigste Rolle, sondern die Betonung der Formalität geht bis in die (pädagogischen) Details. Der Formalismus ist hier keine Folge von Inkompetenz, sondern wissenschafts- und bildungsphilosophisches Programm.

Die *Denkwelt* der Algebraischen Analysis kann daher in drei Komponenten beschrieben werden: *stofflich* leitet sie sich von den Inhalten der Eulerschen *"Introductio"* her; das zugrundeliegende *Theorienideal* ist das des *organischen Zusammenhangs*; und schließlich ist sie *ontologisch* als ein Reich *gedanklicher Formen* bestimmt.

Unterhalb dieser Gemeinsamkeiten haben wir eine erhebliche Unterschiedlichkeit der Konzeptionen gesehen. In den fachlichen Explizierungen drücken sich sehr verschiedenartige Motivationen der Autoren aus. Dirksen war am stärksten von einem *fachlichen* Motiv geleitet, nämlich die *Methode der Grenzen* als ein einheitliches Prinzip der transzendenten Analysis zu entwickeln. Mathematisch war er am weitesten von Eulers algebraischer Analysis entfernt. Allerdings hatte er ein philosophisches Hintergrundkonzept, durch das er der Algebraischen Analysis verhaftet blieb.

In Müllers Buch war die stärkste pädagogische Motivation zu beobachten. Diese äußerte sich allerdings nicht in einer methodischen Aufbereitung des Stoffs, sondern dadurch, daß er den *Gehalt* der mathematischen Konzepte auszuloten versuchte, hoffte er, ihre pädagogische Wirkung am besten zu entfalten.

Im Unterschied zu Müller hatte Bretschneider wohl den Anspruch, durch Bearbeitung der Elemente der Wissenschaft auch zu ihrem Fortschritt beizutragen. Sein Motiv war sicherlich pädagogischer Natur, aber man kann ihn im Rahmen der von J.G.Graßmann formulierten Vorstellung sehen, daß die pädagogische Behandlung einer Wissenschaft zu ihrer Entwicklung beitragen muß. Typologisch kann man daher M.Ohm, J.G.Graßmann und C.A.Bretschneider einander zuordnen.

M.A.Stern erschien als unmittelbarer Fortsetzer der Tradition der Kombinatorischen Analysis. Er zeigte, daß diese Tradition durchaus noch ein Lebensrecht gehabt hätte. In der Ausarbeitung spezieller Probleme, vor allem in den Anhängen, erscheint dies Buch als Demonstration rechnerischer Kompetenz, wogegen der Aspekt der inneren Gliederung des Stoffes, der bei Müller und Bretschneider eine große Rolle spielt, zurücktritt.

Baltzer stand in der inhaltlichen Kontinuität der Algebraischen Analysis, aber wenn man dem Eindruck trauen kann, den sein Buch macht, dann war ihm der spezifische bildungs- und wissenschaftsphilosophische Kontext, den wir bei den anderen Autoren gesehen haben, fremd.

Die Bücher, die in den folgenden Jahrzehnten unter dem Titel ”Algebraische Analysis” erschienen sind, folgten deutlich erkennbar einer anderen Logik. Als Beispiele solcher Lehrbücher sind zu nennen Hattendorff [1877], Lipschitz [1877], Stolz [1885/86], Stolz & Gmeiner [1902], Burkhardt [1903]. Die Andersartigkeit betrifft ihre Funktion und ihre theoretische Identität. Sie waren nun vor allem als Texte gedacht, die auf Differential- und Integralrechnung oder auf die komplexe Funktionentheorie vorbereiten sollten. Damit verloren sie immer mehr den Charakter, ein in sich eigenständiges Gebiet darzustellen.

Das betrifft zum zweiten auch ihre mathematische Konzeption. Von den vorhergehenden unterschieden sich diese Bücher darin, daß nun der Begriff der reellen Zahl im Anschluß an Dedekind, Weierstraß und Cantor im Mittelpunkt stand. Für die Behandlung der Reihentheorie hatte das die Folge, daß die numerischen Reihen zum begrifflichen Fundament der Theorie wurden und die Potenzreihen nur noch eine Anwendung der Theorie der numerischen Reihen darstellten. Der Begriff der Potenzreihe, der das Kernstück der alten Algebraischen Analysis gewesen war, war damit an eine untergeordnete Stelle gerückt. Die Tatsache, daß die Potenzreihen aus dem Kern der Theorie verschwinden und an ihre Stelle numerische Reihen und Mengen treten, ist der markanteste Indikator für das Ende der Eulerschen Konzeption der Algebraischen Analysis. In der Enzyklopädie der mathe-

matischen Wissenschaften erschien noch ein Kapitel mit dem Titel *Algebraische Analysis* [1] dann waren die Inhalte dieses Gebietes endgültig in die einleitenden Kapitel der Lehrbücher über reelle und/oder komplexe Funktionenlehre abgewandert.

VII.2. Von der Algebraischen Analysis zum 'System der Schularithmetik'

Die im vorigen Abschnitt betrachteten Lehrbücher waren idealtypische Ausformulierungen der Systematik, die das fachliche Selbstverständnis der Mathematiklehrer lange Zeit bestimmt hat. Auch für eine Analyse der verbreiteten Schulbücher muß man diese fachliche Systematik kennen, und deshalb ist die Betrachtung dieser idealtypischen Werke ein unerläßlicher erster Schritt, um die Schulbuchliteratur zu verstehen.

In diesem letzten Abschnitt sollen nun einige globale Informationen und Zusammenhänge aufgezeigt werden, die die Wirksamkeit der Konzeption der Algebraischen Analysis in der Schulwirklichkeit beleuchten sollen und die zeigen, wie diese Konzeption im Laufe des 19.Jahrhunderts zunehmend an Einfluß verloren hat. Damit wird überblicksmäßig die Darstellung der Entwicklung der arithmetisch – algebraischen Lehrpläne vom Jahr 1835, wo wir diese im fünften Kapitel verlassen haben, bis in die Kleinschen Reformen der Zeit um 1900 fortgeführt.

Das wird auch die Kleinschen Reformen mit ihrer Forderung nach Entwicklung des funktionalen Denkens in einem neuen Licht erscheinen lassen. Diese Reformen werden in der Literatur als Folge einer zunehmenden Entfremdung zischen Schul – und Hochschulmathematik interpretiert. Die Ursachen dieser Entfremdung sieht man in dem immer größer gewordenen Abstand zwischen der Forschung und den Unterrichtsstoffen der Schule und in der Tatsache, daß die Mathematik in der gesellschaftlichen Wirklichkeit umfassender angewandt wurde, als dies in der Schulmathematik zum Ausdruck gekommen sei. Die neue, dazu komplementäre Sichtweise, die durch die vorstehenden Untersuchungen begründet und zur Geltung gebracht wird, besteht nun darin, daß die *inhaltliche Problematik* herausgearbeitet wird. Die Distanz zwischen der Forschung an den Hochschulen und dem Mathematikunterricht an den Schulen war nicht nur eine des Niveaus, und sie bestand nicht nur darin, daß sich die Front der Forschung quantitativ zu weit von der Schule entfernt hatte. Man muß vielmehr berücksichtigen, daß am Ende des 19.Jahrhunderts auch zwei sehr unterschiedliche *mathematische Traditionen* aufein-

---

1) Pringsheim & Faber [1909-1921]

anderprallten. Was in den Kleinschen Reformen stattfand, war *auch* eine Auseinandersetzung um zwei unterschiedliche *mathematische Konzeptionen*. Nur wenn man dies in Rechnung stellt, kann man wirklich verstehen, warum die Kleinschen Reformen inhaltlich in Ansätzen stecken blieben. Das Ergebnis der Reformbemühungen um 1900 war nicht so sehr eine umfassende Durchsetzung des funktionalen Gedankens in der Schulmathematik, sondern eine *Durchmischung* zweier Konzeptionen, eben der Reste der Algebraischen Analysis *und* des funktionalen Prinzips. Da man sich nicht eingestand, daß hier zwei nicht konforme Konzeptionen wirksam wurden, reduzierte sich die Kleinsche Reform letztlich auf die Hereinnahme einiger neuer Stoffe, und eine umfassende inhaltliche Neukonzeption der Schulmathematik fand nicht statt.

Wir hatten im V. Kapitel gesehen, wie durch die Revision des Abituredikts von 1834 der systematische Charakter der Schulmathematik betont und durch die verbindliche Festsetzung des binomischen Satzes und der Kombinatorik ein Rumpfkonzept der Kombinatorischen und Algebraischen Analysis als inhaltliche Systematik festgeschrieben worden war. Damit war man wohl einem aus der Lehrerschaft kommenden Trend gefolgt. Man kann dies sehr schön daran sehen, daß das von uns besprochene, in Preußen am weitesten verbreitete Buch von Matthias zuvor eine Überarbeitung in dieser Richtung erfahren hat. Die noch von Matthias selbst bearbeitete 4.Auflage enthielt als einzige größere Änderung eine Umstellung, durch die die Kombinatorik vor die Reihentheorie gezogen wurde, um sie bei Behandlung der Reihen zur Verfügung zu haben.[1]

Dasselbe Buch ist auch ein guter Indikator für eine weitere Änderung der schulmathematischen Auffassungen. Die 7.Auflage 1839 wurde von J.Hennige, Mathematiklehrer am Pädagogium des Klosters Unserer Lieben Frauen in Magdeburg, besorgt. Hennige fand eine Überarbeitung erforderlich, weil das Buch in seiner bisherigen Form doch *"manche Mängel und Unvollkommenheiten"* enthalte. Zu diesen rechnete er vor allem *"eine zu große Zerstückelung und nicht durchgängig consequente Begründung der allgemeinen Arithmetik".*[2] Diese Zerstückelung wollte er nun beseitigen, indem er das von M.Ohm begründete Prinzip der Zahlbereichserweiterungen dem Buche zugrunde legte.

Hier wurde also Ende der dreißiger Jahre ein Schritt zu höherer Systematizität der Schulmathematik getan. Die bisher eher informelle Idee eines Systems der Allgemeinen Arithmetik wurde nun in strengerer Form dem Unterricht zugrunde gelegt.

---

1) Vgl. Matthias [1828]
2) Hennige [1840], 6

Dem vorangegangen war die Publikation eines anderen Schulbuchs, der *"Anfangs-gründe der reinen Mathematik"* des Soester Mathematiklehrers K.Koppe.[1] Koppe bekannte sich explizit zu den Ansichten von M.Ohm, und sein Buch stellte in der Tat eine konsequente und schulnahe Darstellung des Zahlbereichserweiterungs-gedankens dar. Koppes Buch erschien in verschiedenen Überarbeitungen bis ins zwanzigste Jahrhundert. Der Band zur Arithmetik und Algebra erlebte 1849 die zweite Auflage. Dann scheint das Werk eine weitere Verbreitung gefunden zu haben. Für den Arithmetik/Algebra—Band ist jedenfalls 1895 die 13.Auflage in der Überarbeitung durch J.Diekmann feststellbar. In den 50er Jahren des 19.Jahr-hunderts scheint Koppes Werk weit verbreitet gewesen zu sein. In der griechischen Übersetzung der dritten Auflage des Arithmetik/Algebra—Bandes durch den Direk-tor des Gymnasiums in Patras, Georgios Gerakis, wurde im Vorwort gesagt, daß dieses Buch 1853 in *"110 Städten des gelehrten Deutschland"* eingeführt sei.[2] 1890 wurde das Werk an 33 Schulen benutzt und gehörte damit immer noch zu den verbreitetsten Schulbüchern.

Die mehr oder weniger strenge Durchführung des Zahlbereichserweiterungsprinzips hatte sich zu diesem Zeitpunkt allerdings allgemein durchgesetzt, wie ein Blick in das 1850 erstmals erschienene Lehrwerk von Kambly zeigt, das das mit Abstand erfolgreichste Schulbuch in Deutschland in der zweiten Hälfte des 19.Jahrhunderts gewesen ist.[3] Um z.B. den Übergang zu den negativen Zahlen begrifflich vor-zubereiten, wurde die Subtraktion als die operative Bildung einer Differenz erklärt. *"Unter der **Differenz** (dem **Unterschiede**) zweier Zahlen a und b versteht man diejenige Zahl c, welche zu der einen (der kleineren) addiert die andere (größere) hervorbringt; die größere heißt der **Minuendus**, die kleinere der **Sub-trahendus**.*

Ist a>b, also a der Minuendus, b der Subtrahendus, so drückt man jene Bezie-hung durch die Gleichung

$$a - b = c$$

aus, in welcher c die Differenz und a — b die Form der Differenz ist.[4]

Am prägnantesten war der Ende der dreißiger Jahre einsetzende Trend in der Schulbuchliteratur zu einem strengeren Aufbau des Systems der Allgemeinen

1) Koppe [1836—38]
2) Bekemeier [1987], 259
3) Kambly [1850—53]. Dieses Lehrwerk erschien bis zum Ende des Jahrhunderts ohne größere Überarbeitungen, z.B. erlebte der Teil 1 1906 die 38., der Teil 2 1916 die 154. Auflage. In Überarbeitungen erschien das Werk bis in die dreißiger Jahre dieses Jahrhunderts.
4) Kambly [1899], 5

Arithmetik mit Hilfe des Zahlbereichserweiterungsprinzips durch den oben näher behandelten C.A.Bretschneider propagiert worden. In einer Rezension schrieb er 1839: *"Es läßt sich aber das Wesen dieser neuen Behandlungsweise der Hauptsache nach auf zwei Principe zurückführen. Das erste derselben besteht darin, dass man als Grundlage der gesamten Arithmetik in materieller Hinsicht durchaus weiter nichts als die Grundvorstellungen der Einheit, Vielheit und Allheit, und in formeller Hinsicht nichts als das allgemeine logische Identitätsgesetz sammt dessen unmittelbaren Folgerungen zulässt und damit allein den ganzen Bau der Wissenschaft nach Form und Inhalt vollführt. Die Arithmetik erhält dadurch von aussen her zu ihrem Objekte blos die Begriffe der Einheit und des aus Theilen zusammengesetzten Ganzen ...Mit diesem Gegebenen hat sie sich zu begnügen und bleibt fortan ihrer eigenen schaffenden Kraft überlassen. − Wie nun aus der Betrachtung entweder der bloßen Aufeinanderfolge oder der blossen Menge der zu Partial− und Totalganzen verbundenen Theile einerseits die Combinationslehre, anderseits die Quantitätslehre entspringt; ... kann ... hier nicht weiter ausgeführt werden. Was aber auch bei dem Vorwärtsschreiten auf diesem unermeßlichen Felde dem Geiste des Forschenden sich an neuen Beziehungen und Vorstellungen aufdrängen mag; − nie dürfen dieselben in die Wissenschaft anders eingeführt werden als mittelst bestimmter ein für alle Mal festzusetzender Definitionen, aus denen dann ihre Natur und ihre Eigenschaft durch consequentes Schließen zu entwickeln sind. Wenn demnach durch Reflexionen, die ganz außerhalb des Gebietes der Arithmetik liegen, arithmetische Gesetze entwickelt oder Eigenschaften von Zahlformen aufgefunden werden sollen, wie dies so häufig in der Lehre von der Null, dem Unendlichen, Imaginären u.s.w. geschieht, so muss dies von dem neueren Gesichtspunkte aus als durchaus falsch bezeichnet werden. ... Die Arithmetik muss ... ihr Gebäude aufführen, unbekümmert, ob und welche Beziehungen es ausserhalb ihrer selbst geben mag, die ihren Gebilden entsprechen.*

Das zweite Princip, das die neuere Behandlung der Arithmetik von der älteren unterscheidet, besteht in der strengen Beobachtung der Regel, den Resultaten arithmetischer Operationen auf der einen Seite nie eine ausgedehntere Gültigkeit beizulegen, als sie nach den gemachten Voraussetzungen besitzen können, auf der andern Seite sie aber auch nicht für specieller zu halten, als sie ihrer Natur nach wirklich sind und namentlich mehrdeutige Resultate nicht als eindeutige zu betrachten. ...

Es können [die Anforderungen an ein Lehrbuch] in pädagogischer Hinsicht keine andern sein, als: Klarheit und Bündigkeit des Ausdruckes, möglichste Uebersichtlichkeit des Ganzen, Fernhaltung überflüssigen Details und Hervorhebung des wirklich Wesentlichen; in wissenschaftlicher Hinsicht dagegen wird man vornehmlich ... verlangen müssen ... eiserne Consequenz in der Festsetzung und successiven Erweiterung der arithmetischen Grundvorstellungen und Grundoperationen und

Präcision in den Definitionen und Beweisen."[1]

Die breitere Durchsetzung einer systematischen Arithmetik in der Lehrbuchliteratur läßt nur bedingt Rückschlüsse auf die Unterrichtswirklichkeit zu. Dies kann vermutet werden, weil sich derartige Langzeitkonzepte wenig für eine unterrichtliche Realisierung eignen. Gerade die systematischen Aspekte erfordern ein Niveau der Reflexion, das im Unterricht nur schwer oder gar nicht zu verwirklichen ist. So wird man neben den systematisch gehaltenen Lehrbüchern vor allem den Typus der *Aufgabensammlung* als für die Unterrichtswirklichkeit repräsentativ im Auge haben müssen. Die am Anfang des 19.Jahrhunderts am weitesten verbreitete Sammlung war die von Meier Hirsch.[2] Von ihr erschien noch 1890 der Band zur Arithmetik und Algebra in der 20.Auflage. In der Mitte des Jahrhunderts wurde die Aufgabensammlung von E.Heis am meisten benutzt.[3] Von dieser Sammlung wurde damals in einer Rezension gesagt, daß sie sich, ohne dies explizit zum Ausdruck zu bringen, eng an die Lehrbücher von M.Ohm anschließe.[4] Sie befolgte also in ihrer inneren Gliederung die Systematik der Zahlbereichserweiterungen. Von daher bestätigt das Jahr ihrer ersten Publikation, 1837, die These, daß diese Systematik sich Ende der dreißiger Jahre umfassender durchgesetzt hat. Die Heissche Aufgabensammlung erlebte, selbstverständlich nach immer neuen Überarbeitungen, 1914 ihre 116. und 117. Auflage. Zwischen den Lehrbüchern und den Aufgabensammlungen ist eine interessante und möglicherweise aufschlußreiche Diskrepanz festzustellen. Während es im 19.Jahrhundert eine enorm hohe Zahl an Lehrbüchern für die Gymnasien gab, war die Anzahl der verschiedenen Aufgabensammlungen vergleichsweise gering. Allerdings erreichten diese wenigen Sammlungen durchweg hohe Auflagenzahlen. Daraus kann man schließen, daß die Aufgabensammlungen für die Gestaltung des aktuellen Unterrichts eine große Rolle spielten, während das fachliche und pädagogische Selbstverständnis der Lehrer sich eher in der Abfassung von systematisch angelegten Lehrwerken verwirklichen konnte.

Eine Relativierung der systematischen Arithmetik als herrschendes Unterrichtskonzept ist auch deshalb vorzunehmen, weil in diesem Stoffbereich sich anscheinend in den norddeutschen und süddeutschen Staaten unterschiedliche Unterrichtstraditionen entwickelt haben. So findet man in der *"Enzyklopädie des gesamten Erziehungs— und Unterrichtswesens"*, die 1859 herauskam, zum Stichwort *"Arithmetik"* zwei Artikel, der eine, die Situation in Norddeutschland schildernd, von

1) Bretschneider [1839], 356/7
2) Meier Hirsch [1804]
3) Heis [1837]
4) Pädagogische Revue 11(1845), 469

dem uns bereits bekannten A.Tellkampf, der andere auf die süddeutschen Verhältnisse bezogen von Nagel.[1]

Tellkampf schilderte in seinem Artikel das Konzept der Allgemeinen Arithemtik
und seine didaktische Umsetzung, das wir ausführlich diskutiert haben. Dagegen
beschrieb Nagel einen davon abweichenden süddeutschen Weg. Dieser zeichnete
sich zunächst durch eine erhebliche stoffliche Beschränkung aus. In den süddeutschen Staaten gehe der Unterricht auch an den vollständigen Gymnasien nicht
über die Lehre von den Potenzen und Wurzeln sowie den Logarithmen und ihren
Anwendungen hinaus, *"während in Norddeutschland dazu noch die Lehre von den
Kettenbrüchen nebst den diophantischen Aufgaben, die Reihen nebst den figurierten
Zahlen, das Binomialtheorem und zwar nicht bloß in seiner elementareren Form,
sondern wie ausdrücklich ein Gymnasium angiebt, für rationale, positive und
negative, ganze und gebrochene Exponenten, die Permutationen und Combinationen, nebst der Wahrscheinlichkeitsrechnung, und in den Gleichungen noch die
Lehre von den Gleichungen des dritten und vierten, ja selbst die höheren Grade,
theilweise auch die transcendenten Gleichungen kommen."*[2]

Diese unterschiedlichen Anforderungen seien nun nicht ein *"Product des Zurück-
bleibens süddeutschen Schulwesens gegen das norddeutsche, sondern höchstens
eines verschiedenen principiellen Standpunctes."*[3] Nagel zitiert negative norddeutsche Erfahrungen mit Lehrern, die die Mathematik *"ohne Rücksicht auf die
mittlere Begabung der großen Mehrzahl der Schüler und ohne Rücksicht auf die
Anforderungen des übrigen Unterrichts in möglichster Ausdehnung"*[4] betreiben.
Das süddeutsche Prinzip sei, daß der Unterricht praktisch und wissenschaftlich sein
müsse. Dabei bedeute wissenschaftlich aber nicht, die Wissenschaft als solche zu
erfassen, was Sache der Universitäten sei, sondern wissenschaftlich sei der Unterricht nur insofern, *"als er zum eigentlichen wissenschaftlichen Studium dadurch
vorbereitet, daß er einerseits das streng wissenschaftliche Denken anbahnt und
entwickelt —formelle Bedeutung des Unterrichts— , andererseits das unumgäng-
liche Material dem Schüler giebt, welches er zur Fachschule mitbringen muß, um
dem Unterrichte des höheren Lehrers mit Erfolg anwohnen zu können — materiel-
le Bedeutung desselben."*[5]

Aus der formellen Bedeutung des Unterrichts folgt für Nagel der Grundsatz, daß
in Gymnasium und Realschule die *"Intensität des Unterrichts unendlich viel mehr*

---

1) Tellkampf [1859] und Nagel [1859]
2) Nagel [1859], 249
3) a.a.O., 251
4) a.a.O.
5) a.a.O., 252

werth ist, als die Extensität, und letztere nie auf Kosten der ersteren bevorzugt werden darf. "[1] Daher sei jede einem gewissen Schematismus und Mechanismus huldigende Entwicklung von Formeln aus dem Unterricht zu verbannen und nur die Stoffe zu betreiben, bei denen der Schüler *"mit selbständigem Urtheile sich Rechenschaft zu geben weiß, was er zu thun hat."* Der Schüler brauche daher von den kubischen Gleichungen, dem binomischen Lehrsatze u.dgl. Dingen nichts zu erfahren, *"wenn ihm nur die Gleichungen des ersten und zweiten Grades recht zu eigen werden und zwar nicht bloß die Auflösung dieser Gleichungen, welche im allgemeinen auf eine kleine Zahl von Kunstgriffen gebracht werden kann, sondern noch viel mehr das Bilden der Gleichungen aus gegebenen Aufgaben, ein Verfahren, welches genau genommen nichts anderes ist, als ein Uebersetzen aus dem Deutschen in die algebraische Zeichensprache, ... Das Bilden der Gleichungen aber aus gegebenen Aufgaben, die Syntax der Mathematik, wenn ich so sagen darf, erfordert gar häufig eine feinere Urtheilskraft, ist aber ebendeswegen auch dasjenige, worauf der Lehrer um so mehr das Hauptgewicht legen muß, als gerade diese Schärfung der Urtheilskraft Hauptzweck alles Gymnasialunterrichts ist.* "[2] Der von Nagel beschriebene *süddeutsche Standpunkt* bedeutete also eine klare Abkehr von der Systematizität des Mathematikkursus und lief auf eine aufgabenorientierte Konzeption hinaus. Danach wird die Urteilskraft der Schüler nicht durch Einsicht in die innere Logik eines Systems gefördert, sondern durch die *Anwendung* mathematischer Konzepte.

Zitieren wir, um den Bogen von den Systementwürfen der Lehrbücher zur Unterrichtswirklichkeit wenigstens in seiner Spannweite zu verdeutlichen, die Erinnerungen von Felix Klein an den Mathematikunterricht, den er selbst an einem rheinischen Gymnasium genossen hat. *"In der Geometrie wurden die Lehrsätze mit ihren Beweisen dogmatisch vorgetragen. ... Dafür wurde die Lösung von Konstruktionsaufgaben nach der 'Methode der Alten' (unter Zugrundelegung des bekannten Leitfadens von Wöckel) ausführlichst betrieben. In der Trigonometrie wurden ausschließlich fingierte ebene Dreiecke behandelt, deren Winkel auf Hundertstel von Sekunden gegeben und berechnet wurden (während die Genauigkeit auch der feinsten geodätischen Messungen kaum bis zur Sekunde herabreicht). Hierbei diente die siebenstellige Logarithmentafel mit bevorzugter Benutzung der Differenzentabellen. Der Unterricht in der Algebra (der übrigens nicht über die Gleichungen zweiten Grades hinausging) hatte an sich denselben abstrakten Charakter, aber hier bot das Lehrbuch (die bekannte Aufgabensammlung von Heis) durch die Menge der in ihm enthaltenen eingekleideten Aufgaben eine willkommene Ergänzung. Für die Mehrzahl der Schüler waren die mathematischen Lehrstun-*

---

1) a.a.O., 255
2) a.a.O.

den, wie auch manche Stunde des sprachlichen Unterrichts, ohne Zweifel vielfach langweilig. Auch haben wohl nur einzelne Schüler das volle Ziel des mathematischen Unterrichts erreicht. Aber trotzdem haben wir alle bei der Anstrengung, die uns auferlegt wurde, und unter dem Eindruck der unbedingten Pflichterfüllung, die uns von seiten der Lehrer entgegentrat, eine große Sache damals gelernt, nämlich Arbeiten. "[1]

Der hier erwähnte Johann Simon Lorenz Wöckel war Autor bekannter und vielfach benutzter Aufgabensammlungen zur Geometrie. Er hat nur ein Lehrbuch, nämlich das *"Lehrbuch der ebenen und sphärischen Geometrie, mit einem Anhange trigonometrischer Aufgaben. Nürnberg 1836"*, verfaßt. Die Vermutung ist daher nicht ganz von der Hand zu weisen, daß das von Klein erwähnte Buch Wöckels in Wahrheit eine Aufgabensammlung war, so daß er sich bezeichnenderweise lediglich an zwei Aufgabensammlungen erinnert hätte.

Die Frage, inwiefern eine systematische mathematische Theorie überhaupt gelehrt werden kann, sei an einem konkreten historischen Beispiel diskutiert. Grundsätzlich kann man sagen, daß die Lehre eines Systems immer der Schwierigkeit unterliegt, daß man das System als Ganzes nur versteht, wenn man auch seine einzelnen Bestandteile versteht, und daß umgekehrt auch die einzelnen Bestandteile nur richtig aufgefaßt werden können, wenn man schon eine Vorstellung des Gesamtsystems hat. Die hieraus resultierende Problematik wird an einem kleinen, damals wohlgemerkt als positives Beispiel gemeinten Unterrichtsgespräch deutlich.

"Lehrer: *Wenn ich aber nun die Gleichung* $(a + b) - b = a$ *hinschreibe, ist die Gleichung wohl richtig?*

Schüler: *Ja, denn es ist hier zuerst b addiert und nachher dieselbe Zahl b wieder subtrahiert, folglich muß das a unverändert wieder herauskommen.*

Lehrer: *Ei, ei wie schlecht. Woher wissen wir denn das? Oder denkt Ihr das noch hieher, was Ihr vielleicht früher vom Addieren und Subtrahieren gehört oder gedacht habt? Wir wollen ja dies eben hier erst näher untersuchen. − Ich werde also anders fragen. Was spricht die Gleichung* $(a + b) - b = a$ *aus?*

Schüler: *Daß die Differenz* $(a + b) - b$ *dieselbe Zahl bezeichnet wie a.*

Lehrer: *Nun, und welche Zahl bezeichnet denn die Differenz* $(a + b) - b$?

Schüler: *Die Zahl, die zu b addiert die Zahl a + b gibt.*

---

1) Klein [1902],

Lehrer: *Was gibt denn nun der Ausdruck rechts, nämlich a, wenn solches zu b*
             addiert wird?
Schüler: $a + b$
Lehrer: *Die Differenz links (a + b) − b ud das a rechts bezeichnen also alle*
             die Zahl, die zu b addiert a + b gibt; also alle beide −?
Schüler: *Ein und dieselbe Zahl.*
Lehrer: *Offenbar. Diese Formel schreiben wir uns in die Tabelle unter den*
             Namen der zweiten Formel der Addition und Subtraktion ein."[1]

Dieser Dialog ist als Illustration der Schwierigkeiten sehr aufschlußreich. Er
enthält zwei völlig verschiedene Begründungen für die Richtigkeit der fraglichen
Gleichung. Die anfängliche Schülerbegründung interpretiert die Gleichung mehr
physisch − gegenständlich als eine Beziehung zwischen Größen, die zusammenge-
fügt bzw. voneinander abgezogen werden. Es handelt sich also um eine *system-*
externe Begründung. Diese wird vom Lehrer zurückgewiesen, und im Unterrichtsgespräch wird aus den Schülern eine *systeminterne* Begründung 'herausgefragt'.
Die Überlegenheit dieser systeminternen Begründung kann aber von den Schülern
letztlich nicht eingesehen werden, da sie sich nur vom Gesamtsystem her rechtfertigen läßt, nämlich aus der Tatsache, daß sich aus diesem argumentativen Grundprinzip das ganze System einheitlich aufbauen läßt. Die Übernahme dieser Begründung durch die Schüler muß in der Mehrzahl der Fälle reiner Drill sein. Was für
den Lehrer systematisch sinnvoll ist, ist für die Schüler genau so ein ad − hoc −
Argument wie der Hinweis auf das Zusammenfügen und Abziehen von Größen.

Die hier angedeutete Problematik hat man im 19.Jahrhundert durchaus gesehen,
und es gab zahlreiche Vorschläge und Konzeptionen, wie man ihr entgehen könnte. Genannt seien die Propagierung von 'genetischem Unterricht' durch Karl
Mager und seine Schule, die zahlreichen, mehr Appelle bleibenden Vorschläge,
der Unterricht müsse den Stoff *organisch entwickeln* oder neuartige Konzeptionen
von Lehrbüchern, die verschiedene *Textebenen* unterschieden. H.F.Müller etwa
versuchte das Problem dadurch zu lösen, daß er sein Lehrbuch nach den Ebenen
System, Kommentar und Anwendungen strukturierte.[2] Insgesamt aber ist festzustellen, daß eine wirkliche Lösung nicht gefunden wurde. So blieb es bei der
Spaltung zwischen den Leitfäden, die in ihrer Systematizität näher am fachlichen
Selbstverständnis der Lehrer standen, und den Aufgabensammlungen, die mehr die
schülernahe Ebene des Unterrichts repräsentierten.

1) Ohm [1827], 19/20
2) Müller [1839−41]

Es war die Tragik der Algebraischen Analysis als Schulstoff, daß sie in der Zeit-phase, als sie sich in der Schulwirklichkeit als Leitkonzept weitgehend durchgesetzt hatte, ihre mathematische und kulturelle Bedeutung weitgehend verlor. Die Ge-schichte dieser Theorie ab der Mitte des 19.Jahrhunderts kann daher unter die zwei Stichworte *Bedeutungsverlust* und *Beharrungsvermögen* gestellt werden. Beide Stichworte beschreiben ein gängiges Schicksal von Lehrplaninhalten, und so kann die Entwicklung dieses Schulstoffs unschwer auch mit neueren Erfahrungen in Verbindung gebracht werden.

Der *mathematische Bedeutungsverlust* der Algebraischen Analysis liegt auf der Hand. In seiner *"Analyse algébrique"* hatte Cauchy ja eine von der klassischen Auffassung, wie sie sich am Ende des 18.Jahrhunderts herausgebildet hatte, gänzlich verschiedene Sicht vorgelegt und die Algebraische Analysis als eine Theo-rie stetiger Funktionen entwickelt. Auch wenn Cauchy, indem er infinitesimale Größen als Objekte benutzte, mit denen man direkt rechnen kann, immer noch eine algebraische Sichtweise aufrechterhielt, hat er der klassischen Konzeption damit faktisch doch den Todesstoß versetzt. Anstelle des Begriffs der formalen Reihe kam bei Cauchy der Begriff der stetigen Funktion. Anstelle eines einheitli-chen Systems aus rein algebraischen Ausdrücken traten nun unterschiedliche Methoden: algebraische Methoden, Grenzprozesse und schließlich die Theorie der reellen Zahlen. Anstelle eines einzigen zentralen Lehrsatzes, nämlich der allgemei-nen polynomischen Formel, trat eine Reihe abstrakter Sätze, die die algebraischen und topologischen Aspekte des Gebietes miteinander in Verbindung setzten. Von daher ergab sich fachwissenschaftlich eine Situation, in der nicht mehr eine einzige geschlossene Theorie den arithmetisch−algebraischen Bereich zusammenband und rechtfertigte, sondern eine ganze Fülle an Theorien und Aspekten intervenierte in den algebraisch−arithmetischen Schulstoff. Auf diesem Wege war durch die Entwicklung der Fachwissenschaft die Systemidee grundsätzlich in Frage gestellt. Die Kritik an Cauchy, die wir bei so vielen der klassischen Konzeption verpflich-teten Autoren gefunden haben, kann als Indikator betrachtet werden, daß hier eine starke und durch innere Kohärenz überzeugende Konzeption immer mehr an Boden verlor.

Zum anderen erfuhr die ursprüngliche Konzeption der Schulmathematik auch einen *kulturellen Bedeutungsverlust*. In der Mitte des 19.Jahrhunderts war die nach−kantische idealistische und romantische Philosophie nachhaltig diskreditiert. Die hermeneutische Kultur, die wenigstens in den generellen wissenschaftsphilosophi-schen Überzeugungen einen gemeinsamen Rahmen für die Wissenschaften abgege-ben und auch Bildung und Wissenschaft in eine innere Verbindung gebracht hatte, hatte sich aufgelöst. Die Betonung der Ganzheitlichkeit der Welt, des Menschen und des Wissens war einer pragmatischeren Auffassungsweise gewichen. Gegen die idealistische Konstruktion umfassender Systeme wurde ein größeres Gewicht auf die Empirie und das Einzelne gelegt. Die Philosophie begann, sich zur Wissenschaftstheorie zu wandeln.[1] Damit wandelte sich notwendig auch die Einstellung zur Bildung. Die *"Einheit des Wissens"* schien nicht erreichbar und war auch kein Wert mehr, der Bildung umfassend begründen konnte. Die Vorstellung, daß die Erfahrung der Einheit und Kohärenz einer mathematischen Theorie eine sittliche und ästhetische Qualität haben könne, die man in der ersten Hälfte des 19.Jahrhunderts bei so vielen Autoren findet, verlor immer mehr an Bedeutung. Crelles Glaube an das mathematische System, dessen Erfahrung handlungsleitende Qualität haben sollte, hatte sich verloren. Die Idee, daß die bildende Wirkung der Mathematik vor allem in ihrer Systematizität liege, verschwand zwar nicht, verlor aber immer mehr an Attraktivität.

Zum dritten änderte sich der *soziale Kontext*. Die wachsende Bedeutung der Technik und technischer Anwendungen führte dazu, daß die in der ersten Hälfte des 19.Jahrhunderts exklusive Stellung der reinen Mathematik erschüttert wurde. Daher konnte die reine Mathematik auch nicht mehr mit dem Anspruch auftreten, die allein authentische Mathematik zu sein, durch die mathematische Bildung vermittelt werden müsse.

Das alles waren langwierige und komplizierte Entwicklungen, die nicht Gegenstand dieser Studie sind. Wir begnügen uns daher damit, eine neue Einstellung zur Mathematik und zur mathematischen Bildung durch ein Beispiel zu beschreiben. In einem 1877 gehaltenen Vortrag *"Kulturgeschichte und Naturwissenschaft"* griff der berühmte Physiologe Emil Du Bois—Reymond (1818—1896) unter dem Motto *"Die preußische Gymnasialbildung im Kampf mit der vorschreitenden Amerikanisierung"*[2] in die Diskussion um die Bildungskonzeption der preußischen Gymnasien ein und stellte die Forderung auf: *"Kegelschnitte! Kein griechisches Skriptum mehr!"*[3] Das Studium der Mathematik, so argumentierte er, entfalte seine bildende Kraft erst beim Übergang von den elementaren Lehren zur analytischen Geometrie. *"Die Darstellung von Funktionen in Kurven oder Flächen aber eröffnet eine neue Welt von Vorstellungen und lehrt den Gebrauch einer der fruchtbringendsten Methoden, durch welche der menschliche Geist seine eigene Leistungsfähigkeit erhöhte. Was die Erfindung dieser Methode durch Viète und Descartes der Menschheit ward, das wird Einführung in sie noch heute jedem für diese Dinge nur einigermaßen Begabten: ein für das Leben epochemachender Lichtblick. Diese Methode wurzelt in den letzten Tiefen menschlicher Erkenntnis und hat dadurch an sich eine ganz andere Bedeutung, als der sinnreichste, einem beson-*

---

1) Vgl. Köhnke [1986]
2) Du Bois—Reymond [1877]
3) a.a.O., 157

deren Falle dienende analytische Kunstgriff. ... *Zwischen irgend welchen zwei Größen, deren eine als von der anderen abhängig aufgefaßt werden kann, [ist] keine noch so verwickelte Beziehung denkbar, die nicht durch eine Kurve darstellbar wäre, wovon Quetelet lehrreiche Proben gab, indem er Neigung zum Verbrechen, literarisches Talent u.d.m. als Funktion des Alters des Individuums durch Kurven darstellte. Diese Art, den Zusammenhang der Dinge sich vorzustellen, ist daher dem Verwaltungsbeamten, dem Nationalökonomen so dienlich wie dem Physiker und Meteorologen.* "[1]

Diese Aussage ergänzte er durch den Hinweis, daß der *qualitative Gebrauch graphischer Methoden* zu einem bedeutenden Fortschritt seines eigenen Fachgebiets, der Physiologie, geführt habe. *"Vollends die Medizin kann diese Methode nicht entbehren. In der vom März 1848 gezeichneten Vorrede zu meinen 'Untersuchungen über tierische Elektrizität' empfahl ich sie als die Art, Mathematik in der Physiologie anzuwenden, auch wo die Verwickelung zu groß ist, um erfolgreich zu messen, zu wägen oder die Zeit zu zählen. Ich zuerst legte damals eine Abszissenachse in den Nerven, während Ludwig den Blutstrom selber seine Druckschwankungen, Helmholtz den Muskel seine Zusammenziehung in Kurven aufzeichnen ließen.* "[2] Hier war kein Wort mehr von der Systematizität der Mathematik und die Versenkung in ihr inneres Wesen, sondern davon, daß ihr *explorativer* Gebrauch selbst in Bereichen, wo Messen und Wägen nicht möglich sind, zur Aufdeckung verborgener Zusammenhänge führen kann.

Bekanntlich bedurfte es jahrzehntelanger Auseinandersetzungen, um die Idee des funktionalen Denkens zu größerer Wirksamkeit in der breiteren Öffentlichkeit zu bringen. Dieser Prozeß war verknüpft mit der Konzipierung eines neuen Bildungsbegriffs, der alternativ zur sprachlich dominierten Bildung die Rolle von Technik und Naturwissenschaften höher bewertete. Ein wichtiger Schritt hierbei war, daß auch Lehrer für Mathematik und Naturwissenschaften in dieser Entwicklung eine eigenständige Rolle spielten und die Diskussion aktiv beeinflußten. Am nachdrücklichsten dokumentierte sich dies in der Gründung der *"Zeitschrift für mathematischen und naturwissenschaftlichen Unterricht"* 1869 und des *"Vereins zur Förderung des Unterrichts in der Mathematik und den Naturwissenschaften"* (später: *Verein zur Förderung des mathematischen und naturwissenschaftlichen Unterrichts*) im Jahre 1891.[3]

---

1) a.a.O., 149/50
2) a.a.O.
3) Schimmack [1911], 31

Es war aber nur ein Teil der Lehrer, der hier aktiv wurde und der die Idee des funktionalen Denkens und der breiteren Verwendung graphischer und das heißt: nicht−rechnerischer Verfahren im Unterricht trug. Tatsächlich erwies sich das Konzept der Algebraischen Analysis als erstaunlich zählebig und resistent gegen alle Versuche, es zu überwinden. Daher lautet eben das zweite Stichwort zur Charakterisierung seiner Geschichte *Beharrungsvermögen*.

An der Entwicklung der Lehrpläne läßt sich dies klar ablesen. Zunächst sieht man, wie nach 1850 in der Beschreibung der allgemeinen Ziele, die Anforderung der Systematizität zurückgenommen wird. Sprach das Abituredikt von 1834 noch von der *"klaren Einsicht in den Zusammenhang sämtlicher Sätze des systematisch geordneten Vortrages"*, so tauchte in den ersten Lehrplänen für Realschulen 1859 die Formulierung auf: *"Sichere, geordnete und wissenschaftlich begründete Kenntnisse auf dem ganzen Gebiete der Mathematik"*.[1] Dies blieb die Standardformulierung in der zweiten Hälfte des 19.Jahrhunderts. Bereits 1856 hatte sich eine Ministerialverfügung zur Modifikation der gymnasialen Lehrpläne von 1837 kritisch dagegen gewandt, daß *"das eigentliche Bedürfnis des Schülers unberücksichtigt bleibt, indem das Absehen des Lehrers mehr auf systematische Ausdehnung des Stoffs, als auf Fertigkeit und Sicherheit im Nothwendigen gerichtet ist."*[2]

Im Hinblick auf die Inhalte brachte diese Ministerialverfügung insofern eine wichtige Änderung, als jetzt auch in Quarta noch der Unterricht im Rechnen fortgesetzt werden sollte, so daß sich für den *"wissenschaftlichen Kursus"* notwendig Beschränkungen ergaben. Dies legte die weitere Entwicklung im 19.Jahrhundert fest. Die Gymnasien als die Schulen, die nun klar auf die Dominanz des altsprachlichen Unterrichts festgelegt wurden, vermittelten in der Mathematik nur noch ein Rumpfstück der ursprünglichen Konzeption, das vor allem durch Ausdünnung erreicht wurde. Der volle mathematische Kursus wurde dagegen auf die Realschulen verschoben, in denen dem Mathematikunterricht mehr Zeit eingeräumt wurde. Dabei ist es aufschlußreich, daß der Typus der Mathematik, der an den Realschulen gelehrt wurde, sich nicht etwa, wie man vielleicht erwarten würde, qualitativ von dem der Gymnasien unterschieden und mehr die Anwendungen berücksichtigt hat. Die Mathematik der Realschulen differierte von der der Gymnasien zunächst einmal nur darin, daß die fachliche Systematik der Algebraischen Analysis vervollständigt wurde. Erst in zweiter Linie und nur soweit dafür Zeit blieb, wurden Inhalte, die näher an den Anwendungen lagen, berücksichtigt. Dies betraf vor allem Stoffe aus der Geometrie.

---

1) Prüfungsordnung [1859]
2) *"Circ.−Verf. d. U.Minist. v. 7.Jan. 1856 − betreffend Modificationen im Normal−plan für den Gymnasial−Unterricht"* (Wiese [1864], 625)

Im einzelnen sah die Entwicklung folgendermaßen aus. In den Gymnasien wurde der arithmetisch—algebraische Unterricht unverändert bis zum binomischen Lehrsatz als Krönung fortgeführt. Erst im Lehrplan von 1892 findet man die ausdrückliche Einschränkung: *"mit ganzen positiven Exponenten"*.[1] In diesem Sinne sind auch noch die Lehrpläne von 1901 abgefaßt. Die Ausdünnung der Algebraischen Analysis erfolgte an Stoffen, die von der Hauptlinie weiter entfernt lagen. So wurden —aber immerhin auch erst 1892— die Kettenbrüche, die unbestimmte Analytik und die imaginären Zahlen gestrichen.[2]

Aufschlußreich ist auch die Entwicklung in den Realschulen. Der folgende Vergleich zwischen den Lehrplänen von 1882 und 1892, der zugleich die Unterschiede zwischen den Oberrealschulen, die einen vollständigen mathematischen Kursus gaben, und den Realgymnasien, die den Gymnasien näherstanden, beleuchtet, zeigt die Logik der Lehrplandiskussion. *"Das Lehrziel des Jahres 1892 verschiebt das von 1882. Fortgefallen ist zunächst die Erlaubnis, auf der Oberrealschule die Elemente der analytischen Geometrie des Raumes und der Differenzialrechnung in den Kreis der Betrachtungen zu ziehen. Statt dessen wird gestattet, die Auflösung der Gleichungen vierten Grades und die Methode der angenäherten Lösung numerischer, algebraischer und transcendenter Gleichungen zu lehren und zu üben. Über das Pensum des Realgymnasiums hinaus zu gehen ist die Oberrealschule jetzt nur verpflichtet in der Behandlung der wichtigsten Reihen der algebraischen Analysis, die 1882 auch zur Lehraufgabe des Realgymnasiums gehörte, jetzt aber dort verschwunden ist. Die Behandlung der Arithmetik hat jetzt mit der Entwicklung des binomischen Lehrsatzes für beliebige Exponenten abzuschließen."*[3] Die hier erwähnte Ersetzung der Elemente der Differentialrechnung durch die Auflösung von Gleichungen vierten Grades (!) muß als ein bemerkenswertes Indiz für die Zählebigkeit der algebraischen Sichtweise in der Schule gedeutet werden.

Fügen wir dem eine von F.Klein angefertigte Synopse der Oberstufenlehrpläne von 1901 für den Bereich *Arithmetik* hinzu, die man nicht mehr kommentieren muß. Zum Begriff *Arithmetik* erläutert Klein: *"Das Wort schließt nach dem an unseren Schulen heute herrschenden Sprachgebrauch außer dem gewöhnlichen Buchstabenrechnen auch die Algebra (die Lehre von den Gleichungen) und die Analysis, soweit sie gelehrt wird, ein."*[4]

---

1) Nath [1900], 98
2) a.a.O., 97
3) Nath [1900], 98
4) Klein & Schimmack [1907], 101

Tabelle: Synoptischer Überblick des Lehrpensums in der "Arithmetik" für die drei oberen Klassen der höheren Schulen nach den preußischen Lehrplänen von 1901 (durch einen * sind die gegenüber dem Gymnasium zusätzlichen Stoffe in Realgymnasium und Oberschule gekennzeichnet)[1]

Gymnasium

Von der Unterstufe her soll bekannt sein	Wurzeln. Logarithmen. Lineare Gleichungen. Quadratische Gleichungen mit einer Unbekannten.
II a	Quadratische Gleichungen mit einer Unbekannten.
I b und I a (im Lehrplan nicht getrennt)	Arithmetische und geometrische Reihen (mit Anwendung auf Zinseszinsrechnung). Kombinatorik (mit Anwendung auf Wahrscheinlichkeitslehre). Binomischer Satz für ganze positive Exponenten. Wiederholender Aufbau der Arithmetik. Gleichungen, die auf quadratische zurückführbar sind.

Realgymnasium und Oberrealschule

Von der Unterstufe her soll bekannt sein	Wurzeln. Logarithmen. Gleichungen, lineare und quadratische, mit einer und mit mehreren Unbekannten.
II a	Arithmetische und geometrische Reihen (mit Anwendung auf Zinseszinsrechnung). * Imaginäre Größen. * Reziproke und binomische, sowie schwierigere quadratische Gleichungen.
I b und I a (im Lehrplan nicht getrennt)	Kombinatorik (mit Anwendung auf Wahrscheinlichkeitslehre. * Binomischer Lehrsatz für beliebige Exponenten und unendliche Reihen (diese an der Oberrealschule ausführlicher!) Wiederholender Aufbau der Arithmetik. * Kubische Gleichungen. * Maxima und Minima. * An der Oberrealschule eventuell angenäherte Lösung höherer numerischer Gleichungen.

Daß sich in dieser Entwicklung der Lehrpläne nicht etwa die Macht äußerer Kräfte zeigt, die der Entwicklung des Mathematikunterrichts hinderlich im Weg standen, sondern daß hier die Kraft einer begrifflichen Tradition am Werke war, die das fachliche Selbstverständnis der Lehrerschaft beherrschte, wird auch an den Diskussionen deutlich, die in der Lehrerschaft selbst um die Neuorientierung des Mathematikunterrichts geführt wurden.[2]

---

1) Klein & Schimmack [1907], 102
2) Dazu wird einiges Material in der Arbeit Schimmack [1911] angeführt.

Wir beschränken uns hier auf die Wiedergabe einer berühmten Entschließung, die 1864 auf der Philologenversammlung zu Hannover gefaßt wurde. Auf diesem Treffen, bei dem sich erstmals Mathematiklehrer in einer eigenen Sektion versammelten, hatte Th.Wittstein, Lehrer der Mathematik an der Handelsschule in Hannover, das Einleitungsreferat über die Feststellung der richtigen Grenzen der Schulmathematik übernommen. Wittstein plädierte dort für *"ein aus der Sache selbst hergenommenes Prinzip"*,[1] und dieses Prinzip sah er in der Unterscheidung zwischen denjenigen Teilen der Mathematik, die sich mit den beständigen Größen befassen, und den übrigen, die auf dem Begriffe des Veränderlichen beruhen. Der erstere Bereich definiere die Schulmathematik, alles andere sei dem Hochschulunterricht vorbehalten. Und wie in dem oben besprochenen Lehrbuch von F.W.Spehr aus dem Jahre 1826 die analytische Geometrie bereits zur höheren Mathematik gerechnet wurde, so argumentierte auch Wittstein für einen Ausschluß der analytischen Geometrie aus der Schule, *"denn die Koordinaten seien Funktionen von einander mit unendlich kleinen Fortschritten der einen in Beziehung auf die andere"*.[2]

Wittsteins Position fand allgemeine Anerkennung, und so wurde das Ergebnis der Besprechung durch den uns bereits aus den zwanziger Jahren bekannten A.Tellkampf zusammengefaßt:*"In der mathematischen Sektion hat sich allseitig die Ueberzeugung ausgesprochen, daß der mathematische Unterricht der Gymnasien sich auf das Gebiet der niederen Mathematik zu beschränken und den auf dem Begriff des Veränderlichen beruhenden Theil der Wissenschaft (die höhere Mathematik) gänzlich auszuschließen habe; daß ferner die Geometrie mit Einschluß der ebenen Trigonometrie und Stereometrie vorherrschend Gegenstand jenes Unterrichts sein müsse. Eine Verschiedenheit der Ansichten gab sich nur kund in Beziehung auf die Combinationslehre und den binomischen Lehrsatz, deren Aufnahme jedoch der überwiegende Theil der Versammlung für nothwendig erklärte, so wie in Bezug auf eine elementare Behandlung der Kegelschnitte, welche die größere Hälfte der Versammlung als nothwendig, ein Theil derselben als wünschenswerth bezeichnete, während 2 Stimmen sich gegen ihre Aufnahme aussprachen."*[3]

Dieses Zitat ist in seiner ganzen Widersprüchlichkeit äußerst aufschlußreich. Auf der einen Seite wird deutlich, daß Wittsteins Abgrenzung tatsächlich ein aus der Sache hergenommenes Prinzip darstellte. Die Tradition der Algebraischen Analysis war der innere Grund für dieses Prinzip. Auf der anderen Seite erkennt man, daß

---

1) Schimmack [1911], 7
2) a.a.O., 8
3) a.a.O., 8

von den grandiosen Perspektiven, die bei Euler mit dieser Auffassungsweise der Mathematik verknüpft waren, nichts mehr übriggeblieben ist. Schlimmer noch, selbst die innere Kohärenz des Gebietes war nun für einige Lehrer nicht mehr sichtbar. Kombinatorik und binomischer Satz wurden in Zweifel gestellt. Dennoch, die Mehrheit sprach sich für die Beibehaltung dieser Konzeption aus, und wie wir gesehen haben, bestimmte sie die Lehrpläne bis nach 1900.

Neben dem Beharrungsvermögen war also auch eine *innere Erosion* dieser Konzeption zu beobachten. Deshalb war die Suche nach Ersatzkonzeptionen, wie sie sich in dem obigen Zitat in der Betonung der Geometrie aussprach, naheliegend. Für diese gedankliche Konstellation betrachten wir ein weiteres Beispiel. 1866 verfaßte K.Koppe, Mathematiklehrer am Gymnasium in Soest, eine Schulprogrammabhandlung *"Der mathematische Lehrplan für das Gymnasium"*.[1] Koppe war jener Lehrer, der 1836 durch sein Lehrbuch wesentlich zur Verbreitung des Ohmschen Zahlbereichserweiterungsprinzips beigetragen hatte. Koppes Abhandlung enthält auf diesem Hintergrund drei bemerkenswerte Aussagenkomplexe. Erstens beklagt er sich auf mehreren Seiten über den schlechten Erfolg und das geringe Ansehen des Mathematikunterrichts. Zweitens spricht er sich für die Geometrie aus, da ihre Schönheit für den Anfänger augenfälliger sei als die der arithmetischen Gebilde. Daher definiert er als Gipfelpunkt des mathematischen Unterrichts auf Gymnasien die Trigonometrie.

Daraus folgt für ihn insgesamt drittens eine kräftige Beschneidung des Stoffs der Algebraischen Analysis. Die Begründung ist lesenswert, weil sie zeigt, wie weit die Erosion dieses Konzeptes bereits fortgeschritten war und weil sie aus der Feder eines Autors stammt, der zu ihrer Etablierung selbst maßgeblich beigetragen hatte. *"In letzterer Hinsicht erlauben wir uns, die Ansicht auszusprechen, daß die Reife unserer Abiturienten für die Universitätsstudien im allgemeinen keine wesentliche Beeinträchtigung erleiden dürfte, wenn von denselben im Examen die Kenntnis der combinatorischen Operationen und des binomischen Satzes nicht unbedingt gefordert würde. Die Uebungen im Permutiren, Combiniren und Variiren erscheinen fast als eine dem wissenschaftlichen Ernste der mathematischen Methode fremdartige Spielerei [!], und der binomische Lehrsatz, dessen Erfassung ohnehin der Mehrzahl der Schüler Schwierigkeit macht, hat nur für diejenigen, welche das Studium der Mathematik über die auf dem Gymnasium gesteckten*

---

1) Koppe [1866]

Grenzen fortsetzen, Wichtigkeit, weil dieser Satz die Grundlage der gesammten Analysis bildet."[1] Zwischen der Abfassung seines Lehrbuchs von 1836 und dieser Programmschrift lagen 30 Jahre. Eine gründlichere Umwertung von Stoffen, als sie hier zum Ausdruck kommt, kann man sich kaum vorstellen. Was zu einer Zeit der begriffliche Kern einer ganzen Disziplin gewesen ist, sinkt zu einer andern zu einer dem wissenschaftlichen Ernst unwürdigen Spielerei herab.

Was an diesen Belegen deutlich wird, ist eine *innere Sinnkrise im fachlichen Selbstverständnis* der Mathematiklehrerschaft in der zweiten Hälfte des 19.Jahrhunderts. Der Bruch zwischen Schule und Hochschule, von dem F.Klein immer wieder gesprochen hat, bestand also nicht nur darin, daß die Forschung an den Universitäten sich im Niveau und in der Kompliziertheit der Probleme von den schulischen Lehrobjekten zu weit entfernt hatte, sondern dieser Bruch hatte vor allem inhaltliche Dimensionen. Die an den Schulen betriebene Mathematik war auch qualitativ von den Perspektiven der Hochschulmathematik abgekoppelt.

Um diese Problematik zu verdeutlichen, betrachten wir das Beispiel eines Lösungsvorschlags für diese Sinnkrise, der in Opposition zu den Kleinschen Vorstellungen stand und sich nicht durchgesetzt hat, der aber klar darauf abzielte, wieder eine authentische Beziehung von Mathematik an den Hochschulen und der Schulmathematik im Sinne der früheren Konzeptionen herzustellen. Der offensichtlich unrealistische Charakter dieser Vorschläge zeigt, daß für das Problem ein grundsätzlich anderer Typus von Lösung gefunden werden muß.

Es geht um die Vorschläge, die M.Simon am Ende des Jahrhunderts zur Reform des Mathematikunterrichts gemacht hat. M.Simon wurde 1844 in Kolberg geboren,[2] absolvierte seine Gymnasialzeit in Berlin und studierte von 1862 bis 1867 an der Universität Berlin Mathematik bei Kummer und Weierstraß. Er promovierte 1867 bei Weierstraß. Nach einer kurzen Tätigkeit als Lehrer an verschiedenen Berliner Gymnasien und der Teilnahme am deutsch–französischen Krieg ging er nach Straßburg, wo er 1873 *Oberlehrer* wurde. In Straßburg lehrte und arbeitete er bis zu seinem Lebensende. 1891 erhielt er den Professorentitel und 1903 wurde er zum Honorarprofessor an der Universität Straßburg ernannt, wo er Vorlesungen zur Geschichte der Mathematik, zur Didaktik der Mathematik und zur Elementargeometrie hielt. Simon war in die Reihe der Figuren zu zählen, die in der ersten Hälfte des 19.Jahrhunderts so zahlreich waren, dann aber immer seltener wurden,

---

1) Koppe [1866], 10/11
2) Vgl. zur Biographie Schmidt [1985]

die sowohl zur Schule, als auch zur Universität eine authentische Beziehung hatten. Dem entsprach seine inhaltliche Konzeption. Er war überzeugt von der Bedeutung der Philosophie für die Bildung, und er hat zur Philosophie der Mathematik durchaus bedenkenswerte Überlegungen angestellt. *"Die elementare Mathematik, insofern sie 'bildende Mathematik' sein will, muß die enge Verbindung zwischen Mathematik und Philosophie — d.h. insbesondere Erkenntnistheorie — pflegen. "*[1]

Simon sah klar, daß das Problem der Sinnkrise für die Schule immer schärfer werden mußte, je mehr die Konzeption der Algebraischen Analysis durch Ausdünnung in Frage gestellt wurde. Der binomische Satz nur für ganzzahlige Exponenten etwa verlor jeden mathematischen Sinn, den er bei Euler einmal als *theorema fundamentale* gehabt hatte. So beklagte er das *"Chaos"* ohne *"Ordnung und Zusammenhang"*, das im Oberstufenunterricht der deutschen Gymnasien herrsche. Er kritisierte, daß die Schüler mit der *"trockensten Buchstabenrechnung gelangweilt"* würden und *"mit dem unglaublichsten Formelkram"*.[2] Dagegen setzte er, auch das ist für den heutigen Leser schwer nachzuvollziehen, das alte System der Algebraischen Analysis oder Allgemeinen Arithmetik. *"Die sieben Rechnungsarten und der mit ihnen entstehende und durch sie sich allmählich erweiternde Zahlbegriff, der Zahlkörper der komplexen Zahlen, für den dieselben Rechnungsregeln gültig bleiben, und der langsam sich entwickelnde Funktionsbegriff, der weittragendste und umfassendste aller mathematischen Begriffe, bilden ein in sich geschlossenes Ganze von so festgefügter Gliederung und so innerer Notwendigkeit, daß sich der ganze Vorgang mit elementarer Gewalt abrollt, sowie nur der richtige Ausgangspunkt, der Einblick in den Zählprozeß, ausgelöst ist. Die elementare Arithmetik vom Zählen an bis zum Binom mit beliebigen Exponenten inkl. ist das einzige Beispiel einer Wissenschaft, welches der Schule zugänglich ist; nur Unwissenheit kann es ihr vorenthalten. Was den Binom betrifft, so ist er auf ganzzahlige Exponenten beschränkt, so ziemlich inhaltsleer, schon Herbart sagt, daß der Binom für ganze positive Exponenten nur eine leichte kombinatorische Formel ist, in dieser Beziehung aber gerade am wenigsten Dienste leistet. Gerade die Ausdehnung des Binoms auf negative und gebrochene Exponenten, dann das Abstreifen der Endlichkeit des Exponenten und damit der Übergang auf die Exponentialfunktion, der Zusammenhang dieser mit den trigonometrischen Funktionen und der des Logarithmus mit dem Kreisbogen mittelst des Imaginären, bildet den weitaus interessantesten Teil der elementaren Arithmetik. "*[3]

---

1) zitiert nach Schmidt [1985], E 19
2) Simon [1908], 81
3) a.a.O., 82

Hier wird die ganze Eulersche Algebraische Analysis 1895 und noch einmal 1908 [!] beschworen. Und wie im Süvernschen Lehrplan soll der Kursus enden mit der Taylorschen Reihe als der Grenze der Schulmathematik.[1] Für Simon war mit dieser Wiederbelebung der alten Konzeption auch eine authentische Verbindung zur Mathematik an den Hochschulen gegeben. Denn historisch nicht ganz unberechtigt interpretierte er die Weierstraßsche Funktionentheorie mit der zentralen Stellung der Potenzreihen als die kongeniale Weiterentwicklung der Mathematik des 18.Jahrhunderts. Simons Vorschlag zur Beendigung der Sinnkrise lautete daher: *"Was dem Unterricht in der Arithmetik heutzutage viel mehr fehlt als die Strenge im Einzelnen, ist nach meiner Überzeugung, welche ich bereits im Jahre 1877 auszusprechen Gelegenheit hatte, ein **festes Ziel**. Nur wenn dieser Unterrichtszweig in sich folgerichtig entwickelt ist, kann er seine wichtigste Aufgabe: die logische Entwickelung der Schüler in erster Linie zu fördern, völlig erfüllen. Dieses Ziel finde ich in der Vorbereitung auf die Functionentheorie, und ich glaube, daß diese Erkenntnis von sehr vielen Collegen geteilt wird, und hoffe, daß sie sich bald allgemein verbreiten werde.*"[2]

Zu diesem Plädoyer für die Wiederbelebung des alten Süvernschen Konzeptes im neuen Gewande stand F.Kleins Kritik an den preußischen Lehrplänen von 1901 in *direktem Gegensatz*. Allerdings suchte Klein Widersprüche immer zu entschärfen. Zur Kombinatorik bemerkte er, *"daß wir eine ausführliche formale Kombinatorik ... gewiß als unzeitgemäß ablehnen müssen. ... Ich möchte hier den Standpunkt vertreten, daß es immer darauf ankommen soll, ob die zur Verfügung stehende Zeit eine förderliche Behandlung der Kombinatorik wirklich gestattet oder nicht. ... Wenn man aber zur Kombinatorik kommt, dann soll man sie nicht um einiger Spielereien wegen bringen, sondern wenigstens kurz die Anwendungen auf Wahrscheinlichkeitsrechnung besprechen, weil das eine gewisse philosophische Bedeutung hat.*"[3] Zum binomischen Satz sagte er: *"An die Kombinatorik pflegt man auch den binomischen Satz für positive ganze Exponenten anzuschließen, indem man ihn mittels einiger einfacher kombinatorischer Formeln durch Schluß von n auf n+1 beweist. Dieser Satz ist, wenn wir ihn auch nicht (wie das Stichwortschema des Gymnasiallehrplans die Meinung erwecken könnte) geradezu als Krone des arithmetischen Unterrichts anerkennen möchten, doch eine sehr wichtige formale Relation, zudem der Schüler bei ihrer Herleitung den Schluß der vollständigen Induktion kennenlernt.*"

---

1) a.a.O., 83
2) Simon [1884], Vorrede
3) Klein & Schimmack [1907], 104

Ganz anders ist indes unsere Stellung zu dem **allgemeinen binomischen Satz**, der nach dem Lehrplan den Realanstalten vorbehalten ist. Wie wird dort dieser binomische Satz für 'beliebigen', d.h. nicht mehr bloß positiven Exponenten traktiert? Sie wissen, meine Herren, das führt in die Betrachtung der unendlichen Reihen hinein, und damit beginnt nun an den Schulen meist das alte Elend der algebraischen Analysis. ...hier sei nur soviel gesagt, daß die exakte Behandlung des binomischen Satzes für 'beliebige' Exponenten ziemlich mühsam und in allen Feinheiten für die Schule recht ungeeignet ist. Soll vom binomischen Satz überhaupt gesprochen werden, so dürfte am wichtigsten sein, daß die zentrale Idee zur Geltung kommt, das ist: die Möglichkeit, eine Funktion mittels einer Reihenentwicklung zu approximieren. Unter diesem Gesichtspunkt könnte man sogar wünschen, daß auf allen höheren Schulen der binomische Satz als gelegentliches Beispiel beim Zeichnen der Funktionen herangezogen wird, ..."[1]

Natürlich ist die Approximation mitnichten die zentrale Idee beim binomischen Satz im Kontext der Algebraischen Analysis. Aber Klein zeigt hier einen diplomatischen, wenn nicht listigen Argumentationsstil. Er läßt sich auf keinen wirklichen Streit um einzelne Stoffe ein, statt dessen bemüht er sich, neue Interpretationen der Stoffe im Sinne seiner eigenen Programmatik einzuführen. Dabei stellt es sicher einen Gipfel an Uminterpretation dar, den binomischen Satz bei Gelegenheit des Zeichnens von Funktionen behandeln zu wollen.

Die Geschichte der Kleinschen Reformen selber ist nicht Gegenstand dieser Untersuchung. Faktisch hat sie nicht zu einer Neuformulierung der Schulmathematik im Sinne des funktionalen Prinzips geführt, sondern lediglich zu einer Erweiterung des Bestehenden um einige Inhalte und zu einer schrittweisen Verdrängung alter Inhalte. Die Rolle, die der binomische Satz im 19.Jahrhundert in der Schulmathematik gespielt hat, ist heute nicht mehr vorstellbar. Dennoch war die Erbschaft des Programms der Algebraischen Analysis erheblich. Sie bestand darin, daß der mathematische Lehrgang in seinem arithmetisch—algebraischen Bereich durch das Prinzip der Zahlbereichserweiterungen bis auf den heutigen Tag in seiner Grundstruktur festgelegt ist. In einer Bestandsaufnahme der Schulmathematik für die IMUK—Abhandlungen nannte W.Lietzmann dies das *"System der Schularithmetik"*.[2] Er führte es auf H.Hankel zurück, der dem Prinzip den Namen *"Permanenzprinzip"* gegeben hat und der in seinem Buch *"Theorie der complexen Zahlen und ihrer Funktionen"*[3] eine in der Tat beeindruckende Zusammenfassung der

---

1) Klein & Schimmack [1907], 105
2) Lietzmann [1909], 60 ff.
3) Hankel [1867]

Versuche der Mathematik des 19.Jahrhunderts, neue zahlartige Objekte zu schaffen, gegeben hatte.

Für die Beständigkeit der Konzeption der Algebraischen Analysis spricht, daß die 1903 erschienene *"Encyklopädie der Elementarmathematik"* von H.Weber und J.Wellstein im ersten, der Arithmetik, Algebra und Analysis gewidmeten Bande ein getreues Abbild der Inhalte der Algebraischen Analysis bietet. Das Inhaltsverzeichnis dieses Bandes könnte fast aus dem Süvernschen Lehrplan abgeschrieben sein.[1]

Versucht man einen Überblick über die in diesem Abschnitt dargestellten Entwicklungen zu gewinnen, dann bietet sich ein widersprüchliches Bild. Am Ende des 19.Jahrhunderts war die Algebraische Analysis nicht mehr in der Lage, als Instanz der *Sinngebung* für den Mathematikunterricht zu dienen. Das, was wir als die *Denkwelt der Algebraischen Analysis* bezeichnet haben, existierte nur noch für wenige Lehrer wie den zitierten M.Simon. Allgemeine Gültigkeit konnte diese Denkwelt nicht mehr beanspruchen. An die Stelle des organischen Theorienideals war eine mehr pragmatische Einstellung getreten, dem Ideal reiner Mathematik als einem in sich harmonischen Universum gedanklicher Formen wurde in den Kleinschen Reformen die Bedeutung der Anwendungen entgegengesetzt. Auch die hermeneutische Bildungskonzeption, die dies alles zusammengebunden hatte, hatte sich aufgelöst.

Ebenso verschwand die Theorie der Potenzreihen aus der Schule oder wurde, wie in den Universitäten, nur noch als Spezialfall einer Theorie numerischer Reihen behandelt. Was im 18.Jahrhundert als Experimentieren mit unendlichen, uninterpretierten symbolischen Ausdrücken betrieben und am Ende des 18.Jahrhunderts in einen formalen Kalkül gebracht worden war, war nun durch die Entwicklung der Mathematik überholt worden. Dennoch hinterließ diese Konzeption eine bis heute wirksame Erbschaft für die Schulmathematik: das Zahlbereichserweiterungsprinzip, das heute noch in aller Konsequenz die Grundstruktur der Lehrpläne bestimmt. Daran haben die Kleinschen Reformen nichts ändern können. Das Ergebnis dieser Reformen war vielmehr eine Überlagerung oder Durchmischung zweier Konzeptionen, des funktionalen Prinzips und der Zahlbereichserweiterungslinie. Diese kann man auch für die heutige Schulmathematik, um einen von Herbart in anderem Zusammmnenhang gebrauchten Ausdruck zu benutzen, als *"öffentliches Geheimnis"* bezeichnen. Sie bestimmt weitgehend die mathematischen Lehrpläne der Schulen und bleibt doch den Schülern der Sache nach in aller Regel verborgen.

---

1) Weber & Wellstein [1903]

Literaturverzeichnis

Im folgenden bezeichnet bei allen Quellenangaben die angegebene Jahreszahl das Ersterscheinungs-jahr des jeweiligen Werkes. Bei den Schriften von Kant und Fichte ist der Text der "Zitierten Ausgabe" entnommen, während sich die Seitenzahlen, wie gebräuchlich, bei Kant auf die jeweilige A— und/oder B—Ausgabe, bei Fichte auf die von I.H.Fichte besorgten "Sämmtlichen Werke" beziehen.

Biographische Angaben sind, soweit im Text nicht anders ausgewiesen, den folgenden Werken entnommen:

Allgemeine deutsche Biographie. Hrsg.v.d. Historischen Commission bei der Kgl. Academie der Wissenschaften, 56 Bde. Leipzig 1875—1912; Nachdruck: Berlin /München 1981

= ADB

Poggendorff, J.C.: Biographisch—literarisches Handwörterbuch zur Geschichte der exacten Wissenshaften, 2 Bde. Leipzig 1858—63, bzw später aktualisierte Ausgaben

Eisler [1912]

C.C.Gillispie (Hrsg.), Dictionary of Scientific Biography. Edited under the Auspices of the American Council of Learned Societies, 16 Bde. New York 1970—1980

= DSB

F.Krafft (Hrsg.), Große Naturwissenschaftler. Biographisches Lexikon. Mit einer Bibliographie zur Geschichte der Naturwissenschaften. Zweite, neubearbeitete und erweiterte Auflage. Düsseldorf 1986

Eine Reihe biographischer Angaben in Kapitel I wurde dem Register des Buches Jeismann [1974] entnommen.

Informationen über Auflagenzahlen von Schulbüchern entstammen einer noch nicht publizierten Dokumentation von mathematischen Schulbüchern des 19.Jahrhunderts, die von G.Hentschke am Max—Planck—Institut für Bildungsforschung in Berlin (Mitarbeit: P.Damerow und H.N.Jahnke) erstellt wurde.

A) Archivmaterialien

Zentrales Staatsarchiv der DDR, Dienststelle Merseburg:
Rep. 76 VI Sekt. 14z, Nr.6, Acta betr. den Lections—Plan für die fünf in Berlin befindlichen Gymnasien vom Febr. 1815 bis Dez. 1838

= ZStA I

Zentrales Staatsarchiv der DDR, Dienststelle Merseburg:
Rep. 76 VI, Sekt. 1z, Nr. 8, Bd. 1, Acta betr. den Unterricht in der Mathematik und im gemei-nen Rechnen auf den Gymnasien, des gleichen die Herausgabe und Einführung der dazu erforder-lichen Lehrbücher vom Mai 1818 bis Dez. 1833

= ZStA II

Zentrales Staatsarchiv der DDR, Dienststelle Merseburg:
Rep. 76 VI, Sekt. 1z, Nr. 8, Bd. 2, Acta betr. den Unterricht in der Mathematik und im gemei-nen Rechnen auf den Gymnasien, des gleichen die Herausgabe und Einführung der dazu erforder-lichen Lehrbücher von 1834 bis 1864

Zentrales Staatsarchiv der DDR, Dienststelle Merseburg:
Rep. 76 alt, Abt. X, Nr. 18, Die Lehrpläne für gelehrte Schulen und die Schulbücher,
1810−1816

= ZStA III

Zentrales Staatsarchiv der DDR, Dienststelle Magdeburg:
Rep. C 23, Nr. 12, Directoren−Conferenzen der Provinz Sachsen 1833 und 1834

Staatsarchiv Münster:
Akten des Provinzialschulkollegiums, Nr. 1018: Acta betr. den Mathematischen Unterricht
1817−1858, Nr. 1757: Acta betr. den mathematischen Unterricht auf Gymnasien 1833−1902

Landeshauptarchiv Koblenz:
Abt 405, Nr. 504, Acta Gen. betr. den Unterricht in der Mathematik und den Gebrauch der
mathematischen Lehrbücher bei Gymnasien, Beginn: Dec. 1833

B) Gedruckte Quellen und Sekundärliteratur

Abel, N.H. [1826]. Untersuchungen über die Reihe $1 + \frac{m}{1} \cdot x + \frac{m(m-1)}{1 \cdot 2} \cdot x^2 + \frac{m(m-1)(m-2)}{1 \cdot 2 \cdot 3} \cdot x^3 + \dots$
Journal für die reine und angewandte Mathematik 1, 311−339

Abel, N.H. [1902]. Correspondence d'Abel. Kristiania

Abel, N.H. [o.J.]. Développement de $(\cos x)^n$ et de $(\sin x)^n$ en séries de ... Universitetsbiblioteket. Manusrits d'Abel. Cahier numéro V. MS no 435 in−folio, Bl. 3−11. Oslo

Aebli, H. [1981]. Denken: das Ordnen des Tuns. 2.Bd. Stuttgart

Apel, K.O. [1955]. Das Verstehen (eine Problemgeschichte als Begrifffsgeschichte). Archiv für Begriffsgeschichte 1, 142−199

Arbogast, L.F.A. [1800]. Du calcul des dérivations. Strasbourg

Archer, R.L. [1921]. Secondary Education in the Nineteenth Century. Cambridge

Arnold, M. [1868]. Schools and Universities on the Continent. London. Zitierte Ausgabe: R.H.Super (Hrsg.): Michigan 1964

Asmus, W. [1968]. Johann Friedrich Herbart: eine pädagogische Biographie. Bd. 1: Der Denker: 1776−1809. Heidelberg

Asmus, W. [1970]. Johann Friedrich Herbart. Eine pädagogische Biographie. Band II: Der Lehrer 1809−1841. Heidelberg

Bahrdt, W. [1826]. Versuch, die Frage zu beantworten: Was von der Mathematik ist in einem Gymnasium zu lehren? Schulprogramm. Saarbrücken

Baltzer, R. [1860]. Die Elemente der Mathematik. Erster Band: Gemeine Arithmetik, allgemeine Arithmetik, Algebra. Leipzig

Becker, O. [1975]. Grundlagen der Mathematik in geschichtlicher Entwicklung. Frankfurt

Bekemeier, B. [1982]. Die "Arithmetisierung der Mathematik" − Ein grundlagen−theoretisches Programm der Mathematik im 19. Jahrhundert. In: Wissenschaft und Bildung im frühen 19. Jahrhundert II, Materialien und Studien des IDM, Bd. 30. Bielefeld, 1−96

Bekemeier, B. [1987]. Martin Ohm (1792−1872): Universitätsmathematik und Schulmathematik in der neuhumanistischen Bildungsreform. Studien zur Wissenschafts−, Sozial− und Bildungsgeschichte 4. Göttingen

Benekendorff, J.H. [1831]. Einige Gedanken über die Gränzen des Unterrichts in der Mathematik auf Gymnasien besonders hinsichtlich der Kegelschnitte. Schulprogramm. Berlin

Benner, D. [1986]. Johann Friedrich Herbart: Systematische Pädagogik. Stuttgart

Bernays, P. [1930]. Die Philosophie der Mathematik und die Hilbertsche Beweistheorie. Blätter für Deutsche Philosophie 4, 326–367. Zitierte Ausgabe: P.Bernays, Abhandlungen zur Philosophie der Mathematik. Darmstadt 1976, 17–61

Bernhardi, A.F. [1801/3]. Sprachlehre. Bd.I: Reine Sprachlehre. Bd.II: Angewandte Sprachlehre. Berlin. Zitierte Ausgabe: Reprint Hildesheim/New York 1973

Bernhardi, A.F. [1808]. Das Rechnen nach Pestalozzi, Mathematik des Kindes. Schulprogramm. In: A.F.Bernhardi, Ansichten über die Organisation der gelehrten Schulen. Jena 1818, 293–320

Bernhardi, A.F. [1809]. Ueber Zahl, Bedeutung und Verhältnis der Lehrobjecte eines Gymnasiums. Schulprogramm. In: A.F.Bernhardi, Ansichten über die Organisation der gelehrten Schulen. Jena 1818, 1–53

Bernhardi, A.F. [1810]. Ueber die ersten Grundsätze der Methodik für die Lehrobjecte eines Gymnasiums. Schulprogramm. In: A.F.Bernhardi, Ansichten über die Organisation der gelehrten Schulen. Jena 1818, 54–134

Bernhardi, A.F. [1815]. Mathematik und Sprachen. Gegensatz und Ergänzung. Schulprogramm. In: A.F.Bernhardi, Ansichten über die Organisation der gelehrten Schulen. Jena 1818, 215–249

Bernhardi, A.F. [1818]. Ansichten über die Organisation der gelehrten Schulen. Jena

Bernoulli, J. [1695]. Brief an Leibniz vom 8.Juni 1695. In: G.W.Leibniz, Mathematische Schriften hrsg.v. C.I.Gerhardt, Bd. III/1. Halle 1855, 179–190. Zitierte Ausgabe: Reprint Hildesheim/New York 1971

Biermann, K.R. [1961]. Eine unveröffentlichte Jugendarbeit C.G.J.Jacobis über wiederholte Funktionen. Journal für die reine und angewandte Mathematik 207, 96–112

Biermann, K.R. [1973]. Die Mathematik und ihre Dozenten an der Berliner Universität 1810–1920. Berlin

Blankertz, H. [1982]. Die Geschichte der Pädagogik: von der Aufklärung bis zur Gegenwart. Wetzlar

Blass, J.L. [1969]. Herbarts pädagogische Denkform. Wuppertal

Blumberger, F.W. [1828/9]. Über Mathematik als Unterrichtsgegenstand auf Gymnasien I und II. Schulprogramm. Neuß

Blumenberg, H. [1986]. Die Lesbarkeit der Welt. Frankfurt

Boeckh, A. [1853]. Über die Wissenschaft, insbesondere ihr Verhältnis zum Practischen und Positiven. Festrede gehalten auf der Universität ‘zu Berlin am 15. October 1853. In: A.Boeckh, Gesammelte kleine Schriften, Bd.2. Leipzig, 81–98

Boeckh, A. [1877]. Enzyklopädie und Methodenlehre der philologischen Wissenschaften, hrsg.v. E. Bratuschek. Leipzig. Zitierte Ausgabe: Nachdruck der 2.Auflage Leipzig 1886, Darmstadt 1966

Boehm, C. [1935]. Übersicht über die Bände 14, 15, 16, 16* der ersten Serie. In: Leonhardi Euleri Opera Omnia I_{16}, VII – LXXIII

Bohlmann, G. [1897]. Übersicht über die wichtigsten Lehrbücher der Infinitesimal–Rechnung von Euler bis auf die heutige Zeit. In: Jahresbericht der deutschen Mathematiker–Vereinigung 6, 91–110

Bolzano, B. [1816]. Der binomische Lehrsatz, und als Folgerung aus ihm der polynomische, und die Reihen, die zur Berechnung der Logarithmen und Exponentialgrößen dienen, genauer als bisher erwiesen. Prag

Bolzano, B. [1817]. Rein analytischer Beweis des Lehrsatzes, daß zwischen je zwey Werthen, die ein entgegengesetztes Resultat gewähren, wenigstens eine reelle Wurzel der Gleichung liege. Abhandlungen der Königlich Böhmischen Gesellschaft der Wissenschaften, 3.Folge, Bd.5, 1.Abt. Zitierte Ausgabe: A.Kolman, Bernard Bolzano, Berlin 1963, 175–207

Bottazzini, U. [1986]. The Higher Calculus: A History of Real and Complex Analysis from Euler to Weierstrass. New York/Berlin/Heidelberg/London/ Paris/Tokyo

Boutroux, P. [1927]. Das Wissenschaftsideal der Mathematiker. Leipzig/Berlin

Braunmühl, A.v. [1900−1903]. Vorlesungen über Geschichte der Trigonometrie. 2 Theile. Stuttgart. Zitierte Ausgabe: Wiesbaden 1971

Bredow, F.C.F. [1829]. De potestatibus sinuum et cosinuum quae secundum sinus aut cosinus multiplicium arcuum procedent dissertatio. Breslau

Bredow, F.C.F. [1838]. Über den mathematischen Unterricht auf Gymnasien. Schulprogramm. Oels

Bretschneider, C.A. [1839]. Rez. von: F.H. Müller, Elemente der Arithmetik und Algebra in System, Commentar und Anwendungen. Neue Jahrbücher für Philologie und Pädagogik 27, 356−388

Bretschneider, C.A. [1844]. Lehrgebäude der niederen Geometrie. Jena

Bretschneider, C.A. [1856/7]. System der Arithmetik und Analysis. Für den Gebrauch in Gymnasien und Realschulen sowie auch zum Selbststudium. Jena

Bretschneider, C.A. [1870]. Geometrie und die Geometer vor Euklides. Ein historischer Versuch. Leipzig

Brewer, J.P. [1825]. Über den Nutzen der Mathematik als allgemeines Bildungsmittel betrachtet. Schulprogramm. Düsseldorf

Buffon, G.−L.L. de [1954]. Oeuvres Philosohiques. Hrsg. v. J.Piveteau. Paris

Burkhardt, H. [1903]. Algebraische Analysis. Leipzig

Burkhardt, H. [1904−1916]. Trigonometrische Reihen und Integrale bis etwa 1850. In: Encyklopädie der mathematischen Wissenschaften mit Einschluß ihrer Anwendungen, 2. Band, 1. Theil, 2. Hälfte. Leipzig, 819−1354

Burkhardt, H. [1910/11]. Über den Gebrauch divergenter Reihen in der Zeit von 1750−1860. Math. Annalen 70, 169−206

Campe, J.H. (Hrsg.) [1785−1792]. Allgemeine Revision des gesamten Schul− und Erziehungswesens: von einer Gesellschaft praktischer Erzieher. Theil 1−16. Hamburg/Wolfenbüttel/ Wien/Braunschweig. Zitierte Ausgabe: Vaduz 1979

Cantor, M. [1858]. Rezension von: C.A.Bretschneider, System der Arithmetik und Analysis, Jena 1856/7. Literaturzeitung der Zeitschrift für Mathematik und Physik 3, 25−29

Cantor, M. [1901]. Nachruf auf Oskar Schlömilch. Bibliotheca mathematica 3. Folge, 2. Bd, 260−281

Cassirer, E. [1920]. Das Erkenntnisproblem in der Philosophie und Wissenschaft der neueren Zeit. Dritter Band: Die Nachkantischen Systeme Reprint Darmstadt 1974

Cassirer, E. [1923]. Philosophie der symbolischen Formen I. Die Sprache. Reprint Darmstadt 1985

Cassirer, E. [1957]. Das Erkenntnisproblem in der Philosophie und Wissenschaft der neueren Zeit. Vierter Band: Von Hegels Tod bis zur Gegenwart. Stuttgart. Zitierte Ausgabe: Darmstadt 1973

Cauchy, A.L. [1821]. Cour d'analyse de l'école royale polytechnique. Ire Partie. Analyse algébrique. Paris. Zitierte Ausgabe: Oeuvres complètes d'Augustin Cauchy, IIe Série, tome III, Paris 1897

Cauchy, A.L. [1822]. Sur le développement des fonctions en séries et sur l'intégration des équations différentielles ou aux différences partielles. Bulletin de la Société Philomatique, 49−54. Zitierte Ausgabe: Oeuvres complètes d'Augustin Cauchy, IIe série, tome II, 276−282

Cauchy, A.L. [1823]. Résumé des leçons données à l'École Royale polytechnique sur le calcul infinitésimal. Paris. Zitierte Ausgabe: Oeuvres complètes d'Augustin Cauchy, IIe série, tome IV, Paris 1899, 3−261

Cauchy, A.L. [1826]. Sur l'analyse des sections angulaires. In: A.L.Cauchy, Excercises de Mathématiques. Paris. Zitierte Ausgabe: Oeuvres complètes d'Augustin Cauchy, IIe série, tome VI, 11–22

Cauchy, A.L. [1828]. A.L. Cauchy's Lehrbuch der mathematischen Analysis. 1. Theil. Algebraische Analysis. Aus dem Französischen übersetzt von C.L.A. Huzler. Königsberg

Chasles, M. [1839]. Geschichte der Geometrie hauptsächlich mit Bezug auf die neueren Methoden. Aus dem Französischen übertragen durch Dr. L.A.Sohncke. Halle. Zitierte Ausgabe: Reprint Schaan/Liechtenstein 1982

Crelle, A.L. [1813]. Versuch einer rein algebraischen und dem gegenwärtigen Zustand der Mathematik angemessenen Darstellung der Rechnung mit veränderlichen Größen: Als desjenigen Theils der Rechnung, den man gewöhnlich Differential–, Integral– und Variations–Rechnung oder auch Functionen–Theorie zu nennen pflegt; im Umrisse. Göttingen

Crelle, A.L. [1822/23]. Solution d'une difficulté connue que présente la théorie des fonctions angulaires, relativement au développement des puissances fractionaires du cosinus. Annales de mathématiques pures et appliquées 13, 213–241

Crelle, A.L. [1823]. Versuch einer allgemeinen Theorie der analytischen Facultäten, nach einer neuen Entwicklungs–Methode; vorbereitet durch einen Versuch einer critischen Untersuchung über die Potenzen, Logarithmen und Exponential–Grössen und begleitet von Bemerkungen und Erörterungen die Theorie der Winkelfunktionen betreffend. Berlin

Crelle, A.L. (Hrsg.) [1823a]. J.L. Lagranges mathematische Werke. Deutsch hrsg... 2. Band, die Vorlesungen über die Functionen–Rechnung enthaltend. Berlin

Crelle, A.L. [1825]. Lehrbuch der Arithmetik und Algebra, vorzüglich zum Selbstunterrichte. Berlin

Crelle, A.L. [1826]. Lehrbuch der Elemente der Geometrie und der ebenen und sphärischen Trigonometrie, vorzüglich zum Selbstunterrichte. Berlin

Crelle, A.L. [1830]. Recherches sur les expressions des puissances des cosinus et sinus en cosinus et sinus des arc multiples, et sur les expressions réciproques. Journal für die reine und angwandte Mathematik 5, 197–221

Crelle, A.L. [1845]. Encyklopädische Darstellung der Theorie der Zahlen und einiger anderer damit in Verbindung stehender analytischer Gegenstände; zur Beförderung und allgemeineren Verbreitung des Studiums der Zahlenlehre durch den öffentlichen und Selbst–Unterricht. Erster Band. Berlin

Daston, L.J. [1981]. Mathematics and the Moral Sciences: The Rise and Fall of the Probability of Judgements, 1785 – 1840. In: Jahnke, H.N. & Otte, M. (Hrsg.), Epistemological and Social Problems of the Sciences in the Early Nineteenth Century. Dordrecht/Boston/London, 287–309

Dedekind, R. [1893]. Vorlesungen über Zahlentheorie von P.G. Lejeune Dirichlet. Herausgegeben und mit Zusätzen versehen v. R.Dedekind. 4.Aufl., XI. Supplement. Braunschweig. Zitierte Ausgabe: Reprint New York 1968

Deinhardt, J.H. [1837]. Der Gymnasialunterricht nach den wissenschaftlichen Anforderungen der jetzigen Zeit. Hamburg

Dhombres, J. [1986]. Quelques aspects de l'histoire des équations fonctionelles liés à l'évolution du concept de fonction. Archive for History of Exact Sciences 36, 91–181

Diesterweg, F.A.W. [1819]. Geometrische Combinationslehre. Zur Beförderung des Elementar–Unterrichts in der Formen– und Größenlehre, nebst einer Sammlung von Aufgaben zu zweckmäßiger Beschäftigung mehrerer Abtheilungen einer Schulklasse. Elberfeld

Diesterweg, F.A.W. [1822]. Leitfaden für den ersten Unterricht in der Formen–, Größen– und räumlichen Verbindungslehre oder Vorübungen zur Geometrie. Für Schulen. Elberfeld

Diesterweg, W.A. [1828]. Geometrische Aufgaben nach der Methode der Griechen bearbeitet. Elberfeld

Dilthey, W. [1905]. Die Jugendgeschichte Hegels. In: W.Dilthey, Gesammelte Schriften IV, 4.Aufl. Stuttgart/Göttingen 1968, 1–282

Dirichlet, P.G.L. [1837]. Über die Darstellung ganz willkürlicher Funktionen durch Sinus— und Cosinusreihen. In: P.G.L.Dirichlet, Werke, hrsg.v. L.Kronecker, Bd.1. Berlin 1889, 133—160

Dirksen, E.H. [1823]. Analytische Darstellung der Variationsrechnung I. Berlin

Dirksen, E.H. [1827]. Rezension von: F.W. Spehr, Neue Principien des Fluentencalcüls und A.L. Cauchy, Resumé des Leçons donnés à l'École royale polytechnique sur le calcul infinitési-mal. Jahrbücher für wissenschaftliche Kritik hrsg. v. d. Societät für wissenschaftliche Kritik zu Berlin, 1217—1271

Dirksen, E.H. [1829]. Rezension von: A.L.Cauchys Lehrbuch der algebraischen Analysis. Aus dem Französischen übersetzt von C.L.B.Huzler. Königsberg 1828. Jahrbücher für wissen-schaftliche Kritik hrsg.v.d. Societät für wissenschaftliche Kritik zu Berlin. Bd. 2, 211—222

Dirksen, E.H. [1845]. Organon der gesammten transcendenten Analysis. 1. Theil. Transcendente Elementarlehre. Berlin

Drobisch, M.W. [1832]. Philologie und Mathematik als Gegenstände des Gymnasialunterrichts betrachtet, mit besonderer Beziehung auf Sachsens Gelehrtenschulen. Leipzig

Drobisch, M.W. [1836]. Neue Darstellung der Logik nach ihren einfachsten Verhältnissen. Leipzig

Du Bois Reymond, E. [1877]. Kulturgeschichte und Naturwissenschaft. In: E. Du Bois—Rey-mond, Vorträge über Philosophie und Gesellschaft, hrsg.v. S.Wollgast. Hamburg 1974, 105—158

Du Bois—Reymond, P. [1883]. Über den Gültigkeitsbereich der Taylor'schen Reihenentwicklung. Mathematische Annalen 21, 109—117

Durkheim, E. [1977]. Die Entwicklung der Pädagogik. Zur Geschichte und Soziologie des gelehr-ten Unterrichts in Frankreich. Übersetzt von L. Schmidts. Weinheim/Basel

Dyck, M. [1960]. Novalis and Mathematics. Chapel Hill

Eccarius, W. [1974]. Der Techniker und Mathematiker August Leopold Crelle (1780—1855) und sein Beitrag zur Förderung und Entwicklung der Mathematik im Deutschland des 19. Jahrhunderts. Dissertation. Eisenach

Eisler, R. [1912]. Philosophen—Lexikon. Leben, Werke und Lehren der Denker. Berlin

Eisler, R. [1930]. Kant — Lexikon. Berlin. Zitierte Ausgabe: Reprint Hildesheim 1964

Encke, J.F. [1826]. Gedächtnissrede auf Johann Georg Tralles. Abhandlungen der Kgl. Akademie der Wissenschaften zu Berlin 1826/1829, XI—XVII

Ende, H. [1973]. Der Konstruktionsbegriff im Umkreis des Deutschen Idealismus. Meisenheim am Glan

Engel, F. [1911]. Grassmanns Leben. (H.Grassmanns Gesammelte mathematische und physikali-sche Werke, Bd. III/2). Leipzig

Engelhardt, D. v. [1972]. Grundzüge der wissenschaftlichen Naturforschung um 1800 und Hegels spekulative Naturerkenntnis. Philosophia Naturalis 13, 290—315

Enros, P.C. [1979]. The Analytical Society: Mathematics at Cambridge University in the Early Nineteenth Century. Diss. Toronto

Eschenbach, H.C.V. [1785]. Ad fratrem epistola: Inest in locum Kaestnerianum, de multipl. angulorum tangentibus, commentatio. Leipzig

Eschenbach, H.C.V. [1789]. De serierum reversione, formulis analytico — combinatoriis exhibita, specimen. Leipzig

Ettingshausen, A.v. [1826]. Die combinatorische Analysis als Vorbereitungslehre zum Studium der höhern Mathematik. Wien

Ettingshausen, A.v. [1826a]. Über die Formeln, welche die Potenzen des Sinus oder Cosinus eines Kreisbogens durch die Sinusse oder Cosinussse der Vielfachen dieses Bogens darstellen. Zeitschrift für Physik und Mathematik 1, 96—110

Ettingshausen, A.v. [1826b]. Ueber den Gebrauch der Methode der unbestimmten Coefficienten bei der Entwicklung der Potenzen des Cosinus eines Bogens nach den Cosinussen seiner Vielfachen. Zeitschrift für Physik und Mathematik 1, 374—379

Ettingshausen, A.v. [1827]. Vorlesungen über die höhere Mathematik. 2 Bände. Wien

Euler, L. [1748]. Introductio in analysin infinitorum. Tomus primus. Lausanne. Zitierte Ausgabe: Leonhardi Euleri Opera Omnia I_8

Euler, L. [1754/55]. Subsidium calculi sinuum. Novi comentarii academiae scientiarium Petropolitanae 5, 1754/55, 1760, 164−204. Zitierte Ausgabe: Leonhardi Euleri Opera Omnia I_{14}, 542−584

Euler, L. [1754/55a]. De seriebus divergentibus. Novi comentarii academiae scientiarium Petropolitanae 5, 1754/55, 1760, 205−237. Zitierte Ausgabe: Leonhardi Euleri Opera Omnia I_{14}, 585−617

Euler, L. [1755]. Institutiones calculi differentialis. Basel. Zitierte Ausgabe: Leonhardi Euleri Opera omnia I_{10}

Euler, L. [1774]. Demonstratio theorematis neutoniani de evolutione potestatum binomii pro casibus quibus exponentes non sunt numeri integri. Novi commentarii academiae scientiarium Petropolitanae 19 (1774), 1775, 103−111. Zitierte Ausgabe: Leonhardi Euleri Opera Omnia I_{15}, 207−216

Euler, L. [1789]. Observationes generales circa series quarum termini secundum sinus vel cosinus angulorum multiplorum progrediuntur. Nova acta academiae scientiarium Petropolitanae 7, 1789, 1793, 87−98. Zitierte Ausgabe: Leonhardi Euleri Opera Omnia I_{16}, 164−177

Euler, L. [1791]. Dilucidationes super formulis, quibus sinus et cosinus angulorum multiplorum exprimi solent, ubi simul ingentes difficultates diluuntur. Nova acta scientiarium Petropolitanae 9, 1791, 1795, 54−80. Zitierte Ausgabe: Leonhardi Euleri Opera Omnia I_{16}, 282−310

Euler, L. [1885]. Einleitung in die Analysis des Unendlichen. Ins Deutsche übertragen von H.Maser. Berlin. Zitierte Ausgabe: Berlin/Heidelberg/New York 1983

Fichte, J.G. [1793]. Beitrag zur Berichtigung der Urteile des Publikums über die französische Revolution. In: J.G.Fichtes Sämmtliche Werke, hrsg.v. I.H.Fichte. Berlin 1845/6, VI,37−288

Fichte, J.G. [1794]. Grundlage der gesamten Wissenschaftslehre als Handschrift für seine Zuhörer. In: J.G.Fichtes Sämmtliche Werke, hrsg.v. I.H.Fichte. Berlin 1845/6, I, 85−328. Zitierte Ausgabe: Hamburg 1970 (Einleitung u. Register v. W.G.Jacobs)

Fichte, J.G. [1797]. Erste Einleitung in die Wissenschaftslehre. In: J.G.Fichtes Sämmtliche Werke, hrsg.v. I.H.Fichte. Berlin 1845/6, I, 417−449

Fichte, J.G. [1800]. Die Bestimmung des Menschen. In: J.G.Fichtes Sämmtliche Werke, hrsg.v. I.H.Fichte. Berlin 1845/6, II, 168−319. Zitierte Ausgabe: Hamburg 1979 (Auf der Grundlage der Ausgabe v. F.Medicus revidiert v. E.Fuchs. Mit einer Einleitung v. R.Lauth)

Fichte, J.G. [1801]. Sonnenklarer Bericht an das größere Publikum, über das eigentliche Wesen der neuesten Philosophie. Ein Versuch, die Leser zum Verstehen zu zwingen. In: J.G.Fichtes Sämmtliche Werke, hrsg.v. I.H.Fichte, Berlin 1845/46, II, 323−429

Fichte, J.G. [1801/2]. Darstellung der Wissenschaftslehre. Aus den Jahren 1801/02. In: J.G.Fichtes Sämmtliche Werke, hrsg.v. I.H.Fichte. Berlin 1845/6, II, 1−163. Zitierte Ausgabe: Hamburg 1977 (herausgegeben sowie mit Einleitung und Anmerkungen versehen v. R.Lauth unter Mitarbeit v. P.K.Schneider)

Fichte, J.G. [1804]. Die Wissenschaftslehre. 2.Vortrag im Jahre 1804. Gereinigte Fassung hrsg.v. R.Lauth & J.Widmann unter Mitarbeit v. P.Schneider.. Hamburg 1986

Fichte, J.G. [1806]. Die Grundzüge des gegenwärtigen Zeitalters. In: J.G.Fichtes Sämmtliche Werke, hrsg.v. I.H.Fichte. Berlin 1845/6, VII, 1−254

Fichte, J.G. [1807]. Ueber Macchiavelli, als Schriftsteller, und Stellen aus seinen Schriften. In: I.H.Fichte (Hrsg.), J.G.Fichtes nachgelassene Werke 3. Bonn 1835, 401−453

Fichte, J.G. [1808]. Reden an die deutsche Nation. In: J.G.Fichtes Sämmtliche Werke, hrsg.v.I.H.Fichte. Berlin 1845−46, VII, 260−490. Zitierte Ausgabe: Hamburg 1955

Fischer, E.G. [1792]. Theorie der Dimensionszeichen, nebst ihrer Anwendung auf verschiedene Materien aus der Analysis endlicher Grössen. Erster und zweyter Theil. Halle

Fischer, E.G. [1794]. Ueber den Ursprung der Theorie der Dimensionszeichen, und ihr Verhältnis gegen die combinatorische Analytik des Hrn. Professor Hindenburg. Halle

Fischer, E.G. [1820 – 1824]. Lehrbuch der Elementar – Mathematik zum Gebrauche in den oberen Klassen gelehrter Schulen. Theil 1 bis 3. Berlin

Fischer, K. [1862]. Johann Gottlieb Fichte. Rede zur akademischen Fichte – Feier, gehalten in der Collegienkirche zu Jena, am 19.Mai 1862. Stuttgart

Fischer, L.J. & Krause, K.C.F. [1812]. Lehrbuch der Combinationslehre und der Arithmetik als Grundlage des Lehrvortrages und des Selbstunterrichts, nebst einer neuen und fasslichen Darstellung der Lehre vom Unendlichen und Endlichen, und einem Elementarbeweise des binomischen und polynomischen Lehrsatzes. Erster Band. Dresden

Foellesdal, D. [1979]. Hermeneutics and the Hypothetico – Deductive Method. Dialectica 33, 319 – 336

Foucault, M. [1974]. Die Ordnung der Dinge. Eine Archäologie der Humanwissenschaften. Frankfurt

Fourcy, A. [1828]. Histoire de L'École Polytechnique. Paris. Zitierte Ausgabe: J.Dhombres (Hrsg.), Paris 1987

Fraser, C.G. [1987]. Joseph Louis Lagrange's Algebraic Vision of the Calculus. Historia Mathematica 14, 38 – 53

Freudenthal, H. [1971]. Cauchy. In: C.C.Gillispie (Hrsg.), Dicionary of Scientific Biography III. New York, 131 – 148

Frey, G. [1970]. Hermeneutische und hypothetisch – deduktive Methode. Zeitschrift für allgemeine Wissenschaftstheorie I, 1

Frey, G. [1979]. Über die Konstruktion von Interpretationsschemata. dialectica 33, 247 – 261

Fries, J.F. [1822]. Die mathematische Naturphilosophie nach philosophischer Methode bearbeitet: ein Versuch. Heidelberg. Zitierte Ausgabe: J.F. Fries, Sämtliche Schriften, hrsg. v. G. König & L. Geldsetzer, Bd. 13. Aalen 1979

Föhlisch, J.G.E. [1814]. Über die logische Wichtigkeit der Mathematik auf Gymnasien, nebst einigen philosophischen Andeutungen. Ein Beytrag zur Gymnastik des jugendlichen Geistes. Schulprogramm. Wertheim

Gadamer, H.G: [1976]. Artikel 'Hermeneutik'. In: J.Ritter & K.Gründer (Hrsg.), Historisches Wörterbuch der Philosophie, Bd.4. Darmstadt, 1061 – 1073

Gauß, C.F. [1813]. Disquisitiones generales circa seriem infinitam

$$1 \; + \; \frac{a \cdot \beta}{1 \cdot \gamma} \, x \; + \; \frac{a(a \, + \, 1) \; \beta(\beta \, + \, 1)}{1 \cdot 2 \; \gamma(\gamma \, + \, 1)} \, x^2$$

$$+ \; \frac{a(a \, + \, 1) \; (a \, + \, 2) \;\; \beta(\beta \, + \, 1) \; (\beta \, + \, 2)}{1 \cdot 2 \cdot 3 \cdot \gamma(\gamma \, + \, 1) \; (\gamma \, + \, 2)} \, x^3 \; + \; ...$$

Comm.soc.reg.sci.Gott.rec. t.2. Zitierte Ausgabe: C.F.Gauß, Werke III, 123 – 162

Gauß, C.F. [1825]. Fragen zur Metaphysik der Mathematik. In: Werke X/1, 396/397

Gauß, C.F. [1831]. Theoria Residuorum Biquadraticorum. Commentatio Secunda. Göttingische gelehrte Anzeigen 23. April. Zitierte Ausgabe: Werke II, 169 – 178

Gauß, C.F. [1834]. Brief an Drobisch v. 14.August 1834. In: Werke X/1, 106/7

Gauß, C.F. [1976]. Mathematisches Tagebuch 1796 – 1814. Hrsg.v. H.Wußing. Leipzig

Gauß, C.F. & Bessel, F.W. [1880]. Briefwechsel. Hsrg.v. A.Auwers. Leipzig

Gipper, H. & Schmitter, P. [1975]. Sprachwissenschaft und Sprachphilosophie im Zeitalter der Romantik. In: Th.A.Sobeck (Hrsg.), Current Trends in Linguistics. Vol. 13, Historiography of Linguistics, Den Haag/Paris, 481 – 600

Goethe, J.W. [1887 – 1919]. Goethes Werke, herausgegeben im Auftrag der Großherzogin Sophie von Sachsen (= Weimarer Ausgabe). Weimar. Zitierte Ausgabe: Taschenbuchausgabe München 1987

Grabiner; J.V. [1981]. The Origins of Cauchy's Rigorous Calculus. Cambridge/Mass.

Grattan—Guinness, I. [1970]. The Development of the Foundations of Mathematical Analysis from Euler to Riemann. Cambridge/Mass.

Grattan—Guinness, I. [1981]. Mathematical Physics in France, 1800 — 1835. In: Jahnke, H.N. & Otte, M. (Hrsg.), Epistemological and Social Problems of the Sciences in the Early Nineteenth Century. Dordrecht/Boston/London, 349—370

Graßmann, J.G. [1817]. Raumlehre für Volksschulen. Theil 1: Ebene räumliche Verbindungslehre. Berlin

Graßmann, J.G. [1824]. Raumlehre für Volksschulen. Theil 2: Ebene räumliche Größenlehre. Berlin

Graßmann, J.G. [1827]. Über den Begriff und Umfang der reinen Zahlenlehre. Schulprogramm. Stettin

Graßmann, J.G. [1829]. Zur physischen Krystallonomie und geometrischen Kombinationslehre. Stettin

Graßmann, J.G. [1833]. Combinatorische Entwickelung der Krystallgestalten. Annalen der Physik und Chemie, Ergänzungsheft, 1—33

Grundel, F. [1928/29]. Die Mathematik an den deutschen höheren Schulen. Teil I: Von der Zeit Karls des Großen bis zum Ende des 17. Jahrhunderts. Teil II: Vom Anfang des 18.Jahrhunderts bis zum Anfang des 19. Jahrhunderts. Beihefte zur Zeitschrift f. math. u. naturw. Unt. 12 u. 13

Grunert, J.A. [1832]. Lehrbuch der Mathematik für die obern Classen hoeherer Lehranstalten 1. Lehrbuch der allgemeinen Arithmetik 2.—4.: Lehrbuch der Stereometrie. — Lehrbuch der ebenen und spär. Trigonometrie. — Lehrbuch der Kegelschnitte. Brandenburg

Gudermann, C. [1825]. Allgemeiner Beweis des polynomischen Lehrsatzes ohne die Voraussetzung des binomischen und ohne die Hülfe der höheren Rechnung. Schulprogramm. Cleve

Gudermann, C. [1830]. Theorie der Potenzial— oder cyklisch—hyperbolischen Functionen. Journal für die reine und angewandte Mathematik 6, 1—39; 162—194; 311—356

Gugler [1860]. Artikel "Geometrie, deskriptive". In: K.A.Schmid (Hrsg.), Encyklopädie des gesamten Erziehungs— und Unterrichtswesens bearbeitet von einer Anzahl Schulmänner und Gelehrten, II. Gotha, 715—725

Haering, T. [1954]. Novalis als Philosoph. Stuttgart

Hamburger, K. [1929]. Novalis und die Mathematik. In: K.Hamburger, Philosophie der Dichter Novalis, Schiller, Rilke. Stuttgart/ Berlin/Köln/Mainz 1966, 11—82.

Hankel, H. [1867]. Vorlesungen über die complexen Zahlen und ihre Functionen. Leipzig

Hankel, H. [1875]. Die Elemente der projektivischen Geometrie in synthetischer Behandlung. Leipzig

Hattendorf, K. [1877]. Algebraische Analysis. Hannover

Hecker, A.J. [1812]. Einige Gedanken über den Wert und den Nutzen des Unterrichts in den mathematischen Wissenschaften auf den Gelehrtenschulen. Schulprogamm. Berlin

Heis, E. [1837]. Sammlung von Beispielen und Aufgaben aus der allgemeinen Arithmetik und Algebra in systematischer Folge bearbeitet für Gymnasien, Realschulen, höhere Bürgerschulen und Gewerbschulen. Köln

Helmholtz, H.v. [1878]. Die Tatsachen in der Wahrnehmung. Rektoratsrede, gehalten zur Stiftungsfeier der Friedrich Wilhelm—Universität zu Berlin am 3.August 1878. In: H.v.Helmholtz, Philosophische Vorträge und Aufsätze, hrsg.v. H.Hörz u. S.Wollgast. Berlin 1971, 247—299

Helmholtz, H.v. [1892]. Erinnerungen. In: H.v.Helmholtz, Philosophische Vorträge und Aufsätze, hrsg.v. H.Hörz u. S.Wollgast. Berlin 1971, 3—19

Hennige, J. [1840]. Probe der Bearbeitung einer neuen Ausgabe von Matthias' Leitfaden für einen heuristischen Schulunterricht in der Elementarmathematik. Schulprogramm. Magdeburg

Herbart, J.F. [1795]. Antwort auf des Herrn Prof. Fichte Frage an die Mathematik, die Natur der geraden und krummen Linie betreffend. Nachgelassenes Manuskript. In: Herbart [1887–1912], XIX, 65–68

Herbart, J.F. [1802a]. Über Pestalozzi's neueste Schrift: Wie Gertrud ihre Kinder lehrte. An drei Frauen. In: Herbart [1887–1912]., I, 137–150

Herbart, J.F. [1802b]. Pestalozzi's Idee eines ABC der Anschauung untersucht und wissenschaftlich ausgeführt. In: Herbart [1887–1912]., I, 151–258

Herbart, J.F. [1802/3]. Diktate zur Pädagogik. In: O.Willmann & T.Fritzsch (Hrsg.), Johann Friedrich Herbarts Pädagogische Schriften, 3.Aufl., Bd.1, Osterwieck/Leipzig 1913, 129–175

Herbart, J.F. [1804]. Ueber die ästhetische Darstellung der Welt als Hauptgeschäft der Erziehung. In: Herbart [1887–1912], I, 259–274

Herbart, J.F. [1806a]. Allgemeine Pädagogik, aus dem Zweck der Erziehung abgeleitet. In: Herbart [1887–1912], II, 1–139

Herbart, J.F. [1806b]. Hauptpunkte der Metaphysik. In: Herbart [1887–1912], II, 175–216

Herbart, J.F. [1807]. Über Philosophisches Studium. In: Herbart [1887–1912], II, 227–296

Herbart, J.F. [1829]. Allgemeine Metaphysik nebst den Anfängen der philosophischen Naturlehre. Zweiter, systematischer Teil. In: Herbart [1887–1912], VIII, 1–388

Herbart, J.F. [1835]. Umriss pädagogischer Vorlesungen. In: Herbart [1887–1912], X, 65–206

Herbart, J.F. [1887–1912]. Sämtliche Werke, hrsg.v. K.Kehrbach, O.Flügel & T.Fritzsch, 19 Bde. Langensalza. Zitierte Ausgabe: Aalen 1964

Herder, J.G. [1799]. Vernunft und Sprache. Eine Metakritik zur Kritik der reinen Vernunft. Erster Teil. In: J.G.Herder, Sämmtliche Werke, hrsg.v. B.Suphan, Bd. 21. Berlin 1881, 1–190

Heussi, J. [1836]. Die Mathematik als Bildungsmittel. Schulprogramm. Berlin

Hilbert, D. [1922]. Neubegründung der Mathematik. Abhandlungen a.d. Math. Sem. d. Hamb. Univ. Bd. 1, 157–177. Zitierte Ausgabe: Hilbertiana. Darmstadt 1964, 12–32

Hilbert, D. [1925]. Über das Unendliche. Mathematische Annalen 95, 161–190. Zitierte Ausgabe: Hilbertiana. Darmstadt 1964, 79–108

Hincke, J. [1840]. Beweis der Möglichkeit und Notwendigkeit des Studiums der Mathematik für Schüler der Gymnasien. Schulprogramm. Nordhausen

Hindenburg, C.F. [1779]. Infinitomii dignitatum exponentis indeterminati historia leges ac formulae editio pluribus locis aucta et passim emendata. Göttingen

Hindenburg, C.F. [1781]. Novi systematis permutationum, combinationum ac variationum primas lineas et logisticae serierum formulis analytico–combinatoriis per tabulas exhibendae conspectum. Leipzig

Hindenburg, C.F. [1796]. Die Combinationslehre ist eine selbstständige Grundwissenschaft; ihre Verbindung mit der Analysis ist die engste und natürlichste; die unmittelbarste Anwendung derselben zeigt sich bey dem allgemeinen Produkten– und Potenzenprobleme der Reihen; Vergleichung des von Hrn. Tetens bey diesen Problemen angebrachten Substitutionsverfahrens mit der Hindenburgischen Combinationsmethode; Nothwendigkeit einer in die Analysis einzuführenden allgemeinen, größtentheils combinatorischen Charakteristik. In: Hindenburg [1796a], 153–304

Hindenburg, C.F. (Hrsg.) [1796a]. Der polynomische Lehrsatz, das wichtigste Theorem der ganzen Anaysis: nebst einigen verwandten und anderen Sätzen, neu bearbeitet und dargestellt v. Tetens,...Zum Druck befoerdert und mit Anmerkungen, auch einem kurzen Abrisse d. combinatorischen Methode und ihrer Anwendung auf die Analysis versehen. Leipzig

Hindenburg, C.F. (Hrsg.) [1803]. Ueber combinatorische Analysis und Derivations–Calcul; einige Fragmente gesammelt. Sammlung combinatorisch–analytischer Abhandlungen Bd. 3. Leipzig

Hohoff, J. [1840]. Über die Bildung durch Mathematik und Physik. Schulprogramm. Recklinghausen

Holmboe, B. (Hrsg.) [1839]. Oeuvres complètes d'Abel mathémathicien. Christiania

Horstmann, A. [1978]. Die Forschung in der klassischen Philologie des 19.Jahrhunderts. In: A.Diemer(Hrsg.), Konzeption und Begriff der Forschung in den Wissenschaften des 19.Jahrhunderts. Referate und Diskussionen des 10. wissenschaftstheoretischen Kolloquiums 1975. Meisenheim am Glan, 27−57

Humboldt, W.v. [1797]. Über den Geist der Menschenheit. In: W.v. Humboldt, Werke I (hrsg. v. A.Flitner & K.Giel), 3.Aufl. Darmstadt 1980, 506−518

Humboldt, W.v. [18.Jahrhundert]. Das 18. Jahrhundert. In: W.v.Humboldt, Werke I (hrsg.v. A.Flitner & K.Giel), 3.Aufl. Darmstadt 1980, 376−505

Humboldt, W.v. [1809]. Der Königsberger und der Litauische Schulplan.. In: W.v.Humboldt: Werke IV (hrsg.v. A.Flitner & K.Giel), 2.Auflage Darmstadt 1964, 168−195

Humboldt, W.v. [1809a]. Gutachten über die Organisation der Ober−Examinations−Kommission. In: W.v.Humboldt, Werke IV (hrsg.v. A.Flitner & K.Giel), 2.Aufl. Darmstadt 1964, 77−89

Humboldt, W.v. [1810]. Über die innere und äußere Organisation der höheren wissenschaftlichen Anstalten in Berlin. In: W.v.Humboldt: Werke IV (hrsg. v. A. Flitner & K. Giel), 2.Aufl. Darmstadt 1964, 255−266

Humboldt, W.v. [1814]. Ueber die Bedingungen unter denen Wissenschaft und Kunst in einem Volke gedeihen. Mit besonderer Rücksicht auf Deutschland und die gegenwärtige Zeit. In: W.v.Humboldt, Werke I (hrsg. v. A.Flitner & K.Giel), 3.Aufl. Darmstadt 1980, 553−561

Humboldt, W.v. [1820]. Ueber das vergleichende Sprachstudium in Beziehung auf die verschiedenen Epochen der Sprachentwicklung. In: W.v.Humboldt, Werke III (hrsg.v. A.Flitner & K.Giel), 5.Aufl. Darmstadt 1979, 1−25

Humboldt, W.v. [1827−29]. Ueber die Verschiedenheiten des menschlichen Sprachbaus. In: W.v.Humboldt, Werke III (hrsg.v. A.Flitner & K.Giel), 5.Aufl. Darmstadt 1979, 144−367

Humboldt, W.v. [1830−35]. Ueber die Verschiedenheit des menschlichen Sprachbaus und ihren Einfluss auf die geistige Entwicklung des Menschengeschlechts. In: W.v.Humboldt, Werke III (hrsg.v. A.Flitner & K.Giel), 5.Aufl. Darmstadt 1979, 368−756

Humboldt, W.v. [o.J.]. Theorie der Bildung des Menschen. In: W.v.Humboldt, Werke I (hrsg. v. A. Filtner & K. Giel), 3.Aufl. Darmstadt 1980, 234−240

Jacobi, C.G.J. [1830]. De resolutione aequationum per series infinitas. Journal für die reine und angewandte Mathematik 6, 257−286. Zitierte Ausgabe: C.G.J.Jacobi's Gesammelte Werke VI, 26−61

Jacobi, C.G.J. [1881−91]. Gesammelte Werke. Hrsg.v. C.W.Borchardt u. K.Weierstrass. Bd. I bis VII und Suppl. Berlin

Jacobs, W.G. [1984]. Johann Gottlieb Fichte. Hamburg

Jahnke, H.N. [1981]. Zahlen und Größen − Historische und didaktische Bemerkungen. Mathematische Semesterberichte XXVIII, H.2., 202−229

Jahnke, H.N. [1982]. Zum Verhältnis von Bildung und wissenschaftlichem Denken am Beispiel der Mathematik. Eine Kontroverse um den mathematischen Lehrplan der preußischen Gymnasien 1829−30 und ihr methodologischer Kontext. In: B.Bekemeier, H.N.Jahnke, M.Otte, I.Lohmann & B.Schminnes (Hrsg.), Wissenschaft und Bildung im frühen 19.Jahrhundert I, Materialien und Studien des IDM 27. Bielefeld, 1−225

Jahnke, H.N. [1985]. Zur historischen Bedeutung des Begriffs der indirekten Anwendung der Wissenschaften. In: Steiner, H.G. & Winter, H. (Hrsg.), Mathematikdidaktik, Bildungsgeschichte, Wissenschaftsgeschichte. Köln, 48−53

Jahnke, H.N. [1987]. Motive und Probleme der Arithmetisierung der Mathematik in der ersten Hälfte des 19. Jahrhunderts − Cauchys Analysis in der Sicht des Mathematikers Martin Ohm. Archive for History of Exact Sciences 37, 101−182

Jahnke, H.N. [1989]. J.F.Herbart(1776−1841): Nach−Kantische Philosophie und Theoretisierung der Mathematik. In: G.König(Hrsg.), Konzepte des mathematisch Unendlichen im 19.Jahrhundert. Göttingen

Jeismann, K.–E. [1974]. Das preußische Gymnasium in Staat und Gesellschaft. Die Entstehung des Gymnasiums als Schule des Staates und der Gebildeten 1787–1817. Stuttgart

Kambly, L. [1850–53]. Die Elementar–Mathematik für den Schulunterricht bearbeitet. Breslau

Kambly, L. [1899]. Die Elementarmathematik für den Schulunterricht bearbeitet. Erster Teil: Arithmetik und Algebra, 37. Auflage. Breslau

Kant, I. [1781]. Kritik der reinen Vernunft. Riga. Zitierte Ausgabe: W.Weischedel (Hrsg.), Kant Werke II, Wiesbaden 1956

Kant, I. [1783]. Prolegomena zu einer jeden künftigen Metaphysik, die als Wissenschaft wird auftreten können. Riga. Zitierte Ausgabe: W.Weischedel (Hrsg.), Kant Werke III. Wiesbaden 1958, 109–264

Kant, I. [1786]. Metaphysische Anfangsgründe der Naturwissenschaft. Riga. Zitierte Ausgabe: W.Weischedel (Hrsg.), Kant Werke V, Wiesbaden 1957, 9–135

Kant, I. [1790]. Kritik der Urteilskraft. Berlin–Libau. Zitierte Ausgabe: W.Weischedel (Hrsg.), Kant Werke V, Wiesbaden 1957, 233–620

Kaulbach, F. [1984]. Artikel ”Naturphilosophie”. In: Ritter, J. & Gründer, K. (Hrsg.), Historisches Wörterbuch der Philosophie, Bd. 6. Darmstadt, 535–560

Kesselring, T. [1981]. Entwicklung und Widerspruch. Ein Vergleich zwischen Piagets genetischer Erkenntnistheorie und Hegels Dialektik. Frankfurt

Kinkel, W. [1903]. Joh. Fr. Herbart, sein Leben und seine Philosophie. Gießen

Klein, F. [1896]. Über Arithmetisierung der Mathematik. Zeitschrift für den mathematischen und naturwissenschaftlichen Unterricht 27, 143–149

Klein, F. [1902]. Der Unterricht in der Mathematik. In: W.Lexis (Hrsg.), Die Reform des hoeheren Schulwesens in Preußen. Halle, 254–264

Klein, F. [1908 ff]. Elementarmathematik vom höheren Standpunkte aus. Berlin

Klein, F. & Schimmack, R. [1907]. Vorträge über den mathematischen Unterricht an den höheren Schulen. Bearbeitet von R. Schimmack. Theil 1: Von der Organisation des mathematischen Unterrichts. Leipzig

Kluckhohn, P. [1960]. Friedrich von Hardenbergs Entwicklung und Dichtung. In: Novalis [1960], 1–67

Klügel, G.S. [1796]. Bemerkungen über den polynomischen Lehrsatz. In: Hindenburg [1796a], 48–90

Klügel, G.S. [1803–8]. Mathematisches Wörterbuch oder Erklärung der Begriffe, Lehrsätze, Aufgaben und Methoden der Mathematik mit den nöthigen Beweisen und litterarischen Nachrichten begleitet in alphabetischer Ordnung. Erste Abtheilung: Die reine Mathematik, Bd. I bis III. Leipzig

Knopp, K. [1964]. Theorie und Anwendung der unendlichen Reihen. Berlin

Köhnke, K.C. [1986]. Entstehung und Aufstieg des Neukantianismus. Die deutsche Universitätsphilosophie zwischen Positivismus und Idealismus. Frankfurt

König, G. [1968]. Der Wissenschaftsbegriff bei Helmholtz und Mach. In: A.Diemer (Hrsg.), Beiträge zur Entwicklung der Wissenschaftstheorie im 19.Jahrhundert. Meisenheim am Glan, 90–114

König, R. [1970]. Vom Wesen der deutschen Universität. 2.Aufl. Darmstadt

Koppe, C. [1836–38]. Anfangsgründe der reinen Mathematik für den Schulunterricht. Bde 1,2,3,4. Essen

Koppe, C. [1866]. Der mathematische Lehrplan für das Gymnasium. Schulprogramm. Soest

Koppelmann, E. [1971/72]. The Calculus of Operations and the Rise of Abstract Algebra. Archive for History of Exact Sciences 8, 155–242

Kramp, C. [1798]. Analyse des réfractions astronomiques et terrestres. Straßburg/Leipzig

Kramp, C. [1808]. Élements d'arithmétique universelle. Köln

Krause, K.C.F. [1802]. De philosophiae et matheseos notione earumque intima conjunctione. Diss.. Jena

Krause, K.C.F. [1804]. Grundlage eines philosophischen Systems der Mathematik. Jena

Krause, K.C.F. [1807]. Rezension zu "Lorenz' Syntaktik". Neue Leipziger Literatur – Zeitung, Stück 121, 2097 – 2105

Krause, K.C.F. [1835]. Novae theoriae linearum curvarum originariae et vere scientificae specimina quinque prima. Edidit Professor H. Schröder. München

Kries, F. [1810]. Lehrbuch der reinen Mathematik. Jena

Kries, F. [1831]. Lehrbuch der reinen Mathematik. 5.Aufl. Jena

Kronecker, L. [1894]. Brief an Georg Cantor vom 21.August 1894. In: H.Meschkowski, Probleme des Unendlichen. Werk und Leben Georg Cantors. Braunschweig 1967, 237 – 239

Krug, W.T. [1803]. Fundamentalphilosophie. Züllichau/Freystadt. Zitierte Ausgabe: Reprint Brüssel 1968

Kummer, E.E. [1832]. De cosinuum et sinuum potestatibus evolvendis. Dissertatio. Halle

Kummer, E.E. [1835]. Über unendlich verschiedene Entwicklungen der Potenzen der Cosinus und Sinus. Journal für die reine und angewandte Mathematik 14, 110 – 122

Kummer, E.E. [1842]. Rezension von: Der Geist der mathematischen Analysis und ihr Verhältnis zur Schule; Erste Abhandlung von Martin Ohm. Jahrbücher für wissenschaftliche Kritik, 209 – 216

Lacroix, S.F. [1819]. Traité du calcul différentiel et du calcul intégral. vol. 3, 2ème édition. Paris

Ladomus, J.F. [1812]. Geometrische Constructionslehre für Lehrer und Lernende. Ein Versuch geometrischer Geistesgymnastik. Freiburg/Konstanz

Lagrange, J.L. [1770]. Nouvelle méthode pour résoudre les équations littérales par le moyen des séries. Mémoires de l'Académie royale des Sciences et Belles – Lettres de Berlin XXIV. Zitierte Ausgabe: Oeuvres de Lagrange III, 5 – 73

Lagrange, J.L. [1771]. Sur le problème de Képler. Mémoires de l'Académie royale des Sciences et Belles – Lettres de Berlin XXV. Zitierte Ausgabe: Oeuvres de Lagrange III, 113 – 138

Lagrange, J.L. [1797]. Théorie des fonctions analytiques. Paris. Zitierte Ausgabe: Oeuvres de Lagrange IX

Lagrange, J.L. [1801]. Leçons sur le calcul des fonctions. Paris

Lagrange, J.L. [1806]. Leçons sur le calcul des fonctions. Nouvelle Édition. Paris. Zitierte Ausgabe: Oeuvres de Lagrange X

Lakatos, I. [1976]. Proofs and Refutations. The Logic of Mathematical Discovery. Cambridge

Lakatos, I. [1978]. Cauchy and the continuum: the significance of non – standard analysis for the history and philosophy of mathematics. In: Mathematics, Science and epistomology. Philosophical Papers, vol. 2. Cambridge, 43 – 60

Lange, E.J. [1899]. Jacob Steiners Lebensjahre in Berlin 1821 – 1863. Nach seinen Personalakten dargestellt. Wissenschaftliche Beilage zum Jahresbericht der Friedrich – Werderschen Oberrealschule zu Berlin. Berlin

Lange, F.A. [1875]. Geschichte des Materialismus und Kritik seiner Bedeutung in der Gegenwart. Bd. 2: Geschichte des Materialismus seit Kant. Iserlohn. Zitierte Ausgabe: Frankfurt 1974

Laplace, P.S. [1777]. Mémoire sur l'usage du calcul aux différences partielles dans la théorie des suites. Mémoires de l'Académie royale des Sciences de Paris 1777/1780, 99 – 122. Zitierte Ausgabe: Oeuvres complètes de Laplace IX, 313 – 335

Laplace, P.S. [1779]. Mémoire sur les suites. Mémoires de l'Académie royale des Sciences de Paris 1779/1782, 207 – 309. Zitierte Ausgabe: Oeuvres complètes de Laplace X, 1 – 89

Laplace, P.S. [1784]. Théorie du mouvement et de la figure elliptique des planètes. Paris

Laplace, P.S. [1799 ff.]. Traité de Mécanique Céleste. Paris

Lassahn, R. [1970]. Studien zur Wirkungsgeschichte Fichtes als Pädagoge. Heidelberg

Laugwitz, D. [1987]. Infinitely Small Quantities in Cauchy's Textbooks. Historia mathematica 14, 258 – 274

Laugwitz, D. [1989]. Definite Values of Infinite Sums: Aspects of the Foundations of Infinitesimal Analysis around 1820. Archive for History of Exact Sciences 39, 195 – 245

Lauth, R. [1984]. Die transzendentale Naturlehre Fichtes nach den Prinzipien der Wissenschaftslehre. Hamburg

Lauth, R. [1986]. Einleitung. In: Die Wissenschaftslehre. 2.Vortrag im Jahre 1804, hrsg.v.R.Lauth u. J.Widmann unter Mitarbeit v.P.Schneider. Hamburg, IX – XXVIII

Leibniz, G.W. [1666]. Dissertatio de Arte Combinatoria. In: G.W.Leibniz, Mathematische Schriften, hrsg.v. C.I.Gerhardt, Bd. V. Halle 1858, 7 – 132. Zitierte Ausgabe: Reprint Hildesheim/New York 1971

Leibniz, G.W. [1695]. Brief an Johann Bernoulli vom 16.Mai 1695. In: G.W.Leibniz, Mathematische Schriften hrsg.v. C.I.Gerhard, Bd. III/1. Halle 1855, 172 – 179. Zitierte Ausgabe: Reprint Hildesheim/New York 1971

Leibniz, G.W. [1976]. Ein Dialog zur Einführung in die Arithmetik und Algebra nach der Originalhandschrift herausgegeben, übersetzt und kommentiert v. E. Knobloch (vermutlich 1676 geschrieben). Stuttgart

Lembert, J. [1815]. Handbuch der algebraischen Analysis. Köln

Lentz, C.F. [1837]. An – und Aussichten , die Mathematik und Physik in den Gymnasien betreffend. Schulprogramm. Königsberg

Lepenies, W. [1978]. Das Ende der Naturgeschichte. Wandel kultureller Selbstverständlichkeiten in den Wissenschaften des 18. und 19. Jahrhunderts. Frankfurt

Leschinsky, A. & Roeder, P.M. [1976]. Schule im historischen Prozeß. Stuttgart

Leventhal, R.S. [1986]. The Emergence of Philological Discourse in the German States, 1770 – 1810. ISIS 77, 243 – 260

Lewis, A.C. [1981]. Justus Grassmann's School Programs as Mathematical Antecedents of Hermann Grassmann's 1844 'Ausdehnungslehre'. In: Jahnke, H.N. & Otte, M. (Hrsg.), Epistemological and Social Problems of the Sciences in the Early Nineteenth Century. Dordrecht/Boston/London, 255 – 268

Lietzmann, W. [1909]. Stoff und Methode im mathematischen Unterricht der norddeutschen höheren Schulen. Abhandlungen über den mathematischen Unterricht in Deutschland, Bd. I, Heft 1. Leipzig/Berlin

Lietzmann, W. [1910]. Die Organisation des mathematischen Unterrichts an den höheren Knabenschulen in Preußen. Abhandlungen über den mathematischen Unterricht in Deutschland, Bd. I, Heft 2. Leipzig/Berlin

Limpert, J.F. [1826]. Die Mathematik, ein allgemeines Bildungsmittel. Schulprogramm. Mühlhausen

Lipschitz, R. [1877]. Lehrbuch der Analysis, Bd. 1: Grundlagen der Analysis. Bonn

Lohmann, I. [1982]. Fachklassensystem und Jahrgangsklassensystem. Lehrplanproblem und Curriculumentwicklung im frühen 19.Jahrhundert. In: Bekemeier, B.; Jahnke, H.N.; Lohmann, I.; Otte, M. & Schminnes, B. (Hrsg.): Wissenschaft und Bildung im frühen 19.Jahrhundert I, Materialien und Studien des IDM 27. Bielefeld, 227 – 302

Lohmann, I. [1984]. Lehrplan und Allgemeinbildung in Preußen. Eine Fallstudie zur Lehrplantheorie F.E.D. Schleiermachers. Frankfurt/Bern/New York

Lohmann, I. [1986]. Schulklassensystem, Allgemeinbildung und Mathematikunterricht im frühen 19.Jahrhundert. Journal für Mathematikdidaktik 7, Heft 1, 23 – 44

Lorenz, J.F. [1806]. Lehrbegriff der Mathematik. Erster Theil, die gesamte Logistik oder die Arithmetik, Syntactik, Algebra und Analysis. Zweyte Abtheilung, die Syntactik. Magdeburg

Lorey, W. [1916]. Das Studium der Mathematik an den deutschen Universitäten seit Anfang des 19. Jahrhunderts. Leipzig/Berlin

Lundgreen, P. [1980]. Sozialgeschichte der deutschen Schule im Überblick, Teil I: 1770−1918. Göttingen

Mainzer, K. [1984]. Artikel "Mathematisierung". In: J.Mittelstraß (Hrsg.), Enzyklopädie Philosophie und Wissenschaftstheorie, Bd. 2. Mannheim/Wien/Zürich, 809−810

Manning, K.R. [1974/75]. The Emergence of the Weierstrassian Approach to Complex Analysis. Archive for History of Exact Sciences 14, 297−383

Matthias, J.A. [1813]. Leitfaden für einen heuristischen Schulunterricht über die allgemeine Größenlehre und die gemeine Algebra, die Elementargeometrie, ebene Trigonometrie und die Appollonischen Kegelschnitte. Magdeburg

Matthias, J.A. [1814/15]. Erläuterungen zu dem Leitfaden für einen heuristischen Schulunterricht, Abteilung I−III. Magdeburg

Matthias, J.A. [1828]. Erläuterungen zu dem Leitfaden für einen heuristischen Schulunterricht, 4.Teil: Zusätze zu den Erläuterungen 1.−3.Teil und Erläuterungen zu den Abänderungen und Vermehrungen in der 4.Ausgabe des Leitfadens. Magdeburg

Mehrtens, H. [1981]. Mathematicians in Germany circa 1800. In: Jahnke, H.N. & Otte, M. (Hrsg.), Epistemological and Social Problems of the Sciences in the Early Nineteenth Century. Dordrecht/Boston/London, 401−420

Meier Hirsch [1804]. Sammlung von Beispielen, Formeln und Aufgaben aus der Buchstabenrechnung und Algebra. Berlin

Menze, C. [1970]. Philologen und Pädagogen. In: Bokelmann, H. & Scheuerl, H. (Hrsg.), Der Aufbau erziehungswissenschaftlicher Studien und der Lehrerberuf. Heidelberg, 256 ff

Menze, C. [1975]. Die Bildungsreform Wilhelm von Humboldts. Hannover

Michelsen, J.A.C. [1789]. Gedanken über den gegenwärtigen Zustand der Mathematik und die Art, die Vollkommenheit und Brauchbarkeit derselben zu vergrößern. Ein Versuch, den Mathematikern und Philologen zur Prüfung und Ergänzung vorgelegt. Berlin

Minkowski, H. [1905]. Peter Gustav Lejeune Dirichlet und seine Bedeutung für die heutige Mathematik. Jahresbericht der Deutschen Mathematiker−Vereinigung 14, 149−163

Mittelstraß, J. [1982]. Wissenschaft als Lebensform. Reden über politische Orientierungen in Wissenschaft und Universität. Frankfurt

Möbius, A.F. [1834]. Beweis der Gleichung $0^0 = 1$ nach J.F.Pfaff. Journal für die reine und angewandte Mathematik 12, 134−136

Moulines, C.−U. [1981]. Hermann von Helmholtz: A Physiological Approach to the Theory of Knowledge. In: H.N.Jahnke & M.Otte (Hrsg.), Epistemological and Social Problems of the Sciences in the Early Nineteenth Century. Dordrecht/Boston/London, 65−73

Mushacke, E. (Hrsg.) [1858]. Anweisung ueber die Einrichtung der oeffentlichen allgemeinen Schulen im preussischen Staate. Preussischer Schulkalender 7, 231−259

Müller, C.H. [1904]. Studien zur Geschichte der Mathematik, insbesondere des mathematischen Unterrichts an der Universität Göttingen im 18. Jahrhundert. Mit einer Einleitung: über Charakter und Umfang historischer Forschung in der Mathematik. Heft 18 der Abhandlungen zur Geschichte der mathematischen Wissenschaften. Leipzig

Müller, D.K. [1977]. Sozialstruktur und Schulsystem. Aspekte zum Strukturwandel des Schulwesens im 19. Jahrhundert. Göttingen

Müller, F. [1905]. Karl Schellbach. Rückblick auf sein wissenschaftliches Leben. Leipzig

Müller, F.H. [1839/41]. Elemente der Arithmetik und Algebra in System, Commentar und Anwendungen, als Lehr− und Übungsbuch für die mittleren Classen höherer Lehranstalten und zum Gebrauch für Hauslehrer und beim Selbstunterricht dargestellt. 2 Teile. Potsdam

Müller, J.H.T. [1838]. Lehrbuch der allgemeinen Arithmetik für Gymnasien und Realschulen, nebst vielen Uebungsaufgaben und Excursen. (=Bd.1 von: Lehrbuch der Mathematik). Halle

Müller, J.H.T. [1855].
Lehrbuch der allgemeinen Arithmetik für höhere Lehranstalten. Erstes Heft: die Arithmetik bis einschließlich zu den quadratischen Gleichungen mit 2000 Uebungsaufgaben. Zweite umgearbeitete Auflage. Halle

Müller, K.H. [1911]. Traugott Müller und sein Einfluß auf die Methode des mathematischen Unterrichts in der ersten Hälfte des 19.Jahrhunderts. Zeitschrift für mathematischen und naturwissenschaftlichen Unterricht 42, 265–281

Münchow, K.D. [1826]. Grundlagen der Trigonometrie. Bonn

Nagel, C.H. [1859]. "Arithmetik. Zweiter Artikel". In: K.A.Schmid (Hrsg.), Encyklopädie des gesammtem Erziehungs– und Unterrichtswesens bearbeitet von einer Anzahl Schulmänner und Gelehrten, 1.Bd. Gotha, 248–257

Nath, M. [1900]. Lehrpläne und Prüfungs–Ordnungen im höheren Schulwesen Preußens seit Einführung des Abiturienten–Examens. Berlin

Neigebaur, J.F. [1826]. Sammlung der auf den öffentlichen Unterricht in den Königl. Preußischen Staaten sich beziehenden Gesetze und Verordnungen. Hamm

Neigebaur, J.F. [1835]. Die Preußischen Gymnasien und höheren Bürgerschulen. Eine Zusammenstellung der Verordnungen, welche den höheren Unterricht in diesen Anstalten umfasssen. Berlin/Posen/Bromberg

Netto, E. [1901]. Lehrbuch der Combinatorik. Reprint der 2.Aufl. 1927. New York o.J.

Netto, E. [1908]. Kombinatorik. In: Cantor, M. (Hrsg.), Vorlesungen über Geschichte der Mathematik, Bd. 4. Stuttgart, 201–221

Neubauer, J. [1978]. Zwischen Natur und mathematischer Abstraktion: der Potenzbegriff in der Frühromantik. In: R.Brinkmann (Hrsg.), Romantik in Deutschland. Stuttgart, 175–186

Newton, I. [1676]. Brief an Oldenburg vom 13.Juni 1676. In: H.W.Turnbull (Hrsg.), The Correspondence of Isaac Newton, vol. II: 1676–1687. Cambridge 1960, 20–47

Newton, I. [1676a]. Brief an Oldenburg v. 24.Oktober 1676. In: H.W.Turnbull (Hrsg.), The Correspondence of Isaac Newton, vol. II: 1676–1687. Cambridge 1960, 110–161

Nizze, E. [1818/19]. Anfangsgründe der Algebra. 2 Teile. Prenzlau

Nizze, E. [1822]. Zweck und Umfang des mathematischen Unterrichts auf Gymnasien. Schulprogramm. Stralsund

Novalis [1960]. Schriften. Erster Band: Das dichterische Werk. Hrsg.v. P.Kluckhohn u. R.Samuel unter Mitarbeit von H.Ritter & G.Schulz. Zweite nach den Handschriften ergänzte, erweiterte und verbesserte Auflage. Stuttgart

Novalis [1975]. Schriften. Vierter Band: Tagebücher, Briefwechsel, zeitgenössische Zeugnisse. Hrsg.v. R.Samuel in Zusammenarbeit mit H.J. Mähl & G.Schulz. Darmstadt

Novalis [1983]. Schriften. Dritter Band: Das philosophische Werk II. Hrsg.v. R.Samuel in Zusammenarbeit mit H.–J.Mähl & G.Schulz. Dritte, von den Herausgebern durchgesehene und revidierte Auflage. Darmstadt

Novy, L. [1973]. Origins of Modern Algebra. Leyden

Ohm, G.S. [1817]. Grundlinien zu einer zweckmäßigen Behandlung der Geometrie als höheres Bildungsmittel an vorbereitenden Lehranstalten. Erlangen

Ohm, M. [1811]. De elevatione serierum infinitarum secundi ordinis at potestatem exponentis indeterminati. Dissertation. Erlangen

Ohm, M. [1816]. Elementar–Zahlenlehre zum Gebrauch für Schulen und Selbstlernende. Erlangen

Ohm, M. [1818]. Kurzes gründliches und leichtfaßliches Rechenbuch zum Unterricht auf Gymnasien und Bürgerschulen, zunächst für die Schulanstalten in Thorn bestimmt. Berlin

Ohm, M. [1819]. Kritische Beleuchtungen der Mathematik überhaupt und der Euklidischen Geometrie insbesondere. Berlin

Ohm, M. [1822]. Versuch eines vollkommen consequenten Systems der Mathematik, erster und zweiter Theil. Auch unter dem Titel: Lehrbuch der Arithmetik, Algebra und Analysis. Nach eigenen Principien. Zunächst für seine Vorlesungen bearbeitet. Berlin

Ohm, M. [1823]. Aufsätze aus dem Gebiete der höheren Mathematik. Berlin

Ohm, M. [1825/6]. Die reine Elementar–Mathematik weniger abstrakt, sondern mehr anschaulich. 3 Bd. Berlin

Ohm, M. [1826]. Sur la Transformation des fonctions trigonométriques, et principalement sur les développements de $(2\cos.x)^m$. Bulletin de Férussac, tome V, Nr. 160, 250–252

Ohm, M. [1827]. Versuch einer kurzen, gründlichen und deutlichen auch Nichtmathematikern verständlichen Anweisung, 10–14 jährige Knaben in Untermittelklassen eines Gymnasiums; in obern Klassen einer gelehrten Vorbereitungsschule, desgleichen in höheren Bürger– und technischen Vorbereitungs–Schulen, zu einem leichten, gründlichen und wissenschaftlichen Studium der Mathematik fähig zu machen. Als Einleitung in seine Elementarmathematik, auch für den Selbstlernenden als Kommentar zu selbiger .... Berlin

Ohm, M. [1829]. Versuch eines vollkommen consequenten Systems der Mathematik. 2.Theil. 2.Auflage. Berlin

Ohm, M. [1829a]. Rezension von A.L. Chauchy's Lehrbuch der mathematischen Analysis .... Leipziger Literatur–Zeitung 255, 16. Okt., 2034–2038

Ohm, M. [1839]. Lehrbuch der gesamten höheren Mathematik in zwei Bänden. Zum Gebrauch für die oberen Klassen der Gymnasien und anderen höheren Lehr–Anstalten, so wie zum Selbstunterrichte bearbeitet und mit vielen Übungsbeispielen versehen. Leipzig

Ohm, M. [1839a]. De nonnullis seriebus infinitis summandis. Berlin

Ohm, M. [1842]. Der Geist der mathematischen Analysis und ihr Verhältnis zur Schule. Erste Abhandlung. Berlin

Ohm, M. [1846]. Der Geist der mathematischen Analysis und ihr Verhältnis zur Schule. Zweite Abhandlung. Erlangen

Olivier, L. [1826]. Entwicklung einer beliebigen Potenz eines Cosinus durch die Cosinus der vielfachen Bogen. Journal für reine und angewandte Mathematik 1, 16–36

Olshausen, W. [1905]. Friedrich von Hardenbergs Beziehungen zur Naturwissenschaft seiner Zeit. Diss. Leipzig

Otte, M. [1983]. Texte und Mittel. Zentralblatt für Didaktik der Mathematik 15, 183–194

Otte, M. [1989]. The Ideas of Herrmann Grassmann in the Context of the Mathematical and Philosophical Tradition Since Leibniz. Historia Mathematica 16, 1–35

Otte, M. & Steinbring, H. [1977]. Probleme der Begriffsentwicklung – zum Stetigkeitsbegif. Didaktik der Mathematik 1, 16–25

Pagani, M. [1822/23]. Éclaircissement sur le développement de $\cos^m x$ en fonction des sinus et cosinus d'arcs multiples. Annales de mathématiques pures et appliquées 13, 94–101

Pagani, M. [1826]. Note sur le développement des puissances de sinus et de cosinus, en série de sinus et de cosinus d'arcs multiples. Bulletin de Férussac, tome V, Nr. 7, 4–12

Pahl, F. [1913]. Geschichte des naturwissenschaftlichen und mathematischen Unterrichts. Leipzig

Parkinson, C.L. [1985]. Breakthroughs: A chronology of great achievements in science and mathematics, 1200–1930. Boston

Paul, M. [1980]. Gaspard Monges "Géométrie descriptive" und die École Polytechnique. Eine Fallstudie über den Zusammenhang von Wissenschaft und Bildung. Diss. Materialien und Studien des IDM 17. Bielefeld

Paulsen, F. [1885]. Geschichte des gelehrten Unterrichts auf den deutschen Schulen und Universitäten vom Ausgang des Mittelalters bis zur Gegenwart. 1.Aufl. Leipzig

Paulsen, F. [1896]. Geschichte des gelehrten Unterrichts auf den deutschen Schulen und Universitäten vom Ausgang des Mittelalters bis zur Gegenwart. 2. umgearbeitete und sehr erweiterte Aufl. Bd. I. Leipzig

Paulsen, F. [1897]. Geschichte des gelehrten Unterrichts auf den deutschen Schulen und Universitäten vom Ausgang des Mittelalters bis zur Gegenwart. 2. umgearbeitete und sehr erweiterte Aufl. Bd. II. Leipzig

Peacock, G. [1834]. Report on the Recent Progress and Present State of Certain Branches of Analysis. In: Report of the Third Meeting of the British Association for the Advancement of Science held at Cambridge 1833. London, 185−352

Peano, G. [1891]. Sulla formula di Taylor. Atti della Reale Accad. delle Scienze di Torino XXVII, 40−46. Zitierte Ausgabe: A.Genocchi, Differentialrechnung und Grundzüge der Integralrechnung, hrsg.v. G.Peano, übers.v. G.Bohlmann u. A.Schepp. Leipzig 1899

Pensivy, M. [1987/88]. Jalons historiques pour une épistémologie de la série infinie du binôme. Sciences et Techniques en Perspective, Bd. 14. Nantes

Peters, A. [1828]. Über das Studium der Mathematik auf Gymnasien. Ein Beitrag zur Beförderung einer gründlichen Einsicht in den Begriff, den Charakter und die Lehrart dieser Wissenschaft. Schulprogramm. Dresden

Pfaff, J.F. [1795a]. Analysis einer wichtigen Aufgabe des Herrn de la Grange. Archiv der reinen und angewandten Mathematik I, (1.H.), 81−84

Pfaff, J.F. [1795b]. Ableitung der Localformel für die Reversion der Reihen, aus dem Satze des Herrn de la Grange. Archiv der reinen und angewandten Mathematik 1 (1.H.), 85−88

Pflug, G. [1975]. Hermeneutik und Kritik. August Boeckh in der Tradition des Begriffspaars. Archiv für Begriffsgeschichte 19, 138−196

Plaass, P. [1965]. Kants Theorie der Naturwissenschaft. Eine Untersuchung zur Vorrede von Kants "Metaphysischen Anfangsgründen der Naturwissenschaft". Göttingen

Plana, G. [1820/21]. Développement des puissances des cosinus en cosinus d'arcs multiples. Annales de mathématiques pures et appliquées 11, 84−90

Plücker, J. [1828]. Analytisch−geometrische Entwicklungen. Bd. 1. Essen

Plücker, J. [1831]. Analytisch−geometrische Entwicklungen. Bd. 2. Essen

Poggendorff, J.C. [1863]. Biographisch−Literarisches Handwörterbuch zur Geschichte der exacten Wissenschaften I,II. Leipzig

Poinsot, L. [1825]. Recherches sur l'analyse des sections angulaires. Paris

Poinsot, L. [1825a]. Note sur l'article inséré au no. 124 du Bulletin précédent, et intitulé: Observations relatives au développement des puissances de sinus et de cosinus d'angles multiples. Bulletin de Férussac, tome IV, Nr. 194, 221−222

Poisson, S.D. [1811]. Note sur le développement des puissances des sinus et des cosinus en séries des sinus ou de cosinus d'arcs multiples. Correspondance sur l'École Polytechnique vol. 2, Nr. 3, Janvier 1811, 212−217

Poisson, S.D. [1825]. Observations relatives au développement des puissances de sinus et de cosinus, en séries de sinus et ou de cosinus d'angles multiples. Bulletin du Férussac, tome IV, Nr. 124, 140−150

Poisson, S.D. [1825a]. Addition à l'article sur le développement des puissances de cosinus et de sinus, inséré dans le 'Bulletin' de septembre dernier. Bulletin de Férussac, tome IV, Nr. 295, 344−352

Poser, H. (Hrsg.) [1987]. Briefwechsel zwischen Carl Friedrich Gauß und Eberhard August Wilhelm von Zimmermann. Göttingen

Pringsheim, A. [1893]. Zur Theorie der Taylor'schen Reihe und der analytischen Functionen mit beschränktem Existenzbereich. Mathematische Annalen 42, 153−184

Pringsheim, A. [1894]. Ueber die nothwendigen und hinreichenden Bedingungen des Taylor'schen Lehrsatzes für Functionen einer reellen Variablen. Mathematische Annalen 44, 57−82

Pringsheim, A. [1900]. Zur Geschichte des Taylorschen Lehrsatzes. Bibliotheca Mathematica. Zeitschrift für Geschichte der Mathematischen Wissenschaften. Dritte Folge, Erster Band. Leipzig, 433−479

Pringsheim, A. & Faber, G. [1909−21]. Algebraische Analysis. In: Enzyklopädie der Mathematischen Wissenschaften mit Einschluß ihrer Anwendungen, II C 1. Leipzig, 1−46

Prüfungsordnung [1859]. Unterrichts− und Prüfungs−Ordnung der Realschulen und der höheren Bürgerschulen. Berlin

Reiff, R. [1889]. Geschichte der unendlichen Reihen. München. Zitierte Ausgabe: 1969

Resewitz, F.G. [1773]. Die Erziehung des Bürgers zum Gebrauch des gesunden Verstandes und zur gemeinnützigen Geschäftigkeit. Kopenhagen

Richenhagen, G. [1985]. Carl Runge (1856−1927). Göttingen

Riemann, B. [1854]. Ueber die Darstellbarkeit einer Function durch eine trigonometrische Reihe. In: B.Riemann, Gesammelte Mathematische Werke und Wissenschaftlicher Nachlaß, hrsg.v. H.Weber. Leipzig 1902, 227−271

Ringer, F.K. [1983]. Die Gelehrten. Der Niedergang der deutschen Mandarine 1890−1933. Stuttgart

Ritter, J. [1974]. Artikel "Genie". In: J. Ritter & K.Gründer (Hrsg.), Historisches Wörterbuch der Philosophie, Bd. 3. Darmstadt, 279−309

Rothe, H.A. [1793]. Formulae de serierum reversione demonstratio universalis, signis localibus, combinatorio − analyticorum vicariis exhibita. Leipzig

Rothe, H.A. [1795]. Aufgabe. Die Lagrangische allgemeine Auflösungsreihe, aus der Lokalformel für die Reversion der Reihen abzuleiten. Archiv der reinen und angewandten Mathematik 1, 4.H., 442−449

Rudio, F. [1894]. Erinnerung an Moritz Abraham Stern. Vierteljahresschrift der naturforschenden Gesellschaft in Zürich 39, 131−143

Rönne, L. v. [1855]. Das Unterrichtswesen des preußischen Staates. Eine systmatische Sammlung aller auf dasselbe Bezug habenden gesetzlichen Bestimmungen, 2. Bd. Berlin

Röttgers, K. [1983]. Der Ursprung der Prozessidee aus dem Geiste der Chemie. Archiv für Begriffsgeschichte XXVII, 93−157

Saigey, J.F. [1824]. Bericht über Poinsots Lesung in der Académie des sciences vom 19. Mai 1823. Bulletin du Férussac, tome II, Nr. 21, 12−13

Saigey, J.F. [1825]. Referat über: Recherches sur l'analyse des sections angulaires, par M. Poinsot. Bulletin de Férussac, tome IV, Nr. 193 u. 294, 216−220 u. 338−3434

Scharlau, W. [1981]. The origins of pure mathematics. In: Jahnke, H.N. & Otte, M. (Hrsg.), Epistemological and Social Problems of the Sciences in the Early Nineteenth Century. Dordrecht/Boston/London, 331−347

Schellbach, K. [1844]. Plan zur Gründung eines mathematischen Instituts zu Berlin. In: Müller [1905]., 41−56

Schellbach, K.H. [1860]. Mathematische Lehrstunden. Aufgaben aus der Lehre vom Größten und Kleinsten. Bearb. u.hrsg.v. A.Bode u. E.Fischer. Berlin

Schelling, F.W.J. [1802/03]. Über die Konstruktion in der Philosophie. In: Schelling, F.W.J. & Hegel, G.W.F. (Hrsg.), Kritisches Journal der Philosophie. Zitierte Ausgabe: St.Dietzsch (Hrsg.), Berlin 1985, 201−224

Schelling, F.W.J. [1803]. Vorlesungen über die Methode des akademischen Studiums. In: F.W.J.Schelling, Ausgewählte Werke, Schriften von 1801−1804. Darmstadt 1976, 441−586

Schimmack, R. [1911]. Die Entwicklung der mathematischen Unterrichtsreform in Deutschland. Abhandlungen über den mathematischen Unterricht in Deutschland, Bd. III, Heft 1. Leipzig/Berlin

Schlegel, F. [1804/05]. Die Entwicklung der Philosophie in zwölf Büchern. Kölner Vorlesungen. In: E.Behler (Hrsg.), Kritische Friedrich−Schlegel−Ausgabe, XII.Band. München 1964, 107−480

Schleiermacher, F.D. [1822]. Dialektik. Hrsg.v. R.Odebrecht 1942. Zitierte Ausgabe: Reprint Darmstadt 1976

Schleiermacher, F.D. [1977]. Hermeneutik und Kritik. Hrsg. u. eingel. v. M.Frank. Frankfurt

Schlömilch, O. [1844]. Gegen Herrn Doctor Barfuss. Archiv der Mathematik und Physik 5, 374 – 400

Schlömilch, O. [1845]. Handbuch der algebraischen Analysis. Jena

Schlömilch, O. [1861]. Rezension von: M.A.Stern, Lehrbuch der algebraischen Analysis, Heidelberg 1860. Literaturzeitung der Zeitschrift für Mathematik und Physik 6, 64 – 68

Schmeißer, F. [1817]. Lehrbuch der reinen Mathesis zu einem zum Selbstfinden leitenden Vortrage derselben nach platonischer Weise in Gymnasien nebst einer Vorrede über die Mathesis der Griechen gegen die Mathematik unserer Zeit und die Bildungskraft derselben. Erster Theil: Die Arithmetik. Berlin

Schmidt, S. [1985]. Max Simon (1844 – 1918) – Person und Konzeption einer Didaktik des gymnasialen Mathematikunterrichts um die Jahrhundertwende. In: M.Simon, Didaktik und Methodik des Rechnens und der Mathematik, 1908. Nachdruck mit einer Einführung v. S.Schmidt. Paderborn/München/Wien/Zürich, E5 – E53

Schminnes, B. [1982]. Kameralwissenschaften – Bildung – Verwaltungstätigkeit. Soziale und kognitive Aspekte des Struktur – und Funktionswandels der preußischen Zentralverwaltung an der Wende zum 19.Jahrhundert. In: Bekemeier, B.; Jahnke, H.N.; Lohmann, I.; Otte, M. u. Schminnes, B. (Hrsg.): Wissenschaft und Bildung im frühen 19.Jahrhundert II, Materialien und Studien des IDM 30. Bielefeld, 97 – 319

Schmülling, H. [1822]. Quid utilitatis matheseos studium offerat. Schulprogramm. Braunsberg

Schnuse, C.H. [1848]. Rezension von: E.H.Dirksen, Organon der gesammten transcendenten Analysis. Berlin 1845. Göttingische gelehrte Anzeigen 205.Stück, 2041 – 2055

Scholz, E. [1982]. Herbart's Influence on Bernhard Riemann. Historia Mathematica 9, 413 – 440

Scholz, E. [1986]. Symmetrie – Gruppe – Dualität. Studien zur Beziehung zwischen theoretischer Mathematik und Anwendungen in Kristallographie und Baustatik im 19.Jahrhundert. Habilitationsschrift. Wuppertal

Scholz, E. [1987]. Justus Günther Graßmanns "Geometrische Combinationslehre". In: Beiträge zum Mathematikunterricht. Bad Salzdetfurth, 291 – 294

Schubring, G. [1981]. Mathematics and Teacher Training: Plans for a Polytechnic in Berlin. Hist. Stud. Phys. Sci. 12, H.1, 161 – 194

Schubring, G. [1983]. Die Entstehung des Mathematiklehrerberufs im 19. Jahrhundert. Studien und Materialien zum Prozess der Professionalisierung in Preußen (1810 – 1870). Weinheim/Basel

Schubring, G. [1987]. Mathematisch – naturwissenschaftliche Fächer. In: K. – E.Jeismann & P.Lundgreen (Hrsg.), Handbuch der deutschen Bildungsgeschichte, Bd. III: 1800 – 1870. München, 204 – 221

Schurig, G. [1877]. Geschichte der Methode in der Raumlehre im deutschen Volksschulunterriche. In: C.Kehr (Hrsg.), Geschichte der Methodik des deutschen Volksschulunterrichtes, Bd.1. Gotha, 460 – 511

Schwartz, P. [1910 ff]. Die Gelehrtenschulen Preußens unter dem Oberschulkollegium (1787 – 1806) und das Abiturientenexamen. 3 Bände. Berlin

Schweins, F.F. [1820]. Analysis, kombinatorisch bearbeitet. Heidelberg

Schwemmer, O. [1980]. Artikel 'Fichte'. In: J.Mittelstraß (Hrsg.), Enzyklopädie Philosophie und Wissenschaftstheorie I. Mannheim/Wien/Zürich, 643 – 647

Schwinger, R. [1972]. Artikel 'Form, innere'. In: J.Ritter & K.Gründer (Hrsg.), Historisches Wörterbuch der Philosophie II. Darmstadt, 974/5

Schöler, W. [1970]. Geschichte des naturwissenschaftlichen Unterrichts. Berlin

Simon, M. [1884]. Die Elemente der Arithmetik als Vorbereitung auf die Funktionentheorie. Straßburg

Simon, M. [1908]. Didaktik und Methodik des Rechnens und der Mathematik. Zweite, umgearbeitete und vermehrte Auflage. München. Zitierte Ausgabe: Reprint Paderborn/München/Wien/Zürich 1985

Spalt, D. [1981]. Vom Mythos der mathematischen Vernunft. Eine Archäologie zum Grundlagen-streit der Analysis oder Dokumentation einer vergeblichen Suche nach der Einheit der Mathematischen Vernunft. Darmstadt

Spehr, F.W. [1824]. Vollständiger Lehrbegriff der reinen Combinationslehre mit Anwendungen derselben auf Analysis und Wahrscheinlichkeitsrechnung. Braunschweig

Spehr, F.W. [1826]. Neue Principien des Fluentencalculs, enthaltend die Grundsätze der Differen-tial— und Variationsrechnung unabhängig von der gewöhnlichen Fluxionsmethode, von den Begriffen des unendlich Kleinen oder der verschwindenden Größen, von der Methode der Grenzen und der Functionenlehre, zugleich als Lehrbuch dieser Wissenschaft dargestellt, und mit Anwendungen auf analytische Geometrie und höhere Mechanik verbunden. Braun-schweig

Speiser, A. [1945]. Vorwort des Herausgebers. In: Leonhardi Euleri Opera Omnia I$_9$, VII—XXXII

Spranger, E. [1910]. Wilhelm von Humboldt und die Reform des Bildungswesens. Tübingen. Zitierte Ausgabe: 3.Auflage. 1965

Stahl, C.D.M. [1800]. Grundriss der Combinationslehre, nebst deren Anwendung auf die Analysis. Jena/Leipzig

Stahl, C.D.M. [1801]. Einleitung in das Studium der Combinationslehre, nebst einem Anhange über die Involutionen und deren Anwendung auf die continuirlichen Brüche. Jena/Leipzig

Stein, J.P.W. [1824/25]. Sur quelques cas de développement des fonctions, et en particulier sur le développement des puissances fractionnaires du sinus et cosinus. Annales de mathématiques pures et appliquées 15, 150—157

Steinbring, H. [1988]. "Eigentlich ist das nichts Neues für Euch!" — Oder: Läßt sich mathemati-sches Wissen immer auf bekannte Fakten zurückführen?. Der Mathematikunterricht 34, H. 2, 30—43

Stern, M.A. [1841]. Über die Auflösung der transcendenten Gleichungen. Berlin

Stern, M.A. [1860]. Lehrbuch der algebraischen Analysis. Leipzig

Stolz, O. [1885/86]. Vorlesungen über allgemeine Arithmetik, Theil 1 u. 2. Leipzig

Stolz, O. & Gmeiner, A. [1911/15]. Theoretische Arithmetik. 2 Abteilungen. Leipzig/Berlin

Stolz, O. & Gmeiner, F. [1904/5]. Einleitung in die Funktionentheorie I u. II. Leipzig

Stuloff, N.N. [1968]. Über den Wissenschaftsbegriff der Mathematik in der ersten Hälte des 19. Jahrhunderts. In: A. Diemer (Hrsg.); Beiträge zur Entwicklung der Wissenschaftstheorie im 19. Jahrhundert. Mannheim, 71—89

Styazhkin, N.I. [1969]. History of Mathematical Logic from Leibniz to Peano. Cambridge,Mass./London

Stübig, H. [1982]. Pädagogik und Politik in der preußischen Reformzeit. Studien zur National-erziehung und Pestalozzi—Rezeption. Weinheim/Basel

Sylow, L. [1902]. Les études d'Abel et ses documentes. In: Niels Henrik Abel. Mémorial publiée à l'occasion du centenaire de sa naissance

Tellkampf, A. [1827]. Zur Würdigung und näheren Bestimmung des mathematischen Gymnasial-unterrichts. Schulprogramm. Hamm

Tellkampf, A. [1829]. Vorschule der Mathematik. Berlin

Tellkampf, A. [1841]. Erinnerungen an B.F.Thibaut. Hallische Jahrbücher für deutsche Wissen-schaft und Kunst 1, 295—296; 299—300; 303—304

Tellkampf, A. [1859]. "Arithmetik. Erster Artikel". In: K.A.Schmid (Hrsg.), Encyklopädie des gesammten Erziehungs— und Unterrichtswesens, 1.Bd. Gotha, 240—248

Thaer, A. [1889]. Noch eine Erinnerung an Richard Baltzer. Zeitschrift für mathematischen und naturwissenschaftlichen Unterricht 20, 312—314

Thibaut, B.F. [1809]. Grundriss der allgemeinen Arithmetik oder Analysis zum Gebrauch bey academischen Vorlesungen. Göttingen

Tillich, E. [1805]. Wissenschaftliche Darstellung der arithmetischen Anschauung mit Rücksicht auf den mathematischen Elementarunterricht. In: Weiß & Tillich (Hrsg.), Beiträge zur Erziehungskunst, 2. Band. Leipzig, 1 – 74

Timerding, E. [1912]. Die Mathematik in Herbarts Pädagogik. Neue Jahrbücher für Pädagogik 15, 524 – 533

Truesdell, C.A. [1960]. The rational mechanics of flexible or elastic bodies, 1638 – 1788. In: Leonhardi Euleri Opera Omnia II₁₁

Turner, R.S. [1971]. The Growth of Professorial Research in Prussia 1818 to 1845 – Causes and Context. Historical Studies in the Physical Sciences 3, 137 – 182

Töpfer, H.A. [1793]. Combinatorische Analytik, und Theorie der Dimensionszeichen, in Parallele gestellt. Leipzig

Vierhaus, R. [1972]. Artikel "Bildung". In: Brunner, O.; Conze, W. & Koselleck, R. (Hrsg.), Geschichtliche Grundbegriffe: historisches Lexikon zur politisch – sozialen Sprache in Deutschland. Stuttgart, 508 – 551

Volkert, K. [1988]. Geschichte der Analysis. Mannheim/Wien/Zürich

Vorländer, K. [1924]. Einleitung des Herausgebers. In: I.Kant, Kritik der Urteilskraft hrsg.v.K.Vorländer. Hamburg. Zitierte Ausgabe: Neudruck Hamburg 1963

Wach, J. [1926 – 33]. Das Verstehen. Grundzüge einer Geschichte der hermeneutischen Theorie im 19.Jahrhundert, I – III. Tübingen. Zitierte Ausgabe: Hildesheim 1966

Wagemann, E.B. [1957]. Quadrat – Dreieck – Kugel. Die Elementarmathematik und ihre Bedeutung für die Pädagogik bei Pestalozzi, Herbart und Fröbel. Weinheim

Wagner, J.J. [1811]. Mathematische Philosophie. Erlangen. Zitierte Ausgabe: Reprint d. Ausgabe von 1851: Wiesbaden 1969

Waltershausen, W.S.v. [1856]. Gauss zum Gedächtnis. Leipzig. Zitierte Ausgabe: Reprint Wiesbaden 1965

Weber, M. & Wellstein, J. [1903]. Enzyklopädie der Elementarmathematik I: Elementare Algebra und Analysis. Leipzig

Weierstraß. K. [1842/43]. Bemerkungen über die analytischen Facultäten. Schulprogramm. Dt. Crone. Zitierte Ausgabe: K. Weierstraß, Mathematische Werke I, 87 – 103

Weierstraß, K. [1856]. Über die Theorie der analytischen Facultäten. Journal für die reine und angewandte Mathematik 51, 1 – 60

Weingärtner, J. [1800 – 01]. Lehrbuch der combinatorischen Analysis, nach der Theorie des Herrn Professor Hindenburg ausgearbeitet. 2 Bände. Leipzig

Weyl, H. [1924]. Randbemerkungen zu Hauptproblemen der Mathematik. Mathematische Zeitschrift 20, 131 – 150

Widmann, J. [1977]. Die Grundstruktur des transzendentalen Wissens nach Joh.Gottl. Fichtes Wissenschaftslehre 1804. Hamburg

Wiese, L. [1864]. Das höhere Schulwesen in Preussen. Historisch – statistische Darstellung, i.A. des Ministers der geistl., Unterrichts – u. Medicinal – Angelegenheiten, 1. Band. Berlin

Winter, G. (Hrsg.) [1931]. Die Reorganisation des Preußischen Staates unter Stein und Hardenberg, 1. Teil, Bd. I (Publikationen aus den Preussischen Staatsarchiven, 93.Bd.). Leipzig

Wolff, G. [1915]. Der mathematische Unterricht der höheren Knabenschulen Englands. Leipzig/ Berlin

Woodhouse, R. [1803]. The Principles of Analytical Calculation. Cambridge

Wölffing, E. [1900]. Bericht über den gegenwärtigen Stand der Lehre von den natürlichen Koordinaten. Bibliotheca mathematica, 3. Folge, 1, 142 – 159

Wölffing, E. [1903]. Mathematischer Bücherschatz. Systematisches Verzeichnis der wichtigsten deutschen und ausländischen Lehrbücher und Monographien des 19.Jahrhunderts auf dem Gebiete der mathematischen Wissenschaften. I.Teil: Reine Mathematik. Leipzig

Youschkevitch, A.P. [1976/77]. The Concept of Function up to the Middle of the 19th Century. Archive for History of Exact Sciencess 16, 37—85

Zerner, M. [1986]. Sur l'analyse des traités d'analyse: les fondements du calcul différentiel dans les traités Francais, 1870—1914. In: Cahier de didactique des mathématiques. Paris, numero 30

Personenregister

Wittstein, T.	327, 466
Wöckel, L.	457, 458
Wölffing, E.	161, 223
Wöllner, J.C.v.	5
Wolf, F.A.	3, 4, 21, 147, 387
Wolff, G.	38, 335
Woodhouse, R.	261
Wundt, W.	96
Young, T.	35
Youschkevitch, A.P.	166, 297
Yxem	387
Zach, F.X.v.	176
Zedlitz, K.A.v.	4
Zerner, M.	311
Zimmermann, E.A.W.	204

Der Briefwechsel David Hilbert – Felix Klein (1886–1918)

Mit Anmerkungen von Günther Frei. (Arbeiten aus der Niedersächsischen Staats- und Universitätsbibliothek, 19). 1985. XI, 153 Seiten, broschiert

Briefwechsel zwischen Carl Friedrich Gauss und Eberhard August Wilh. von Zimmermann

Erläutert und herausgegeben von Hans Poser. (Abhandlungen der Akademie der Wissenschaften in Göttingen, Math.-Phys. Klasse, III/39). 1987. 94 Seiten, kartoniert

Heinrich Behnke · Semesterberichte

Ein Leben an deutschen Universitäten im Wandel der Zeit. 1978. 302 Seiten und 1 Seite Kunstdruck, kartoniert

Gottlob Frege · Funktion, Begriff, Bedeutung

Fünf logische Studien. Herausgegeben und eingeleitet von Günther Patzig. (Kleine Vandenhoeck-Reihe 1144). 6. Auflage 1986. 107 Seiten, kartoniert

Gottlob Frege · Logische Untersuchungen

Herausgegeben und eingeleitet von Günther Patzig. (Kleine Vandenhoeck-Reihe 1219). 3., durchges. und bibliogr. erg. Auflage 1986. 146 Seiten, kartoniert

Karl Menninger · Zahlwort und Ziffer

Eine Kulturgeschichte der Zahl. Bd. 1: **Zählreihe und Zahlsprache.** Bd. 2: **Zahlschrift und Rechnen.** 3., unveränd. Auflage 1979. IV, 218 und IV, 314 Seiten mit zahlreichen Abbildungen, kartoniert und Leinen

Vandenhoeck & Ruprecht · Göttingen/Zürich

Knut Radbruch
Mathematik in den Geisteswissenschaften
(Kleine Vandenhoeck-Reihe 1540). 1989. 173 Seiten mit zahlreichen Tabellen und Abbildungen, kartoniert

Nicolas Bourbaki · **Elemente der Mathematikgeschichte**
Berechtigte Übersetzung aus dem Französischen von Annelise Oberschelp. (Studia Mathematica/Mathematische Lehrbücher, 23). 1971. 297 Seiten, Leinen

Wissenschaften im Zeitalter der Aufklärung
Aus Anlaß des 250jährigen Bestehens des Verlages Vandenhoeck & Ruprecht. Herausgegeben von **Rudolf Vierhaus**. 1985. 283 Seiten mit 5 Tafeln, Pappband
Mit einem Beitrag von Andreas Kleinert, Mathematik und anorganische Naturwissenschaften.

Naturwissenschaft, Technik und Wirtschaft im 19. Jahrhundert
Acht Gespräche der Georg-Agricola-Gesellschaft zur Förderung der Geschichte der Naturwissenschaften und der Technik. Tl. 1 und 2. 2 Bde. Herausgegeben von **Wilhelm Treue** und **Kurt Mauel**. (Studien z. Naturwissenschaft, Technik und Wirtschaft im 19. Jh., 2/3). 1976. VIII, 947 Seiten mit 109 Abbildungen, 36 Tafeln, zahlreichen Tabellen, kartoniert

Klaus Sochatzky
Das Neuhumanistische Gymnasium und die rein menschliche Bildung
Zwei Schulreformversuche in ihrer weiterreichenden Bedeutung. (Studien z. Wandel von Gesellschaft und Bildung im 19. Jh., 6). 1973. 182 Seiten, Leinen

Margret Kraul · **Gymnasium und Gesellschaft im Vormärz**
Neuhumanistische Einheitsschule, städtische Gesellschaft und soziale Herkunft der Schüler. (Studien z. Wandel von Gesellschaft und Bildung im 19. Jh., 18). 1980. 203 Seiten, kartoniert

Vandenhoeck & Ruprecht · Göttingen/Zürich